第 **3** 版

實用統計學
STATISTICS

林真真 編著

東華書局

國家圖書館出版品預行編目資料

實用統計學 / 林眞眞編著. -- 三版. -- 臺北市：
　臺灣東華, 民 102.10

　576 面 ; 19x26 公分

　ISBN 978-957-483-762-5 (平裝附光碟片)

　1. 統計學

510　　　　　　　　　　　　102018868

實用統計學

編 著 者	林眞眞
發 行 人	陳錦煌
出 版 者	臺灣東華書局股份有限公司
地　　址	臺北市重慶南路一段一四七號三樓
電　　話	(02) 2311-4027
傳　　眞	(02) 2311-6615
劃撥帳號	00064813
網　　址	www.tunghua.com.tw
讀者服務	service@tunghua.com.tw
門　　市	臺北市重慶南路一段一四七號一樓
電　　話	(02) 2371-9320
出版日期	2013 年 10 月 3 版 1 刷
	2019 年 1 月 3 版 3 刷

ISBN　　978-957-483-762-5

版權所有　·　翻印必究

序言

統計學是資料分析的基礎，隨著各種統計軟體的成熟發展，一本能結合統計理論與統計軟體的教科書，乃為當前學子所必需。編者從事統計、統計套裝軟體的教學工作多年，憑著理論教學與統計軟體實作的教學經驗，編著了這本融合了統計理論與統計軟體的實用統計學教材。

本書之編著兼顧統計理論與統計軟體的實作，其中統計軟體採用 Excel (2010)。每一章前言附有章節架構圖，方便讀者對於每一章內容，建構整體概念；內文部份，除了統計理論的介紹，也包含了生活實例，引導讀者了解相關統計理論的應用。在 Excel 的小節，包含了 Excel 的相關執行內容，實例方面則包含了理論解答與 Excel 實作兩部份。同時，每一章附上了名詞解釋與公式整理，方便讀者複習，掌握重點；最後更以一個生活案例，逐一說明章節架構圖的重點。

本書的編排內容，將 Excel 的相關內容單獨編列成一小節，目的在於循序漸進地，使讀者先仔細學習統計理論，之後再學習 Excel 的實作經驗，以培養讀者日後作統計分析時的統計概念與實作能力。本書在各個統計專有名詞加入了英文名稱，目的在於使讀者閱讀相關的統計學英文書籍時，能夠有能力分辨相對應的統計專有名詞。本書這一版，特別將 F 分配表的常用右尾機率值，彙整在同一表格裡，方便讀者在計算 P 值時的查詢。

本書適用於大學商學院、管理學院，以及科技大學大學部各學系一學年統計學課程之教材，亦可作為已修習統計學但缺乏統計軟體實作的讀者，自我進修的參考書。

本書每一章都附有練習題，供讀者演練；練習題的簡答，則附在本書末，供讀者參考。本書所附的光碟，包含有：(1) 每一章節的例題 Excel 檔（在例題中以 ***.xls）表示，(2) 每一章練習題的資料檔（在題號前，以 ◎ 表示）。

本書編寫期間，承蒙東華書局執行長陳錦煌先生的鼎力支持，銘傳大學楊精松老師的鼓勵，並承蒙東華書局編輯部的襄助排版、細心校對。藉此，謹致上編者由衷的謝意。本書雖經編者悉心編著，惟錯誤及遺漏之處，恐在所難免，尚期學者方家不吝惠予指正。

作者　林真真
銘傳大學應用統計資訊系副教授兼系主任
美國加州大學戴維斯校區統計博士

目錄

・單元 1　敍述統計篇・

CHAPTER 1　統計概論 003

1-1　資料分析與統計思考 005
1-2　統計學的內容 005
1-3　基本的統計用語及統計方法 007
　　1-3-1　母體與樣本 008
　　1-3-2　母體參數與樣本統計量 009
1-4　簡介 Excel (2010)『分析工具箱』增益集 011
1-5　章節架構圖說明：統計術語─《棒球例》 013
練習題 015

CHAPTER 2　資料的統計圖表 017

2-1　資料蒐集 018
2-2　資料類型 020
　　2-2-1　性質資料 020
　　2-2-2　數量資料 021
2-3　資料的統計表 023
　　2-3-1　數量資料的次數分配表 024
　　2-3-2　數量資料的累加次數分配表 027
2-4　資料的統計圖 027
　　2-4-1　長條圖與圓餅圖 028
　　2-4-2　直方圖 029
　　2-4-3　莖葉圖 031
　　2-4-4　箱型圖 032
2-5　Excel 圖表及應用例 033
　　2-5-1　長條圖、圓餅圖 033
　　2-5-2　次數分配表與直方圖 040

2-6　章節架構圖說明：統計圖表―《大學畢業生的起薪例》............045

練習題..050

CHAPTER 3　資料的統計摘要值 053

3-1　常用統計數學算式...054

3-2　集中趨勢的統計摘要值...055

　　3-2-1　平均數 055

　　3-2-2　樣本中位數 058

　　3-2-3　樣本眾數 060

3-3　分散程度的統計摘要值...060

　　3-3-1　變異數 061

　　3-3-2　標準差 063

　　3-3-3　變異係數 064

　　3-3-4　併組資料之統計摘要值 065

3-4　經驗法則 ── 標準差提供的資訊..067

3-5　四分位數 ── 相對位置的統計摘要值..................................069

3-6　箱型圖的製作...071

3-7　極端值的篩選...073

3-8　Excel 應用例 074

3-9　章節架構圖說明：統計摘要值―《人口指標例》................077

練習題..081

CHAPTER 4　雙性質資料的整理與表現 083

4-1　雙類別資料的統計表...084

4-2　混合雙性質資料的統計圖 086

4-3　散佈圖 ― 雙變數資料的統計圖表...087

4-4　雙變數資料的相關係數...088

4-5　Excel 應用例 093

目錄

   4-5-1　雙類別資料的統計圖表 093

   4-5-2　相關係數及散佈圖 096

 4-6　章節架構圖說明：雙性質資料整理—《大聯盟例》................. 098

練習題 100

・單元 2　機率分配篇・

CHAPTER 5　機　率 105

 5-1　機率的基本法則 106

   5-1-1　事件的機率 107

   5-1-2　交集事件與聯集事件 109

 5-2　聯合機率 —— 事件機率的運用 114

 5-3　條件機率 —— 事件機率的運用 117

 5-4　貝氏定理 —— 條件機率的應用 119

 5-5　機率應用例 —— 滿意度調查例 123

 5-6　章節架構圖說明：機率—《信貸例》..................................... 125

練習題 128

CHAPTER 6　隨機變數 131

 6-1　離散隨機變數 133

   6-1-1　機率分配 134

   6-1-2　期望值 135

   6-1-3　平均數與變異數 137

 6-2　連續隨機變數 140

 6-3　隨機變數應用例 —— 自強活動 150

 6-4　章節架構圖說明：隨機變數—《便利商店例》..................... 151

練習題 155

CHAPTER 7　離散隨機變數 159

- 7-1　二項機率分配 160
  - 7-1-1　二項隨機變數 161
  - 7-1-2　二項機率分配的平均數、變異數與標準差 163
- 7-2　卜瓦松機率分配 166
  - 7-2-1　卜瓦松隨機變數 167
  - 7-2-2　卜瓦松機率分配的平均數與標準差 172
- 7-3　Excel 應用例 ── 查詢二項機率值、卜瓦松機率值 173
  - 7-3-1　二項機率值 173
  - 7-3-2　卜瓦松機率值 176
- 7-4　Excel 應用例 ──《行動電話例》... 178
- 7-5　章節架構圖說明：離散隨機變數 ──《行動電話例》............. 179
- 練習題 182

CHAPTER 8　連續隨機變數 185

- 8-1　常態機率分配 188
  - 8-1-1　常態分配 189
  - 8-1-2　標準常態分配 192
  - 8-1-3　利用標準常態分配，計算隨機變數的機率值 201
- 8-2　指數分配 203
- 8-3　二項分配與常態分配的關係 207
  - 8-3-1　常態分配為二項分配的近似分配 208
- 8-4　Excel 應用例 ── 查詢常態分配值、指數值 212
  - 8-4-1　常態分配值 212
  - 8-4-2　指數值 215
- 8-5　章節架構圖說明：連續隨機變數 ──《運動例》..................... 216
- 練習題 218

目錄

CHAPTER 9　抽樣與抽樣分配 221

9-1　統計抽樣 222

9-2　樣本平均數的抽樣分配 222

　　9-2-1　有限母體 224

　　9-2-2　無限母體 228

9-3　中央極限定理 230

　　9-3-1　中央極限定理的應用 230

9-4　章節架構圖說明：抽樣分配 ──《行動電源使用時間例》...... 232

練習題 234

・單元 3　統計推論篇・

CHAPTER 10　估計與檢定 239

10-1　統計估計 240

　　10-1-1　點估計 241

　　10-1-2　區間估計 245

10-2　母體平均數的區間估計 246

　　10-2-1　μ 的區間估計 (σ^2 已知) 247

　　10-2-2　μ 的區間估計 (σ^2 未知) 248

10-3　母體變異數之區間估計 255

10-4　母體比例之區間估計 (大樣本) 261

10-5　統計檢定 262

　　10-5-1　統計假設 263

　　10-5-2　建立統計假設的原則 263

　　10-5-3　統計假設的抉擇 265

　　10-5-4　檢定假設的統計量 267

　　10-5-5　決策的正確與誤差 267

　　10-5-6　統計檢定之步驟 269

　　10-5-7　另一種決策方式─利用 P - 值作抉擇 270

10-6　Excel 應用例 270

　　10-6-1　T 分配 270

　　10-6-2　卡方分配 275

10-7　章節架構圖說明：估計與檢定—《睡眠時間例》................... 278

練習題 282

CHAPTER 11　單一母體的假設檢定 285

11-1　母體平均數之假設檢定 (母體變異數已知) 286

11-2　母體平均數之假設檢定 (母體變異數未知) 289

11-3　母體變異數 σ^2 之假設檢定 291

11-4　母體比例的假設檢定 (大樣本) 295

11-5　Excel 應用例 298

　　11-5-1　母體平均數之假設檢定：Z - 檢定 298

　　11-5-2　母體平均數之假設檢定：T - 檢定 300

　　11-5-3　母體變異數之假設檢定：卡方檢定 302

　　11-5-4　母體比例之假設檢定：Z - 檢定 304

11-6　章節架構圖說明：單一母體之假設假定

　　　—《新生兒體重例》... 305

練習題 310

CHAPTER 12　雙母體的假設檢定 313

12-1　兩母體平均數差 $\mu^1 - \mu^2$ 的假設檢定 (獨立母體) 315

　　12-1-1　兩母體平均數差 $\mu^1 - \mu^2$ 的假設檢定

　　　　　　(母體變異數 σ_1^2、σ_2^2 已知).. 316

　　12-1-2　兩母體平均數差 $\mu^1 - \mu^2$ 的假設檢定

　　　　　　(母體變異數 σ_1^2、σ_2^2 未知，大樣本).......................... 318

　　12-1-3　兩母體平均數差 $\mu^1 - \mu^2$ 的假設檢定

　　　　　　(母體變異數 σ_1^2、σ_2 未知，小樣本).......................... 320

目錄

12-2 兩母體平均數差 $\mu_1 - \mu_2$ 的假設檢定
（相依母體，成對樣本的情況）..................................324

12-3 兩母體變異數比 σ_1^2 / σ_2^2 的假設檢定 327

12-4 兩母體比例差 $p_1 - p_2$ 的假設檢定
（獨立母體，大樣本情況）..................................334

12-5 Excel 應用例 336

    12-5-1 兩母體平均數差的假設檢定（母體變異數已知）..... 336

    12-5-2 兩母體平均數差的假設檢定（變異數未知，大樣本）......... 338

    12-5-3 兩母體平均數差的假設檢定（母體變異數未知，小樣本）.. 340

    12-5-4 兩母體平均數差的假設檢定（相依母體，成對樣本的情況）...344

    12-5-5 兩母體變異數比的假設檢定 347

    12-5-6 兩母體比例差的假設檢定（獨立母體，大樣本情況）..........354

12-6 章節架構圖說明：雙母體的假設檢定—《性別差異例》.......356

練習題 362

・單元 4　統計專題篇・

CHAPTER 13　實驗設計與變異數分析 367

13-1 單因子變異數分析 369

13-2 雙因子變異數分析 379

    13-2-1 「雙因子變異數分析 ── 無重複試驗」的實行過程 380

    13-2-2 「雙因子變異數分析 ── 重複試驗」的實行過程 384

13-3 Excel 應用例 390

    13-3-1 單因子變異數分析 390

    13-3-2 雙因子變異數分析 ── 無重複試驗 392

    13-3-3 雙因子變異數分析 ── 重複試驗 395

13-4 章節架構圖說明：變異數分析 ──《巧克力銷售量例》..........400

練習題 403

CHAPTER **14** 簡單迴歸分析 **407**

14-1　簡單線性迴歸模型 408

14-2　簡單線性迴歸模型的估計 409

14-3　誤差變異數 σ^2 之估計 412

14-4　直線迴歸係數之推論 413

14-5　迴歸預測 421

　　　14-5-1　平均因變數 $E(Y|X_p)$ 的預測 422

　　　14-5-2　個別可能因變數 Y_p 的預測 423

14-6　迴歸分析中的變異數分析 425

14-7　相關分析 429

14-8　殘差分析 433

14-9　Excel 應用例 438

14-10　章節架構圖說明：簡單迴歸分析—《青蛙例》 441

練習題 451

CHAPTER **15** 複迴歸分析 **455**

15-1　線性複迴歸模型 455

15-2　線性複迴歸模型的變異數分析 457

15-3　複相關係數與判定係數 459

15-4　殘差分析 461

15-5　Excel 應用例 463

15-6　章節架構圖說明：複迴歸分析 ——《廣告例》 465

練習題 470

CHAPTER **16** 類別資料的分析 **473**

16-1　適合度檢定 474

16-2　獨立性檢定 477

目錄

16-3　Excel 應用例 482

16-4　章節架構圖說明：類別資料分析 ──《套裝軟體使用例》..... 486

練習題 488

CHAPTER 17　時間序列分析 491

17-1　長期趨勢 492

17-2　季節變動 496

17-3　循環變動 501

17-4　不規則變動 503

17-5　Excel 應用例 503

　　　17-5-1　長期線性趨勢線 503

　　　17-5-2　指數平滑法 505

　　　17-5-3　移動平均法 506

17-6　章節架構圖說明：時間序列分析 ──《房租指數例》............ 509

附表 515

附表一　二項機率分配表 515

附表二　卜瓦松機率分配表 522

附表三　標準常態分配表（右尾機率值 α）.. 525

附表四　T 分配表（右尾機率值 α）... 526

附表五　卡方分配表（右尾機率值 α）.. 527

附表六　F - 機率分配表（右尾機率值 α）... 528

附表七　Durbin-Waston 檢定值（$\alpha = 0.05$）..................................... 536

索引 539

練習題答案 543

單元 1

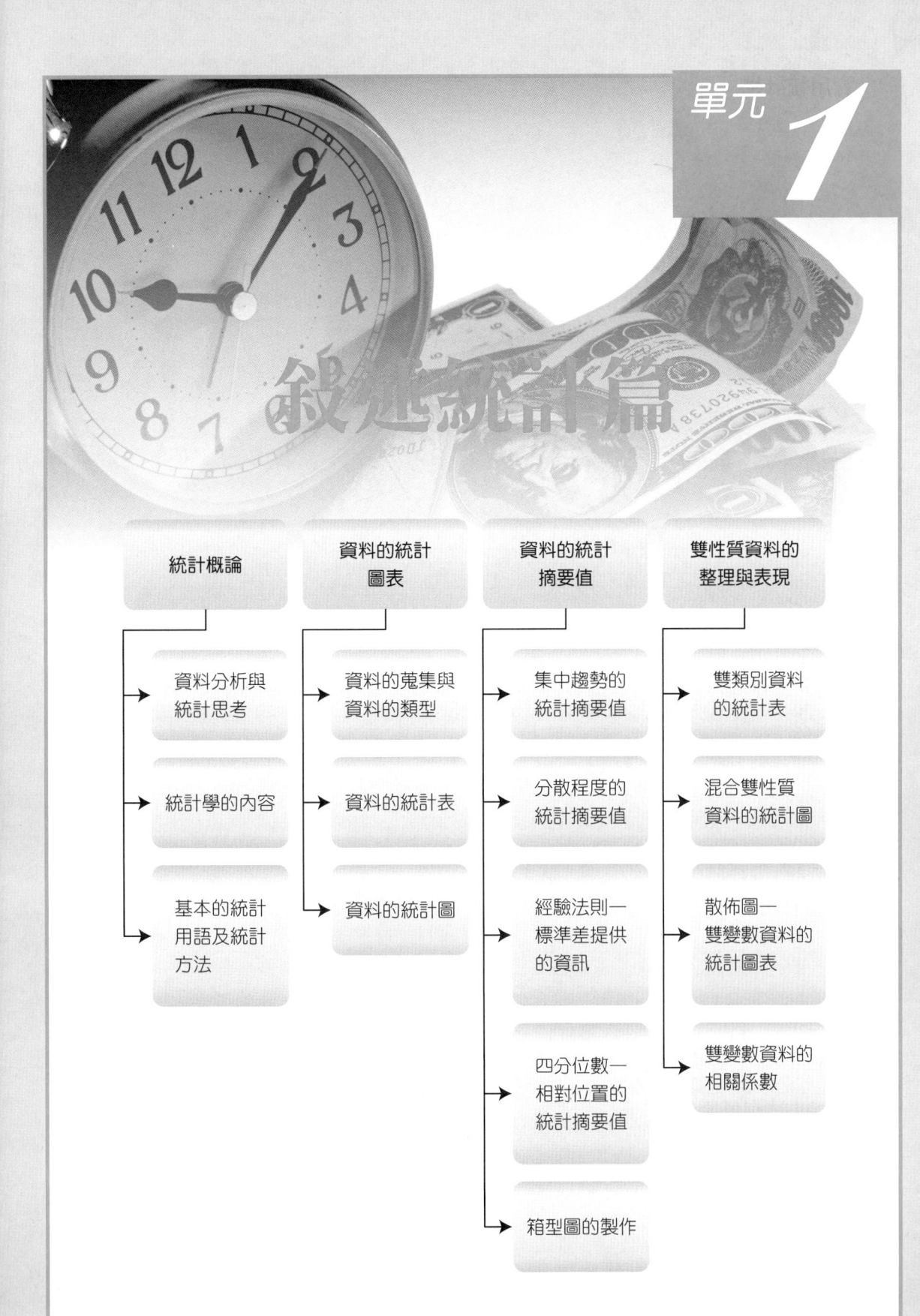

敘述統計篇

- **統計概論**
  - 資料分析與統計思考
  - 統計學的內容
  - 基本的統計用語及統計方法

- **資料的統計圖表**
  - 資料的蒐集與資料的類型
  - 資料的統計表
  - 資料的統計圖

- **資料的統計摘要值**
  - 集中趨勢的統計摘要值
  - 分散程度的統計摘要值
  - 經驗法則─標準差提供的資訊
  - 四分位數─相對位置的統計摘要值
  - 箱型圖的製作

- **雙性質資料的整理與表現**
  - 雙類別資料的統計表
  - 混合雙性質資料的統計圖
  - 散佈圖─雙變數資料的統計圖表
  - 雙變數資料的相關係數

CHAPTER 1

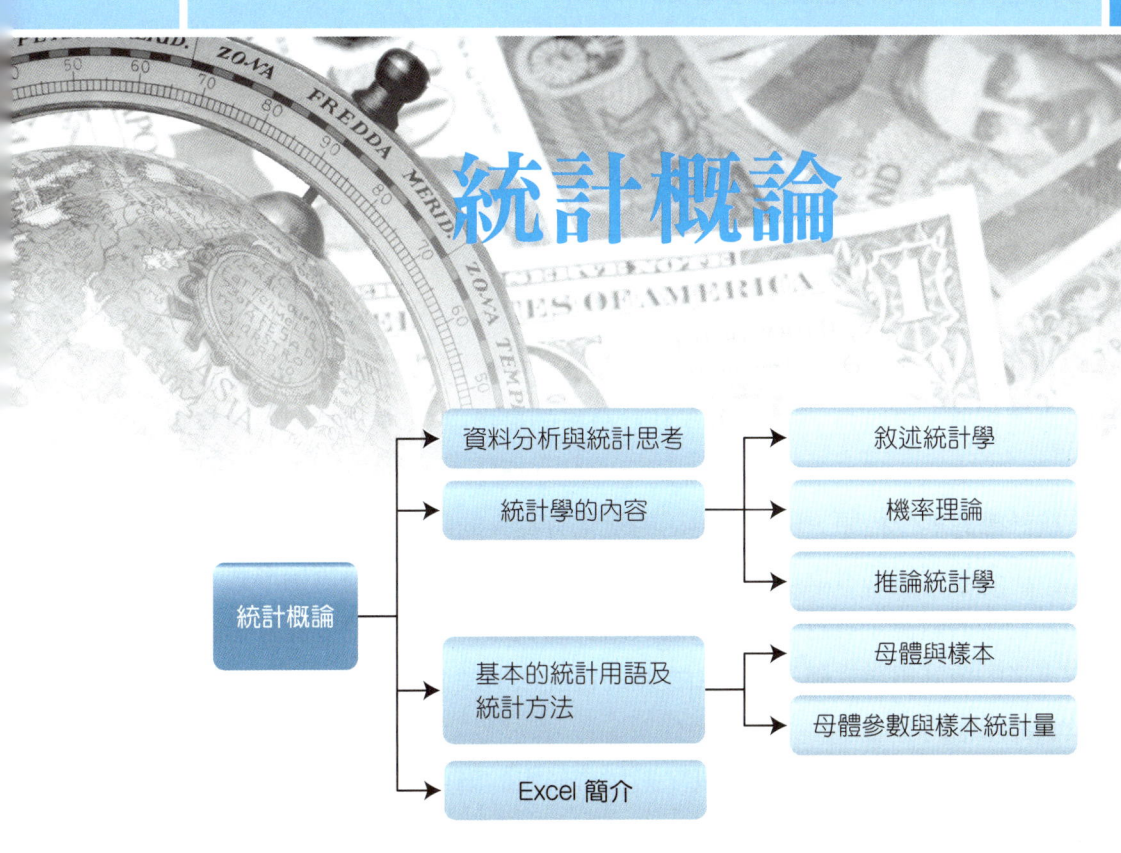

統計概論

```
統計概論
├─ 資料分析與統計思考
├─ 統計學的內容
│   ├─ 敘述統計學
│   ├─ 機率理論
│   └─ 推論統計學
├─ 基本的統計用語及統計方法
│   ├─ 母體與樣本
│   └─ 母體參數與樣本統計量
└─ Excel 簡介
```

近來景氣的低迷，各家公司的負責人，談到了經營的困難，除了抱怨大環境的惡化外，最迫切的需要是政府提供大樣本的統計資訊，如：經濟成長率、物價漲跌率、薪資水準、存貨率、失業率、勞動生產力等。這些大樣本的統計資訊配合各公司內部的相關統計資訊，可以替各行業做更佳的評斷。

事實上，種種統計資訊的應用也就是經營管理的一環，尤其是當勞資間產生糾紛時，這些財經、統計資訊，可以作為客觀的參考指標。

無論政府或民間企業，統計調查資訊的範圍日漸廣泛；目前更由於電腦設備的日趨成熟，使得所調查的資訊，從蒐集處理、統計分析，到編製圖表等各個過程都相當的嚴謹，而且客觀。

美國統計學家戴明 (Edward Deming) 認為，將統計資訊應用在企業管理上，猶如車輪的運轉，生生不息。如圖 1-1 所示，為了使企業管理不斷地創新與改進，善於運用各種統計資訊是相當重要的。

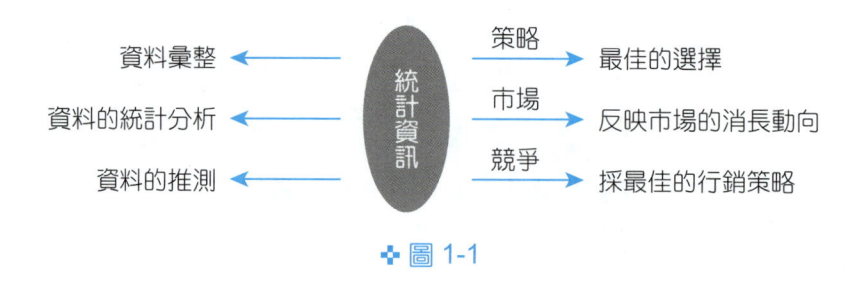

```
資料彙整 ←──┐         ┌──策略──→ 最佳的選擇
              │  統計   │
資料的統計分析 ←──┤  資訊   ├──市場──→ 反映市場的消長動向
              │         │
資料的推測 ←──┘         └──競爭──→ 採最佳的行銷策略
```

✚ 圖 1-1

2009 年 8 月，美國洛杉磯的華人報紙《星島日報》，有一篇關於「統計師前景」的專題報導，標題是「未來 10 年統計分析師最搶手」，文章的部份內容摘錄如下：

「統計師的地位抬頭，與現代生活的變化有莫大的關係。世界正急速走進資訊時代，所有的資料都可以量化和分析；然而數據只是知識的最原始形式，惟有經過整理過後的數據才有意義。面對龐大的資訊數據，新一代的統計分析師，需要擁有專業的統計電腦軟體知識，和複雜的統計數學模型理論基礎，才可以找出隱藏於數據庫中的答案。」

也就是說，現今的資訊時代造就了數據資料庫的誕生，進而有了統計數據分析的市場需求，「統計」成了各行各業的顯學領域。然而，統計分析師如何能在跨領域行業中，發揮統計專長，除了擁有統計專業知識，與電腦實際操作能力，也要對實務的領域有所了解，也因此這類的人才往往是各企業高薪聘請的對象；IBM 公司、GOOGLE 公司都聘請了為數不少的數學、統計分析師。依著實際的統計應用領域，統計概略分為：「商業統計」、「工業統計」、「生物統計」、「教育統計」等。期盼有心從事數據分析的讀者，在戮力於統計基礎理論及電腦分析技巧的同時，也要涉獵跨領域的專業知識，這樣會使自己成為職場上有絕對競爭力的優勢。

1-1 資料分析與統計思考

處於資訊發達的現代社會，透過各種的報導，我們每天都會看到很多的統計數據與統計圖表。現今，這些美侖美奐的數據、圖表，都是將大量的原始資料經過統計方法的分析，再配上個人電腦的執行所產生的結果。一般人對於這種彙整後的資料，有著多元化的思考與解釋。所謂「數字會說話」，其實主要是指資料使用者的詮釋；詮釋的正確與否，完全與使用者的統計知識有關，因為這些圖表、數據的背後，所需要的就是統計方法的分析。學習統計學就是學習統計方法的分析，其中所使用的推理與思考方式是一種科學方法的訓練；我們經由學習統計學的過程培養的是科學的推理與思考，經過了這樣的訓練，我們將更具有使用統計方法與分辨統計結果的能力。統計思考是邏輯性的，用統計思考去看事情，會看到資料中所隱含的統計資訊，該統計資訊將使我們在作決策時，有客觀的依據。也可以去預測未知的事項，並做出有利的預測，以達到最有效的統籌運用。除此之外，統計學可以說是提供了許多的統計工具，使我們在各種情況下，可以依據所學的統計知識，將資料裡的重要資訊萃取出來，以便制定最佳的決策。

有了統計思考的觀點，我們要學習的是如何「運用統計方法」及「實際的使用電腦輔助軟體」，將所蒐集的統計資料彙整成有具體意義的統計資訊。本書的目的，就是設計來學習各種的基本統計方法與實際的電腦運用。

目前市面上，有多種專門的統計套裝軟體 (如：SAS、SPSS、MINITAB、R、STATISTICA)，另外，Microsoft 的 Excel 也提供一個增益集『資料分析』，可以用來進行基本的統計分析。本書將使用 Excel 作為執行資料分析的工具，在每一章的最後一節，將介紹 Excel 的操作程序與應用例題，透過實際的執行步驟說明，以及對於最後的統計結果作結論說明。期盼讀者在研讀本書的統計理論時，也同時能夠熟悉電腦操作的技術，這將有助於統計學的學習，而且也會增加自己在職場上的競爭力。

1-2 統計學的內容

什麼是統計學的內容？我們一般最常見的統計圖與統計表只是統計學中最粗淺的部份。事實上，統計學的精神，在於對有興趣的現象，透過基本的資料蒐集、整理，以圖表表現外，更進一步的是，透過進階的統計分析，可以利用已蒐

集的部份資料去推測整體的未知現象。這是一種「以偏概全」的觀點,「偏」就是所蒐集的部份資料,「全」就是研究現象的整體資料,「概」就是推測。換句話說,統計的精髓在於利用局部的資料,可以正確地推測出整體資料的特質。

針對資料的特性,我們需要學習的是,如何蒐集資料,如何將所獲得的資料,加以記錄、整理,最後以一些統計圖表表示出資料的特質,這就是所謂的**敘述統計學** (descriptive statistics),也就是大家所熟悉的「統計」,也是最簡單易懂的部份。至於進階的統計方法則屬於「以偏概全」的推測部份,即利用局部的資料 (統計語法稱為樣本資料) 來推測整體資料 (統計語法稱為母體資料) 的特性 (統計語法稱為參數),這是所謂的**推論統計學** (inferential statistics)。

基本上,統計學的內容,重心都是在推論統計上。因為推論統計可以用來作決策、預測,使決策者可以有最佳的判斷依據。當然,決策者必須有好的統計知識,才可以正確無誤地利用統計人員分析好的統計結果,作出最優質的選擇。

另外,機率理論是推論統計的基礎,所有有關於整體資料的理論架構都包含在機率理論中,唯有對機率理論有充分了解,才能針對資料作出合適的分析與推測。

本書的統計內容是依照敘述統計學、機率理論以及推論統計學來設計的,其主要的結構如下:

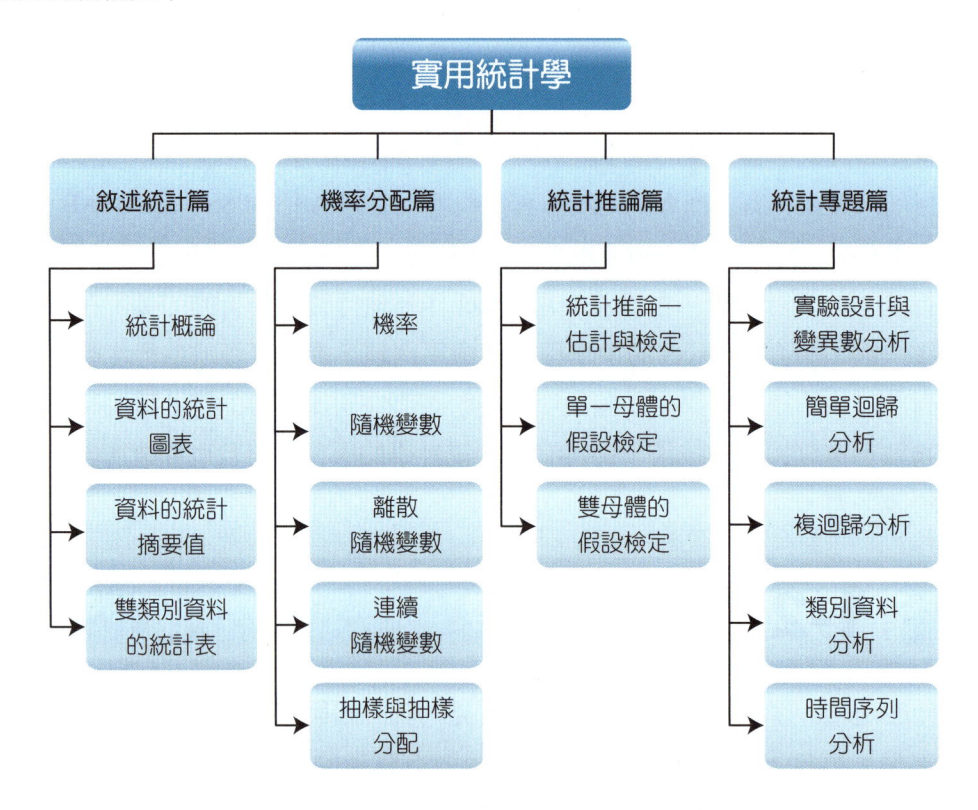

```
                        實用統計學
    ┌───────────┬───────────┬───────────┬───────────┐
  敘述統計篇    機率分配篇    統計推論篇    統計專題篇
    │            │            │            │
  統計概論        機率       統計推論─    實驗設計與
                            估計與檢定    變異數分析
    │            │            │            │
  資料的統計    隨機變數     單一母體的    簡單迴歸
    圖表                     假設檢定       分析
    │            │            │            │
  資料的統計    離散         雙母體的      複迴歸分析
    摘要值     隨機變數     假設檢定
    │            │                         │
  雙類別資料    連續                      類別資料
   的統計表   隨機變數                     分析
                 │                         │
              抽樣與抽樣                  時間序列
                分配                       分析
```

1-3 基本的統計用語及統計方法

通常,當我們在研究某種現象時,我們其實是想知道該現象中,各種不同的特性,這些特性透過局部的資料所呈現出來的,永遠與整體現象的真實特性有差異。學統計的第一步,就是先將所要處理的實際問題轉換為一般的統計用語,之後再套用適當的方法加以分析,產生出具有決策能力的統計結論,最後再將此結論還原為實際問題的務實解釋。現以一實例說明上述的實務與統計的關係。

範例 1-1

某一遊戲軟體公司,想要知道顧客對於他們某一種新遊戲的反應如何。因此,先推出一段時間,看市場的反應。如果接受率在 60% 以上,那麼他們將會大量地推出此新遊戲。經調查後,在 200 個玩過此遊戲的玩家中,有 125 人表示喜愛,那麼這家公司的決策者要作如何的打算,推出或暫緩?

本例題對照於統計用語「母體」、「樣本」、「參數」的項目整理如表 1-1 及表 1-2。

統計用語與實例的配合

✛ 表 1-1

統計用語	實例
母體	所有的顧客
樣本	200 個顧客
參數	新產品的接受率

✛ 表 1-2

統計內容	實值
要探討的母體參數值	60%
蒐集的樣本統計量的觀察值	62.5% $\left(\frac{125}{200}\right)$

表 1-3 是針對上面的實例,做完整的統計分析時,所要用到的統計內容與實例的對照:

✚ 表 1-3

統計方法	實例對照
資料的蒐集、整理	市場調查：200 人中 125 人接受新遊戲
母體參數	顧客接受率
抽樣樣本統計量的機率理論	市場調查後，接受率的各種可能情況
母體參數的估計與檢定	以市場調查的接受率 62.5% 來推測未來的接受率是否大於 60%

1-3-1 母體與樣本

母體 (population)

母體，就是要調查研究的全體對象，也就是我們想要研究的一切成員，母體的成員數通常以大寫字母 N 表示。

例如全國的 40～50 歲的失業人群、公司裡的所有員工、患有近視的小學生等，都是所謂的母體。母體的成員數，有的多，有的少；有的確定，例如公司裡的所有員工；有的不確定，例如全國的 40～50 歲的失業人口、患有近視的小學生等。

樣本 (sample)

樣本，是母體中的一部份。它的數量大小通常以小寫字母 n 表示；稱為樣本數 (sample size)。

為什麼我們要挑選樣本？因為大部份的時候，我們都無法研究整個母體，所以必須使用樣本作為指引，希望能藉著樣本反映出母體的事實狀況。例如從全國的 40～50 歲的失業人口中隨機抽取 500 人參加心理測驗，這 500 人就是一組的樣本；又從近視的小學生中隨機抽出 100 人作追蹤調查，這 100 人也是一組的樣本。

母體與樣本間的差異

　　樣本是從母體中抽樣得來的，在抽樣的過程中常因為抽樣方法、估計方法的不同而產生所謂的抽樣誤差，這種誤差主要指的是母體與樣本間的基本差異。通常只要取樣數目愈多，樣本與母體就愈相似，抽樣誤差也就相對降低了。但是不同的抽樣方法也會影響抽樣誤差的大小，如何抽樣可以得到一個具有代表性的樣本？簡單隨機抽樣是最常用的抽樣方法。簡單隨機抽樣是將母體中的每一成員，以「平等機會」的方式被挑選出來。這就好像將母體的每一成員代號作了標籤，放在袋子裡，再由公正人士抽出所要的樣本數量。另外還有其他的抽樣方法，我們將在第九章做更完整的介紹。

1-3-2 母體參數與樣本統計量

母體參數 (population parameter)

母體參數，是描述母體成員的特性。

　　母體中的成員，有許多的特性，這些特性通常是一種摘要性的數值，例如母體平均數、母體變異數、母體標準差、母體比例等，我們將其通稱為母體參數，簡稱母數或參數，這些參數通常是未知的。

範例 1-2　母體參數

　　近視的小學生中，平均近視度數是個母體平均數；全國的 40～50 歲的失業族中，女性的比例是個母體比例；公司裡的所有員工，薪資的標準差是個母體標準差。

樣本統計量 (sample statistic)

樣本統計量，是母體參數的一個估計公式，用來描述樣本成員的特性。

對於未知的母體參數值，我們很想知道它的大小，但是卻又無法真正去計算，所以我們必須從樣本中得到這些未知參數的可能值，這個值就是樣本統計量中的一個觀察值。基本上，樣本統計量是相對於母體參數的一個估計公式，它的觀察值隨著抽取樣本的不同而有所改變。相對應於母體平均數、母體變異數、母體標準差、母體比例，常見的樣本統計量有樣本平均數、樣本變異數、樣本標準差、樣本比例等。

範例 1-3　樣本統計

隨機抽出 100 名近視的小學生，如果他們的平均近視度數是 200 度，那麼這個值就是所謂的樣本平均數值，可以作為母體平均數的估計參考值。另外，如果在 1,000 名失業族中，女性有 350 名，那麼 35% 代表的是樣本比例值（失業族的女性比例），可以作為母體比例的估計參考值。

範例 1-4

欲調查大陸地區成年人的就業率，平均工資（人民幣/每月），及工資標準差各是多少。隨機取樣 200 名成年人得以下資料：就業人數為 160 人，工資平均值為 280 元人民幣，標準差為 50 元人民幣。
(1) 何者為母體及樣本，樣本數 $n = $ ？
(2) 本題所涵蓋的母體參數有那些？
(3) 樣本統計量及觀察值為何？

解

(1) 母體是大陸地區的成年人；樣本是隨機取樣的 200 名成年人；$n = 200$。
(2) 3 種母體參數。(a) 母體比例：成年人的就業率。(b) 母體平均數：成年人的工資的平均數。(c) 母體標準差：成年人的工資的標準差。
(3) 3 種樣本統計量。(a) 樣本比例：200 名成年人的就業率。(b) 樣本平均數：200 名成年人工資的平均數。(c) 樣本標準差：200 名成年人的工資標準差。這 3 個樣本統計量的觀察值分別為：200 名成年人的就業率 = 160/200、工資平均值 = 280、工資標準差 = 50。

1-4 簡介 Excel (2010)『分析工具箱』增益集

　　Excel (2010) 除了可以繪製統計圖表，還提供了『分析工具箱』增益集，內容包括了常見的統計分析函數，本節將介紹如何開啟及使用『分析工具箱』增益集。

步驟 1： 開啟 Excel (2010)。

步驟 2： 在 Excel (2010) 的功能表列選擇檔案 / 選項 (圖 1-2)，點選彈跳視窗中的『增益集』頁籤 (圖 1-3)，可以看到目前啟用與未啟用的增益集。

❖ 圖 1-2　　　　　　　　　　　　❖ 圖 1-3

步驟 3： 在圖 1-3 下方的下拉式選單，選擇『Excel 增益集』選項，再按『執行』按鈕，就可以叫出增益集表單 (圖 1-4)。

步驟 4： 勾選『分析工具箱』，按下『確定』按鈕 (見圖 1-5)。

步驟 5： 完成步驟 1～步驟 4 之後，在 Excel (2010) 的『資料』功能區中，將會新增一個叫『分析』的子功能區，按鈕的名稱為『資料分析』(圖 1-6)。

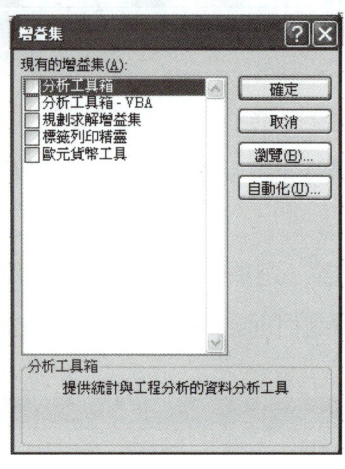

實用統計學 *Statistics*

✤ 圖 1-4 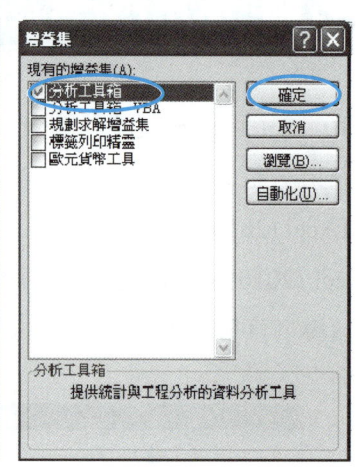　　　　　　　　　　✤ 圖 1-5

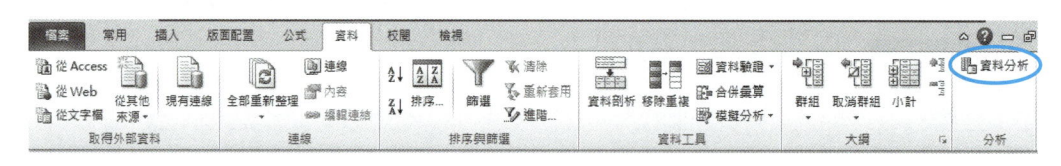

✤ 圖 1-6

步驟 6：點選『資料分析』，出現功能表單，在『資料分析』/『分析工具』下拉選單，選擇要使用的統計分析函數功能，按下『確定』即可使用 (圖 1-7)。

✤ 圖 1-7

1-5 章節架構圖說明：統計術語—《棒球例》

棒球是台灣的國球，隨著多位台灣選手加入了美國大聯盟 (Major League Baseball, MLB)，帶動了社會一股 MLB 賽事觀賞的風潮。本章以 2010 年美國大聯盟資料（資料來源：http://www.mlb.com），作為章節架構圖說明，進行實務上的案例分析。

2010 年，美國大聯盟共有 30 支球隊，涵蓋兩個聯盟—國聯及美聯，其中，國聯有 16 支球隊，美聯有 14 支球隊。以球團年度的總薪資而言，全部 30 支球隊之平均總薪資為 9.1 千萬美元，國聯 16 支球隊之平均總薪資為 7.8 千萬美元，美聯 14 支球隊之平均總薪資為 9.6 千萬美元。

依統計學用語來說，MLB 的全部球隊稱為母體，母體成員數 $N = 30$。MLB 的兩個聯盟—國聯 (NL) 及美聯 (AL)，則稱為樣本；各有樣本數：國聯 $n = 16$，美聯 $n = 14$。母體平均總薪資 = 9.1 千萬美元。國聯之樣本平均總薪資 = 7.8 千萬美元，美聯之樣本平均總薪資 = 9.6 千萬美元。可以概略得知：大聯盟全部之平均總薪資高於國聯，低於美聯。美聯之平均總薪資，則高於國聯。

對照章節架構圖，表 1-4、表 1-5、表 1-6 分別說明了基本的統計用語及統計方法：

基本的統計用語及統計方法 → 母體與樣本
基本的統計用語及統計方法 → 母體參數與樣本統計量

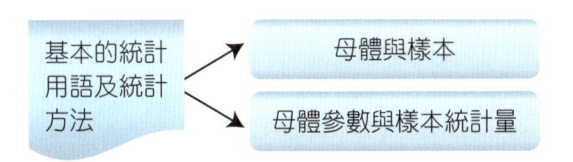

❖ 表 1-4　大聯盟球隊之平均總薪資

MLB 實例	統計用語
大聯盟全部球隊	母體
大聯盟 30 支球隊	母體成員數 $N = 30$
大聯盟 30 支球隊之平均總薪資為 9.1 千萬美元	母體平均數 = 9.1 千萬美元

✦ 表 1-5　國聯球隊之平均總薪資

MLB 實例	統計用語
國聯球隊	樣本
國聯 16 支球隊	樣本數 $n=16$
國聯 16 支球隊之平均總薪資為 7.8 千萬美元	樣本平均數 = 7.8 千萬美元

✦ 表 1-6　美聯球隊之平均總薪資

MLB 實例	統計用語
美聯球隊	樣本
美聯 14 支球隊	樣本數 $n=14$
美聯 14 支球隊之平均總薪資為 9.6 千萬美元	樣本平均數 = 9.6 千萬美元

名詞解釋

敘述統計學 (descriptive statistics)：將所獲得的資料，加以記錄、整理，最後以一些統計圖表表示出資料的特質。

推論統計學 (inferential statistics)：利用樣本資料來推測母體資料的特性。

母體 (population)：要調查研究的全體對象。

樣本 (sample)：母體中的一部份。

母體參數 (population parameter)：描述母體資料的特性。

樣本統計量 (sample statistic)：是母體參數的估計公式，用來描述樣本資料的特性。

練習題

1-1 (　　) 圖表表式法屬於敘述統計學。

1-2 (　　) 母體參數是個估計公式。

1-3 (　　) 樣本的個數多於母體的個數。

1-4 (　　) 樣本統計量是個估計公式。

1-5 (　　) 母體參數值通常是未知的。

1-6 下列那些是敘述統計？那些是推論統計？
   (a) 由於全球經濟不景氣，我們可以預期明年的失業率將上升 1%。
   (b) 去年台灣地區的刑事案件中，有 60% 是竊盜案。
   (c) 由民意調查得知，某候選人的支持率為 30%。
   (d) 政府公佈過去 10 年的物價指數。
   (e) 各國的醫療保險比較。
   (f) 2004 年奧運男子、女子十項全能的各項紀錄。

1-7 下列那些是母體？那些是樣本？
   (a) 全國牙醫師的年齡。
   (b) 大學生的缺席率。
   (c) 100 個國中生的零用錢。
   (d) 上個月，台大醫院急診部的病人數。
   (e) 50 個 MBA 就業的最初薪資。
   (f) 3 所私立大學的資產。

1-8 範例 1-3 中，小學生之樣本數 = ？

1-9 要調查全國牙醫師的年齡平均數，標準差各是多少。共取樣 200 名牙醫師，得其年齡平均數為 45 歲，標準差為 8 歲，請寫出下列統計用語的對照實例：母體、樣本、參數、母體參數值、樣本統計量的觀察值。

1-10 消基會想要調查大專畢業生初次就業的平均起薪為何？以 2000 年 50 位畢業生的起薪為資料，得其平均值為 24,890 元。何者為母體參數？樣本統計量觀察值？

1-11 衛生署想要了解孕婦抽煙的比率。隨機訪問了 60 位孕婦，得其抽煙的比率為 12%。何者為母體參數、樣本統計量觀察值？樣本數 = ?

1-12 語言中心想得知英文會考成績之差異性(變異數)。隨機選取 25 位同學的英文會考成績，計算得知標準差為 5 分。何者為母體參數、樣本統計量觀察值？

CHAPTER 2

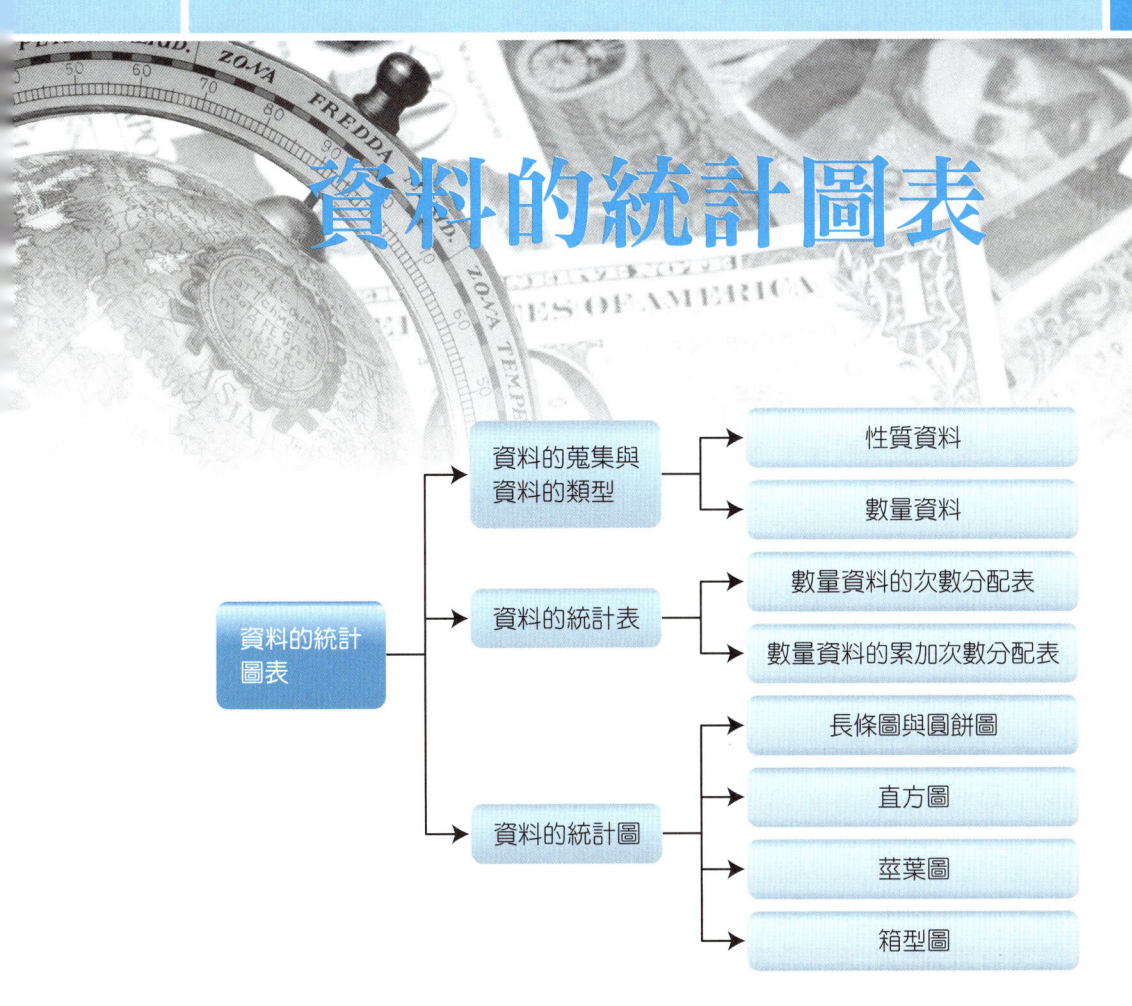

資料的統計圖表

```
資料的統計圖表
├── 資料的蒐集與資料的類型
│   ├── 性質資料
│   └── 數量資料
├── 資料的統計表
│   ├── 數量資料的次數分配表
│   └── 數量資料的累加次數分配表
└── 資料的統計圖
    ├── 長條圖與圓餅圖
    ├── 直方圖
    ├── 莖葉圖
    └── 箱型圖
```

　　隨著資訊爆炸年代的到來，我們身邊的數據，正在快速增長，如何從眾多數據中找到有價值的規律和結論，就成了關鍵技術，資料探勘也成為各領域的顯學。一般所蒐集到的原始資料，是一筆筆的資料，不容易看出整體資料的背後，隱含了那些特性與意義。唯有透過資料的整理、特性的彙整，以及進階的資料分析，才能進一層地得到有意義的數據資訊。

　　本章，我們將學到統計圖與統計表的繪製，透過圖形與表格，將原始的資料，以有系統、有條理的方式，表現出資料的分佈情形，歸納內容，使讀者可以一目瞭然，並掌握其中的資訊。

2-1 資料蒐集

資料是我們分析研究對象時的本質,主要分為初級資料與次級資料。初級資料指的是新蒐集的資料,次級資料指的是不需要另外蒐集的既有資料,一般常見的次級資料大都可以從特定網站資料庫上獲取,舉例來說,健保局的健保資料、內政部的人口普查資料、氣象局的氣象資料等。初級資料(亦稱為原始資料)蒐集的方法,通常採取「調查」或「實驗」的方式;隨著研究的動機與目的而有所不同,但都要經過合理的設計。

一般初級資料的調查,對象如果是涵蓋母體的所有成員,稱為「普查」,例如:戶口普查、工商普查;政府部門,每隔一段時間都要進行普查,以了解國民概況;因為是要蒐集全國每一個體的資訊,規模龐大,所以需要許多的人力與預算,來進行實地的個別訪問;另外還有資料的建檔與儲存,更需要有專門的資訊人員與資料庫系統。全面調查的「普查」因為涉及所有母群體成員,所以通常是間隔較長的時間才進行一次,但必須一直持續進行,才能看出隨著時間變化的趨勢,此時,時間序列分析(第十七章)就是主要的分析方法了。

除了全面調查的「普查」,如果進行小規模局部調查,稱為「抽樣調查」,研究對象是從母群體中,經由設計所蒐集的,稱為「抽樣樣本」。抽樣方法是需要進行規劃的,稱為「實驗設計」,例如:簡單抽樣、分層抽樣等。抽樣的樣本數要取多少,也是一個重點,當然樣本數愈多愈好;但是經由統計公式的推估,可以預先算出所需要抽取的樣本數;這也是統計學的實際應用之一。抽樣調查的進行方式,隨著資訊時代的通訊發展,常見的調查方式,漸漸地,從實地面對面的訪問,改變為電話訪談、郵寄調查、e-mail 調查,以及網路調查。無論是那一種的調查方式都要有預先設計好的問卷,此時,問卷的題項設計相對地很重要,而且蒐集到的資料,如何鍵入到 Excel,也是重要的課題。

為了使讀者在正式學習統計內容之前,先有個完整的資料處理經驗,這樣有助於後續的統計學習。以下將以一個實例,從資料的蒐集,到調查資料的 Excel 鍵入,一一作清楚的說明。

範例 2-1

台中某銀行貸款部門，想要了解台中市的空屋房價資訊，請資訊部分別在4個「區域」（東區、西區、南區、北區），以電話訪談方式，進行空屋房價調查，並且記錄空屋的4種內容：「建築種類」（住宅、住商）、「樓數」（順序資料）、「平均坪數」（數量資料）、「平均單價」（數量資料）。依照4個地區的房屋數分佈，分別取樣共50筆資料：東區6筆、西區23筆、南區13筆、北區8筆。下表是部份的資料；將蒐集的50筆資料，鍵入 Excel 檔案。（檔案：空屋房價.xls）

表 2-1　台中空屋價格的部份資料

區域	建築種類	樓數	平均坪數	平均單價	區域	建築種類	樓數	平均坪數	平均單價
東區	住宅	3	43.50	4.00	西區	住宅	8	31.00	12.20
東區	住宅	3	45.00	4.00	南區	住宅	13	33.00	8.80
東區	住商	12	55.00	10.20	南區	住宅	11	31.50	8.50
西區	住商	14	35.00	11.80	南區	住宅	9	33.50	10.20
西區	住宅	14	45.00	12.50	北區	住宅	9	45.00	12.20
西區	住商	14	105.00	28.00	北區	住宅	14	38.00	12.80
西區	住宅	14	45.00	12.20					

解

正確的 Excel 輸入格式，會讓後續的資料分析更順暢；將資料遵循下列的步驟，鍵入 Excel 檔案：

步驟 1： 在第一列，輸入『變數名稱』：「區域」、「建築種類」、「樓數」、「平均坪數」、「平均單價」。

步驟 2： 依著「區域」（東區、西區、南區、北區）的順序，將每一筆資料，輸入至對應變數的欄位格，如表 2-2：

✦ 表 2-2

	A	B	C	D	E										
1	區域	建築種類	棟數	平均坪數	平均單價	18	西區	住宅	14	45.00	12.20	35	南區	住宅	12	33.50	11.30
2	東區	住宅	4	38.50	4.00	19	西區	住宅	8	31.00	12.20	36	南區	住宅	13	33.00	8.80
3	東區	住宅	3	41.50	4.00	20	西區	住宅	8	40.50	13.50	37	南區	住宅	20	46.00	12.60
4	東區	住宅	4	36.50	4.00	21	西區	住宅	13	50.00	13.20	38	南區	住宅	9	45.00	9.00
5	東區	住宅	3	43.50	4.00	22	西區	住宅	14	91.50	15.50	39	南區	住宅	8	36.00	8.83
6	東區	住宅	3	45.00	4.00	23	西區	住宅	9	45.00	13.80	40	南區	住宅	8	32.00	8.50
7	東區	住商	12	55.00	10.20	24	西區	住宅	25	116.00	19.50	41	南區	住宅	11	31.50	8.50
8	西區	住宅	7	17.50	22.30	25	西區	住宅	14	75.00	15.50	42	南區	住宅	8	46.00	10.30
9	西區	住宅	14	81.43	27.75	26	西區	住宅	14	94.00	15.80	43	南區	住宅	9	33.50	10.20
10	西區	住宅	14	27.00	13.00	27	西區	住宅	13	38.00	13.20	44	北區	住宅	9	45.00	12.20
11	西區	住宅	8	50.00	13.50	28	西區	住宅	13	90.00	15.60	45	北區	住宅	14	38.00	12.80
12	西區	住宅	14	46.00	13.20	29	西區	住宅	7	34.00	11.70	46	北區	住宅	9	35.00	11.80
13	西區	住宅	13	45.50	12.60	30	西區	住宅	7	31.00	10.80	47	北區	住宅	12	37.50	13.30
14	西區	住宅	24	61.00	16.30	31	南區	住宅	14	50.50	11.40	48	北區	住宅	14	40.50	12.00
15	西區	住商	14	35.00	11.80	32	南區	住宅	9	30.00	10.30	49	北區	住宅	14	55.00	12.60
16	西區	住宅	14	45.00	12.50	33	南區	住宅	13	32.00	10.80	50	北區	住宅	6	28.00	12.30
17	西區	住商	14	105.00	28.00	34	南區	住宅	8	30.00	10.20	51	北區	住宅	7	38.00	10.60

2-2 資料類型

　　資料蒐集後，接著要辨別它屬於那一種類型，這樣才可以決定未來所使用的統計方法，用對了統計方法來分析資料，其決策結果才會是可信的。

　　資料的類型有兩大類：「性質資料」及「數量資料」。兩者間最大的不同在於：「性質資料」是以分類的資料為主；例如：性別的分類、公司員工的職別、年終考績等。「數量資料」是屬於數值形式的資料，例如：身高、體重的測量、學生的考試成績(分數)、員工的薪資等。

2-2-1 性質資料

　　性質資料 (qualitative data) 多以文字敘述居多，但是也可以用數字來作分類。這些數字，有的沒有任何實值意義，有的則有順序的意義。依數字順序大小的有無，性質資料可以分為兩種：「類別資料」與「順序資料」。

類別資料 (nominal data)

　　使用數字來代表事物的類別，這些數字只是用來代表不同的分類，並沒有數字的實質意義。

Chapter 2　資料的統計圖表

　　例如：性別的分類，可以用 0 代表女性，1 代表男性 (也可用 1 代表女性，2 代表男性)；公司員工的七種職別，可以分別用數字 1, 2, ... , 7，代表不同的職別，其中的數字代表那種職別並不重要，只要可以區別這些職別就可以了。

順序資料 (ordinal data)

使用數字來代表研究對象中某性質的順序，數字本身有大小等級的關係。

　　例如：學生的成績排名、公司員工的年終考績等，都可以用 1, 2, ... 來表示，此時的數字大小代表了「等級」的差別。

2-2-2　數量資料

　　數量資料 (quantitative data) 本身就是數值形式，它可以是整數或是含有小數的實數。依數值形式的不同，數量資料可以分為兩種：「離散型資料」與「連續型資料」。

離散型資料 (discrete type data)

以計數或計次的方式所得到的資料。

　　例如：晶圓廠裡，積體電路的瑕疵品數量；支持某位候選人的人數；每一小時到彩券行購買彩券的人數；100 名小學生中，近視的人數等。

連續型資料 (continuous type data)

以衡量方式所得的資料，通常受到衡量單位的影響。

　　例如：小學生的身高、中學生的體重、大學生一個月的零用錢、公司員工的薪資等。

範例 2-2　創投例

創投公司想要知道所投資的科技公司，其員工的性別、職別、年齡層、薪資與工作年資的分佈狀況。共蒐集了 144 位該公司員工的各項資料。表 2-3 為部份資料 (檔案：科技公司.xls)，試敘述變數的資料類型。

表 2-3　科技公司的部份員工資料

id	性別	職別	年齡	年齡層	工作月數	薪資	職等
m1	女	產品工程師	38.75	壯年	22	51,150	3
m2	女	廠房職員	23.33	青年	24	59,976	3
m3	女	系統工程師	32.50	壯年	29	71,538	3
m4	男	廠房職員	22.58	青年	28	71,850	3
m5	男	研發工程師	29.92	青年	23	129,750	5
m6	男	系統工程師	25.67	青年	20	85,101	4
m7	男	廠房職員	24.42	青年	22	67,920	3
m8	男	系統工程師	28.33	青年	17	88,988	4
m9	女	廠房職員	40.67	中年	37	57,750	3
m10	男	製程工程師	33.50	壯年	31	41,550	2
m11	女	廠房職員	31.58	壯年	37	31,950	2

解

職等屬於性質資料中的順序資料；

性別、職別、年齡層均屬於性質資料中的類別資料；

年齡、薪資屬於數量資料中的連續型資料；

工作月數則屬於數量資料中的離散型資料。

2-3 資料的統計表

將整理後的資料,以文字及數字表現,製作成表格的形式,就是所謂的統計表。它使得資料簡潔化、系統化,有助於對原始資料的了解與進一步的分析。次數分配表是最常見的統計表,無論是類別資料或是數量資料都可以製作次數分配表。

次數分配表

蒐集來的資料,無論是屬於性質形態或是數量形態,都要作分類的整理,才能獲得有用的資訊。次數分配表格的製作方法,是將性質資料依類別分類;將數量資料依組別分類,再計算各類組的次數,以顯示出所有資料在各類組的分佈情形。除了次數之外,進一步也可以計算各類組次數在總次數中所佔的比例,這種表格稱之為「相對次數分配表」。我們先以一例子介紹性質資料的「次數分配表」與「相對次數分配表」,接著,我們將在 2-3-1 節詳細說明如何製作數量資料的次數分配表。

範例 2-3　類別資料的次數分配表

在範例 2-2《創投例》中,各種職別的人數分配,以及男女員工的人數分配,都是屬於類別資料的次數分配表。

解

❖ 表 2-4　職別的人數分配表

職別	人數	相對人數	累加相對人數
廠房職員	98	68.10%	68.10%
產品工程師	11	7.60%	75.70%
製程工程師	23	16%	91.70%
系統工程師	8	5.50%	97.20%
研發工程師	4	2.80%	100%
合計	144	100%	

✦ 表 2-5　男女員工的人數分配表

性別	人數	相對人數	累加相對人數
男	58	40.30%	40.30%
女	86	59.70%	100.00%
合計	144	100%	

2-3-1　數量資料的次數分配表

要建立數量資料的次數分配表 (frequency distribution)，首先需將資料依數值的大小，加以分組，再計算出各組的次數、相對次數，最後列出各組次數的整理表格。我們先以一例子介紹數量資料的次數分配表與相對次數分配表，之後再介紹建立表格所需要的步驟與各種統計名詞。

範例 2-4　數量資料的次數分配表

在範例 2-2《創投例》中，所有員工的薪資分配、工作月數分配、年齡分配、都是數量資料的次數分配表。甚至不同職別的薪資分配，男女員工的薪資分配，也都是數量資料的次數分配表。表 2-6 所示為男性員工的薪資分配表與相對次數表。

解

✦ 表 2-6　男性員工的薪資分配表與相對次數表

薪資	人數	相對人數	累加相對人數
30,000 ~ 50,000	27	46.60%	46.60%
50,000 ~ 70,000	7	12.10%	58.70%
70,000 ~ 90,000	15	25.90%	84.60%
90,000 ~ 110,000	3	5.10%	89.70%
110,000 ~ 130,000	4	6.90%	96.60%
> 130,000	2	3.40%	100%
	58	100%	

建立次數分配表的步驟

步驟 1： 決定組數。

資料分組，組數的多寡沒有客觀的標準。一般而言，觀察值愈多，組數也就愈多，才可以看出資料的分佈情形。通常的組數多取為 5～15 組，在製表的過程中，組數的改變，就會使得所有的後續計算過程，都要重新來過。

步驟 2： 選擇各組的上下限。

組數決定後，資料分組時要先選擇各組的上限與下限。這時需要知道全體資料的範圍(全距)以及各組的範圍(組距)。所謂的「全距」指的是全體資料表中最大值減去最小值。所謂的「組距」，指的是將全距除以組數，所得到的一個概略整數值。

分組時，從最小值開始(或是比最小值略小的整數值)，以組距建立起每一組的下限及上限。要注意的是前後組的上下限必須配合，例如表 2-7 表示連續型資料分組時，後組的下限必須等於前組的上限。

✤ 表 2-7　連續型資料分組的前後組之上下限

組別	下限 (含)	上限 (不含)
前組	a	b
後組	b	c

步驟 3： 以組中點作為各組的代表值。

分組後，每一組將以一值代表，這個值稱為組中點。組中點就是各組上下限的平均值。

步驟 4： 登錄各組的次數。

通常，徒手製表時，登錄採用的是「劃記法」，以計算各組的次數。I、II、III、IIII ……是簡易的表示法；另外，一、丁、下、正，正的「正字標記」則是國人常用的一種記號。無論是劃記或是正字標記，最終的整理則是以數字表示次數值。

步驟 5： 計算各組的相對次數。

這是產生相對次數表時，才需要的步驟。所謂的相對次數，就是將各組的次數除以總次數，通常以百分比例代表。

範例 2-5　次數分配表

表 2-8 為全世界 30 個國家的女性平均壽命，建立其次數分配表及相對次數分配表。

表 2-8　30 個國家的女性平均壽命

44	75	80	79	74	53	78	76	79	64
78	67	75	50	50	52	58	81	78	69
75	79	77	78	77	79	70	73	63	69

解

步驟 1：決定組數。

由於觀察值有 30 個，所以取 5 組。

步驟 2：選擇各組的上下限。

本例題之最小值為 44，最大值為 81。所以

全距 ＝ 最大值 − 最小值 ＝ 81 − 44 ＝ 37

組距 ＝ 全距 ÷ 組數 ＝ 37 ÷ 5 ＝ 7.4 ≒ 8

以組距 ＝ 8 建立起每一組的下限及上限，同時第一組的下限取為 42，則 5 組的上下限分別為：

第一組：42～50；第二組：50～58；第三組：58～66；

第四組：66～74；第五組：74～82。

步驟 3：以組中點作為各組的代表值。其中

組中點 ＝ (下限 ＋ 上限) ÷ 2。

各組的組中點分別為：

第一組：46；第二組：54；第三組：62；

第四組：70；第五組：78。

步驟 4：登錄各組的次數，並且計算各組的相對次數。

✤ 表 2-9　次數分配表

組別	下限	上限	組中點	登錄次數	次數	相對次數
1	42	49	45.5	I	1	0.03
2	50	57	53.5	IIII	4	0.13
3	58	65	61.5	III	3	0.10
4	66	73	69.5	IIII	5	0.17
5	74	81	77.5	IIII IIII IIII II	17	0.57
					30	1.00

2-3-2 數量資料的累加次數分配表

所謂累加次數分配表 (cumulative frequency distribution)，通常是在次數分配表的最後一欄，再加入新的欄位「累加相對次數」，將該類別或組別之下的所有類別組別的相對次數加總。表 2-10 是將表 2-9 加入了「累加相對次數」的累加次數分配表。

✤ 表 2-10　次數及累加次數分配表

組別	下限	上限	組中點	次數	相對次數	累加相對次數
1	42	49	45.5	1	0.03	0.03
2	50	57	53.5	4	0.13	0.16
3	58	65	61.5	3	0.10	0.26
4	66	73	69.5	5	0.17	0.43
5	74	81	77.5	17	0.57	1.00
				30	1.00	

2-4 資料的統計圖

將整理後的資料，以圖形方式呈現，就是所謂的統計圖。依資料類型的不同，有關於「性質資料」的統計圖為長條圖及圓餅圖；而屬於「數量資料」的統計圖為直方圖、莖葉圖及箱型圖。

2-4-1 長條圖與圓餅圖

長條圖與圓餅圖 (bar chart and pie chart) 表示的是類別資料的次數分配圖，無論是長條圖或圓餅圖，都必須先產生該類別資料的次數分配表。通常長條圖以橫軸、縱軸來表示，其中橫軸表示不同的類別，縱軸表示這些類別的次數，以長條的高低來表示次數的多寡。圓餅圖是將類別資料的相對次數分配表，在圓餅內作分割所得的圖形。

範例 2-6　長條圖例

在範例 2-2《創投例》中，分別以「職別」、「性別」為資料，畫出個別的長條圖。

解

依據範例 2-2「職別」（表 2-4）、「性別」（表 2-5）的次數分配表，其相對應的長條圖如圖 2-1(a) 及 (b)。

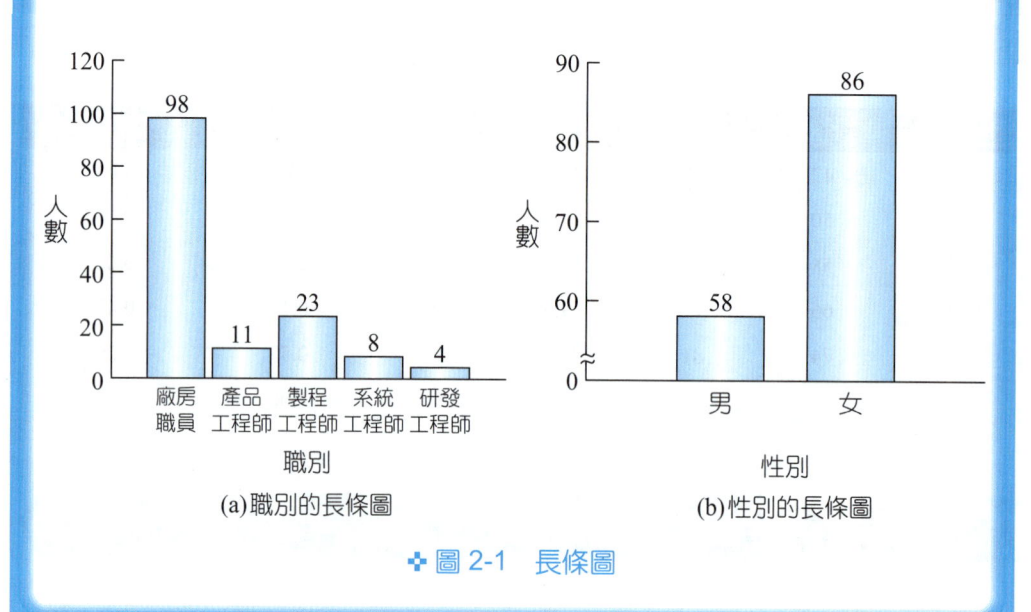

(a) 職別的長條圖　　(b) 性別的長條圖

✚ 圖 2-1　長條圖

Chapter 2　資料的統計圖表

範例 2-7　圓餅圖例

在《創投例》中，分別以「職別」、「性別」為資料，畫出個別的圓餅圖。

解

依據範例 2-2「職別」(表 2-4)、「性別」(表 2-5) 的次數分配表，其相對應的圓餅圖分別為圖 2-2(a) 及 (b)。

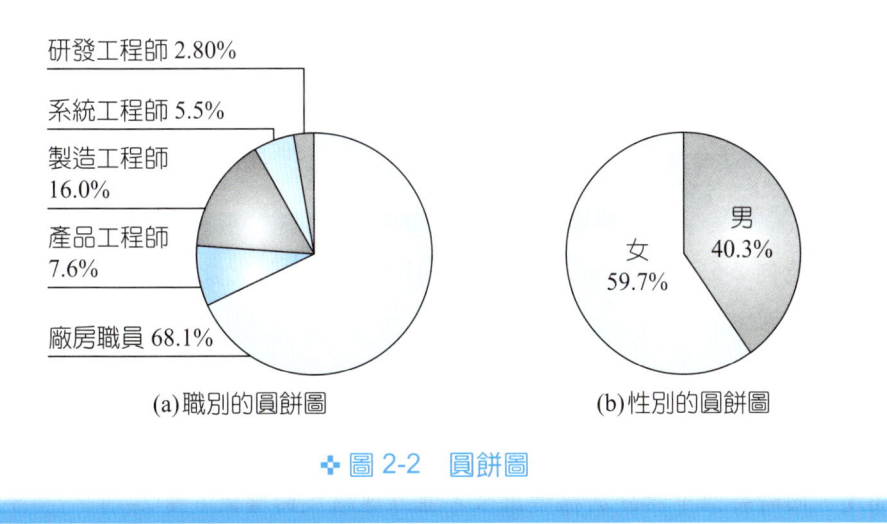

研發工程師 2.80%
系統工程師 5.5%
製造工程師 16.0%
產品工程師 7.6%
廠房職員 68.1%

(a) 職別的圓餅圖

男 40.3%
女 59.7%

(b) 性別的圓餅圖

✢ 圖 2-2　圓餅圖

2-4-2　直方圖

直方圖 (histogram) 是將數量資料的次數分配表或累加次數分配表，以長條圖表示，其中橫軸表示組別，縱軸表示次數或累加次數。通常，常見的直方圖指的是次數直方圖。

直方圖可以很清楚的看出，數量資料中各組次數的多寡與分配情形，甚至可以在直方圖上加入近似直方圖的「平滑曲線」來描述該資料的分佈形狀。通常，這條「平滑曲線」是根據「原始的折線」加以修飾成平滑線，這條「原始的折線」是將直方圖的各個長條頂端中間點連接起來。這條平滑曲線的重要性，在於它可以說明資料是如何分佈在中間值的兩邊，也就是說這兩邊的資料是一樣多 (對稱的)，或是一邊多一邊少 (偏斜的)。如果兩邊的資料分佈一樣多，稱為對

稱的分佈，如圖 2-3(a)；如果兩邊的資料分佈右少左多，稱為右偏斜的分佈，如圖 2-3(b)；如果兩邊的資料分佈右多左少，稱為左偏斜的分佈，如圖 2-3(c)。通常所謂分佈的多與少，指的是資料所涵蓋的範圍。

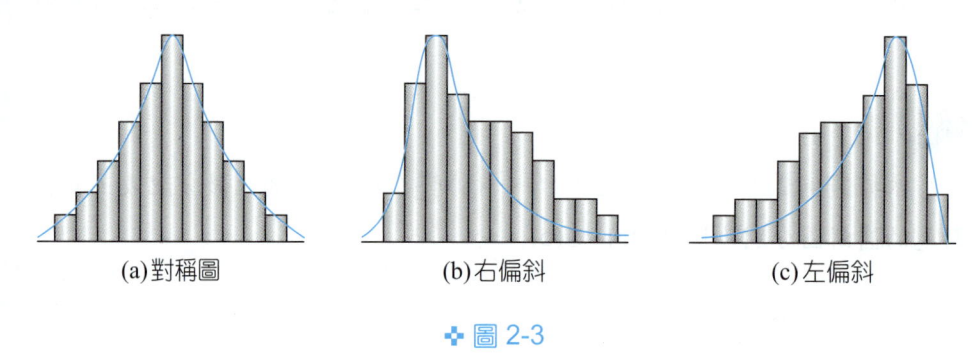

(a)對稱圖　　　　(b)右偏斜　　　　(c)左偏斜

✤ 圖 2-3

範例 2-8

將範例 2-5 全世界 30 個國家的女性平均壽命之次數分配表（表 2-9）製作成直方圖。

解

直方圖的製作，將表 2-9 的 5 組上下限分成 5 區，以次數作為長條圖的高度，同時將組中點分別標示出來，並且連結成曲線圖（圖 2-4）。

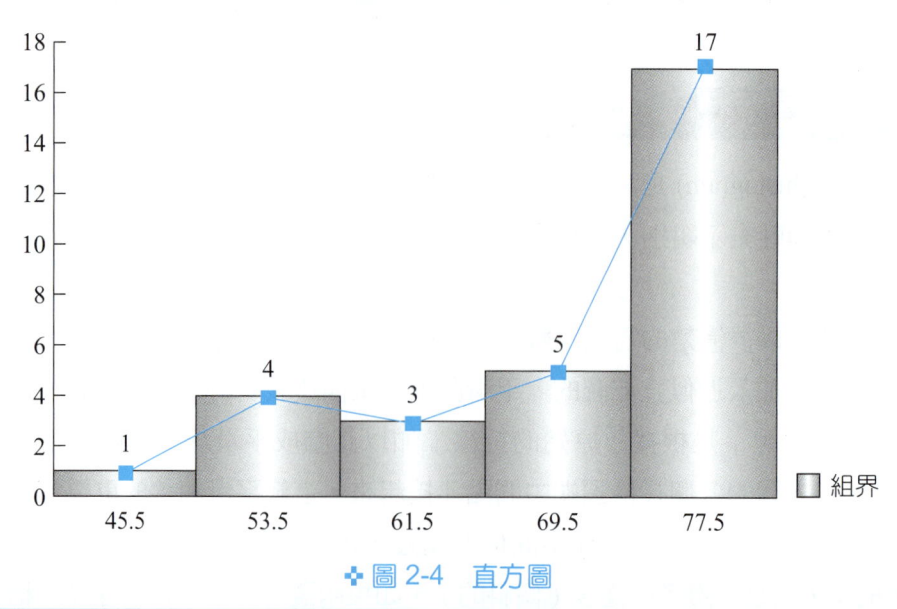

組界對應次數：45.5→1、53.5→4、61.5→3、69.5→5、77.5→17

✤ 圖 2-4　直方圖

2-4-3 莖葉圖

在正式介紹莖葉圖 (stem-and-leaf display) 的定義之前，我們先看看莖葉圖的實際應用。圖 2-5，表示的是公車時刻表，最早的一班是 5:30，最晚的一班是 23:30。這樣的時刻表，簡潔、清晰，而且容易了解，是一種統計莖葉圖。回到我們的統計領域裡，所謂的莖葉圖是由代表各組的分類值 (如圖 2-5 的「時」) 以及各組所涵蓋的細項值 (如圖 2-5 的「分」) 所構成的。更進一層，以直方圖的觀點來說，莖葉圖是將直方圖中的長條以原始值表示，其中橫軸的分組稱為「莖」，縱軸的原始值 (長條) 稱為「葉」。這時候各組組距的選擇不再像直方圖那樣嚴格，可以是有彈性的設立。

莖 (時)	葉 (分)				
5	30	45			
6	00	15	30	45	
7	00	10	20	30	40	50
8	00	10	20	30	40	50
9	00	20	40			
10	00	20	40			
11	00	20	40			
12	00	10	20	30	40	50
13	00	10	20	30	40	50
14	00	20	40			
15	00	20	40			
16	00	10	20	30	40	50
17	00	10	20	30	40	50
18	00	10	20	30	40	50
19	00	10	20	30	40	50
20	00	10	20	30	40	50
21	00	20	40			
22	00	20	40			
23	00	30				

✤ 圖 2-5　莖葉圖

範例 2-9　　莖葉圖例

依表 2-8 之 30 個國家的女性平均壽命，畫出莖葉圖。

44	75	80	79	74	53	78	76	79	64
78	67	75	50	50	52	58	81	78	69
75	79	77	78	77	79	70	73	63	69

解

要製作莖葉圖時，先解決「莖」的單位及分組。因為年齡是在 0 與 100 之間，且最小值 = 44，最大值 = 81。所以取「10 歲」為「莖」的單位，依著順序為 4, 5, 6, 7, 8 建立好組別，最後再將資料一筆筆的插入到所屬組別的「葉」片內。注意「葉」片

莖（10 歲）	葉（1 歲）
4	4
5	00238
6	34799
7	03455567788889999
8	01

✦ 圖 2-6

內的資料也要按照 0, 1, 2, … , 9 排列。例如，第一個值 44 輸入到莖葉圖裡，是放在「莖」= 4 的那一組裡，「葉」的值則為 4，而且要放在中間位置，因為 4 的前後可以再插入其它的值，圖 2-6 是這些年齡的莖葉圖。

2-4-4　箱型圖

　　有時候，我們要比較兩組資料的分佈情形，但不需要它們的詳細數值，而只需要將分佈的中間部份以及極端的資料標示出來。如圖 2-7 的兩個圖，它們的中間部份以長方形表示，極端的資料則顯示在長方形框框兩側。要製作箱型圖 (box plot) 需要有統計摘要值的概念。我們將在第三章介紹各種的統計摘要值後，再詳細說明如何製作箱型圖。

✧ 圖 2-7　男女薪資的箱型圖

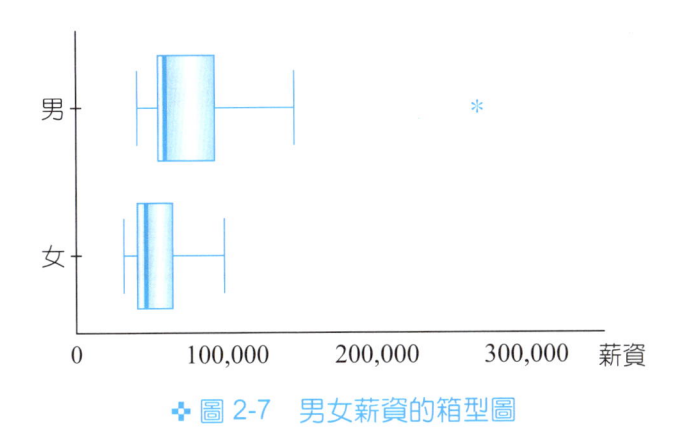

2-5　Excel 圖表及應用例

對於不同的資料類型，Excel (2010) 提供了兩種繪製圖表的工具：(1)『樞紐分析』用來繪製類別資料的統計圖表；(2)『分析工具箱』增益集『資料分析』中的『資料分析』的『直方圖』用來繪製數值資料的統計圖。本節將分別以一個範例來做操作說明。

2-5-1　長條圖、圓餅圖

本節的內容在於利用 Excel (2010) 的『樞紐分析表』，先產生類別資料的次數分配表，進而利用繪圖精靈產生類別資料的長條圖、圓餅圖。將透過範例檔案資料的操作，同時介紹『樞紐分析表』基本的注意事項 (以科技公司.xls 檔案為範例)。

範例 2-10　長條圖、圓餅圖、Excel 例

以 Excel 完成《創投例》中，「職別」的長條圖及圓餅圖。(檔案：科技公司.xls)

解

實用統計學 *Statistics*

以 Excel (2010) 開啟檔案後，如圖 2-8 共有 144 筆資料，本例題僅以「職別」變數做操作說明；讀者有興趣可以選取其他的類別變數 (性別、年齡層) 做練習。

	A	B	C	D	E	F	G	H
1	id	性別	職別	年齡	年齡層	工作月數	薪資	職等
2	m1	女	產品工程師	39	壯年	22	51150	3
3	m2	女	廠房職員	23	青年	24	59976	3
4	m3	女	系統工程師	33	壯年	29	71538	3
5	m4	男	廠房職員	23	青年	28	71850	3
6	m5	男	研發工程師	30	青年	23	129750	5
140	m139	男	研發工程師	23	青年	25	120226	5
141	m140	男	系統工程師	37	壯年	28	110000	5
142	m141	男	系統工程師	23	青年	20	105975	5
143	m142	男	系統工程師	25	青年	36	139988	5
144	m143	男	研發工程師	30	青年	36	230976	6
145	m144	男	系統工程師	22	青年	26	122988	5

❖ 圖 2-8

接著，進行下列的步驟，先產生次數分配表，再繪製長條圖、圓餅圖。

步驟 1： 產生「職別」的次數分配表。

(1) 在 Excel 2010 的功能表列 選擇 [插入]/[樞紐分析表]（圖 2-9），出現建立樞紐分析表的對話窗口（圖 2-10），在表格範圍輸入變數的範圍 (A1：H145)，按下確定。

❖ 圖 2-9

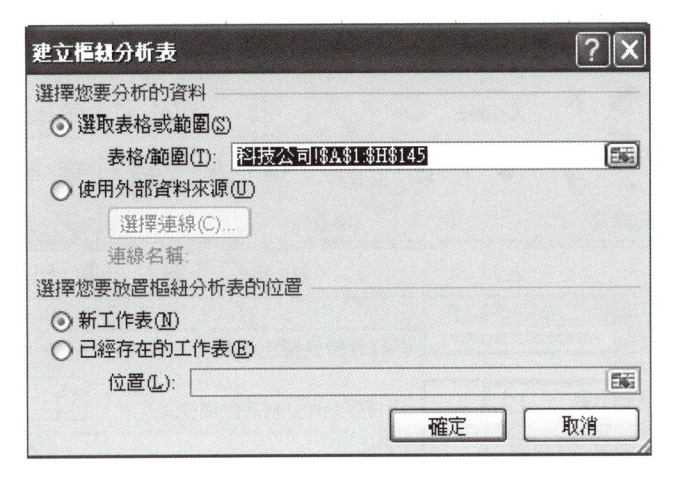

❖ 圖 2-10

(2) 出現次數分配表輸入畫面 (圖 2-11)，將『職別』、『id』分別拖曳至『列欄位』與『值欄位』，就可以產生「職別」的次數分配表 (圖 2-12)。

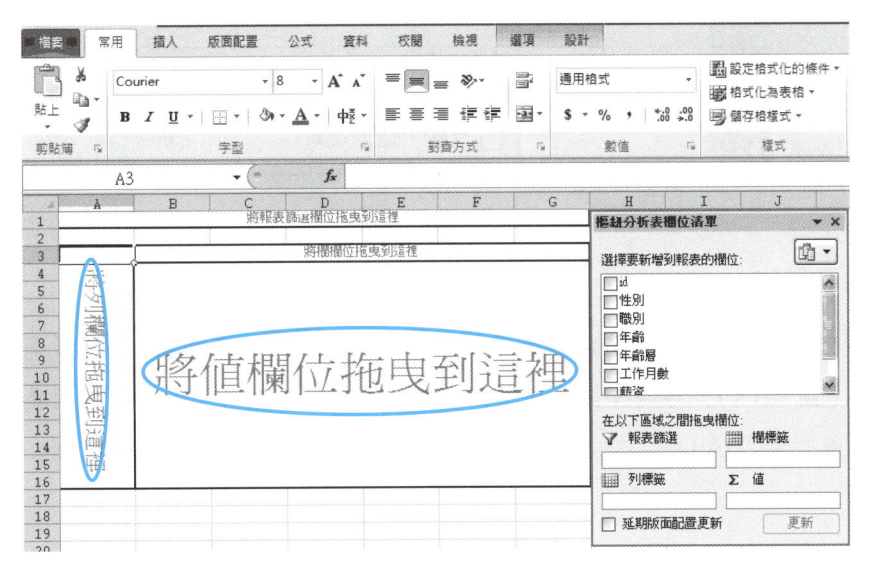

❖ 圖 2-11

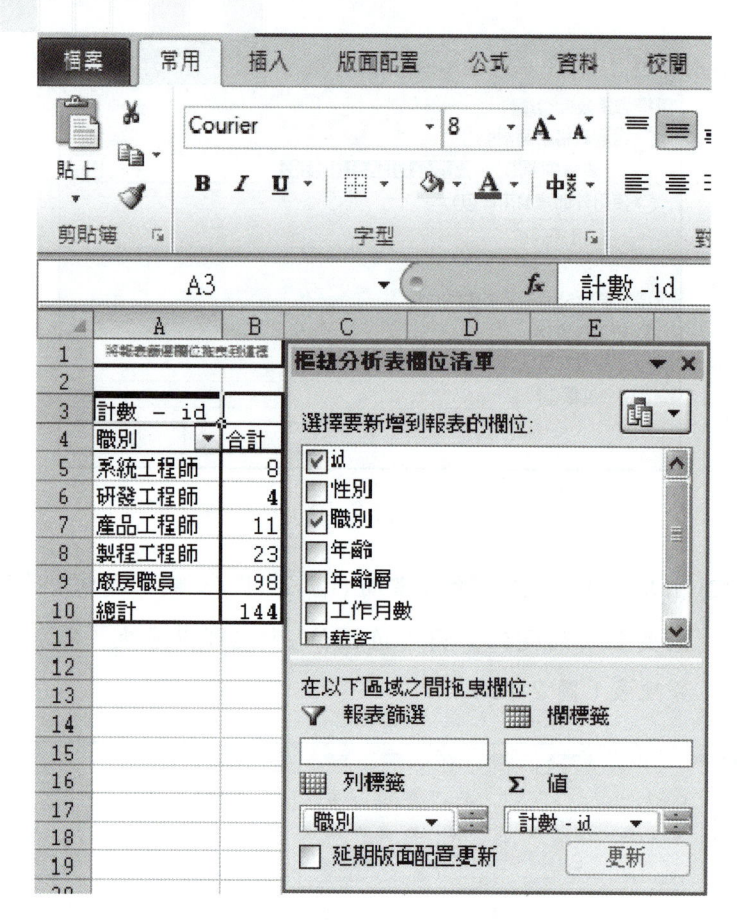

✤ 圖 2-12

步驟 2：建立「職別」的長條圖。

在 Excel (2010) 的功能表列選擇 [插入]/[圖表]/[直條圖]，選擇平面直條圖（圖 2-13），再選擇圖表版面配置二（可顯示數字），就產生各個職等的長條圖（圖 2-14）。

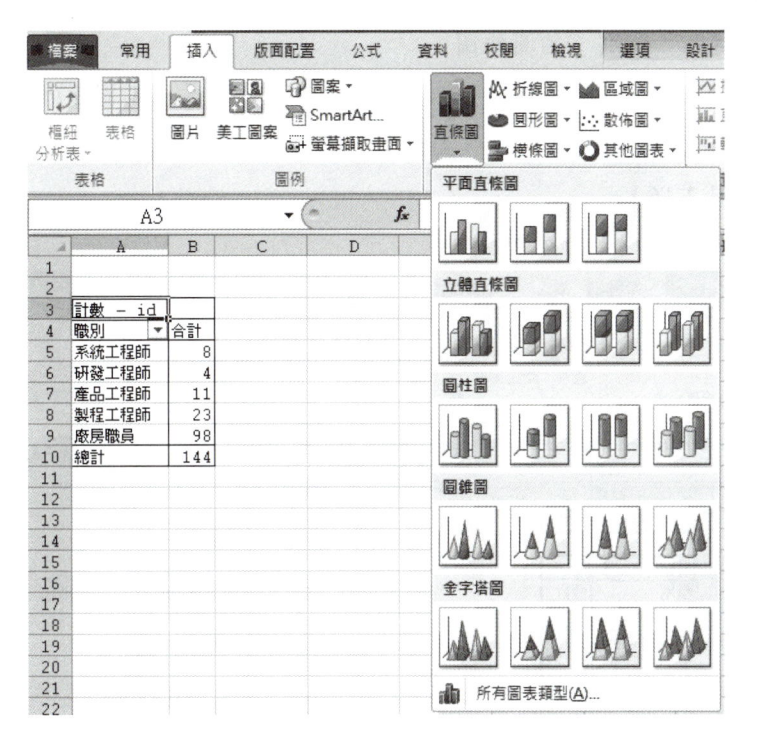

◆ 圖 2-13

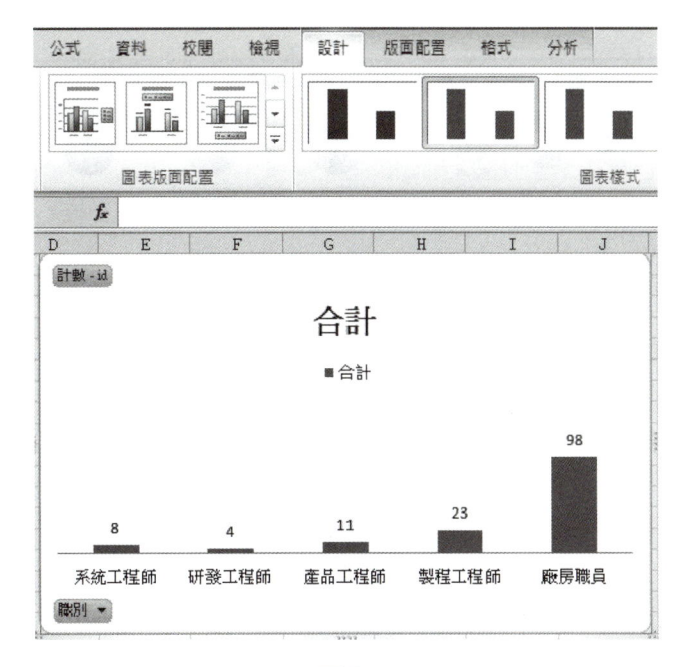

◆ 圖 2-14

步驟 3：建立「職別」的圓餅圖。

在 Excel (2010) 的功能表列選擇 [插入]/[圖表]/[圓形圖]，選擇平面圓形圖 (圖 2-15)，再選擇圖表版面配置一 (可顯示數字)，就產生各個職等的圓餅圖 (圖 2-16)。

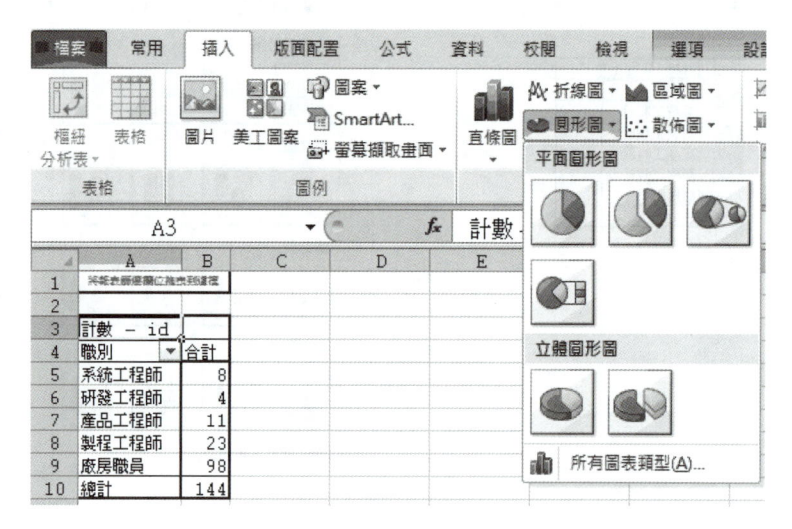

✤ 圖 2-15

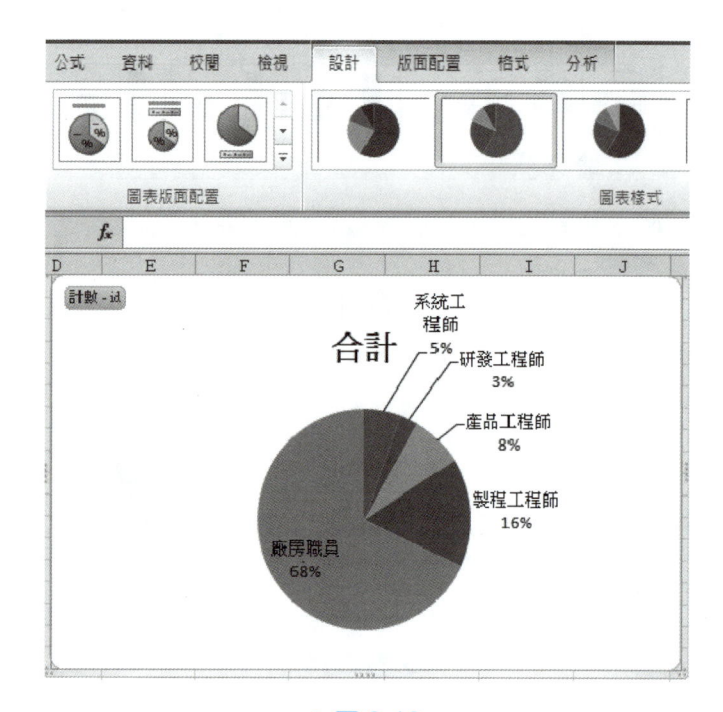

✤ 圖 2-16

【註】如果需要堆疊式長條圖（以「職別」為例，除了「id」還加入「性別」），在步驟 1 的次數分配表輸入畫面，將「職別」、「性別」拖曳至列欄位，將「id」拖曳至值欄位，可產生新的次數分配表（見圖 2-17），功能表列選擇 [插入]/[圖表]/[直條圖]，選擇堆疊直條圖，再選擇圖表版面配置五（可顯示數字），就產生各個職等的堆疊長條圖（見圖 2-18）。

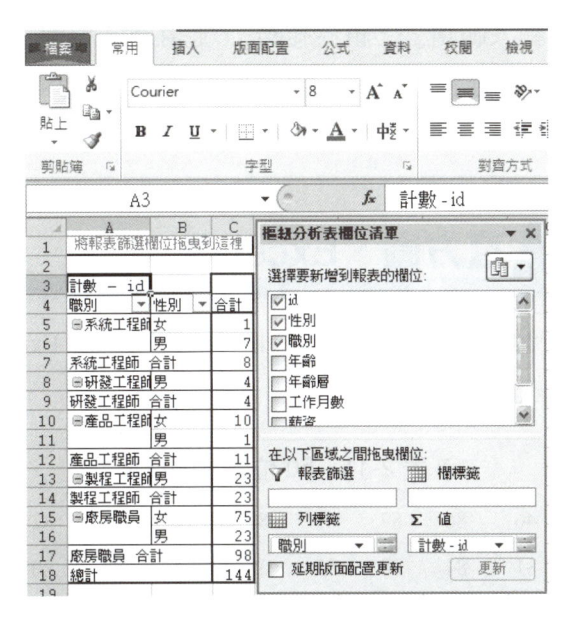

✤ 圖 2-17

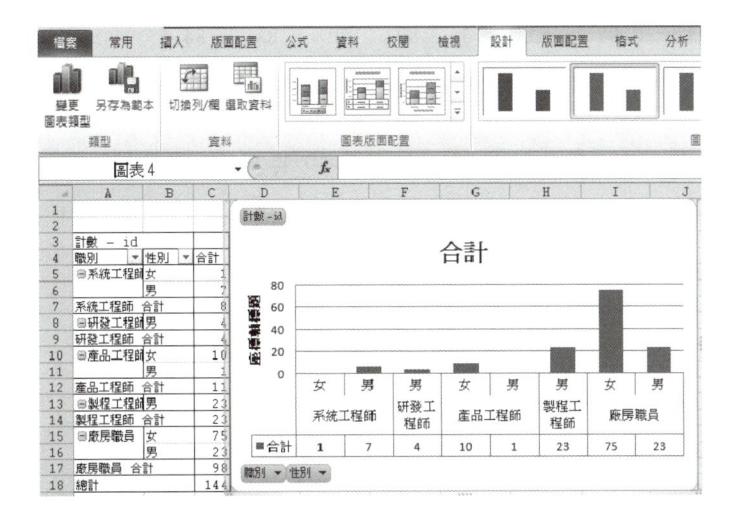

✤ 圖 2-18

2-5-2 次數分配表與直方圖

本節將透過範例檔案的數量資料，先產生次數分配表，進而利用『資料分析』中的『直方圖』來繪圖。在 Excel 中，要執行次數分配表，有幾個步驟要執行。首先，增加一空白欄，輸入每一組的「上限值」。其次，在 Excel 的指令列中找到『工具』→『資料分析』→『直方圖』的對話窗口；在『直方圖』的對話窗口，分別輸入：『輸入範圍』、『組界範圍』，並且將『累積百分率』及『圖表輸出』圈選起來。按下『確定』即可產生結果：次數分配表、累加相對次數分配表，及直方圖。

範例 2-11　直方圖、Excel 例

表 2-11 為某次小考後，班上 50 位同學的成績，以 Excel 製作直方圖。（檔案：學生成績.xls）

✦ 表 2-11　50 位學生的成績

80	46	86	87	83	87	77	79	82	80
74	81	84	68	82	38	84	83	80	77
89	82	81	81	80	86	84	82	68	82
80	80	79	87	81	56	69	81	80	83
85	97	83	75	80	79	88	84	94	78

解

以 Excel (2010) 開啟檔案後，如圖 2-19 共有 50 筆資料。

步驟 1： 增加一個空白欄，輸入每一組的上限值 (圖 2-20)，其中 B1「組界」表示該欄位的名稱，B2～B8 表示每一組的上限值。

	A
1	成績
2	80
3	46
4	86
5	87
6	83
46	80
47	79
48	88
49	84
50	94
51	78

✤ 圖 2-19

	A	B
1	成績	組界
2	80	40
3	46	50
4	86	60
5	87	70
6	83	80
7	87	90
8	77	100
9	79	
10	82	

✤ 圖 2-20

步驟 2：在 Excel (2010) 的功能表列，選擇 [資料]/[資料分析] (圖 2-21，如果讀者的 Excel (2010) 沒有此一功能，必須先使用增益集，請參考 1-4 節的增益集單元)，出現對話窗口，選擇『直方圖』再按確定 (圖 2-22)。

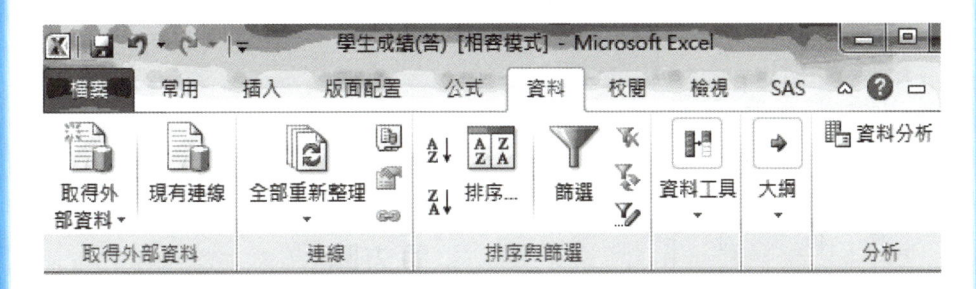

✤ 圖 2-21

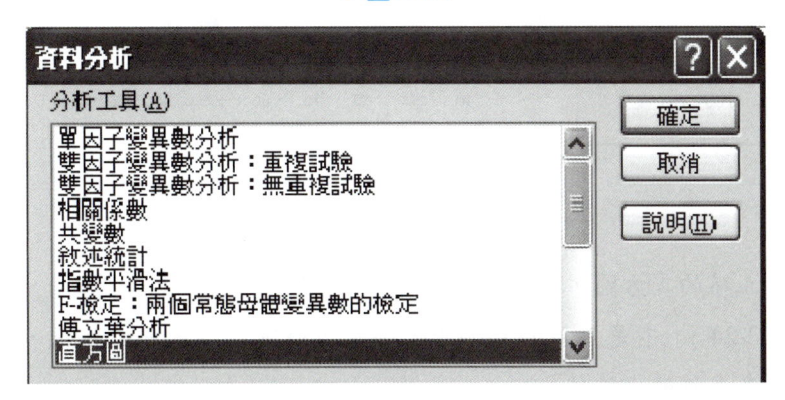

✤ 圖 2-22

實用統計學 *Statistics*

步驟 3： 在『直方圖』的對話窗口（圖 2-23），分別輸入：

(1)『輸入範圍』：A1：A51。

(2)『組界範圍』：B1：B8。

(3) 將『標記』圈選（資料與組限都有註記標記 A1 與 B1）。

(4) 指定輸出範圍：新工作表。

(5) 將『圖表輸出』圈選。

(6) 得到次數分配表與 Excel 預設的直方圖（圖 2-24）。

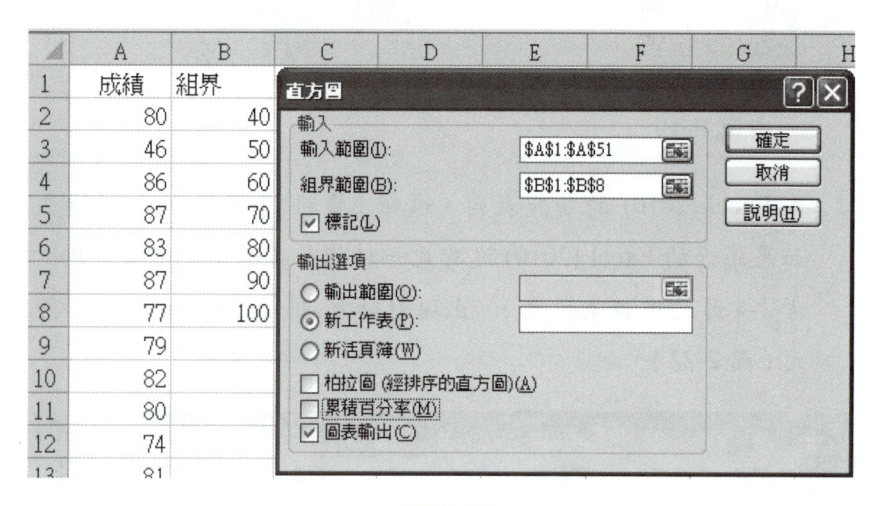

◆ 圖 2-23

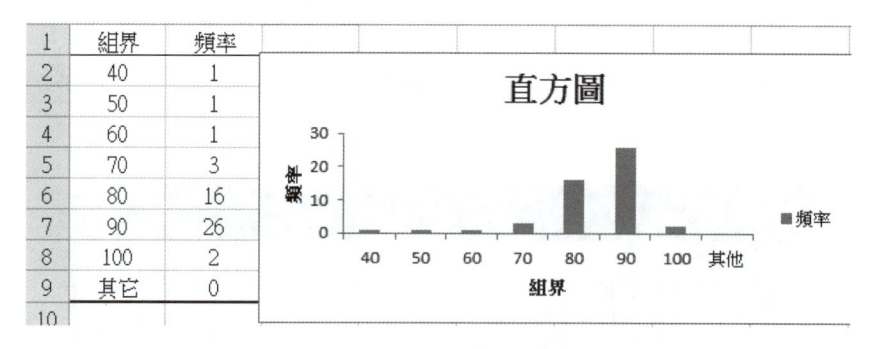

◆ 圖 2-24

【注意】正確的直方圖，各個長條之間不可有間隔。Excel 預設的直方圖（圖 2-24），不是正確的直方圖，必須依照下列步驟加以修正，並加上各長條的次數值。

(1) 首先直接在直方圖的長條上,輕按滑鼠右鍵出現選項 (圖 2-25),點選「資料數列格式」選項畫面 (圖 2-26):
　　(a) 數列選項,將類別間距改為「無間距」。
　　(b) 填滿選項 (圖 2-27),改為「無填滿」。
　　(c) 線條色彩選項 (圖 2-28),改為「實心線條」。
(2) 最後再在直方圖的長條上,輕按滑鼠右鍵出現選項 (圖 2-29),點選「新增資料標籤」,加上各長條的次數值。

這樣就產生了正確的直方圖 (圖 2-30)。

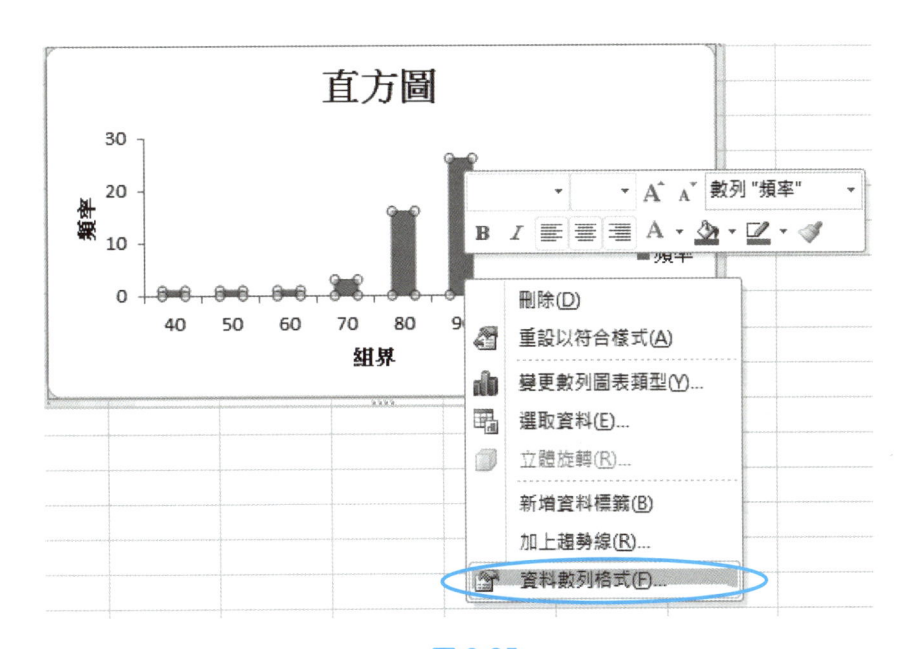

✚ 圖 2-25

✢ 圖 2-26

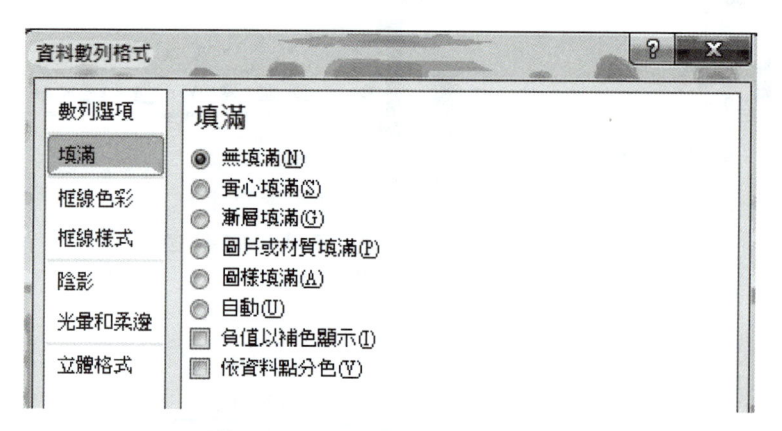

✢ 圖 2-27

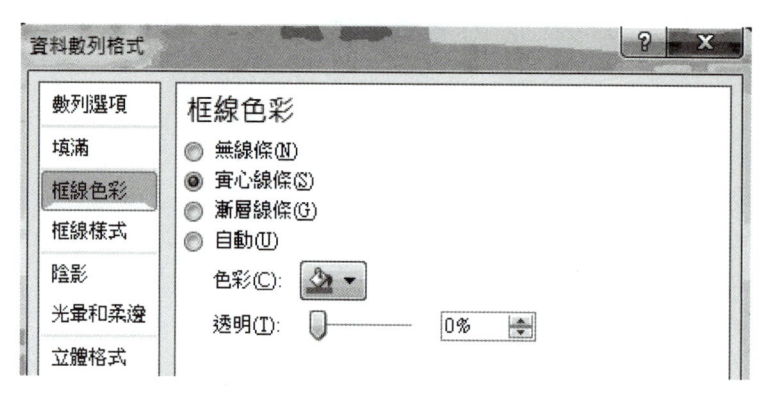

✢ 圖 2-28

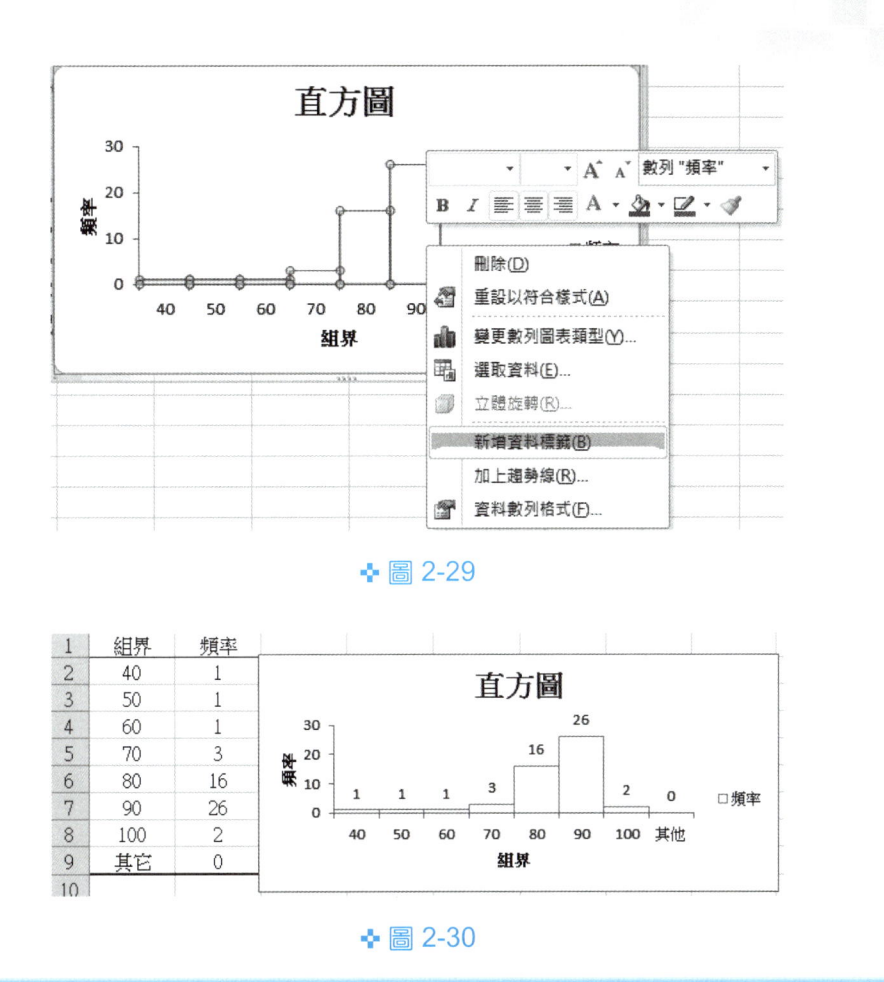

Chapter 2　資料的統計圖表

✢ 圖 2-29

✢ 圖 2-30

2-6　章節架構圖說明：統計圖表－《大學畢業生的起薪例》

　　職訓局公佈 2002～2006 年，農學院、管理學院、工學院等，初次就業時的起薪資訊。共取樣 1,050 人，記錄他們的性別、畢業年、學院別、應徵面談次數以及起薪。下表是部份的資料。（檔案：起薪 2.xls）

性別	學院別	畢業年	起薪	應徵面談次數
女	農學院	2002	$18,000	10
女	農學院	2002	$28,500	2
男	農學院	2002	$33,500	10
男	農學院	2002	$24,000	5
男	農學院	2002	$24,000	11
⋮				
女	工學院	2003	$40,200	7
女	工學院	2003	$39,200	8
男	工學院	2003	$27,100	1
男	工學院	2003	$33,400	4
男	工學院	2003	$42,600	7
⋮				
男	管理學院	2004	$48,000	4
男	管理學院	2004	$32,300	3
女	管理學院	2004	$25,600	8
女	管理學院	2004	$35,500	2
⋮				
男	管理學院	2005	$33,500	5
男	管理學院	2005	$32,500	8
女	管理學院	2005	$28,000	7
女	管理學院	2005	$30,600	5

章節架構圖 vs. 彙整表說明

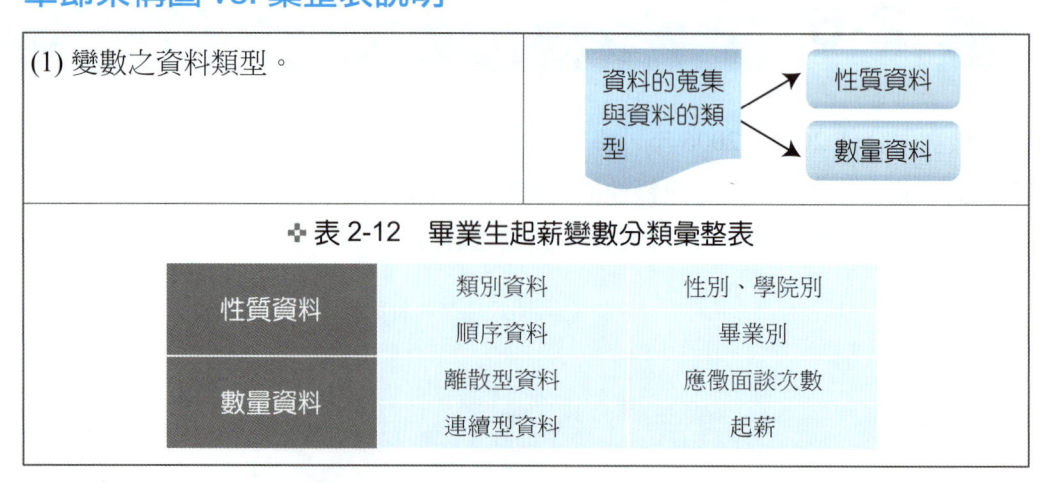

(1) 變數之資料類型。

資料的蒐集與資料的類型 → 性質資料
資料的蒐集與資料的類型 → 數量資料

✤ 表 2-12　畢業生起薪變數分類彙整表

性質資料	類別資料	性別、學院別
	順序資料	畢業別
數量資料	離散型資料	應徵面談次數
	連續型資料	起薪

(2) 應徵面談次數的統計表。

資料的統計表 → 數量資料的次數分配表
資料的統計表 → 數量資料的累加次數分配表

✛ 表 2-13　應徵面談次數的次數分配表與累加次數分配表

應徵面談次數（下限）	應徵面談次數（上限）	組中點	次數	相對次數	累加相對次數
1	5	3	310	0.30	0.30
5	10	7.5	365	0.35	0.64
10	15	12.5	337	0.32	0.96
15	20	17.5	38	0.04	1.00
			1,050	1.00	

(3) 統計圖：
(a) 樣本依性別 vs. 學院別之長條圖。
(b) 男性、女性之起薪直方圖。
(c) 2004 年女性起薪之莖葉圖。
(d) 男性、女性 vs. 學院別的起薪箱型圖。

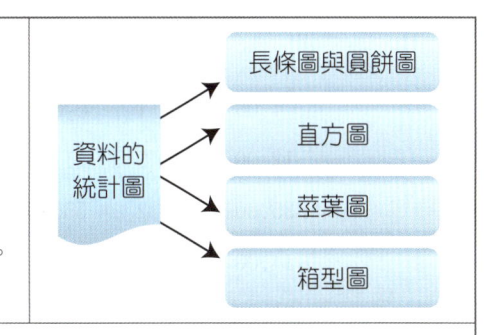

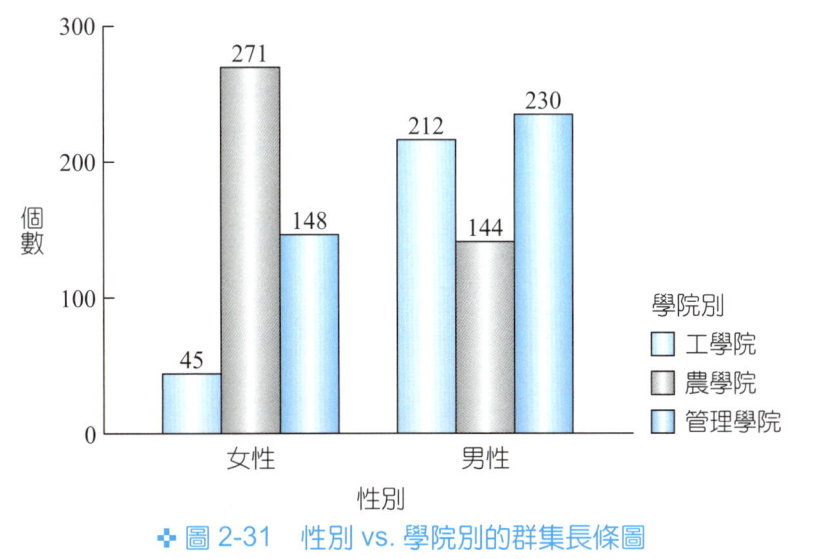

資料的統計圖 → 長條圖與圓餅圖
資料的統計圖 → 直方圖
資料的統計圖 → 莖葉圖
資料的統計圖 → 箱型圖

解

(a) 樣本依性別 vs. 學院別之長條圖：

女性：工學院 45、農學院 271、管理學院 148
男性：工學院 212、農學院 144、管理學院 230

✛ 圖 2-31　性別 vs. 學院別的群集長條圖

(b) 男性、女性之起薪直方圖：

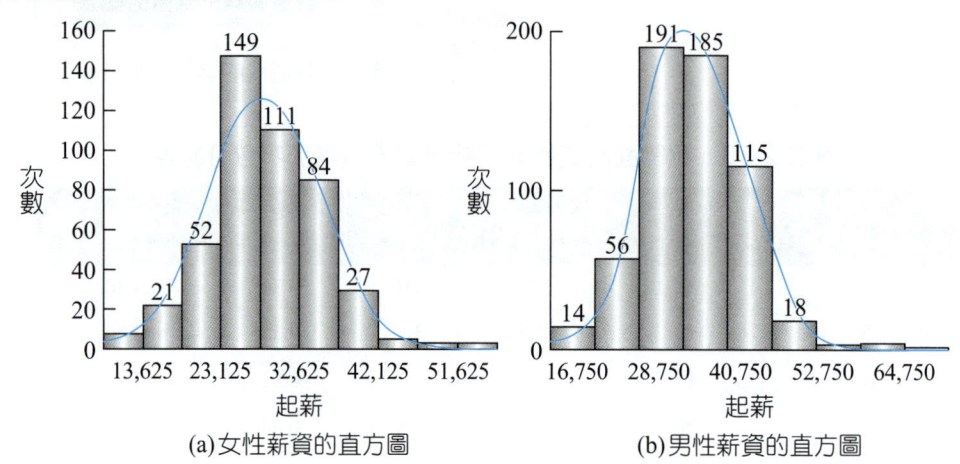

(a)女性薪資的直方圖

(b)男性薪資的直方圖

(c) 2004 年女性起薪之莖葉圖：

```
Frequency        Stem & Leaf
    4.00        1 . 6789
   12.00        2 . 111222333444
   35.00        2 . 55566666666666777777778889999999999
   14.00        3 . 00011222333334
   21.00        3 . 555556666667777888899
    6.00        4 . 000134
    2.00        4 . 66
    1.00 Extremes  (>=55000)

Stem width:     10000
Each leaf:       1 case(s)
```

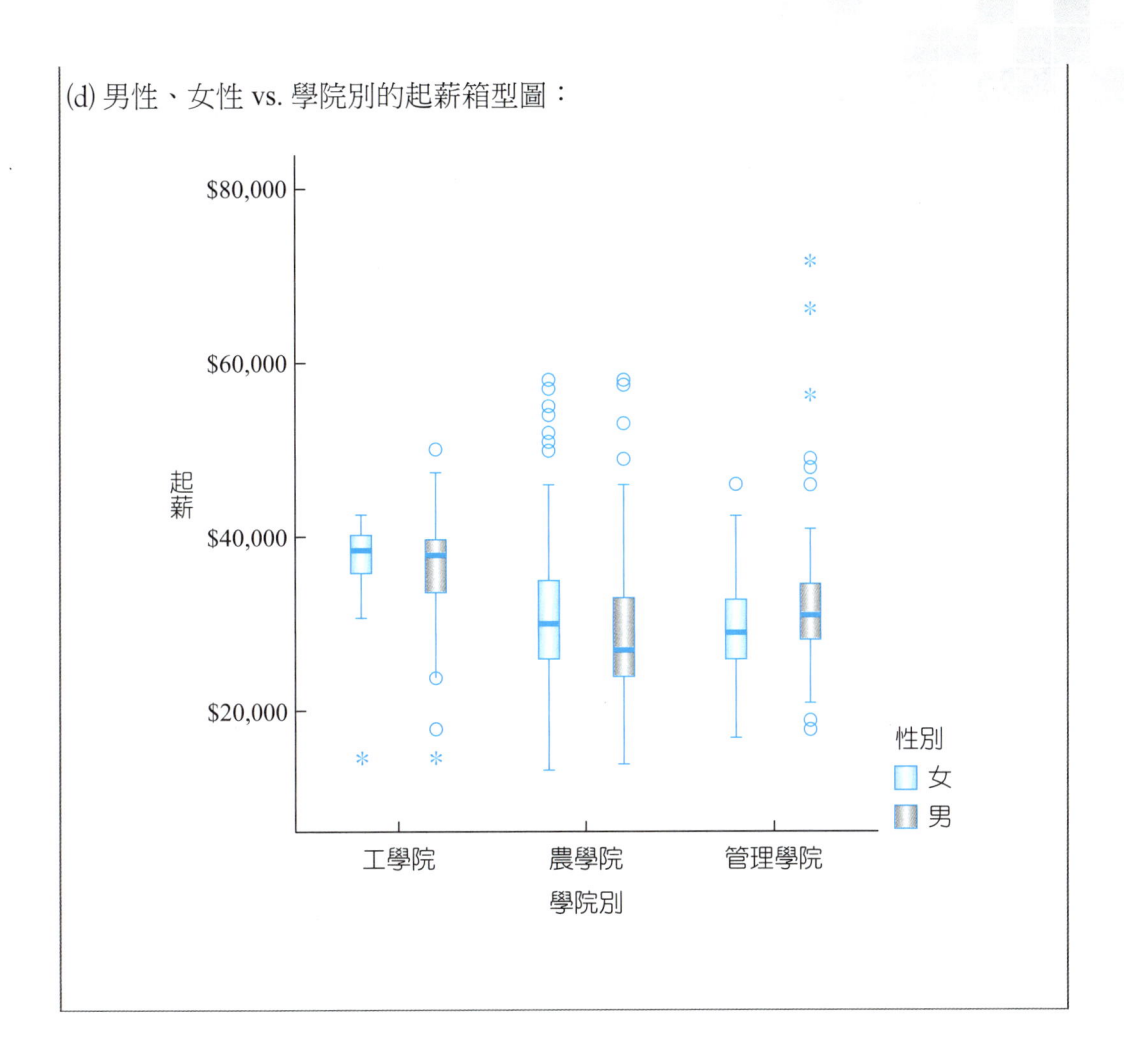

(d) 男性、女性 vs. 學院別的起薪箱型圖：

名詞解釋

類別資料 (nominal data)：使用數字來代表事物的類別，這些數字只是用來代表不同的分類，並沒有數字的實質意義。

順序資料 (ordinal data)：使用數字來代表研究對象中某性質的順序，數字本身有大小等級的關係。

離散型資料 (discrete type data)：以計數或計次的方式所得到的資料。

連續型資料 (continuous type data)：以衡量方式所得的資料，通常受到衡量單位的影響。

長條圖 (bar chart)：以橫軸、縱軸來表示，其中橫軸表示不同的類別，縱軸表示這些類別的次數，以長條的高低來表示次數的多寡。

圓餅圖 (pie chart)：將類別資料的相對次數分配表，在圓餅內作分割所得的圖形。

練習題

2-1 (　　) 新蒐集的資料是屬於初級資料。

2-2 (　　) 普查不需要長時間進行。

2-3 (　　) 分層抽樣資料是屬於初級資料。

2-4 (　　) 人口普查資料是屬於初級資料。

2-5 (　　) e-mail 調查資料是屬於樣本資料。

2-6 下圖為中正國中三年八班數學成績的次數分配直方圖，其中 70～90 分的人數佔全班人數多少百分比？

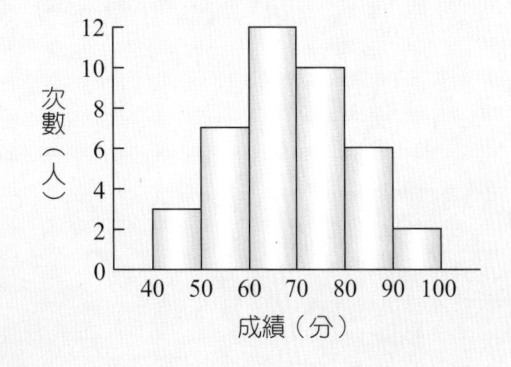

2-7 範例 2-2 中，製作「職等」資料的
(1) 次數分配表及相對次數分配表。
(2) 長條圖及圓餅圖。

2-8 已知三年乙班國文成績累加次數分配表，繪製三年乙班國文成績累加次數分配折線圖。

三年乙班國文成績累加次數分配表

成績（分）	次數（人）	累加次數（人）
40～50	5	
50～60	8	
60～70	9	
70～80	12	
80～90	7	
90～100	9	
合計	50	

2-9 國民中學的班級成績等第分為 5 級：優、甲、乙、丙、丁。某班級 10 位同學的性別、學期等第如下：

編號	1	2	3	4	5
性別	男	女	男	男	男
等第	甲	優	甲	乙	優
編號	6	7	8	9	10
性別	女	男	女	女	男
等第	甲	丁	乙	丙	甲

(1) 建立性別的次數表與相對次數表。
(2) 建立成績等第的次數表與相對次數表。

2-10 在 2-9 題中：
(1) 分別以「性別」、「等第」為資料，畫出個別的長條圖。
(2) 分別以「性別」、「等第」為資料，畫出個別的圓餅圖。

2-11 在 2-9 題中,「性別」、「等第」分別屬於何種類型的資料？

2-12 警政署外事處公佈 89 年度主要外僑居留人數如下：

美國	加拿大	澳洲	英國	法國	德國	日本	韓國
9,952	1,855	703	1,261	689	596	9,937	2,890

建立相對次數表與累加相對次數表。

2-13 警察局公佈 89 年度北部、中部、南部、東部的 3 種刑事案件如下表：

	竊盜	賭博	傷害
北部	549.74	7.13	14.79
中部	390.59	7.84	18.25
南部	410.19	5.40	18.26
東部	97.44	4.62	8.35

(1) 建立竊盜的相對次數表與累加相對次數表。
(2) 製作賭博的長條圖。
(3) 製作傷害的圓餅圖。

2-14 如圖為某班的身高累加相對次數分配折線圖，若只知道人數最多的一組為 24 人，則全班共有幾人？

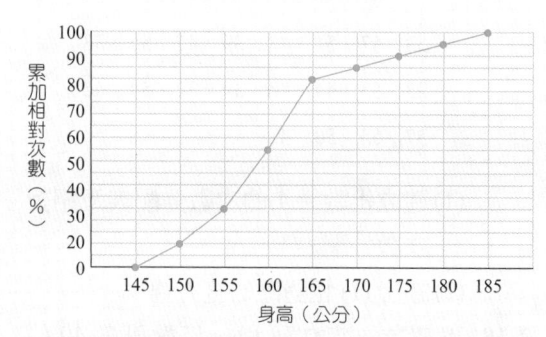

2-15 會計系的助教，想要知道學生做會計作業的時間，共調查了 30 位同學，所得的資料如下 (單位：小時 / 每週)：

7.5	8.5	7.0	6.5	8.5	10.0	9.0	9.5
5.0	4.5	5.5	5.0	6.0	6.5	6.0	7.5
7.0	8.5	6.5	9.0	4.5	5.5	8.0	5.0
6.0	8.0	8.5	7.0	7.0	7.5

(1) 建立組數 = 6 的次數分配表及相對次數分配表。

(2) 畫出 (1) 相對應的直方圖。

2-16 小明每個月的零用錢為 1,200 元，他將上個月的各項開支分配製成如圖。他想將網咖的費用縮減一半，飲料、零食費用縮減 $\frac{1}{4}$，節省下來當固定存款，請問小明每個月計畫存多少錢？

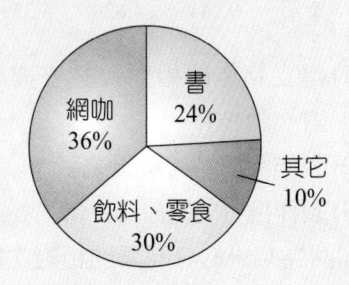

（圓餅圖：書 24%、其它 10%、飲料、零食 30%、網咖 36%）

2-17 20 名考生在學測考試的作答時間 (以分鐘計算) 如下：

53　57　51　43　39　47　55　33
23　53　44　46　39　32　54　45
37　55　50　48

(1) 建立組數 = 4 的次數分配表及相對次數分配表。
(2) 畫出 (1) 相對應的直方圖。

2-18 下圖為一年仁班和一年愛班各 40 位學生參加數學競試成績的箱型圖，試求兩班成績及格的人數大約相差多少人？

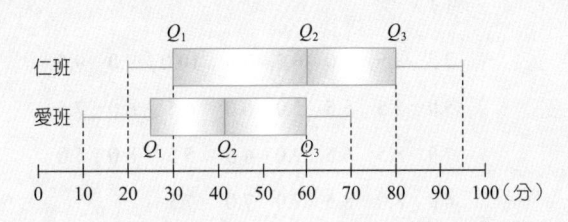

（箱型圖：仁班、愛班）

2-19 一所中學的訓導處調查了 15 名學生，每週花在網際網路上的時數如下所示：

5.0　4.4　5.7　5.6　5.5
5.2　5.0　4.8　3.6　4.1
4.6　4.9　4.0　6.7　5.5

(1) 製作這些上網時數的莖葉圖 (葉的單位：0.1 小時)。
(2) 建立組數 = 3 的次數分配表及相對次數分配表。

2-20 某家洗衣連鎖店的總公司為了了解各個分店的營運情況，蒐集了 24 天的收入金額 (單位：萬元) 資料：

8.3　9.7　9.8　9.4　10.9　10.8
8.9　9.9　9.7　9.6　11.3　9.7
9.1　9.6　9.1　10.3　10.5　11.1
9.3　9.4　9.7　10.4　10.7　11.2

(1) 建立組數 = 4 的次數分配表及相對次數分配表。
(2) 畫出 (1) 相對應的直方圖。
(3) 製作這些收入金額的莖葉圖。

CHAPTER 3

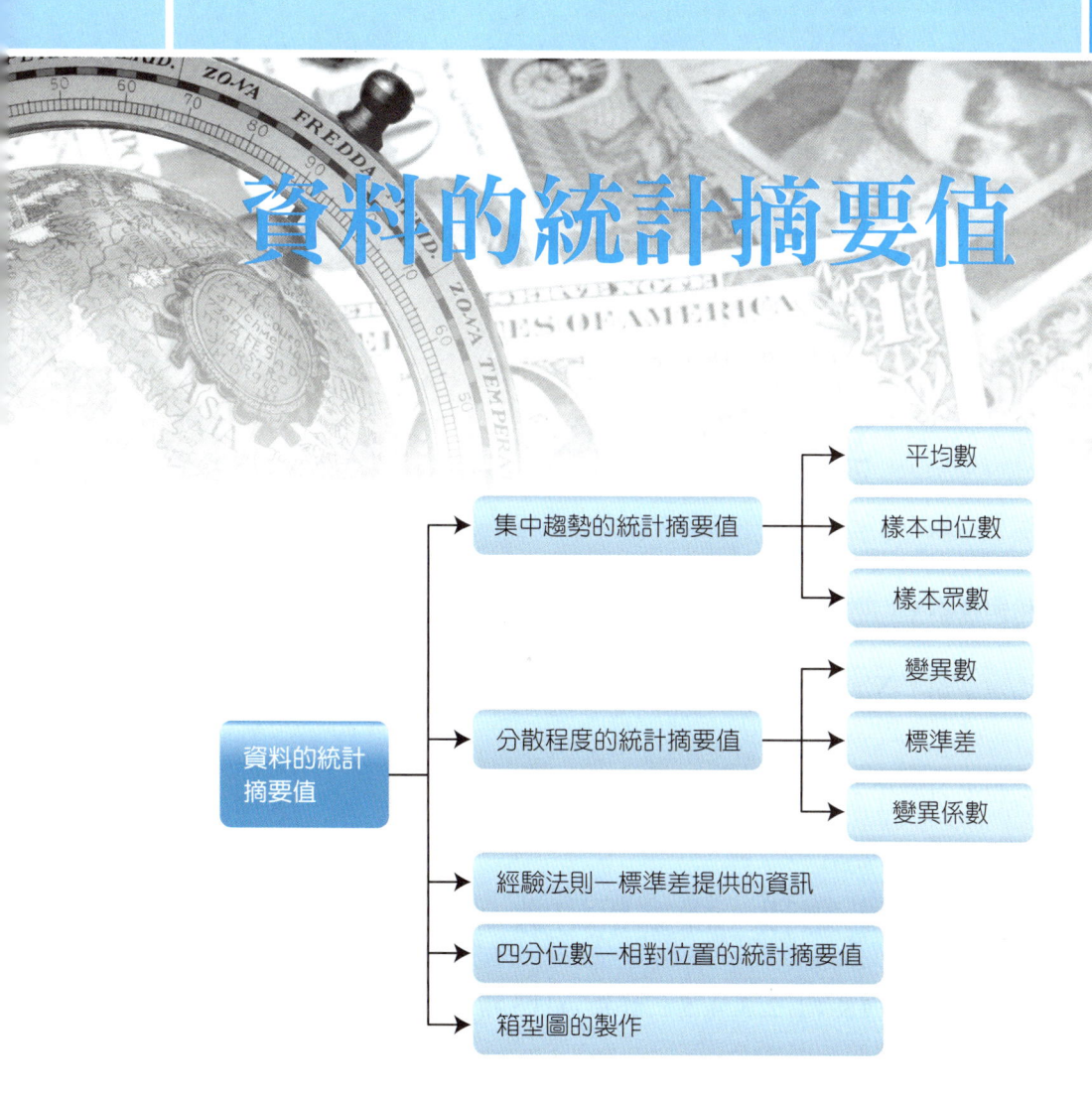

資料的統計摘要值

```
資料的統計摘要值
├── 集中趨勢的統計摘要值
│   ├── 平均數
│   ├── 樣本中位數
│   └── 樣本眾數
├── 分散程度的統計摘要值
│   ├── 變異數
│   ├── 標準差
│   └── 變異係數
├── 經驗法則─標準差提供的資訊
├── 四分位數─相對位置的統計摘要值
└── 箱型圖的製作
```

當我們在作資料蒐集的工作時，資料其實就是從一個母體中取出的一部份，稱為樣本。因此，當我們要得到母體的特性時，因為母體的未知，所以我們都直接對蒐集到的樣本資料作分析。

對於資料中所隱含的資訊，我們除了用第二章的統計圖與統計表來表示外，也要對資料中的各種統計摘要值有所了解。所謂的統計摘要值，指的是用來描述資料特性的統計測量值；主要有兩大類型：資料分佈的「集中趨勢」以及「分散程度」。如：樣本平均數、中位數和眾數，描述的是資料分佈的中央位置；樣本

標準差和樣本全距,描述的是資料分佈的分散程度。為了將這些統計摘要值公式化,我們以變數 X 表示觀察值,N 表示母體中的資料數,n 表示樣本中的資料觀察值。

3-1 常用統計數學算式

在單元內容前,我們先介紹常見的統計算式:對於變數 X,有 n 個資料值 $X_1, X_2, \ldots, X_n$,下列是常用的統計數學算式:

1. n 項總和:$\sum_{i=1}^{n} X_i = X_1 + X_2 + \cdots + X_n$

2. n 項平方總和:$\sum_{i=1}^{n} X_i^2 = X_1^2 + X_2^2 + \cdots + X_n^2$

3. 樣本平均數:$\overline{X} = \frac{1}{n} \sum_{i=1}^{n} X_i$

4. 總和與樣本平均數的關係:$\sum_{i=1}^{n} X_i = n\overline{X}$

5. 離均差總和:$\sum_{i=1}^{n} (X_i - \overline{X}) = (X_1 - \overline{X}) + (X_2 - \overline{X}) + \cdots + (X_n - \overline{X}) = \sum_{i=1}^{n} X_i - n\overline{X} = 0$

6. 離均差平方總和:$\sum_{i=1}^{n} (X_i - \overline{X})^2 = \sum_{i=1}^{n} X_i^2 - n(\overline{X})^2$

範例 3-1　總和、樣本平均數、離均差總和

變數 X 有 5 個數:1, 2, 3, 4, 5。計算:(1) 5 項總和;(2) 樣本平均數;(3) 離均差總和。

解

(1) 5 項總和:$\sum_{i=1}^{5} X_i = 1 + 2 + 3 + 4 + 5 = 15$

(2) 樣本平均數:$\overline{X} = \frac{15}{5} = 3$

(3) 離均差總和:$\sum_{i=1}^{5} (X_i - \overline{X}) = \sum_{i=1}^{5} X_i - 5 * (\overline{X}) = 15 - 5 * (3) = 0$

範例 3-2　樣本變異數、樣本標準差

範例 3-1 變數 X 的 5 個數：1, 2, 3, 4, 5，計算：(1) 5 項平方總和；(2) 離均差平方總和。

解

(1) 5 項平方總和：$\sum_{i=1}^{5} X_i^2 = 1^2 + 2^2 + 3^2 + 4^2 + 5^2 = 55$

(2) 離均差平方總和：

算式 1：$\sum_{i=1}^{5}(X_i - \overline{X})^2 = (1-3)^2 + (2-3)^2 + (3-3)^2 + (4-3)^2 + (5-3)^2 = 10$

算式 2：$\sum_{i=1}^{5}(X_i - \overline{X})^2 = \sum_{i=1}^{5} X_i^2 - 5(\overline{X})^2 = 55 - 5(3)^2 = 10$

3-2　集中趨勢的統計摘要值

蒐集了為數不少的樣本資料，中央趨勢指的是這些資料分佈的中央位置；常見的有平均數、中位數、眾數。例如，對於 50 人的學期成績，平均數是一般成績的代表值，中位數表示的是中等成績，眾數表示的是最多人所得的成績。

3-2-1　平均數

平均數 (mean) 代表的是一般值，它指的是所有資料值的代表值，它的計算方式是將所有資料值加總，再除以總數目而得到。如果資料是母體中的所有成員，所得的就是母體平均數；如果資料是樣本的觀察值，所得的就是樣本平均數。

母體平均數 (population mean)

如果 $X_1, X_2, \ldots, X_N$ 是母體中的所有資料，則母體平均數以 μ 表示 (唸為 mu)，定義公式為 $\mu = \dfrac{1}{N}\sum_{i=1}^{N} X_i$ 展開後可得

$$\mu = \dfrac{1}{N}(X_1 + X_2 + \cdots + X_N)$$

樣本平均數 (sample mean)

如果 $X_1, X_2, \ldots, X_n$ 是樣本中的觀察值，則樣本平均數 $\overline{X}$ (唸為 X bar)，定義公式為 $\overline{X} = \dfrac{1}{n}\sum_{i=1}^{n} X_i$ 展開後可得

$$\overline{X} = \dfrac{1}{n}(X_1 + X_2 + \cdots + X_n)$$

通常一母體的平均數是未知的，也是我們想要知道的；我們可以用樣本平均數來提供一些消息，因為樣本是該母體的一部份。只要樣本的觀察值數量夠多，那麼樣本平均數就愈可以反映母體平均數。

以下的幾個例子，都是根據下面的刑事案件例資料來計算各種統計摘要值；刑事案件例的資料描述如下：

刑事案件例

警政署公佈了民國 89 年全國 23 個縣市的 6 種刑事案件的發生率，根據這項資料，可以計算各種統計摘要值。表 3-1 是部份資料 (檔案：刑事案件.xls)。根據這項資料可以計算各種統計摘要值。

表 3-1　民國 89 年 6 種刑事案件發生率的部份資料

	竊盜	賭博	傷害	殺人	擄人勒贖	強盜搶奪
台北縣	81.22	1.22	0.79	0.22	0.69	1.54
台北市	60.37	0.69	3.45	0.13	1.01	1.23
台中縣	75.68	0.97	1.08	0.15	0.94	1.05
台中市	84.70	0.50	0.38	0.08	1.34	1.86
台南縣	52.47	1.09	6.49	0.64	1.26	1.19
台南市	71.67	0.43	2.49	0.46	1.31	2.13
高雄縣	66.05	0.73	3.74	0.31	0.56	2.08
高雄市	75.13	0.56	1.66	0.25	0.60	3.62
花蓮縣	48.34	1.05	6.47	0.50	0.36	0.92
澎湖縣	35.16	4.21	10.26	1.28	0.55	0.37

範例 3-3　平均數例

(1) 以《刑事案件例》之 23 個縣市的「竊盜」案件為資料，計算其平均數。

23 個縣市的竊盜資料

81.22	59.60	75.32	64.34	63.12	75.68	59.71	58.72
66.91	44.87	52.47	66.05	71.06	49.10	48.34	35.16
62.11	83.66	84.70	73.81	71.67	60.37	75.13	

(2) 以範例 2-5 之全世界 30 個國家的女性平均壽命為資料，計算其平均數。

30 個國家的女性平均壽命

44	75	80	79	74	53	78	76	79	64
78	67	75	50	50	52	58	81	78	69
75	79	77	78	77	79	70	73	63	69

解

代入樣本平均數的公式 $\overline{X} = \dfrac{1}{n}(X_1 + X_2 + \cdots + X_n)$

(1) $n=23$，$\overline{X} = \dfrac{1}{23}(81.22+\cdots+75.13) = 64.4833$

(2) $n=30$，$\overline{X} = \dfrac{1}{30}(44+\cdots+69) = 70$

3-2-2 樣本中位數

3-2-1 節所介紹的樣本平均數，代表的是所有資料的中心值，但是它會受到樣本資料極端值的影響，而無法反應出真正的中心值，也因此我們需要有其它的中央趨勢摘要值，來幫忙我們更了解資料的真實面。資料除了值的大小之外，順序也是一個可以探討的方向；樣本中位數 (sample median) 指的是將資料從最小值排到最大值後，最中間的那一個觀察值。如果樣本資料數 n 是奇數，那麼中位數是第 $\dfrac{1}{2}(n+1)$ 個觀察值；如果 n 是偶數，那麼中位數取的是第 $\dfrac{n}{2}$ 個及第 $\dfrac{n}{2}+1$ 個觀察值的平均數。

範例 3-4　中位數例

(1) 以《刑事案件例》之「竊盜」為資料，計算其樣本中位數。
(2) 以範例 2-5 之全世界 30 個國家的女性平均壽命為資料，計算其樣本中位數。

解

先將資料由小到大排序後，代入樣本中位數計算方式。

(1) 排序後的資料如表 3-2。

表 3-2　排序後，23 個縣市的竊盜資料

35.16	44.87	48.34	49.10	52.47	58.72	59.60	59.71
60.37	62.11	63.12	64.34	66.05	66.91	71.06	71.67
73.81	75.13	75.32	75.68	81.22	83.66	84.70	

$n = 23$，是奇數。所以樣本中位數等於第 12 位數。即樣本中位數 = 64.34。

(2) 排序後的資料如表 3-3。

表 3-3　排序後，30 個國家的女性平均壽命

44	50	50	52	53	58	63	64	67	69
69	70	73	74	75	75	75	76	77	77
78	78	78	78	79	79	79	79	80	81

$n = 30$，是偶數。所以樣本中位數等於第 15 位數與第 16 位數的平均數，即樣本中位數 = 75。

樣本中位數指的是樣本資料中心位置的值，它不受極端值的影響；樣本平均數指的是樣本資料的平衡中心，它會受到極端值的影響。在沒有極端值的情況下，樣本平均數與樣本中位數也不是一致的。

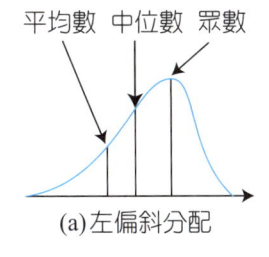

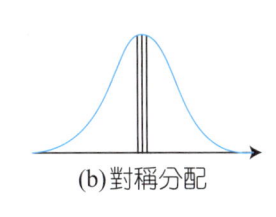

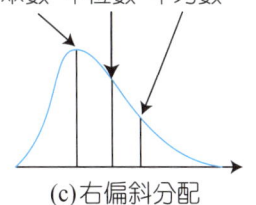

(a) 左偏斜分配　　(b) 對稱分配　　(c) 右偏斜分配

圖 3-1

如圖 3-1 中，

在對稱的分配圖裡（圖 3-1(b)），樣本平均數等於樣本中位數。

在右偏斜的分配圖裡（圖 3-1(c)），樣本平均數大於樣本中位數。

在左偏斜的分配圖裡（圖 3-1(a)），樣本平均數小於樣本中位數。

3-2-3 樣本眾數

如圖 3-1 所示，樣本資料中，出現次數最多的觀察值，稱為樣本眾數 (sample mode)。但如果樣本的觀察值都只出現一次，那麼就沒有樣本眾數值。在日常生活中，眾數可以用來作為樣本集中趨勢的指標，如：「大多數大一新生的年齡是 18 歲」、「多數的青少年零用錢是 200 元／月」。

範例 3-5　眾數例

(1) 以《刑事案件例》之「竊盜」為資料，計算其樣本眾數。
(2) 以範例 2-5 之全世界 30 個國家的女性平均壽命為資料，計算其樣本眾數。

解

由範例 3-4 的排序資料中可看出樣本眾數。
(1) 表 3-2 顯示「竊盜」資料沒有眾數，因為所有的值都只出現一次。
(2) 表 3-3 顯示「女性平均壽命」的樣本眾數 = 78、79。它們的出現次數最多，都是 4 個。

3-3 分散程度的統計摘要值

資料集中趨勢的統計摘要值，告訴了我們資料的大概情況，但無法提供資料的分散程度。例如，50 人的平均成績為 70 分，提供的是其所有成績的平均，至於這 50 個成績的分散程度卻無法得知。這個成績的分散程度可以透過個別成績與平均數的差異程度來表示。所謂差異程度，它的統計用語是「標準差」。如果標準差為 4 分，那麼我們對於這 50 個成績就可以有這樣的整體描述：大致上，根據經驗法則（3-4 節），我們可以得知，99% 的成績分佈，涵蓋在 58～82 分 (58 = 70 – 3*4；82 = 70 + 3*4) 間，其中的平均數為 70 分，而且有 95% 的成績分佈在

62～78 分 (62 = 70 − 2 * 4；78 = 70 + 2 * 4) 間。要反應出整體資料的分散程度，必須得知標準差。所謂的標準差，它的統計定義不是很直接，必須透過變異數的定義來了解。

3-3-1 變異數

在成績例子中，如果平均成績是 70 分，其它的成績，只要知道它是比平均高幾分或低幾分就可以確定它的值。這高低分的差距，在統計上稱為「離均差」，也就是個別值與平均數的差距。變異數 (variance) 的定義，是將離均差的平方值加總後，除以總觀察值。變異數是代表資料的平均離散程度；所謂的離散，指的是個別值與平均數的差異。

與平均數的定義一樣，變異數的定義也有兩個：關於母體的母體變異數與關於樣本的樣本變異數。

母體變異數 (population variance)

如果 $X_1, X_2, \ldots, X_N$ 是母體中的所有資料，且 μ 是母體平均數，則母體變異數 σ^2 (唸為 sigma 平方) 定義公式為 $\sigma^2 = \dfrac{1}{N}\sum_{i=1}^{N}(X_i - \mu)^2$，展開後可得

$$\sigma^2 = \frac{1}{N}[(X_1 - \mu)^2 + (X_2 - \mu)^2 + \cdots + (X_N - \mu)^2]$$

樣本變異數 (sample variance)

如果 $X_1, X_2, \ldots, X_n$ 是樣本中的所有資料，且 $\overline{X}$ 是樣本平均數，則樣本變異數 S^2 定義公式為 $S^2 = \dfrac{1}{n-1}\sum_{i=1}^{n}(X_i - \overline{X})^2$，展開後可得

$$S^2 = \frac{1}{n-1}[(X_1 - \overline{X})^2 + (X_2 - \overline{X})^2 + \cdots + (X_n - \overline{X})^2]$$

【注意】樣本變異數的公式中，分母是 $n-1$，不是 n。這是因為要滿足統計估計量的不偏估計性質 (第十章) 所作的修正值，讀者在目前只要牢記這個特別處就可以；我們將在第十章，針對估計量的性質作個完整的介紹。

範例 3-6　變異數例

(1) 以《刑事案件例》之「竊盜」為資料，計算其樣本變異數。

(2) 以範例 2-5 之全世界 30 個國家的女性平均壽命為資料，計算其樣本變異數。

解

先得知樣本平均數，再代入樣本變異數的公式：

$$S^2 = \frac{1}{n-1}[(X_1-\overline{X})^2 + \cdots + (X_n-\overline{X})^2]$$

(1) 由範例 3-3 已經得知樣本平均數為 $\overline{X}=64.4833$，$n=23$，則「竊盜」的樣本變異數為

$$S^2 = \frac{1}{n-1}[(81.22-64.4833)^2 + \cdots + (75.13-64.4833)^2] = 163.3297$$

(2) 由範例 3-3 已經得知樣本平均數為 $\overline{X}=70$，$n=30$，則「女性平均壽命」的樣本變異數為

$$S^2 = \frac{1}{30-1}[(40-70)^2 + \cdots + (69-70)^2] = 116$$

【註】常用的變異數計算公式：變異數之原始定義公式 $S^2 = \frac{1}{n-1}\sum_{i=1}^{n}(X_i-\overline{X})^2$，在實際計算上顯得複雜，取而代之，常採用的是以下的變異數常用計算式：

$$S^2 = \frac{1}{n-1}\sum_{i=1}^{n}(X_i-\overline{X})^2 = \frac{1}{n-1}\left(\sum_{i=1}^{n}X_i^2 - n(\overline{X})^2\right)$$

範例 2-5 之全世界 30 個國家的女性平均壽命 $\bar{X} = 70$，平方和 $\sum_{i=1}^{30} X_i^2 = 150,364$，代入常用的變異數計算公式：

$$S^2 = \frac{150,364 - 30*(70)^2}{30-1} = 116$$

3-3-2 標準差

　　在 3-3-1 節提到，變異數代表了資料的平均離散程度，變異數大表示資料很分散。同時，變異數指的是將離均差取其平方值後，再得其平均數。為什麼要對離均差，先取平方值，之後再取平均數呢？在平均成績 70 分的成績例子中，如果有兩個離均差分別為 +5 分及 -5 分，這表示實際分數分別是 75 分及 65 分；當要對離均差作平均數計算時，我們不能採直接加總取平均的方式，這樣會得到離均差的平均數等於零的情形，無法反映出真正的離散程度。對離均差取平方值，是解決了正差與負差相抵消的情況；成績例子中，對 +5 分及 -5 分的離均差取平方值，就沒有了正負差相抵的現象。但離均差取平方值的同時，正負差問題解決了，可是差異值改變了；因此要真正的反映出資料的離散程度，是要將變異數值還原為與原離均差異值相同的衡量尺度上。標準差 (standard deviation) 代表的就是這個還原為原尺度的離散程度。標準差定義為變異數的開平方值。

母體標準差 (population standard deviation)

母體標準差 σ 定義為

$$\sigma = \sqrt{\sigma^2} = \sqrt{\frac{1}{N}[(X_1 - \mu)^2 + (X_2 - \mu)^2 + \cdots + (X_N - \mu)^2]}$$

樣本標準差 (sample standard deviation)

樣本標準差 S 定義為

$$S = \sqrt{S^2} = \sqrt{\frac{1}{n-1}[(X_1-\overline{X})^2 + (X_2-\overline{X})^2 + \cdots + (X_N-\overline{X})^2]}$$

範例 3-7　標準差例

(1) 以《刑事案件例》之「竊盜」為資料，計算其樣本標準差。

(2) 以範例 2-5 之全世界 30 個國家的女性平均壽命為資料，計算其樣本標準差。

解

將所得知的樣本變異數開根號，則為樣本標準差。

(1) 由範例 3-6 得「竊盜」樣本變異數 $S^2 = 163.3297$，則樣本標準差為

$$S = \sqrt{S^2} = \sqrt{163.3297} = 12.78$$

(2) 由範例 3-6 得「女性平均壽命」樣本變異數 $S^2 = 116$，則樣本標準差為

$$S = \sqrt{S^2} = \sqrt{116} = 10.7703$$

3-3-3 變異係數

變異數、標準差只能描述資料的絕對分散程度 (資料本身的分散性)，無法用於比較兩組資料間的分散性。要比較兩資料的相對分散程度時，必須採用個別標準差與其平均數的比例值，稱之為變異係數 (coefficient of variation)：

$$變異係數 = \frac{標準差}{平均數} * 100\%$$

比較兩個變異係數,可以得知兩組資料的分散差異:變異係數愈小,表示資料的分佈愈集中(相較於另一組資料),也就是資料的差異小。

範例 3-8　　變異係數例

期中考後,吳老師想要比較她所任教「經濟學」的甲、乙班之成績分佈,那一班的差異較大?兩班的成績整理,資料如表 3-4。

✚ 表 3-4

	甲班	乙班
人數	57	43
平均成績	53	68
標準差	8	10

解

甲班的標準差 8 分低於乙班的 10 分,相對的甲班平均成績也比乙班低;無法直接由這種描述絕對分散的標準差來比較,必須比較兩班的變異係數:

$$甲班:變異係數 = \frac{8}{53} * 100\% = 15.09\%$$

$$乙班:變異係數 = \frac{10}{68} * 100\% = 14.71\%$$

顯然甲班的變異係數大於乙班。結論是:雖然甲班的標準差小於乙班,但是甲班的成績差異性大於乙班。

3-3-4 併組資料之統計摘要值

平均數、變異數的計算,與資料結構有關。當處理的資料為原始資料時,直接代入 3-1 節的平均數公式,及 3-2 節的變異數公式(或是常用公式),就可以得到答案。但是當資料結構是已經整理後之分組資料時(表 3-5),只提供了 k 組的平均數 ($\overline{X_1}, ..., \overline{X_k}$)、變異數 ($S_1^2, ..., S_k^2$)、樣本數 ($n_1, ..., n_k$),此時要計算全體的平均數 $\overline{X}$、變異數 S^2,則必須要採用合併組的計算公式。

✤ 表 3-5

平均數	$\overline{X_1}$	$\overline{X_2}$	……	$\overline{X_k}$
變異數	S_1^2	S_2^2	……	S_k^2
樣本數	n_1	n_2	……	n_k

以 k 組資料結構為例，已知 k 組的平均數、變異數與樣本數 (表 3-5)，則合併組後的總平均數 $\overline{X}$、變異數 S^2 與標準差 S，可由 (3-1) 式、(3-2) 式與 (3-3) 式計算得知：

合併 k 組後的總平均數 $\overline{X} = \dfrac{\sum\limits_{i=1}^{k} n_i \cdot \overline{X_i}}{\sum\limits_{i=1}^{k} n_i}$ 　　　　　　(3-1)

合併 k 組後的總變異數 $S^2 = \dfrac{\sum\limits_{i=1}^{k}(n_i-1)\cdot S_i^2 + \sum\limits_{i=1}^{k} n_i \cdot (\overline{X_i}-\overline{X})^2}{\left(\sum\limits_{i=1}^{k} n_i\right)-1}$ 　　　(3-2)

合併 k 組後的總標準差 $S = \sqrt{S^2} = \sqrt{\dfrac{\sum\limits_{i=1}^{k}(n_i-1)\cdot S_i^2 + \sum\limits_{i=1}^{k} n_i \cdot (\overline{X_i}-\overline{X})^2}{\left(\sum\limits_{i=1}^{k} n_i\right)-1}}$ (3-3)

範例 3-9

在範例 3-8 中，根據表 3-4 的兩班級之人數、平均數、變異數，要計算吳老師所教的所有班級之 $\overline{X}$ 與變異數 S^2 與標準差，此時必須利用合併組後的總平均數、總變異數、總標準差之計算式：

	甲班	乙班
人數	57	43
平均數	53	68
變異數	64	100

解

利用 3-3-4 節提供的併組公式，在本例中 $k=2$，直接帶入公式 1、2、3，計算如下：

(1) $\overline{X} = \dfrac{57*53 + 43*68}{57+43} = 59.45$，總平均數 = 59.45。

(2) $S^2 = \dfrac{\sum_{i=1}^{k}(n_i-1)\cdot S_i^2 + \sum_{i=1}^{k} n_i \cdot (\overline{X_i} - \overline{X})^2}{\left(\sum_{i=1}^{k} n_i\right) - 1}$

$= \dfrac{56*64 + 42*100 + 57*(53-59.45)^2 + 43*(68-59.45)^2}{100-1}$

$= 134.33$

總變異數 = 134.33。

(3) $S = \sqrt{134.33} = 11.59$，總標準差 = 11.59。

3-4 經驗法則 —— 標準差提供的資訊

前面提到平均數代表的是資料的中心點，標準差代表的是整體資料與平均數的平均差異程度。根據經驗法則，這個平均數與標準差可以提供給我們有關於資料的分佈界限值。例如，我們想知道整體資料中的 95%，是出現在何種界限裡。所謂的經驗法則指的是：以過去的許多大宗資料所累積而得的常態分配；對稱鐘型曲線為基準。它說明了母體平均數與母體標準差所產生的界線及其所涵蓋的範圍。

對於樣本資料，在只知樣本平均數 $\overline{X}$，樣本標準差 S 之下，要找出涵蓋 68%、95%、99% 的範圍，就是經驗法則的應用。也就是說，如果資料具有鐘型分佈情況 (圖 3-2)，則有：

68.26% 的觀察值是在 $[\overline{X} - S, \overline{X} + S]$ 內，

95.44% 的觀察值是在 $[\overline{X} - 2S, \overline{X} + 2S]$ 內，

99.74% 的觀察值是在 $[\overline{X} - 3S, \overline{X} + 3S]$ 內。

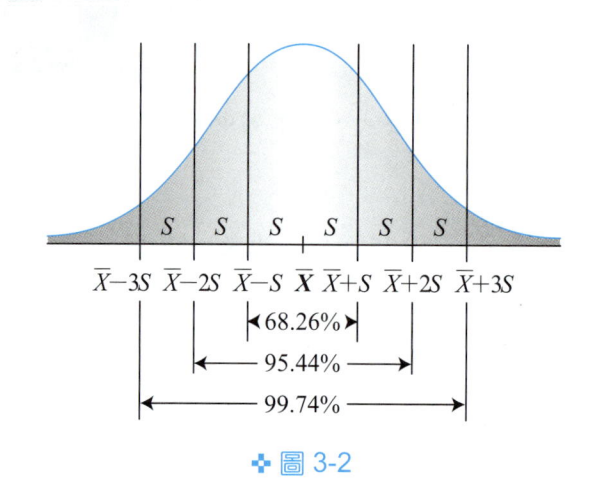

實用統計學 Statistics

◆ 圖 3-2

樣本資料在 $[\bar{X}-S, \bar{X}+S]$、$[\bar{X}-2S, \bar{X}+2S]$、$[\bar{X}-3S, \bar{X}+3S]$ 間的比例分別為 68.26%、95.44%、99.74%。

範例 3-10　經驗法則例

(1) 以「刑事案件例」之「竊盜」為資料，驗算經驗法則。

(2) 以範例 2-5 之全世界 30 個國家的女性平均壽命為資料，驗算經驗法則。

解

(1) 由範例 3-3 及範例 3-7 得知「竊盜」之樣本平均數 = 64.4833，樣本標準差為 12.78，則經驗法則可以提供的訊息是：

　(a) 有 68% 為「竊盜」資料是在 [64.4833 − 12.78, 64.4833 + 12.78] 之間，也就是有 68% 的「竊盜」資料是在 [51.7033, 77.2633] 之間。

　(b) 有 95% 為「竊盜」資料是在 [64.4833 − 2*12.78, 64.4833 + 2*12.78] 之間，也就是有 95% 的「竊盜」資料是在 [38.9233, 90.0433] 之間。

　(c) 有 99% 為「竊盜」資料是在 [64.4833 − 3*12.78, 64.4833 + 3*12.78] 之間，也就是有 99% 的「竊盜」資料是在 [26.1433, 102.8233] 之間。

(2) 由範例 3-3 及範例 3-7 得知「女性平均壽命」之樣本平均數 = 70，樣本標準差為 10.7703，則經驗法則可以提供的訊息是：

　(a) 有 68% 為「女性平均壽命」資料是在 [70 − 10.7703, 70 + 10.7703] 之間，也就是有 68% 的「女性平均壽命」資料是在 [59.2297, 80.7703] 之間。

(b) 有 95% 為「女性平均壽命」資料是在 [70 − 2 ∗ 10.7703, 70 + 2 ∗ 10.7703] 之間,也就是有 95% 的「女性平均壽命」資料是在 [48.4594, 91.5406] 之間。

(c) 有 99% 為「女性平均壽命」資料是在 [70 − 3 ∗ 10.7703, 70 + 3 ∗ 10.7703] 之間,也就是有 99% 的「女性平均壽命」資料是在 [37.6891, 102.3109] 之間。

3-5 四分位數 —— 相對位置的統計摘要值

我們在 2-4-4 節提到了箱型圖。它可以反映出資料的中間部份以及極端值。這些現象要利用到相對位置的統計摘要值。例如,資料排序後,從小排起的 25%,它的上限值稱為第一個四分位數,以 Q_1 表示。從小排起的 50%,它的上限值稱為第二個四分位數,以 Q_2 表示。從小排起的 75%,它的上限值稱為第三個四分位數,以 Q_3 表示。

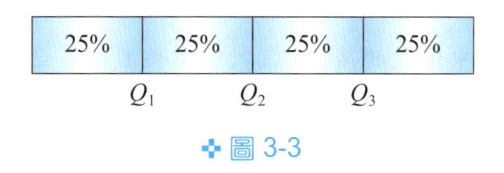

25%	25%	25%	25%
	Q_1	Q_2	Q_3

➕ 圖 3-3

也就是說將排序後的資料分為四等分,它們的分界點就是這三個四分位數。其中的第二個四分位數就是所謂的中位數。四分位數可以依照以下的步驟求得:

步驟 1:將資料由小至大排序。

步驟 2:找出中位數,則為第二個四分位數。

步驟 3:在小於中位數的資料中,再找出這部份的中位數,則為第一個四分位數,通常以 Q_1 表示。

步驟 4:在大於中位數的資料中,再找出這部份的中位數,則為第三個四分位數,通常以 Q_3 表示。

範例 3-11　四分位數例

(1) 以《刑事案件例》之「竊盜」為資料，計算 Q_1 及 Q_3。

(2) 以範例 2-5 之全世界 30 個國家的女性平均壽命為資料，計算 Q_1 及 Q_3。

解

(1) 樣本數 $n = 23$，中位數 $= 64.335$ 為第 12 位數。此時小於中位數的前 11 個數的中位數（第 6 位數）即為第一個四分位數 Q_1，同時大於中位數的後 11 個數的中位數（第 18 位數）即為第三個四分位數 Q_3。

最小				最大
35.16	58.72	64.335	75.13	84.7
	↑	↑	↑	
	Q_1	中位數	Q_3	
	（第 6 位數）	（第 12 位數）	（第 18 位數）	

(2) 樣本數 $n = 30$，中位數 $= 75$ 為第 15 位數與第 16 位數的平均數。此時小於中位數的前 15 個數的中位數（第 8 位數）即為第一個四分位數 Q_1，同時大於中位數的後 15 個數的中位數（第 23 位數）即為第三個四分位數 Q_3。

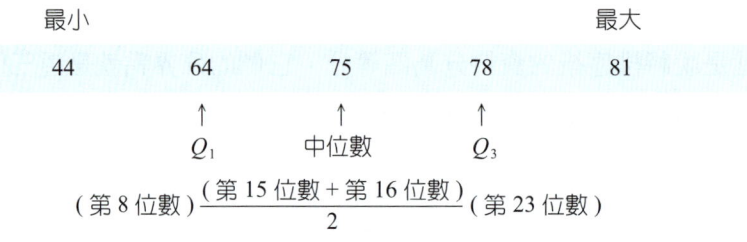

最小				最大
44	64	75	78	81
	↑	↑	↑	
	Q_1	中位數	Q_3	
	（第 8 位數）	$\dfrac{第 15 位數 + 第 16 位數}{2}$	（第 23 位數）	

Chapter 3　資料的統計摘要值

3-6　箱型圖的製作

利用三個四分位數,以及四分位間距,我們將可以把原始資料用箱型圖的方式表示出來。所謂的四分位間距,指的是第一個四分位數與第三個四分位數之間的距離。

四分位間距 (inter quartile range)

四分位間距,以代號 IQR 表示,定義為

$$IQR = Q_3 - Q_1$$

箱型圖可以是水平的,也可以是垂直的。水平的箱型圖可依下列步驟完成:

步驟 1:找出中位數及 Q_1 及 Q_3。

步驟 2:畫 X 軸,並且畫一長方形,兩端點分別為 Q_1、Q_3,中間值則為中位數。

步驟 3:計算上下內界,並且找出資料之間的最小值、最大值。其中

$$下內界 = Q_1 - 1.5 * IQR$$

$$上內界 = Q_3 + 1.5 * IQR$$

步驟 4:在長方形外,找出上、下內界,同時標出之間的最小值、最大值,並且從長方形兩側分別畫一水平線,連到這兩個值。

步驟 5:標出其它在上、下內界外的觀察值,這些就是所謂的極端界外值。

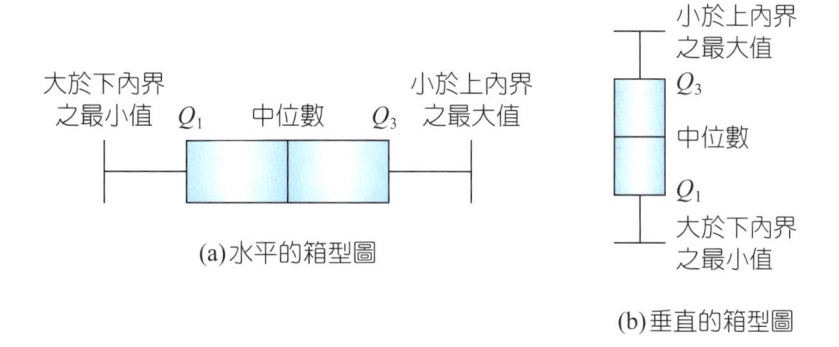

(a)水平的箱型圖

(b)垂直的箱型圖

✤ 圖 3-4

範例 3-12　箱型圖例

以表 3-3 排序後全世界 30 個國家的女性平均壽命為資料，畫出箱型圖，並標出極端界外點。

解

要畫出箱型圖的步驟如下：

步驟 1：找出中位數、Q_1 及 Q_3。並計算四分位間距 IQR。

由範例 3-3 及範例 3-11 得知

中位數 $= 75$，$Q_1 = 64$，$Q_3 = 78$，$IQR = Q_3 - Q_1 = 14$

步驟 2：計算上下內界，並且找出在這範圍間的最大、最小值。

$$下內界 = Q_1 - 1.5 * IQR = 64 - 1.5 * 14 = 43$$
$$上內界 = Q_3 + 1.5 * IQR = 78 + 1.5 * 14 = 99$$

同時，30 個排序後的資料中，小於上內界的最大值 $= 81$；大於下內界的最小值 $= 44$。

步驟 3：首先，先畫長方形，中心為中位數 $= 75$；兩端分別為 $Q_1 = 64$ 及 $Q_3 = 78$，再於兩側加一水平線，延長至上、下內界點內的端點值 44 及 81（圖 3-5）。

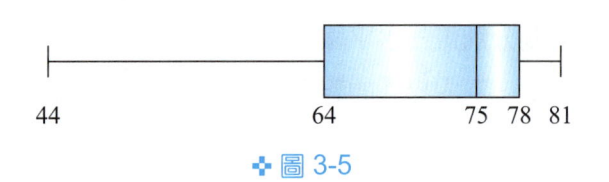

✦ 圖 3-5

步驟 4：本例題沒有極端界外值。因為極小值為 44，極大值為 81，都沒有超過下內界 43 及上內界 99。

3-7 極端值的篩選

資料分析與資料的結構息息相關,當資料有著異常值(極端值)時,會使得結果出現偏頗,所以有需要預先找出極端值。篩選極端值的方法有兩種:一種是經由箱型圖的製作,當觀察值落在上下內界之外,就是極端值,也就是說,

$$觀察值 > Q_3 + 1.5 * IQR \quad 或是 \quad 觀察值 < Q_1 - 1.5 * IQR$$

另一種方法,則是將原始資料 X 進行標準化,得到標準 Z 值

$$標準\ Z\ 值 = \frac{X - 平均數}{標準差}$$

當標準 Z 值 > 2 或標準 Z 值 < -2,則該原始值就是極端值。

範例 3-13 以 2010 大聯盟美聯薪資(千萬美元)為例

| 美聯薪資 | 5.2 | 5.5 | 6.1 | 6.2 | 7.1 | 7.2 | 8.2 | 8.7 | 9.8 | 10.5 | 10.6 | 12.3 | 16.2 | 20.6 |

已知:平均數 $= 9.59$;標準差 $= 4.37$;四分位數 $Q_1 = 6.175$,$Q_3 = 11.025$。利用下列兩種方式篩選極端值:

(1) 採取箱型圖的製作準則:觀察值 $> Q_3 + 1.5 * IQR$ 或是觀察值 $< Q_1 - 1.5 * IQR$。

(2) 採取 $\left|標準\ Z\ 值\right| = \left|\dfrac{X - 平均數}{標準差}\right| > 2$

解

(1) 先計算 $IQR = Q_3 - Q_1 = 11.025 - 6.175 = 4.85$

　　其次計算上限 $= Q_3 + 1.5 * IQR = 11.025 + 1.5 * 4.85 = 18.3$

　　　　　　下限 $= Q_1 - 1.5 * IQR = 6.175 - 1.3 * 4.85 = -1.1$

　　美聯薪資的極大值 $= 20.6 > 18.3$,表示 20.6 是極端值。

(2) 計算原始資料的標準 Z 值：

美聯薪資	5.2	5.5	6.1	6.2	7.1	7.2	8.2	8.7	9.8	10.5	10.6	12.3	16.2	20.6
標準 Z 值	–1.0	–0.9	–0.8	–0.8	–0.6	–0.6	–0.3	–0.2	0.1	0.2	0.2	0.6	1.5	2.5

其中標準 Z 值極大值 = 2.5 > 2，也就是說，對應的美聯薪資 = 20.6 是極端值。

3-8 Excel 應用例

本章所提及的統計摘要值，在 Excel (2010) 可以利用 [資料分析] 中的『敘述統計』來計算，本節將以一個範例來做操作說明。

範例 3-14

台灣 23 個縣市的 6 種刑事案件的發生率：「竊盜」、「賭博」、「傷害」、「殺人」、「恐嚇取財」、「強盜搶奪」；利用 Excel/[資料分析] 中的『敘述統計』，計算 6 種刑事案件發生率的各項統計摘要值。(檔案：刑事案例.xls)

解

以 Excel (2010) 開啟檔案後，如圖 3-6 共有 23 筆資料，A1 格為城市變數，A2～A24 儲存 23 個縣市名稱；6 種刑事案件名稱分別儲存於 B1～G1 格；刑事案件的發生率則儲存於 B2～G24。

Chapter 3 資料的統計摘要值

	A	B	C	D	E	F	G
1	城市	竊盜	賭博	傷害	殺人	恐嚇取財	強盜搶奪
2	臺北縣	81.22	1.22	0.79	0.22	0.69	1.54
3	宜蘭縣	59.60	1.74	1.96	0.45	0.68	1.55
4	桃園縣	75.32	0.77	0.66	0.27	0.82	1.50
5	新竹縣	64.34	0.50	2.19	0.53	0.79	1.19
6	苗栗縣	63.12	0.83	2.96	0.38	0.60	1.08
20	臺中市	84.70	0.50	0.38	0.08	1.34	1.86
21	嘉義市	73.81	0.95	2.66	0.32	1.56	1.37
22	臺南市	71.67	0.43	2.49	0.46	1.31	2.13
23	臺北市	60.37	0.69	3.45	0.13	1.01	1.23
24	高雄市	75.13	0.56	1.66	0.25	0.60	3.62

✤ 圖 3-6

接著，進行下列的 Excel 步驟，計算 6 種刑事案件發生率的各項統計摘要值。

步驟 1： 在 Excel (2010) 的功能表列選擇 [資料]/[資料分析]（如果讀者的 Excel (2010) 沒有此一功能，必須先使用增益集，請參考 1-4 節的增益集單元），出現對話窗口，選擇『敘述統計』按下確定（圖 3-7）。

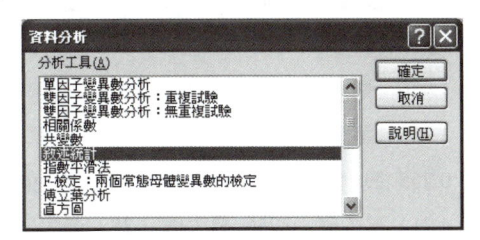

✤ 圖 3-7

步驟 2： 在『敘述統計』的對話窗口（圖 3-8），分別輸入：

(1)『輸入範圍』：B1：G24。

(2) 將『類別軸標記』圈選。

(3) 指定輸出範圍：新工作表。

(4) 將『摘要統計』圈選。

(5) 得到 6 種刑事案件發生率的摘要統計值（表 3-6）。

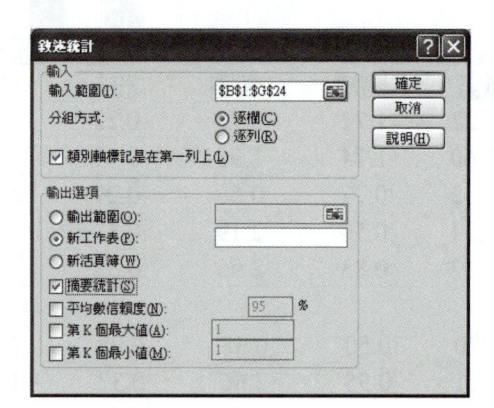

✤ 圖 3-8

✤ 表 3-6

竊盜		賭博		傷害		殺人		恐嚇取財		強盜搶奪	
平均數	64.483	平均數	1.270	平均數	3.039	平均數	0.412	平均數	0.907	平均數	1.477
標準誤	2.665	標準誤	0.202	標準誤	0.534	標準誤	0.061	標準誤	0.076	標準誤	0.126
中間值	64.335	中間值	0.972	中間值	2.121	中間值	0.315	中間值	0.822	中間值	1.430
眾數	#N/A	眾數	#N/A	眾數	#N/A	眾數	#N/A	眾數	#N/A	眾數	1.190
標準差	12.780	標準差	0.969	標準差	2.563	標準差	0.290	標準差	0.363	標準差	0.607
變異數	163.329	變異數	0.938	變異數	6.567	變異數	0.084	變異數	0.132	變異數	0.368
峰度	−0.166	峰度	3.805	峰度	1.809	峰度	4.506	峰度	−1.247	峰度	6.781
偏態	−0.416	偏態	1.936	偏態	1.513	偏態	2.078	偏態	0.187	偏態	1.896
範圍	49.531	範圍	3.958	範圍	9.877	範圍	1.198	範圍	1.227	範圍	3.250
最小值	35.164	最小值	0.255	最小值	0.380	最小值	0.084	最小值	0.337	最小值	0.370
最大值	84.696	最大值	4.212	最大值	10.256	最大值	1.282	最大值	1.564	最大值	3.620
總和	1483.117	總和	29.203	總和	69.903	總和	9.469	總和	20.868	總和	33.970
個數	23	個數	23	個數	23	個數	23	個數	23	個數	23

【註】(1) 標準誤＝標準差 / $\sqrt{個數}$。

(2) 中間值就是中位數。

(3) 範圍＝最大值－最小值。

(4) 峰度＞3，表示高於常態峰；峰度＝3，表示等於常態峰；峰度＜3，表示低於常態峰。

(5) 偏態＞3，表示右偏斜分配；偏態＝0，表示對稱分配；偏態＜0，表示左偏斜分配。

3-9 章節架構圖說明：統計摘要值—《人口指標例》

世界衛生組織公佈了全世界 105 個國家在 1995 年的 5 項人口指標：人口密度、男女平均壽命、死亡率及出生率。透過描述這些指標的統計摘要值，可以幫助我們更了解全世界在各項人口指標的結構。下表為部份的資料。（檔案：人口指標.xls）。

✦ 表 3-7　1995 年世界各國 5 項人口指標的部份資料

國　家	人口密度 (人/平方公里)	平均壽命 (女性)	平均壽命 (男性)	出生率 (人/千人)	死亡率 (人/千人)
阿富汗	25.0	44	45	53.0	22
澳洲	2.3	80	74	15.0	8
巴西	18.0	67	57	21.0	9
加拿大	2.8	81	74	14.0	8
中國大陸	124.0	69	67	21.0	7
古巴	99.0	78	74	17.0	7
法國	105.0	82	74	13.0	9
日本	330.0	82	76	11.0	7
波蘭	123.0	77	69	14.0	10
台灣	582.0	78	72	15.6	8
英國	237.0	80	74	13.0	11
美國	26.0	79	73	15.0	9

章節架構圖 vs. 案例說明

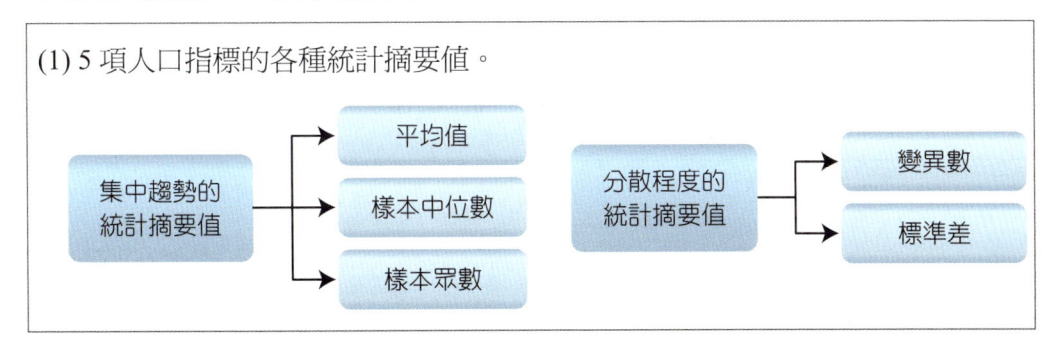

(1) 5 項人口指標的各種統計摘要值。

- 集中趨勢的統計摘要值
  - 平均值
  - 樣本中位數
  - 樣本眾數
- 分散程度的統計摘要值
  - 變異數
  - 標準差

實用統計學 Statistics

	人口密度	女性壽命	男性壽命	出生率	死亡率
個數	105	105	105	105	105
平均數	209.074	70.350	65.140	25.749	9.510
中位數	64	74	67	25	9
眾數	18	78	73	13	6
標準差	687.858	10.430	9.130	12.449	4.140
變異數	473418.587	108.830	83.370	154.976	17.170
最小值	2.3	43	41	10	2
最大值	5494	82	76	53	24

(2) 4項人口指標（「女性平均壽命」、「男性平均壽命」、「出生率」、「死亡率」）的各個箱型圖。

箱型圖的製作

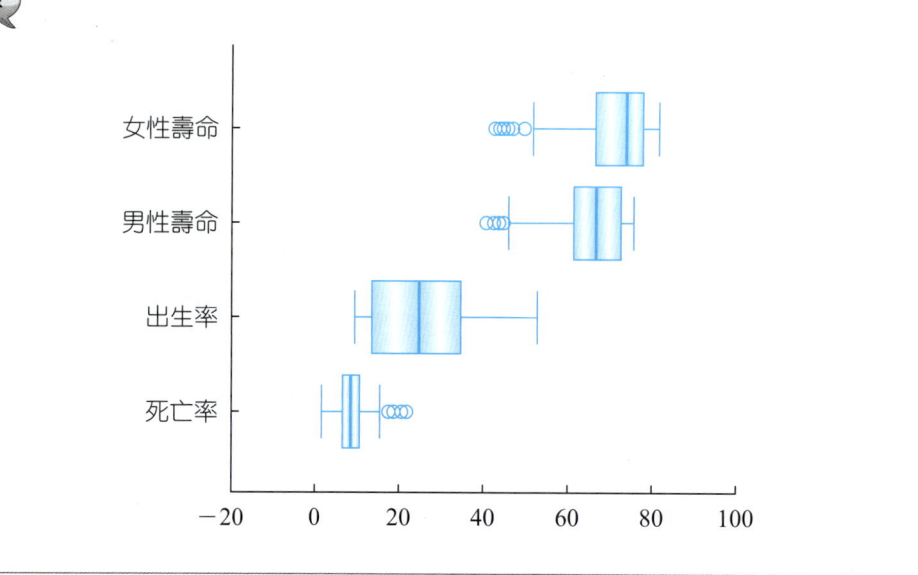

解

(3) 以「出生率」為資料，驗算經驗法則。　　　　　　經驗法則—標準差提供的資訊

解

首先製作『莖葉圖』。

```
出生率 Stem-and-leaf Plot

Frequency  Stem & Leaf
  31.00    1 . 0111111122222223333333333344444444
  13.00    1 . 5555666666 7799
   8.00    2 . 01113 4444
  19.00    2 . 55666667778888 99999
   5.00    3 . 03344
   6.00    3 . 555589
  12.00    4 . 001222334444
  10.00    4 . 5556666799
   1.00    5 . 3
```

由(1)的統計摘要值，得知「出生率」的樣本平均數 $\bar{X}=25.75$；樣本標準差 $S=12.45$。由「出生率」的莖葉圖中，我們驗證的經驗法則是：

(a)「出生率」在 $[\bar{X}-S, \bar{X}+S]$ 內，理論上，應該有 68.26% 的國家。實際上，「出生率」在 [13.3, 38.2] 內，有 58 個國家，約為 55.24%。

(b)「出生率」在 $[\bar{X}-2S, \bar{X}+2S]$ 內，理論上，應該有 95.44% 的國家。實際上，「出生率」在 [0.85, 50.65] 內，有 104 個國家，約為 99.04%。

(c)「出生率」在 $[\bar{X}-3S, \bar{X}+3S]$ 內，理論上，應該有 99.74% 的國家。實際上，「出生率」在 [0, 63.1] 內，有 105 個國家，為 100%。

名詞解釋

母體平均數 (population mean)：$\mu = \dfrac{1}{N}\sum_{i=1}^{N} X_i$

樣本平均數 (sample mean)：$\bar{X} = \dfrac{1}{n}\sum_{i=1}^{n} X_i$

樣本眾數 (sample mode)：樣本資料中，出現次數最多的觀察值。

樣本中位數 (sample median)：資料從最小值排到最大值後，最中間的那一個觀察值。

母體變異數 (population variance)：$\sigma^2 = \dfrac{1}{N}\sum_{i=1}^{N}(X_i - \mu)^2$，$\mu$ 是母體平均數。

樣本變異數 (sample variance)：$S^2 = \dfrac{1}{n-1}\sum_{i=1}^{n}(X_i - \bar{X})^2$，$\bar{X}$ 是樣本平均數。

樣本變異數常用公式：$S^2 = \dfrac{1}{n-1}\left(\sum_{i=1}^{n} X_i^2 - n(\bar{X})^2\right)$

母體標準差 (population standard deviation)：$\sigma = \sqrt{\sigma^2}$

樣本標準差 (sample standard deviation)：$S = \sqrt{S^2}$

變異係數 $= \dfrac{\text{標準差}}{\text{平均數}} * 100\%$

標準 Z 值：標準 Z 值 $= \dfrac{\text{觀察值} - \text{平均數}}{\text{標準差}}$

k 組併組資料之樣本平均數 (k 組)：$\bar{X} = \dfrac{\sum_{i=1}^{k} n_i \cdot \bar{X_i}}{\sum_{i=1}^{k} n_i}$

k 組併組資料之樣本變異數 (k 組)：$S^2 = \dfrac{\sum_{i=1}^{k}(n_i - 1)\cdot S_i^2 + \sum_{i=1}^{k} n_i \cdot (\bar{X_i} - \bar{X})^2}{\left(\sum_{i=1}^{k} n_i\right) - 1}$

四分位間距 (inter quartile range)：$IQR = Q_3 - Q_1$

極端值的條件：(1) | 標準 Z 值 | > 2。
　　　　　　　(2) 觀察值 $> Q_3 + 1.5 * IQR$ 或是觀察值 $< Q_1 - 1.5 * IQR$。

練習題

3-1 有一組資料為 1, 2, 2, 3, 3, 3, 4, 4, 4, 4, ..., n 個 n，已知這組資料的算術平均數為 67，則 $n =$ _____。

3-2 10 名顧客在快餐店之等待時間 (以分鐘計算) 如下：

2.1　2.3　1.5　1.3　2.2　2.1
1.8　1.3　2.2　2.4

(1) 計算樣本平均數、樣本中位數。
(2) 根據 (1) 的樣本平均數，計算樣本變異數、樣本標準差。

3-3 30 位同學數學成績 x 的以下累加次數分配曲線如下圖，計算中位數。

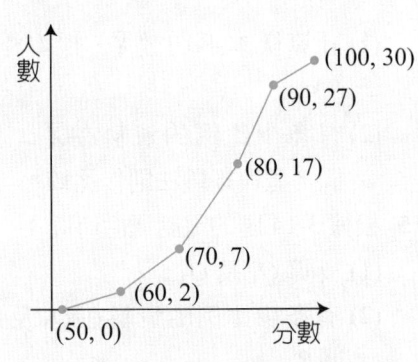

3-4 20 名學生做會計作業的時間 (單位：小時/每週) 如下：

7.5　8.5　7.0　6.5　8.5
5.5　5.0　6.0　6.5　6.0
10.0　9.0　9.5　5.0　4.5
7.5　7.0　8.5　6.5　9.0

(1) 計算樣本平均數、樣本中位數。
(2) 根據 (1) 的樣本平均數，計算樣本變異數、樣本標準差。

3-5 10 名學生，每週上網時數如下：

5.0　4.4　5.7　5.6　5.5　5.2
5.0　4.8　3.6　4.1

(1) 計算樣本平均數、樣本中位數。
(2) 根據 (1) 的樣本平均數，計算樣本變異數、樣本標準差。

3-6 100 位學生之分數分配表如下表，計算四分位間距。

組別	30~40	40~50	50~60	60~70	70~80	80~90	90~100
人數	2	3	11	20	32	25	7

3-7 12 家洗衣連鎖分店的收入 (單位：萬元) 如下：

8.9　9.9　9.7　9.6　11.3　9.7
9.1　9.6　9.1　10.3　10.5　11.1

(1) 計算樣本平均數、樣本中位數。
(2) 根據 (1) 的樣本平均數，計算樣本變異數、樣本標準差。

3-8 高二某班 60 位同學第一次段考數學成績之以下累加次數分佈曲線圖如下，(括號內數字為累加次數)，計算標準差。

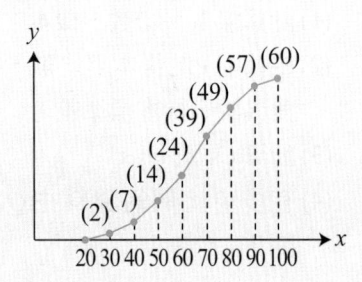

3-9 (1) 根據 3-2 題快餐的等待時間，製作莖葉圖 (葉的單位：0.1 小時)；並依據經驗法則，驗算 68% 資料的可能範圍。

(2) 根據 3-4 題會計作業的時間，製作莖葉圖 (葉的單位：0.1 小時)；並依據經驗法則，驗算 95% 資料的可能範圍。

(3) 根據 3-5 題學生每週的上網時數，製作莖葉圖 (葉的單位：0.1 小時)；並依據經驗法則，驗算 99% 資料的可能範圍。

3-10 甲、乙與其他 8 個人在某次考試中得到平均分數 56 分，標準差 4 分，若其他 8 個人的得分是 50、52、53、54、56、57、60、61，已知甲比乙得分高，試求甲的得分及乙的得分。

3-11 以 3-4 題的 20 名學生做會計作業的時間為資料：

(1) 計算四分位間距 $IQR = Q_3 - Q_1$。

(2) 計算上下內界，並且找出之間的最小最大值。

(3) 畫出箱型圖，並標出極端界外點。

3-12 下列為 8 個電池可以持續使用多久的資料 (以小時計算)：

34.38	35.87	34.49	35.38
34.55	38.88	36.18	35.09

(1) 計算樣本平均數、樣本中位數。

(2) 根據 (1) 的樣本平均數，計算樣本變異數、樣本標準差。

(3) 計算 Q_1 及 Q_3。

(4) 有多少比例的資料在 Q_1 及 Q_3 之間？

3-13 某護士調查了 12 位病人，服用疼痛舒緩劑之後，減輕疼痛所需的時間如下：

11.9	12.2	13.7	13.1	13.0	13.1
12.5	12.6	13.1	13.0	11.8	12.8

(1) 計算樣本平均數 $\overline{X}$、樣本標準差 S。

(2) 有多少比例的資料在 $\overline{X} \pm 2S$ 之間？並與經驗法則作比較。

3-14 電信局記錄了公共電話 20 通，電話通話時間如下：

2.21	3.13	2.72	3.88	2.84
3.29	2.67	2.98	2.31	3.34
3.49	3.04	2.98	2.56	2.91
2.84	2.73	3.16	3.26	3.41

(1) 計算樣本平均數 $\overline{X}$、樣本標準差 S。

(2) 有多少比例的資料在 $\overline{X} \pm 3S$ 之間？並與經驗法則作比較。

3-15 根據 3-14 題的電話通話時間：

(1) 計算 Q_1 及 Q_3。

(2) 有多少比例的資料在 Q_1 及 Q_3 之間？

(3) 計算四分位間距 IQR，上下內界，並且找出上下內界之間的最小、最大值；畫出箱型圖。

CHAPTER 4

雙性質資料的整理與表現

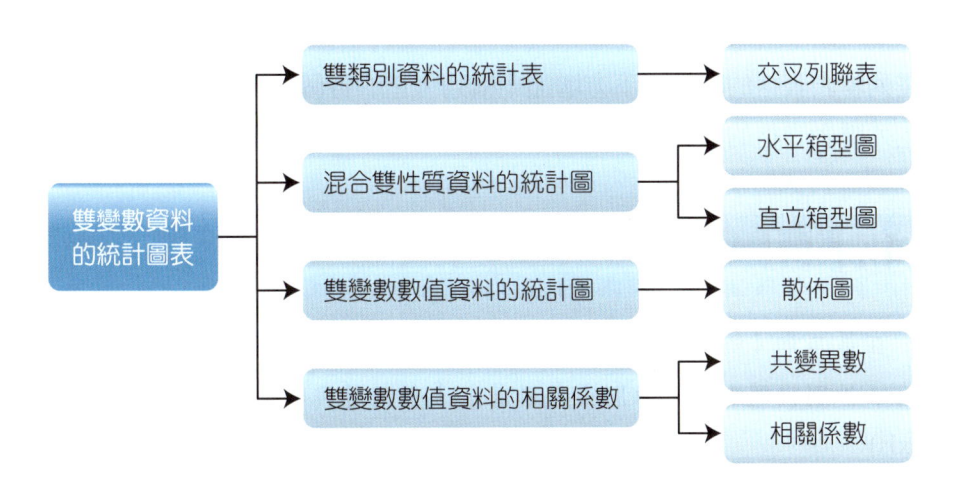

```
雙變數資料          雙類別資料的統計表  →  交叉列聯表
的統計圖表   →    混合雙性質資料的統計圖  →  水平箱型圖
                                         直立箱型圖
              →    雙變數數值資料的統計圖  →  散佈圖
              →    雙變數數值資料的相關係數 →  共變異數
                                         相關係數
```

　　在現實生活中，我們所要處理的資料，通常都有不只一種的特性。如何將兩種特性，如：「區域」與「建築種類」、「區域」與「平均單價」，以交叉類別表格或特殊的長條圖(群集長條圖)，及散佈圖、特殊的箱型圖(群集箱型圖)……等來表示，將是本章學習的重點。目前的電腦軟體都可以很容易的製作這些圖表。依資料類型來說，雙性質資料可分為「雙類別資料」與「雙變數資料」，但有時候也有類別與數量混合的「混合雙性質資料」。

4-1 雙類別資料的統計表

對於兩種類別的資料，我們可以將類別 1 和類別 2 的各類資料之數目或是比例，用交叉類別表格來表示，稱為交叉列聯表。例如：《空屋房價例》中的「區域」與「建築種類」。

> **交叉列聯表 (contigence table)**
>
> 將資料依分類標準，研究特性作整理，所得的一個具有橫向、縱向分類的表格，稱為交叉列聯表，亦稱為交叉聯立次數表。這種表格，通常以類別分屬作為橫向，特性分屬作為縱向，表格的內容表示的是共同具有該類別及該特性的次數。

通常，在交叉列聯表中，會加入邊際合計值：
1. 在列聯表表格的縱欄最下方增加一橫列，它的各個值表示各縱欄值的總和。
2. 在列聯表表格的橫列最右方增加一縱欄，它的各個值表示各橫列值的總和。

範例 4-1　交叉列聯表

在第二章《創投例》144 位員工的各項資料，可以用交叉列聯表來表示的有「性別與職別」、「性別與年齡層」、「年齡層與職別」。（檔案：科技公司.xls）

解

✤ 表 4-1　性別與職別的交叉列聯表

	廠房職員	產品工程師	製程工程師	系統工程師	研發工程師	合計
男	23	1	23	7	4	58
女	75	10	0	1	0	86
合計	98	11	23	8	4	144

Chapter 4　雙性質資料的整理與表現

✦ 表 4-2　性別與年齡層的交叉列聯表

	青年	壯年	中年	合計
男	26	20	12	58
女	25	44	17	86
合計	51	64	29	144

✦ 表 4-3　年齡層與職別的交叉列聯表

	廠房職員	產品工程師	製程工程師	系統工程師	研發工程師	合計
青年	29	5	7	6	4	51
壯年	49	4	9	2	0	64
中年	20	2	7	0	0	29
合計	98	11	23	8	4	144

除了交叉列聯表外，我們也可以用群集長條圖來表現。在群集長條圖中，是在長條圖橫軸上依類別 1 作分類，接著在每一分類中，再依類別 2 作分類，畫出好幾個長條圖。

電腦輔助繪圖

Excel 的繪圖精靈，提供了繪製群集長條圖的功能。範例 4-1「性別與年齡層」的資料，以 Excel 製作的群集長條圖如圖 4-1。

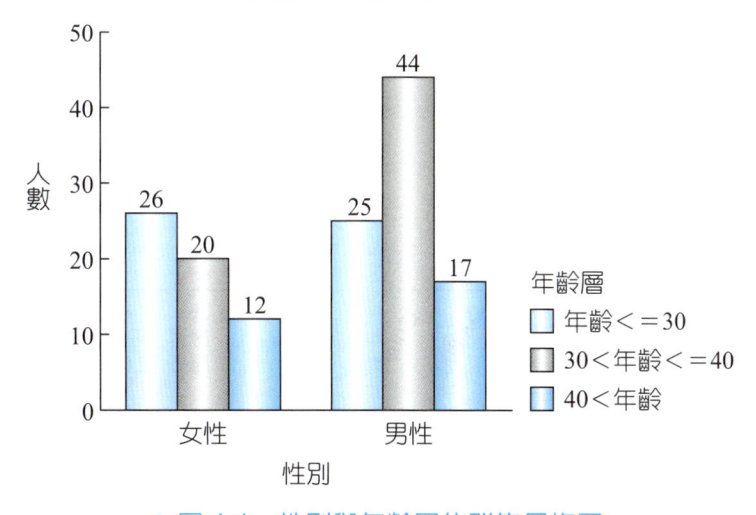

✦ 圖 4-1　性別與年齡層的群集長條圖

4-2 混合雙性質資料的統計圖

對於一個屬於類別形態，另一個屬於數量形態的資料，例如《空屋房價例》中的「區域」與「平均單價」。我們可以利用多個箱型圖將各類的分佈情況呈現出來，稱為群集箱型圖。製作群集箱型圖時有兩種：水平箱型圖與直立箱型圖。

水平箱型圖的製作

先在圖的縱軸上作類別變數的分類，再畫出每一數量資料的水平箱型圖。

直立箱型圖的製作

先在圖的橫軸上作類別變數的分類，再畫出每一數量資料的直立箱型圖。

💻 電腦輔助繪圖

以上這些製圖工作，很可惜 Excel 中並沒有寫好的巨集可以利用，但是 SPSS 中則有內建的箱型圖選項，範例 4-1《創投例》資料，利用 SPSS 軟體：

1. 以「年齡層」與「薪資」的資料，製作水平箱型圖 (圖 4-2(a))。表示：(a) 三個「年齡層」(青年：年齡 ≤ 30，壯年：30 < 年齡 ≤ 40，中年：年齡 > 40) 的「薪資」分佈資料，明顯的顯示出「中年」的薪資分佈高於「青年」、「壯年」；(b)「青年」的薪資分佈廣，有多人的薪資屬於較高的極端值。

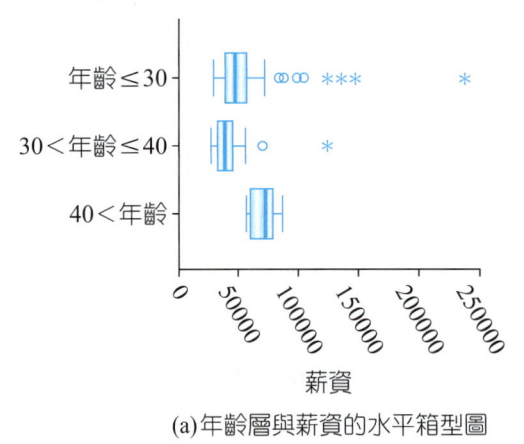

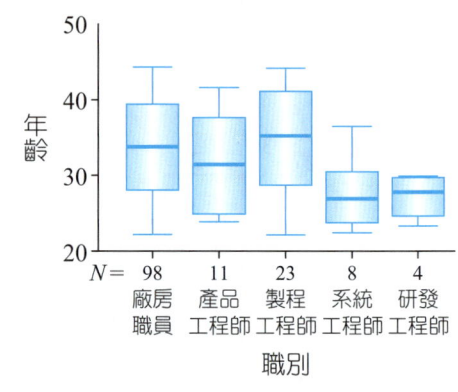

(a) 年齡層與薪資的水平箱型圖　　(b) 職務與年齡的直立箱型圖

圖 4-2

2. 以「職別」與「年齡」的資料，製作直立箱型圖（圖 4-2(b)）。表示：五個「職別」的「年齡」分佈資料，顯示出「研發工程師」、「系統工程師」的年齡分佈較「廠房職員」、「製程工程師」為低。

4-3 散佈圖 ── 雙變數資料的統計圖表

對於二種都是數量形態的資料，例如：《空屋房價例》中的「平均單價」與「平均坪數」，我們可以用散佈圖來表示兩者的關係。因為資料都是數量形態，我們以變數名稱來表示這兩種數量資料，如變數 X 表示「平均單價」，Y 表示「平均坪數」，並且將這兩個變數表示為資料數對 (X, Y)。所謂的散佈圖，則是以變數 X 作為橫軸，變數 Y 作為縱軸，將所有的資料數對值，標示在對應的點上。散佈圖提供了兩個變數間的關聯性。如果散佈圖是雜亂無章，毫無規律可言，那兩個變數可說是毫不相關（如圖 4-3(a)）；如果散佈圖是近似直線上的分佈點，則這兩個變數可說是有線性的關係（如圖 4-3(b)、(c)）；如果散佈圖是有規律性但非直線的分佈點，則這兩個變數可說是有非線性的關係（如圖 4-3(d)）。

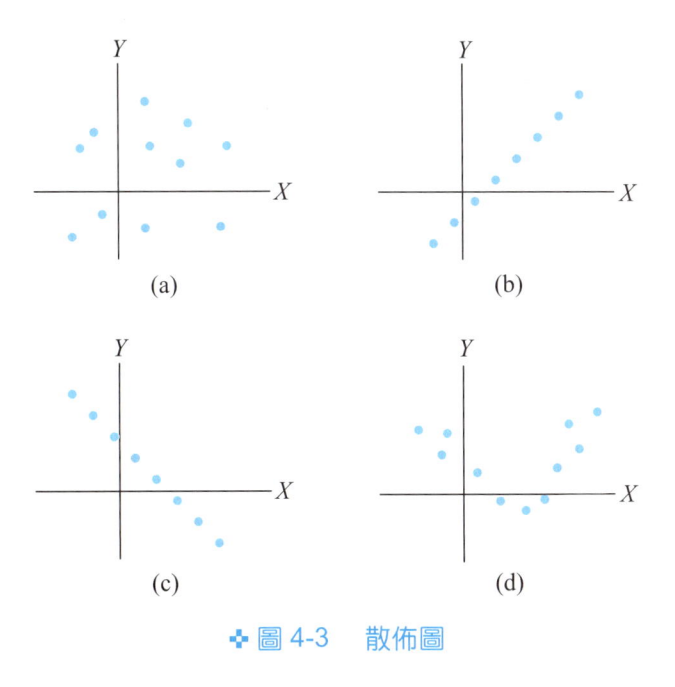

◆ 圖 4-3　散佈圖

範例 4-2　散佈圖

使用第二章《創投例》的資料：

(1) 以「工作月數」與「薪資」的資料，製作散佈圖。
(2) 以「年齡」與「薪資」的資料，製作散佈圖。（檔案：科技公司.xls）

解

(1) 此散佈圖（圖 4-4(a)），是以「工作月數」變數作為橫軸，「薪資」變數作為縱軸，將所有的資料數對值，標示在對應的點上。
(2) 此散佈圖（圖 4-4(b)），是以「年齡」變數作為橫軸，「薪資」變數作為縱軸，將所有的資料數對值，標示在對應的點上。

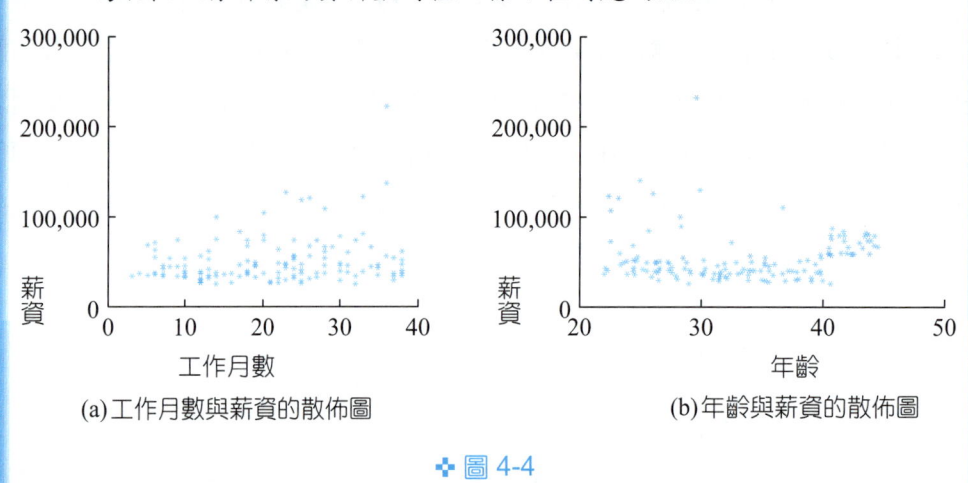

(a) 工作月數與薪資的散佈圖　　(b) 年齡與薪資的散佈圖

圖 4-4

4-4　雙變數資料的相關係數

在 4-3 節，我們提到了兩個變數的散佈圖，可以提供我們知道兩個變數間的關聯性，如：線性關係、非線性關係、無關聯等。如何可以確切一點地說明這些相關現象呢？「相關係數」就是用來說明兩個變數間的相關程度。

如果兩個變數 X 與 Y 代表的是母體中的兩個數量資料，那麼 X, Y 的相關係數為母體相關係數；如果兩個變數 X 與 Y 代表的是樣本中的兩個數量資料，那

麼 X, Y 的相關係數為樣本相關係數。相關係數的計算公式與「共變異數」有關。要計算相關係數，就必須先知道什麼是共變異數。簡單的說，共變異數反應出兩變數 X 與 Y 與各自平均值之間差異的平均值；共變異數可以是正值、負值或零，代表的是 X 與 Y 變數變動的方向。具體的說，共變異數就是將兩變數 X 與 Y 的個別離均差相乘之後加總，再除以總數；依著 X, Y 的資料屬性，共變數有母體共變異數以及樣本共變異數之分。

母體共變異數 (population covariance)

以 $\text{cov}(X, Y)$ 表示，可以衡量出 X, Y 的共變關係。

有關於母體共變異數詳細的定義，超出本章範圍，有興趣的讀者，請參考其它進階的統計學書籍。

樣本共變異數 (sample covariance)

如果變數 X, Y 表示母體中的兩個數量資料，各有資料 n 筆，也就是 $X_1, X_2, \ldots, X_n$ 與 $Y_1, Y_2, \ldots, Y_n$，同時已知 $\overline{X}, \overline{Y}$ 分別為 X, Y 的樣本平均數，則樣本共變異數以 S_{XY} 表示，公式為

$$S_{XY} = \frac{1}{n-1} \sum_{i=1}^{n} (X_i - \overline{X})(Y_i - \overline{Y})$$

展開後可得

$$S_{XY} = \frac{1}{n-1} \left\{ (X_1 - \overline{X})(Y_1 - \overline{Y}) + \cdots + (X_n - \overline{X})(Y_n - \overline{Y}) \right\}$$

【註】常用的樣本共變異數計算公式：變異數之原始定義公式：

$$S_{XY} = \frac{1}{n-1} \sum_{i=1}^{n} (X_i - \overline{X})(Y_i - \overline{Y})$$

在實際計算上顯得複雜，取而代之，常採用的是以下的共變異數常用計算式：

實用統計學 *Statistics*

$$S_{XY} = \frac{1}{n-1}\sum_{i=1}^{n}(X_i - \overline{X})(Y_i - \overline{Y}) = \frac{1}{n-1}\left(\sum_{i=1}^{n} X_i Y_i - n\overline{X}\overline{Y}\right)$$

範例 4-3

某公司 10 位員工之年齡與薪資資料如下：

年齡	24.6	26.0	27.9	28.3	28.8	31.2	32.5	35.5	40.5	43.7
薪資	24,950	27,476	34,050	38,900	42,750	36,480	51,538	41,550	68,590	57,750

計算年齡與薪資的共變異數。

解

利用常用的公式，令變數 X 表示年齡；Y 表示薪資。

(1) 先計算平均數年齡：$\overline{X} = 31.89$；薪資：$\overline{Y} = 42,403.4$

(2) 再計算交叉乘積和

$$\sum_{i=1}^{n} X_i Y_i = (24.6 * 24,950) + \cdots + (43.7 * 57,750) = 14,916,660$$

(3) 套用共變異數常用公式得樣本共變異數

$$S_{XY} = \frac{1}{n-1}\left(\sum_{i=1}^{n} X_i Y_i - n\overline{X}\overline{Y}\right) = \frac{1}{10-1}(14,916,660 - 10 * 31.89 * 42,403.4)$$
$$= 74,912.82$$

儘管共變異數可以衡量出 X, Y 間的共變關係，但只在於 X, Y 共變的方向。至於 X, Y 的相關程度則要由相關係數來解釋：相關係數的值介於 -1 與 1 之間，而且它不受到衡量單位的影響，可以客觀地反應出相關程度。

母體相關係數 (population correlation coefficient)

如果變數 X, Y 表示母體中的兩個數量資料，同時已知 X 與 Y 的母體共變異數為 $cov(X, Y)$，母體標準差分別為 σ_X, σ_Y，則母體相關係數以 ρ_{XY} 表示 (符號 ρ 讀為 rho)，公式為

Chapter 4　雙性質資料的整理與表現

$$\rho_{XY} = \frac{\text{cov}(X,Y)}{\sigma_X \sigma_Y}$$

樣本相關係數 (sample correlation coefficient)

如果變數 X, Y 表示樣本中的兩個數量資料，同時已知 X 與 Y 的樣本共變異數為 S_{XY}，樣本標準差分別為 S_X, S_Y，則樣本相關係數以 γ_{XY} 表示，公式為

$$\gamma_{XY} = \frac{S_{XY}}{S_X S_Y}$$

以上的公式裡，我們同時介紹了母體與樣本的共變異數及相關係數，讀者可能會疑惑：什麼時候用母體的公式，什麼時候用樣本的公式？其實主要的概念在於統計方法中，研究對象(母體)通常是大而未定的，也因此它的某些特徵，例如：母體平均數、母體變異數、母體共變異數、母體相關係數等，也都是未知的(通稱為參數)。為了要知道這些特徵是什麼，只有透過抽樣的樣本來推測；例如：樣本平均數、樣本變異數、樣本共變異數、樣本相關係數(通稱為樣本統計量)等。所以我們在實際抽樣資料上，所要計算的公式都是採用與樣本統計量有關的公式。

樣本相關係數 γ_{XY} 的意義

樣本相關係數 γ_{XY} 的符號與大小，解釋著樣本數量資料 X 與 Y 的直線關聯方向與線性相關程度：

1. $\gamma_{XY} = 0$。表示 X 與 Y 沒有直線的關係(此時，X 與 Y 可能無任何關聯，見圖 4-5(a)；X 與 Y 可能有其它的關係，如曲線關係、非線性關係，見圖 4-5(b))。
2. $\gamma_{XY} = 1$。表示 X 與 Y 具有正的完全直線關係；也就是說，當 X 值增加，Y 值也隨著增加(見圖 4-5(c))。當 $\gamma_{XY} = -1$，表示 X 與 Y 具有負的完全直線關係(見圖 4-5(d))。

(a) $\gamma = 0$

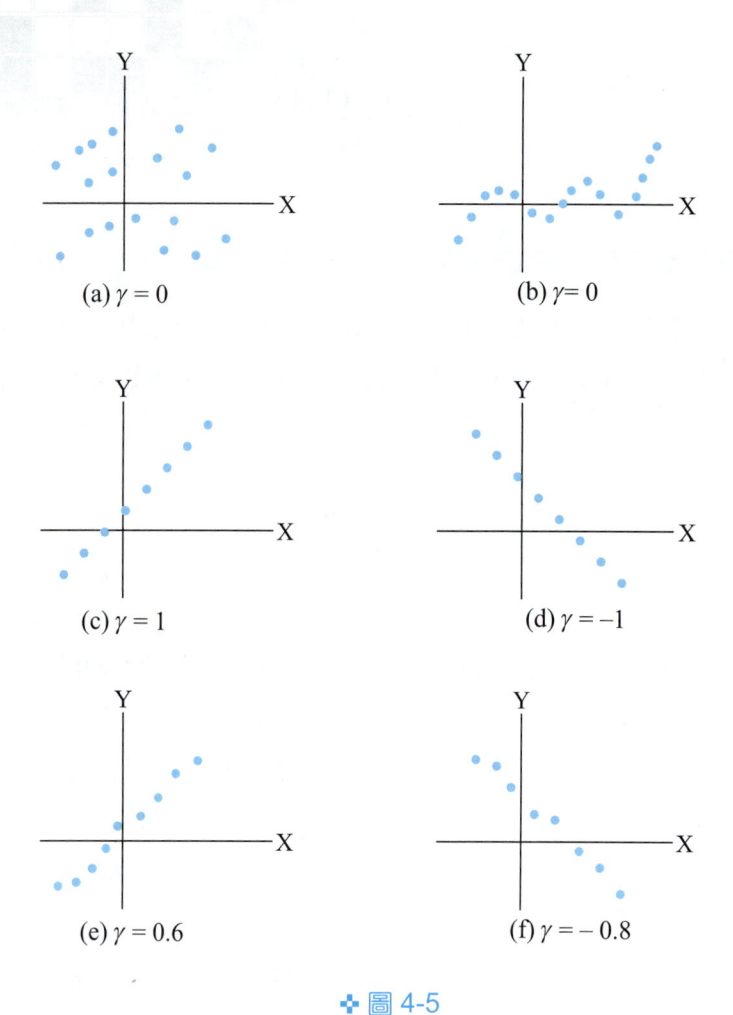

(b) $\gamma = 0$

(c) $\gamma = 1$

(d) $\gamma = -1$

(e) $\gamma = 0.6$

(f) $\gamma = -0.8$

圖 4-5

3. 當 γ_{XY} 的值不是 0 或 ± 1 時，X, Y 的直線相關方向仍以正值表示正向相關，負值表示負向相關 (見圖 4-5(e)、(f))；但相關程度則可以分為三類：

(1) 低度相關：當 γ_X 的大小介於 0～0.4 間，表示 X, Y 是有低程度的相關。

(2) 中度相關：當 γ_X 的大小介於 0.4～0.7 間，表示 X, Y 是有中程度的相關。

(3) 高度相關：當 γ_X 的大小介於 0.7～1 間，表示 X, Y 是有高程度的相關。

範例 4-4

計算範例 4-3 中「年齡」(變數 X) 與「薪資」(變數 Y) 的樣本相關係數。並解釋其相關意義。

解

(1) 先計算兩者的樣本標準差。年齡：$S_X = 6.27$；薪資：$S_Y = 13,540.61$。

(2) 由範例 4-3，得知樣本共變異數 $S_{XY} = 74,912.82$，代入樣本相關係數公式：

$$\gamma_{XY} = \frac{S_{XY}}{S_X S_Y}$$

計算結果如下：

$$\gamma_{XY} = \frac{S_{XY}}{S_X S_Y} = \frac{74,912.82}{(6.27)(13,540.61)} = 0.882$$

它的解釋意義：「年齡」與「薪資」的相關方向，是屬於「正向」相關（$\gamma_{XY} = 0.882 > 0$）。也就是說，當「年齡」增加時，「薪資」也跟著增加；同時，「年齡」與「薪資」的相關程度，是屬於高程度的相關。這點應該是正常現象，隨著年齡的增長，工作愈久，薪資相對的也會比較多。

有關於 X 與 Y 之間的線性模型解釋與預測，我們將在第十四章迴歸分析中，詳細介紹。

4-5 Excel 應用例

4-5-1 雙類別資料的統計圖表

在 Excel 中，要製作類別資料的長條圖、圓餅圖，須先利用樞紐分析表產生類別資料的次數分配表，其次再利用繪圖精靈完成所要的統計圖形。

範例 4-5　樣本相關係數

在範例 4-1《創投例》的資料中，以 Excel 完成以下的雙變數圖表（檔案：科技公司.xls）。

(1)『性別』與『職別』的交叉列聯表。

(2)『性別』與『年齡層』的交叉列聯表。

(3)『年齡層』與『職別』的交叉列聯表與繪製『年齡層』與『職別』的群組長條圖。

解

以 Excel (2010) 開啟檔案後，如圖 4-6 共有 144 筆資料，A1 格為 id 變數，A2～A145 儲存 144 個員工代號；B1～H1 格為員工的 7 個變數名稱；變數資料則儲存於 B2～H145。

	A	B	C	D	E	F	G	H
1	id	性別	職別	年齡	年齡層	工作月數	薪資	職等
2	m1	女	產品工程師	39	壯年	22	51150	3
3	m2	女	廠房職員	23	青年	24	59976	3
4	m3	女	系統工程師	33	壯年	29	71538	3
5	m4	男	廠房職員	23	青年	28	71850	3
6	m5	男	研發工程師	30	青年	23	129750	5
140	m139	男	研發工程師	23	青年	25	120226	5
141	m140	男	系統工程師	37	壯年	28	110000	5
142	m141	男	系統工程師	23	青年	20	105975	5
143	m142	男	系統工程師	25	青年	36	139988	5
144	m143	男	研發工程師	30	青年	36	230976	6
145	m144	男	系統工程師	22	青年	26	122988	5

➕ 圖 4-6

(1) 計算『性別』與『職別』的交叉列聯表。

步驟 1： 在 Excel (2010) 的功能表列選擇 [插入]/[樞紐分析表]（圖 4-7），出現建立樞紐分析表的對話窗口（圖 4-8），在表格範圍輸入變數的範圍（A1：H145）（圖 4-9），按下確定。

步驟 2： 出現次數分配表輸入畫面（圖 4-10），將『性別』、『職別』、『id』分別『拖曳』至『列欄位』、『欄欄位』與『值欄位』（圖 4-11～圖 4-13），可產生性別與職別的交叉列聯表（圖 4-14）。

Chapter 4　雙性質資料的整理與表現

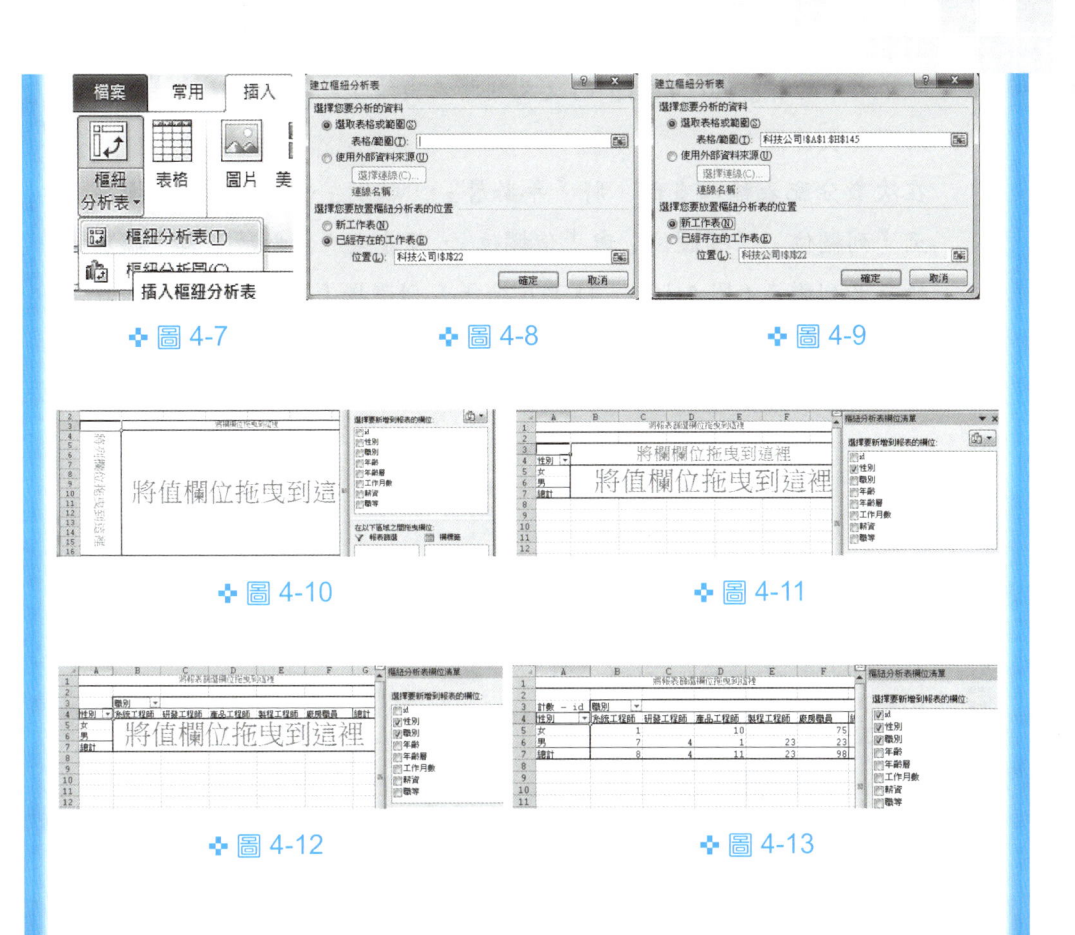

❖ 圖 4-7　　　　　　　❖ 圖 4-8　　　　　　　❖ 圖 4-9

❖ 圖 4-10　　　　　　　　　　　❖ 圖 4-11

❖ 圖 4-12　　　　　　　　　　　❖ 圖 4-13

計數 - id	職別				
性別	系統工程師	研發工程師	產品工程師	製程工程師	廠房職員
女	1		10		75
男	7	4	1	23	23
總計	8	4	11	23	98

❖ 圖 4-14

(2) 計算『性別』與『年齡層』的交叉列聯表。在次數分配表輸入畫面，將『性別』、『年齡層』、『id』分別『拖曳』至『列欄位』、『欄欄位』與『值欄位』，可產生『性別』與『年齡層』的交叉列聯表 (圖 4-15)。

性別	中年	壯年	青年	總計
女	17	44	25	86
男	12	20	26	58
總計	29	64	51	144

❖ 圖 4-15

(3) 計算『年齡層』與『職別』的交叉列聯表與繪製『年齡層』與『職別』的群組長條圖。

在次數分配表輸入畫面，將『年齡層』、『職別』、『id』分別『拖曳』至『列欄位』、『欄欄位』與『值欄位』，可產生『年齡層』與『職別』的交叉列聯表(圖 4-16)。接著在功能表列選擇 [插入]/[圖表]/[直條圖]，選擇 [群組直條圖]，再選擇圖表版面配置四 (可顯示數字)，就產生『年齡層』與『職別』的群組長條圖 (圖 4-17)。

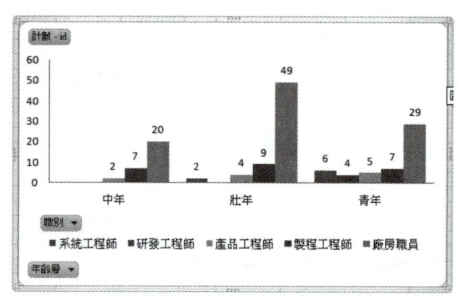

✤ 圖 4-16　　　　　　　　　　　　✤ 圖 4-17

4-5-2　相關係數及散佈圖

在 Excel 中，亦可以計算相關係數：『工具』→『資料分析』→『相關係數』；在對話窗口，分別輸入：『輸入範圍』，輸出選項為「新工作表」，並且將『類別軸標記』圈選起來。按下『確定』即可產生結果。散佈圖則可利用繪圖精靈完成。

範例 4-6　樣本相關係數

在範例 4-1《創投例》的資料中，144 筆資料的「工作月數」與「薪資」分別儲存於 F1～G145。以 Excel 計算『工作月數』與『薪資』的相關係數，並繪製『工作月數』與『薪資』的散佈圖。(檔案：科技公司.xls)

解

步驟 1： 在 Excel (2010) 的功能表列選擇 [資料]/[資料分析] (如果讀者的 Excel (2010) 沒有此一功能，必須先使用增益集，請參考 1-4 節增益集單元)，出現對話窗口 (圖 4-18)，選擇『相關係數』再按確定。

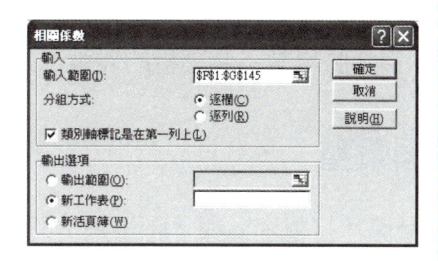

圖 4-18

圖 4-19

步驟 2： 在『相關係數』的對話窗口 (圖 4-19)，分別輸入：

(1)『輸入範圍』：F1：G145。

(2) 將『類別軸標記』圈選。

(3) 指定輸出範圍：新工作表。

(4) 按下確定可以得到相關係數表 (圖 4-20)。

	工作月數	薪資
工作月數	1	
薪資	0.202657	1

圖 4-20

步驟 3： 先將 F1：G145 的「工作月數」與「薪資」標記起來，接著在功能表列選擇 [插入]/[圖表]/[散佈圖]，就產生「工作月數」與「薪資」散佈圖 (圖 4-21)。

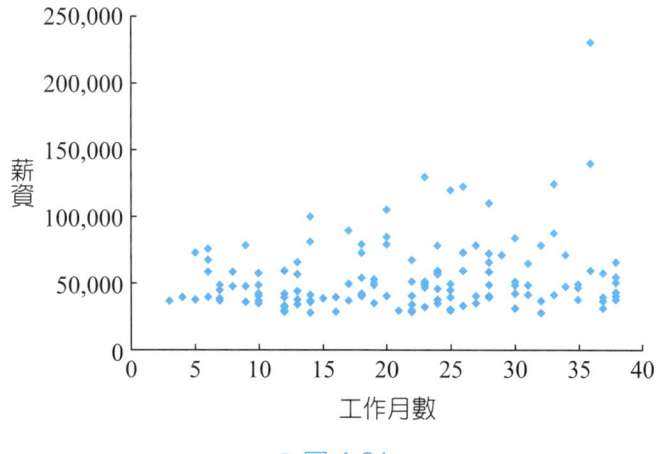

圖 4-21

實用統計學

4-6 章節架構圖說明：雙性質資料整理──《大聯盟例》

以 2010 大聯盟的 類別資料：『聯盟』與『巨蛋球場』，以及數量資料：『打擊率』與『勝場數』為分析的變數，進行雙變數資料整理（檔案：大聯盟 4.xls）：

資料彙整

(1) 計算『打擊率』與『勝場數』的相關係數，並說明相關程度。
(2) 製作『聯盟』與『巨蛋球場』的交叉列聯表。
(3) 製作『打擊率』與『勝場數』的散佈圖。

章節架構圖 vs. 案例說明

(1) 計算『打擊率』與『勝場數』的相關係數，並說明相關程度。

雙變數數值資料的相關係數 → 相關係數

解

『打擊率』與『勝場數』的相關係數 = 0.458，兩者的相關方向，是屬於「正向」相關（$\gamma_{XY} = 0.458 > 0$）。也就是說，當『打擊率』增加時，『勝場數』也跟著增加；同時，『打擊率』與『勝場數』的相關程度，是屬於中等程度的相關。

相關

		勝場數	打擊率
勝場數	Pearson 相關	1	0.458*
	顯著性（雙尾）		0.011
	個數	30	30
打擊率	Pearson 相關	0.458*	1
	顯著性（雙尾）	0.011	
	個數	30	30

* 在顯著水準為 0.05 時（雙尾），相關顯著。

Chapter 4　雙性質資料的整理與表現

(2) 製作『聯盟』與『巨蛋球場』的交叉列聯表。

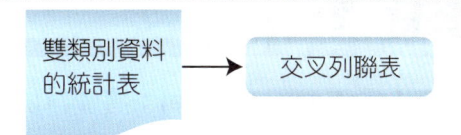

雙類別資料的統計表 → 交叉列聯表

解

『聯盟』與『巨蛋球場』的交叉列聯表。顯示只有美聯擁有巨蛋球場。

聯盟巨蛋球場交叉表

		巨蛋球場 否	巨蛋球場 是	總和
聯盟	美聯	11	3	14
	國聯	16	0	16
總和		27	3	30

(3) 製作『打擊率』與『勝場數』的散佈圖。

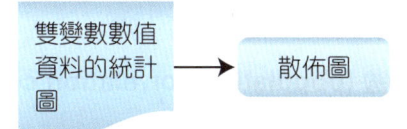

雙變數數值資料的統計圖 → 散佈圖

解

美聯與國聯『打擊率』與『勝場數』的散佈圖：

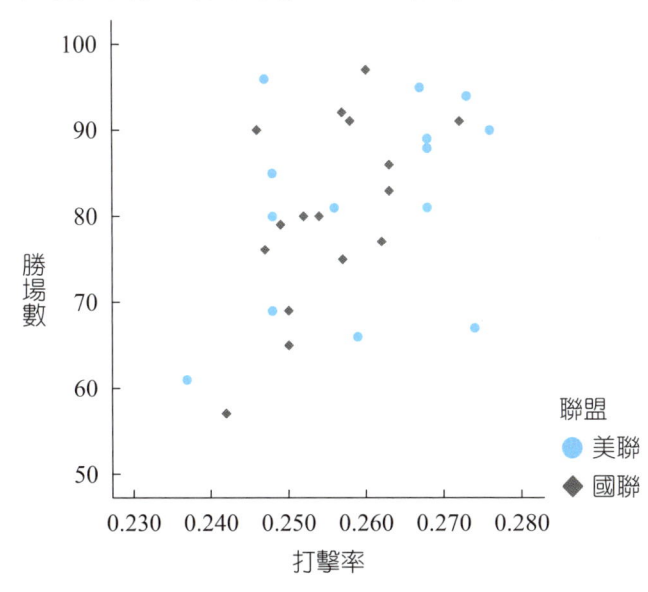

名詞解釋

交叉列聯表 (contigence table)：將資料依分類標準，以類別分屬作為橫向，特性分屬作為縱向，表格的內容表示的是共同具有該類別及該特性的次數。

散佈圖 (scatter plot)：將所有的資料數對值，在對應的橫軸變數與縱軸變數的標示點上一一標記。

母體共變異數 (population covariance)：以 $cov(X, Y)$ 表示，可以衡量出 X, Y 的共變關係。

樣本共變異數 (sample covariance)：以 S_{XY} 表示，定義公式

$$S_{XY} = \frac{1}{n-1}\sum_{i=1}^{n}(X_i - \overline{X})(Y_i - \overline{Y})$$

共變異數常用計算式 $S_{XY} = \frac{1}{n-1}\sum_{i=1}^{n}(X_i - \overline{X})(Y_i - \overline{Y}) = \frac{1}{n-1}\left(\sum_{i=1}^{n}X_iY_i - n\overline{X}\overline{Y}\right)$

$\overline{X}, \overline{Y}$ 分別為 X, Y 的樣本平均數。

母體相關係數 (population correlation coefficient)：以 ρ_{XY} 表示，公式為 $\rho_{XY} = \frac{cov(X, Y)}{\sigma_X \sigma_Y}$，$cov(X, Y)$ 為 X, Y 的母體共變異數；σ_X, σ_Y 分別為 X, Y 的母體標準差。

樣本相關係數 (sample correlation coefficient)：以 S_{XY} 表示，公式為 $\gamma_{XY} = \frac{S_{XY}}{S_X S_Y}$，$S_{XY}$ 為 X, Y 的樣本共變異數；S_X, S_Y 分別為 X, Y 的樣本標準差。

練習題

4-1 請排出下面 (a)~(e) 選項散佈圖中 X, Y 的相關係數的大小次序 (由小到大)。

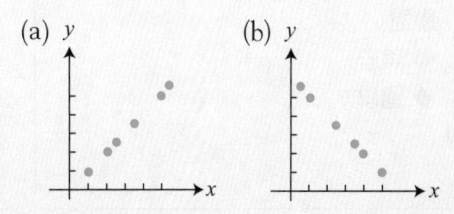

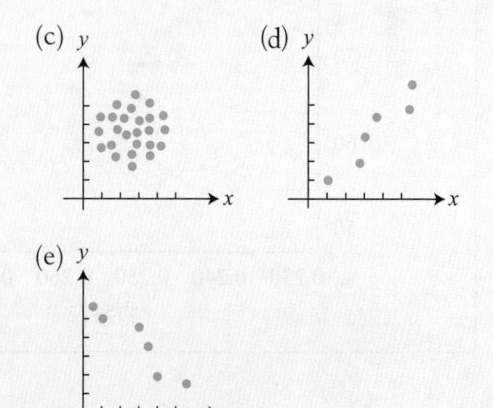

4-2 下表為《創投例》的10位員工之各項資料：

(1) 作「性別」與「年齡層」的交叉列聯表。

(2) 作「性別」與「職別」的交叉列聯表。

(3) 作「職別」與「年齡層」的交叉列聯表。

性別	職別	年齡	年齡層	工作月數	薪資
男	廠房職員	40.67	中年	37	$57,750
女	製程工程師	33.50	壯年	31	$41,550
男	廠房職員	40.50	中年	6	$58,590
男	廠房職員	31.17	壯年	14	$36,480
男	產品工程師	27.92	青年	13	$34,050
女	廠房職員	24.58	青年	24	$34,950
女	製程工程師	28.83	青年	23	$48,750
男	系統工程師	32.50	壯年	29	$71,538
女	系統工程師	28.25	青年	14	$99,900
女	研發工程師	26.00	青年	33	$124,476

4-3 某玩具商欲推出一種新產品，在上市前以不同的單價 X（單位：千元）調查市場的需求量 Y（單位：萬盒）。調查結果如下：試問 X 和 Y 的相關係數 = ?

X	8	9	10	11	12
Y	11	12	10	8	9

4-4 以 4-2 題的資料：

(1) 製作「性別」與「年齡層」的群集長條圖。

(2) 製作「職別」與「年齡層」的群集長條圖。

4-5 (1) 以 4-2 題的資料，「工作月數」變數作為橫軸，「薪資」變數作為縱軸，製作「工作月數」與「薪資」的散佈圖。

(2) 以 4-2 題的資料，「年齡」變數作為橫軸，「薪資」變數作為縱軸，製作「年齡」與「薪資」的散佈圖。

4-6 兩個變量 X 與 Y，若已知 $n = 20$，$\sum_{i=1}^{20} x_i = 40$，$\sum_{i=1}^{20} x_i^2 = 100$，$\sum_{i=1}^{20} y_i = 60$，$\sum_{i=1}^{20} y_i^2 = 200$，$\sum_{i=1}^{20} x_i y_i = 130$，則 X 與 Y 的相關係數 = ?

4-7 甲、乙班的 10、12 名學生做會計作業的時間（單位：小時/每週）如下：

甲班	7.5	8.5	7.0	6.5	8.5	10.0
	9.0	9.5	5.0	4.5		
乙班	5.5	5.0	6.0	6.5	6.0	7.5
	7.0	8.5	6.5	7.1	8.2	9.0

分別製作甲、乙班的水平箱型圖。

4-8 設 X 與 Y 的相關係數為 0.5，若 $U = 2X - 1$，$V = 3 - 4Y$，則 U 與 V 的相關係數 = ?

4-9 南、北兩區的 8、12 家連鎖照相館分店的收入（單位：萬元）資料如下：

南區	8.5	9.5	8.0	10.5	8.5	10.0	9.0	9.5
北區	9.5	10.0	9.0	8.5	7.5	10.5	8.5	8.5
	9.5	9.1	7.2	6.0				

製作南、北兩區照相館連鎖分店收入的直立箱型圖。

4-10 設有兩群資料如下表：已知 X 之算術平均數為 2，且 X, Y 之相關係數為 0.5，則數對 $(a, b) = ?$

X	1	a	b	2
Y	3	5	4	4

4-11 以 4-2 題的「工作月數」與「薪資」資料：
(1) 計算「工作月數」與「薪資」的樣本平均數、樣本標準差。
(2) 計算「工作月數」與「薪資」的樣本共變異數。
(3) 計算「工作月數」與「薪資」的樣本相關係數。
(4) 解釋「工作月數」與「薪資」的相關意義。

4-12 以 4-2 題的「性別」與「薪資」資料：
(1) 計算男、女性「薪資」的樣本平均數、樣本標準差。
(2) 計算男、女性的變異係數。
(3) 比較男、女性的變異係數，並解釋之。

4-13 以 4-7 題甲、乙班的 10、12 名學生做會計作業的時間為資料：
(1) 計算甲、乙班會計作業時間的樣本平均數、樣本標準差。
(2) 計算甲、乙班會計作業時間的變異係數。
(3) 比較甲、乙班會計作業時間的變異係數，並解釋之。

4-14 甲、乙兩校男、女生每週上網時數 (單位：小時/每週) 如下：

甲校	男	3.5	4.0	5.5	3.5	6.0	4.0
		3.5	5.0	2.5			
	女	1.5	2.0	1.5	3.0	2.0	2.0
		1.5					
乙校	男	3.0	1.0	2.5	2.0	2.5	5.0
		2.5	1.5	2.0	3.0	2.0	
	女	1.0	0.5	1.5	2.0	1.5	2.0
		1.5	1.5	2.0			

(1) 依本次取樣，製作甲、乙兩校男、女生的交叉聯立表。
(2) 製作「學校」與「性別」的群集長條圖。
(3) 分別製作甲、乙兩校學生每週上網時數的群集水平箱型圖。

4-15 承 4-14 題，計算並比較甲、乙兩校學生每週上網時數的變異係數。

單元 2

機率分配篇

- **機率**
  - 機率的基本法則
  - 聯合機率－事件機率的運用
  - 條件機率－事件機率的運用
  - 貝氏定理－條件機率的應用

- **隨機變數**
  - 離散隨機變數
  - 連續隨機變數

- **離散隨機變數**
  - 二項機率分配
  - 卜瓦松機率分配
  - 查詢二項機率值、卜瓦松機率值

- **連續隨機變數**
  - 常態機率分配
  - 指數分配
  - 二項分配與常態分配的關係
  - 常態分配檢測圖－Q-Q 檢測圖

- **抽樣與抽樣分配**
  - 統計抽樣
  - 樣本平均數的抽樣分配
  - 中央極限定理

CHAPTER 5

機 率

```
機率 ─┬─ 機率的基本法則 ─┬─ 事件的機率
      │                    └─ 交集事件與聯集事件
      ├─ 聯合機率─ ─┬─ 聯合機率表
      │   事件機率的運用  └─ 邊際機率
      ├─ 條件機率─ ── 條件機率
      │   事件機率的運用
      └─ 貝氏定理─ ── 貝氏定理
          條件機率的應用
```

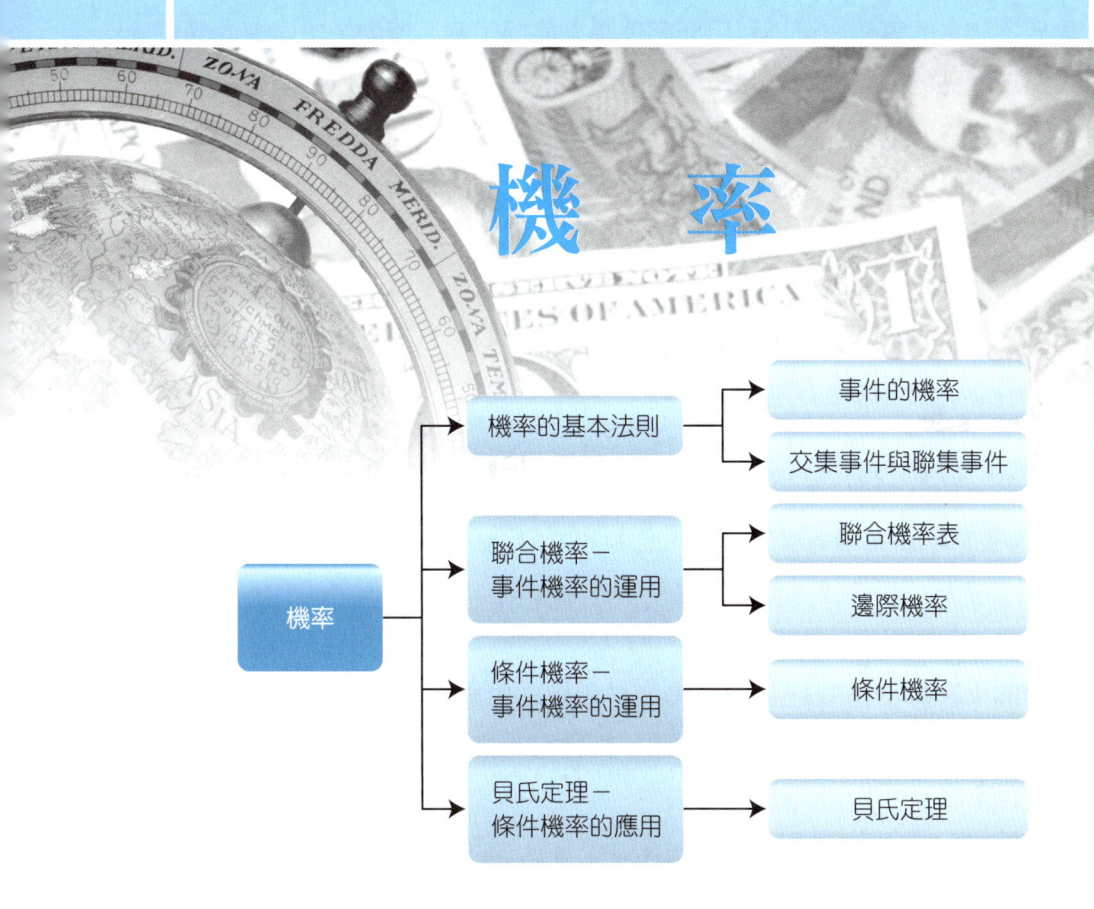

什麼是機率？當氣象預報員在預測明天是否下雨時，就用到了機率的概念。早年，電視台預報氣象多是用「晴時多雲偶陣雨」的說法，很不科學，近年的播報進步了，已經調整為「降雨機率」的用語。所謂機率，指的是某個現象將會發生的可能性，這種可能性通常以數字表示，稱為機率值，它的值在 0 與 1 之間。機率值等於 1，表示現象的發生率為 100%；機率值等於 0，表示現象的發生率為 0%；機率值等於 0.5，表示現象的發生率為 50%。

當考慮不同的樣本資料時，機率的理論是可以用來說明一些特殊狀況的可能現象之發生率。例如：公正的骰子擲兩次的所有情況中，兩次點數和等於 6 的發生率，就是一種機率理論的應用。在這一章，我們將介紹機率的基本法則、事件機率的運用，以及貝氏定理。

5-1 機率的基本法則

對於不確定的事情,可以利用機率理論來協助了解。例如,工廠裡的品質管制師,對於產品的品質檢驗,想要了解故障率的可能現象,可以透過隨機實驗的設計,隨機抽驗 n 件產品,再利用機率理論的運用,可以得知這 n 件產品中,各種故障數的比例 (故障率);有了這些所有故障率的分佈狀況,每個月,品質管制師將可以對於該月的產品故障數抽樣檢查結果,與原先的故障率分佈表,作個比對,如果那一次的故障數在整個分佈表中,是屬於發生率低的現象,就可以確定這批產品可以交貨了。要完全了解上面的例子,我們要有以下的基本知識:隨機實驗的認識、機率的各種法則 (5-1 節),以及事件機率的運用 (5-2 節)。

隨機實驗 (random experiment)

這種實驗方式,是在實驗前,已知所有可能的結果,但不能確定實驗後的結果是屬於那一種的實驗方式。

這裡的「實驗」指的是為了蒐集資料所做的行動,不是一般實驗室裡的實驗。例如:整批產品中,任取 2 件產品,檢驗它的故障情況。故障情況的所有可能情況共有 3 種,可以用成對資料表示:

(良品, 良品),(良品, 不良品),(不良品, 良品),(不良品, 不良品)

某一次所取出的 2 件產品,只知道它是屬於 3 種故障情況的一種,但無法確定是那一種情況。

樣本空間 (sample space)

將隨機實驗的所有可能結果,以集合表示,稱為樣本空間。通常以英文的大寫字母 S 表示。

例如:整批產品中,任取 2 件產品,它的所有故障情況就是一個樣本空間,可以表示為:

S = {(良品, 良品),(良品, 不良品),(不良品, 良品),(不良品, 不良品)}。

樣本空間中的每個可能結果，我們稱之為「元素」，例如 (良品, 不良品)。

隨機實驗所產生的資料類型，可能是「性質資料」，也可能是「數量資料」。樣本空間裡的元素數量，則有「有限」與「無限」之分。如果實驗資料是「性質」類型，或是「整數值」的「數量」類型，那麼樣本空間所涵蓋的是「有限」個元素。例如，1 位求職者到某公司面試的結果，是「錄取」或「不錄取」，這是有限的類別資料。丟骰子一次的結果：1, 2, 3, 4, 5, 6，這是有限的「整數值」數量資料。如果實驗結果是「連續型」的數量資料，那麼樣本空間所涵蓋的是「無限」個元素；這些「無限」個元素，通常用數學記號或文字敘述來表示。例如，對大學生的「身高」作調查實驗；「身高」的可能值為 120～200 公分之間，這是個「連續型」的數量資料，此時的樣本空間 S 可以用數學記號表示：

$$S = \{x：大學生身高, 120 公分 \leq x \leq 200 公分 \}$$

5-1-1 事件的機率

機率值的產生，是針對樣本空間中的特定現象，所計算出的比例值。例如，整批產品中，任取兩件產品，一為良品，一為不良品的現象，是樣本空間中所有結果中的一部份，所佔的比例是 50%；這個比例值 50% (或是小數值 0.5) 就是這個特定現象的機率值。在機率用語中，「兩件產品中，一為良品，一為不良品」，這種特定現象稱之為「事件」。

事件 (event)

樣本空間中的一部份元素所組成的集合。通常以大寫英文字母表示，如 $A, B, ...$ 等。

例如：《骰子例》一枚公正的骰子丟一次的實驗中。
1. 只有奇數出現的現象，是一種事件；以 A 表示，則 $A = \{1, 3, 5\}$。
2. 骰子點數 ≤ 4 的現象，也是一種事件；以 B 表示，則 $B = \{1, 2, 3, 4\}$。

事件的機率 (probability of event)

事件 A 在樣本空間 S 中所佔的比例值，通常以 $P(A)$ 表示，計算公式為

$$P(A) = \frac{A \text{ 中的元素個數}}{S \text{ 中的元素個數}}$$

這個比例值是介於 0 與 1 之間的小數。

例如：《骰子例》中，樣本空間 $S = \{1, 2, 3, 4, 5, 6\}$，則 $P(A) = \frac{3}{6}$；$P(B) = \frac{4}{6}$。
關於樣本空間 S 中，事件的機率 $P(A)$，有下列幾個要注意的事實：

1. $0 \leq P(A) \leq 1$。事件的機率值是介於 0 與 1 之間的小數。代表的是事件 A 在樣本空間 S 中所佔的比例值 (可將小數化為百分比率，例如 0.5 = 50%)。
2. 如果 $P(A) = 1$，表示 A 事件中的元素，與樣本空間 S 中完全一樣。或者說，事件 A 一定發生。
3. 如果 $P(A) = 0$，表示 A 事件中沒有元素，或者說，事件 A 不可能發生。

由於事件 A 是樣本空間 S 中的一種現象，那麼對立於此現象的另一現象，也可以是一個事件。例如，《骰子例》中，事件 A 表示奇數出現的現象，$A = \{1, 3, 5\}$；那麼對立的現象，是偶數出現的情況，可以用「對立事件」A^C 表示。也就是 $A^C = \{2, 4, 6\}$，同時 A^C 的機率值也可以得知為 $P(A^C) = \frac{3}{6}$，並且與原來的 $P(A)$ 有以下的關係：

$$P(A^C) = \frac{3}{6} = 1 - \frac{3}{6} = 1 - P(A)$$

A^C 之所以稱為對立事件，是因為此時的樣本空間 S，分為兩類：A 與 A^C，以集合表示，則為

$$S = A \cup A^C$$

連帶地，就有了以下的機率關係：

$$P(A) + P(A^C) = 1$$

事件與事件之間可以作運算（例如：交集、聯集），用來描述各種特殊現象的結果。幾個事件運算後，得到的是一個新的事件，它可以直接用原來事件間的運算關係式表示，或者也可以另外命名。這種新事件的機率計算公式，就是將新事件中的元素個數除以樣本空間中的元素個數。與之前的「事件機率的公式」是一樣的。

　　例如，《骰子例》中：

事件 A 表示奇數出現的現象，$A = \{1, 3, 5\}$，同時 $P(A) = \dfrac{3}{6}$。

事件 B 表示骰子點數 ≤ 4 的現象，$B = \{1, 2, 3, 4\}$，同時 $P(B) = \dfrac{4}{6}$。

則事件 A 與事件 B 的「交集」、「聯集」運算分別為：

(1) $A \cap B$（唸為 A 交集 B）：表示骰子點數 ≤ 4 的奇數，$A \cap B = \{1, 3\}$，同時 $A \cap B$ 的機率為

$$P(A \cap B) = \dfrac{2}{6}$$

(2) $A \cup B$（唸為 A 聯集 B）：表示骰子點數 ≤ 4 或是奇數，$A \cup B = \{1, 2, 3, 4, 5\}$，同時 $A \cup B$ 的機率為

$$P(A \cup B) = \dfrac{5}{6}$$

5-1-2 交集事件與聯集事件

　　在前面《骰子例》中，我們已經看到了某些特殊的現象，可以用幾個事件的組合來表示，所得到的是一個新的事件。這個新的事件，也有它本身的機率值，表示的是好幾個事件同時發生的機率。常見的事件組合現象有「交集」與「聯集」。

交集事件

　　由兩個事件組合的交集新事件，描述的是，這兩個事件同時發生的現象。如果 A, B 表示兩個事件，則 A 與 B 同時發生的情況，是一種 A 與 B 交集的事件，以 $A \cap B$（唸為 A 交集 B）表示。

聯集事件

由兩個事件組合的聯集新事件，描述的是，這兩個事件的發生的現象，不是其中一個發生，就是另一個發生，也可能是這兩個事件同時發生的現象。如果 A, B 表示兩個事件，則 A 發生，或者 B 發生，或者 A 與 B 同時發生的情況，是一種 A 與 B 聯集的事件，以 $A \cup B$（唸為 A 聯集 B）表示。

事件 A, B 的交集事件與聯集事件，兩者發生的機率，有著簡單的相加法則：

$$P(A \cup B) = P(A) + P(B) - P(A \cap B)$$

例如：《骰子例》中。A, B 事件之機率分別為

$$P(A) = \frac{3}{6}, \quad P(B) = \frac{4}{6}$$

同時，$A \cap B$ 及 $A \cup B$ 的機率分別為

$$P(A \cap B) = \frac{2}{6}, \quad P(A \cup B) = \frac{5}{6}$$

則事件 $A \cap B$ 及 $A \cup B$ 的相加法則如下：

$$\frac{5}{6} = P(A \cup B) = P(A) + P(B) - P(A \cap B) = \frac{3}{6} + \frac{4}{6} - \frac{2}{6}$$

範例 5-1　事件的機率

網路寬頻公司的客戶服務中心，針對 1,000 人所作的滿意度調查訪問，得到表 5-1。

表 5-1

滿意評等	很好	好	差	很差
人數	125	212	245	418

如果事件 A 表示客戶的滿意度評等＝「好」
　　事件 B 表示客戶的滿意度評等＝「差」
　　事件 C 表示客戶的滿意度評等＝「正面態度」
　　事件 D 表示客戶的滿意度評等＝「負面態度」
則 A、B、C、D 的機率分別是多少？

解

事件 A 之客戶人數＝滿意度評等為「好」的客戶人數＝212

所以 A 的機率為 $P(A) = \dfrac{212}{1,000} = 21.2\%$

事件 B 之客戶人數＝滿意度評等為「差」的客戶人數＝245

所以 B 的機率為 $P(B) = \dfrac{245}{1,000} = 24.5\%$

事件 C 之客戶人數＝滿意度評等為「很好」與「好」的客戶人數
　　　　　　　　＝125 + 212 = 337

所以 C 的機率為 $P(C) = \dfrac{337}{1,000} = 33.7\%$

事件 D 之客戶人數＝滿意度評等為「差」與「很差」的客戶人數
　　　　　　　　＝245 + 418 = 663

所以 D 的機率為 $P(D) = \dfrac{663}{1,000} = 66.3\%$

　　交集事件，描述的是兩個事件重疊的部份 (共同發生處)，如果沒有重疊結果，這種交集現象，我們稱之為互斥 (互相排斥)，以機率用語來說，也就是說 $A \cap B$ 是一個沒有元素的集合，稱為空集合，記為 ϕ。

互斥事件 (mutually exclusive event)

兩個事件 A, B，如果 $A \cap B = \phi$，稱 A 與 B 為互斥事件。事件 A 與 B 互斥表示 A 與 B 沒有共同的現象。

例如：《骰子例》中。若事件 A 表示骰子點數為奇數 $A = \{1, 3, 5\}$，事件 B 表示骰子點數為偶數 $B = \{2, 4, 6\}$；A 與 B 沒有共同的骰子點數，則 $A \cap B = \phi$，表示 A 與 B 為互斥事件。

互斥事件指的是兩個事件的內容沒有重疊的部份。如果以兩個事件的發生機率相關與否來探討，可以分為「獨立事件」與「相依事件」兩種。所謂的「獨立事件」指的是兩個事件的發生，互不相關，互不影響。當兩個事件不是「獨立事件」，就稱為「相依事件」。什麼是「獨立事件」？為了讓讀者接受這個概念，我們先用一個例子來說明，之後，再介紹「獨立事件」的定義。

例如：袋中有紅球 5 個，白球 3 個；從袋中取球兩次，每次一球，取後放回袋中。則第一次的結果與第二次的結果，是兩個獨立事件不相關聯。以機率用語來說，本例題的樣本空間 $S = \{(x, y), x：8 個球中的一個, y：8 個球中的一個\}$，樣本空間的總個數 $= 64$。

如果事件 A 表示第一次取到紅球的情況，事件 B 表示第二次取到紅球的情況，則

$A = \{(x, y), x：5 個紅球中的一個, y：8 個球中的一個\}$
$B = \{(x, y), x：8 個球中的一個, y：5 個紅球中的一個\}$

且 A, B 發生之機率分別是 $P(A) = \frac{5}{8}$，$P(A) = \frac{5}{8}$；另外，$A \cap B$ 表示第一、二次同時取到紅球的情況，$A \cap B = \{(x, y), x：5 個紅球中的一個, y：5 個紅球中的一個\}$，$A \cap B$ 中的個數 $= 25$，則 $A \cap B$ 的機率為

$$P(A \cap B) = \frac{A \cap B \text{ 的個數}}{S \text{ 的總個數}} = \frac{25}{64}$$

值得一提的是，此時，$P(A \cap B)$ 與 $P(A)$、$P(B)$ 有這樣的關係：

$$P(A \cap B) = \frac{25}{64} = \frac{5}{8} * \frac{5}{8} = P(A) * P(B)$$

也就是說兩次都是紅球的機率，等於第一次是紅球的機率乘以第二次是紅球的機率。我們稱這時候的 A、B 事件是獨立事件，指的是 A 事件的發生不受 B 事件的影響。雖然彼此互不影響，但是兩個事件間可能存在有一些重疊結果 (交集事件)，它的發生率可以直接從這兩個事件的發生率相乘得到。

Chapter 5 機率

獨立事件 (independent event)

兩個事件 A、B，如果 $P(A \cap B) = P(A) * P(B)$，稱為獨立事件。

總的來說，「獨立事件」表示兩事件的發生互相不影響，但是兩事件可能有交集。到目前為止，讀者可能被「互斥事件」與「獨立事件」弄糊塗了；什麼時候是「互斥事件」，什麼時候是「獨立事件」呢？表 5-2 將「互斥事件」與「獨立事件」作個整理。

❖ 表 5-2 「互斥事件」與「獨立事件」的比較

互斥或獨立	對象	意義	機率公式
A、B 為互斥事件	事件 A、B 的內容	事件 A、B 沒有共同內容	$P(A \cap B) = 0$
A、B 為獨立事件	事件 A、B 的機率	事件 A、B 的發生互不影響，兩事件可以有共同的內容	$P(A \cap B) = P(A) * P(B)$

現在以一個例子來說明互斥與獨立事件的差異。

範例 5-2　互斥事件 vs. 獨立事件

右表為某家彩券行 150 名顧客購買人數的聯立表，令 A 表示購買者為男性之事件，B 表示購買公益彩券之事件，C 表示購買者為女性之事件，則

(1) A 與 B 是否為獨立事件？
(2) A 與 C 是否為互斥事件？

❖ 表 5-3

	刮刮樂	公益彩券
男	35	60
女	15	40

解

(1) $P(A) = \dfrac{35+60}{35+60+15+40} = \dfrac{95}{150} = 0.633$

$P(B) = \dfrac{60+40}{35+60+15+40} = \dfrac{100}{150} = 0.667$

$$P(C) = \frac{15+40}{35+60+15+40} = \frac{55}{150} = 0.367$$

事件 $A \cap B$ 表示購買公益彩券之男性，而且 $P(A \cap B) = \frac{60}{150} = 0.4$；另外 $P(A) * P(B) = 0.42$。因為 $P(A \cap B) \neq P(A) * P(B)$，所以 A 與 B 不是獨立事件。

(2) 事件 $A \cap C$ 表示購買者既為男性，亦為女性，顯然 $P(A \cap C) = 0$，所以 A 與 C 是互斥事件。

5-2 聯合機率——事件機率的運用

對於樣本空間的所有元素，如果以某些特性來加以區別，則會產生有許多種不同類型的事件。

例如：《銅板例》丟一枚公正的銅板兩次。

1. 以正反面的特性來區別，樣本空間 $S = \{(反, 反), (反, 正), (正, 反), (正, 正)\}$；

2. 如果以正面數的特性來區別，可分為三類：
   事件 A_1 表示正面數 = 0 的情況，$A_1 = \{(反, 反)\}$
   事件 A_2 表示正面數 = 1 的情況，$A_2 = \{(正, 反), (反, 正)\}$
   事件 A_3 表示正面數 = 2 的情況，$A_3 = \{(正, 正)\}$

3. 如果以第一次的正反面來區別，可分為兩類：
   事件 B_1 表示第一次 = 正面的情況，$B_1 = \{(正, 反), (正, 正)\}$
   事件 B_2 表示第一次 = 反面的情況，$B_2 = \{(反, 反), (反, 正)\}$

當我們要同時探討兩種特性時，除了聯集事件的運用後，我們也要對這兩種特性裡，不同的事件的聯集作一整體性的了解，通常以事件機率的「交叉列聯表」來表示，稱為「聯合機率表」。

聯合機率表

聯合機率表 (joint probability table) 是描述兩種特性裡,各種聯集事件的機率表,通常以交叉列聯表格表示。表格裡,橫列是一種特性的各種事件,縱欄是另一種特性的各種事件,表格裡面的值,則表示這兩種特性所產生之聯集事件的機率。

通常,在聯合機率表中,會加入所謂的邊際機率值:
1. 在聯立表格的縱欄最下方增加一橫列,它的各個值表示各縱欄機率值的總和。
2. 在聯立表格的橫列最右方增加一縱欄,它的各個值表示各橫列機率值的總和。

> **邊際機率 (marginal probability)**
>
> 在聯合機率表中,只考慮其中某一特性之某一事件的發生機率,稱之為邊際機率。邊際機率的計算,通常是將聯合機率表中的「列」作平行的加總,或「行」作垂直的加總。

例如:《銅板例》丟一枚公正的銅板兩次。

以正面數的特性來區別,以第一次的正反面來區別,所得到聯合機率表如表5-4:

✤ 表 5-4

第一次的結果 正面數	B_1(正面)	B_2(反面)	A_i 的邊際機率
(正面數 = 0) A_1	$P(A_1 \cap B_1) = 0$	$P(A_1 \cap B_2) = \frac{1}{4}$	$P(A_1) = \frac{1}{4}$
(正面數 = 1) A_2	$P(A_2 \cap B_1) = \frac{1}{4}$	$P(A_2 \cap B_2) = \frac{1}{4}$	$P(A_2) = \frac{1}{2}$
(正面數 = 2) A_3	$P(A_3 \cap B_1) = \frac{1}{4}$	$P(A_3 \cap B_2) = 0$	$P(A_3) = \frac{1}{4}$
B_i 的邊際機率	$P(B_1) = \frac{1}{2}$	$P(B_2) = \frac{1}{2}$	1

其中
$A_1 \cap B_1 = \phi$,$A_1 \cap B_2 = \{(反, 反)\}$
$A_2 \cap B_1 = \{(正, 反)\}$,$A_2 \cap B_2 = \{(反, 正)\}$
$A_3 \cap B_1 = \{(正, 正)\}$,$A_3 \cap B_2 = \phi$

同時我們共有三個平行加總的列邊際機率：

$$P(A_1) = P(A_1 \cap B_1) + P(A_1 \cap B_2) = \frac{1}{4}$$

$$P(A_2) = P(A_2 \cap B_1) + P(A_2 \cap B_2) = \frac{2}{4}$$

$$P(A_3) = P(A_3 \cap B_1) + P(A_3 \cap B_2) = \frac{1}{4}$$

兩個垂直加總的行邊際機率：

$$P(B_1) = P(A_1 \cap B_1) + P(A_2 \cap B_1) = \frac{1}{2}$$

$$P(B_2) = P(A_1 \cap B_2) + P(A_2 \cap B_2) = \frac{1}{2}$$

範例 5-3　聯合機率表

在範例 5-2 的彩券例中，將購買人數的總表，改寫為包含有邊際機率的聯合機率表。

解

✚ 表 5-5

購買性別	刮刮樂	公益彩券	邊際機率
男	0.233	0.400	0.633
女	0.100	0.267	0.367
邊際機率	0.333	0.667	1.000

如果以樹狀圖來說明，顧客先以性別作為分類，再以購買行為作進一層的分類，其比例可以清楚的由圖 5-1 中得知。

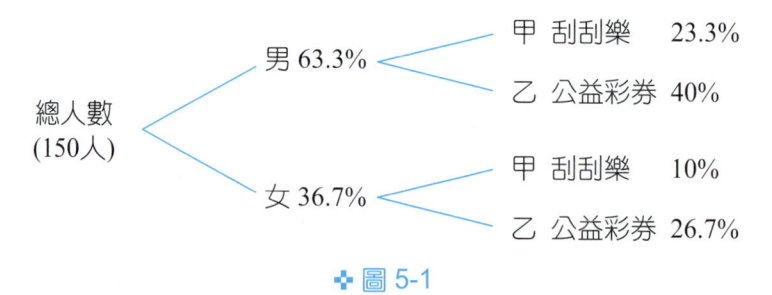

```
                          ┌─ 甲 刮刮樂   23.3%
              男 63.3% ───┤
              │           └─ 乙 公益彩券  40%
總人數 ───────┤
(150人)       │           ┌─ 甲 刮刮樂   10%
              女 36.7% ───┤
                          └─ 乙 公益彩券  26.7%
```

✚ 圖 5-1

5-3 條件機率 —— 事件機率的運用

在樣本空間中，對於兩個事件 A、B，有關於它們的機率有：個別的機率 $P(A)$ 及 $P(B)$；交集的機率 $P(A \cap B)$；聯集的機率 $P(A \cup B)$。現在，我們要討論一種新的情況：如果事件 B 先發生，之後，A 事件再發生，這種有先後順序（B 先發生，A 再發生）的發生率，稱為條件機率。例如，《銅板例》擲一枚公正的銅板兩次。第 1 次是正面 (B_1) 的現象下，正面數 = 2 (A_3) 發生的機率，稱為在 B_1 之下，A_3 發生之機率，記為 $P(A_3 | B_1)$。

> **條件機率 (conditional probability)**
>
> 若 A、B 為樣本空間中的兩個事件，在已知事件 B 發生的情況下，A 事件再發生的機率，稱為 A 在 B 情況下的條件機率，記為 $P(A | B)$，公式為 $P(A|B) = \dfrac{P(A \cap B)}{P(B)}$，其中 $P(B) \neq 0$。

同理，在已知事件 A 發生的情況下，B 事件再發生的機率，記為 $P(B|A)$，公式為 $P(B|A) = \dfrac{P(A \cap B)}{P(A)}$，其中 $P(B) \neq 0$。

條件機率進一層的分析

當 A、B 為獨立事件，也就是

$$P(A \cap B) = P(A) * P(B)$$

此時 $P(A | B) = P(A)$；$P(B | A) = P(B)$

範例 5-4　條件機率

在範例 5-2 表 5-3 的彩券購買人數表中，如果令事件 A 表示購買者為男性，事件 B 表示購買公益彩券，則我們可以問的條件機率有：

(1) 男性購買者中，會購買公益彩券的比例。
(2) 購買公益彩券的顧客是男性的比例。

解

由範例 5-2 已知 $P(A) = 0.633$；$P(B) = 0.667$，$P(A \cap B) = 0.4$。

(1) $P(A \mid B) = \dfrac{P(A \cap B)}{P(B)} = \dfrac{0.4}{0.667} = 0.5997 = 59.97\%$

(2) $P(B \mid A) = \dfrac{P(A \cap B)}{P(A)} = \dfrac{0.4}{0.633} = 0.6319 = 63.19\%$

範例 5-5　條件機率

在第二章《創投例》144 位員工的「性別」與「年齡層」的交叉列聯表中（表 5-6），如果令事件 A 表示女性員工，事件 B_1 表示青年的員工，事件 B_2 表示壯年的員工，事件 B_3 表示中年的員工。

❖ 表 5-6　性別與年齡層的交叉列聯表

性別	年齡層 青年	壯年	中年	總數
男	26	20	12	58
女	25	44	17	86
總數	51	64	29	144

則我們可以問的條件機率有：

(1) 女性員工中，青年、壯年、中年的比例各佔多少？
(2) 青年員工中，女性的比例佔多少？
(3) 中年員工中，男性的比例佔多少？

解

(1) 女性員工（事件 A）發生下，青年（事件 B_1）、壯年（事件 B_2）、中年（事件 B_3）發生之條件機率分別為

$P(B_1 \mid A) = \dfrac{25}{86} = 0.291$，$P(B_2 \mid A) = \dfrac{44}{86} = 0.512$，$P(B_3 \mid A) = \dfrac{17}{86} = 0.198$

表示：女性員工中，青年比例為 29.1%，壯年比例為 51.2%，中年比例為 19.8%。

(2) 青年 (事件 B_1) 員工中，女性 (事件 A) 所發生的條件機率為

$$P(A\mid B_1)=\frac{25}{51}=0.49$$

表示：青年員工中，女性比例為 49%。

(3) 先計算中年 (事件 B_3) 員工中，女性 (事件 A) 所發生之條件機率為

$$P(A\mid B_3)=\frac{17}{29}=0.586$$

則中年員工中，男性所發生之條件機率為

$$1-P(A\mid B_3)=\frac{12}{29}=0.414$$

表示：中年員工中，男性比例為 41.4%。

5-4 貝氏定理 —— 條件機率的應用

條件機率 $P(A\mid B)$，可以看成是在已知某事件 (B) 發生之下，另一事件 (A) 也同時發生的機率；利用此條件機率，可以得知交集事件的機率公式

$$P(A\cap B)=P(B)*P(A\mid B)$$

或是當 $P(B\mid A)$ 已知時，交集事件的另一機率公式：

$$P(A\cap B)=P(A)\,P(B\mid A)$$

現在我們要介紹條件機率的實際應用—貝氏定理。同時，這其中需要用到「互斥事件」、「事前機率」、「事後機率」等概念。現在，先以一例說明貝氏定理的精神。

範例 5-6

學校針對暑修的同學中,想知道:轉學生中,現在是大四的有多少比例?於是在暑修生中隨機取樣 50 人,其中大二、大三、大四分別有 15、20、15 人;記錄他們是否為轉學生,其中各年級的轉學生人數分別為 8、5、7 人。

解

在本例題裡,首先我們必須先建立需要的機率用語:

令事件 B 表示暑修生為轉學生的情況,

事件 A_1、A_2、A_3 分別表示暑修生為大二、大三、大四的情況。

其中 A_1、A_2、A_3 是互斥的事件,它們的發生機率稱為事前機率,分別為

$$P(A_1) = \frac{15}{50} , \quad P(A_2) = \frac{20}{50} , \quad P(A_3) = \frac{15}{50}$$

而各年級的轉學生比例,則以條件機率表示:

$$P(B \mid A_1) = \frac{8}{15} , \quad P(B \mid A_2) = \frac{5}{20} , \quad P(B \mid A_3) = \frac{7}{15}$$

本例題要計算的是:在暑修的轉學生中,大四生所佔的比例,以條件機率 $P(A_3 \mid B)$ 表示,稱為事後機率。

如何計算事後機率 $P(A_3 \mid B)$?

先從條件機率的定義公式作起:

$$P(A_3 \mid B) = \frac{P(A_3 \cap B)}{P(B)} \tag{5-1}$$

其中分子的 $P(A_3 \cap B)$,以及分母的 $P(B)$ 都必須利用到已知條件 $P(A_i)$ 以及條件機率 $P(B \mid A_i)$,$i = 1, 2, 3$。也就是說,式 (5-1) 中

$$分子 = P(A_3 \cap B) = P(A_3)P(B|A_3) = \frac{15}{50} * \frac{7}{15} = \frac{7}{50}$$

$$分母 = P(B) = P(A_1 \cap B) + P(A_2 \cap B) + P(A_3 \cap B)$$
$$= P(A_1)P(B|A_1) + P(A_2)P(B|A_2) + P(A_3)P(B|A_3)$$
$$= \frac{20}{50}$$

將分子、分母的計算結果,代入式 (5-1),事後機率 $P(A_3|B) = \frac{P(A_3 \cap B)}{P(B)}$ $= \frac{\frac{7}{50}}{\frac{20}{50}} = \frac{7}{20}$。

這些事前機率、事後機率可以整理成表 5-7。

✚ 表 5-7

事件 (A_i)	事前機率 $P(A_i)$	條件機率 $P(B\|A_i)$	聯合機率 $P(A_i \cap B)$	事後機率 $P(A_i\|B)$
(大二) A_1	$P(A_1) = \frac{15}{50}$	$\frac{8}{15}$	$\frac{15}{50} * \frac{8}{15} = \frac{8}{50}$	$P(A_1\|B) = \frac{\frac{8}{50}}{\frac{20}{50}} = \frac{8}{20}$
(大三) A_2	$P(A_2) = \frac{20}{50}$	$\frac{5}{20}$	$\frac{20}{50} * \frac{5}{20} = \frac{5}{50}$	$P(A_2\|B) = \frac{\frac{5}{50}}{\frac{20}{50}} = \frac{5}{20}$
(大四) A_3	$P(A_3) = \frac{15}{50}$	$\frac{7}{15}$	$\frac{15}{50} * \frac{7}{15} = \frac{7}{50}$	$P(A_3\|B) = \frac{\frac{7}{50}}{\frac{20}{50}} = \frac{7}{20}$
總和			$\frac{20}{50}$	

也就是說,我們不僅可以計算得到,「事後機率」:重修的轉學生中大四生的比例 $P(A_3|B)$,也可以得到其它的事後機率:重修的轉學生中,大二生、大三生的比例值為 $P(A_1|B)$、$P(A_2|B)$。

這種事前機率,事後機率的運用就是貝氏定理的主要內容。

貝氏定理 (Bayes's Theorem)

如果 B 為一特定事件，事件 $A_1, A_2, ..., A_k$ 是將樣本空間分割為 k 部份，沒有共同的交集 (稱為互斥事件)，事件的發生機率 $P(A_i)$，$i = 1, 2, ..., k$ 是已知的 (稱為事前機率)，同時條件機率 $P(B \mid A_i)$ 也是已知的，$i = 1, 2, ..., k$，那麼在 B 之下某個 A_j 發生的機率，稱為事後機率，其公式如下

$$P(A_j \mid B) = \frac{P(A_j \cap B)}{P(B)}$$

$$= \frac{P(A_j) * P(B \mid A_j)}{P(A_1) * P(B \mid A_1) + \cdots + P(A_k) * P(B \mid A_k)}$$

範例 5-7

某家保險公司將客戶分為四類：「優良」的被保險人，「好」的被保險人，「普通」的被保險人，與「差」的被保險人。依過去的紀錄顯示這四類被保險人一年期間內會有意外的機率分別為 0.01、0.05、0.10 及 0.20。目前的客戶中這四類被投保人的比例分別為 10%、30%、35%、25%。

(1) 在固定一年裡，被保險人有發生意外的比例有多少？

(2) 如果王先生在去年曾發生意外，則他是一位「優良」的被保險人之機率是多少？

解

(1) 令事件 A_1、A_2、A_3、A_4 表示四類保險客戶：「優良」、「好」、「普通」及「差」，事件 B 為發生意外之現象。

已知的有：

事前機率：各類保險客戶所佔之比例。

$P(A_1) = 10\%$，$P(A_2) = 30\%$，$P(A_3) = 35\%$，$P(A_4) = 25\%$

條件機率：各類保險客戶的意外發生率。

$P(B \mid A_1) = 0.01$，$P(B \mid A_2) = 0.05$，$P(B \mid A_3) = 0.1$，$P(B \mid A_4) = 0.2$

發生意外 (事件 B) 之機率 = P(B)。這個意外機率值來自於四類客戶，所以

$$P(B) = P(A_1 \cap B) + P(A_2 \cap B) + P(A_3 \cap B) + P(A_4 \cap B)$$
$$= P(A_1)*P(B \mid A_1) + P(A_2)*P(B \mid A_2) + P(A_3)*P(B \mid A_3) + P(A_4)*P(B \mid A_4)$$
$$= (0.1)(0.01) + (0.3)(0.05) + (0.35)(0.1) + (0.25)(0.2)$$
$$= 0.101$$

因此，被保險人有發生意外的比例 = 10.1%

(2) 要求的是事後機率：王先生有意外發生 (事件 B)，而他是「優良」保險客戶 (事件 A_1) 之條件機率為 $P(A_1 \mid B)$。

依貝氏定理之公式 $P(A_1 \mid B) = \dfrac{P(A_1 \cap B)}{P(B)} = \dfrac{0.001}{0.101} = 0.0099$

其中分子 = $P(A_1 \cap B) = P(A_1)*P(B \mid A_1) = (0.1)(0.01) = 0.001$

根據事後機率值 $P(A_1 \mid B) = 0.0099$，可以推得以下的結論：曾發生意外之王先生屬於「優良」客戶之機率 = 0.99%。

5-5 機率應用例 —— 滿意度調查例

某大學為提升宿舍服務品質，想要了解住宿學生的滿意度。於畢業前夕，隨機請 1,000 位住宿生進行一份宿舍滿意度調查，所得的聯立表如下：

年級	非常滿意	滿意	不滿意	非常不滿意	合計
大一	45	100	50	10	205
大二	5	15	150	40	210
大三	10	240	100	50	400
大四	0	5	40	140	185
合計	60	360	340	240	1,000

以事件 A_1、A_2、A_3、A_4 表示大一至大四的住宿生；事件 D_1、D_2、D_3、D_4 表示四種滿意度 (非常滿意、滿意、不滿意、非常不滿意)。

(1) 製作聯合機率表。
(2) 大三住宿生中,「滿意」宿舍的比例為多少?
(3) 對宿舍「不滿意」的學生中,大二新生的比例為多少?
(4) 若將非常滿意、滿意合併為「肯定評等」;將非常不滿意、不滿意合併為「否定評等」,計算「肯定評等」與「否定評等」的比例分別為多少?
(5) 若某一受訪者持肯定評等,則他是大一新生的機率 = ?
(6) 在大四畢業住宿生中,持否定評等的比例 = ?

解

(1) 聯合機率聯立表:

年級	非常滿意	滿意	不滿意	非常不滿意	合計
大一	0.045	0.10	0.05	0.01	0.205
大二	0.05	0.015	0.15	0.04	0.21
大三	0.01	0.24	0.10	0.05	0.40
大四	0	0.005	0.04	0.14	0.185
合計	0.06	0.36	0.34	0.24	1.00

(2) 大三住宿生中,「滿意」宿舍的比例 $= \dfrac{0.24}{0.4} = 0.6 = 60\%$

(3) 對宿舍「不滿意」的學生中,大二新生的比例 $= \dfrac{0.15}{0.34} = 0.44 = 44\%$

(4) 「肯定評等」的比例 = 0.06 + 0.36 = 0.42 = 42%

 「否定評等」的比例 = 0.34 + 0.24 = 0.58 = 58%

(5) 受訪者持肯定評等的機率 = 0.06 + 0.36 = 0.42 = 42%

 持肯定評等中,「大一新生」的機率 $= \dfrac{0.045 + 0.1}{0.42} = 0.345 = 34.5\%$

(6) 大四畢業住宿生的比例 = 0.005 + 0.04 + 0.14 = 0.185 = 18.5%

 畢業住宿生中,「否定評等」的比例 $= \dfrac{0.04 + 0.14}{0.185} = 0.973 = 97.3\%$

5-6 章節架構圖說明：機率—《信貸例》

聯合信用貸款公司將客戶分為四類：「優良」、「好」、「普通」與「差」。依過去的紀錄顯示這四類客戶，一年期間內會成為『呆帳戶』的機率分別為 0.01、0.05、0.10 及 0.20。目前的客戶中這四類客戶的比例分別為 10%、30%、35%、25%。

機率探討

(1) 在固定一年裡，客戶沒有成為『呆帳戶』的機率有多少？
(2) 如果劉先生不是『呆帳戶』，則他是一位「普通」客戶之機率是多少？

章節架構圖 vs. 案例說明

(1) 在固定一年裡，客戶沒有成為『呆帳戶』的機率有多少？	條件機率—事件機率的運用 → 條件機率

解

令事件 A_1、A_2、A_3、A_4 表示四類客戶：「優良」、「好」、「普通」及「差」事件 B 為『呆帳戶』。

已知的有：

事前機率：四類客戶所佔之比例。

$$P(A_1)=10\%，P(A_2)=30\%，P(A_3)=35\%，P(A_4)=25\%$$

條件機率：四類客戶成為『呆帳戶』的發生率。

$$P(B|A_1)=0.01，P(B|A_2)=0.05，P(B|A_3)=0.1，P(B|A_4)=0.2$$

『呆帳戶』（事件 B）之機率 $P(B)$。『呆帳戶』機率值來自於四類客戶，所以

$$\begin{aligned}P(B) &= P(A_1 \cap B) + P(A_2 \cap B) + P(A_3 \cap B) + P(A_4 \cap B) \\ &= P(A_1)*P(B|A_1) + P(A_2)*P(B|A_2) + P(A_3)*P(B|A_3) + P(A_4)*P(B|A_4) \\ &= (0.1)(0.01) + (0.3)(0.05) + (0.35)(0.1) + (0.25)(0.2) \\ &= 0.101\end{aligned}$$

事件 B 為發生『呆帳戶』之現象，則事件 B^C 為沒有『呆帳戶』發生之現象，其機率值 $= P(B^C) = 1 - P(B) = 0.899$。

(2) 如果劉先生不是『呆帳戶』，則他是一位「普通」客戶之機率是多少？

貝氏定理─條件機率的應用 → 貝氏定理

解

要求的機率：劉先生不是『呆帳戶』（事件 B^C），而且是「普通」客戶（事件 A_3）之條件機率為 $P(A_3|B^C)$。

依貝氏定理之公式 $P(A_3|B^C) = \dfrac{P(A_3 \cap B^C)}{P(B^C)} = \dfrac{0.315}{0.899} = 0.3504$

此時分子、分母的計算式如下：

$$\begin{aligned}
分子 &= P(A_3 \cap B^C) = P(A_3) * P(B^C|A_3) \\
&= (0.35)(1-0.1) = (0.35)(0.9) \\
&= 0.315
\end{aligned}$$

$$分母 = P(B^C) = 0.899$$

根據事後機率值 $P(A_3|B^C)=0.3504$，可以推得以下的結論：不是『呆帳戶』之劉先生屬於「普通」客戶之機率 $=35.04\%$。

名詞解釋

隨機實驗 (random experiment)：這種實驗方式，是在實驗前，已知所有可能的結果，但不能確定實驗後的結果是屬於那一種的實驗方式。

樣本空間 (sample space)：將隨機實驗的所有可能結果，以集合表示，稱為樣本空間。通常以英文的大寫字母 S 表示。

事件 (event)：樣本空間中的一部份元素所組成的集合。通常以大寫英文字母表示，如 $A, B, \ldots$ 等。

事件的機率 (probability of event)：事件 A 在樣本空間 S 中所佔的比例值，

$$P(A) = \frac{A \text{ 中的元素個數}}{S \text{ 中的元素個數}}$$

交集事件：描述兩個事件同時發生的現象。

聯集事件：描述兩個事件的發生現象，不是其中一個發生，就是另一個發生，也可能是這兩個事件同時發生的現象。

互斥事件 (mutually exclusive event)：兩個事件 A, B，如果 $A \cap B = \phi$，稱 A 與 B 為互斥事件；表示 A 與 B 沒有共同的現象。

獨立事件 (independent event)；兩個事件 A、B，如果 $P(A \cap B) = P(A) * P(B)$，稱為獨立事件。

邊際機率 (marginal probability)：在聯合機率表中，只考慮其中某一特性之某一事件的發生機率，稱之為邊際機率。

條件機率 (conditional probability)：在事件 B 的情況下，A 事件發生的機率為 $P(A \mid B) = \frac{P(A \cap B)}{P(B)}$，其中 $P(B) \neq 0$。

貝氏定理 (Bayes's Theorem)：如果 B 為一特定事件，互斥事件 $A_1, A_2, \ldots, A_k$，具有已知的事前機率 $P(A_i)$，$i = 1, 2, \ldots, k$，同時條件機率 $P(B \mid A_i)$ 也是已知的，$i = 1, 2, \ldots, k$，那麼在 B 之下，某個 A_j 發生的機率，稱為事後機率

$$P(A_j \mid B) = \frac{P(A_j \cap B)}{P(B)}$$

$$= \frac{P(A_j) * P(B \mid A_j)}{P(A_1) * P(B \mid A_1) + \cdots + P(A_k) * P(B \mid A_k)}$$

練習題

5-1 某大學經濟系大一新生有 100 人，期中考微積分、經濟學兩科，微積分及格 50 人，經濟學及格 70 人，兩科均及格 32 人，求兩科均不及格的人數。

5-2 袋中有大小不同的六雙鞋子，今由袋中任取 4 隻鞋，則恰有 1 雙之機率 = ?

5-3 手機公司在推出甲、乙兩款新型手機時，先對顧客作預先的促銷，以決定是否大量生產，下表是所得到的購買人數表。令 A 表示購買乙款手機之事件，B 表示購買者為男性之事件，C 表示購買者為女性之事件，則：(1) A 與 B 是否為獨立事件？(2) A 與 C 是否為互斥事件？

購買性別	手機款式	
	甲	乙
男	560	140
女	300	0

5-4 袋內各裝兩種籤：7 支紅籤，8 支藍籤，今連續抽三次 (抽後放回)，問
(1) 三支籤為紅籤的機率為何？
(2) 這三次的事件是屬於互斥事件？或獨立事件？

5-5 設 A, B 為互斥事件，$P(A'\cap B) = 0.2$，$P(A'\cap B') = 0.4$，則 $P(A) = $?

5-6 袋內裝有三種色球，白、紅、黑各為 3、2、5 個，今連續從袋中取兩球 (取後放回)。以兩球的白球數，第一次的紅球數來區別，建立相關的聯合機率表。

5-7 設 A, B 為兩獨立事件，且 $P(A) = \dfrac{1}{2}$，$P(A\cap B') = \dfrac{1}{10}$，則 $P(A \mid B') = $?

5-8 在範例 5-2 中 150 名購買彩券的顧客裡，
(1) 男性顧客中，會購買公益彩券的比例？
(2) 購買公益彩券的顧客中，是女性的比例？

5-9 晶圓廠的員工採一天三時段制 (早班：7:00～15:00，午班：15:00～23:00，晚班：23:00～7:00)，每一時段 (早、午、晚班) 的生產產品率分別為 30%、40%、30%，而在每一時段所產生的故障品率分別為 2%、1%、5%。某日，廠長抽查產品，得到一故障的晶片，則這個晶片是在晚班時段製造出來的機率是多少？

5-10 全班男、女生共 51 人，票選畢業旅行的目的地，每人限投一票，結果如右表。現以簡單隨機抽樣，抽出兩人，若這兩人都是女生，則這兩人都想去墾丁的機率 = ?

	女	男
墾丁	10	10
澎湖	6	10
花東	9	6

5-11 在 5-6 題中：
(1) 兩球的白球數 = 1 的情況下，第一次是紅球的機率？
(2) 第一次不是紅球的情況下，白球數 = 0 的機率？
(3)「兩球的白球數 = 0 的情況」與「第一次是紅球的情況」為互斥事件？獨立事件？

5-12 某種疾病的診斷方法不是百分之百正確，依過去經驗知道，患此疾病的人，檢驗能正確判斷的可能性為 0.92；不患此疾病的人，則檢驗做了錯誤判斷的可能性為 0.04，設一群人中已知 20% 患此疾病，現從此群人中任選一人加以檢驗，若此人被驗出有病，此人被錯誤判斷的機率 = ？

5-13 第一盒中含有 3 支綠籤，7 支藍籤；第二盒中含有 6 支綠籤，7 支藍籤，今任抽一盒，由盒中抽出一籤，問：
(1) 此籤為綠籤的機率為何？
(2) 若已知此籤為綠籤，則其來自第二盒的機率為何？

5-14 已知某大學大四男、女生的畢業率分別為 0.85、0.90，隨機取樣 50 位大四學生，其中有 15 個男生，試求：
(1) 取樣 50 位大四生中，畢業的人數 = ？比例 = ？
(2) 在畢業生中，男生所佔的比例 = ？

5-15 某公司調查其男、女職員的教育程度如下表：今從所有職員中任選 1 人，令 A、B 分別表示選到男職員與選到大專以上的事件，若 A、B 兩事件獨立，則 n = ？

	大專以上	大專以下
男	30 人	18 人
女	20 人	n 人

CHAPTER 6

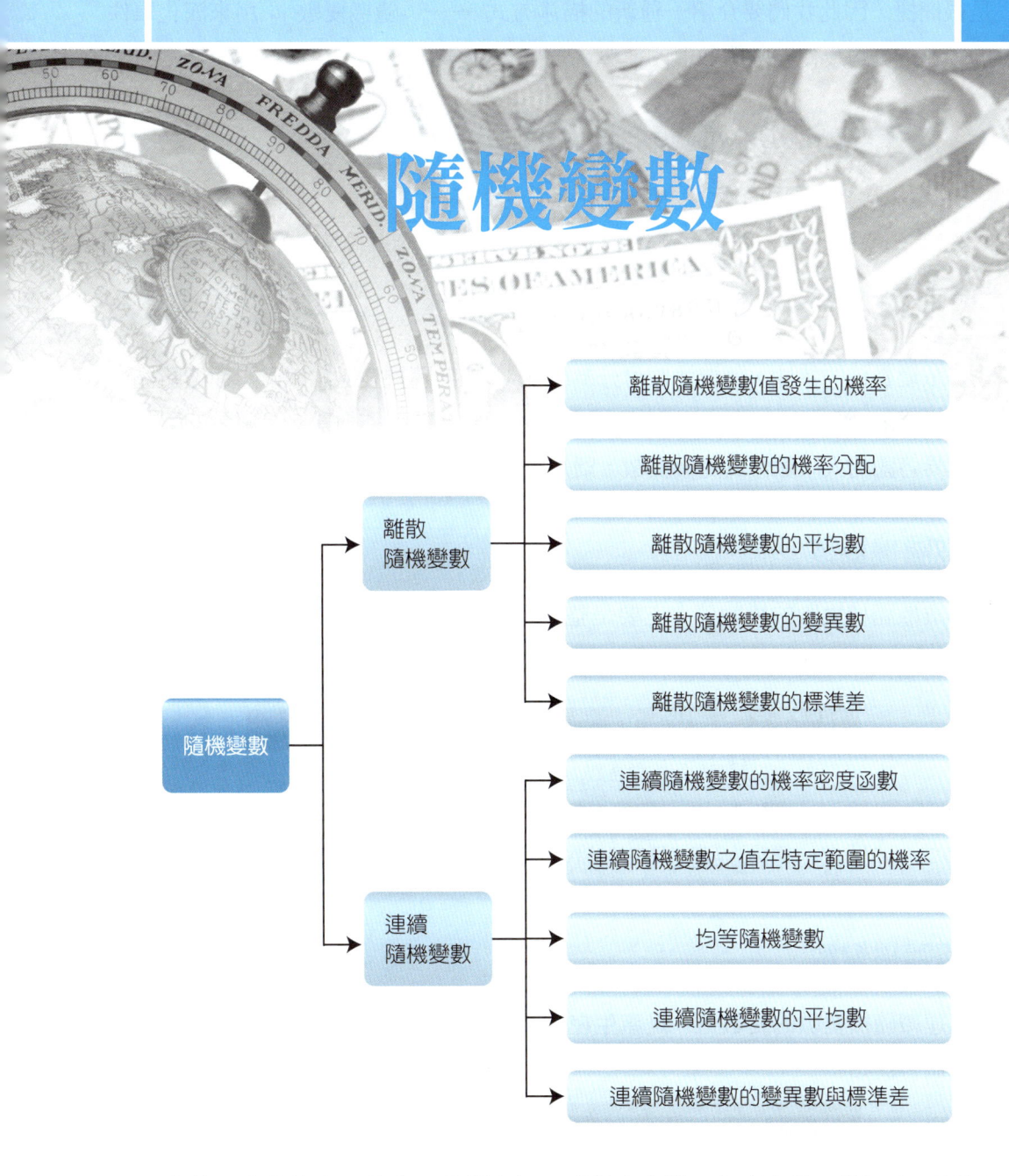

隨機變數

```
隨機變數 ─┬─ 離散隨機變數 ─┬─ 離散隨機變數值發生的機率
         │                ├─ 離散隨機變數的機率分配
         │                ├─ 離散隨機變數的平均數
         │                ├─ 離散隨機變數的變異數
         │                └─ 離散隨機變數的標準差
         │
         └─ 連續隨機變數 ─┬─ 連續隨機變數的機率密度函數
                          ├─ 連續隨機變數之值在特定範圍的機率
                          ├─ 均等隨機變數
                          ├─ 連續隨機變數的平均數
                          └─ 連續隨機變數的變異數與標準差
```

在第五章的機率理論中，我們介紹了「樣本空間」與「事件」的概念。「樣本空間」指的是隨機實驗的所有可能結果。事件指的是樣本空間的某一部份，而機

率就是描述「事件」這一部份在「樣本空間」所佔的比例。描述事件的方式，在第五章所介紹的，不外乎「文字敘述」以及「集合」表示。但是這兩種方法都不是很簡捷，因此我們要介紹一種新的描述方式 ──「隨機變數」；用來簡化事件的敘述，更可以作變數間數值的運算。

> **隨機變數 (random variable)**
>
> 將樣本空間中的元素依著某特性對應到某一實數值。通常以大寫英文字母 X, Y 表示之。隨機變數的對應變數值不只一個，通常以小寫英文字母 x, y 示之。

依變數值的特性，隨機變數可分為兩種：「離散隨機變數」以及「連續隨機變數」。例如：擲一枚公正的銅板，以其中的正面數作為隨機變數，是離散的變數，以世界各國的人口數作為隨機變數，則是屬於連續的變數。

離散隨機變數

離散隨機變數的變數值，主要是整數，變數值的個數可以是有限個或是 (可數的) 無限個。例如：

離散隨機變數	變數值
超市一天的顧客數	0, 1, 2, ...
擲骰子 2 次，其中的點數和	2, 3, ... , 12
擲骰子 2 次，其中的點數差	0, 1, ... , 5

連續隨機變數

連續隨機變數的變數值，是產生在一段不可數的範圍內，變數值的個數是無限多個。例如：

連續隨機變數	變數值
冬瓜茶的容量 (c.c.)	$0 \leq x \leq 500$
學生去圖書館的間隔時間 (分鐘)	$0 \leq x$
大學畢業生的起薪 (元)	$20{,}000 \leq x \leq 28{,}000$

Chapter 6 隨機變數

6-1 離散隨機變數

當隨機變數的變數值,是屬於離散形態(通常是整數),我們稱此種隨機變數為離散隨機變數。例如,每天到提款機提款的人數;100 個家庭中,擁有 3 個小孩的家庭數。

一般生活中,有關於「計次」的資料,例如產品數,人數,家庭數,都是離散隨機變數的變數值。這些「計次」的所有可能情況,都有其發生的比例,稱之為離散隨機變數值發生的機率。

離散隨機變數值發生的機率

若離散隨機變數,具有變數值 a,則 $X = a$ 表示某一特定事件,其發生的比例稱為機率值,以 $P(X) = a$ 表示。

例如,《銅板例》中,公正的銅板擲兩次。令隨機變數 X 表示正面出現的次數,則 X 的值可以有 3 種;分別有其含意:

$$X = 0,表示正面數 = 0 之事件 (A_1)$$
$$X = 1,表示正面數 = 1 之事件 (A_2)$$
$$X = 2,表示正面數 = 2 之事件 (A_3)$$

也就是說,

事件 (A_1) 表示正面數 = 0 的情況,$A_1 = \{(反, 反)\}$

事件 (A_2) 表示正面數 = 1 的情況,$A_2 = \{(正, 反), (反, 正)\}$

事件 (A_3) 表示正面數 = 2 的情況,$A_3 = \{(正, 正)\}$

此時

$$P(X = 0) = P(A_1) = \frac{1}{4}$$

$$P(X = 1) = P(A_2) = \frac{2}{4}$$

$$P(X = 2) = P(A_3) = \frac{1}{4}$$

6-1-1 機率分配

離散隨機變數 X，有許多個計次變數值，及發生的機率，為了方便後續的期望值計算，需要將所有的情況彙整成簡單明瞭的表格：將所有的變數值及機率以表格表示，稱之為離散隨機變數的機率分配。

離散隨機變數的機率分配

將離散隨機變數 X 的所有可能值 $x_1, \dots, x_n$，以及這些值對照的唯一機率值 $P(X = x_i)$ 以表格形式表示，稱為離散機率分配，其中的表格形式為

✚ 表 6-1

x	x_1	$\cdots$	x_i	$\cdots$	x_n	和
$P(X = x)$	$P(X = x_1)$	$\cdots$	$P(X = x_i)$	$\cdots$	$P(X = x_n)$	1

$P(X = x_i)$，表示隨機變數 X 的值為 x_i 時的機率，同時所有的機率總和必須等於 1。用公式表示為：$\sum_{i=1}^{n} P(X = x_i) = 1$。

《銅板例》中，X 的各種可能值都有其發生率（機率），可以列為一機率表，稱為機率分配表。而且

$$P(X = 0) + P(X = 1) + P(X = 2) = 1$$

有了機率分配，我們就可以利用它來探討許多現象發生的機率。在《銅板例》中，正面數 ≤ 1 的機率可以表示為 $P(X \leq 1)$；它的值由機率分配可以計算得知：

✚ 表 6-2

X	0	1	2
$P(X = x)$	$\frac{1}{4}$	$\frac{2}{4}$	$\frac{1}{4}$

$$P(X \leq 1) = P(X = 0) + P(X = 1) = \frac{3}{4}$$

Chapter 6　隨機變數

範例 6-1

某連鎖便利商店店長，針對雜誌的銷售量，想要知道是否獲利。已知過去一個月的雜誌銷售量 X（份／天）之機率分配如表 6-3：

❖ 表 6-3

x	0	1	2	3	4	5	6
$P(X=x)$	0.03	0.15	0.2	a	0.1	0.2	0.07

(1) $a = ?$
(2) 若該店每天至少需售出 2 本以上才可以獲利，則獲利的機率為何？

解

(1) $0.03 + 0.15 + 0.2 + 0.1 + 0.2 + 0.07 = 0.75$，$a = 1 - 0.75 = 0.25$
(2) 至少需售出 2 本的機率 $= P(X > 2) = 1 - P(X \leq 2)$
其中 $P(X \leq 2) = P(X=0) + P(X=1) + P(X=2) = 0.03 + 0.15 + 0.2 = 0.38$
$P(X > 2) = 1 - 0.38 = 0.62$

6-1-2 期望值

機率分配描述了隨機變數 X 的所有可能性，及其發生的機率。例如：範例 6-1 的機率分配描述了雜誌銷售量 X 的各種可能現象；有了機率分配，我們將可以進一層的分析：平均銷售量、銷售量變異數、銷售量倍數、銷售量增加數等。這些都可以透過期望值的計算來完成。

離散隨機變數的期望值

若離散隨機變數 X 具有機率分配：

x	x_1	$\cdots$	x_i	$\cdots$	x_n
$P(X=x)$	$P(X=x_1)$	$\cdots$	$P(X=x_i)$	$\cdots$	$P(X=x_n)$

常見的期望值計算式：

(1) $E(X) = x_1 * P(X = x_1) + \cdots + x_n * P(X = x_n) = \sum_{i=1}^{n} x_i * P(X = x_i)$

(2) $E(X^2) = x_1^2 * P(X = x_1) + \cdots + x_n^2 * P(X = x_n) = \sum_{i=1}^{n} x_i^2 * P(X = x_i)$

(3) $E(aX + b) = (ax_1 + b) * P(X = x_1) + \cdots + (aX_n + b) * P(X = x_n)$

$$= \sum_{i=1}^{n} (ax_i + b) * P(X = x_i)$$

【註】① $E(aX + b)$ 的計算可以經由證明得到以下的等式：

$$E(aX + b) = aE(X) + b$$

② 比較進階的期望值計算，是變異數；為了有較深入的了解，以下是常用的進階期望值公式：

$E(X - k)^2 = (x_1 - k)^2 * P(X = x_1) + \cdots + (x_n - k)^2 * P(X = x_n)$

$$= \sum_{i=1}^{n} (x_i - k)^2 * P(X = x_i)$$

當 $k = E(X)$ 時，$E = (X - k)^2$ 可以經過計算證明得到：

$$E(X - E(x))^2 = E(X^2) - (E(X))^2$$

範例 6-2　銅板例

正面數 (X) 的機率分配為

x	0	1	2
$P(X = x)$	$\frac{1}{4}$	$\frac{2}{4}$	$\frac{1}{4}$

計算以下的期望值：

(1) $E(X)$

(2) $E(X^2)$

(3) $E(2X)$

(4) $E(2X+3)$

(5) $E(X-1)^2$

解

(1) $E(X) = 0*\dfrac{1}{4} + 1*\dfrac{2}{4} + 2*\dfrac{1}{4} = 1$

(2) $E(X^2) = 0^2*\dfrac{1}{4} + 1^2*\dfrac{2}{4} + 2^2*\dfrac{1}{4} = \dfrac{3}{2}$

(3) $E(2X) = 0*\dfrac{1}{4} + (2*1)*\dfrac{2}{4} + (2*2)*\dfrac{1}{4} = 2$

(4) $E(2X+3) = (0+3)*\dfrac{1}{4} + (2*1+3)*\dfrac{2}{4} + (2*2+3)*\dfrac{1}{4} = 5$

(5) $E(X-1)^2 = (0-1)^2*\dfrac{1}{4} + (1-1)^2*\dfrac{2}{4} + (2-1)^2*\dfrac{1}{4} = \dfrac{1}{2}$

【註】(1) $E(2X+3)$ 的計算，可以如下列簡單的方式得到：

$$E(2X+3) = 2E(X) + 3 = 2*1 + 3 = 5$$

(2) 本題 $E(X) = 1$，所以 $E(X-1)^2$ 可以改寫成 $E(X-E(X))^2$，並且可以利用下述等式計算：

$$E(X-E(X))^2 = E(X^2) - (E(X))^2$$

即 $E(X-1)^2 = E(X^2) - 1 = \dfrac{3}{2} - 1 = \dfrac{1}{2}$。

6-1-3 平均數與變異數

　　離散隨機變數的機率分配，可以計算出各種期望值；其中常常使用的是平均數與變異數，尤其是在統計推論上，是統計學學習的重點。有興趣的讀者可以進階學習「機率論」。

離散隨機變數的平均數

若離散隨機變數 X 具有機率分配如下：

X	x_1 $\cdots$ x_i $\cdots$ x_n
$P(X=x)$	$P(X=x_1) \cdots P(X=x_i) \cdots P(X=x_n)$

則 X 的平均數，表示為 $E(X)$，其計算公式為

$$E(X) = (x_1 * P(X=x_1)) + \cdots + (x_i * P(X=x_i)) + \cdots + (x_n * P(X=x_n))$$

X 的平均數 $E(X)$，公式可以簡潔表示為

$$E(X) = \sum_{i=1}^{n} x_i * P(X=x_i)$$

範例 6-3

獎券一張賣 100 元，第一獎可獲得 2,000,000 元，第二獎可獲得 100,000 元，獲得第一獎的機率為 0.00001，獲得第二獎的機率為 0.0003，某人購買獎券一張，隨機變數 X 表示中獎所得金額（未扣稅前）：

(1) 未中獎的機率 = ？
(2) 寫出 X 的機率分配表。
(3) 平均中獎金額 = ？

解

(1) $1 - 0.00001 - 0.0003 = 0.99969$

(2)

x	1,999,900	99,900	-100
$P(X=x)$	0.00001	0.0003	0.99969

(3) $E(X) = 1,999,900 * 0.00001 + 99,900 * 0.0003 + (-100) * 0.99969 = -50$

Chapter 6　隨機變數

離散隨機變數的變異數

若離散隨機變數 X 具有機率分配如下：

X	x_1 $\cdots$ x_i $\cdots$ x_n
$P(X = x)$	$P(X = x_1) \cdots P(X = x_i) \cdots P(X = x_n)$

則 X 的變異數，表示為 $V(X)$，其計算公式為

$$V(X) = E(X - E(X))^2$$
$$= (x_1 - E(X))^2 * P(X = x_1) + \cdots + (x_n - E(X))^2 * P(X = x_n)$$

此變異數的簡潔表示法為

$$V(X) = \sum_{i=1}^{n}(x_i - E(X))^2 * P(X = x_i)$$

其中 $E(X)$ 表示離散隨機變數 X 的平均數。

由於隨機變數的機率分配，描述的是母體的某種特質。也因此，平均數 $E(X)$ 及變異數 $V(X)$ 通常會表示為 μ 及 σ^2，即

$$\mu = E(X)，稱為母體平均數$$
$$\sigma^2 = V(X)，稱為母體變異數$$

離散隨機變數的標準差

定義為 $\sigma = \sqrt{\sigma^2} = \sqrt{V(X)}$，也稱為母體標準差。

【註】常用的母體平均數、變異數之常用表示式，及計算公式整理如下：

$$\mu = E(X) = \sum_{i=1}^{n} X_i * P(X = x_i)$$

$$\sigma^2 = V(X) = E(X - \mu)^2$$
$$= \sum_{i=1}^{n}(X_i - \mu)^2 * P(X = x_i) = \sum_{i=1}^{n} X_i^2 * P(X = x_i) - \mu^2 = E(X^2) - \mu^2$$

範例 6-4　離散隨機變數的 μ、σ^2 及 σ 與其應用

電腦零件商店出售的一包 25 片裝某品牌的磁片，隨機變數 X 表示每一包的故障數，其機率分配如表 6-4，則：

✤ 表 6-4

X	0	1	2	3
$P(X=x)$	0.55	0.25	0.1	0.1

(1) 平均故障數 $\mu = ?$
(2) 變異數 $\sigma^2 = ?$
(3) 標準差 $\sigma = ?$
(4) 故障數大於 μ 的機率 $= ?$
(5) 故障數在 $\mu \pm \sigma$ 間的機率 $= ?$

解

(1) $\mu = E(X) = 0 * P(X=0) + 1 * P(X=1) + \cdots + 3 * P(X=3)$
$= 0 * 0.55 + \cdots + 3 * 0.1 = 0.75$

(2) $\sigma^2 = (0-0.75)^2 * P(X=0) + \cdots + (3-0.75)^2 * P(X=3) = 0.9875$

(3) $\sigma = \sqrt{\sigma^2} = \sqrt{0.9875} = 0.9937$

(4) $P(X > \mu) = P(X > 0.75) = P(X=1) + \cdots + P(X=3) = 0.45$

(5) $P(\mu - \sigma < X < \mu + \sigma) = P(0.75 - 0.9937 < X < 0.75 + 0.9975)$
$= P(-0.2437 < X < 1.7475)$
$= P(X=0) + P(X=1)$
$= 0.55 + 0.25 = 0.8$

6-2　連續隨機變數

當隨機變數的變數值，是實數線上某一區間的無限多個值(變數值的個數是不可數的)時，我們稱此種隨機變數為「連續隨機變數」。例如，大學生的每月生活費、公司員工的薪資、100 公尺競賽的成績等，都是「連續隨機變數」。一般生

活中,「連續隨機變數」的變數值,大部份來自於以某種「測量單位」為基準的資料。例如,小學生的身高 (公分)、體重 (公斤),公司員工的薪資 (萬元) 等。注意,連續隨機變數的值,都是「數量」的資料。

在介紹與連續隨機變數有關的機率之前,我們先複習一下「離散隨機變數」的機率。之後再介紹一種不一樣的機率思考方式,這樣才比較可以對連續隨機變數的機率值有所了解。這一部份比較複雜,尤其是計算「連續隨機變數」的機率值時,須使用微積分的方法。但是,對於一些常見的連續隨機變數,使用微積分的部份都可以利用「查表」的方式求得,或者是利用試算表得知,並不會困難。我們只需要學會:如何「查詢機率表格」以得到要計算的機率值。

在「離散隨機變數」X 的機率模式中,X 的所有可能值是屬於「可數」的資料,所以可以將每一個值及其對應的機率一一列出,表示為所謂的機率分配。如果要計算「離散隨機變數」的單一數值 a 之發生機率,則可以很清楚的從機率分配中得知 $P(X = a)$ 的機率值。以上這些有關於間斷隨機變數的機率思考,如今無法適用在「連續隨機變數」上;因為「連續隨機變數」的所有可能值是屬於「不可數」的數量資料,無法一一列出,而且我們也無法再討論連續隨機變數的單一數值為 a 的發生機率,因為這個機率值必定等於零。

$$P(X = a) = 0,當 X 為連續隨機變數。$$

這個觀念可以解釋為:無限多個數值中單一數值的發生率是零。

雖然「連續隨機變數」在單一值的機率都是零,但是在一段特定的範圍內的機率值是存在的。要計算這種機率值,必須利用到「連續隨機變數」的「機率密度函數」。所謂的「機率密度函數」,與數量資料的「直方圖」有關;我們將先說明如何計算連續隨機變數在特定範圍內的機率值,接著再介紹機率密度函數。

以第二章的《起薪例》為資料,起薪是屬於連續的數量資料。表 6-5 是 100 位大學畢業生的『起薪』資料,屬於連續的數量資料,分為 5 組的次數分配表。(起薪單位:萬元)

❖ 表 6-5　100 位大學畢業生的起薪相對次數分配表

起薪組別	下限（萬元）	上限（萬元）	組寬（萬元）	人數	相對人數
1	1.0	1.5	0.5	4	0.04
2	1.5	2.0	0.5	19	0.19
3	2.0	2.5	0.5	46	0.46
4	2.5	3.0	0.5	26	0.26
5	3.0	3.5	0.5	5	0.05
				100	1.00

利用表 6-5，可以畫出起薪的直方圖：圖 6-1。其中，每一組的長條高度為相對人數，可以解釋為該區間的長方形面積；各組的面積總和等於 1。

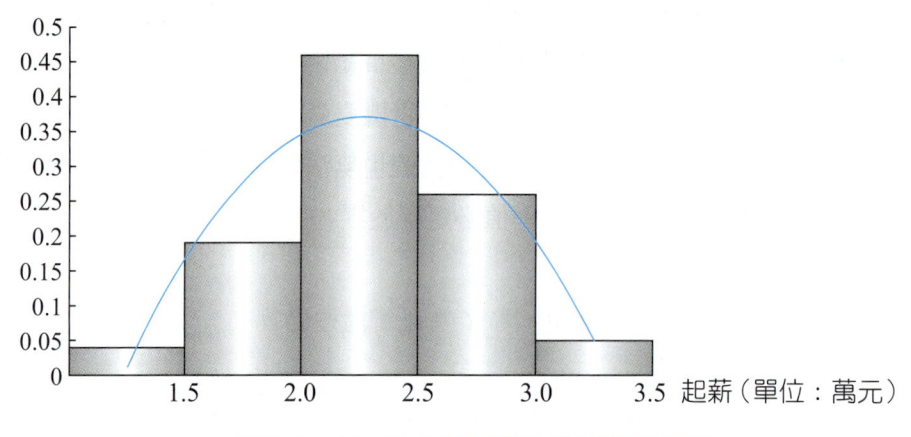

❖ 圖 6-1　100 位大學畢業生的起薪直方圖

值得注意的是，在起薪的直方圖上，多了一條「平滑的常態機率曲線」。這條常態機率曲線的意義是：起薪的次數分配直方圖可以用「平滑的常態機率曲線」來表示。也就是說，「直方圖形下的總面積」等於「常態機率曲線圖形下的總面積」。

因此，當我們想要在直方圖中，計算某一範圍的起薪比例值：

起薪比例值＝此一範圍在直方圖總面積的比例

可以利用此一範圍在「常態機率曲線圖形」下的面積比例值來表示：

Chapter 6　隨機變數

$$\begin{matrix}起薪比例的\\常態機率值\end{matrix} = \begin{matrix}此一範圍在常態機率\\曲線圖形的面積比例\end{matrix}$$

　　例如：要計算大學畢業生的起薪範圍在 [2.95, 3.0]（單位：萬元）之間的比例，可以以「直方圖形下的 [2.95, 3.0] 面積比例」或是「常態機率曲線圖形下的 [2.95, 3.0] 面積比例」來表示；這兩種方式所得到的面積比例值分別如下：

1. 利用直方圖形。計算直方圖形下的 [2.95, 3.0] 長條面積比例。

　　這時候，長條的寬 = 3.0 – 2.95 = 0.05，高 = 0.26，可以計算長條面積為

$$\frac{0.26*(3.0-2.95)}{1.0}=0.013$$

2. 利用常態機率曲線。計算曲線圖形下的 [2.95, 3.0] 面積比例。

　　這時候，我們需要利用到「常態的連續隨機變數」及「常態機率密度函數」的定義，同時還要知道起薪的統計摘要值（平均數、標準差），最後還要利用「標準常態機率表」的查詢，才可以計算出曲線圖形下的 [2.95, 3.0] 面積比例。經過一番「常態機率」計算之後，本例題的「常態機率曲線圖形下的 [2.95, 3.0] 面積比例」為 0.013986。

　　上面的例題中，雖然「直方圖形下的 [2.95, 3.0] 面積比例」0.013 與「常態機率曲線圖形下的 [2.95, 3.0] 面積比例」0.013986，並不相等，但是兩者的差距不大。當直方圖形的組別愈多時，這個差距會愈小。也因此，我們要學習：「連續隨機變數的機率密度函數」。

連續隨機變數的機率密度函數

　　假設連續隨機變數 X 的數值所在範圍為 $-\infty < X < \infty$；在此範圍內，如果有一函數滿足以下兩個條件：

1. $f(x) \geq 0$
2. 此函數圖形下的總面積等於 1

　　那麼 $f(x)$ 稱為 X 的機率密度函數，表示的是 X 的機率密度曲線。$f(x)$ 的圖形是一條平滑的曲線；同時，X 的範圍邊界值為 $\pm\infty$，有時候會是有限值。

範例 6-5　連續隨機變數的機率密度函數

(1) 上班族的午餐花費金額（單位：元）的直方圖及對應的連續機率密度函數圖。

(2) 搭公車的等候時間（單位：分）的直方圖及對應的連續機率密度函數圖。

解

(1) 令隨機變數 X 表示午餐費，圖 6-2 為 X 的可能直方圖與相對應的平滑機率密度函數曲線圖。X 的範圍為 $-\infty < X < \infty$。

(2) 令隨機變數 X 表示候車時間，圖 6-3 為 X 的可能直方圖與相對應的平滑機率密度函數曲線圖。X 的範圍為 $0 \leq X \leq 20$。此處，機率密度函數曲線為一直線，且高度 $= \dfrac{1}{20}$，也就是說，$f(x) = \dfrac{1}{20}$，這使得總面積（矩形面積）等於 1，符合機率密度函數的定義。

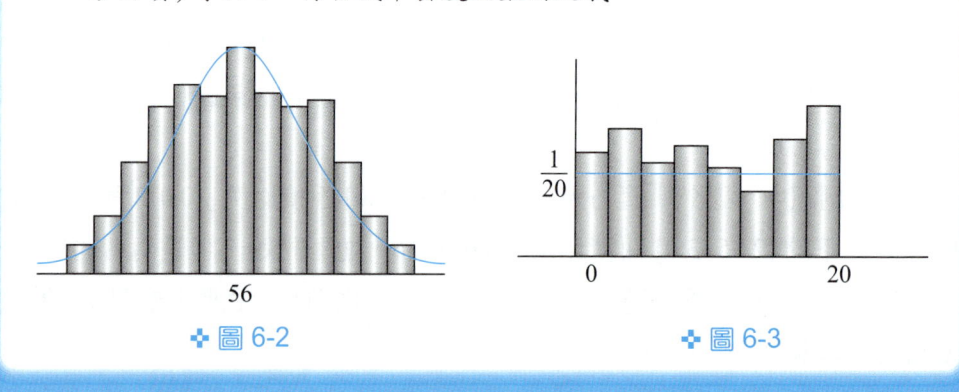

✦ 圖 6-2　　　　　　　　　　　✦ 圖 6-3

連續隨機變數之值在特定範圍的機率

連續隨機變數 X，其值在 $c \leq x \leq d$ 間產生的機率，記為 $P(c \leq X \leq d)$，表示的是機率密度函數 $f(x)$ 曲線圖形下方，$[c, d]$ 範圍間的面積（圖 6-4）。

Chapter 6　隨機變數

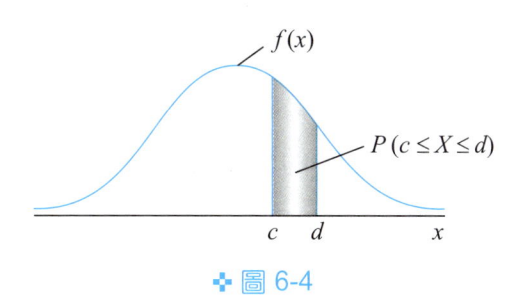

$f(x)$

$P(c \leq X \leq d)$

　　　　　c　d　　　x

❖ 圖 6-4

範例 6-6　連續隨機變數的機率

(1) 若上班族的午餐花費金額的機率密度函數曲線如圖 6-5，為一條如鐘形的平滑曲線，對稱於中心位置 56 元。

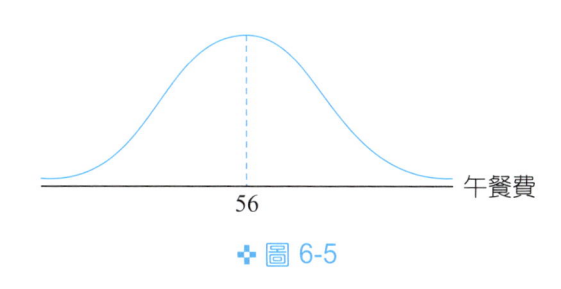

56　　　　午餐費

❖ 圖 6-5

則午餐費少於 56 元之機率為何？

(2) 若乘客等候公車時間的機率密度函數曲線如圖 6-6，為一直線圖形，高為 $\dfrac{1}{20}$，其所在的區間為 [0, 20]。則：

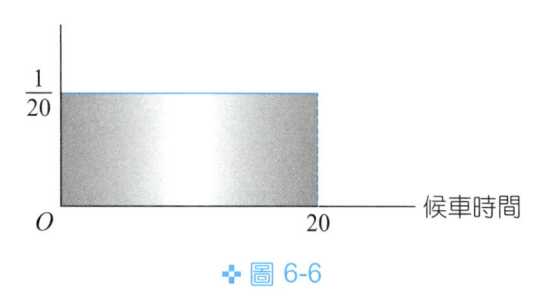

$\dfrac{1}{20}$

O　　　　　　20　　候車時間

❖ 圖 6-6

(a) 候車時間小於 8 分鐘的機率為何？
(b) 候車時間在 10～12 分鐘的機率為何？

解

(1) 令隨機變數 X 表示午餐費，其機率密度函數圖形如圖 6-5。

因為圖形下的總面積等於 1；同時圖形對稱於 $x = 56$。所以 $x = 56$ 左右兩側（大於 56 或小於 56）的面積相等，均為 0.5（圖 6-7）。也就是說，$P(X < 56) = 0.5$。

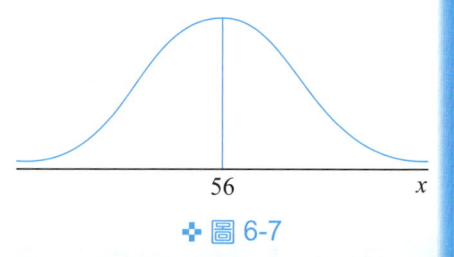

✤ 圖 6-7

(2) 令隨機變數 X 表示候車時間，其機率密度函數如圖 6-6。

(a) 介於 0 與 8 之間的面積 $= \dfrac{1}{20} * 8 = 0.4$（圖 6-8）也就是 $P(0 \leq X < 8) = 0.4$，表示候車時間小於 8 分鐘之機率 $= 0.4$。

(b) 介於 10 與 12 之間的面積 $= \dfrac{1}{20} * (12 - 10) = 0.1$（圖 6-9），則 $P(10 \leq X \leq 12) = 0.1$，表示候車時間在 10～12 分鐘的機率 $= 0.1$。

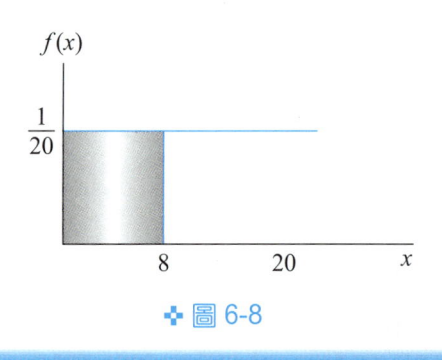

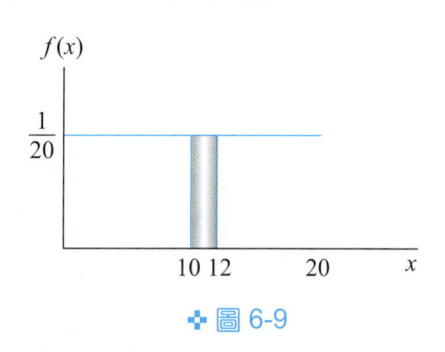

✤ 圖 6-8 　　　　　　　　✤ 圖 6-9

範例 6-6 的第 (2) 小題是簡易的機率密度函數，稱為均等分配。具有均等分配的隨機變數，稱為均等隨機變數。

均等隨機變數 (uniform random variable)

若連續隨機變數 X 具有機率密度函數

$$f(x) = \dfrac{1}{b-a}, \ a \leq x \leq b$$

則稱隨機變數 X 具有均等分配，其圖形如圖 6-10。

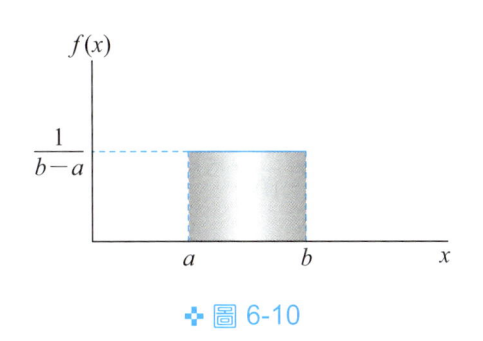

Chapter 6　隨機變數

➕ 圖 6-10

　　以下有關於連續隨機變數的平均值與變異數的計算公式都與微積分有關，我們只將公式列出，但不作深入的討論。僅以一個簡單例題作說明。

連續隨機變數的平均數

若連續隨機變數 X，其數值所在範圍為 $-\infty < X < \infty$，具有機率密度函數 $f(x)$，則 X 的平均值，表示為 μ 或 $E(X)$，其計算公式為

$$\mu = E(X) = \int_{-\infty}^{\infty} x * f(x)\,dx$$

當 X 為均等隨機變數時，$f(x) = \dfrac{1}{b-a}$，$a \leq X \leq b$，此時平均值

$$\mu = \int_a^b x * \frac{1}{b-a}\,dx = \frac{a+b}{2}$$

範例 6-7　連續隨機變數的平均數

若隨機變數 X 表示乘客等候公車時間，其機率密度函數曲線如圖 6-11。則：

(1) X 的機率密度函數為何？範圍為何？

(2) 平均候車時間為何？

(3) 候車時間小於平均候車時間之機率為何？

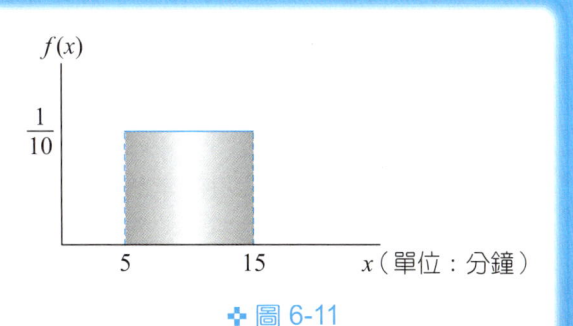

➕ 圖 6-11

解

(1) X 具有均等分配，機率密度函數為

$$f(x) = \frac{1}{10}, \ 5 \leq x \leq 15$$

(2) 平均候車時間可以代入公式，$a = 5$，$b = 15$，得

$$\mu = \frac{a+b}{2} = \frac{5+15}{2} = 10$$

所以平均候車時間為 10 分鐘。

(3) $P(X < \mu) = P(X < 10) = P(5 \leq X < 10) = \frac{1}{10} * (10-5) = \frac{1}{2}$

候車時間小於 10 分鐘的機率 = 0.5，這一點很合理；因為平均數表示中央代表值，當機率密度函數是對稱(對稱於平均數)時，則小於平均數的機率值(面積)是 0.5。

連續隨機變數的變異數與標準差

若連續隨機變數 X，具有機率密度函數 $f(x)$ 的變異數，表示為 σ^2 或 $V(X)$，其計算公式為

$$\sigma^2 = V(X) = \int_{-\infty}^{\infty} (x - E(X))^2 * f(x)\, dx$$

其中 $E(X)$ 為 X 的平均數。

同時 X 的標準差，表示為 σ，其計算公式為

$$\sigma = \sqrt{\sigma^2} = \sqrt{V(X)}$$

【註】連續隨機變數常用的母體平均數、變異數之常用表示式及計算公式整理如下：

$$\mu = E(X) = \int_{-\infty}^{\infty} x\, f(x)\, dx$$

$$\sigma^2 = V(X) = E(X-\mu)^2 = \int_{-\infty}^{\infty} (x-\mu)^2 * f(x)\,dx$$

當 X 為均等隨機變數時，$f(x) = \dfrac{1}{b-a}$，$a \le X \le b$，此時

$$\text{平均數 } \mu = \int_a^b x * \dfrac{1}{b-a}\,dx = \dfrac{a+b}{2}$$

$$\text{變異數 } \sigma^2 = V(X) = E(X-\mu)^2 = \dfrac{(b-a)^2}{12}$$

【說明】均等分配的平均數、變異數計算，需要微積分計算技巧，有興趣的讀者，可以參考高等統計學的書籍。

範例 6-8　連續隨機變數的標準差

在範例 6-7 中，已知平均候車時間為 $\mu = 10$ 分鐘，
(1) 候車時間之變異數 σ^2 為何？
(2) 候車時間之標準差 σ 為何？
(3) 候車時間在 $\mu \pm \sigma$ 間之機率為何？

解

(1) 候車時間之變異數可以代入公式，$a = 5$，$b = 15$ 得

$$\sigma^2 = \dfrac{1}{12}(b-a)^2 = \dfrac{1}{12}(15-5)^2 = 8.33$$

(2) 候車時間之標準差可以代入公式，得

$$\sigma = \sqrt{\sigma^2} = \sqrt{8.33} = 2.886$$

(3) $P(\mu - \sigma < X < \mu + \sigma)$
　　$= P(10 - 2.886 < X < 10 + 2.886)$
　　$= P(7.114 < X < 12.886)$
　　$= \dfrac{1}{10}(12.886 - 7.114)$
　　$= 0.577$

6-3 隨機變數應用例 —— 自強活動

自強活動例一

救國團的自強活動舉行射擊比賽，其得點 (離散隨機變數 X) 的機率分配如下：

x	0	1	2	3	4	5
$P(X=x)$	0.05	0.15	b	0.3	0.15	0.01

(1) $b = ?$
(2) 得點的平均數 = ？標準差 $\sigma = ?$
(3) 得點低於平均數的比例 = ？
(4) 得點在 $\mu \pm \sigma$ 間的機率 = ？

解

(1) $0.05 + 0.15 + b + 0.3 + 0.15 + 0.01 = 1$，$b = 0.34$

(2) 得點的平均數 $= 0 + 0.15 + 0.68 + 0.9 + 0.6 + 0.05 = 2.38$

$\sigma^2 = (0 - 2.38)^2 * P(X=0) + \cdots + (5 - 2.38)^2 * P(X=5) = 1.1956$

標準差 $\sigma = 1.0934$

(3) 低於平均數 (2.38) 的得點數 = 0, 1, 2

所佔的比例 $= 0.05 + 0.15 + 0.34 = 0.54 = 54\%$

(4) $\mu \pm \sigma$ 的區間範圍 $= [\mu - \sigma, \mu + \sigma] = [1.2866, 3.4734]$

在 $\mu \pm \sigma$ 間的得點數 = 2, 3，所佔的比例 $= 0.34 + 0.3 = 0.64 = 64\%$

自強活動例二

學校校車在上午 6:00 ~ 8:00 的發車時刻是 6:30，6:45，7:00，7:30，7:45，8:00。若李同學 (她不知道校車時刻) 計畫上午 7:20 ~ 7:40 去搭校車，則李同學必須等候 3 分鐘以上的機率是多少？

解

6:00 ~ 8:00 共 120 分鐘，等候時間屬於均等隨機變數，機率密度函數

$= f(x) = \dfrac{1}{120}$。

李同學在 7:20～7:40 搭校車,可能搭上的校車時刻為 7:30 及 7:45;等候「3 分鐘以上」表示李同學到達站牌的時間在 7:20～7:27 或 7:33～7:40。

等候 3 分鐘以上之機率為 $P(20 \leq x \leq 27) + P(33 \leq x \leq 40)$,計算如下:

$$P(20 \leq X \leq 27) + P(33 \leq X \leq 40) = \dfrac{1}{120}(27-20) + \dfrac{1}{120}(40-33) = 0.1167$$

6-4 章節架構圖說明:隨機變數 ——《便利商店例》

某一連鎖便利商店店長,針對晚報的銷售量,想要知道是否獲利。已知過去一個月的晚報銷售量 X(份 / 天)之機率分配如下:

x	0	1	2	3	4	5	6	7
$P(X = x)$	0.01	0.15	0.2	0.25	0.2	0.1	0.07	0.02

獲利的機率問題

(1) 若該店每天至少需售出 3 份以上,才可以獲利,則獲利的機率為何?
(2) 若該店每天售出的晚報份數,在 1 份以下的機率超過 0.1,就要作停售的考量,則本機率分配資料透露何種的資訊?
(3) 該店平均一天的晚報銷售量為多少?

章節架構圖 vs. 案例說明

| (1) 若該店每天至少需售出 3 份以上,才可以獲利,則獲利的機率為何? | 離散隨機變數 → 離散隨機變數值發生的機率
離散隨機變數 → 離散隨機變數的機率分配 |

解

$$P(X > 3) = 1 - P(X \leq 3)$$
$$= 1 - [P(X=0) + P(X=1) + P(X=2) + P(X=3)]$$
$$= 1 - (0.01 + 0.15 + 0.2 + 0.25)$$
$$= 1 - 0.61$$
$$= 0.39$$

(2) 若該店每天售出的晚報份數，在 1 份以下的機率超過 0.1，就要作停售的考量，則本機率分配資料透露何種的資訊？

離散隨機變數 → 離散隨機變數值發生的機率
離散隨機變數 → 離散隨機變數的機率分配

解

$$P(X \leq 1) = P(X=0) + P(X=1) = 0.16$$

每天售出之晚報份數小於 1 份之機率為 0.16，超過 0.1，所以建議應該停售。

(3) 該店平均一天的晚報銷售量為多少？

離散隨機變數 → 離散隨機變數的平均數

解

$$\mu = 0*0.01 + 1*0.15 + \cdots + 7*0.02 = 3.16$$

《便利商店例二》

電腦維修公司在便利商店的收件時刻是：每天下午 14:30、15:30、16:30，若周小姐 (她不知道收件時刻) 計畫下午 14:00 ～ 16:00 送電腦去便利商店，等候電腦維修公司人員來收件，則周小姐必須等候 5 分鐘以上的機率是多少？

章節架構圖 vs. 案例說明

等候 5 分鐘以上的機率。

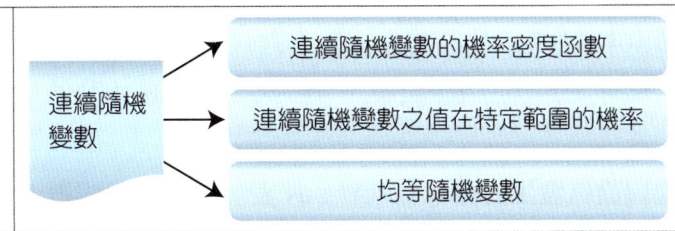

連續隨機變數 → 連續隨機變數的機率密度函數
連續隨機變數 → 連續隨機變數之值在特定範圍的機率
連續隨機變數 → 均等隨機變數

解

周小姐的抵達時間為 14:00～16:00，也就是 0～120 分鐘。令隨機變數 X 表示抵達時間，則 X 具有均勻分配，範圍在 $0 \leq x \leq 120$ 分鐘，其機率密度函數圖形如下：

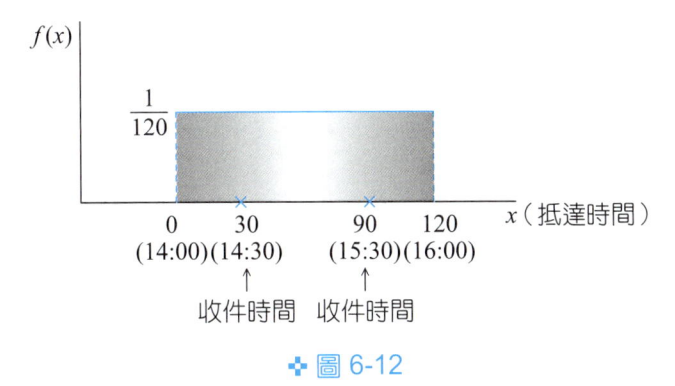

圖中：$f(x)$，高度 $\dfrac{1}{120}$，x 軸標示 0(14:00)、30(14:30)、90(15:30)、120(16:00)，其中 30 與 90 為收件時間。

✦ 圖 6-12

「等候 5 分鐘以上」表示周小姐到達便利商店之時間在

14:00～14:25（0～25 分鐘）或 14:30～15:25（30～85 分鐘）

所以「等候 5 分鐘以上」之機率為

$$P(0 \leq X \leq 25) + P(30 \leq X \leq 85)$$
$$= \frac{1}{120} * (25 - 0) + \frac{1}{120} * (85 - 30)$$
$$= 0.6667$$

名詞解釋

隨機變數 (random variable)：將樣本空間中的元素依著某特性對應到某一實數值。通常以大寫英文字母 X, Y 表示之。隨機變數的對應變數值不只一個，通常以小寫英文字母 x, y 表示之。

離散隨機變數值發生的機率：$P(X = a)$ 表示離散隨機變數 X，在某一特定事件 $X = a$ 發生的比例。

離散隨機變數的機率分配：$P(X = x_i)$，表示隨機變數 $X = x_i$ 時的機率。

X	x_1 … x_i … x_n	和
$P(X = x)$	$P(X = x_1) \cdots P(X = x_i) \cdots P(X = x_n)$	1

(1) $\sum_{i=1}^{n} P(X = x_i) = 1$

(2) **平均數**：$\mu = E(X) = \sum_{i=1}^{n} X_i * P(X = x_i)$

(3) **變異數**：$\sigma^2 = V(X) = E(X - \mu)^2 = \sum_{i=1}^{n}(X_i - \mu)^2 * P(X = x_i) = \sum_{i=1}^{n} X_i^2 * P(X = x_i) - \mu^2$

連續隨機變數的機率密度函數：隨機變數 X 的數值所在範圍為 $-\infty < X < \infty$。

(1) 機率密度函數 $f(x) \geq 0$

(2) 機率密度函數圖形下的總面積等於 1

(3) **平均數**：$\mu = E(X) = \int_{-\infty}^{\infty} x * f(x) dx$

(4) **變異數**：$\sigma^2 = V(X) = E(X - \mu)^2 = \int_{-\infty}^{\infty} (x - \mu)^2 * f(x) dx$

均等隨機變數 (uniform random variable)：

$$機率密度函數 \ f(x) = \frac{1}{b-a}, \ a \leq x \leq b$$

(1) 機率密度函數 $f(x) = \frac{1}{b-a} > 0$

(2) 機率密度函數圖形下的總面積等於 1：$\frac{1}{b-a} * (b - a) = 1$

(3) **平均數**：$\mu = \int_{a}^{b} x * \frac{1}{b-a} dx = \frac{a+b}{2}$

(4) **變異數**：$\sigma^2 = V(X) = E(X - \mu)^2 = \frac{(b-a)^2}{12}$

練習題

6-1 電腦零件商店出售的一罐 25 片裝某品牌的磁片，每一罐的故障數是一種離散隨機變數，其機率分配如下表。則：

X	0	1	2	3
$P(X=x)$	0.55	0.25	a	0.1

(1) $a = ?$
(2) 故障數至少大於 1 的機率為何？
(3) 商家稱只要故障數大於 1 的機率超過 40%，就要停售該品牌的磁片，請問分析後的結論如何？

6-2 捷運在非尖峰時段的空座位數 (位數/每節車廂) 是一種離散隨機變數，以 X 表示空座位數，其機率分配如下表。則：

X	0	1	2	3	4	5
$P(X=x)$	0.01	0.1	0.22	0.33	0.25	0.09

(1) 非尖峰時段的平均空座位數為何？
(2) 非尖峰時段無空座位數的機率為何？
(3) 非尖峰時段空座位數小於平均空座位數的機率為何？

6-3 電腦維修公司在便利商店的收件時刻是：每天下午 14:30、15:30、16:30，若周小姐 (她不知道收件時刻) 計畫下午 14:00～16:00 送電腦去便利商店，等候電腦維修公司人員來收件，則周小姐必須等候 5 分鐘以上的機率是多少？

6-4 一袋中有 1 號球 1 個、2 號球 2 個、……、25 號球 25 個，今自袋中任選一球，每球被選到的機會均等，得 k 號球可得 $(100-k)$ 元，求所得金額的期望值 = ？

6-5 台中市為籌措經費而發行彩券。該市決定每張彩券的售價為 10 元；且每發行 100 萬張彩券，即附有壹佰萬元獎 1 張，拾萬元獎 9 張，壹萬元獎 90 張，壹仟元獎 900 張。假設某次彩券共發行 300 萬張。試問當你購買一張彩券時，你預期會損失多少元？

6-6 根據統計資料顯示，一個 60 歲的人在一年內死亡的機率為 1.2%，生病住院的機率為 5%，某人 60 歲欲保 100,000 元之平安保險，於保險期間若死亡，由保險公司給付 100,000 元；若生病住院則給付 4,000 元。今保險公司欲得到利潤期望值 600 元，問應收保費多少元？

6-7 甲、乙兩人以下棋為賭，約定先贏四局者勝，則敗者應付給勝者 800 元，若已知甲、乙兩人棋藝相等，今甲勝二局，乙勝一局時，比賽因故中止，如按機率處理，乙應付給甲多少元？

6-8 某次數學測驗共有 20 題單一選擇題。每題都有四個選項，每答對一題可得 5 分，答錯倒扣 1 分。阿草確定其中 10 題可答對；有 6 題他確定四個選項中有一個選項不正確，因此這 6 題他就從剩下的選項中分別猜選一個；另外 4 題只好亂猜，則阿草這次

測驗得分的期望值為多少分？

6-9 一箱內有 10 個燈泡，其中 4 個球是壞的，隨機取出 3 個燈泡，求取出燈泡中好燈泡的個數期望值 = ？

6-10 花輪、丸尾、小玉、美環四人一起玩猜拳(剪刀、石頭、布)，只玩一次，則獲勝人數的期望值 = ？

6-11 同時投擲兩個均勻骰子，求其點數和的期望值 = ？

6-12 同時投擲兩個均勻骰子，求其點數和的變異數 = ？

6-13 一袋中有 50 元硬幣 4 個，10 元硬幣 7 個，5 元硬幣 9 個，求任取二個硬幣的幣值的期望值 = ？

6-14 擲 3 個銅板，每面出現機率均等，X 表出現正面的次數：
 (1) 求 X 的機率密度函數。
 (2) 出現 2 個正面的機率？
 (3) 出現正面的平均次數 = ？

6-15 一個家庭的小孩個數 X 為一離散隨機變數，下表為某城市的家庭小孩個數之機率分配表：

x	0	1	2	3
$P(X = x)$	k	0.3	0.55	0.1

 (1) 沒有小孩的家庭比例 = ？
 (2) 至少有一個 (含) 小孩的家庭比例 = ？
 (3) 該城市的每一家庭平均小孩數 = ？
 (4) 標準差 σ = ？

6-16 某十字路口發生交通事故的機率分配表如下表 (離散隨機變數 X 表示每天發生的交通事故次數)：

X	0	1	2	3	4
$P(X = x)$	0.1	0.2	0.45	0.15	0.1

 (1) 每天發生交通事故的平均次數 μ = ？標準差 σ = ？
 (2) 交通事故次數高於平均數的比例 = ？
 (3) 交通事故次數低於 $\mu - \sigma$ 的機率 = ？

6-17 下表是依琳汽車公司過去 100 天的新車銷售量 (輛 / 每天)：

銷售量	0	1	2	3	4	5	6	7
天數	10	15	30	18	20	5	1	1

 (1) 寫出新車銷售量的機率分配表。
 (2) 新車的每天平均銷售量 μ = ？標準差 σ = ？
 (3) 新車銷售量高於 $\mu + 2\sigma$ 的機率 = ？
 (4) 每天至少賣出 3 輛新車的機率 = ？

6-18 若連續隨機變數 X 的機率密度函數如下：

$$f(x) = \frac{1}{15}, \ 5 \leq x \leq 20$$

 (1) 畫出此機率密度函數圖形。
 (2) 驗算此機率密度函數圖形下的總面積 = 1。
 (3) 計算 $P(8 < X < 12)$。
 (4) 計算 $P(X = 15)$。

6-19 在 6-18 題中：
  (1) 計算平均數 μ 及標準差 σ。
  (2) 計算 $P(\mu-\sigma < X < \mu+\sigma)$。

6-20 顧客到郵局寄包裹的等候時間是一個連續隨機變數 (X)，其機率密度函數為
$$f(x) = e^{-x}, \; x > 0,$$
$$e = 2.71828$$
  (1) 畫出此機率密度函數圖形。
  (2) 說明此機率密度函數的意義。

6-21 一個連續隨機變數 (X)，其機率密度函數為
$$f(x) = \frac{1}{\sqrt{2\pi}} e^{-\frac{x^2}{2}}, \; -\infty < x < \infty$$
$$e = 2.71828, \; \pi = 3.14159...$$
  (1) 畫出此機率密度函數圖形。
  (2) 說明此機率密度函數的對稱性質與對應的機率關係。
  (3) 計算 $P(X < 0)$。
  (4) 計算 $P(X = 0)$。

CHAPTER 7

離散隨機變數

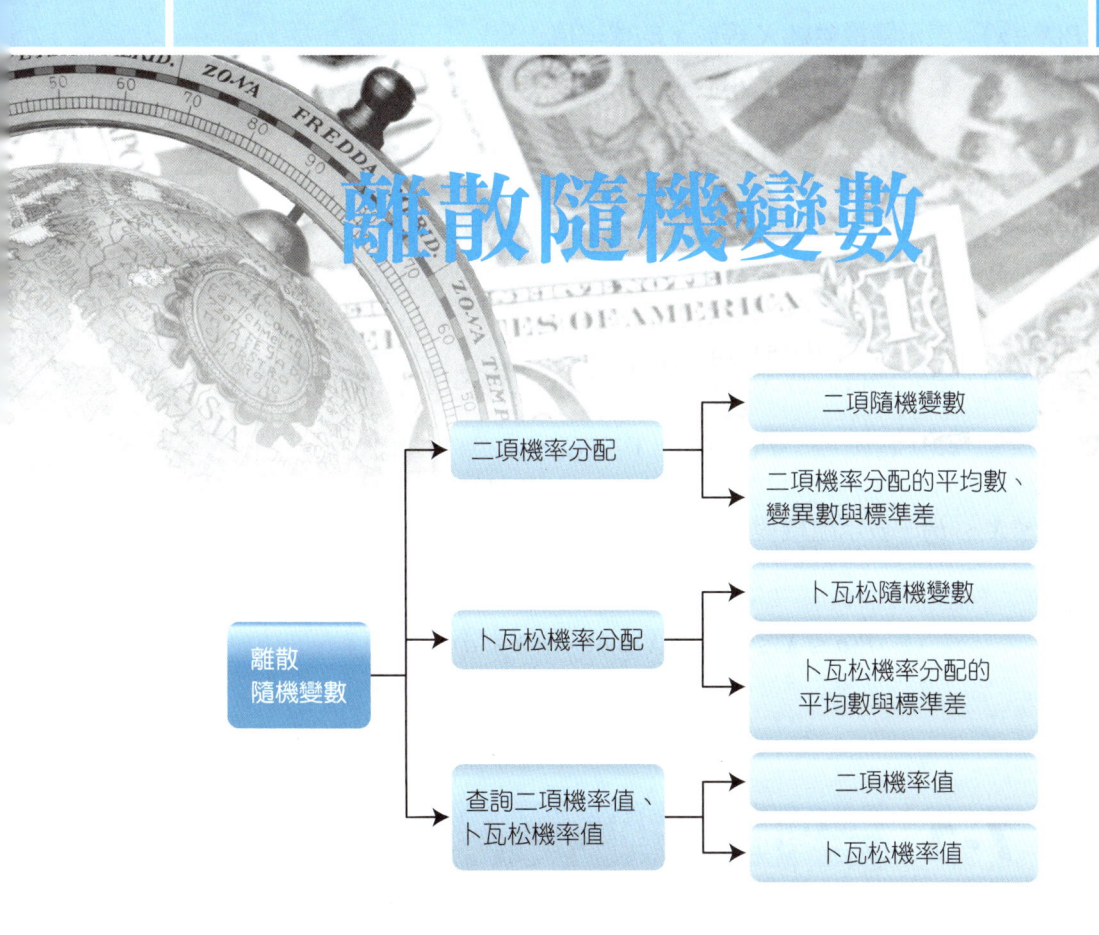

```
離散隨機變數
├─ 二項機率分配
│   ├─ 二項隨機變數
│   └─ 二項機率分配的平均數、變異數與標準差
├─ 卜瓦松機率分配
│   ├─ 卜瓦松隨機變數
│   └─ 卜瓦松機率分配的平均數與標準差
└─ 查詢二項機率值、卜瓦松機率值
    ├─ 二項機率值
    └─ 卜瓦松機率值
```

　　第六章,我們學到了隨機變數(「離散隨機變數」與「連續隨機變數」)的基本定義與其機率分配(機率密度函數)在機率問題上的應用。事實上,藉由隨機變數的運用,許多真實的情況,大都可以明顯的用隨機變數及其有關的機率模型來敘述,提供很多隱藏在機率模型背後的資訊。本章針對「離散隨機變數」將介紹兩種常用的機率模型:二項機率分配及卜瓦松機率分配。

　　有了機率分配表,各種現象的機率值都可以從表中得到答案。在正式介紹這兩種分配之前,我們先認識一下常見的離散隨機變數之機率值類型。

離散機率值的幾種常見類型

令 X 表離散隨機變數，x 表隨機變數的值 (x 為整數)。

1. $P(X = x)$。表示隨機變數 X 等於 x 的機率值。
2. $P(X \leq x)$。表示隨機變數 X 小於等於 x 的機率值，其計算方式為

$$P(X \leq x) = \cdots + P(X = x)$$

3. $P(X < x)$。表示隨機變數 X 小於 x 的機率值，其計算方式為

$$P(X < x) = \cdots + P(X = x - 1)$$

4. $P(X > x)$。表示隨機變數 X 大於 (不包含) x 之機率值，其計算方式為

$$P(X > x) = 1 - P(X \leq x)$$

5. $P(a \leq X \leq b)$。表示隨機變數介於 $[a, b]$ 間之機率值 (a, b 為整數)，其計算方式為

$$P(a \leq X \leq b) = P(X \leq b) - P(X < a)$$
$$= P(X = a) + \cdots + P(X = b)$$

7-1 二項機率分配

日常生活裡，我們常遇到一些有關於「統計次數」的現象。例如，此次郊遊，全班有多少人要參加；立法院的某項法案，有多少委員贊成。這類問題的共同特性在於：(1) 有特定大小的試驗範圍 (全班人數、全部立委人數)；(2) 每次的試驗結果，只有兩種結果：正面結果或負面結果 (參加或不參加，贊成或不贊成)；(3) 正面結果的產生機率 $= p$，負面結果的產生機率 $= 1 - p$；(4) 每次的試驗都是互不影響的獨立事件 (參加或不參加郊遊，不受其它同學的影響；贊成或不贊成法案，不受其它立法委員的影響)。

我們以「225 位立法委員對於法案的表決問題」來描述這四個特性：
1. 特定大小的試驗範圍，指的是立法委員的人數 225。

2. 每次試驗，指的是每位立委的投票態度。試驗的正面、反面結果就是立委對於法案的贊成或不贊成。
3. 正、反面結果的機率，指的是立委對於法案的贊成或不贊成之機率。假如立委都持公正的態度，那麼立委投贊成票的機率為 $\frac{1}{2}$，也就是說 $p = \frac{1}{2}$，否則 P 為其它 [0, 1] 之間的任意一個數。
4. 每次的試驗都是互不影響的獨立事件，指的是每位立委的表決態度互相不影響，而且都一樣公正。

現在，我們以隨機變數 X，來描述試驗空間 (大小為 n) 裡，產生正面結果的次數。這種隨機變數是屬於離散形態的隨機變數，X 的所有可能值是從 0 開始到 n 的整數。例如，隨機變數 X 表示 225 位立委中，贊成某法案的人數，那麼 X 的可能值為 0, 1, 2, ... , 225。此外每個正面結果的產生機率以 p 表示，那麼 X 的可能值 x 產生的機率 $P(X = x)$，與 p 有關。將 X 的所有可能值及其相對應的機率，列為表格 (或用機率函數表示)，就是這個隨機變數的機率分配；這種分配稱為二項機率分配。這裡的二項指的是試驗結果，有「正面結果」或「負面結果」兩種意思。

7-1-1 二項隨機變數

二項隨機變數 (Binomial random variable)

若隨機變數 X 表示 n 次試驗中，正面結果出現的次數，同時 X 各個值的機率公式為

$$P(X = x) = \frac{n!}{x!(n-x)!} p^x (1-p)^{n-x} ， x = 0, 1, ..., n$$

其中 p 表示每次試驗，正面結果的產生機率。則稱隨機變數 X 具有二項機率分配，簡稱為「二項隨機變數」。

【注意】此時隨機變數的機率值總和等於 1。

當 n 不大時,我們可以很清楚的,把二項機率分配的所有情況一一列出。

例如:若 X 表示二項隨機變數 $n = 3$,$p = 0.2$,則 X 具有之二項機率分配如表 7-1:

✤ 表 7-1

x	0	1	2	3
$P(X=x)$	$\dfrac{3!}{0!3!}(0.2)^0(0.8)^3$	$\dfrac{3!}{1!2!}(0.2)^1(0.8)^2$	$\dfrac{3!}{2!1!}(0.2)^2(0.8)^1$	$\dfrac{3!}{3!0!}(0.2)^3(0.8)^0$

二項機率公式有點複雜,但是我們不需要真正去使用這個公式來計算機率;我們可以利用「二項機率分配表」(附表一),來查詢我們所想要得到的機率值。有了二項機率分配表,各種情況的機率,都可以從表中得到答案了。

我們將以《畢業例》說明詳細的機率分配表及其機率運用。

表 7-2 是本例所需要使用的二項機率分配表 ($n = 8$,$p = 0.7$)。

表中最左欄,表示的是二項隨機變數 X,$n = 8$ 時,x 的所有可能值 $x = 0, 1, 2, ... , 8$。

表中最上方一列,表示的是二項隨機變數 X,$n = 8$ 時,p 的所有可能值 0.01, 0.05, 0.1, ... , 0.7, ... , 0.95, 0.99。

表格裡的值表示的是二項機率值:$P(X=x) = \dfrac{8!}{x!(8-x)!} p^x (1-p)^{8-x}$。

✤ 表 7-2 二項機率分配表 ($n = 8$)

x	0.01	0.05	0.1	...	0.6	0.7	0.8
0	0.9227	0.6634	0.4305		0.0007	0.0001	0.000
1	0.0746	0.2793	0.3826		0.0079	0.0012	0.0001
2	0.0026	0.0515	0.1488		0.0413	0.0100	0.0011
3	0.0001	0.0054	0.0331		0.1239	0.0467	0.0092
4	0	0.0004	0.0046		0.2322	0.1361	0.0459
5	0	0	0.0004		0.2787	0.2541	0.1468
6	0	0	0		0.2090	0.2965	0.2936
7	0	0	0		0.0896	0.1977	0.3355
8	0	0	0		0.0168	0.0576	0.1678

範例 7-1　畢業例，二項機率分配

某大學應屆畢業班學生如期畢業的機率為 0.7，現有 8 個應屆畢業班學生，其中如期畢業的人數是屬於二項隨機變數 X。

(1) 寫出 X 的機率分配。
(2) 8 人均順利畢業之機率為何？
(3) 計算 8 人中至少 6 人 (含) 畢業的機率。

解

(1) 隨機變數 X 表示 8 個應屆畢業班學生中如期畢業的人數，其機率值為二項分配 $n = 8$，$p = 0.7$，X 的機率分配如下：

$$P(X = x) = \frac{8!}{x!(8-x)!}(0.7)^x(0.3)^{8-x}, \quad x = 0, 1, ..., 7$$

(2) 8 人均順利畢業之機率 $= (0.7)^8 = 0.0576$。

(3) 8 人中至少 6 人 (含) 畢業的機率
$= P(X \geq 6) = P(X = 6) + P(X = 7) + P(X = 8) = 0.5518$。

基本上，「二項機率分配表」(附表一)，與參數 n, p 值有關。一般的「二項機率分配表」，提供的是 $n = 1, 2, ..., 20$，以及某些常見的 p 值。這並不是說 n 值不可以超過 20；而是當 n 超過 20 時，我們將以「常態分配」的機率值來近似所要求的二項機率值 (須符合近似條件)。這一部份我們將在第八章介紹。

7-1-2　二項機率分配的平均數、變異數與標準差

二項分配的平均數、變異數、標準差

若隨機變數 X 具有二項機率分配：

$$P(X = x) = \frac{n!}{x!(n-x)!} p^x (1-p)^{n-x}, \quad x = 0, 1, ..., n$$

則

1. X 的平均數，記為 μ 或 $E(X)$，經過演算後的公式為

$$\mu = E(X) = np$$

2. X 的變異數，記為 σ^2 或 $V(X)$，經過演算後的公式為

$$\sigma^2 = V(X) = np(1-p)$$

3. X 的標準差，記為 σ，公式為

$$\sigma = \sqrt{\sigma^2} = \sqrt{V(X)} = \sqrt{np(1-p)}$$

以上的計算推導過程超出了本書的範圍，有興趣者可以參閱其它內容較為理論的統計學書籍。

二項隨機變數的平均數公式，是符合直覺的；例如，如果已知某家電視台新聞的收視率為 20%，若隨機訪問了 15 人，則預期這 15 人中有多少人收看此台的新聞？直覺上，我們會取 15 人的 20%，得到有 3 人 ($\mu = np = 15 * 0.2 = 3$)；這 3 人表示的是收看此台新聞的平均人數；也就是說，平均每 15 人中，有 3 人收看此台新聞。

可是變異數、標準差就不是那麼直覺，套用公式所得到的值為

變異數　$\sigma^2 = np(1-p) = 15 * 0.2 * 0.8 = 2.4$

標準差　$\sigma = \sqrt{\sigma^2} = \sqrt{2.4} = 1.55$

這說明 15 人中，收看此台新聞之人數，是屬於二項隨機變數，平均數是 3 人，標準差是 $\sigma = 1.55$ 人。表示每 15 人中，平均 3 人收看此台新聞；同時，每 15 人中收看此台新聞之人數，分佈範圍主要在 0～7.65 人 (平均數的 3 個標準差範圍內)。

表 7-3　二項機率分配表 ($n = 10$)

x	p								
	0.01	0.05	0.1	0.2		0.6	0.7	0.8
0	0.9044	0.5987	0.3487	0.1074		0.0001	0	0
1	0.0914	0.3151	0.3874	0.2684		0.0016	0.0001	0
2	0.0042	0.0746	0.1937	0.3020		0.0106	0.0014	0.0001
3	0.0001	0.0105	0.0574	0.2013		0.0425	0.0090	0.0008
4	0	0.0010	0.0112	0.0881		0.1115	0.0368	0.0055
5	0	0.0001	0.0015	0.0264	…	0.2007	0.1029	0.0264
6	0	0	0.0001	0.0055		0.2508	0.2001	0.0881
7	0	0	0	0.0008		0.2150	0.2668	0.2013
8	0	0	0	0.0001		0.1209	0.2335	0.3020
9	0	0	0	0		0.0403	0.1211	0.2684
10	0	0	0	0		0.0060	0.0282	0.1074

範例 7-2　安全帶例

目前交通部估計汽車駕駛人繫安全帶的比例為 80%，有一天某首長，在某路口臨檢了 10 輛車，令隨機變數 X 表示 10 位駕駛人中，繫安全帶人數，則 X 是屬於二項隨機變數，$n = 10$，$p = 0.8$。則：

(1) 繫安全帶的平均駕駛人數 μ 為何？標準差 σ 為何？
(2) 繫安全帶人數在 $\mu \pm \sigma$ 之比例為何？
(3) 令隨機變數 Y 表示 10 人中，未繫安全帶之人數，寫出 Y 的機率分配。
(4) 計算至少有 8 人未繫安全帶之機率。

解

(1) μ 表示繫安全帶之平均駕駛人數。代入公式得

$$\mu = n * p = 10 * 0.8 = 8$$

σ 表示繫安全帶之駕駛人數的標準差。代入公式得

$$\sigma^2 = n*p*(1-p) = 10*0.8*0.2 = 1.6$$

所以，查詢二項機率表格（表 7-3，$n = 10$，$p = 0.8$）：

$$\sigma = \sqrt{1.6} = 1.265$$

(2) 隨機變數 X 之值 x 範圍在 $\mu \pm \sigma$ 之間的比例以 $P(\mu - \sigma \leq X \leq \mu + \sigma)$ 表示，其中

$$下限\ \mu - \sigma = 8 - 1.265 = 6.735$$
$$上限\ \mu + \sigma = 8 + 1.265 = 9.265$$

所以，查詢二項分配機率表格（$n = 10$，$p = 0.8$）：

$$P(6.735 \leq X \leq 9.265) = P(X = 7) + P(X = 8) + P(X = 9)$$
$$= 0.2013 + 0.302 + 0.2684$$
$$= 0.7717$$

(3) Y 屬於二項隨機變數，$n = 10$，$p = 0.2$，機率分配為

$$P(Y = y) = \frac{10!}{y!(10-y)!}(0.2)^y(0.8)^{10-y}, \ y = 0, 1, \ldots, 10$$

(4) 根據 (3)，隨機變數 $Y \geq 8$，表示未繫安全帶人數超過 8 人，其機率值以 $P(Y \geq 8)$ 表示。注意，此時需查詢二項機率表格（$n = 10$，$p = 0.2$）：

$$P(Y \geq 8) = P(Y = 8) + P(Y = 9) + P(Y = 10)$$
$$= 0.0001 + 0 + 0 = 0.0001$$

7-2 卜瓦松機率分配

一般所謂的「統計次數」，除了是 7-1 節所描寫的特定大小試驗中，某結果的產生次數；也可以是不確定總試驗數下，某結果的產生次數。只是在討論不確定總試驗數的情況時，要加入「一段試驗期間的考量」。例如：一天的車禍量、一年內的颱風數、一小時內到櫃檯結帳的顧客數等；這類問題的共同特性在於：(1) 有

一段連續的試驗區間；(2) 在這段連續的試驗區間，某事件的產生是互不影響的；(3) 在不同時段的試驗區間，某事件的產生是互不影響的；(4) 在這段連續的試驗區間，某事件的平均產生次數必須是已知的。

1. 一段連續的試驗區間，指的是一年。
2. 在一年裡，各個颱風的產生是互不影響的。
3. 在不同的年份裡，各個颱風的產生是互不影響的。
4. 已知平均一年有 5.5 個颱風。

現在，我們以隨機變數 X，來描述一段時間裡，某事件產生的次數，已知的是，該隨機變數在此段時間的平均次數 λ。這種隨機變數是屬於離散形態的隨機變數，所有可能的變數值，是從零開始的整數，沒有上限值。例如，隨機變數 X 表示一天的車禍數，則 X 的可能值有 0, 1, 2, ...；同時 X 的平均值 λ 是已知的，而且 X 的可能值產生機率 $P(X = x)$，與 λ 有關。將 X 所有值及其相對應的機率值，列為表格（或用機率函數表示）就是此隨機變數的機率分配；這種分配稱為「卜瓦松分配」，其中 X 的平均值 λ 是主要的參數。

7-2-1 卜瓦松隨機變數

卜瓦松隨機變數 (Poisson random variable)

若隨機變數 X 表示一段時間裡，某種現象產生的次數，同時 X 的個別值 x 的機率公式為

$$P(X = x) = \frac{e^{-\lambda}\lambda^x}{x!}, x = 0, 1, ..., \infty$$

其中，參數 λ 表示這段時間裡，該現象的平均產生次數，稱為平均參數值；$e = 2.71828...$，稱為自然指數值。稱此隨機變數 X 具有卜瓦松機率分配，簡稱為卜瓦松隨機變數。

【注意】此時隨機變數的值有無限多個，同時這無限多項的機率值總和等於 1，即

實用統計學

$$P(X=0) = P(X=1) + P(X=2) + \cdots + P(X=\infty) = 1$$

計算卜瓦松機率值時,則有點麻煩:例如:X 為卜瓦松隨機變數,$\lambda = 3$。計算 $P(X=1)$ 得

$$P(X=1) = \frac{e^{-3}3^1}{1!} = \frac{3}{(2.71828)^3 * 1} = 0.1494$$

如果要計算 $P(X>1)$,則需要將無限項的機率值累加:

$$P(X>1) = P(X=2) + P(X=3) + \cdots + P(X=\infty)$$

此時,我們可以利用機率性質,改為:先計算前面有限的兩項 $P(X=0) + P(X=1)$,再以 1 扣除之,即

$$P(X>1) = 1 - P(X \leq 1) = 1 - [P(X=0) + P(X=1)]$$

即使是這樣,要用相同的公式,來計算 $P(X=0)$ 及 $P(X=1)$ 也是頗花時間的。因此,我們要學會如何利用「卜瓦松機率分配表」來得到我們所需要的機率值。我們先以例子說明實際的應用,再對表格本身作一個介紹。

表 7-4 是本例所需要的「卜瓦松機率分配表」(完整的卜瓦松機率分配表請見附表二)。

表格中最左欄表示的是卜瓦松隨機變數 X 的所有可能值 $x = 1, 2, \ldots$。表格中最上方一列表示的是卜瓦松隨機變數 X 裡,單位時間的平均值 λ 的幾個常用值 $0.1, 0.2, \ldots, 1.0, 2.0, \ldots, 15.0$。

表格裡的值表示的是卜瓦松機率值:$P(X=x) = \frac{e^{-\lambda}\lambda^x}{x!}$。

✤ 表 7-4 卜瓦松機率分配表

x	λ									
	0.1	0.5	...	1	...	3	...	6	7	...	9
0	0.9048	0.6065	...	0.3679	...	0.0498	...	0.0025	0.0009	...	0.0001
1	0.0905	0.3033	...	0.3679	...	0.1494	...	0.0149	0.0064	...	0.0011
2	0.0045	0.0758	...	0.1839	...	0.2240	...	0.0446	0.0223	...	0.0050
3	0.0002	0.0126	...	0.0613	...	0.2240	...	0.0892	0.0521	...	0.0150

x	λ								
	0.1	0.5	...	1	...	3	...	6	7	...	9
4	0	0.0016		0.0153		0.1680		0.1339	0.0912		0.0337
5	0	0.0002		0.0031		0.1008		0.1606	0.1277		0.0607
6	0	0		0.0005		0.0504		0.1606	0.1490		0.0911
7	0	0		0.0001		0.0216		0.1377	0.1490		0.1171
8	0	0		0		0.0081		0.1032	0.1304		0.1318
9	0	0		0		0.0027		0.0689	0.1014		0.1318
10	0	0		0		0.0008		0.0413	0.0710		0.1186
11	0	0		0		0.0002		0.0225	0.0452		0.0970
12	0	0		0		0.0001		0.0113	0.0263		0.0728
13	0	0		0		0		0.0052	0.0142		0.0504
14	0	0		0		0		0.0022	0.0071		0.0324

範例 7-3　提款例，卜瓦松機率分配

某銀行的過去資料顯示，在 12:00～13:00 使用提款機的客戶數平均為 3 人／分鐘，令隨機變數 X 表示 12:00～13:00 之間使用提款機之客戶數，則 X 屬於卜瓦松隨機變數，平均參數值為 $\lambda = 3$ 人／分鐘。

(1) 1 分鐘內，恰有 2 人使用之機率為何？
(2) 1 分鐘內，至少有 2 人使用之機率為何？
(3) 2 分鐘內，恰有 2 人使用之機率為何？
(4) 3 分鐘內，至多有 2 人使用之機率為何？

解

(1) $X = 2$ 表示 1 分鐘內，恰有 2 人使用提款機，其機率值為 $P(X = 2)$，代入公式為

$$P(X = 2) = \frac{e^{-3}3^2}{2!} = 0.224$$

除了代入公式計算之外，我們可以利用「卜瓦松機率表」來查詢此機率值：首先找到 $\lambda = 3$ 的欄位，在該欄位中垂直往下，找到橫列為 $x =$

2 的相對應格位,它的值 0.2240,就是卜瓦松隨機變數 X,$\lambda = 3$,$x = 2$ 的機率值。

即 $P(X = 2) = 0.2240$

(2) 隨機變數 $X \geq 2$ 表示 1 分鐘內,至少有 2 人使用,其機率值為

$$P(X \geq 2) = 1 - P(X < 2)$$

其中 $P(X < 2) = P(X = 0) + P(X = 1)$
經由查卜瓦松機率表 ($\lambda = 3$) 可得

$$P(X < 2) = 0.0498 + 0.1494 = 0.1992$$

則 $P(X \geq 2) = 1 - P(X < 2) = 1 - 0.1992 = 0.8008$。

(3) 要解答本題前,要注意的是此處問的是「2 分鐘內」,恰有 2 人使用之機率。與 (1)、(2) 小題的「1 分鐘內」不一樣的是:現在所採用的卜瓦松隨機變數 X,它所相對應平均參數值必須是「2 分鐘內的平均數」。由已知的「1 分鐘內的平均數」,等於 3 人。我們可以得知「2 分鐘內的平均數」等於 6 人。

因此,本小題的卜瓦松隨機變數 X,所相對應的平均參數為 $\lambda = 6$ 人 / 2 分鐘。隨機變數 $X = 2$ 表示 2 分鐘內,恰有 2 人使用,其機率為

$$P(X = 2) = \frac{e^{-6} 6^2}{2!}$$

查卜瓦松機率表,$\lambda = 6$,$x = 2$,得知

$$P(X = 2) = 0.0446$$

(4) 如 (3) 之分析,本小題之卜瓦松隨機變數 X,所相對應的平均參數值為 $\lambda = 9$ 人 / 3 分鐘。隨機變數 $X \leq 2$ 表示 3 分鐘內,至多 2 人使用,其機率值,經由卜瓦松機率表,$\lambda = 9$,$x = 0, 1, 2$,可得

$$P(X \leq 2) = P(X = 0) + P(X = 1) + P(X = 2)$$
$$= 0.0001 + 0.0011 + 0.0050$$
$$= 0.0062$$

範例 7-4　腳踏車例，卜瓦松機率分配

假設校園裡每週被丟棄的腳踏車的平均數為 7 輛。隨機變數 X 表示被丟棄的腳踏車數，則 X 是屬於卜瓦松隨機變數，已知平均參數值為 $\lambda = 7$ 輛 / 每週。

(1) 寫出 X 的機率分配。
(2) 下一週至少有 2 輛腳踏車被丟棄的機率 = ？
(3) 令隨機變數 Y 表示一天被丟棄的腳踏車數，寫出 Y 的機率分配。
(4) 利用 (3)，計算明天沒有腳踏車被丟棄的機率。

解

令隨機變數 X 表示被丟棄的腳踏車數，則 X 是屬於卜瓦松隨機變數，已知平均參數值為 $\lambda = 7$ 輛 / 每週。

(1) $P(X=x) = \dfrac{e^{-7}7^x}{x!}, x = 0, 1, \ldots, \infty$

(2) $P(X \geq 2) = 1 - P(X < 2)$，其中 $P(X < 2) = P(X = 0) + P(X = 1)$，經由查卜瓦松機率表 ($\lambda = 7$) 可得

$$P(X < 2) = 0.0009 + 0.0064 = 0.0073$$

所以 $P(X \geq 2) = 1 - 0.0073 = 0.9927$。

(3) 令隨機變數 Y 表示一天被丟棄的腳踏車數，則 Y 是屬於卜瓦松隨機變數，參數值為 $\lambda = 1$ 輛 / 天，機率分配如下：

$$P(Y=y) = \dfrac{e^{-1}1^y}{y!}, \ y = 0, 1, \ldots, \infty$$

(4) 沒有腳踏車被丟棄的機率 = $P(Y = 0) = 0.3679$。

7-2-2 卜瓦松機率分配的平均數與標準差

> **卜瓦松機率分配的平均數與標準差**
>
> 若隨機變數 X 具有卜瓦松機率分配：
>
> $$P(X=x)=\frac{e^{-\lambda}\lambda^x}{x!}, X=0,1,...,\infty$$
>
> 則：
>
> 1. X 的平均數，記為 μ 或 $E(X)$，經過計算公式的演算後化簡為
>
> $$\mu=E(X)=\lambda$$
>
> 2. X 的變異數，記為 σ^2 或 $V(X)$，經過計算公式的演算後化簡為
>
> $$\sigma^2=V(X)=\lambda$$
>
> 3. X 的標準差，記為 σ，則為
>
> $$\sigma=\sqrt{\sigma^2}=\sqrt{V(X)}=\sqrt{\lambda}$$

以上的計算推導過程超出了本書的範圍，有興趣的讀者，可以參閱其它內容較為理論的統計學書籍。

範例 7-5　通話數

大學生使用行動電話的情況非常普遍，平均的通話數為 3 通 / 1 天。隨機變數 X 表示一天中大學生之行動電話通話數，X 屬於卜瓦松隨機變數。則：

(1) 每 1 小時的平均通話數為何？
(2) 99% 的大學生每天的行動電話通話數為何？
(3) 每 4 小時恰好打 1 通行動電話之機率為何？
(4) 每 12 小時通話數在 2～5 通之機率為何？

解

(1) 每 1 小時的平均通話數等於 3/24 = 0.125。

(2) 每天行動電話通話數的平均數等於 3 通，標準差為 1.732 通。
計算「平均數 ±3 * 標準差」= (3 – 5.196, 3 + 5.196) = (– 2.196, 8.196)。
表示有 99% 的大學生每天的行動電話通話數至多為 8 通。

(3) 由 (1)，已知每小時平均通話數 = 0.125。我們得知每 4 小時之平均通話數 = 4 * 0.125 = 0.5。
隨機變數 $X = 1$ 表示每 4 小時，恰有 1 通電話，其機率值查卜瓦松機率表，$\lambda = 0.5$，得

$$P(X = 1) = 0.3033$$

(4) 每 12 小時之平均通話數 = 12 * 0.125 = 1.5。隨機變數 X 的值 $2 \leq x \leq 5$ 表示每 12 小時之通話數，其機率值為

$$P(2 \leq X \leq 5) = P(X = 2) + P(X = 3) + P(X = 4) + P(X = 5)$$

查卜瓦松機率表 $\lambda = 1.5$，得

$$P(2 \leq X \leq 5) = 0.2510 + 0.1255 + 0.0471 + 0.0141$$

7-3 Excel 應用例 —— 查詢二項機率值、卜瓦松機率值

7-3-1 二項機率值

若二項隨機變數 X，具有機率分配，參數為 n, p。利用 Excel 查詢二項機率的「步驟」及使用「函數」如下：

Excel 選項：『公式』→『插入函數』→ 選取類別『統計』→ 選取函數『BINOM.DIST』(圖 7-1(a))，按下確定後出現『二項機率分配』輸入視窗 (圖 7-1(b))。

(a)

(b)

✤ 圖 7-1

Excel 函數：BINOM.DIST(Number_s, Trials, Probability_s, Cumulative)。

函數 BINOM.DIST 表示的是：單一機率值 $P(X = x)$，或是累加機率值 $P(X \leq x)$。所需要的變數 Number_s, Trials, Probability_s, Cumulative，其個別意義如表 7-5 所示。

Chapter 7　離散隨機變數

✤ 表 7-5　X 為二項隨機變數，具有參數 n 與 p

所需變數＼機率值	$P(X = x)$	$P(X \leq x)$
Number_s	x	x
Trials	n	n
Probability_s	p	p
Cumulative	FALSE	TRUE

範例 7-6　利用 Excel 產生二項機率表

我們所介紹的「二項機率表格」，可以利用 Excel 函數 BINOM.DIST 產生。例如：產生二項機率表格，$n = 7$，$p = 0.65$。

步驟 1： 在 A1～A9 分別輸入 x, 0, 1, 2, 3, 4, 5, 6, 7。

步驟 2： 在 B1 輸入 $p = 0.65$。

步驟 3： 在 B2 輸入公式 BINOM.DIST(A2, 7, 0.65, FALSE)。

步驟 4： 將 B2 標記起來，複製到 B3～B9（圖 7-2）；就可以產生二項機率表格，$n = 7$，$p = 6$。

	A	B
1	x	p=0.65
2	0	0.0006434
3	1	0.0083641
4	2	0.0466
5	3	0.1442382
6	4	0.2678709
7	5	0.2984848
8	6	0.1847763
9	7	0.0490223

Excel 函數公式
BINOM.DIST(A2, 7, 0.65, FALSE)
BINOM.DIST(A3, 7, 0.65, FALSE)
BINOM.DIST(A4, 7, 0.65, FALSE)
BINOM.DIST(A5, 7, 0.65, FALSE)
BINOM.DIST(A6, 7, 0.65, FALSE)
BINOM.DIST(A7, 7, 0.65, FALSE)
BINOM.DIST(A8, 7, 0.65, FALSE)
BINOM.DIST(A9, 7, 0.65, FALSE)

✤ 圖 7-2

7-3-2 卜瓦松機率值

若卜瓦松隨機變數 X，具有機率分配，參數為 λ。利用 Excel 查詢卜瓦松機率的「步驟」及「函數」如下：

Excel 選項：『公式』→『插入函數』→選取類別『統計』→選取函數『POISSON.DIST』(圖 7-3(a))，按下確定後出現『卜瓦松機率分配』輸入視窗 (圖 7-3(b))。

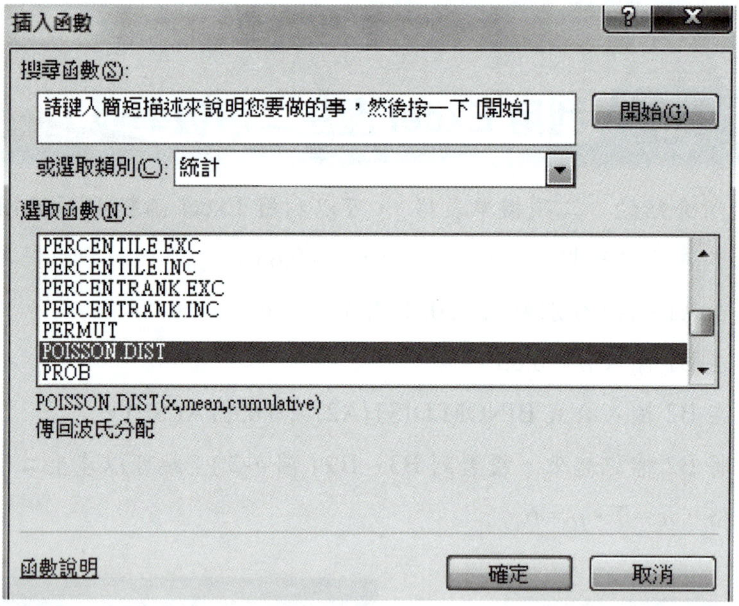

(a)

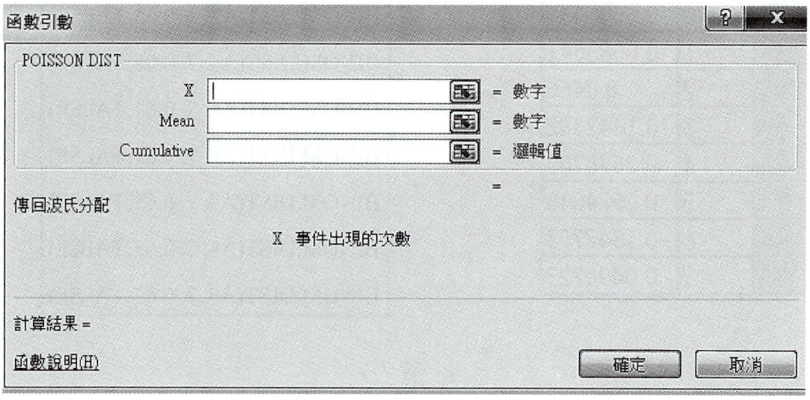

(b)

◆ 圖 7-3

Chapter 7　離散隨機變數

Excel 函數：POISSON.DIST(X, Mean, Cumulative)。

函數 POISSON.DIST 表示的是：單一機率值 $P(X = x)$，或是累加機率值 $P(X \leq x)$。所需要的變數 X, Mean, Cumulative，其個別意義如表 7-6 所示。

❖ 表 7-6　X 為卜瓦松隨機變數，具有平均數 λ

所需變數＼機率值	$P(X = x)$	$P(X \leq x)$
X	x	x
Mean	λ	λ
Cumulative	FALSE	TRUE

範例 7-7　利用 Excel 產生卜瓦松機率表

我們所介紹的「卜瓦松機率表」，可以利用 Excel 函數 POISSON.DIST 產生。例如：產生卜瓦松機率表，$\lambda = 1.32$。

步驟 1：在 A1～A12 分別輸入 x, 0, 1, 2, 3, 4, 5, 6, 7, 8, 9, 10。

步驟 2：在 B1 輸入 $\lambda = 1.32$。

步驟 3：在 B2 輸入公式 POISSON.DIST(A2, 1.32, FALSE)。

步驟 4：將 B2 標記起來，複製到 B3～B12（圖 7-4）；就可以產生卜瓦松機率表。$\lambda = 1.32$。

A	B	Excel 函數公式
x	$\lambda = 1.32$	
0	0.267135302	POISSON.DIST(A2, 1.32, FALSE)
1	0.352618599	POISSON.DIST(A3, 1.32, FALSE)
2	0.232728275	POISSON.DIST(A4, 1.32, FALSE)
3	0.102400441	POISSON.DIST(A5, 1.32, FALSE)
4	0.033792146	POISSON.DIST(A6, 1.32, FALSE)
5	0.008921126	POISSON.DIST(A7, 1.32, FALSE)
6	0.001962648	POISSON.DIST(A8, 1.32, FALSE)
7	0.000370099	POISSON.DIST(A9, 1.32, FALSE)
8	6.10664E-05	POISSON.DIST(A10, 1.32, FALSE)
9	8.9564E-06	POISSON.DIST(A11, 1.32, FALSE)
10	1.18225E-06	POISSON.DIST(A12, 1.32, FALSE)

❖ 圖 7-4

7-4 Excel 應用例 ──《行動電話例》

開車打行動電話是危險的行為。根據過去的紀錄，在某一容易肇事的路口，有以下的現象：

1. 10% 的開車族有此不好的習慣。
2. 中午 12:00～13:00 間，平均每 10 分鐘就有 2 輛車的駕駛人在打行動電話。

機率問題

(1) 在該路口抽檢 10 輛車，正好有 3 輛車的駕駛人在打行動電話的機率為何？
(2) 在該路口抽檢 50 輛車，打行動電話的平均駕駛人數為何？
(3) 中午 12:00～12:05 間，正好有 5 輛車的駕駛人在打行動電話的機率為何？
(4) 中午 12:30～13:00 間，至少有 3 輛車的駕駛人在打行動電話的機率為何？

解

(1) 令隨機變數 X 表示 10 位駕駛人中，打行動電話之人數，則 X 是二項隨機變數，$n = 10$，$p = 0.1$。隨機變數 $X = 3$，表示正好有 3 位駕駛人打行動電話，其機率為 $P(X = 3)$。

Excel 函數：BINOM.DIST(Number_s, Trials, Probability_s, Cumulative)。

其中　　Number_s = 3；　　　　Trials = 10；
　　　　Probability_s = 0.1；　　Cumulative = FALSE

$P(X = 3)$	Excel 函數公式
0.0573956	BINOM.DIST(3, 10, 0.1, FALSE)

(2) 隨機變數 X 表示 50 位駕駛人中，打行動電話之人數，則 X 是二項隨機變數，$n = 50$，$p = 0.1$。X 的平均值為 $n * p = 50 * 0.1 = 5$，表示 50 位駕駛人中平均有 5 位，會違規在開車時打行動電話。

(3) 已知 12:00～13:00 間之違規駕駛人數，平均 2 人 / 10 分鐘，則 12:00～12:05 之平均違規數，為 1 人 / 5 分鐘。令隨機變數 X 表示 12:00～12:05 間之違規駕駛人數；$X = 5$ 表示違規人數 = 5，其機率值 = $P(X = 5)$，直接查詢 Excel 函數即可。

Excel 函數：POISSON.DIST(X, Mean, Cumulative)。

其中　　X = 5；　　　　Mean = 1；　　　　Cumulative = FALSE

$P(X \geq 5)$	Excel 函數公式
0.003066	POISSON.DIST(5, 1, FALSE)

結論：$P(X = 5) = 0.003066$。

(4) 12:30～13:00 之平均違規駕駛人數，為 6 人 / 30 分鐘。隨機變數 $X \geq 3$，表示至少有 3 人違規，其機率值 = $P(X \geq 3)$，同時要注意到 $P(X < 3) = P(X \leq 2)$。只要查詢機率值 $P(X \leq 2)$，再計算即可得機率值 $P(X \geq 3) = 1 - P(X \leq 2)$。利用 Excel 查詢機率值 $P(X \leq 2)$，此處，λ = 6 人 / 30 分鐘。

Excel 函數：POISSON.DIST(X, Mean, Cumulative)。

其中　　X = 2；　　　　Mean = 6；　　　　Cumulative = TRUE

$P(X \geq 2)$	Excel 函數公式
0.061969	POISSON.DIST(2, 6, TRUE)

所以，機率值 $P(X \geq 3) = 1 - P(X \leq 2)$ 可以進一步計算得知

$P(X \geq 3)$	Excel 函數公式
0.938031	1 – POISSON.DIST(2, 6, TRUE)

結論：$P(X \geq 3) = 0.938031$。

7-5　章節架構圖說明：離散隨機變數——《行動電話例》

開車打行動電話是危險的行為。根據過去的紀錄，在某一容易肇事的路口，有以下的現象：

1. 10% 的開車族有此不好的習慣。
2. 中午 12:00～13:00 間，平均每 10 分鐘就有 2 輛車的駕駛人在打行動電話。

機率問題

(1) 在該路口抽檢 10 輛車，正好有 3 輛車的駕駛人在打行動電話的機率為何？
(2) 在該路口抽檢 50 輛車，打行動電話的平均駕駛人數為何？
(3) 中午 12:00～12:05 間，正好有 5 輛車的駕駛人在打行動電話的機率為何？
(4) 中午 12:30～13:00 間，至少有 3 輛車的駕駛人在打行動電話的機率為何？

章節架構圖 vs. 案例說明

(1) 在該路口抽檢 10 輛車，正好有 3 輛車的駕駛人在打行動電話的機率為何？

二項機率分配 → 二項隨機變數
           → 二項機率值

解

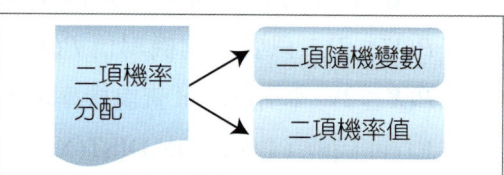

令隨機變數 X 表示 10 位駕駛人中，打行動電話之人數，則 X 是二項隨機變數 $n = 10$，$p = 0.1$。隨機變數 $X = 3$，表示正好有 3 位駕駛人打行動電話，其機率為 $P(X = 3)$。利用 Excel 函數 BINOM.DIST(3, 10, 0.1, FALSE)，計算 $P(X = 3) = 0.0574$。

(2) 在該路口抽檢 50 輛車，打行動電話的平均駕駛人數為何？

二項機率分配 → 二項隨機變數
           → 二項機率值

解

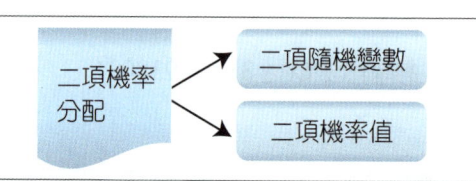

令隨機變數 X 表示 50 位駕駛人中，打行動電話之人數，則 X 是二項隨機變數，$n = 10$，$p = 0.1$。X 的平均值為 $n*p = 50*0.1 = 5$，表示 50 位駕駛人中平均有 5 位，會違規在開車時打行動電話。

(3) 中午 12:00～12:05 間，正好有 5 輛車的駕駛人在打行動電話的機率為何？

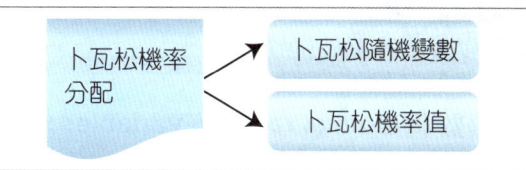

解

已知 12:00～13:00 間之違規駕駛人數，平均 2 人 / 10 分鐘。則 12:00～12:05 之平均違規數，為 1 人 / 5 分鐘。令隨機變數 X 表示 12:00～12:05 間之違規駕駛人數；$X = 5$ 表示違規人數 = 5，其機率值 = $P(X = 5)$。利用 Excel 函數 POISSON.DIST(5, 1, FALSE)，計算 $P(X = 5) = 0.003$。

(4) 中午 12:30～13:00 間，至少有 3 輛車的駕駛人在打行動電話的機率為何？

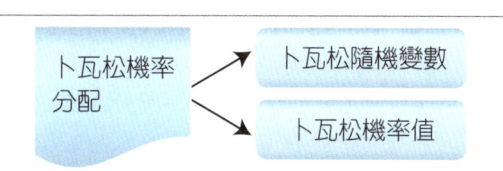

解

12:30～13:00 之平均違規駕駛人數，為 6 人 / 30 分鐘。隨機變數 $X \geq 3$，表示至少有 3 人違規，其機率值 = $P(X \geq 3)$。同時要注意到 $P(X < 3) = P(X \leq 2)$。只要查詢機率值 $P(X \leq 2)$，再計算即可得機率值 $P(X \geq 3) = 1 - P(X \leq 2)$。利用 Excel 查詢機率值 $P(X \leq 2)$，此處，$\lambda = 6$ 人 / 30 分鐘。利用 Excel 函數 POISSON.DIST(2, 6, TRUE) 計算 $P(X \leq 2) = 0.0619$。再帶入公式得 $P(X \geq 3) = 1 - P(X \leq 2) = 0.9381$。

名詞解釋

二項隨機變數 (Binomial random variable)：

$$P(X=x) = \frac{n!}{x!(n-x)!} p^x (1-p)^{n-x}, \quad x = 0, 1, \ldots, n$$

(1) $\sum_{i=1}^{n} \frac{n!}{x!(n-x)!} p^x (1-p)^{n-x} = 1$

(2) 平均數公式：$\mu = E(X) = np$

(3) 變異數公式：$\sigma^2 = V(X) = np(1-p)$

卜瓦松隨機變數 (Poisson random variable)：

$$P(X=x) = \frac{e^{-\lambda} \lambda^x}{x!}, \quad x = 0, 1, \ldots, \infty, \text{ 參數 } \lambda \text{ 為平均參數值；} e = 2.71828$$

(1) $\sum_{i=1}^{\infty} \frac{e^{-\lambda} \lambda^x}{x!} = 1$

(2) 平均數公式：$\mu = E(X) = \lambda$

(3) 變異數公式：$\sigma^2 = V(X) = \lambda$

練習題

7-1 某銀行放款給8家中型企業，由紀錄得知，過去每家企業的償付率都是 0.6，令隨機變數 X 表示 8 家公司中，償付銀行貸款之家數，則 X 屬於二項隨機變數 ($n = 8$，$p = 0.6$)。

(1) 只有 2 家償付之機率為何？
(2) 全部償付之機率為何？
(3) 全部未償付之機率為何？
(4) 有 2 家以上的企業償付之機率為何？
(5) 至多有 3 家償付之機率為何？

7-2 某航空公司的資料顯示，過去一年裡，紐約機場的行李遺失數平均 5 件 / 1 天，請問：

(1) 9 月 11 日當天，行李遺失數等於 3 件之機率為何？
(2) 12 月 24 日、12 月 25 日這兩天的耶誕節的行李遺失數至少 3 件之機率為何？

7-3 已知大學生的近視比例為 56%。某次新生訓練時，保健室隨機抽驗了 28 位大一新生。令隨機變數 X 表示 28

位新生中,戴眼鏡之人數,則 X 是屬於二項隨機變數,$n = 28$,$p = 0.56$。利用 Excel 計算以下的機率值:
(1) 恰有 10 位戴眼鏡之機率。
(2) 至少有 15 位戴眼鏡之機率。
(3) 至多有 5 位沒有戴眼鏡之機率。

7-4 假設台灣東部地區地震的產生次數平均為 2.7 次/1 月,如果有一牙醫師剛搬到東部,利用 Excel 計算以下的機率值:
(1) 在未來兩週內,至少遇上 3 次地震的機率。
(2) 在未來半年內,至少遇上 10 次地震的機率。
(3) 在未來一週內,正好遇上 1 次地震的機率。

7-5 隨機變數 X 是參數為 $\left(n = 6, p = \dfrac{3}{5}\right)$ 的二項分配,X 的期望值 μ,標準差 σ,試求:$P(\{\mu - \sigma \leq X \leq \mu + \sigma\}) = ?$

7-6 某班的數學期末考成績的期望值為 32.5 分,標準差為 12.3,老師覺得分數可能不夠理想,決定將每人的期末考成績乘上 0.8 再加 20 分,則調整後成績的 (1) 期望值 = ? (2) 標準差 = ?

7-7 假設 X 為一個二項隨機變數,$(n = 8, p = 0.6)$ 則 $E(X) = ?$ $E(2X) = ?$ $E(2X + 1) = ?$

7-8 某大學應屆畢業班學生如期畢業的機率為 0.8,現有 5 個應屆畢業班學生,其中如期畢業的人數是一種離散隨機變數 X。
(1) 寫出 X 的機率分配。
(2) 計算 5 人中至少 3 人(含)畢業的機率。

7-9 某通訊用品店櫃子上放置有手機,其中有一半需要修理,假如一小偷潛入偷走 10 支,求:
(1) 10 支均已修理好的機率。
(2) 其中 3 支還未修理好的機率。
(3) 最少有 3 支是修理好的機率。

7-10 燈泡不良品率為 0.1,今抽出 10 個產品,則:
(1) 沒有不良品的機率 = ?
(2) 最多有 2 個不良品的機率 = ?

7-11 玉璇機車輪胎公司生產的輪胎,有 5% 是不良品;隨機抽樣的 20 個輪胎中:
(1) 恰有 2 個不良品的機率 = ?
(2) 至多有 5 個不良品的機率 = ?
(3) 平均不良品的個數 $\mu = ?$ 標準差 $\sigma = ?$
(4) 不良品低於 $\mu - \sigma$ 的機率 = ?

7-12 假定幼兒感染德國麻疹的機率為 0.001,則 100 個幼兒中沒有人感染的機率為若干?

7-13 彬彬公司總機接線生每小時接 30 通電話,則:
(1) 在 15 分鐘內沒有電話進來的機率 = ?
(2) 在半小時內有 10 通電話進來的機率?
(3) 每小時電話通數高於 $\mu - \sigma$ 的機率 = ?

7-14 假設校園裡每週被丟棄的腳踏車的平均數為 7 輛,則:

(1) 明天沒有腳踏車被丟棄的機率？

(2) 下一個星期至少有 2 輛腳踏車被丟棄的機率 = ？

7-15 假設每 10 分鐘就有 3 人購買彩券，則：

(1) 在 12:00～12:30 間沒有人購買彩券的機率 = ？

(2) 試求在該時間內至少有 4 人購買彩券的機率 = ？

7-16 某雜誌任意一頁排印的平均錯字數為 2，則：

(1) 在下一頁中，有 0 個錯字的機率 = ？

(2) 在下一頁中，有 3 個或更多錯字的機率 = ？

7-17 承 7-16 題，任意 2 頁排印稿，至多出現 3 個錯字的機率 = ？

CHAPTER 8

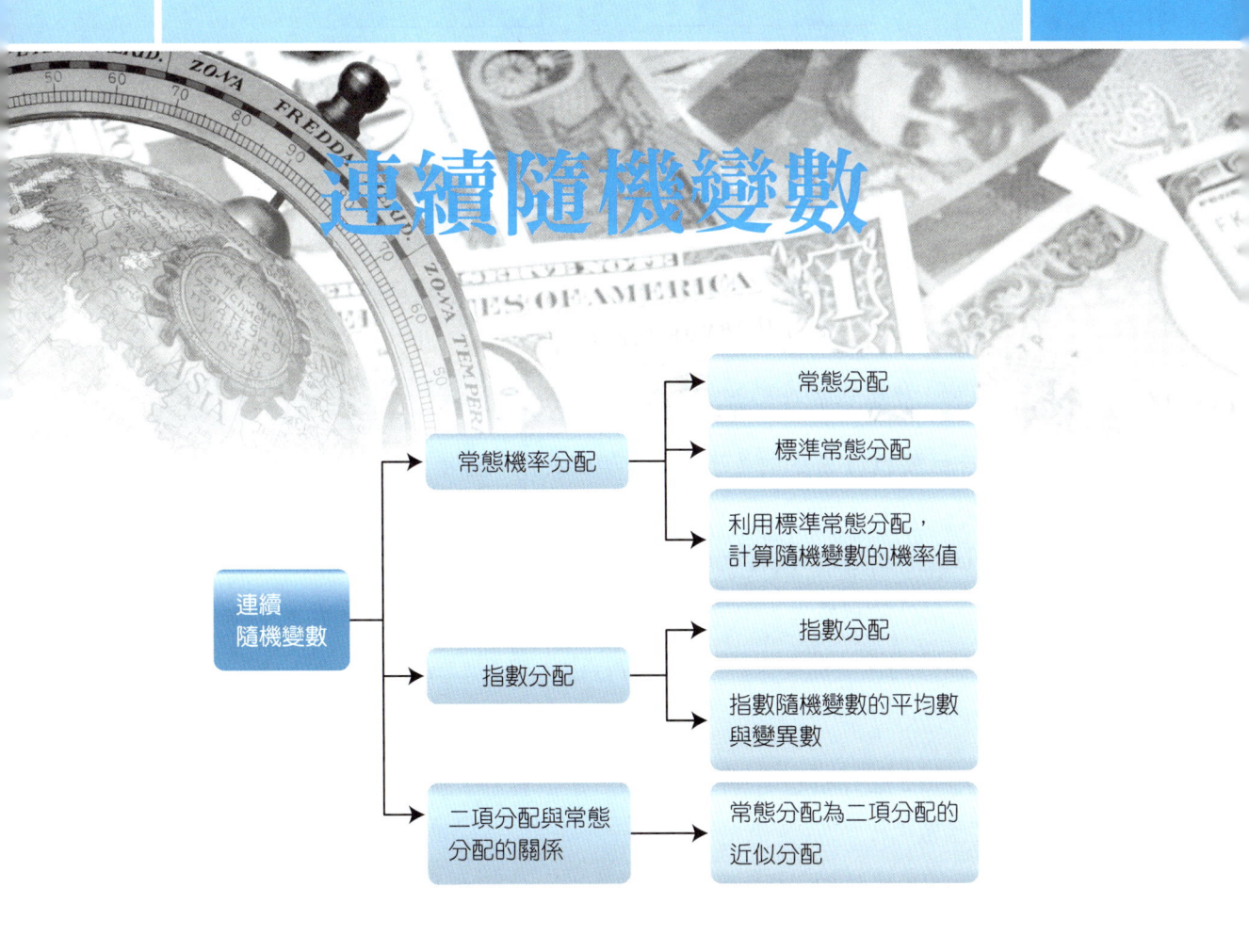

連續隨機變數

```
連續隨機變數
├── 常態機率分配
│   ├── 常態分配
│   ├── 標準常態分配
│   └── 利用標準常態分配，計算隨機變數的機率值
├── 指數分配
│   ├── 指數分配
│   └── 指數隨機變數的平均數與變異數
└── 二項分配與常態分配的關係
    └── 常態分配為二項分配的近似分配
```

在第六章，我們提到了連續隨機變數，以及它的機率性質，尤其是機率密度函數，所表示的不是「機率值」，而是一條描述機率密度的平滑曲線，表示連續隨機變數的「機率密度函數」。例如，圖 8-1 中的四種平滑曲線，代表的是四種連續隨機變數的機率密度函數圖，它們的共同處是：「每一平滑曲線下，x 軸之上所涵蓋的面積必定等於 1。」

(a)　　　　　　　　(b)

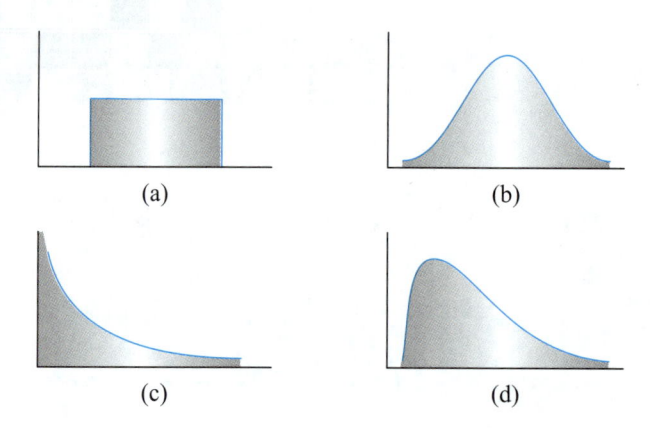

(c)　　　　　　　　(d)

✤ 圖 8-1　四種連續隨機變數的機率密度函數圖

> ### 機率密度函數 (probability density function)
>
> 若函數 $f(x)$ 表示的是連續隨機變數的機率密度函數，則 $f(x)$ 具有下列的性質：
> 1. $f(x) \geq 0$，且 $y = f(x)$ 之圖形為平滑曲線。
> 2. $y = f(x)$ 之曲線下，所涵蓋的面積等於 1。以積分的表示法，則為
> $$\int_{-\infty}^{\infty} f(x)dx = 1$$

我們在 6-2 節介紹過均等隨機變數，是很容易了解的連續隨機變數，它具有機率密度函數：

$$f(x) = \frac{1}{b-a}, \ a \leq x \leq b$$

平均數 $\mu = \int_a^b x * \frac{1}{b-a} dx = \frac{a+b}{2}$，變異數 $\sigma^2 = V(X) = E(X-\mu)^2 = \frac{(b-a)^2}{12}$。

我們先以例題複習均等分配，接著再介紹其它新的連續隨機變數。

範例 8-1　母體參數

已知火車到站的時間是 10:30；一乘客於上午 10:00～10:30 到達火車站。令隨機變數 X 表示乘客在 10:00～10:30 到達火車站的「分」鐘數。

(1) X 的機率密度函數為何？
(2) 候車的時間超過 10 分鐘的機率為多少？
(3) 該乘客等車時間平均數＝？標準差＝？
(4) 該乘客等車時間在平均數±標準差間的機率＝？

解

(1) X 相對應的機率密度函數為 $f(x) = \dfrac{1}{30}$，$0 \leq x \leq 30$。

(2) 等車的時間超過 10 分鐘的機率 = [10, 30] 間的面積 = $\dfrac{1}{30} *(30-10)$ = 0.667。

(3) 利用第六章中連續隨機變數的公式：

當 X 是均等隨機變數時，$f(x) = \dfrac{1}{b-a}$，$a \leq x \leq b$。

(a) 平均數 $\mu = \displaystyle\int_a^b x * \dfrac{1}{b-a} dx = \dfrac{a+b}{2}$

(b) 變異數 $\sigma^2 = \dfrac{1}{12}(b-a)^2$，標準差 $\sigma = \dfrac{b-a}{\sqrt{12}}$

平均數 = $\dfrac{0+30}{2} = 15$；變異數 = $\dfrac{(30-0)^2}{12} = 75$；標準差 = $\sqrt{75} = 8.66$。

(4) 平均數±標準差 = [6.34, 23.66]

等車時間在 [6.34, 23.66] 間的機率 = [6.34, 23.66] 的面積
$$= \dfrac{1}{30} *(23.66 - 6.34) = 0.5773$$

連續隨機變數的機率求解問題是比較複雜的，它必須計算機率密度函數下的某段面積。當機率密度函數曲線為簡單的直線時(均勻分配)，可能還可以直接

算；但是當機率密度函數曲線為曲線時，則一定要使用微積分，才可以得知其某段面積。不過，只要連續隨機變數的機率密度函數是常見的，例如：常態分配、指數分配，那麼那些複雜的求面積過程，就可以省略，而轉換成「查表格」的方式。同時，要特別說明的是，我們將無法討論：「連續隨機變數為某個值的機率值」$P(X = x)$，因為它等於 0。也因此連續隨機變數在特定區間 (c, d) 之機率值 $P(c < X < d)$，不受該區間端點值 c 與 d 的影響；也就是說：

$$P(c < X < d) = P(c \leq X < d) = P(c < X \leq d) = P(c \leq X \leq d)$$

此機率值 $P(c < X < d)$ 表示的是機率密度曲線下方 (c, d) 間的面積，如圖 8-2 所示。

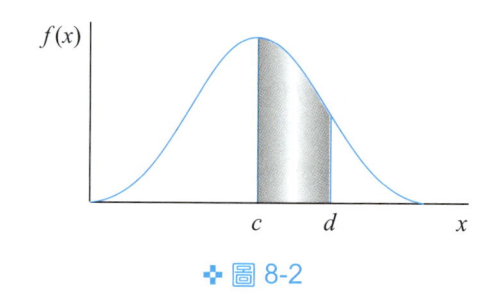

圖 8-2

除了範例 8-1 的均等機率密度函數，我們將在下面兩節，介紹兩種自然現象中，常見的連續機率密度函數：常態分配與指數分配。

8-1 常態機率分配

在 3-3 節，我們曾經提到了「經驗法則」，主要是在說明一般的連續型資料的分配情況：

有 68.26% 的資料，會產生在「平均數 ± 1 個標準差」之間
有 95.44% 的資料，會產生在「平均數 ± 2 個標準差」之間
有 99.74% 的資料，會產生在「平均數 ± 3 個標準差」之間

這裡所謂的「經驗」，依據的是「常態機率分配」。因為一般常見的連續型資料，例如：實驗室的實驗數字、學生的身高、體重、成績、職員薪水、年齡等，它們的分配情況都可以用「常態機率分配」來描述，例如，圖 8-3 中的薪資直方圖，就很近似常態機率曲線圖。

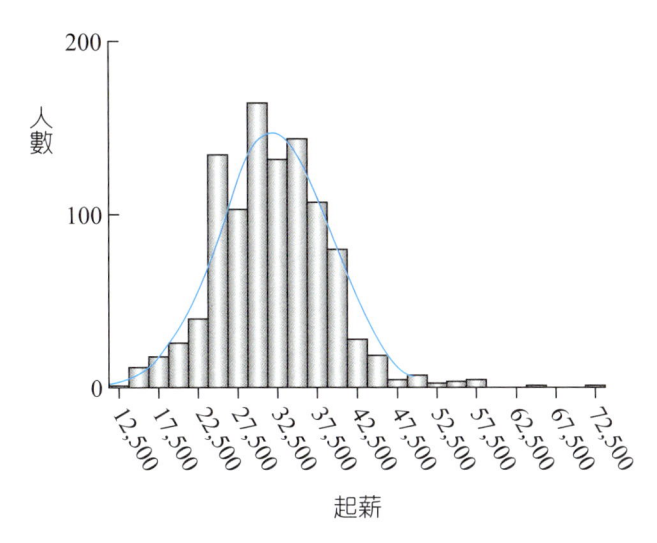

✦ 圖 8-3　薪資直方圖

8-1-1 常態分配

　　一般的生活現象。例如：天文學資料分佈、實驗資料分佈、考試成績分佈等，通常是未知的分佈；但是經由歷年的經驗值，得到了大家都認可的「常模」分佈，也就是常態分配(工程領域中，則稱之為高斯分佈)。因此，常態分配的學習，在統計學中是相當重要的；尤其是統計推論中會使用到的 T 分配、卡方分配、F 分配等，都與常態分配有密切的關係。

> **常態分配 (normal distribution)**
>
> 若連續隨機變數 X 具有機率密度函數：
>
> $$f(x)=\frac{1}{\sqrt{2\pi}\sigma}*\exp\left(-\frac{(x-\mu)^2}{2\sigma^2}\right), \ -\infty<x<\infty$$
>
> 其中 exp 稱為「自然指數」，通常以「e」表示，其值為 $e = 2.71828...$，$\pi = 3.1415926...$，同時兩個參數分別是 μ 及 σ^2。稱隨機變數 X 具有常態機率分配，簡稱為常態隨機變數。

【註】常態機率密度函數亦可表示為 $f(x)=\frac{1}{\sqrt{2\pi}\sigma}e^{-\frac{(x-\mu)^2}{2\sigma^2}}$。

值得注意的是，常態分配決定於兩個參數 μ 與 σ^2（平均數與變異數）。我們通常會用簡單的記號 $X \sim N(\mu, \sigma^2)$，來表示連續隨機變數 X 具有常態機率分配；其中，μ 的範圍沒有限制 $(-\infty < \mu < \infty)$，σ^2 的範圍必須大於零 $(\sigma^2 > 0)$。不同的 μ、σ^2 值會有不同的機率密度函數曲線圖。例如：圖 8-4(a) 表示的是 2 個常態分配函數曲線具有相同的 μ，不同的 σ^2；圖 8-4(b) 表示的是 2 個常態分配函數曲線具有不同的 μ，相同的 σ^2；圖 8-4(c) 表示的是 2 個常態分配函數曲線，具有不同的 μ，不同的 σ^2。

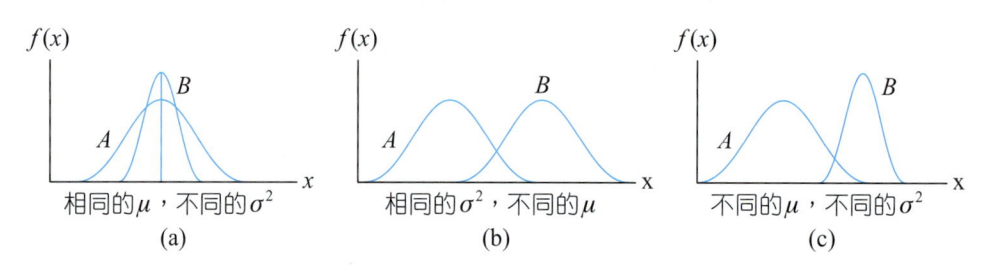

✢ 圖 8-4　不同的機率密度函數曲線圖

範例 8-2　午餐費用

大學裡的師生，每天花在午餐之金額為一常態隨機變數，對教師而言，平均數為 63 元，標準差為 5 元；對學生而言，平均數為 56 元，標準差為 10 元，則師生午餐費用之常態分配圖如圖 8-5。

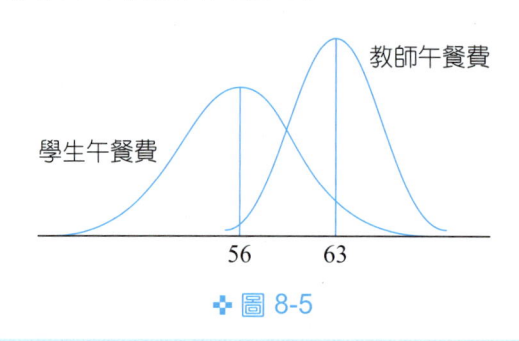

✢ 圖 8-5

常態機率分配函數 $f(x)$ 的曲線圖，胖瘦高矮都有；無論那一種圖形，$f(x)$ 都有下列的性質：

1. $f(x) \geq 0$,同時 $f(x)$ 的圖形曲線是條對稱於 $X = \mu$ 之鐘形曲線。
2. $f(x)$ 圖形下的總面積 = 1。
3. $f(x)$ 圖形下,(a, b) 間之面積代表的是連續隨機變數 X 在 (a, b) 間之機率 $P(a < X < b)$。

要計算常態隨機變數 X 的機率值 $P(a < X < b)$,就是要計算「機率密度函數 $f(x)$ 下,(a, b) 區間的面積」,而 $f(x)$ 決定於參數 μ 與 σ^2。這種計算面積的積分,是很複雜的,不過,我們可以利用建立好的「機率表格」來查出所需要的機率。但是,因為研究變數的不同,我們會有各種不同的 μ 與 σ^2 值,這種 μ 與 σ^2 的組合有無限多種情形,沒有任何一個常態機率表,可以提供各種不同的常態分配機率值。這個問題的解決辦法,是將常態隨機變數轉換為「標準常態隨機變數」,使得轉換後的隨機變數,其平均數為 0,標準差為 1。這時候,我們只要查詢單一的「標準常態機率表」,就可以得知所要的機率值了。

✣ 表 8-1

隨機變數	平均數	變異數
一般常態隨機變數	μ	σ^2
標準常態隨機變數	0	1

通常,我們以大寫字母「Z」表示標準常態隨機變數,即 $Z \sim N(0, 1)$,表示隨機變數 Z 具有標準常態機率分配 $f(z)$,其圖形為對稱於 $z = 0$ 之鐘形平滑曲線。

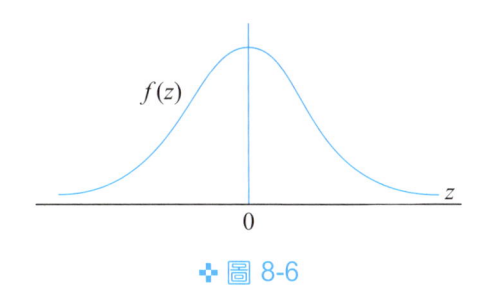

✣ 圖 8-6

範例 8-3　午餐費用

將範例 8-2 之教師午餐費分配圖（圖 8-7(a)），轉換為標準化的變數，其機率密度分配圖，則為標準常態圖形（圖 8-7(b)）。

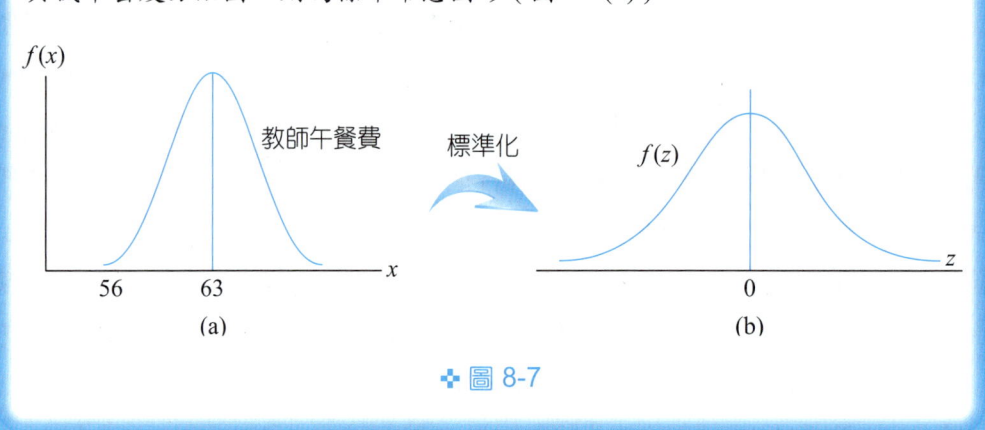

◆ 圖 8-7

8-1-2 標準常態分配

要計算一般的常態機率值，就一定要先轉換為標準常態後，再查詢「標準常態機率表」，以得到要求的機率值。因此，我們有必要對「標準常態機率表」作深入的了解，這樣在未來計算一般常態的問題時，才可以應付自如。

標準常態分配 (standard normal distribution)

若連續隨機變數 Z 具有機率密度函數：

$$f(z) = \frac{1}{\sqrt{2\pi}} * e^{-\frac{z^2}{2}}, \ -\infty < z < \infty$$

其中 $e = 2.71828...$，$\pi = 3.1415926...$。稱隨機變數 Z 具有標準常態機率分配，簡稱為標準常態隨機變數。

值得注意的是，習慣上，標準常態隨機變數以 Z 表示，平均數為 0，變異數為 1。我們通常會用簡單的記號 $Z \sim N(0, 1)$ 表示 Z 具有標準常態分配。Z 的機率密度函數 $f(z)$ 之圖形，如圖 8-8，是個對稱於 $z = 0$ 的鐘形曲線，同時 $f(z)$ 有下列的性質：

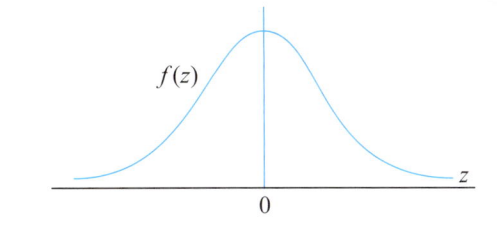

❖ 圖 8-8　對稱於 z = 0 的標準常態鐘形曲線

1. $f(z) \geq 0$。
2. $f(z)$ 圖形下的總面積 = 1。
3. $f(z)$ 圖形下，(a, b) 間之面積，

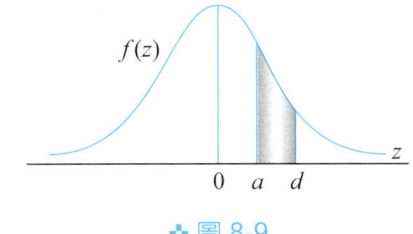

❖ 圖 8-9

代表的是連續隨機變數 Z 在 (a, b) 間之機率 $P(a < Z < b)$。

要計算 Z 在 (a, b) 間之機率值 $P(a < Z < b)$，我們不用實際去求 (a, b) 間的面積，而是利用「標準常態機率表」就可以查詢到所需的機率值。當然有時候，要求的機率值，不是直接從表格中可以得到，而是要先經過「標準化」換算，轉換為「標準常態機率」的形態，接著才能將表格中的機率值給應用上去。

在說明如何利用「標準常態機率表」查詢標準常態的機率值之前，我們要先說明標準常態分配與標準常態表格的關係。

標準常態分配的機率值

1. 標準常態機率表

標準常態分配函數 $f(z)$，如圖 8-8 所示，是對稱於 $z = 0$。故以 $z = 0$ 分界的左右方機率值，各為 0.5，即

$$P(Z < 0) = P(Z > 0) = \frac{1}{2}$$

同時，左右方因為對稱的關係，所以「右邊任何一點之上的機率」會等於「左邊對稱點以下的機率」，即「右邊 $Z > a$ 的機率值」等於「左邊 $Z < -a$ 的機率值」，$a > 0$，即

$$P(Z > a) = P(Z < -a)$$

例如：$a = 1$，右邊 $Z > 1$ 之機率值 $= P(Z > 1) = 0.1587$

左邊 $Z < -1$ 之機率值 $= P(Z < -1) = 0.1587$

因為對稱的關係，一般的「標準常態機率表」只有右邊的機率值，或左邊的機率值。本書的「標準常態附表」，指的是標準常態分配，右邊某一點以上的機率值。表 8-2 是附表三的一部分，我們將說明表格的內容：

✤ 表 8-2 　標準常態附表（右尾機率值）

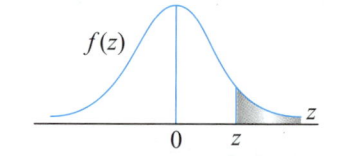

z	0.00	0.01	0.02	…	0.06	0.07	0.08	0.09
0.0	0.5000	0.4960	0.4920		0.4761	0.4721	0.4681	0.4641
0.1	0.4602	0.4562	0.4522		0.4364	0.4325	0.4286	0.4247
0.2	0.4207	0.4168	0.4129		0.3974	0.3936	0.3897	0.3859
0.3	0.3821	0.3783	0.3745	…	0.3594	0.3557	0.3520	0.3483
⋮								
1.6	0.0548	0.0537	0.0526		0.0485	0.0475	0.0465	0.0455
1.7	0.0446	0.0436	0.0427		0.0392	0.0384	0.0375	0.0367
1.8	0.0359	0.0351	0.0344		0.0314	0.0307	0.0301	0.0294
1.9	0.0287	0.0281	0.0274		0.0250	0.0244	0.0239	0.0233
2.0	0.0228	0.0222	0.0217	…	0.0197	0.0192	0.0188	0.0183
⋮								
3.1	0.0010	0.0009	0.0009		0.0008	0.0008	0.0007	0.0007
3.2	0.0007	0.0007	0.0006		0.0006	0.0005	0.0005	0.0005
3.3	0.0005	0.0005	0.0005	…	0.0004	0.0004	0.0004	0.0003
3.4	0.0003	0.0003	0.0003		0.0003	0.0003	0.0003	0.0002
3.5	0.0002	0.0002	0.0002		0.0002	0.0002	0.0002	0.0002

表格的最左邊直行指的是 z 值 (至小數第 1 位為止)：從 0.0, 0.1, … 至 3.9 為止；表格的最上邊橫列指的是 z 值的第 2 位小數值，從 0.00, 0.01, … 至 0.09 為止；表格的中間部分指的是該 z 值以上的機率值，$P(Z > z)$。例如，我們要

查機率值 $P(Z > 1.96)$，此時 z 值 = 1.96，在表格中，先在最邊直行找到 1.9，再從同橫列找到 z 的第 2 位小數等於 0.06 處，所得的值為 0.025，表示此右尾機率值就是 $P(Z > 1.96) = 0.025$。

2. 如何查詢標準常態分配的機率

✦ 表 8-3　使用標準常態機率表格的原則（a, b 均 > 0）

要求之機率	曲線下的面積	查表及計算公式
$P(Z > a)$	$Z > a$	直接查表
$P(Z < a)$	$Z < a$	先查表得 $P(Z > a)$ 再計算 $P(Z < a) = 1 - P(Z > a)$
$P(a < Z < b)$	$a < Z < b$	先查表得 $P(Z > b)$ 及 $P(Z > a)$ 再計算 $P(a < Z < b)$ 　$= P(Z < b) - P(Z < a)$ 　$= (1 - P(Z > b)) - (1 - P(Z - a))$ 　$= P(Z > a) - P(Z > b)$

現在，我們以幾個例子來練習查詢「標準常態機率表」。

範例 8-4　標準常態隨機變數

Z 為標準常態隨機變數，求：(1) $P(Z < 1.96)$；(2) $P(Z < -1.96)$。

解

(1) 直接查表，得右尾機率值 $P(Z > 1.96) = 0.025$。

代入公式，得左尾機率值：

$$P(Z < 1.96) = 1 - P(Z > 1.96) = 0.975$$

(2) 利用對稱等式：

$$P(Z < -1.96) = P(Z > 1.96)$$

直接查表，可得右側機率值 $P(Z > 1.96) = 0.025$，所以左側機率值：

$$P(Z < -1.96) = 0.025$$

範例 8-5　　標準常態隨機變數

Z 為標準常態隨機變數，求：(1) $P(Z > 1.28)$；(2) $P(Z > -1.28)$。

解

(1) 直接查表，得 $P(Z > 1.28) = 0.1003$。

(2) 利用關係式：

$$P(Z > -1.28) = 1 - P(Z < -1.28)$$

其中 $P(Z < -1.28) = P(Z > 1.28) = 0.1003$，所以 $P(Z < -1.28) = 0.8997$。

範例 8-6　　標準常態隨機變數

Z 為標準常態隨機變數，求：(1) $P(0 < Z < 1.96)$；(2) $P(-1.96 < Z \leq 1.96)$；
(3) $P(-1.64 \leq Z < -0.32)$；(4) $P(-1 \leq Z \leq 1)$；(5) $P(-2 < Z < 2)$；
(6) $P(-3 \leq Z < 3)$。

解

(1) 利用關係式：

$$P(0 < Z < 1.96) = \frac{1}{2} - P(Z > 1.96)$$

其中 $P(Z > 1.96) = 0.025$（查表可得），則 $P(0 < Z < 1.96) = 0.475$。

(2) 　　　　　　$P(-1.96 < Z \leq 1.96) = 2 * P(0 < Z \leq 1.96)$

由 (1) 得知 $P(0 < Z < 1.96) = 0.475$，代入上式可以得到

$$P(-1.96 < Z \leq 1.96) = 2 * 0.475 = 0.95$$

(3) 　　　　$P(-1.64 \leq Z < -0.32) = P(Z < -0.32) - P(Z < -1.64)$

其中 $P(Z < -0.32) = P(Z > 0.32) = 0.3745$

$P(Z < -1.64) = P(Z > 1.64)$
$= 0.0505$

所以

$$P(-1.64 \leq Z < -0.32) = 0.3745 - 0.0505$$
$$= 0.324$$

(4) $P(-1 \leq Z \leq 1) = 2 * P(0 \leq Z \leq 1) = 2 * (0.5 - P(Z \geq 1))$
$= 2 * (0.5 - 0.1587) = 0.6826$

表示 Z 在一個標準差之間的比例為 68.26%。

(5) $P(-2 < Z < 2) = 2 * P(0 < Z < 2) = 2 * (0.5 - P(Z > 2))$
$= 2 * (0.5 - 0.0228) = 0.9544$

表示 Z 在兩個標準差之間的比例 = 95.44%。

(6) $P(-3 \leq Z < 3) = 2 * P(0 < Z < 3) = 2 * (0.5 - P(Z > 3))$
$= 2 * (0.5 - 0.0013) = 0.9974$

表示 Z 在三個標準差之間的比例 = 99.74%。

【註】本例題中的 (4)、(5)、(6)，就是「經驗法則」的主要依據。

3.「反向」標準常態機率問題

在前面，我們學到了如何利用「標準常態機率表」，得到我們想要的機率值。反過來，如果我們知道機率值，也可以求出變數值所屬的區間。例如，我們要求一個 z 值，使得機率值 $P(Z > z) = 0.0465$；此時，先在表 8-4 中間找到等於右尾機率值 0.0465 之位置，然後再從該數的橫列左側找到 z 值為 1.6；縱行上側找到的 z 值第 2 位小數為 0.08，得到所要的 z 值 = 1.68。也就是 $P(Z > 1.68) = 0.0465$。

❖ 表 8-4

z	0.00	0.01	0.02	⋯	0.06	0.07	0.08	0.09
0.0	0.5000	0.4960	0.4920		0.4761	0.4721	0.4681	0.4641
0.1	0.4602	0.4562	0.4522		0.4364	0.4325	0.4286	0.4247
0.2	0.4207	0.4168	0.4129		0.3974	0.3936	0.3897	0.3859
0.3	0.3821	0.3783	0.3745	⋯	0.3594	0.3557	0.3520	0.3483
⋮	⋮		⋮			⋮		
1.6	0.0548	0.0537	0.0526		0.0485	0.0475	0.0465	0.0455
1.7	0.0446	0.0436	0.0427		0.0392	0.0384	0.0375	0.0367
1.8	0.0359	0.0351	0.0344	⋯	0.0314	0.0307	0.0301	0.0294
1.9	0.0287	0.0281	0.0274		0.0250	0.0244	0.0239	0.0233
2.0	0.0228	0.0222	0.0217		0.0197	0.0192	0.0188	0.0183

❖ 表 8-5 常見的「反向」標準常態問題

已知機率值	曲線下的面積	求 z 值
①右尾機率值 = α	① $P(Z > a)$，$a > 0$	直接查表，得機率值 α 對應的 Z 值，即為所求 $\alpha = P(Z > a)$
②左尾機率值 $P(Z < a)$	② $P(Z < a)$，$a > 0$	計算 $Z > a$ 之機率 $P(Z > a)$ 代入公式 $P(Z < a) = 1 - P(Z > a)$
③右中間機率值 $P(0 < Z < b)$	③ $P(0 < Z < b)$，$b > 0$	計算 $Z > b$ 之機率 $P(Z > b)$ 代入公式 $P(0 < Z < b) = 0.5 - P(Z > b)$
④左中間機率值 $P(-c < Z < 0)$	④ $P(-c < Z < 0)$，$c > 0$	對稱的關係式： $P(-c < Z < 0) = P(0 < Z < c)$ 直接查表，得 $P(Z > c)$，代入公式 $P(0 < Z < c) = 0.5 - P(Z > c)$

✤ 表 8-5　常見的「反向」標準常態問題 (續)

已知機率值	曲線下的面積	求 z 值
⑤ 中間對稱機率值 $P(-a < Z < a)$	⑤ $P(-a < Z < a)$	先計算 $0 < Z < a$ 之機率 利用關係式： 　$P(0 < Z < a) = 0.5 * P(-a < Z < a)$ 求出中間機率值 $P(0 < Z < a)$ 再依③之求 z 值過程，求出 z 值，即為所求 a

範例 8-7　反向標準常態查表

Z 為標準常態隨機變數，求：

(1) 若已知 $P(Z > a) = 0.8$，求 a。

(2) 若已知 $P(Z < b) = 0.0495$，求 b。

(3) 若已知 $P(0 < Z < c) = 0.45$，求 c。

(4) 若已知 $P(d < Z < 0) = 0.3413$，求 d。

(5) 若已知 $P(-s < Z < s) = 0.9974$，求 s。

解

(1) 機率值 $P(Z > a) = 0.8$，大於 0.5，所以 a 值必定小於 0，設 $a = -m$，$m > 0$。則：

$$P(Z > a) = P(Z > -m) = 1 - P(Z < -m)$$

其中　　　$P(Z < -m) = P(Z > m)$

因此 $P(Z > a) = 0.8$ 可以改寫為

$$1 - P(Z > m) = 0.8$$

簡化這個式子得到

$$P(Z > m) = 0.2$$

查表得 $m = 0.845$。結論：$a = -m = -0.845$。

(2) 機率值 $P(Z < b) = 0.0495$，小於 0.5，所以 b 值必定小於 0，設 $b = -n$，$n > 0$。則：

$$0.0495 = P(Z < b) = P(Z < -n) = P(Z > n)$$

查表得 $n = 1.65$。結論：$b = -1.65$。

(3) $c > 0$，利用關係式：

$$0.45 = P(0 < Z < c) = 0.5 - P(Z > c)$$

得 $P(Z > c) = 0.05$；查表得 $c = 1.645$。

(4) $d < 0$，設 $d = -k$，$k > 0$

$$0.3413 = P(-k < Z < 0) = P(0 < Z < k) = 0.5 - P(Z > k)$$

得 $P(Z > k) = 0.1587$，查表得 $k = 1$。結論：$d = -k = -1$。

(5) 利用對稱關係式：

$$P(-s < Z < s) = 2 * P(0 < Z < s)$$

同時 $P(0 < Z < s) = 0.5 - P(Z > s)$，所以 $0.9974 = P(-s < z < s) = 2*(0.5 - P(z > s))$，得知 $P(Z > s) = 0.0013$，查表得 $s = 3.0$。

範例 8-8　反向標準常態查表

(1) $P(Z > m) = 0.05$，求 m。
(2) $P(Z < t) = 0.975$，求 t。
(3) $P(0 < Z < r) = 0.49$，求 r。
(4) $P(s < Z < 0) = 0.475$，求 s。
(5) $P(-a < Z < a) = 0.9544$，求 a。

解

(1) 直接查表，得 $m = 1.645$。

(2) 機率值 $P(Z < t) = 0.975$，大於 0.5，表示 $t > 0$。利用關係式：

$$0.975 = P(z < t) = 1 - P(z > t)$$

得知 $P(Z > t) = 0.025$，查表得 $t = 1.96$。

(3) 利用關係式：

$$0.49 = P(0 < Z < r) = 0.5 - P(Z > r)$$

得知 $P(Z > r) = 0.01$，查表得 $r = 2.325$。

(4) $s < 0$，設 $s = -a$，得知

$$0.475 = P(s < Z < 0) = P(-a < Z < 0)$$

其中 $P(-a < Z < 0) = P(0 < Z < a) = 0.5 - P(Z > a)$，所以 $P(Z > a) = 0.025$，查表得 $a = 1.96$。結論：$s = -1.96$。

(5) 利用對稱性質：

$$P(-a < Z < a) = 2 * P(0 < Z < a)$$

同時 $P(0 < Z < a) = 0.5 - P(Z > a)$，所以 $0.9544 = P(-a < Z < a) = 2 * (0.5 - P(Z > a))$，得知 $P(Z > a) = 0.0228$，查表得 $a = 2.0$。

8-1-3 利用標準常態分配，計算隨機變數的機率值

利用標準化轉換，各種具有不同平均數 μ 與變異數 σ^2 的常態隨機變數，都可以轉為單一的標準常態隨機變數；也因此，「標準常態機率表」可以提供我們，求得各種一般的常態機率值。要計算一般的常態機率值時，有 3 個步驟：

步驟 1：將一般常態隨機變數，轉換為標準常態隨機變數。令 X 表示常態隨機變數，具有平均數 μ，標準差 σ，將 X 轉換為標準常態隨機變數 Z 之公式為 $Z = \dfrac{X - \mu}{\sigma}$，此時標準常態隨機變數 Z 之平均數為 0，標準差為 1。

步驟 2：將要計算的常態隨機變數機率值的所在範圍，轉換為標準常態隨機變數機率值的所在範圍。例如，要求常態隨機變數 X 在 (a, b) 間之機率值 $P(a < X < b)$，當常態隨機變數 X 轉換為標準常態隨機變數 Z 時，上下限也要隨著轉換；也就是

$$P(a<X<b)=P\left(\frac{a-\mu}{\sigma}<\frac{X-\mu}{\sigma}<\frac{b-\mu}{\sigma}\right)=P\left(\frac{a-\mu}{\sigma}<Z<\frac{b-\mu}{\sigma}\right)$$

步驟 3：利用「標準常態機率表 (附表三)」，查出所要的標準常態隨機變數之機率值。

我們以下面的兩個範例來說明這 3 個步驟，以得到所要求的一般常態機率值。

範例 8-9　入學成績

某大學，新生的入學成績呈常態分配，平均分數為 350 分，標準差為 15 分。

(1) 如果吳同學的入學成績為 375 分，請問他在新生中的排名為何？

(2) 學校要發獎學金給新生入學成績的前 1%，請問受獎者的最低分為多少？

解

令隨機變數 X 表示入學成績，則 $X \sim N(\mu = 350, \sigma = 15)$，同時將「常態隨機變數」$X$ 轉換為「標準常態隨機變數」$Z = \frac{X-350}{15}$。

(1) 成績低於 375 分之機率 $= P(X < 375) = P(Z < 1.67) = 0.9525$。

(2) 本題需要查詢右側機率值 = 0.01 的入學成績。令 m 表示該入學成績，則 $P(X > m) = 0.01$。首先，查詢標準常態 Z 表，得 Z 值 = 2.325，接著計算 $m = 350 + 0.025 * 15 = 384.875$。也就是說，獲得獎學金的受獎者，入學成績為 384.86 分以上。

範例 8-10　午餐費用

以範例 8-2 的教師午餐費為連續隨機變數，平均數為 63 元，標準差為 5 元。

(1) 午餐費在 50 元以上之比例？

(2) 午餐費分配中,比例最少的 10%,其午餐費的上限為多少?

解

令隨機變數 X 表示午餐費,則 $X \sim N(\mu = 63, \sigma = 5)$,同時將「常態隨機變數」$X$ 轉換為「標準常態隨機變數」$Z = \dfrac{X - 63}{5}$。

(1) 午餐費在 50 元以上之機率 = $P(X > 50) = P(Z \geq -2.6) = 0.9953$。

(2) 本題需要查詢左側機率值 = 0.1 的午餐費。令 m 表示該午餐費,則 $P(X < m) = 0.1$。首先,將 X 轉換為 $Z = \dfrac{X - 63}{5}$,則 $P(X < m) = P(Z < \dfrac{m - 63}{5})$,查詢標準常態 Z 表,得標準常態 Z 值 = -1.285,具有左側機率值 $P(Z < -1.285) = 0.1$,接著計算 $m = 63 - 1.285 * 5 = 56.575$,亦即午餐費的下限約為 57 元。

8-2 指數分配

在第七章,我們提到了「卜瓦松分配」,處理的問題是一段時間內,某事件發生次數的可能現象。兩次事件發生的間隔時間,則是屬於連續型隨機變數,其具有的機率密度函數,為「指數分配」。例如,客戶排隊使用提款機的問題中:單位時間的提款人數,是屬於「卜瓦松」的隨機變數;下一位使用提款機的客戶,所需的等候時間,是屬於「指數形態」的隨機變數;又如兩件車禍發生的間隔時間,也是屬於「指數形態」的隨機變數,它們的共同性質,是「單位時間內某事件發生的平均次數」是已知的事實。

指數分配 (exponential distribution)

若 X 為連續隨機變數,其機率密度函數為

$$f(x) = \lambda e^{-\lambda x}, \quad x \geq 0, \lambda > 0$$

其中 $e = 2.71828...$,λ 表示單位時間內,某事件發生的平均次數。稱 X 具有指數機率分配,簡稱為指數隨機變數,通常以簡單的記號來表示連續隨機變數具有指數機率分配 $X \sim \exp(\lambda)$。

須注意的是，指數機率分配與參數 λ 有關，所以指數機率密度函數圖形也與 λ 之不同有關，如圖 8-10 所示，指數機率密度函數圖形為一遞減的凹形曲線，λ 值愈大，凹度愈大。

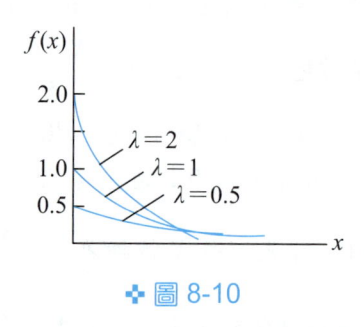

✤ 圖 8-10

指數隨機變數求機率值的問題，仍然與面積有關，因為它是比較簡單的函數，所以沒有提供機率表格。代替的是，經過微積分的演算後，$X > a$ 之機率值公式為

$$P(X > a) = e^{-\lambda a}, \quad \lambda > 0, a > 0$$

範例 8-11　結帳

超商的收銀員處理顧客結帳的時間是指數分配，已知每分鐘平均服務 0.5 人，問該收銀員處理一位顧客的結帳時間超過 3 分鐘之機率為何？

解

令隨機變數 X 表示收銀員處理一位顧客的結帳時間，已知每分鐘平均服務 0.5 人，也就是說每個人在收銀員處的平均結帳時間為

$$\frac{1}{0.5} = 2 \text{ 分鐘}$$

則 X 具有指數分配，參數值為 $\lambda = 2$ 分鐘，收銀員之結帳時間超過 3 分鐘之機率 $= P(X > 3)$，代入公式 $P(X > a) = e^{-\lambda a}$，得知 $P(X > 3) = e^{-2*3} = e^{-6} = 0.00248$。

利用機率公式 $P(X > a) = e^{-\lambda a}$，我們可以計算出下列幾種常見的機率值 (表 8-6)。

✧ 表 8-6

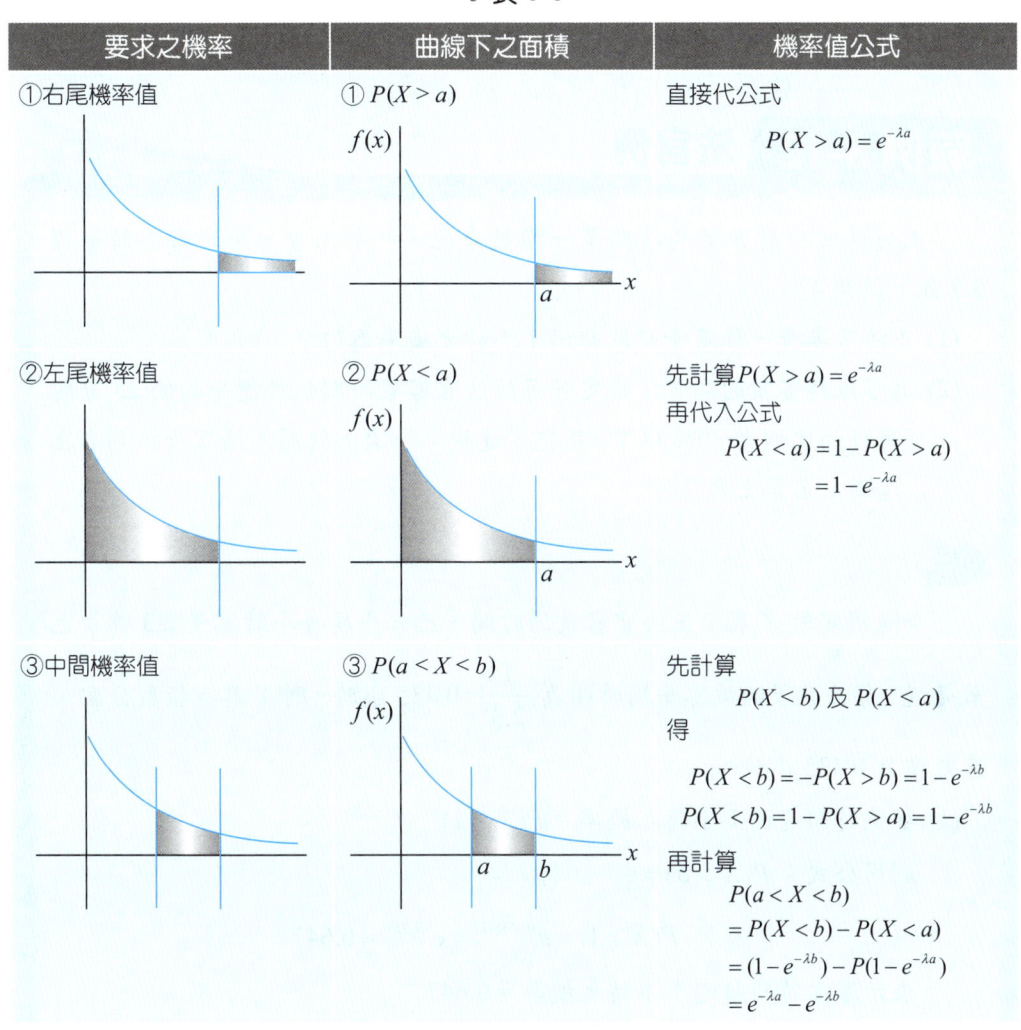

要求之機率	曲線下之面積	機率值公式
①右尾機率值	① $P(X > a)$	直接代公式 $P(X > a) = e^{-\lambda a}$
②左尾機率值	② $P(X < a)$	先計算 $P(X > a) = e^{-\lambda a}$ 再代入公式 $P(X < a) = 1 - P(X > a)$ $= 1 - e^{-\lambda a}$
③中間機率值	③ $P(a < X < b)$	先計算 $P(X < b)$ 及 $P(X < a)$ 得 $P(X < b) = -P(X > b) = 1 - e^{-\lambda b}$ $P(X < b) = 1 - P(X > a) = 1 - e^{-\lambda b}$ 再計算 $P(a < X < b)$ $= P(X < b) - P(X < a)$ $= (1 - e^{-\lambda b}) - P(1 - e^{-\lambda a})$ $= e^{-\lambda a} - e^{-\lambda b}$

由上表可知，要計算指數隨機變數的機率值，只要代入相關的公式即可。除了機率值外，指數隨機變數的期望值與變異數，經過計算後分別為 $\dfrac{1}{\lambda}$ 及 $\dfrac{1}{\lambda^2}$，這也是兩個常見的公式。

實用統計學

指數隨機變數的平均數與變異數

$$\mu = E(x) = \frac{1}{\lambda} \quad 及 \quad \sigma^2 = V(x) = \frac{1}{\lambda^2}$$

範例 8-12　法官例

王姓法官出庭審案的時間呈一指數分配，一般而言，平均每小時審理 2.3 件。請問：

(1) 王法官審查一件案子時間超過 1 小時之機率為何？

(2) 為了維持審案的品質，規定若每位法官審案時間低於總平均的 25 分鐘/每件的比例在 30% 以下，須記「違規」一次。請問王法官會被列名在「違規」名單上嗎？

解

令隨機變數 X 表示王法官審案的時間，已知平均每小時審案 2.3 件，也就是說，每件案子的被審平均時間為 $\frac{1}{2.3} = 0.435$ 小時，則 X 具有指數分配，參數值為 0.435 小時。

(1) 審案時間超過 1 小時之機率 = $P(X > 1)$

利用公式：$P(X > a) = e^{-\lambda a}$，得

$$P(X > 1) = e^{-0.435(1)} = e^{-0.435} \approx 0.647$$

表示審案時間超過 1 小時之機率 = 0.647。

(2) 平均審案時間 = 0.435 小時，則審案時間低於 25 分鐘 (0.416 小時) 之機率為

$$\begin{aligned}P(X < 0.416) &= 1 - P(X > 0.416) \\ &= 1 - e^{-(0.435)(0.416)} \\ &= 1 - 0.834 \\ &= 0.166\end{aligned}$$

結論：王法官審案時間小於 25 分鐘之比例為 16.6%，小於規定的 30%。所以他不會被列名在「違規」名單。

範例 8-13　通話時間例

電信局的紀錄指出：公共電話的通話時間是指數分配，平均每分鐘 0.125 通。珍妮到達公共電話亭之前，正好有人剛使用該電話：
(1) 珍妮必須等 10 分鐘以上的機率 = ？
(2) 等候時間在 8～15 分鐘的機率 = ？

解

隨機變數 X 表示公共電話的通話時間，分佈為指數分佈；參數是 $\lambda = 0.125$。

(1) $P(X > 10) = e^{-10*0.125} = e^{-1.25} = 0.2865$

(2) $P(8 < X < 15) = P(X > 8) - P(X > 15)$
$= e^{-8*0.125} - e^{-15*0.125} = e^{-1} - e^{-1.875} = 0.2145$

8-3　二項分配與常態分配的關係

在二項分配中，我們所借重的「二項機率分配表格」，決定於 n 及 p 的值；當 n 太大時，表格是無法陳列出所有的機率值的。因此本書的二項分配附表（附表一），只有陳列至 $n = 20$ 的情況。當 $n > 20$ 時，我們必須以「常態分配的近似機率值」，來表示所要計算的二項分配。也就是說，當 n 很大時，常態分配是二項分配的近似分配。

在實際應用時，要計算二項分配的機率值，若採用「常態分配」來取代「二項分配」，其嚴謹的條件是：(1) 當 $p \le 0.5$ 且 $np > 5$，或是 (2) $p > 0.5$ 且 $n(1-p) > 5$。可是二項分配是「離散型」的分配，常態分配是「連續型」的分配，如何「以連續型的分配來取代離散型的分配」呢？很明顯的一個現象就是：具有常態分配的連續型隨機變數，在個別一點的機率值等於 0；可是具有二項分配的離散型隨機變數，在個別一點有其機率值，這個值不一定是 0。因此，如果要以連續型的分配來取代離散型的分配，必須作「連續性的修正」。

8-3-1 常態分配為二項分配的近似分配

若隨機變數 X 具有二項分配,參數為 n 與 p,其中 n, p 滿足下列兩個條件之一:

1. $p \leq 0.5$ 且 $np > 5$,或
2. $p > 0.5$ 且 $n(1-p) > 5$

則「二項分配」參數為 n, p 之隨機變數 X,可以「常態分配」,平均值為 np,變異數為 $np(1-p)$ 來近似。要計算二項分配的機率值時,則必須作「連續性的修正」,才可以利用「常態分配」來取代「二項分配」。

連續性修正

若隨機變數 X 具有二項分配,參數為 n 與 p,當以常態分配 (平均值為 np,變異數為 $np(1-p)$) 取代二項分配時,所求的二項機率值,如果端點值包含在要計算的機率區間內,就必須作連續性的修正:連續性修正中的 0.5,稱為連續性調整因子。

❖ 表 8-7

二項機率值 $X \sim B(n, p)$	範圍	連續性修正範圍	常態近似機率值 $X \approx N(np, np(1-p))$
$P(X = a)$	$X = a$	$a - 0.5 < X < a + 0.5$	$P(a - 0.5 < X < a + 0.5)$
$P(X \leq b)$	$X \leq a$	$X < b + 0.5$	$P(X < b + 0.5)$
$P(X \geq a)$	$X \geq a$	$X > a - 0.5$	$P(X > a - 0.5)$
$P(a \leq X \leq b)$	$a \leq X \leq b$	$a - 0.5 < X < b + 0.5$	$P(a - 0.5 < X < b + 0.5)$

除了上面的幾種連續性修正情況外,還有一些情況,是要先改變要求的機率範圍後再作連續性修正。例如,在二項機率值中,$P(X < 10)$ 與 $P(X \leq 9)$ 是一樣的。可是如果以常態分配來取代時,必須採用 $P(X \leq 9)$,同時作連續性的修正,才可以得到較為精確的近似值。表 8-8 是一些常見的機率值情況。

✤ 表 8-8

二項機率值 $X \sim B(n, p)$	範圍	真實範圍	連續性修正範圍	常態近似機率值 $X \approx N(np, np(1-p))$
$P(X < b)$	$X < b$	$X \leq b - 1$	$X < (b - 1) + 0.5$	$P(X < b - 0.5)$
$P(X > a)$	$X > a$	$X \geq a + 1$	$X > (a + 1) - 0.5$	$P(X > a + 0.5)$
$P(a < X < b)$	$a < X < b$	$a + 1 \leq X \leq b - 1$	$(a+1) - 0.5 < X < (b-1) + 0.5$	$P(a + 0.5 < X < b - 0.5)$

範例 8-14　員工福利

勞委會公佈顯示 90% 的中小型企業會提供員工福利。於是勞工總會隨機抽取了 100 家中小型企業為樣本，對此 100 家中小型企業而言，我們要探討以下的機率問題：

(1) 恰有 90 家提供福利給員工的機率為何？
(2) 至多有 95 家公司提供福利給員工的機率為何？
(3) 勞工總會預期有多少企業會提供福利給員工？
(4) 在 100 家企業中，有提供福利的企業數量在平均數之 3 個標準差之內的機率為何？

解

隨機變數 X 表示 100 家企業中，有提供員工福利的公司數，則 X 屬於二項分配 ($n = 100$，$p = 0.9$)，因為 $p > 0.5$ 且 $n(1-p) = 10 > 5$，所以可用常態分配來近似二項，此時 X 具有近似常態分配，平均數 $= np = 90$，變異數 $= np(1-p) = 9$。

(1) 恰有 90 家公司提供員工福利之機率 $= P(X = 90)$。將此機率範圍作連續性修正，則近似機率值為

$$P(X = 90) \approx P(90 - 0.5 < X < 90 + 0.5)$$

再利用常態隨機變數計算機率的方式，機率值可以化簡如下：（X 屬於近似常態分配，平均數 $= 90$，變異數 $= 9$）

$$P(89.5 < X < 90.5) = P(\frac{89.5 - 90}{3} < Z < \frac{90.5 - 90}{3})$$
$$= P(-0.167 < Z < 0.167) = 0.1326$$

表示 100 家企業中，恰有 90 家，提供福利的機率 = 13.26%。

(2) 至多有 95 家公司提供員工福利的機率 = $P(X \leq 95)$。將此機率範圍作連續性修正，則近似機率值為

$$P(X \leq 95) \approx P(X < 95 + 0.5)$$

再利用常態隨機變數計算機率的方式，以此將機率值簡化如下：

$$P(X < 95 + 0.5) = P(X < 95.5) = P(Z < \frac{95.5 - 90}{3})$$
$$= P(Z < 1.833) = 0.9666$$

(3) X 的平均數 = 90，表示平均有 90 家提供了員工福利。

(4) 提供員工福利的企業公司數在 3 個標準差間之機率為

$$P(90 - 9 < X < 90 + 9)$$

將此機率範圍作連續性修正，則近似機率值為

$$P(81 < X < 99) = P(82 \leq X \leq 98) \approx P(81.5 < X < 98.5)$$

再利用常態隨機變數計算機率的方式，以將此機率值簡化如下：

$$P(81.5 < X < 98.5) = P(\frac{81.5 - 90}{3} < Z < \frac{98.5 - 90}{3})$$
$$= P(-2.83 < z < 2.83) = 0.9954$$

表示 100 家企業中，有 99.54% 之機率顯示：81～99 家企業會提供員工福利。

範例 8-15　退學例

某大學的資料顯示，有 80% 的退學生是因為請假過多造成操行不及格而退學。現隨機抽選 50 位退學生為樣本。則：

(1) 恰有 35 人是因為操行不及格而退學之機率為何？
(2) 少於 30 人是因為操行不及格而退學之機率為何？
(3) 40（不含）~ 45（含）人是因為操行不及格而退學之機率為何？
(4) 這 50 位中，預期有幾位是因為操行不及格而退學？
(5) 因操行不及格而退學的人數在平均值之一個標準差之內的機率為何？

解

令隨機變數 X 表示 50 位退學生中，操行不及格的人數，則 X 為二項隨機變數，$n = 50$，$p = 0.8$。因為 $n(1-p) = 10 > 5$，滿足近似條件，所以可以用常態分配來近似二項分配，同時必須作連續性修正。此時 X 具有近似常態分配，

$$平均數 = np = 40$$
$$變異數 = np(1-p) = 8$$

(1) 恰有 35 人操行成績不及格而退學之機率為 $P(X = 35)$。將此機率範圍作連續性修正，則近似機率值為

$$P(X = 35) \approx P(35 - 0.5 < X < 35 + 0.5)$$

再利用常態隨機變數計算機率的方式，可以將此機率值簡化如下：

$$P(34.5 < X < 35.5) = P(\frac{34.5 - 40}{\sqrt{8}} < Z < \frac{35.5 - 40}{\sqrt{8}})$$
$$= P(-1.95 < Z < -1.59)$$
$$= P(1.59 < Z < 1.95) = 0.0303$$

(2) 少於 30 人操行成績不及格而退學之機率為 $P(X < 30)$。將此機率範圍作連續性修正，則近似機率值為

$$P(X < 30) = P(X \leq 29) \approx P(X < 29 + 0.5)$$

再利用常態隨機變數計算機率的方式，可以將此機率值簡化如下：

$$P(X < 29.5) = P(Z < \frac{29.5 - 40}{\sqrt{8}}) = P(Z < -3.712)$$
$$= P(Z > 3.712) = 0.0001$$

(3) 40～45 (含) 人操行成績不及格而退學之機率為 $P(40 < X \leq 45)$。將此機率範圍作連續性修正，則近似機率值為

$$P(40 < X \leq 45) = P(41 \leq X \leq 45) \approx P(41 - 0.5 < X < 45 + 0.5)$$

再利用常態隨機變數計算機率的方式，可以將此機率值簡化如下：

$$\begin{aligned} P(40.5 < X < 45.5) &= P(\frac{40.5 - 40}{\sqrt{8}} < Z < \frac{45.5 - 40}{\sqrt{8}}) \\ &= P(0.18 < Z < 1.95) \\ &= 0.403 \end{aligned}$$

(4) 平均數 = 50 * 0.8 = 40，表示 50 位退學生中，預期有 40 位是因為操行不及格而退學。

(5) 平均數 = 40，標準差為 2.83，則操行成績不及格而被退學之人數在 (40 − 2.83, 40 + 2.83) 間之機率為 $P(38 \leq X \leq 42)$。將此機率範圍作連續性修正，則近似機率值為

$$P(38 \leq X \leq 42) \approx P(38 - 0.5 < X < 42 + 0.5)$$

再利用常態隨機變數計算機率的方式，可以將此機率值簡化如下：

$$\begin{aligned} P(37.5 < X < 42.5) &= P(\frac{37.5 - 40}{\sqrt{8}} < Z < \frac{42.5 - 40}{\sqrt{8}}) \\ &= P(-0.884 < Z < 0.884) \\ &= 0.6233 \end{aligned}$$

8-4 Excel 應用例 —— 查詢常態分配值、指數值

8-4-1 常態分配值

在 Excel 中，常態分配、標準常態分配、相關的機率值、Z 值，均可利用函數得知；其相關的函數名稱、參數輸入值整理於表 8-9、表 8-10。

【說明】 Excel 中函數的選取步驟：『公式』→『插入函數』→選取類別『統計』。

◆ 表 8-9　常態分配的 Excel 函數

	計算機率值		查詢常態值	
函數名稱	NORM.DIST	常態分配	NORM.INV	反向常態分配
輸入值	X	常態值	Probability	左側機率值
	Mean	平均數	Mean	平均數
	Standard_dev	標準差	Standard_dev	標準差
	Cumulative	是否為累加機率值		

【說明】 Cumulative = True ── 計算左側累加機率值。

　　　　 Cumulative = False ── 計算機率密度函數值。

◆ 表 8-10　標準常態分配的 Excel 函數

	計算左側機率值		查詢常態值	
函數名稱	NORM.S.DIST	標準常態分配	NORM.S.INV	反向標準常態分配
輸入值	Z	常態值	Probability	左側機率值
	Cumulative	True：左側機率值 False：機率密度函數值		

範例 8-16　標準常態查表，Excel 例

利用 Excel 函數，執行範例 8-5 的各小題：(1) $P(Z > 1.28)$；(2) $P(Z > -1.28)$。

解

本題求右側機率，利用函數『NORM.S.DIST』：

(1) $P(Z > 1.28) = 1 - $ NORM.S.DIST$(1.28, \text{True}) = 1 - 0.89972 = 0.10028$。

(2) $P(Z > -1.28) = 1 - $ NORM.S.DIST$(-1.28, \text{True}) = 1 - 0.10027 = 0.89973$。

範例 8-17　反向標準常態查表，Excel 例

利用 Excel 函數，執行範例 8-8 的 (1)～(3) 小題：
(1) $P(Z > m) = 0.05$，求 m。
(2) $P(Z < t) = 0.975$，求 t。
(3) $P(0 < Z < r) = 0.49$，求 r。

解

利用函數『NORM.S.INV』：
(1) 本題求右側機率 $= 0.05$，$m = $ NORM.S.INV$(1 - 0.05) = 1.64485$。
(2) 本題求左側機率 $= 0.975$，$t = $ NORM.S.INV$(0.975) = 1.95996$。
(3) 本題之左側機率 $= 0.99$，$r = $ NORM.S.INV$(0.999) = 2.32635$。

範例 8-18　入學成績，Excel 例

利用 Excel 函數執行範例 8-9 的各小題：
(1) 如果吳同學的入學成績為 375 分，請問他在新生中的排名為何？
(2) 學校要發獎學金給新生入學成績的前 1%，請問受獎者的最低分為多少？

解

(1) 利用函數『NORM.DIST』，平均分數為 350 分，標準差為 15 分中，計算成績低於 375 分之機率。輸入參數值分別為：(a) X = 375；(b) Mean = 350；(c) Standard_dev = 15；(d) Cumulative = True。計算結果為 0.9522。

✦ 圖 8-11

(2) 利用函數『NORM.INV』，平均分數為 350 分，標準差為 15 分中，計算左側機率值 = 0.99 的入學成績。輸入參數值分別為：(a) Probability = 0.99；(b) Mean = 350；(c) Standard_dev = 15。計算結果為 384.8952。

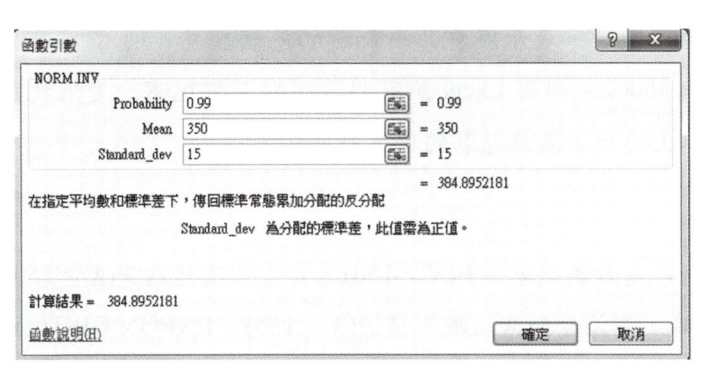

✚ 圖 8-12

8-4-2 指數值

在 Excel 中，指數分配，相關的機率值、指數值，可利用函數得知；其相關的函數名稱、參數輸入值整理於表 8-11。

Excel 選項： 選取『公式』→『插入函數』→選取類別『統計』。

✚ 表 8-11　指數分配的 Excel 函數

	計算機率值	
函數名稱	EXPON.DIST	指數分配
輸入值	x	指數值
	Lambda	參數值
	Cumulative	是否為累加機率值

【說明】Cumulative = True ── 計算左側累加機率值。

　　　　Cumulative = False ── 計算機率密度函數值。

範例 8-19　瑕疵品例，Excel 例

製鞋廠的品管人員，負責包裝的生產線，平均每 500 雙就有 1 雙是瑕疵品，令隨機變數 X，表示瑕疵品出現前的包裝數量。則 X 具有指數分配，參數值 λ 為 0.002。利用 Excel 函數回答問題：出現下一雙瑕疵品之前，共有 150 雙以上的正常品被包裝的機率為何？

解

本題所求為右側機率 $= P(X \geq 150)$。首先，改寫為 $P(X \geq 150) = 1 - P(X < 150)$；同時，查詢左側累加機率值 $P(X < 150) =$ EXPON.DIST(150, 0.002, 1) $= 0.25918$。其次，計算右側機率機率值：

$$P(X \geq 150) = 1 - P(X < 150) = 0.25918 = 0.74082$$

8-5　章節架構圖說明：連續隨機變數 ──《運動例》

在目前流行的有氧健康運動中心，有 60% 的會員是上班族，他們平均來運動的間隔時間是每 3 天 1 次，而且這些上班族的平均年齡為 35 歲，標準差為 8 歲。

連續隨機變數的機率問題

(1) 到運動中心的上班族，年齡 > 50 的比例如何？
(2) 到運動中心的上班族，運動間隔時間 > 1 天之比例為何？
(3) 隨機取樣 200 名運動中心的會員，其中恰有 100 人為上班族之率為何？

章節架構圖 vs. 案例說明

(1) 到運動中心的上班族，年齡 > 50 的比例如何？	常態機率分配 → 常態分配 　　　　　　　→ 標準常態分配

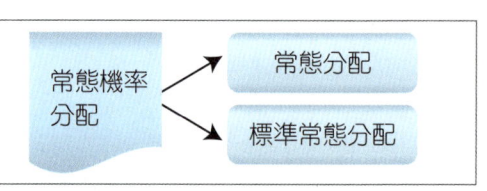

解

令隨機變數 X 表示有氧運動中心的會員年齡，若 X 具有常態分配，平均值為 35 歲，標準差為 8 歲。年齡 50 的比例 = $P(X > 50)$。利用 Excel 函數 NORM.DIST (50, 35, 8, 1) 計算 $P(X \leq 50) = 0.9696$；再利用關係式：$P(X > 50) = 1 - P(X \leq 50)$，即可得到 $P(X > 50) = 0.0304$。

(2) 到運動中心的上班族，運動間隔時間 > 1 天之比例為何？

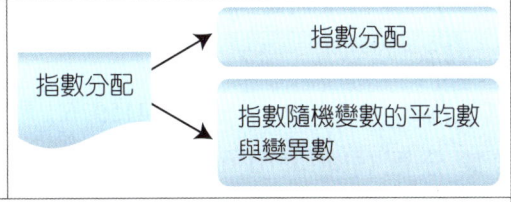

解

令隨機變數 Y 表示會員到運動中心的間隔時間，已知平均值為 3 天，則 Y 具有指數分配，參數值 $\lambda = 3$ 天。因此，間隔時間 > 1 天之比例等於 $P(X > 1)$。利用 Excel 函數 EXPON.DIST(1, 3, TRUE)，所得到的是 $P(X \leq 1) = 0.9502$，再利用關係式：$P(X > 1) = 1 - P(X \leq 1)$，即可得到 $P(X > 1) = 0.0498$。

(3) 隨機取樣 200 名運動中心的會員，其中恰有 100 人為上班族之機率為何？

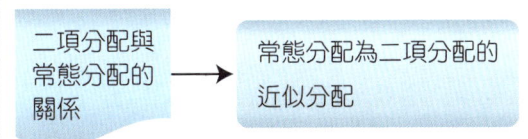

解

隨機變數 X，表示 200 位會員中，上班族之人數，則 X 具有二項分配，$n = 200$，$p = 0.6$，同時 $n(1 - p) = 80 > 5$，符合近似原則，所以 X 的機率分配可以近似為常態分配，平均值 = $np = 120$，變異數 = $np(1 - p) = 48$，標準差 = 6.928。200 位會員中，恰有 100 位是上班族之機率為 $P(X = 100)$。

將此機率範圍作連續性修正，則近似機率值為

$$P(X = 100) \approx P(100 - 0.5 < X < 100 + 0.5)$$
$$= P(99.5 < X < 100.5) = P(X < 100.5) - P(X < 99.5)$$

利用 Excel 查詢 $P(X < 100.5) = 0.0024$ 與 $P(X < 99.5) = 0.0015$：

$$P(99.5 < X < 100.5) = 0.0009$$

名詞解釋

機率密度函數 (probability density function)：函數 $f(x)$ 具有下列性質：

1. $f(x) \geq 0$，且 $y = f(x)$ 之圖形為平滑曲線。
2. $y = f(x)$ 之曲線下所涵蓋的面積等於 1，$\int_{-\infty}^{\infty} f(x)dx = 1$。

常態分配 (normal distribution)：若連續隨機變數 X 具有機率密度函數 $f(x) = \frac{1}{\sqrt{2\pi}\sigma} * \exp\left(-\frac{(x-\mu)^2}{2\sigma^2}\right)$，$-\infty < x < \infty$，其中 exp 稱為「自然指數」，通常以「$e$」表示，其值為 $e = 2.71828...$，$\pi = 3.1415926...$，平均數 $= \mu$，變異數 $= \sigma^2$。

標準常態分配 (standard normal distribution)：隨機變數 Z 之機率密度函數 $f(z) = \frac{1}{\sqrt{2\pi}} * e^{-\frac{z^2}{2}}$，$-\infty < z < \infty$。平均數 $= 0$，變異數 $= 1$。

指數分配 (exponential distribution)：隨機變數 X 之機率密度函數為

$f(x) = \lambda e^{-\lambda x}$，$x \geq 0, \lambda > 0$

平均數 $= \mu = E(x) = \frac{1}{\lambda}$，變異數 $= \sigma^2 = V(x) = \frac{1}{\lambda^2}$。

練習題

8-1 在台北車站的公車站，如果一乘客到站的時間是在 6:00（含）~ 6:30（含）之間。令隨機變數 X 表示乘客在 6:00 以後到公車站的「分」鐘數，則 X 的機率密度函數為何？

8-2 在 8-1 題，如果一乘客到站的時間是在 6:20（含）~ 7:00（含）之間。令隨機變數 X 表示乘客在 6:20 以後到公車站的「分」鐘數，則 X 的機率密度函數為何？

8-3 已知火車到站的時間是 10:30；一乘客於上午 10:00 ~ 10:30 間到達火車站。令隨機變數 X 表示乘客在 10:00 ~ 10:30 間到達火車站的「分」鐘數。
 (1) X 的機率密度函數為何？
 (2) 候車的時間超過 10 分鐘的機率為多少？

8-4 在 8-3 題中：
 (1) 該乘客等車時間平均數 = ？標準差 = ？

(2) 該乘客等車時間在平均數 ± 標準差間的機率 = ?

8-5 隨機變數 X 表示某一地區年降雨量，X 呈現常態分佈；參數是 $\mu = 10$，$\sigma^2 = 4$ (單位：公釐)。
(1) 一年降雨量超過 15 公釐屬於多雨年，計算多雨年發生的機率。
(2) 一年降雨量低於 2.5 公釐屬於乾旱年，計算乾旱年發生的機率。
(3) 一年降雨量介於 $\mu \pm 1.5\sigma$ 屬於正常年，計算正常年發生的機率。

8-6 經濟系學生 100 人，經濟學考試成績之分佈為常態分佈；參數是 $\mu = 65$，$\sigma = 12$。
(1) 經濟系系上想要頒發書卷獎給成績前 1% 的學生，獲獎同學的最低分 = ?
(2) 經濟系老師很熱心的要幫忙成績不理想的同學，預計輔導後段的 10% 同學。請問經濟系學生成績低於幾分就要接受輔導？

8-7 範例 8-12 法官例中：
(1) 王法官審案時間低於 0.5 小時之機率為何？
(2) 王法官審案時間在平均數的一個標準差之內的機率為何？

8-8 汽車廠維修師指出：一汽車在變成破銅爛鐵之前所能行駛的里程數為參數是 $\frac{1}{20}$ (單位：萬公里) 的指數隨機變數。
(1) 金風有一輛行駛不到 30,000 公里的汽車，請問其使用率 = ?
(2) 若雅宣買了該車，試求在車輛報廢之前，它能再行駛 40,000 公里的機率為多少？

8-9 去年某大學新生中，經由「申請入學」錄取的人數有 180 人。依過去的經驗：在被通知錄取的學生中，有 60% 會到校註冊入學。今年該校錄取了申請入學的學生 250 位，請問「申請入學」被錄取者，會到校註冊的學生超過 180 人的機率為多少？

8-10 某醫學研究單位，針對某一種飲食療法降低膽固醇的效力，徵求了 100 個人進行此種飲食療法，經過足夠長的一段時間，記錄他們的膽固醇。如果進行飲食療法後，至少有 60% 的人確實降低膽固醇含量，那麼進行此試驗的研究單位才會贊同推行此種飲食療法。如果實際上此療法對膽固醇的降低沒有任何效力，而研究單位將會贊同此新療法的機率為多少？

8-11 隨機變數 X 表示某半導體公司所生產之電腦晶片的壽命，X 呈現常態分佈，參數 $\mu = 2.4 * 10^6$ 小時，$\sigma = 2 * 10^5$ 小時。
(1) 電腦晶片壽命少於 $1.8 * 10^6$ 小時的機率？
(2) 100,000 個晶片的一批產品中至多 100 個晶片，其壽命少於 $1.8 * 10^6$ 小時的機率為多少？

8-12 隨機變數 X，其機率值為二項分配 $n = 300$，$p = 0.23$，試利用 Excel 查詢 $P\{X \le 75\}$ 的值。然後再將此值與常態近似值相比較。

CHAPTER 9

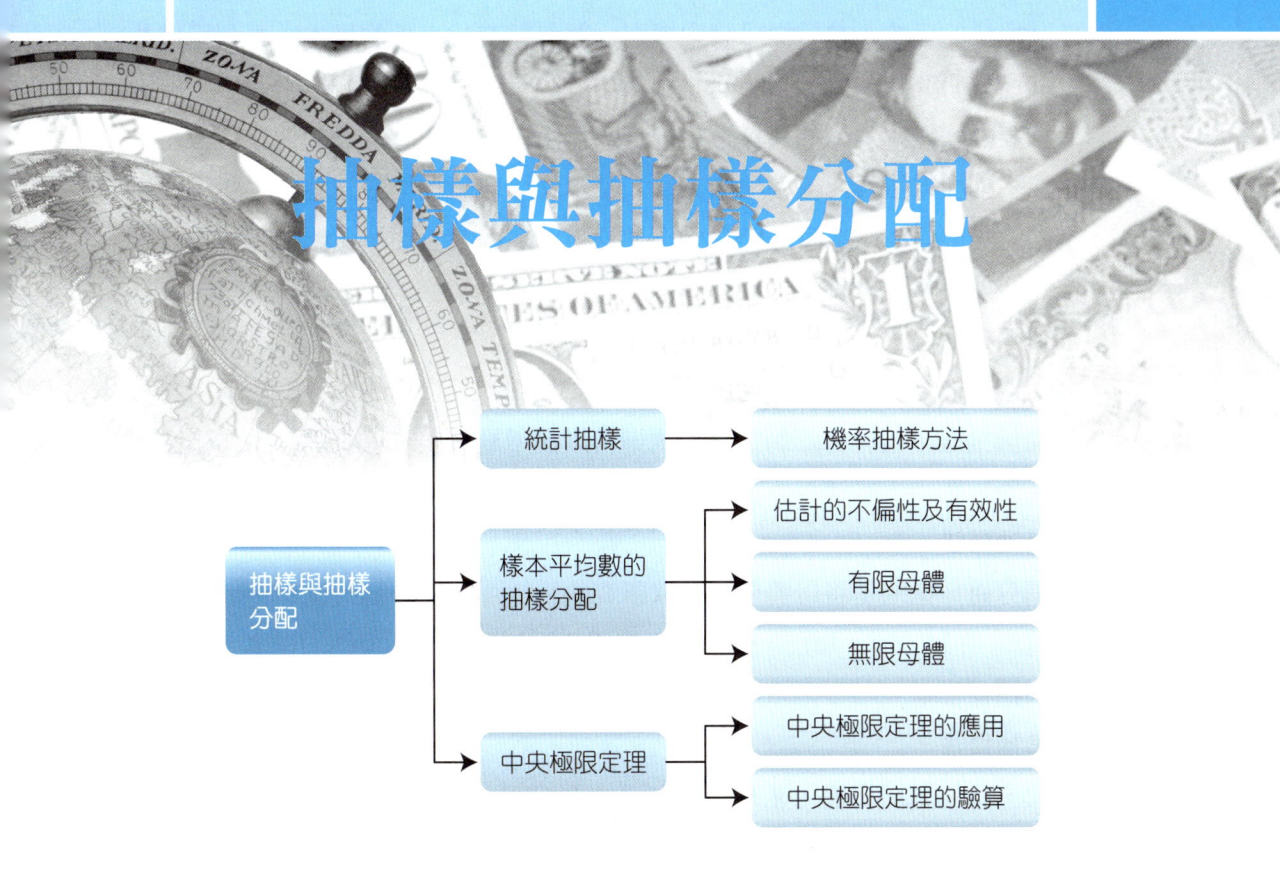

抽樣與抽樣分配

```
抽樣與抽樣分配 ┬─ 統計抽樣 ───→ 機率抽樣方法
              │
              ├─ 樣本平均數的 ┬→ 估計的不偏性及有效性
              │   抽樣分配    ├→ 有限母體
              │              └→ 無限母體
              │
              └─ 中央極限定理 ┬→ 中央極限定理的應用
                              └→ 中央極限定理的驗算
```

　　統計問題的研究對象──母體，通常是大而未定的群體，如果要對母體的平均數（或變異數）作推測（估計與檢定），則我們必須了解樣本平均數（或樣本變異數）的可能變化範圍。而統計抽樣的目的，在於描述這些從母體中取出的樣本特性，這些抽樣的各種可能現象，經由「樣本統計量」及其機率分配來描述，稱之為「抽樣分配」。例如，樣本平均數的抽樣分配，可以作為其估計母體平均數的基礎。

　　同時，經由統計隨機抽樣所得的「樣本統計量」，必須符合估計量的特性：不偏性、有效性。當樣本數夠大時，平均數估計量的抽樣分配將趨於常態分配。

9-1 統計抽樣

統計抽樣的目的，在於從母體中擷取一部份具有代表性的樣本；再利用這些樣本及其所要研究的母體參數，建立出樣本統計量及其抽樣分配。因此，如何擷取具有代表性，無偏差的抽樣樣本，則是一個重要的課題。一般的抽樣方法，有兩類：機率抽樣方法與非機率抽樣方法，其中又以機率抽樣較為客觀，所得的樣本，稱之為隨機樣本。本節謹針對機率抽樣方法作簡介：簡單隨機抽樣法、分層抽樣法、群集抽樣法、系統抽樣法。

1. **簡單隨機抽樣法**

   將母體中的每一元素，被抽出的機率視為相同時，這種的抽樣方法稱之為簡單隨機抽樣。至於實際的抽樣方式則可以採用亂數表或以電腦輔助作隨機抽樣。

2. **分層抽樣法**

   所謂分層，指的是將母體依某種欲研究的特性加以區分為幾個類別，稱之為「層」。在每一層 (類別) 中，採用簡單隨機抽樣法，所獲得的樣本，稱之為分層抽樣樣本。

3. **群集抽樣法**

   群集，指的是將母體，依地域性區分為幾個區域，稱之為「群集」。在每一群集 (區域) 中，採用隨機抽樣法，所獲得的樣本，稱之為群集抽樣樣本。

4. **系統抽樣法**

   所謂系統抽樣法，指的是先將母體的元素隨機排列，接著再依據某種規則 (如：一定間隔) 來作抽樣。

【註】一般實際在作抽樣調查時，會同時採用上述的多種抽樣方法，以期發揮每一方法的優點，使得所擷取出的樣本具有代表性。

9-2 樣本平均數的抽樣分配

通常，研究問題的母體參數值 (母體平均數或母體變異數) 是未知的，我們必須從樣本中來得到相關的資訊。這種從樣本中計算得到的值為「樣本統計量」，

例如，樣本平均數、樣本變異數，可以用來作為相對應的母體參數值之估計值。也就是說：

用樣本平均數去估計母體平均數 μ；

用樣本變異數去估計母體變異數 σ^2。

其中又以樣本平均數最為常用，因為它不僅說明了資料的集中趨勢，同時也是母體平均數的不偏點估計式，並且具有估計的有效性(其變異數是所有估計式中的最小值)。本節將對經由統計隨機抽樣所得的樣本平均數的「不偏性」及「有效性」兩個特性，分別驗算：

1. **估計的不偏性**

    樣本平均數的期望值 = 母體平均數，以 $\mu_{\overline{X}}$ 表示樣本平均數，則

    $$\mu_{\overline{X}} = E(\overline{X}) = \mu$$

2. **估計的有效性**

    樣本平均數的變異數 = $\dfrac{1}{n}$ *母體變異數，以 $\sigma_{\overline{X}}^2$ 表示樣本平均數的變異數，則

    $$\sigma_{\overline{X}}^2 = \text{Var}(\overline{X}) = \dfrac{\sigma^2}{n}$$

其中 n 表示樣本數。

估計的有效性，有另外的表示法：

樣本平均數的標準差 $\dfrac{1}{\sqrt{n}}$ *母體標準差，以 $\sigma_{\overline{X}}$ 表示樣本平均數的標準差，則

$$\sigma_{\overline{X}} = \sqrt{\sigma_{\overline{X}}^2} = \dfrac{\sigma^2}{\sqrt{n}}$$

【註】以下的兩小節，將母體區分為有限母體及無限母體來探討。其中的有限母體，其取樣方式只針對「重複性」取樣作介紹，所以樣本標準差毋需作修正。

在統計抽樣模擬實驗中，我們必須要有的基本概念是：

1. 抽樣來自何種母體(其母體分配為何)？
2. 抽樣的樣本數 n 為何？通常 $n \geq 30$，稱之為大樣本。
3. 在每個樣本內，隨機取樣值為何？通常取值 50 個以上，以確保樣本的隨機性。

母體有所謂有限母體與無限母體之分。以下的分析將對這兩部份詳細說明之。

9-2-1 有限母體

有限母體指的是母體中之元素個數為有限個。當我們從有限母體中，採取「可重複」的隨機取樣時，抽取的樣本數就決定了抽樣值的個數。此類有限母體的抽樣，可以用來驗算樣本平均數的兩大估計特性：不偏性及有效性。在驗算的過程中，首先需要計算母體 (分配) 的參數值──母體平均數 μ，以及母體變異數 σ^2。另外在每次的完全取樣後 (取決於 n 的大小)，相對應的樣本平均數也可以獲得其抽樣分配；經由此抽樣分配，樣本平均數的期望值，變異數也相對地可以計算得之。

有限母體中的抽樣

例如：排版公司裡有 4 個職員，他們的打字錯誤率分別為 1 個字、2 個字、3 個字、4 個字 (單位：每 30 字)；此時「母體」表示這 4 位職員的打字錯誤率，是一個含有元素 1, 2, 3, 4 的有限集合，而且每位職員被派任的機會都是相等的 (派任機率都是 0.25)。

當我們從有限母體中採取可重複的隨機取樣時，則抽取的樣本數就決定了抽樣值的個數：例如：連續 2 天 (樣本數 = 2) 的打字工作，每天隨機的派任 4 名職員中的一位，則 2 天裡，職員的分派情形共有 16 種可能現象。同理，連續 3 天 (樣本數 = 3) 的打字工作，每天隨機的從 4 名職員中派任，則共有 64 種可能現象。在未來 n 天的代客打字工作，每天主管隨意派任這 4 位職員中的任一位去執行打字工作，則所有的取樣情況為何？

在 n 天的打字工作裡，每一天，不同的職員都有相等的機會被派任，令隨機樣本 $X_1, X_2, \ldots, X_n$ 表示每一天的打字錯誤率，則打字錯誤率的樣本數量，則隨著 n 值呈指數的增加。例如：

$n = 2$ (2 天)，樣本 X_1, X_2 共有 16 種可能的打字錯誤率；

$n = 3$ (3 天)，樣本 X_1, X_2, X_3 共有 64 種可能的打字錯誤率；

Chapter 9　抽樣與抽樣分配

$n = 4$（4 天），樣本 X_1, X_2, X_3, X_4 共有 256 種可能的打字錯誤率。

一般而言，樣本 $X_1, X_2, X_3, ..., X_n$ 共有 4^n 種可能的打字錯誤率。

範例 9-1　打字錯誤率

前述的打字例題，母體是含有 1, 2, 3, 4 的有限集合。從此母體中，重複取樣 n 次，並計算樣本平均數的抽樣分配、平均數，以及標準差；同時驗算樣本平均數的估計特性——不偏性及有效性。

解

首先，需要知道的是母體參數值。因為母體是均等分配的有限集合；可以計算出：母體平均數 $\mu = 2.5$，及母體變異數 $\sigma^2 = 1.25$。

其次，驗算樣本平均數的估計特性——不偏性及有效性。其中無論是不偏性：$\mu_{\overline{X}} = E(\overline{X}) = \mu$ 或是有效性：$\sigma^2_{\overline{X}} = \text{Var}(\overline{X}) = \dfrac{\sigma^2}{n}$ 的驗算，都需要產生「樣本平均數的抽樣分配」。當取樣的樣本數 n 愈大時，抽樣項數極為眾多，例如，打字例題的母體元素共有 4 個數，從母體中重複取樣 n 次，則有 4^n 項。$n = 1$ 的抽樣就是母體本身；本例題只執行了 $n = 2, 3, 4$ 的情形。

❖ 表 9-1　有限母體中，抽樣樣本及其樣本平均數值

(a) $n=2$			(b) $n=3$				(c) $n=4$				
x_1	x_2	$\overline{X}$	x_1	x_2	x_3	$\overline{X}$	x_1	x_2	x_3	x_4	$\overline{X}$
1	1	1	1	1	1	1	1	1	1	1	1
1	2	1.5	1	1	2	1.33	1	1	1	2	1.25
1	3	2	1	1	3	1.67	1	1	1	3	1.5
1	4	2.5	1	1	4	2	1	1	1	4	1.75
2	1	1.5	1	2	1	1.33	1	1	2	1	1.25
2	2	2	1	2	2	1.67	1	1	2	2	1.5
2	3	2.5	1	2	3	2	1	1	2	3	1.75
2	4	3	1	2	4	2.33	…共 256 項…				
3	1	2	…共 64 項…				4	4	3	1	3
3	2	2.5					4	4	3	2	3.25
3	3	3	4	3	3	3.33	4	4	3	3	3.5
3	4	3.5	4	3	4	3.67	4	4	3	4	3.75
4	1	2.5	4	4	1	3	4	4	4	1	3.25
4	2	3	4	4	2	3.33	4	4	4	2	3.5
4	3	3.5	4	4	3	3.67	4	4	4	3	3.75
4	4	4	4	4	4	4	4	4	4	4	4

$n = 2$，$\bar{X} = \dfrac{1}{2}(X_1 + X_2)$ 的抽樣分配，從表 9-1(a) 的抽樣結果整理如下：

$\bar{X}$	1	1.5	2	2.5	3	3.5	4
$P(\bar{X} = \bar{x})$	$\dfrac{1}{16}$	$\dfrac{2}{16}$	$\dfrac{3}{16}$	$\dfrac{4}{16}$	$\dfrac{3}{16}$	$\dfrac{2}{16}$	$\dfrac{1}{16}$

則 $\bar{X}$ 之平均數 $\mu_{\bar{X}} = E(\bar{X}) = 2.5$；變異數 $\sigma^2_{\bar{X}} = \mathrm{Var}(\bar{X}) = 0.625$；利用有效性得 $\sigma^2 / n = 1.25 / 2 = 0.625$；兩者一致。

$n = 3$，$n = 4$ 之樣本平均數 $\bar{X}$ 的抽樣分配，同樣地，也可以從表 9-1(b) 項及 (c) 項整理出來，並計算出平均數 $\mu_{\bar{X}}$ 及變異數 $\sigma^2_{\bar{X}}$。

結論：本例題，母體含有限個元素 (有限母體，母體平均數 $\mu = 2.5$，母體變異數 $\sigma^2 = 1.25$)，取樣數 $n = 2, 3, 4$ 所得到的樣本平均數之平均數 $\mu_{\bar{X}}$ 及變異數 $\sigma^2_{\bar{X}}$ 如表 9-2。

✤ 表 9-2

樣本數 n	$\mu_{\bar{X}}$	$\sigma^2_{\bar{X}}$	σ^2/n (有效性)
2	2.5	0.625	1.25/2
3	2.5	0.4167	1.25/3
4	2.5	0.3125	1.25/4

抽樣結果驗證了樣本平均數作為母體平均數的估計性質：

(1) 不偏性：$\mu_{\bar{X}} = \mu$

(2) 有效性：$\sigma^2_{\bar{X}} = \dfrac{\sigma^2}{n}$

【註】在打字例題中，如果 4 個職員被派任的機會，依著打字錯誤率有所不一樣，其機率分配為

X	1	2	3	4
$P(X = x)$	$\dfrac{1}{2}$	$\dfrac{1}{4}$	$\dfrac{1}{8}$	$\dfrac{1}{8}$

此時，母體平均數、母體變異數分別為

$$\mu = 1*\frac{1}{2} + 2*\frac{1}{4} + 3*\frac{1}{8} + 4*\frac{1}{8} = \frac{15}{8} = 1.875$$

$$\sigma^2 = (1^2*\frac{1}{2} + 2^2*\frac{1}{4} + 3^2*\frac{1}{8} + 4^2*\frac{1}{8}) - (\frac{15}{8})^2 = \frac{71}{64} = 1.1094$$

當取樣 2 次 ($n = 2$)，$\overline{X} = \frac{1}{2}(X_1 + X_2)$ 的抽樣共有 16 種情況，取樣值及機率值：如表 9-3(a) 與 (b)

表 9-3

(a) $\overline{X}$ 的取樣值 ($n = 2$)

X_1 \ X_2	1	2	3	4
1	1	1.5	2	2.5
2	1.5	2	2.5	3
3	2	2.5	3	3.5
4	2.5	3	3.5	4

(b) $\overline{X}$ 的機率值 ($n = 2$)

X_1 \ X_2	1	2	3	4
1	$\frac{1}{4}$	$\frac{1}{8}$	$\frac{1}{16}$	$\frac{1}{16}$
2	$\frac{1}{8}$	$\frac{1}{16}$	$\frac{1}{32}$	$\frac{1}{32}$
3	$\frac{1}{16}$	$\frac{1}{32}$	$\frac{1}{64}$	$\frac{1}{64}$
4	$\frac{1}{16}$	$\frac{1}{32}$	$\frac{1}{64}$	$\frac{1}{64}$

從表 9-3(a)、(b) 可以整理得到 $\overline{X}$ 的抽樣分配：($n = 2$)

$\overline{X}$	1	1.5	2	2.5	3	3.5	4
$P(\overline{X} = \overline{x})$	$\frac{1}{4}$	$\frac{1}{4}$	$\frac{3}{16}$	$\frac{3}{16}$	$\frac{5}{64}$	$\frac{1}{32}$	$\frac{1}{64}$

此時 $\overline{X}$ 的平均數 $\mu_{\overline{X}} = E(\overline{X}) = 1.875$；變異數 $\sigma_{\overline{X}}^2 = 0.5547$。與「不偏性」、「有效性」的理論一致。

(1) $\mu_{\bar{X}} = 1.875 = \mu$

(2) $\sigma^2_{\bar{X}} = 0.5547 = \dfrac{1.1094}{2}(\dfrac{\sigma^2}{n})$

9-2-2 無限母體

無限母體係指母體中之元素個數有無限個。從無限母體的抽樣，可以用來驗算「中央極限定理」，我們將在 9-3 節加以分析。本節我們的焦點在於從無限母體取樣後，計算其樣本平均數的平均值，當取樣數 n 愈大時，這個平均值 $\mu_{\bar{X}}$ 愈接近母體平均值 μ。

如果母體分配表示的是某公車站的候車時間，屬於 [1, 10] 間的均等分配，這個母體隨機產生 $n = 30$ 的樣本，每個樣本含有 100 個隨機值，表示候車時間的可能值。利用 Excel 中的選項 [資料]/[資料分析]/[亂數產生器]，產生共 30 欄 (A～AD)，每欄含有 100 個隨機值，這些隨機值都介於 [1, 10] 之間 (圖 9-1)，都來自均等分配 [1, 10] 的母體 (隨機值取至小數下 2 位)。

	A	B	C	D	E	...	...	X	Y	Z	AA	AB	AC	AD
1	7.58	1.59	8.00	8.17	8.83	...	...	2.31	4.10	3.97	6.46	6.74	7.89	8.33
2	6.31	4.00	8.86	5.47	7.65	...	...	6.49	8.60	4.68	8.62	8.55	4.26	5.89
3	5.37	5.40	6.77	2.99	3.64	...	...	1.26	6.83	1.52	1.15	1.98	8.19	7.47
4	8.56	7.93	8.03	8.33	6.50	...	...	6.71	6.98	4.68	1.48	8.59	7.61	5.53
5	7.08	8.15	8.39	2.99	2.75	...	...	3.22	3.89	7.43	1.45	9.06	2.09	7.35
6	1.23	7.81	3.12	1.39	6.58	...	...	8.34	4.69	4.15	6.08	7.39	7.41	5.27
7	2.22	1.38	9.56	5.64		...	...	9.07	6.25	7.52	9.00	6.06	2.62	5.49
8	3.43	5.89	2.46	9.17	6.40	...	...	9.91	3.33	2.24	8.59	1.05	3.20	2.48
9	6.15	2.04	8.84	9.11	1.43	...	...	8.85	8.14	1.25	6.32	8.36	7.54	7.63
10	5.46	4.10	4.85	7.73	2.79	...	...	8.42	2.68	4.76	7.66	3.95	6.42	1.65
				...							...			
				...							...			
93	4.56	5.63	8.58	2.41	7.97	...	...	9.44	6.32	4.09	4.76	3.83	4.80	7.48
94	4.80	6.97	9.90	1.81	4.41	...	...	5.10	4.73	7.51	8.05	5.61	5.50	8.37
95	1.98	7.31	4.87	5.92	3.88	...	...	8.14	6.63	6.67	8.49	9.23	1.73	4.61
96	3.88	4.68	6.80	8.45	9.44	...	...	4.46	6.71	4.35	9.40	7.41	2.32	6.03
97	6.31	9.42	4.21	9.10	8.45	...	...	4.81	6.57	4.02	6.72	8.43	2.43	4.76
98	5.11	6.49	7.32	2.76	6.55	...	...	2.72	9.09	7.85	5.75	7.63	4.36	8.25
99	6.35	2.10	9.02	9.34	1.80	...	...	4.12	8.33	8.67	8.02	3.62	2.06	3.85
100	9.19	4.35	3.81	8.69	6.52	...	...	9.65	6.02	5.58	2.72	7.97	9.40	8.52

✤ 圖 9-1　$n = 30$ 的隨機樣本，每個樣本含有 100 個隨機值

依據此組隨機樣本，我們可以作以下的各種抽樣計算：

取第 1 組樣本作為 $n = 1$ 之隨機樣本，計算其樣本平均數 $\bar{X}_1$

取前 5 組樣本作為 $n = 5$ 之隨機樣本，計算其樣本平均數 $\bar{X}_5$

Chapter 9　抽樣與抽樣分配

取前 15 組樣本作為 $n = 15$ 之隨機樣本,計算其樣本平均數 $\bar{X}_{15}$

取前 30 組樣本作為 $n = 30$ 之隨機樣本,計算其樣本平均數 $\bar{X}_{30}$

所得到的 4 種樣本平均數 ($n = 1, 5, 15, 30$),分別有 100 個取樣值,將這些取樣值繪製成直方圖,並加註近似的常態曲線。圖 9-2 的 (a)~(d) 分別表示 $n = 1, 5, 15, 30$ 的抽樣分配圖 (直方圖)。當 n 愈大時,從樣本平均數 $\bar{X}_n$ 的抽樣分配可以得到「中央極限定理」的主要結論 (我們將在 9-3 節介紹):

(1) 樣本平均數 $\bar{X}_n$ 之抽樣分配 (直方圖) 愈接近常態分配。

(2) 樣本平均數 $\bar{X}_n$ 之平均數 $\mu_{\bar{X}_n} = E(\bar{X}_n)$ 愈接近母體平均數 μ。

(3) 樣本平均數 $\bar{X}_n$ 之變異數以 $\sigma^2_{\bar{X}_n} = \mathrm{Var}(\bar{X}_n)$ 愈接近 σ^2/n。

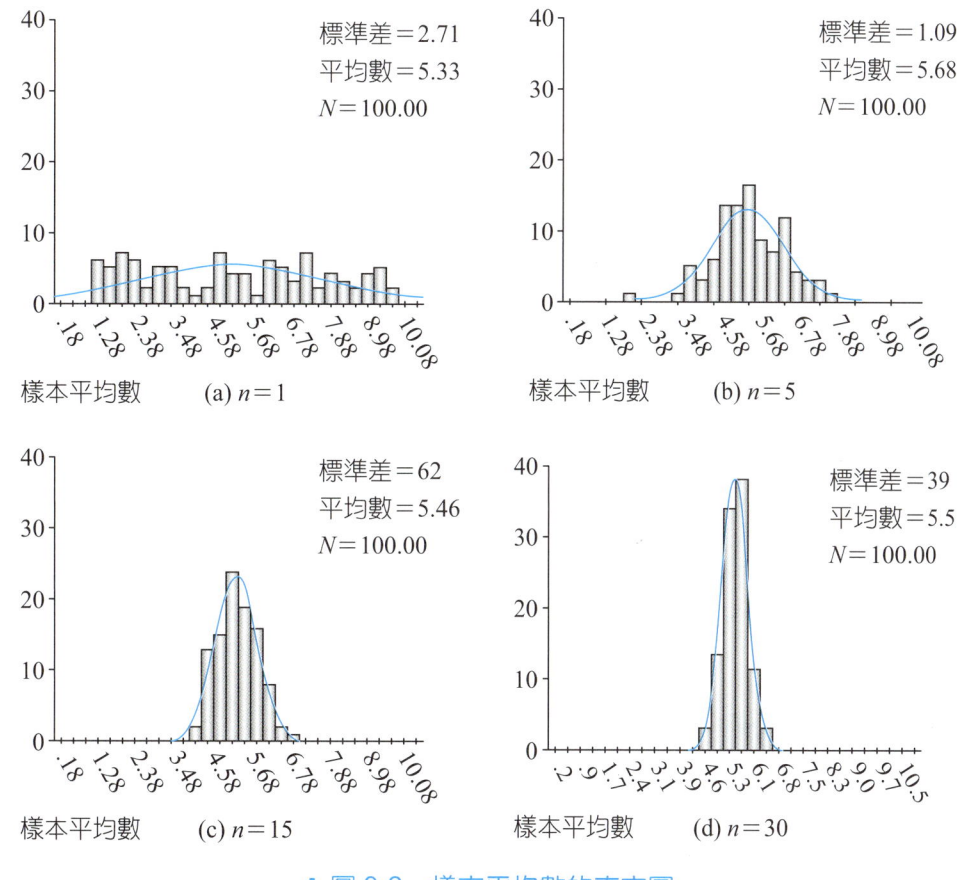

標準差 = 2.71
平均數 = 5.33
$N = 100.00$
樣本平均數　(a) $n = 1$

標準差 = 1.09
平均數 = 5.68
$N = 100.00$
樣本平均數　(b) $n = 5$

標準差 = 62
平均數 = 5.46
$N = 100.00$
樣本平均數　(c) $n = 15$

標準差 = 39
平均數 = 5.5
$N = 100.00$
樣本平均數　(d) $n = 30$

✣ 圖 9-2　樣本平均數的直方圖

【註解】本例題,母體分配 [1, 10] 的母體平均數值為 $\mu = 5.5$。取樣後的 $\mu_{\bar{X}}$,由圖 9-2 得知分別為 5.33 ($n = 1$)、5.68 ($n = 5$)、5.46 ($n = 15$)、5.5 ($n = 30$);但因為有限抽樣值,所以有誤差的存在。

9-3 中央極限定理

在 9-2 節裡，我們驗證了樣本平均數的估計特性：不偏性與有效性。同時，經由例題可以得知：當樣本數夠大時，樣本平均數的抽樣分配會近似於常態分配。這就是所謂的「中央極限定理」。

所謂中央極限定理，其基本理論指的是：當樣本數夠大時，樣本平均數的分配會趨近於常態分配。

9-3-1 中央極限定理的應用

中央極限定理 (central limit theorem)

母體具有其母體分配，母體平均數 μ，母體變異數 σ^2，取樣自該母體的隨機樣本，當 n 夠大時 ($n \geq 30$)，樣本平均數 $\overline{X}$ 之抽樣分配，是近似於常態分配，平均數以 $\mu_{\overline{X}}$ 表示，變異數以 $\sigma_{\overline{X}}^2$ 表示；它們的值分別與母體平均數、變異數有關：

$$\mu_{\overline{X}} = \mu \quad ; \quad \sigma_{\overline{X}}^2 = \frac{\sigma^2}{n}$$

由定理的陳述可知，無論母體分配為何，當 $n \geq 30$，$\overline{X}$ 分配會趨近於常態分配。因此，在實際的應用上，取樣數 n 必須至少是 30。

範例 9-2

全國運動會的跳高比賽，選手通過準決賽標準的機率為 0.7；以隨機變數 X 表示：$X = 1$ 表示通過，$X = 0$ 表示未通過，其機率分配如下：$P(X = 0) = 0.3$；$P(X = 1) = 0.7$。

(1) 計算母體平均數 μ 及母體變異數 σ^2。

(2) 如果某次運動會有 50 名選手參加準決賽,計算其「平均通過人數」的平均數與變異數。

解

(1) $\mu = E(X) = 0.7$;$\sigma^2 = \text{Var}(X) = 0.21$。

(2) 令 $X_1, \ldots, X_{50}$ 表示第 $1, \ldots, 50$ 名選手的跳高準決賽通過數,$X_i = 1$ 表示通過,$X_i = 0$ 表示未通過;則「平均通過人數」可以表示為

$$\text{「平均通過人數」} = \bar{X}_{50} = \frac{X_1 + \cdots + X_{50}}{50}$$

其平均數與標準差分別為

平均數 $= \mu_{\bar{X}_{50}} = E(\bar{X}_{50}) = \mu = 0.7$

變異數 $= \sigma^2_{\bar{X}_n} = \text{Var}(\bar{X}_n) = \frac{\sigma^2}{50} = 0.0042$

範例 9-3

建設公司的採購部門,計畫購買水泥 400 包。水泥商宣稱其水泥每包的平均重量為 10 公斤,標準差為 2.5 公斤。

(1) 計算 400 包水泥平均重量的平均數與標準差。
(2) 400 包水泥平均重量超過 10.2 公斤的比例有多少?

解

(1) 400 包水泥平均重量的平均數 = 10 公斤

400 包水泥平均重量的標準差 = 2.5 公斤 ÷ 20 = 0.125 公斤

(2) 令隨機變數 X 表示 400 包水泥平均重量,X 的抽樣分配為「常態分配」;平均數 = 10 公斤;標準差 = 0.125 公斤。水泥重超過 10.2 公斤的比例 $= P(X > 10.2) = P(Z > 2.53) = 0.0057$。

9-4 章節架構圖說明：抽樣分配 ──《行動電源使用時間例》

消費者基金會調查市面上各種廠牌行動電源的「可使用時間」。他們作了有關於「可使用時間」的「統計抽樣分析」，抽樣目的及抽樣分析過程如下：

抽樣目的：探討行動電源的實際可使用時間。

取樣：隨機抽取 1,750 個標示為 120 分鐘的行動電源，分別測試並記錄其可使用的時間。將此 1,750 個資料分為 35 組樣本，每組有 50 筆資料，其部份資料如表 9-4 (檔案：行動電源.xls)：

❖ 表 9-4　1,750 個行動電源的可使用時間

編號	樣本 1	樣本 2	…	樣本 34	樣本 35
1	109.2	115.2	…	119.7	113.4
2	111.6	117.0	…	116.2	118.6
3	117.6	117.7	…	118.8	116.3
4	116.5	113.4	…	118.9	114.7
⋮	⋮	⋮	⋮	⋮	⋮
48	109.6	114.4	…	111.7	119.3
49	112.6	118.4	…	108.1	109.3
50	119.6	113.1	…	117.5	115.8

抽樣分析

(1) 計算這 35 個樣本的平均值 (平均可使用時間)，並畫出其直方圖。
(2) 列出平均可使用時間的範圍。

章節架構圖 vs. 案例說明

(1) 計算這 35 個樣本的平均值 (平均可使用時間)，並畫出其直方圖。

樣本平均數的抽樣分配 → 估計的不偏性及有效性
樣本平均數的抽樣分配 → 有限母體

解

本例題共有 35 個樣本，分別以 $X_1, X_2, ..., X_{35}$ 表示，每個樣本有 50 個觀察值。這 35 個樣本的樣本平均數為 $\overline{X} = \frac{1}{35} * (X_1 + X_2 + \cdots + X_{35})$，共有 50 個觀察值。其中 $\overline{X}$ 的平均數 = 113.97，標準差 = 0.58。下圖是樣本平均數 $\overline{X}$ 的直方圖，並加註它的常態近似圖。

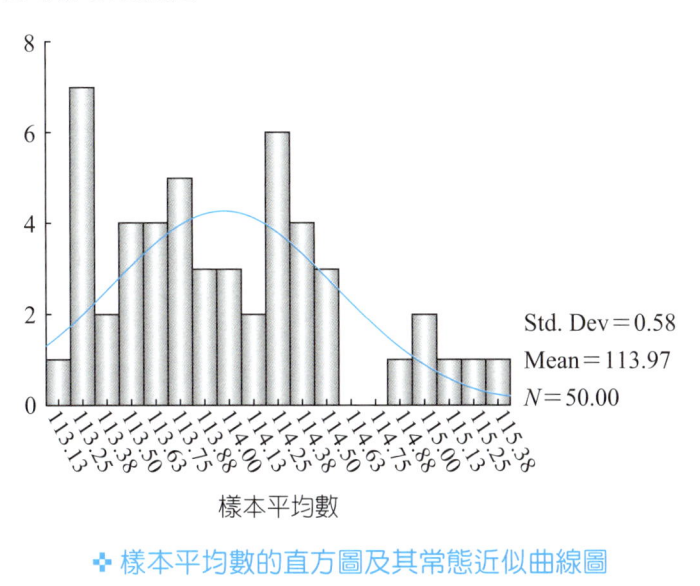

Std. Dev = 0.58
Mean = 113.97
N = 50.00

❖ 樣本平均數的直方圖及其常態近似曲線圖

---

(2) 列出平均可使用時間的範圍。

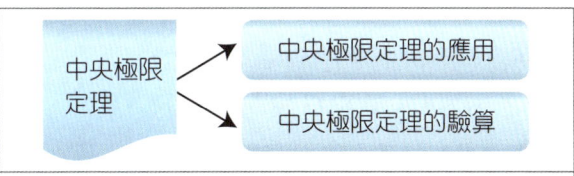

中央極限定理 → 中央極限定理的應用
中央極限定理 → 中央極限定理的驗算

解

由極限定理得知，平均可使用時間 $\bar{x}$ 具有的分配是近似常態分配，平均數為 113.97，標準差為 0.58，再由「經驗法則」可以得知：

(a) 平均可使用時間的 95.44%，範圍為 $113.97 \pm 2 * 0.58$，即

$$[112.81, 115.13]$$

(b) 平均可使用時間的 99.74%，範圍為 $113.97 \pm 3 * 0.58$，即

$$[112.23, 115.71]$$

名詞解釋

簡單隨機抽樣法： 採用亂數表或以電腦輔助，將母體的元素抽出，機率視為相同，稱為簡單隨機抽樣。

分層抽樣法： 將母體區分為類別「層」，並在每層中，採用簡單隨機抽樣法。

群集抽樣法： 將母體分為區域「群集」。在每一群集中，採用隨機抽樣法，所獲得的樣本，稱之為群集抽樣樣本。

系統抽樣法： 先將母體的元素隨機排列，接著再依據某種規則進行抽樣。

估計的不偏性： 樣本平均數的平均數等於母體平均數，公式 $\mu_{\bar{X}} = E(\bar{X}) = \mu$。

估計的有效性： 樣本平均數的變異數等於 $\frac{1}{n}$＊母體變異數，公式 $\sigma_{\bar{X}}^2 = \text{Var}(\bar{X}) = \frac{\sigma^2}{n}$。

中央極限定理 (central limit theorem)： 母體具有母體平均數 μ，母體變異數 σ^2。取樣自該母體的隨機樣本，樣本平均數 $\bar{X}$ 之抽樣分配，近似於常態分配 (當 $n \geq 30$)，平均數 $\mu_{\bar{X}} = \mu$，變異數 $\sigma_{\bar{X}}^2 = \frac{\sigma^2}{n}$。

練習題

9-1 建林科技公司的 3 位程式設計師（甲、乙、丙），其平日撰寫程式的錯誤數為 0、2、4。企劃部的專案 2 天內完成，每天需要一位程式設計師幫忙撰寫程式，甲、乙、丙 3 位程式設計師每天被派任的機率分別為 0.3、0.6、0.1，可重複派任。
  (1) 母體表示程式設計師之錯誤次數，請寫出母體的機率分配。
  (2) 計算母體平均數及母體變異數。
  (3) 2 天的程式撰寫專案，其錯誤數的樣本空間為何？
  (4) 2 天的程式撰寫專案，平均錯誤數的抽樣分配、平均數與變異數。

9-2 在 9-1 題中，如果一個大型的專案需要 16 天內完成，每天需要一位程式設計師幫忙撰寫程式；16 天的程式撰寫，平均錯誤數的平均數與變異數。

9-3 有個不公正的銅板，正反面出現的機率分別為 0.7、0.3。
  (1) 母體表示銅板之正面數，請寫出母體的機率分配。

(2) 計算母體平均數及母體變異數。
(3) 如果投擲此銅板 2 次，請寫出銅板平均正面數的樣本空間。
(4) 在 (3) 之試驗中，計算 2 次銅板平均正面數的抽樣分配、平均數與變異數。

9-4 在 9-3 題中，如果投擲此銅板 50 次：
(1) 銅板平均正面數的平均數與變異數。
(2) 描述銅板平均正面數的抽樣分配。

9-5 最近的國中基本學力測驗模擬考試，10,000 名國中生的平均成績 = 200 分，標準差 = 0.3 分。
(1) 所有參加此次模擬考試的多所國中學生，其分數的平均數及標準差分別為何？
(2) 如果取樣 300 名國中生，請描述他們模擬考成績的抽樣分配。

9-6 某晶圓廠的品管師，任意選 100 個工作小時，得知其平均晶圓生產量為每小時 120 個，標準差 3 個。則：
(1) 整個晶圓廠，每小時晶圓產量之平均數及標準差分別為多少？
(2) 若任選 50 個工作小時，每小時晶圓產量之平均數及標準誤分別為多少？

9-7 假設某品牌的調味乳，一瓶平均重量為 236g，標準差為 3g。某一超商擬批購此調味乳；在批購前，先進行抽樣分析：從乳品製造商處隨機抽樣 36 盒調味乳，其平均重量低於 235g 的機率為何？

9-8 假設大專畢業生初次就業的平均所得為 26,500 元，標準差為 5,000 元。勞委會針對最近兩屆的畢業生，隨機抽樣 64 位作調查，則其初次就業的平均起薪高於 28,000 元的機率為何？

單元 3

統計推論篇

統計推論—估計與檢定
- 統計估計
- 母體平均數的區間估計
- 母體變異數之區間估計
- 母體比例之區間估計
- 統計檢定

單一母體的假設檢定
- 母體平均數之假設檢定
- 母體變異數 σ^2 之假設檢定
- 母體比例的假設檢定

雙母體的假設檢定
- 兩母體平均數差的假設檢定（獨立母體）
- 兩母體平均數差的假設檢定（相依母體，成對樣本）
- 兩母體變異數比的假設檢定
- 兩母體比例差的假設檢定

CHAPTER 10

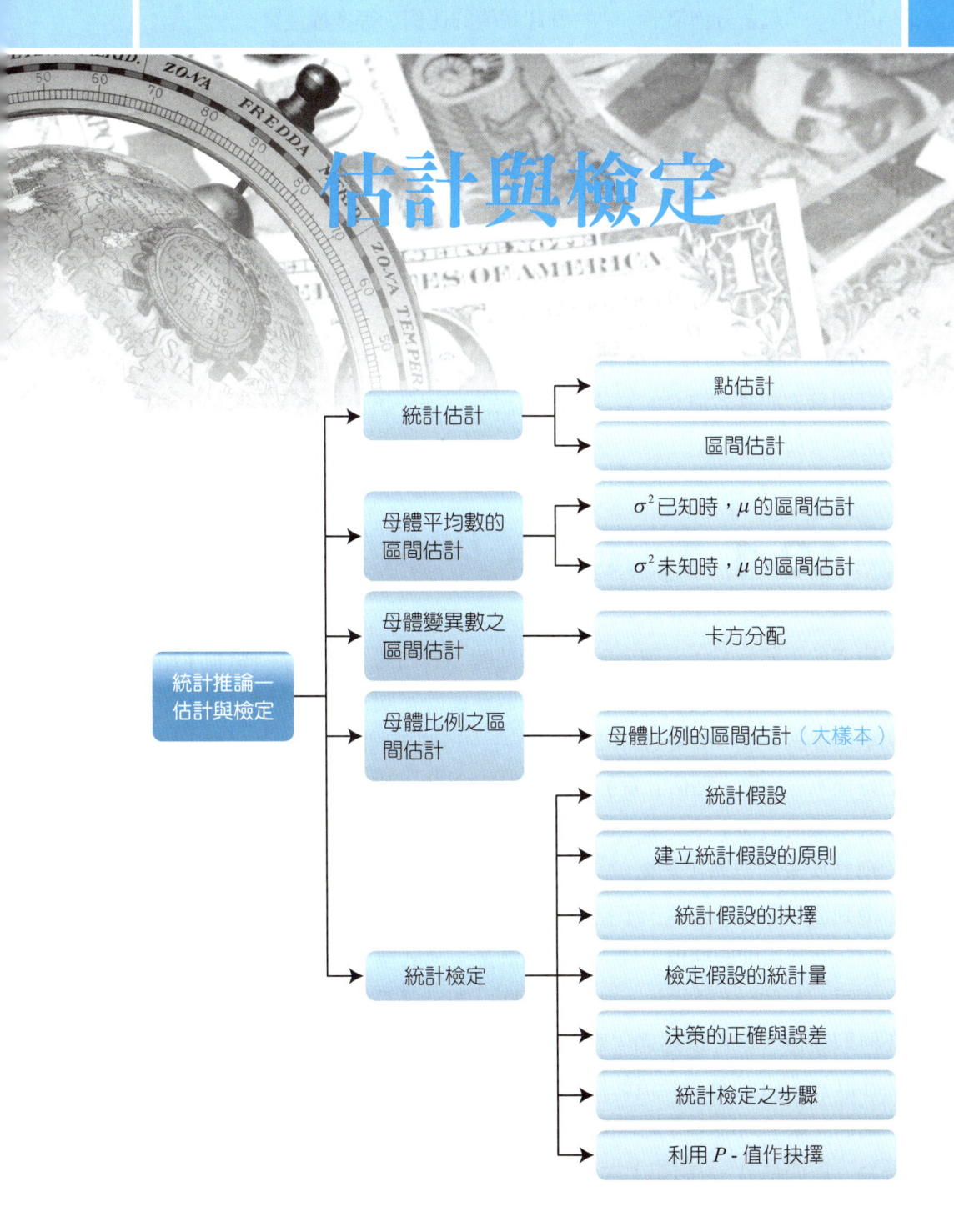

估計與檢定

```
統計推論—
估計與檢定
├── 統計估計
│   ├── 點估計
│   └── 區間估計
├── 母體平均數的區間估計
│   ├── $\sigma^2$ 已知時，$\mu$ 的區間估計
│   └── $\sigma^2$ 未知時，$\mu$ 的區間估計
├── 母體變異數之區間估計
│   └── 卡方分配
├── 母體比例之區間估計
│   └── 母體比例的區間估計（大樣本）
└── 統計檢定
    ├── 統計假設
    ├── 建立統計假設的原則
    ├── 統計假設的抉擇
    ├── 檢定假設的統計量
    ├── 決策的正確與誤差
    ├── 統計檢定之步驟
    └── 利用 $P$-值作抉擇
```

統計推論的目的，在於根據樣本的性質來推估母體的性質。例如，欲了解大學畢業生的就業起薪狀況，可從取樣的部份畢業生之「起薪值」來推估；包括「平均起薪」、「起薪分佈情形」、「特殊起薪值的比例」等多種性質。

估計問題，主要是要知道採用那一種的「統計估計量」來推估「未知的母體參數」。例如，要估計大學生的平均就業起薪值；可以採用的統計估計量為「樣本平均數 $\bar{X}$」。為什麼呢？因為 $\bar{X}$ 符合了統計估計量的性質：「不偏性」與「有效性」。

檢定問題，主要是對於母體的某些主張，有所檢驗的統計方法。例如，勞委會宣佈：大學畢業生的平均起薪為 28,000 元。要檢驗勞委會的消息，是否符合市場的真實情況，可以採用「平均數的檢定方法」。

估計問題，是推論問題的前置作業，兩者合稱為「統計推論」。我們將在本章介紹估計與檢定的基本概念，至於推論方法的詳細分類，則在第十一、十二章詳細介紹。

10-1 統計估計

當研究的母體性質（母體參數）不清楚時，我們需要利用某一數值（點估計值），來了解該母體性質。點估計值隨著取樣值的不同會有所改變。例如，大學男生的平均身高，是一個未知的母體參數 —— 母體平均數，要估計母體平均數，採用的是樣本平均數（點估計量）；隨機取樣 50 位大學男生，記錄他們的個別身高，代入所採用的樣本平均數公式，可以得到一個平均身高值。這個樣本平均身高值，稱為此未知母體平均數的「點估計值」。如果再取樣 50 位大學男生之身高，所得到樣本平均身高值，不見得與前一次取樣所得的樣本平均身高值相同。也就是說：不同次的取樣值，代入「點估計量」公式後，所得到的「點估計值」會有許多個。本章的統計估計，主要是學習：「點估計量」。

任何取樣值，都可以透過「點估計量」的公式，得到「未知母體參數」的「點估計值」。除了這種單一值的估計外，將「未知母體參數」的各種可能值，配合上「點估計量」的機率分配理論，則可以得到「未知母體參數」的可能所在範圍，稱為「區間估計」。例如，大學男生，未知的平均身高，其「點估計量」為

$\overline{X}$，依據點估計量的機率分配，可以得知該母體平均身高之可能範圍為 $\overline{X}$ (或簡寫為 $\overline{X} \pm m$)，其中 m 表示的是一個「彈性範圍」(與 $\overline{X}$ 的機率分配理論有關，將在 10-1-2 節介紹)。「區間估計」的表示法比「點估計」有彈性，而且有其抽樣理論依據，所以通常提到統計估計，指的是「區間估計」，而且區間估計的「長度」(區間上下限之間的距離) 是愈短愈好。

10-1-1 點估計

未知母體參數的點估計，包括「點估計值」與「點估計量」。「點估計值」是從樣本資料中所計算得到的單一數值。「點估計量」是一個公式，用來計算某一組樣本資料的點估計值。也就是說，將樣本資料代入點估計量的公式中，就可以得到點估計值。不同的樣本資料，使用同一個點估計量，會得到許多點估計值。

點估計值 (point estimate)

從樣本資料中所計算得到的單一數值，用來估計未知的母體參數。

點估計量 (point estimator)

計算一組資料的點估計值時所用的公式。可以作為點估計量的公式，其本身是一個隨機變數 (或稱統計量)，而且符合估計量的性質：「不偏性」與「有效性」。

常見的點估計量

母體參數是用來描述母體的性質，常見的有：
1. μ：母體平均值。描述母體資料的中央趨勢。
2. σ^2：母體變異數。描述母體資料的分散程度。
3. p：母體比例。描述母體資料中，某特殊現象的比率。

對於要研究的母體，上述的參數通常都是未知的。例如，大學院校教授的平均年齡層、新生入學成績的分佈狀況、某候選人的支持率等。合理的估計方式，

就是從母體中隨機獲得樣本,再根據適當的點估計量 (公式) 以得到該次樣本的點估計值,例如,50 位大學院校教授的樣本平均年齡層為 48 歲;20 位新生入學成績的樣本變異數為 10 (分)^2;103 位選民中,支持某候選人的比率等,都是所謂的樣本參數值。

點估計量的性質

樣本點估計量,須滿足估計量的性質:「不偏性」與「有效性」。在說明不偏性與有效性之前,我們首先要了解,樣本點估計量本身是一個隨機變數,有其抽樣分配。例如,第九章所提到的樣本平均數的抽樣分配,在樣本數 n 夠大時,會近似常態分配。有了樣本點估計量及其抽樣分配,則其平均數與變異數也就隨之可以獲得,當樣本點估計量的平均數 (期望值) 等於母體參數時,稱此樣本點估計量為「不偏點估計量」。

一個母體參數,可以有許多的不偏點估計量。採用具有不偏性的點估計量時,對於不同樣本所得的點估計值,都集中在母體參數附近。

範例 10-1

投擲一枚公正的銅板 2 次,令隨機變數 X 表示銅板之正面數,$X = 1$ 表示正面,$X = 0$ 表示反面;令 X_1、X_2 表示第 1、2 次的正面數,銅板正面數的樣本空間為 $\{(0, 0), (0, 1), (1, 0), (1, 1)\}$。

(1) 以統計量 $Q = \dfrac{1}{2}(X_1 + X_2)$ 作為 2 次銅板平均正面數的估計量,計算 Q 的抽樣分配、平均數與變異數。

(2) 以統計量 $R = \dfrac{1}{4}(X_1 + 3X_2)$ 作為 2 次銅板平均正面數的估計量,計算 R 的抽樣分配、平均數與變異數。

解

(1) $Q = \dfrac{1}{2}(X_1 + X_2)$,共有 3 種不同值:0、0.5、1;抽樣分配如下:

平均正面數	0	0.5	1	總和
機率	0.25	0.5	0.25	1

平均數 $= E(X) = 0*0.25 + 0.5*0.5 + 1*0.25 = 0.5$

變異數 $= V(X) = E(X - E(X))^2$
$= (0-0.5)^2 * 0.25 + (0.5-0.5)^2 * 0.5 + (1-0.5)^2 * 0.25$
$= 0.125$

(2) $R = \frac{1}{4}(X_1 + 3X_2)$，共有 4 種不同值：0、0.25、0.75、1；抽樣分配如下：

平均正面數	0	0.25	0.75	1	總和
機率	0.25	0.25	0.25	0.25	1

平均數 $= E(X) = 0*0.25 + 0.25*0.25 + 0.75*0.25 + 1*0.25 = 0.5$

變異數 $= V(X) = E(X - E(X))^2$
$= (0-0.5)^2 * 0.25 + (0.25-0.5)^2 * 0.5 + (0.75-0.5)^2 * 0.25 + (1-0.5)^2 * 0.25$
$= 0.15625$

「不偏性」是良好點估計量的第一基本性質，當有兩個或兩個以上的不偏點估計量要如何取捨呢？「有效性」就是良好點估計量第二個基本性質：具有「最小變異數」的統計量。採用具有「有效性」的點估計量時，對於不同樣本所得的點估計值不會變化太厲害。

範例 10-2

在範例 10-1 中，Q 與 R 都可以作為 2 次銅板平均正面數的估計量。

(1) 計算母體平均數 μ。
(2) 兩個統計量 Q 與 R，何者為 μ 的「不偏點估計量」？
(3) 兩個統計量 Q 與 R，何者具有「有效性」的點估計量？

解

(1) 公正的銅板，平均正面數 $\mu = 1*0.5 + 0*0.5 = 0.5$。

(2) 兩個統計量 Q 與 R，均為 μ 的「不偏點估計量」。因為兩者的期望值均等於 μ_0，即

$$E(Q) = 0.5 = \mu$$
$$E(R) = 0.5 = \mu$$

(3) 利用變異數的比較，檢查「有效性」：Q 的變異數 $= 0.125$ 小於 R 的變異數 $= 0.15625$；所以統計量 $Q = \frac{1}{2}(X_1 + X_2)$ 是具有「有效性」的「不偏點估計量」。

要確定點估計量的「有效性」，是要與其它的點估計量作比較的。表 10-1 所列的常見之樣本點估計量都同時具有「不偏性」及「有效性」，其中的「有效性」，乃是依據理論統計(超出本書範圍)的結果，指的是該點估計量的變異數，是所有點估計量之變異數中的最小值。

✤ 表 10-1　常見的母體參數及其樣本點估計量

母體參數	樣本點估計量	母體之性質
μ	$\overline{X} = \frac{1}{n}\sum_{i=1}^{n} X_i$	描述母體資料的中央趨勢
σ^2	$S^2 = \frac{1}{n-1}\sum_{i=1}^{n}(X_i - \overline{X})^2$	描述母體資料的分散程度
p	$\frac{X}{n}$ X：n 個樣本中，特殊現象出現的次數	描述母體資料中，某特殊現象的比率

範例 10-3　英文成績例

某中學欲作校內英文科的學習評估，以學生學期成績為依據，隨機取樣了 50 位同學。

圖 10-1 為 50 個英文成績的莖葉圖，表 10-2 為執行 Excel 後的各種統計摘要值。

```
3 | 9
4 | 258
5 | 11567999
6 | 00333455556678899
7 | 111245567889
8 | 0024567
9 | 13
```

✢ 圖 10-1

✢ 表 10-2

英文成績			
平均數	67.840	偏態	−0.181
標準誤	1.747	範圍	54
中間值	67	最小值	39
眾數	65	最大值	93
標準差	12.353	總和	3392
變異數	152.586	個數	50
峰度	−0.180	信賴度 (95.0%)	3.511

(1) 英文平均成績的點估計值為何？
(2) 英文成績變異數的點估計值為何？
(3) 若英文成績低於 60 屬於不及格，則不及格比率的點估計值為何？

解

(1) 平均英文成績的點估計值 = 67.84。
(2) 英文成績變異數的點估計值 = 152.586。
(3) 由莖葉圖得知，英文成績低於 60 之人數有 12 人，則英文不及格比率之點估計值 = $\frac{12}{50}$ = 0.24。

10-1-2 區間估計

「點估計」提供的是母體參數的單一估計。如果要進一步知道此估計的精確性 (誤差性) 如何，就必須採用區間估計，指的是在某種信賴度下，母體參數的可能所在範圍。例如，欲知上班族的平均午餐費；隨機取樣 250 人，得其平均數值為 58.2 元，這表示的是母體平均數的一個單一點估計值。如果再有另外一組 250 人的午餐費資料，則可以得到另一個單一點估計值，這種由樣本資料，代入點估計量公式所得的點估計值，只能反映出單一估計的情形，無法得知其精確性。「區間估計」則改進了「點估計」的缺點，提供在某種信賴度下母體參數的信

賴區間。例如，在 95% 的信賴度下，欲知上班族的平均午餐費 μ 的區間估計，是以 250 人的點估計 $\bar{X}$ 為基準，配合抽樣分配的理論，使得 $\bar{X}$ 與 μ 的差額小於等於 K 之機率值為 0.95。即

$$P(|\bar{X} - \mu| \leq K) = 0.95$$

也就是說，在 95% 的信賴度下，μ 的區間估計為 $[\bar{X} - K, \bar{X} + K]$ 或簡寫為 $\bar{X} \pm K$。

此處 K 值的決定，與 $\bar{X}$ 的抽樣分配有關。由 9-3 節中央極限定理可知，當樣本數 n 夠大時，$\bar{X}$ 的抽樣分配將近似常態分配，平均數 $\mu_{\bar{X}}$ 等於 μ，變異數 $\sigma_{\bar{X}}^2$ 等於 $\dfrac{\sigma^2}{n}$。再者，根據經驗法則可知，有 68.26% 的 $\bar{X}$ 值，發生在 $\mu \pm \sigma_{\bar{X}}$ 間；95.44% 的 $\bar{X}$ 值，發生在 $\mu \pm 2\sigma_{\bar{X}}$ 間；99.74% 的 $\bar{X}$ 值，發生在 $\mu \pm 3\sigma_{\bar{X}}$ 間。以區間估計的表示法，則為在 68.26% 信賴度下，μ 的區間估計為 $\bar{X} \pm \sigma_{\bar{X}}$；95.44% 信賴度下，$\mu$ 的區間估計為 $\bar{X} \pm 2\sigma_{\bar{X}}$；99.74% 信賴度下，$\mu$ 的區間估計為 $\bar{X} \pm 3\sigma_{\bar{X}}$。除了母體平均數外，母體變異數及母體比例也都有其區間估計，我們將逐一說明。

10-2 母體平均數的區間估計

由 10-1 節得知，樣本平均數 $\bar{X}$ 為母體平均數 μ 的點估計量，具有「不偏性」及「有效性」；同時當樣本數 n 夠大時，$\bar{X}$ 的抽樣分配近似常態分配，其平均數與變異數以 $\mu_{\bar{X}}$、$\sigma_{\bar{X}}^2$ 表示，分別為

$$\mu_{\bar{X}} = E(\bar{X}) = \mu$$

$$\sigma_{\bar{X}}^2 = \text{Var}(\bar{X}) = \frac{\sigma^2}{n}$$

因為 $\bar{X}$ 的變異數 $\sigma_{\bar{X}}^2$ 與母體變異數有關，所以 μ 的區間估計將可以分為兩種情況：σ^2 已知與 σ^2 未知。

10-2-1 μ 的區間估計 (σ^2 已知)

信賴度 $= (1-\alpha)100\%$ 表示 $\overline{X}$ 與 μ 的差額在 $Z_{\alpha/2} * \dfrac{\sigma}{\sqrt{n}}$ 間的機率值。即

$$P\left(\left|\overline{X}-\mu\right| \leq Z_{\alpha/2} * \dfrac{\sigma}{\sqrt{n}}\right) = 1-\alpha$$

也就是說，μ 所在的區間估計為 $\overline{X} \pm Z_{\alpha/2} * \dfrac{\sigma}{\sqrt{n}}$，其中的值 $Z_{\alpha/2}$ 表示在標準常態機率密度函數圖中，大於 $Z_{\alpha/2}$ 之面積 (機率值) 等於 $\dfrac{\alpha}{2}$。

此處所用到的抽樣分配理論是當 n 夠大時 (大樣本)，$\overline{X}$ 的抽樣分配是近似常態分配，平均數為 μ，變異數為 $\dfrac{\sigma^2}{n}$。經過標準化，得到新變數 $\dfrac{\overline{X}-\mu}{\sigma/\sqrt{n}}$ 具有的抽樣分配為標準常態分配。

表 10-3　常見的母體平均數之區間估計

母體平均數	信賴度	區間估計 (σ 已知，大樣本)	區間估計 (σ 未知，大樣本)	區間估計 (σ 未知，小樣本)
μ	95%	$\overline{X} \pm 1.96 * \dfrac{\sigma}{\sqrt{n}}$	$\overline{X} \pm 1.96 * \dfrac{S}{\sqrt{n}}$	$\overline{X} \pm t_{0.025}(n-1) * \dfrac{S}{\sqrt{n}}$
	99%	$\overline{X} \pm 2.58 * \dfrac{\sigma}{\sqrt{n}}$	$\overline{X} \pm 2.58 * \dfrac{S}{\sqrt{n}}$	$\overline{X} \pm t_{0.005}(n-1) * \dfrac{S}{\sqrt{n}}$
	$(1-\alpha)100\%$	$\overline{X} \pm Z_{\alpha/2} * \dfrac{\sigma}{\sqrt{n}}$	$\overline{X} \pm Z_{\alpha/2} * \dfrac{S}{\sqrt{n}}$	$\overline{X} \pm t_{\alpha/2}(n-1) * \dfrac{S}{\sqrt{n}}$

範例 10-4

消費者投書到消基會，想要知道某廠牌的飲料，每罐的重量是否如該廠牌宣稱的 150c.c.。於是消基會做了以下的統計抽樣與估計：隨機取樣該廠牌飲料 36 罐，得其平均重量 = 148c.c.。根據此次的取樣，消基會所得到的該廠牌飲料每罐平均重量之 95% 區間估計為何？(已知 $\sigma = 3$c.c.)

解

令 μ 表示該廠牌飲料每罐的重量，此次取樣的樣本值 $\bar{x} = 148$，$\sigma = 3$，$n = 36$。μ 之 95% 區間估計為 $\bar{X} \pm 1.96 * \dfrac{\sigma}{\sqrt{n}}$，分別將樣本值代入計算，得 μ 之 95% 區間估計值為 $148 \pm 1.96 * \dfrac{3}{\sqrt{36}} = 148 \pm 0.98 = [147.02, 148.98]$。

要再說明的是：區間估計的概念。以 μ 的區間估計 $\bar{X} \pm 1.96 * \dfrac{\sigma}{\sqrt{n}}$ 為例（95% 信賴度）：說明了「在許多次的抽樣過程，每次都可以透過區間估計的公式」$\bar{X} \pm 1.96 * \dfrac{\sigma}{\sqrt{n}}$，得到該次的「區間估計值」；95% 信賴度說明的是：在所有取樣後的區間估計值中，將有 95% 包含未知的母體平均數 μ。

10-2-2　μ 的區間估計（σ^2 未知）

當母體為常態分配，且 σ^2 未知時，用「不偏」且「有效」的點估計量 S^2 取代，此時由 $\bar{X}$ 所產生的標準化變數，其所具有的抽樣分配，不再是標準常態分配，而是「T 分配」。

同時，μ 的區間估計也與「T 分配」有關。我們將先介紹「T 分配」的理論與查詢機率值，接著再介紹如何利用 T 分配計算 μ 的區間估計。

> **T 分配 (T-distribution)**
>
> 若 n 個隨機樣本 $X_1, \ldots, X_n$ 來自於常態母體分配，平均數 $= \mu$，變異數 $= \sigma^2$，則統計量 $T = \dfrac{\bar{X} - \mu}{S/\sqrt{n}}$ 具有的機率分配，稱為 T 分配，自由度 $= n - 1$。

T 分配的性質

1. T 分配的機率密度函數圖形，是以 0 為中心的對稱鐘型，與標準常態函數圖形類似。

2. 不同的自由度，對應於不同的 T 分配函數圖形 (圖 10-2)，當自由度愈大時，T 分配之函數圖形愈接近標準常態圖形。

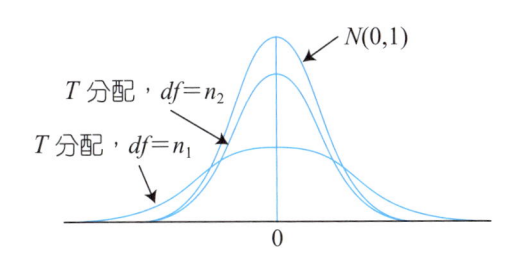

✤ 圖 10-2　T 分配之機率密度函數圖形 ($n_1 < n_2$)

3. T 分配的機率表格 (附表四) 提供的是右尾的機率值。表 10-4 是部份的 T 分配機率表格。其中最左欄表示自由度，以 df 表示；最上列表示的是各種常用的右尾機率值，以 α 表之，$\alpha = 0.1, 0.05, \ldots$。表格內的值表示在該列對應的自由度下之 T 分配圖形中，該欄的右尾機率值 α 所相對應的點，以 $t_\alpha(df)$ 表之。

✤ 表 10-4　部份的 T 分配表

df	右尾機率值 (α)						
	0.1	0.05	0.025	0.01	0.005	0.001	0.0005
1	3.0777	6.3137	12.7062	31.8210	63.6559	318.2888	636.5776
2	1.8856	2.9200	4.3027	6.9645	9.9250	22.3285	31.5998
3	1.6377	2.3534	3.1824	4.5407	5.8408	10.2143	12.9244
4	1.5332	2.1318	2.7765	3.7469	4.6041	7.1729	8.6101
5	1.4759	2.0150	2.5706	3.3649	4.0321	5.8935	6.8685
⋮				⋮			
30	1.3104	1.6973	2.0423	2.4573	2.7500	3.3852	3.6460
40	1.3031	1.6839	2.0211	2.4233	2.7045	3.3069	3.5510
50	1.2987	1.6759	2.0086	2.4033	2.6778	3.2614	3.4960
100	1.2901	1.6602	1.9840	2.3642	2.6259	3.1738	3.3905
∞	1.2816	1.6449	1.9600	2.3263	2.5758	3.0902	3.2905

例如：$df = 3$，$\alpha = 0.025$，表格裡的值為 $t_{0.025}(3) = 3.1824$。表示在自由度 = 3 的 T 分配圖形中，大於 3.1824 之面積機率值等於 0.025。

T 分配，$df = 3$

0.025

3.1824

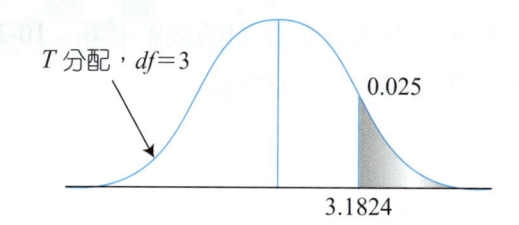

✤ 圖 10-3　大於 3.1824 之面積機率值等於 0.025

4. 當自由度夠大時，T 分配近似於標準常態分配，也就是說，此時的 t 值 t_α 可以用標準常態值 Z_α 代替。

例如：$df = \infty$（無限大），$\alpha = 0.05$，表格裡的值為 $t_{0.05}(\infty) = 1.6449$。表示在自由度無限大時，$T$ 分配圖形中大於 1.6449 之面積機率值等於 0.05。這種情況在標準常態分配裡，$Z_{0.05}$ 表示大於 1.65 之面積機率值等於 0.05。

範例 10-5　T 分配查表

若隨機變數 T，具有 T 分配，請查詢下列的機率值：

(1) 自由度 = 7，$P(T < 1.895)$。

(2) 自由度 = 15，$P(T > 2.602)$。

(3) 自由度 = 25，$P(1.7081 < T < 3.4502)$。

解

(1) 首先，在附表四中找到 $df = 7$ 的列，其次，再在該列中，找到要求機率的端點值 = 1.895，及其所對應的右尾機率值 = 0.05。

表示　　　　　　　$P(T > 1.895) = 0.05$

所以　　　　　　　$P(T < 1.895) = 1 - P(T > 1.895) = 0.95$

(2) 首先，在附表四中找到 $df = 15$ 的列。其次，再在該列中找到要求機率的端點值 = 2.602，及其所對應的右尾機率值 = 0.01。

表示　　　　　　　$P(T > 2.602) = 0.01$

(3) 首先，將要求的機率改寫如下：

$$P(1.7081 < T < 3.435) = P(T < 3.435) - P(T \leq 1.7081)$$

其中第一、二項之機率值，分別查詢 T 分配表：在附表四中找到 $df = 25$ 的列，再在該列中找到要求機率的端點值，及其所對應的右尾機率值。第一項之機率值，查表得 $P(T > 3.4502) = 0.001$，經計算得

$$P(T < 3.4502) = 1 - P(T > 3.4502) = 0.999$$

第二項之機率值，查表得 $P(T \geq 1.7081) = 0.05$，經計算得

$$P(T \leq 1.7081) = 1 - P(T \geq 1.7081) = 0.95$$

將第一、二項的機率值相減，可得結果：

$$P(1.7081 < T < 3.4502) = 0.999 - 0.95 = 0.049$$

範例 10-6　反向 T 分配查表

若隨機變數 T，具有 T 分配，請查詢下列的機率值的對應 t 值：
(1) 自由度 = 8，找出 a，使得 $P(T < a) = 0.025$。
(2) 自由度 = 16，找出 b，使得 $P(T > b) = 0.99$。
(3) 自由度 = 30，找出 c，使得 $P(|T| < c) = 0.9$。

解

(1) 要注意的是：本題指的是左尾機率值 = 0.025，也就是說，端點值 $a < 0$；令 $a = -m$，$m > 0$；因為 T 分配的對稱性質，左尾機率值 = 右尾機率值

$$P(T < a) = P(T < -m) = P(T > m) = 0.025$$

因此，只要查出 m，使得 $P(T > m) = 0.025$；要求的端點值 a，也就相對地得知了。

首先，在附表四中找到右尾機率值 = 0.025。其次，再在該欄中找到 $df = 8$ 的列，及其所對應的 t 值 = 2.306；表示 $P(T > 2.306) = 0.025$，因此 $m = 2.306$。

而且，$P(T < -2.306) = P(T > 2.306) = 0.025$。所以，$a = -2.306$。

(2) 本題的右尾機率值 $= 0.99 > 0.5$，所以端點值 $b < 0$；令 $b = -n$，$n > 0$；因為 T 分配的對稱性質，左尾機率值 = 右尾機率值：

$$P(T < b) = P(T < -n) = P(T > n) = 1 - 0.99 = 0.01$$

因此，只要查出 n，使得 $P(T > n) = 0.01$；要求的端點值 b，也就相對的得知了。

首先，在附表四中找到右尾機率值 $= 0.01$。其次，再在該欄中找到 $df = 16$ 的列，及其所對應的 t 值 $= 2.5835$；表示 $P(T > 2.5835) = 0.01$，因此 $n = 2.5835$。

而且，$P(T < -2.5835) = P(T > 2.5835) = 0.01$，所以 $b = -2.5835$。

(3) 本題的機率值 $P(|T| < c) = 0.9$，表示的是左尾、右尾機率值和等於 0.1；同時，因為 T 分配的對稱性質，左尾機率值 = 右尾機率值 $= 0.05$。也就是說，只要查出 c，使得 $P(T > c) = 0.05$；要求的端點值 c，也就相對的得知了。

首先，在附表四中找到右尾機率值 $= 0.05$。其次，再在該欄中找到 $df = 30$ 的列，及其所對應的 t 值 $= 1.697$；表示 $P(T > 1.697) = 0.05$，因此 $c = 1.697$。

利用 T 分配所得的 μ 之區間估計

1. 大樣本 ($n \geq 30$)

此時 T 分配將趨近於標準常態分配，所以直接以標準常態值來取代 t 值。信賴度 $= (1 - \alpha)100\%$，表示的是 $\bar{X}$ 與 μ 的差額在 $Z_{\alpha/2} * \dfrac{S}{\sqrt{n}}$ 間的機率值，即

$$P\left(\left|\bar{X} - \mu\right| \leq Z_{\alpha/2} * \frac{S}{\sqrt{n}}\right) = 1 - \alpha$$

也就是說，μ 所在的區間估計為 $\bar{X} \pm Z_{\alpha/2} * \dfrac{S}{\sqrt{n}}$；其中 $Z_{\alpha/2}$ 表示在標準常態機率密度圖中，大於 $Z_{\alpha/2}$ 之面積 (機率值) 等於 $\dfrac{\alpha}{2}$。

範例 10-7　英文成績例

根據範例 10-3，50 個英文成績資料，變異數為未知的情況下：
(1) 在 90% 信賴度下，平均英文成績的區間估計值、區間長度為何？
(2) 在 95% 信賴度下，平均英文成績的區間估計值、區間長度為何？

解

σ^2 未知，則以 S^2 代替，從範例 10-3 得 $S^2 = 152.586$，$\bar{x} = 67.84$，$n = 50$，同時查詢常態分配表得 $Z_{0.05} = 1.645$；$Z_{0.025} = 1.96$。

(1) μ 之 90% 區間估計為

$$\bar{X} \pm Z_{1.645} * \frac{S}{\sqrt{n}} = 67.84 \pm 1.645 * \frac{12.353}{\sqrt{50}} = 67.84 \pm 2.874 = [64.966, 70.714]$$

區間長度 $= 2 * 2.874 = 5.748$。

(2) μ 之 95% 區間估計為

$$\bar{X} \pm Z_{1.96} * \frac{S}{\sqrt{n}} = 67.84 \pm 1.96 * \frac{12.353}{\sqrt{50}} = 67.84 \pm 3.424 = [64.416, 71.264]$$

區間長度 $= 2 * 3.424 = 6.848$。

2. 小樣本 (n < 30)

信賴度 $= (1-\alpha)100\%$，表示的是 $\bar{X}$ 與 μ 的差額在 $t_{\alpha/2}(n-1) * \frac{S}{\sqrt{n}}$ 間的機率值。即

$$P\left(|\bar{X} - \mu| \le t_{\alpha/2}(n-1) * \frac{\sigma}{\sqrt{n}}\right) = 1 - \alpha$$

也就是說，μ 所在的區間估計為 $\bar{X} \pm t_{\alpha/2}(n-1) * \frac{S}{\sqrt{n}}$，其中 $t_{\alpha/2}(n-1)$ 表示在自由度 $= n-1$ 之 T 分配機率圖形下，大於 $t_{\alpha/2}(n-1)$ 之面積 (機率值) 等於 $\frac{\alpha}{2}$。

✦ 表 10-5 常見的母體平均數之區間估計（σ未知）

母體平均數	信賴度	區間估計（大樣本）	區間估計（小樣本）
μ	$(1-\alpha)100\%$	$\bar{X} \pm Z_{\alpha/2} * \dfrac{S}{\sqrt{n}}$	$\bar{X} \pm t_{\alpha/2}(n-1) * \dfrac{S}{\sqrt{n}}$

範例 10-8

某賣場的甜甜圈很受歡迎，經理人想知道顧客的平均購買個數，隨機取樣 9 人，記錄購買數並計算其樣本平均數，樣本標準差分別為 $\bar{x}$ = 5.875；s = 1.245。

(1) 在 90% 信賴度下，平均購買個數的區間估計值、區間長度為何？
(2) 在 95% 信賴度下，平均購買個數的區間估計值、區間長度為何？

解

(1) 查詢 T 分配表，得 $t_{0.05}(8) = 1.86$，代入公式得平均等候時間之區間估計

$$\bar{X} \pm t_{0.05}(8) * \frac{S}{\sqrt{n}} = 5.875 \pm 1.86 * \frac{1.245}{\sqrt{9}} = 5.875 \pm 0.7719 = [5.1031, 6.6469]$$

區間長度 = 2 * 0.7719 = 1.5438。

(2) 查詢 T 分配表，得 $t_{0.025}(8) = 2.306$，代入公式得平均等候時間之區間估計

$$\bar{X} \pm t_{0.025}(8) * \frac{S}{\sqrt{n}} = 5.875 \pm 2.306 * \frac{1.245}{\sqrt{9}} = 5.875 \pm 0.957 = [4.918, 6.832]$$

區間長度 = 2 * 0.957 = 1.914。

Chapter 10　估計與檢定

10-3　母體變異數之區間估計

通常我們採用樣本變異數 S^2 作為母體變異數 σ^2 的「點估計量」，描述的是母體資料的分佈情況，因為樣本變異數具有良好的估計性質：「不偏性」及「有效性」。現在我們要探討 σ^2「區間估計」。首先必須學習，點估計量 S^2 的抽樣分配──卡方分配，才可以進一步得到母體變異數 σ^2 的區間估計。

卡方分配 (chi-square distribution)

若 n 個隨機樣本 $X_1, X_2, \ldots, X_n$ 來自於常態母體分配，母體平均數為 μ（未知），母體變異數為 σ^2，則統計量 $\chi^2 = \sum_{i=1}^{n} \left(\dfrac{X_i - \overline{X}}{\sigma} \right)^2$，具有的機率分配，稱為卡方分配，自由度 $= n - 1$；其中 $\overline{X}$ 為樣本平均數。

卡方分配的性質

1. 卡方分配的機率密度函數圖形，其定義範圍是在「大於等於 0 的區間」，圖形為非對稱的右偏圖。
2. 不同的自由度，對應於不同的卡方分配函數圖形 (圖 10-4)。當自由度愈大時，卡方分配之函數圖形，愈接近常態分配對稱圖形。
3. 機率值與卡方分配機率表。

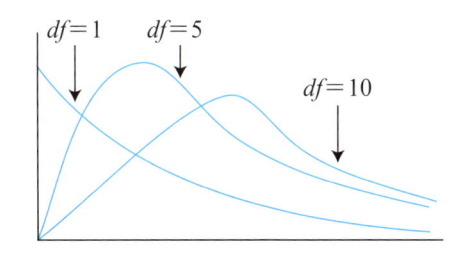

$df = 1$　$df = 5$　$df = 10$

✥ 圖 10-4　卡方分配的機率密度函數圖形

❖ 表 10-6　部份的卡方分配表

df	右尾機率值 (α)					
	0.995	0.99	0.975	...	0.025	0.01	0.005
1	0	0.0002	0.0010		5.0239	6.6349	7.8794
2	0.6757	0.0201	0.0506		7.3778	9.2104	10.5965
3	0.0717	0.1148	0.2158		9.3484	11.3449	12.8381
4	0.207	0.2971	0.4844		11.1433	13.2767	14.8602
5	0.4118	0.5543	0.8312		12.8325	15.0863	16.7496
6	0.6757	0.8721	1.2373		14.4494	16.8119	18.5475
7	0.9893	1.2390	1.6899	...	16.0128	18.4753	20.2777
...							
60	35.5344	37.4848	40.4817		83.2977	88.3794	91.9518
70	43.2753	45.4417	48.7575		95.0231	100.4251	104.2148
80	51.1719	53.5400	57.1532		106.6285	112.3288	116.3209
90	59.1963	61.7540	65.6466		118.1359	124.1162	128.2987
100	67.3275	70.0650	74.2219		129.5613	135.8069	140.1697

卡方分配的機率表格 (附表五) 提供的是右尾機率值。表 10-6 是部份的卡方分配機率表。其中最左欄表示自由度，以 df 表示。最上式表示的是各種常用的右尾機率值，以 α 表之，α = 0.995, ... , 0.005，表格內的值表示在該列對應的自由度下之卡方分配圖形中，該欄的右尾機率值 α 所相對應的點，以 $\chi^2_\alpha(df)$ 表示。

例如：$df = 5$，α = 0.025，表格裡的值為 $\chi^2_{0.025}(5) = 12.8325$，表示在自由度 = 5 的卡方分配圖形中，大於 12.8325 之面積 (右尾機率值) 等於 0.025。

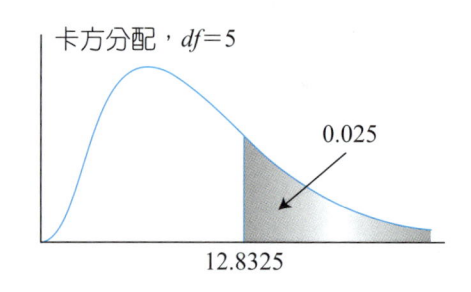

❖ 圖 10-5　卡方分配 $df = 5$，右尾機率值

範例 10-9　卡方分配查表

若隨機變數 Y，具有卡方分配，自由度 = 8，求下列的機率值：

(1) $P(Y < 2.1797)$

(2) $P(3.4895 < Y < 20.0902)$

解

首先，在附表五中找到 $df = 8$ 的列。其次，再於該列中找到要求機率的端點值及其對應的右尾機率值。

(1) 端點 = 2.1797 所對應的右尾機率值 = 0.975，表示

$$P(Y > 2.1797) = 0.975$$

所以 $P(Y < 2.1797) = 1 - P(Y > 2.1797) = 0.025$。

(2) 將要求的機率改寫如下：

$$P(3.4895 < Y < 20.0902) = P(Y < 20.0902) - P(Y \leq 3.4895)$$

其中第一項之機率值，查表得 $P(Y > 20.0902) = 0.01$，經計算得

$$P(Y < 20.0902) = 1 - P(Y > 20.0902) = 0.99$$

第二項之機率值，查表得 $P(Y \geq 3.4895) = 0.9$，經計算得

$$P(Y < 3.4895) = 1 - P(Y \geq 3.4895) = 0.1$$

將第一、二項的機率值相減，可得結果：

$$P(3.4895 < Y < 20.0902) = 0.99 - 0.1 = 0.89$$

範例 10-10　卡方分配查表

若隨機變數 X，具有卡方分配，請查詢下列的機率值的對應卡方值：
(1) 自由度 = 8，找出 a，使得 $P(X < a) = 0.025$。
(2) 自由度 = 16，找出 b，使得 $P(X > b) = 0.99$。

解

(1) 要注意的是：本題指的是左尾機率值 = 0.025，也就是說，右尾機率值 = $P(X > a) = 0.975$。在附表五中找到右尾機率值 = 0.975，其次，再在該欄中找到 $df = 8$ 的列；其所對應的卡方值 = 2.1797。

表示　　　　　　　$P(X > 2.1797) = 0.975$

所以，$a = 2.1797$。

(2) 本題指的是右尾機率值 = 0.99，可以直接查詢：在附表五中找到右尾機率值 = 0.99，其次，再在該欄中找到 $df = 16$ 的列；其所對應的卡方值 = 5.8122。

表示　　　　　　　$P(X > 5.8122) = 0.99$

所以，$b = 5.8122$。

利用卡方分配所得的 σ^2 之區間估計

要得知 σ^2 之區間估計，首先要注意的是：

1. σ^2 的點估計量為 $S^2 = \dfrac{1}{n-1} \sum\limits_{i=1}^{n} (x_i - \bar{x})^2$。

2. S^2 的抽樣分配與卡方分配有關，即 $\dfrac{(n-1)S^2}{\sigma^2} = \sum\limits_{i=1}^{n} \left(\dfrac{x_i - \bar{x}}{\sigma} \right)^2$。

根據卡方分配的定義，可得知 $\dfrac{(n-1)S^2}{\sigma^2}$ 具有卡方分配，自由度 = $n - 1$。

信賴度 = $(1 - \alpha)100\%$，表示的是 $\dfrac{(n-1)S^2}{\sigma^2}$ 落在區間 $[\chi^2_{1-\alpha/2}(n-1), \chi^2_{\alpha/2}(n-1)]$ 的機率值，即

Chapter 10　估計與檢定

$$P\left(\chi^2_{1-\alpha/2}(n-1) \leq \frac{(n-1)S^2}{\sigma^2} \leq \chi^2_{\alpha/2}(n-1)\right) = 1-\alpha$$

圖 10-6 表示這段機率區間。此處，為了方便起見，兩邊的面積(機率值)是相等的，也就是說，各為 $\alpha/2$，經由不等式的化簡，σ^2 所在的區間估計為

$$\left(\frac{(n-1)S^2}{\chi^2_{\alpha/2}(n-1)}, \frac{(n-1)S^2}{\chi^2_{1-\alpha/2}(n-1)}\right)$$

✦ 表 10-7　常見的母體變異數之區間估計

信賴度	母體變異數之區間估計
95%	$\dfrac{(n-1)S^2}{\chi^2_{0.025}(n-1)} \leq \sigma^2 \leq \dfrac{(n-1)S^2}{\chi^2_{0.975}(n-1)}$
99%	$\dfrac{(n-1)S^2}{\chi^2_{0.005}(n-1)} \leq \sigma^2 \leq \dfrac{(n-1)S^2}{\chi^2_{0.995}(n-1)}$
$(1-\alpha)100\%$	$\dfrac{(n-1)S^2}{\chi^2_{\alpha/2}(n-1)} \leq \sigma^2 \leq \dfrac{(n-1)S^2}{\chi^2_{1-\alpha/2}(n-1)}$

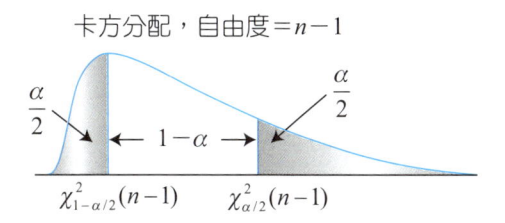

✦ 圖 10-6　卡方分配的區間機率

【注意】

(1) 在計算區間估計時，所考慮的信賴度 $(1-\alpha)100\%$，其中的 α 值，通常是很小值，例如：$\alpha = 0.01, 0.05, 0.1$。此時左右側的面積(機率值)為 $\dfrac{\alpha}{2} = 0.005, 0.025, 0.05$。

(2) 當查詢卡方機率表的時候，都需要轉換為右尾機率：

(a) 右側面積(機率值) $= \dfrac{\alpha}{2}$，對應的卡方值 $= \chi^2_{\alpha/2}$。

(b) 左側面積 (機率值) $= \dfrac{\alpha}{2}$，也就是右尾面積 (機率) $= 1-\dfrac{\alpha}{2}$，對應的卡方值 $=\chi^2_{1-\alpha/2}$。

範例 10-11

市面上銷售的飲料，容量為 250c.c.。消基會想要了解其實際容量的分佈狀況。取樣 12 罐，得其內容分別為 (假設母體為常態分配)：

248 249 247 251 250 248 252 258 259 252 247 248

求容量變異數的點估計及 95% 區間估計。

解

首先，容量變異數 σ^2 的點估計量為

$$S^2 = \dfrac{1}{n-1}\sum_{i=1}^{n}(x_i-\bar{x})^2$$

將樣本值代入，計算得

$$S^2 = 16.205$$

信賴度 $= 95\%$，容量變異數 σ^2 的區間估計公式為

$$\dfrac{(n-1)S^2}{\chi^2_{0.025}(n-1)} \le \sigma^2 \le \dfrac{(n-1)S^2}{\chi^2_{0.975}(n-1)}$$

本題 $n = 12$。其次，另需查卡方表格 (附表五)，自由度 $= 11$：

$$\chi^2_{0.025}(11) = 21.92 \quad \text{及} \quad \chi^2_{0.975}(11) = 3.82$$

分別代入公式，得容量變異數 σ^2 之 95% 區間估計值為

$$\dfrac{(12-1)*16.205}{21.92} \le \sigma^2 \le \dfrac{(12-1)*16.205}{3.82} = 8.1318 \le \sigma^2 \le 46.6623$$

10-4 母體比例之區間估計（大樣本）

母體比例，以 p 表示，指的是母體中具有某性質的比率。例如，會購買意外險的比例。它的點估計量，以 $\hat{p}$ 表示，其公式為 $\hat{p}=\dfrac{X}{n}$。其中 n 表示樣本數，X 表示 n 個樣本中，具有此性質的人數。例如，隨機抽訪 60 人中，有 18 人投保意外險，則 p 的點估計值為 $\hat{p}=\dfrac{18}{60}=0.3$。

要探討 p 的「區間估計」，首先必須知道，點估計量 $\hat{p}=\dfrac{X}{n}$ 的抽樣分配與常態分配有關，才可以進一步得到區間估計。此處所採用的是大樣本，根據中央極限定理得知，$\hat{p}=\dfrac{X}{n}$ 具有之抽樣分配為近似常態分配，平均數 $=p$，變異數 $=\dfrac{p(1-p)}{n}$。

✧ 表 10-8　常見的母體比例之區間估計（大樣本）

信賴度	母體比例之區間估計
95%	$\hat{p} \pm 1.96 * \sqrt{\dfrac{\hat{p}(1-\hat{p})}{n}}$
99%	$\hat{p} \pm 2.58 * \sqrt{\dfrac{\hat{p}(1-\hat{p})}{n}}$
$(1-\alpha)100\%$	$\hat{p} \pm Z_{\alpha/2} * \sqrt{\dfrac{\hat{p}(1-\hat{p})}{n}}$

信賴度 $=(1-\alpha)100\%$ 表示的是 $\hat{p}$ 與 p 的差額在 $Z_{\alpha/2} * \sqrt{\dfrac{\hat{p}(1-\hat{p})}{n}}$ 間的機率值，即

$$P\left(|\hat{p}-p| \leq Z_{\alpha/2} \times \sqrt{\dfrac{\hat{p}(1-\hat{p})}{n}}\right)=1-\alpha$$

也就是說，p 所在的區間估計為

$$\hat{p} \pm Z_{\alpha/2} * \sqrt{\dfrac{\hat{p}(1-\hat{p})}{n}}$$

其中的值 $Z_{\alpha/2}$ 表示在標準常態機率密度函數圖中，大於 $Z_{\alpha/2}$ 之面積(機率值)等於 $\frac{\alpha}{2}$。

範例 10-12

系學會會長欲了解同學參加系郊遊的意願，隨機調查了 100 名系上同學，有 57 人願意參加，求同學參與率的 95% 區間估計。

解

點估計值 $= \hat{p} = \frac{57}{100} = 0.57$，代入 95% 區間估計之公式 $\hat{p} \pm 1.96 * \sqrt{\frac{\hat{p}(1-\hat{p})}{n}}$。此處 $n = 100$，得 p 之 95% 區間估計值為

$$0.57 \pm 1.96 * \sqrt{\frac{0.57 * 0.43}{100}} = 0.57 \pm 0.097 = [0.473, 0.667]$$

也就是說，在 90% 的信心水準下，同學參加系郊遊之意願約為 47.3% ～ 66.7%。

10-5 統計檢定

統計估計的目的在於對未知的母體參數作一個良好的評估，至於如何判斷母體參數的假設或主張，則是統計檢定的目的。所謂的「假設」，指的是一個關於母體某性質的假說。例如：「某高中宣稱其投考大學錄取率為 60%」是一種假說。成立了假設，則必須加以檢定，以決定是否相信此假設。當要作假設檢定時，需要利用抽樣樣本的資料來幫忙決定是否該相信此假設。也就是說，當抽樣樣本與假設一致時，則相信該假設，否則拒絕此假設。

10-5-1 統計假設

統計檢定的過程中,首先要依實際問題,建立兩個統計假設:「虛無假設」與「對立假設」。其中「虛無假設」:描述母體參數的某一假說,通常以「H_0」作為陳述的開始;「對立假設」:描述與虛無假設相反的假說,通常以「H_1」作為陳述的開始。一般「虛無假設」與「對立假設」的內容,陳述的是母體的某種性質(母體參數);所以,「H_0」與「H_1」的陳述,將會是簡潔的「母體參數」敘述,而且敘述的是「母體參數」與「特定的母體參數檢定值」之關係。統計檢定問題中,常見的母體參數有平均數 μ、變異數 σ^2、母體比例 p。

例如:某技職學校宣稱其畢業生初就業率為 80%,則母體參數 = 母體比例 p,「特定的母體參數檢定值」= 0.8;「虛無假設」與「對立假設」的內容分別為

$$H_0 : p = 0.8 \quad 與 \quad H_1 : p \neq 0.8$$

10-5-2 建立統計假設的原則

1. 將欲檢定的母體參數陳述置於對立假設。例如:想要檢定某國國民平均所得是否超過 1 萬美元,其假設為

    H_0:平均所得 ≤ 1 萬美元   vs. H_1:平均所得 > 1 萬美元

    例如:想知道學生的作業是否相互抄襲,如果作業成績的標準差小於 3 分,表示該份作業屬於抄襲類。欲檢定是否為抄襲作業的虛無假設、對立假設為

    H_0:標準差 ≥ 3 分   vs. H_1:標準差 < 3 分

2. 若母體參數有宣稱的陳述,將此宣稱的陳述置於虛無假設。
    例如:某飲料製造商宣稱其每罐飲料的重量為 250c.c.。其檢定假設為

    H_0:平均重量 = 250c.c.   vs. H_1:平均重量 ≤ 250c.c.

3. 常見的統計假設檢定問題有兩類:單尾檢定與雙尾檢定,同時單尾檢定又分為右尾檢定與左尾檢定。表 10-9 為假設檢定問題的整理,其中 θ 表示母體參數,θ_0 表示檢定值。

實用統計學

❖ 表 10-9　統計檢定問題的類型

檢定問題		H_0	H_1
單尾檢定	右尾檢定	$\theta \leq \theta_0$	$\theta > \theta_0$
	左尾檢定	$\theta \geq \theta_0$	$\theta < \theta_0$
雙尾檢定		$\theta = \theta_0$	$\theta \neq \theta_0$

4. 統計檢定問題中，常見的母體參數有平均數、變異數、母體比例，這些都是單一母體的情況，另外有兩個母體間的平均數、變異數、母體比例的比較 (表 10-10)。

❖ 表 10-10　常見的各種檢定母體參數

	一個母體	兩個母體
母體參數	平均數 μ	兩個平均數 μ_1, μ_2
	變異數 σ^2	兩個變異數 σ_1^2, σ_2^2
	母體比例 p	兩個母體比例 p_1, p_2

我們將在第十一章及第十二章，分別說明一個母體及兩個母體的檢定問題。

範例 10-13

寫出以下各題的「虛無假設」與「對立假設」：

(1) 教育部高教司想要了解：大專生每週的平均打工時數是否高於 10 小時？

(2) 世界衛生組織想要了解某國的宣稱：女性的平均壽命等於 68 歲。

(3) 某電腦經銷商附設有「電腦維修部門」。經理想要知道：電腦維修所需時間的分佈狀況。如果電腦維修所需時間的「變異數」超過 1 小時，表示效率不彰，維修部門的工程師恐怕有人員需要撤換。

解

(1) 令母體平均數 μ，表示大專生每週的平均打工時數；「特定的母體參數檢定值」= 10 小時。主要陳述：平均打工時數高於 10 小時，所以「虛無假設」與「對立假設」的內容分別為 $H_0: \mu \leq 10$ 與 $H_1: \mu > 10$。

(2) 令母體平均數 μ，表示女性的平均壽命；「特定的母體參數檢定值」= 68 歲。宣稱敘述：女性的平均壽命等於 68 歲，所以「虛無假設」與「對立假設」的內容分別為 $H_0 : \mu = 68$ 與 $H_1 : \mu \neq 68$。

(3) 令母體變異數 σ^2，表示電腦維修所需時間的「變異數」；「特定的母體參數檢定值」= 1 小時。主要陳述：電腦維修所需時間的「變異數」超過 1 小時，所以「虛無假設」與「對立假設」的內容分別為 $H_0 : \sigma^2 \leq 1$ 與 $H_1 : \sigma^2 > 1$。

10-5-3 統計假設的抉擇

建立了檢定問題的虛無假設、對立假設之後；接著，必須利用抽樣的樣本值，來設立決策的法則，而且這個抉擇，是以虛無假設作為主要的陳述對象。例如，如果檢定的抉擇為「拒絕虛無假設」，表示樣本資料與虛無假設不一致；如果檢定的抉擇是「不拒絕虛無假設」，表示此次取樣的樣本資料，無法驗證虛無假設是不合理。要決定是「拒絕」或「不拒絕」虛無假設，必須建立所謂的「拒絕域」：拒絕虛無假設的範圍。另外，拒絕域的端點值，稱之為「臨界值」(或稱臨界點)；一旦確定了臨界值，則其相對應的拒絕域也就可以得知，表 10-11 陳列的是三種檢定問題的拒絕域。

✦ 表 10-11　三種檢定問題的拒絕域 (顯著水準 = α)

	統計檢定	拒絕域
右尾檢定	$H_0 : \theta \leq \theta_0$ $H_1 : \theta > \theta_0$	(右尾 α，臨界點)
左尾檢定	$H_0 : \theta \geq \theta_0$ $H_1 : \theta < \theta_0$	(左尾 α，臨界點)
雙尾檢定	$H_0 : \theta = \theta_0$ $H_1 : \theta \neq \theta_0$	(雙尾 $\alpha/2$，左臨界點　右臨界點)

統計人員在作檢定假設的決策時，必須有足夠的證據才可以否定 H_0，否則為不拒絕 H_0，表示沒有充分的資料可以拒絕 H_0。拒絕域中，最大可以容忍的範圍（面積）稱之為「顯著水準」，以 α 表之。常用的 α 值有 $\alpha = 0.05, 0.025, 0.001$。因此統計假設檢定亦稱為顯著性檢定。

當樣本數值，與檢定值相去甚遠時，統計檢定的決策，是可以直接決定的。一般的檢定問題，主要是用來解決：樣本數值與檢定值相去不遠的問題。

範例 10-14

教育部高教司想要了解：大專生每週的平均打工時數是否高於 10 小時。

打工是大學生普遍的現象，所以合理的情況是打工時數應該高於 10 小時；屬於右尾檢定問題；其「虛無假設」與「對立假設」的內容分別為

$$H_0 : \mu \leq 10 \quad \text{與} \quad H_1 : \mu > 10$$

(1) 若樣本平均數值 = 1 小時，該如何下結論？
(2) 若樣本平均數值 = 30 小時，該如何下結論？
(3) 若樣本平均數值 = 10.8 小時，該如何下結論？
(4) 若樣本平均數值 = 9.5 小時，該如何下結論？

解

(1) 樣本平均數值 = 1 小時，小於 10 小時甚多；也就是說，樣本平均數值不在拒絕域；結論是「不拒絕 H_0」。

(2) 樣本平均數值 = 30 小時，超過 10 小時甚多，也就是說，樣本平均數值在拒絕域；結論是「拒絕 H_0」。

(3) 樣本平均數值 = 10.8 小時，超過 10 小時不甚多，無法判斷樣本平均數值是否在拒絕域；無法作結論。需要作進一步的統計檢定分析。

(4) 樣本平均數值 = 9.5 小時，小於 10 小時不甚多；無法作結論。需要作進一步的統計檢定分析。

10-5-4 檢定假設的統計量

抽樣樣本的資料，是用來作為選擇 H_0 或 H_1 的依據。為了簡潔化，在統計檢定過程中，我們採用「檢定統計量」，將樣本中的資訊以單一數量表示。「檢定統計量」是一個隨機變數，與檢定參數的點估計量有關，有其抽樣分配。

例如，檢定參數為母體平均數 μ（設 σ^2 未知，小樣本），其「點估計量」為樣本平均數 $\overline{X}$，「檢定統計量」則為 T 統計量，$T = \dfrac{\overline{X} - \mu_0}{S/\sqrt{n}}$，其中 μ_0 為 H_0 中的檢定值，S 為樣本標準差。T 統計量之抽樣分配為 T 分配，自由度 $= n - 1$。

表 10-12 陳列的是單一樣本中，常見的母體檢定參數及其相對應的檢定統計量與抽樣分配。

依據「檢定統計量」及其抽樣分配，則 10-5-3 節所提及的「臨界值」就可以依著不同的 α 值順利獲得。

✤ 表 10-12　常見檢定統計量及其抽樣分配（單一樣本）

母體參數	參數檢定值	點估計量	假設問題（雙尾）	檢定統計量	抽樣分配
μ（σ 已知）	μ_0	$\overline{X}$	$H_0: \mu = \mu_0$ $H_1: \mu \neq \mu_0$	$Z = \dfrac{\overline{X} - \mu_0}{\sigma/\sqrt{n}}$	$Z \sim N(0, 1)$
μ（σ 未知）	μ_0	$\overline{X}$	$H_0: \mu = \mu_0$ $H_1: \mu \neq \mu_0$	$T = \dfrac{\overline{X} - \mu_0}{S/\sqrt{n}}$	$T \sim t(n - 1)$
σ^2	σ_0^2	S^2	$H_0: \sigma^2 = \sigma_0^2$ $H_1: \sigma^2 \neq \sigma_0^2$	$\chi^2 = \dfrac{(n-1)S^2}{\sigma_0^2}$	$\chi^2 \sim \chi^2(n-1)$
p	p_0	$\hat{p}$	$H_0: p = p_0$ $H_1: p \neq p_0$	$Z = \dfrac{\hat{p} - p_0}{\sqrt{\dfrac{p_0(1-p_0)}{n}}}$	$Z \sim N(0, 1)$

10-5-5 決策的正確與誤差

在檢定決策過程中，兩種錯誤及其發生的機率值是需要探討的：

1. 型 I 誤差：當 H_0 為正確，而決策是拒絕 H_0，這種錯誤稱之為「型 I 誤差」，其發生之機率以 α 表之，也是 10-5-3 節所提及的「顯著水準」。較小的 α 值

表示不隨便接受對立假設 H_1，也就是對 H_1 的接受程度採較嚴格的態度。

2. 型 II 誤差：當 H_1 為正確，而決策是不拒絕 H_0，這種錯誤稱之為「型 II 誤差」，其發生之機率以 β 表之。

表 10-13 表示的是事實與決策正確與否之機率。

✤ 表 10-13　事實與決策正確與否之機率

事實＼決策	拒絕 H_0	不拒絕 H_0
H_0 正確	α（型 I 誤差機率）	$1-\alpha$（正確機率）
H_0 不正確	$1-\beta$（檢定力）	β（型 II 誤差機率）

例如：欲檢定 250c.c. 罐裝飲料的實際平均含量是否為 250c.c.。其統計假設為

$$H_0：\mu = 250\text{c.c.} \quad \text{vs.} \quad H_1：\mu \neq 250\text{c.c.}$$

1. 如果飲料公司的標示是正確，但是我們抽樣檢定後的結論是拒絕 H_0，這種現象是一種決策的錯誤，屬於型 I 誤差。

2. 如果飲料公司的標示是不正確，但是我們抽樣檢定後的結論是不拒絕 H_0，這種現象也是一種決策的錯誤，屬於型 II 誤差。

比較起來，「型 I 誤差」比「型 II 誤差」的錯誤較為嚴重，因為經由「型 I 誤差」檢定的結果是將「對的事實」當作「拒絕的對象」；而經由「型 II 誤差」檢定的結果是將「不對的事實」給予「不拒絕的態度」。這兩種誤差是會彼此互相影響的。

研究者在作決策時，必須同時考慮型 I、型 II 誤差，而且希望其機率愈小愈好。但是 α、β 卻是會相互消長；若 α 變小，會使 β 變大；無法使兩者同時變小，在此情況下，通常是先行決定所可容忍的型 I 誤差之最大機率 α（愈小愈好），而 β 值就可經由其檢定臨界值及對立假設宣稱值來決定之。我們以右尾檢定問題來說明 α、β 的相關性。

右尾檢定問題：$H_0：\theta \leq \theta_0$　vs.　$H_1：\theta > \theta_0$。

其中 θ_0 為 H_0 的檢定值，θ_1 為 H_1 的可能值。由圖 10-7 可以得知：

(1) 當 α 愈小，則 β 愈大（圖 10-7(a)）。

(2) 當 θ_1 愈大，則 β 愈小（圖 10-7(b)）。

Chapter 10　估計與檢定

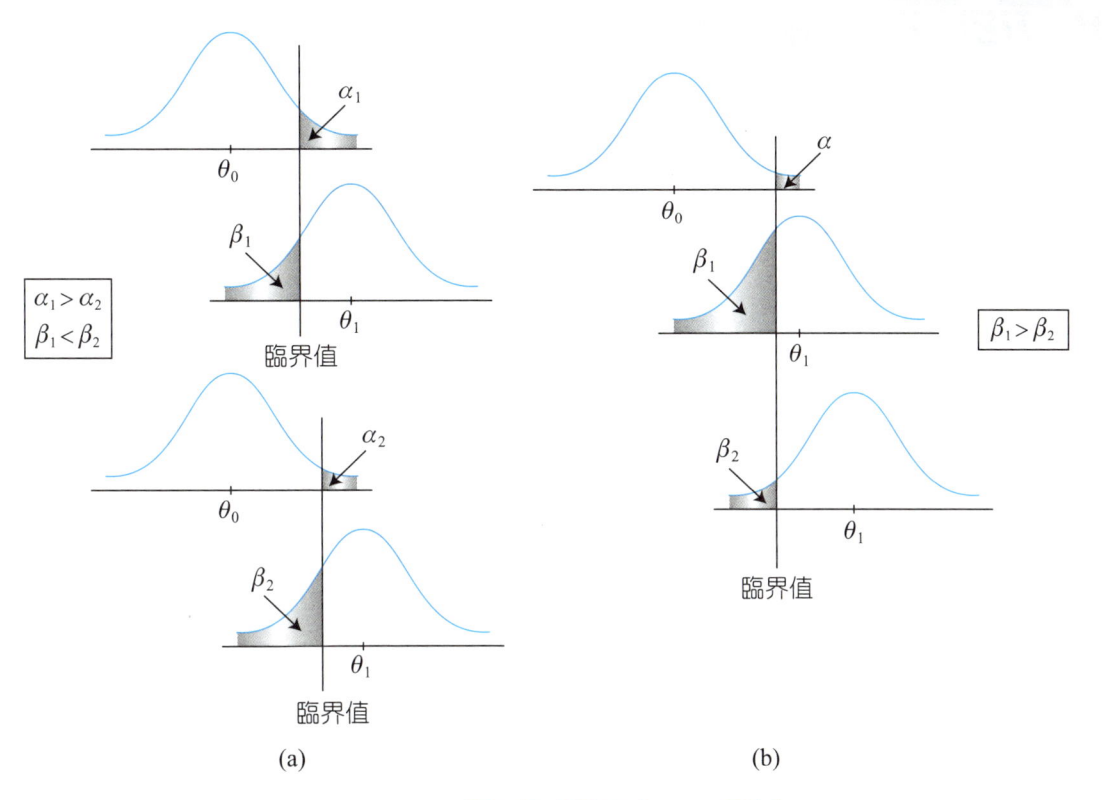

✤ 圖 10-7　單尾檢定問題之 α、β 關係

10-5-6　統計檢定之步驟

　　檢定一個統計假設所需要執行的步驟如下：

步驟 1： 建立虛無、對立假設。

步驟 2： 決定檢定統計量及其抽樣分配。

步驟 3： 設立 α 值，求出臨界值及拒絕域。

步驟 4： 作決策：當檢定統計量的估計值落在拒絕域，則拒絕 H_0，否則「不拒絕 H_0」。

10-5-7 另一種決策方式——利用 P - 值作抉擇

傳統的檢定方法,完全依賴於 α 的設定值;不同的 α 值,其決策可能完全不同,為了避免這種不客觀性,統計檢定可利用 P - 值來作決策。何謂 P - 值?其定義如下:

> **P - 值 (P-value)**
>
> 在 H_0 正確下,以檢定統計量的估計值作為臨界值的拒絕域,其發生的機率,稱之為 P - 值。

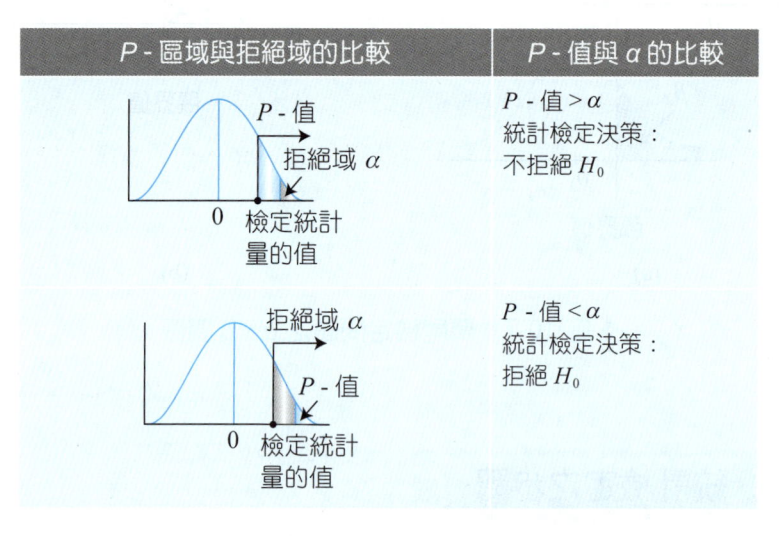

P - 區域與拒絕域的比較	P - 值與 α 的比較
(圖:P - 值位於拒絕域 α 之外)	P - 值 > α 統計檢定決策: 不拒絕 H_0
(圖:P - 值位於拒絕域 α 之內)	P - 值 < α 統計檢定決策: 拒絕 H_0

✦ 圖 10-8　P - 值與 α 的關係(右尾檢定)

10-6　Excel 應用例

10-6-1 T 分配

利用試算表 Excel,可以查得 T 分配的機率值(任意的自由度 df)。若隨機變數 X,具有 T 分配,自由度為 n。利用 Excel 查詢 T 分配機率值的「步驟」及「函數」如下:

Chapter 10 估計與檢定

Excel 選項：選取『公式』→『插入函數』→選取類別『統計』→選取函數『T.DIST』。

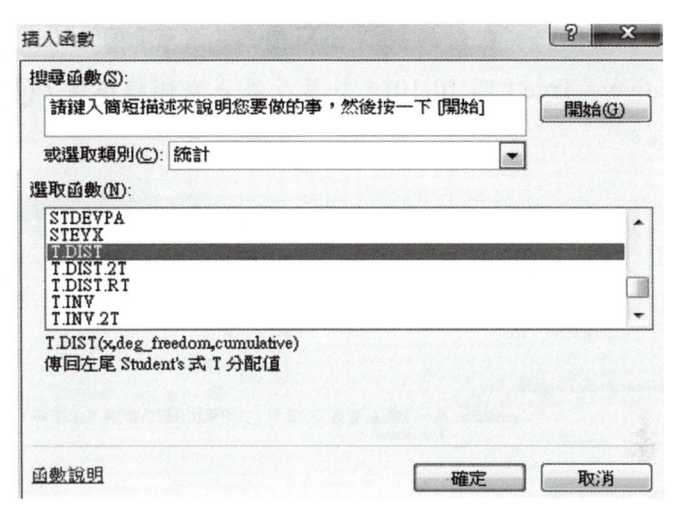

✤ 圖 10-9

Excel 函數：T.DIST，計算的是 T 分配左側機率值，或是 T 分配機率密度函數值。所需要的變數 x, deg_freedom, Cumulative，其個別意義如表 10-14 所示：

✤ 表 10-14

所需變數 \ 機率值	T.DIST(x, deg_freedom, Cumulative)	$P(T<x)$ 左側機率值	T 分配機率密度函數值
x	端點值	x	x
deg_freedom	自由度	n	n
Cumulative	True：表示 T 分配左側機率值 False：表示 T 機率密度函數值	True	False

範例 10-15　T 分配查表，Excel 例

將範例 10-5 的查詢內容，以 Excel 試算表執行。

解

Excel 執行過程：

(1) 自由度 = 7，$P(T < 1.895) = ?$

在 Excel 中，選取『公式』→『插入函數』→選取類別『統計』→選取函數『T.DIST』，在對話視窗分別輸入：X = 1.895, Deg_freedom = 7, Cumulative = True (圖 10-10)，計算結果為左側機率值 $P(T < 1.895) = 0.95003$。

✦ 圖 10-10

(2) 自由度 = 15，$P(T > 2.602) = ?$

本題為右側機率值，需先計算左側機率值 $P(T < 2.602)$，再代入公式得到

$$P(T > 2.602) = 1 - P(T < 2.602)$$

計算左側機率值 $P(T < 2.602)$，可以在 Excel 中直接輸入公式：

區間機率值	Excel 函數公式
$P(T < 2.602)$	T.DIST(2.602, 15, True)

計算結果為左側機率值 $P(T < 2.602) = 0.98999$。

所以右側機率值 = $P(T > 2.602) = 1 - P(T < 2.602) = 0.01001$。

(3) 自由度 = 26，$P(1.706 < T < 3.435) = ?$

要利用 Excel 來計算 $P(1.706 < T < 3.435)$，需先將機率值，轉換為比較好執行的公式：$P(1.706 < T < 3.435) = P(T < 3.435) - P(T < 1.706)$。其中，第一、二項的左側機率值，可以在 Excel 中直接輸入公式：

Chapter 10　估計與檢定

區間機率值	Excel 函數公式
$P(1.706 < T < 3.435)$	T.DIST(3.435, 36, True) – T.DIST(1.706, 26, True)

計算結果為 $P(1.706 < T < 3.435) = 0.048964$。

　　T 分配機率值 (任意的自由度 df) 的「反向」端點值，也可以利用試算表 Excel 查得。例如，若隨機變數 X，具有 T 分配，自由度為 n，我們要求一個 x 值，使得機率值 $P(X > x) = 0.05$；利用 Excel 查詢 T 分配機率反向值的「步驟」及「函數」如下：

Excel 選項：『公式』→『插入函數』→選取類別『統計』→選取函數『T.INV』。

✤ 圖 10-11

Excel 函數： T.INV，計算的是左側機率的反向 t 值。所需要的變數 probability, deg_freedom，其個別意義如表 10-15 所示。

✤ 表 10-15

所需變數	機率反值 T.INV(probability, deg_freedom)	左側機率反值
probability	左側機率值	$P(X < x)$
deg_freedom	自由度	n

範例 10-16　T 分配查表，Excel 例

將範例 10-6 的查詢內容，以 Excel 試算表執行。

解

若隨機變數 T，具有 T 分配，請查詢下列的機率值的對應 t 值。

(1) 自由度 = 8，找出 a，使得 $P(T < a) = 0.025$。

在 Excel 中，選取『公式』→『插入函數』→選取類別『統計』→選取函數『T.INV』，在對話視窗分別輸入：Probability = 0.025, Deg_freedom = 8（圖 10-12），計算結果為左側機率值 0.025 的反向 t 值 = T.INV(0.025, 8) = − 2.306，所以 a = − 2.306。

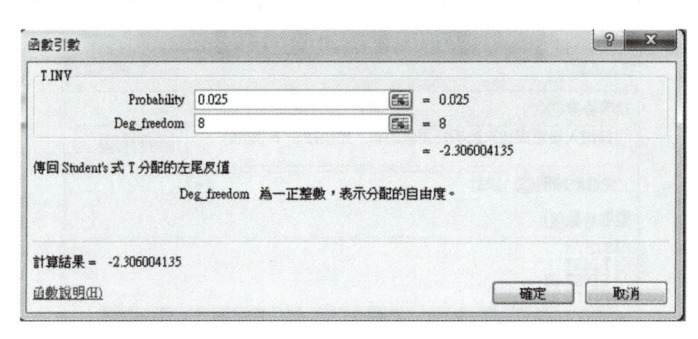

✦ 圖 10-12

(2) 自由度 = 16，找出 b，使得 $P(T > b) = 0.99$。

為了符合 Excel 函數 T.INV 的形態，首先將右側機率轉換為左側機率，$P(T < b) = 1 − P(T > b) = 0.01$。接著在 Excel 中，直接輸入公式及設定值，計算結果為 T.INV(0.01, 16) = − 2.5835（圖 10-13），表示 $P(T < − 2.5835) = 0.01$，所以 b = − 2.5835。

✦ 圖 10-13

(3) 自由度 = 30，找出 c，使得 $P(|T|<c) = 0.9$。

為了符合 Excel 函數 T.INV 的形態，首先將區間機率轉換為左側機率，

$$0.9 = P(|T|<c) = 1 - P(|T|>c) = 1 - 2*P(T<d)\ ;\ d = -c$$

也就是說，$P(T<d) = (1-0.9)/2 = 0.05$。

接著在 Excel 中，直接輸入公式及設定值，計算結果為 T. INV(0.05, 30) = – 1.6973（圖 10-14），表示 $P(T<-1.6973) = 0.05$，所以 $d = -1.6973$。也就是說，$c = 1.6973$。

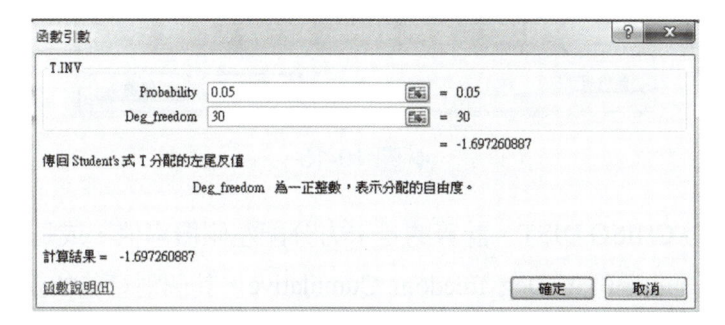

✦ 圖 10-14

10-6-2 卡方分配

利用試算表 Excel，可以查得卡方分配的機率值（任意的自由度 df）。若隨機變數 X，具有卡方分配，自由度為 n。利用 Excel 查詢卡方分配機率值的「步驟」及「函數」如下：

Excel 選項：『公式』→『插入函數』→選取類別『統計』→選取函數『CHISQ.DIST』。

✤ 圖 10-15

Excel 函數 CHISQ.DIST，計算的是卡方分配左側機率值，或是卡方機率密度函數值。所需要的變數 X, Deg_freedom, Cumulative，其個別意義如表 10-16 所示。

✤ 表 10-16

機率值 所需變數	CHISQ.DIST(x, deg_freedom, Cumulative)	$P(X < x)$ 左側機率值	卡方分配機率 密度函數值
x	端點值	x	x
deg_freedom	自由度	n	n
Cumulative	True：表示卡方分配左側機率值 False：表示卡方機率密度函數值	True	False

另外，也利用試算表 Excel，可以查得卡方分配機率值 (任意的自由度 df) 的「反向」端點值。例如，若隨機變數 X，具有卡方分配，自由度為 n，我們要求一個卡方 x 值，使得機率值 $P(X > x)$；利用 Excel 查詢卡方分配機率反向值的「步驟」及「函數」如下：

Excel 選項：『公式』→『插入函數』→選取類別『統計』→選取函數『CHISQ.INV』。

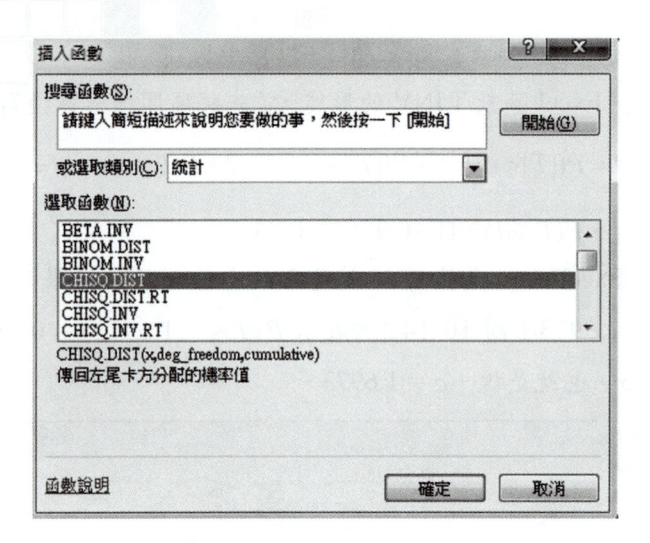

Chapter 10　估計與檢定

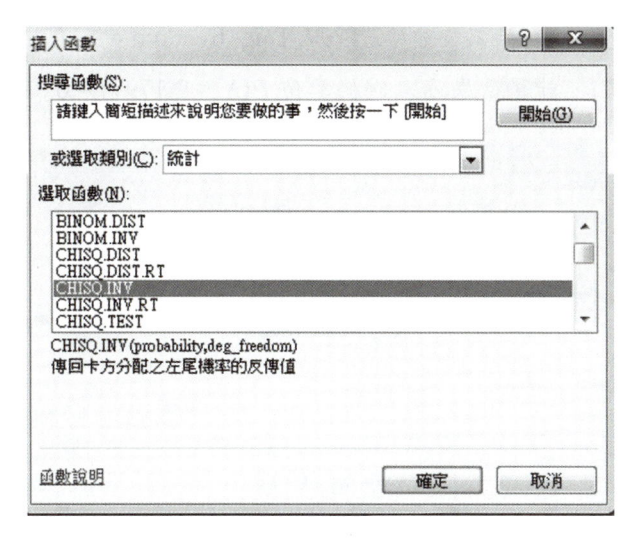

✤ 圖 10-16

Excel 函數：CHISQ.INV，計算的是左側機率的反向卡方 x 值。所需要的變數 probability, deg_freedom，其個別意義如表 10-17 所示。

✤ 表 10-17

機率反值 所需變數	CHISQ.INV(probability, deg_freedom)	左尾機率反值
probability	左側機率值	$P(X < x)$
deg_freedom	自由度	n

範例 10-17　卡方分配查表，Excel 例

將範例 10-9 的查詢內容，以 Excel 試算表執行。

解

若隨機變數 Y，具有卡方分配，自由度 $= 8$，求下列的機率值。

(1) $P(Y < 2.1797)$。

在 Excel 中，選取『公式』→『插入函數』→選取類別『統計』→選取函數『CHISQ.DIST』，計算結果為 $P(3.4895 < Y < 20.0902) = 0.890003$。

在對話視窗分別輸入：x = 2.1797, Deg_freedom = 8, Cumulative = True (圖 10-17)，計算結果為左側機率值 $P(X < 2.1797) = 0.025$。

➕ 圖 10-17

(2) $P(3.4895 < Y < 20.0902)$。

要利用 Excel 來計算 $P(3.4895 < Y < 20.0902)$，需先將機率值，轉換為比較好執行的公式：

$$P(3.4895 < Y < 20.0902) = P(Y < 20.0902) - P(Y < 3.4895)$$

其中，第一、二項的左側機率值，可以在 Excel 中，直接輸入公式：

區間機率值	Excel 函數公式
$P(3.4895 < Y < 20.0902)$	CHISQ.DIST(20.0902, 8, True) – CHISQ.DIST(3.4895, 8, True)

計算結果為 $P(3.4895 < Y < 20.0902) = 0.890003$。

10-7 章節架構圖說明：估計與檢定 ──《睡眠時間例》

55 歲以上的中老年人，普遍有睡眠不足的問題，常常一早四、五點就自動醒了，無法再睡著，於是乎，各個公園在大清早都有很多中老年人的團體在做晨間運動。衛生署想要知道這些中老年人的睡眠狀況，隨機訪問了 100 位中老年人，得其每日的睡眠時間 (檔案：睡眠時間.xls)。

Chapter 10 估計與檢定

❖ 睡眠時間

| 睡眠時間(小時) | 5.9 | 6.1 | 6.4 | …… | 5.8 | 7.2 |

統計推論

(1) 平均睡眠時間的點估計,與具有 96% 信賴度的區間估計分別為何？

(2) 睡眠時間變異數的點估計,與具有 95% 信賴度的區間估計分別為何？

(3) 若睡眠時間低於 5 小時屬於失眠族,則失眠族比率的點估計,與具有 94% 信賴度的區間估計分別為何？

章節架構圖 vs. 案例說明

(1) 平均睡眠時間的點估計,與具有 96% 信賴度的區間估計分別為何？

統計估計 → 點估計
統計估計 → 區間估計

母體平均數的區間估計 → σ^2 已知時,μ 的區間估計
母體平均數的區間估計 → σ^2 未知時,μ 的區間估計

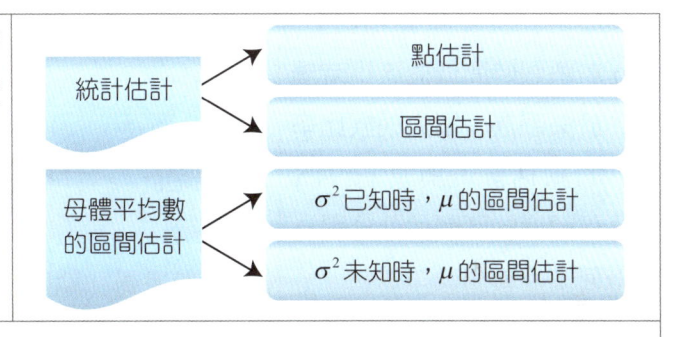

解

(a)「平均睡眠時間」的點估計量 $= \bar{X} = \dfrac{1}{n}\sum_{i=1}^{n} X_i$,由取樣的 100 位中老年人,所得的點估計值 $= \bar{x} = 6.183$。

(b) 本例題屬於大樣本,σ^2 未知的情況。「平均睡眠時間」的 96% 信賴度的區間估計,可以用公式來計算:$\bar{X} \pm 2.054 * \dfrac{S}{\sqrt{n}}$,所得的區間估計值為 [5.981, 6.385]。

(2) 睡眠時間變異數的點估計,與具有 95% 信賴度的區間估計分別為何？

母體變異數之區間估計 → 卡方分配

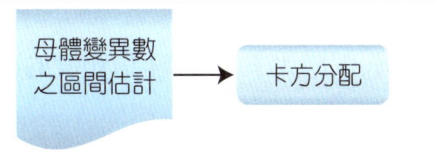

解

(a)「睡眠時間」變異數的點估計量 $= S^2 = \dfrac{1}{n-1}\sum_{i=1}^{n}(X_i - \bar{X})^2$，由取樣的 100 位中老年人資料，所得的點估計值 $= s^2 = 0.942$。

(b) 變異數 94% 信賴度的區間估計公式 $\dfrac{(n-1)S^2}{\chi^2_{0.025}(n-1)} \leq \sigma^2 \leq \dfrac{(n-1)S^2}{\chi^2_{0.975}(n-1)}$，其中 $\chi^2_{0.025}(99) = 128.422$，$\chi^2_{0.975}(99) = 73.361$，所得的區間估計值為 $\dfrac{(100-1)*0.942}{128.422} \leq \sigma^2 \leq \dfrac{(100-1)*0.942}{73.361}$，得 $0.726 \leq \sigma^2 \leq 1.271$。

---

(3) 若睡眠時間低於 5 小時屬於失眠族，則失眠族比率的點估計，與具有 94% 信賴度的區間估計分別為何？

母體比例之區間估計 → 母體比例的區間估計（大樣本）

解

「失眠族」比率的點估計量 $= \hat{p} = \dfrac{x}{n}$。要計算點估計值，必須計算「失眠族」的人數。

失眠族比率	
人數	100
失眠人數	12
比例	0.120

(a) 由取樣的 100 位中老年人，所得的「失眠族比率」之點估計值 $= \hat{p} = 0.12$。

(b)「失眠族比率」，94% 信賴度的區間估計公式為 $\hat{p} \pm 1.881*\sqrt{\dfrac{\hat{p}(1-\hat{p})}{n}}$；($z_{0.03} = 1.881$)，區間估計值為 $0.12 \pm 1.881*\sqrt{\dfrac{0.12*0.88}{100}} = [0.0579, 0.182]$。

名詞解釋

點估計值 (point estimate)：從樣本資料中所計算得到的單一數值，用來估計未知的母體參數。

點估計量 (point estimator)：計算一組資料的點估計值時所用的公式。可以作為點估計量的公式，其本身是一個隨機變數(或稱統計量)，而且符合估計量的性質。

不偏性：點估計量的性質之一，不偏點估計量的期望值，是等於對應的母體參數。

有效性：點估計量的性質之一，有效點估計量的變異數，是所有點估計量之變異數中的最小值。

區間估計：指的是在某種信賴度下，母體參數的可能所在範圍。

T 分配 (T-distribution)：若隨機樣 $X_1, ... , X_n$ 本來自於常態母體分配，平均數 $= \mu$，變異數 $= \sigma^2$，則統計量 $T = \dfrac{\overline{X} - \mu}{S/\sqrt{n}}$ 具有的機率分配，稱為 T 分配，自由度 $= n - 1$。

卡方分配 (chi-square distribution)：若隨機樣本 $X_1, X_2, ... , X_n$ 來自於常態母體分配，母體平均數未知，母體變異數為 σ^2，則統計量 $\chi^2 = \sum_{i=1}^{n} \left(\dfrac{X_i - \overline{X}}{\sigma} \right)^2$，具有的機率分配，稱為卡方分配，自由度 $= n - 1$。其中 $\overline{X}$ 為樣本平均數。

虛無假設：描述母體參數的某一假說，通常以「H_0」作為陳述的開始。

對立假設：描述與虛無假設相反的假說，通常以「H_1」作為陳述的開始。

檢定統計量：是個隨機變數，是由檢定參數的點估計量所衍變而來的，有其自己的抽樣分配。

型 I 誤差：當 H_0 為正確假設，而所做的決策是拒絕 H_0。其發生之機率以 α 表之，亦稱為「顯著水準」。α 值愈小，表示誤差愈小。

型 II 誤差：當 H_0 為錯誤假設，而所做的決策是不拒絕 H_0。其發生之機率以 β 表之。β 值愈小，表示誤差愈小。同時與 α 有關。

檢定力：$1 - \beta$，表示檢定的能力。檢定力的值愈大，表示檢定能力愈強。

P - 值 (P - value)：當 H_0 為正確假設時，以檢定統計值作為臨界值的拒絕域，其發生的機率，稱之為 P - 值。

練習題

10-1 有一母體之平均數為 μ，從該母體中取 2 個隨機樣本，以 X_1, X_2 表示。依據此樣本，得到 3 個統計量 Q, R, T 如下：

(1) $Q = \dfrac{1}{2}(X_1 + X_2)$

(2) $R = \dfrac{1}{3}(2X_1 + X_2)$

(3) $T = \dfrac{1}{4}(X_1 + 3X_2)$

驗證 Q, R, T 均為 μ 的「不偏點估計量」。

10-2 在 10-1 題中，若該母體之變異數為 σ^2，驗證 Q 是 3 個不偏點估計量中具有「有效性」的點估計量。

10-3 某醫院欲了解病人的平均候診時間，隨機取樣 23 人，記錄樣本平均數 $\bar{X} = 24.131$，標準差 $S = 9.0418$，

(1) 在 88% 信賴度下，平均等候時間的區間估計值為何？

(2) 在 97% 信賴度下，平均等候時間的區間估計值為何？

10-4 欲知空屋單價 (萬元 / 坪) 的分佈狀況，蒐集 150 筆資料；樣本平均數 = 12.374；樣本變異數 = 27.3138，求空屋單價變異數的 96% 區間估計。

10-5 投擲一枚公正的銅板 2 次，令隨機變數 X 表示銅板之正面數，$X = 1$ 表示正面，$X = 0$ 表示反面；令 X_1, X_2 表示第 1、2 次的正面數，銅板正面數的樣本空間為 $\{(0, 0), (0, 1), (1, 0), (1, 1)\}$。

(1) 以統計量 $Q = \dfrac{1}{2}(X_1 + X_2)$ 作為 2 次銅板平均正面數的估計量，計算 Q 的抽樣分配，平均數與變異數。

(2) 以統計量 $R = \dfrac{1}{4}(X_1 + 3X_2)$ 作為 2 次銅板平均正面數的估計量，計算 R 的抽樣分配，平均數與變異數。

10-6 在 10-5 題中，Q 與 R 都可以作為 2 次銅板平均正面數的估計量。

(1) 計算母體平均數 μ。

(2) 兩個統計量 Q 與 R，何者為 μ 的「不偏點估計量」？

(3) 兩個統計量 Q 與 R，何者具有「有效性」的點估計量。

10-7 消基會檢查 5 個電池，其壽命為：380, 390, 390, 400, 410 (以小時為單位)。

(1) 電池平均壽命的點估計量為何？

(2) 電池平均壽命變異數的點估計量為何？

10-8 購買 150c.c. 的健康飲料 100 罐。平均重量 = 148c.c.。根據此次的取樣，健康飲料平均重量之 95% 區間估計為何 (已知 $\sigma = 3$c.c.)？

10-9 若隨機變數 T，具有 T 分配，請查詢下列的機率值，或是機率值的對應 T 值：

(1) 自由度 = 9，$P(T < 1.8331)$。

(2) 自由度 = 17，$P(T > 2.5669)$。
(3) 自由度 = 6，找出 b，使得 $P(T > b) = 0.95$。
(4) 自由度 = 20，找出 c，使得 $P(|T| < c) = 0.95$。

10-10 某晶圓廠的品管師，任意選 20 個工作小時，得知其平均晶圓生產量為每小時 120 個，標準差 3 個。根據此次的取樣，在 95% 信賴度下，晶圓平均生產量之 95% 區間估計為何？

10-11 (1) 若隨機變數 Y，具有卡方分配，自由度 = 18，求 $P(Y < 31.5264)$。
(2) 若隨機變數 Y，具有卡方分配，自由度 = 6，找出 b，使得 $P(Y > b) = 0.9$。

10-12 想要知道男性參加社區勞動服務的比例，隨機訪問了 100 名義工，其中有 25 位是男性，求男性參與率的 80% 區間估計。

10-13 寫出以下各題的「虛無假設」與「對立假設」：
(1) 某健康中心想要知道是否「新的降血壓藥」可以降低血壓，達 20 mmHg 以上？
(2) 過去的資料顯示：如果學歷測驗成績分佈的「標準差」超過 70 分，表示該校學生的程度有極大的落差。教育局督學想要知道：甲校學生的程度是否有極大的落差？
(3) 如果「家庭的塑膠袋使用量」每週平均超過 30 個，表示該城市的環保概念有待加強。環保局想要了解：台中市的環保概念是否有待加強？

10-14 世界衛生組織想要了解：全世界的嬰兒出生率 (人/千人) 是否低於 15%？
(1) 若某次取樣 32 國的嬰兒出生率平均值 = 8%，該如何下結論？
(2) 若某次取樣 122 國的嬰兒出生率平均值 = 15.5%，該如何下結論？
(3) 若某次取樣 55 國的嬰兒出生率平均值 = 26%，該如何下結論？

10-15 社會局想要知道：男性參加社區義工的比例，隨機訪問了 80 名義工，其中有 20 位是男性，求男性參與率的 96% 區間估計。

10-16 某國中輔導處想要知道：國三學生每天花在「補習」的時間。隨機取樣了 200 名國三學生，得其下課後花在補習的時間。
(1) 國三學生之「平均補習時間」點估計與具有 95% 信賴度的區間估計分別為何？
(2) 國三學生之「補習時間」變異數的點估計與具有 95% 信賴度的區間估計分別為何？

CHAPTER 11

單一母體的假設檢定

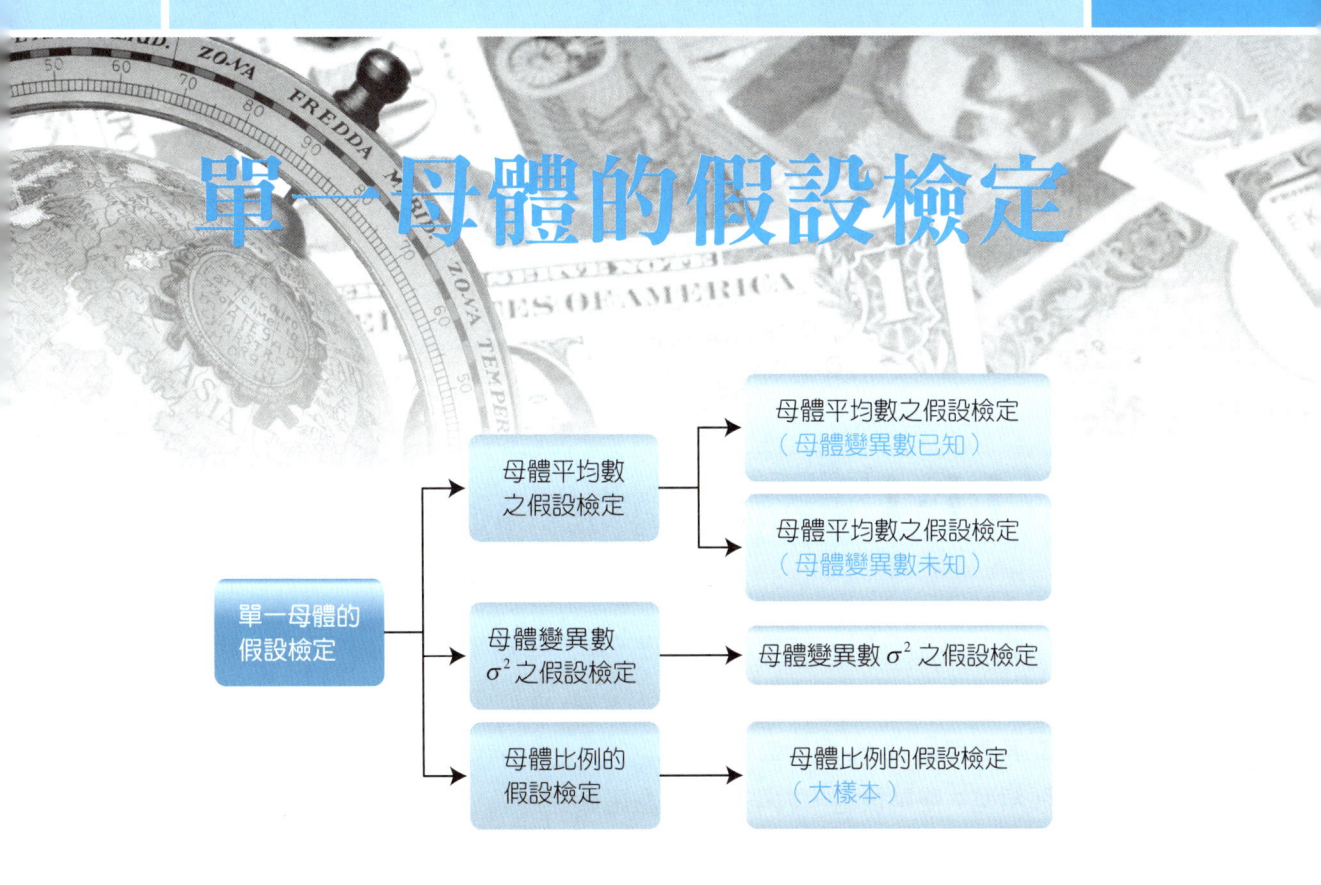

在第十章，我們介紹了統計推論——估計與檢定的基本概念，其主要重點在於根據樣本的取樣值來推估與檢定母體參數。我們將在本章及第十二章，針對單一母體及雙母體的假設檢定，作詳細的介紹。統計推論的對象，一般為母體參數 (也有可能是非母體參數，稱之為無母數統計檢定)，包括：母體平均數 μ、母體變異數 σ^2，以及母體比例 p。在假設檢定問題中，所需要執行的步驟與決策如下：

步驟 1：對於欲檢定的母體參數及其檢定值建立其虛無假設 H_0 與對立假設 H_1，共有三種類型：雙尾檢定、右尾檢定、左尾檢定。

步驟 2：決定該假設的檢定統計量及其相對應的抽樣分配。

步驟3： 設定 α 值(顯著水準)，利用檢定統計量及其抽樣分配決定臨界值與拒絕域。

步驟4： 當樣本點估計值落在拒絕區，則拒絕 H_0 的假設，表示接受 H_1 的宣稱。

步驟5： P-值的計算，可以提供較客觀而且有彈性的決策依據。當 P-值很小時 (例如，P-值 $<\alpha$)，則拒絕 H_0 的假設，接受 H_1 的敘述。在現代統計學上，運用統計套裝軟體，P-值可以很容易的計算獲得；P-值已成為作決策的主要依據。

利用 Excel 來執行這類推論時，可以選用函數語法或巨集來完成決策過程。其中單一母體的推論需利用各個相關的統計函數語法(第十章)；而兩個母體的推論則可利用『工具』→『資料分析』內的統計巨集(本章)。

11-1 母體平均數之假設檢定 (母體變異數已知)

當母體為常態分配，或是大樣本時，單一母體平均數的主要假設與決策內容，依檢定步驟可得到以下的整理：

1. 建立其虛無假設 H_0 與對立假設 H_1

三種類型：雙尾檢定、右尾檢定、左尾檢定。

表 11-1

雙尾檢定	右尾檢定	左尾檢定
$H_0: \mu = \mu_0$	$H_0: \mu \leq \mu_0$	$H_0: \mu \geq \mu_0$
$H_1: \mu \neq \mu_0$	$H_1: \mu > \mu_0$	$H_1: \mu < \mu_0$

μ_0 稱為 μ 的檢定值。

2. 檢定統計量及其相對應的抽樣分配

檢定統計量 $Z = \dfrac{\overline{X} - \mu_0}{\sigma/\sqrt{n}}$ 具有之抽樣分配是標準常態分配。

這種檢定的檢定統計量為 Z，也稱為「Z-檢定」。

3. 利用設定的顯著水準 α 值，決定臨界值與拒絕域

❖ 表 11-2

	雙尾檢定	右尾檢定	左尾檢定
臨界值	$Z_{\alpha/2}$	Z_α	$-Z_\alpha$
拒絕域	$|z| \geq Z_{\alpha/2}$	$z \geq Z_\alpha$	$z \leq -Z_\alpha$

z：檢定統計量 Z 的樣本值。

4. 作決策：檢定統計量的估計值是否落在拒絕域

   當檢定統計量的估計值落在拒絕域，表示無法接受 H_0（拒絕 H_0），但接受 H_1 的宣稱。

5. **P-值**的計算，可以提供較客觀而且有彈性的決策依據

❖ 表 11-3

	雙尾檢定	右尾檢定	左尾檢定
P-值	$2*P(Z>|z|)$	$P(Z>z)$	$P(Z<z)$

範例 11-1

某銀行推出各種房屋貸款方案，宣稱平均利率低於 4.5%。消基會想要檢定此銀行宣稱是否正確？由最近申請貸款者中隨機取樣 100 人，發現其平均利率為 4.3%。採用左尾檢定：$H_0: \mu \geq 4.5\%$ 與 $H_1: \mu < 4.5\%$（$\alpha = 0.05$，已知標準差為 0.5%）。

解

首先，計算檢定統計量 $Z = \dfrac{\overline{X} - \mu_0}{\sigma/\sqrt{n}}$ 的估計值，已知 $\overline{x} = 4.3$、$n = 100$、$\sigma = 0.5$、$\mu_0 = 4.5$，分別代入公式，$z = \dfrac{4.3 - 4.5}{0.5/\sqrt{100}} = -4$。顯著水準 $\alpha = 0.05$，

臨界值 $= -Z_{0.05} = -1.645$；因為檢定統計量的估計值 $= -4 >$ 臨界值 $= -1.645$。

結論：拒絕 H_0，表示「銀行房屋貸款平均利率低於 4.5%」，銀行的宣稱是正確的。

本節的檢定過程可以總結整理成表 11-4。本章的其它小節，我們將以這種檢定總表來說明檢定的過程。

❖ 表 11-4　母體平均數之統計檢定內容（母體變異數已知）

假設問題	檢定統計量及其抽樣分配	臨界值	拒絕域	P-值
雙尾 $H_0: \mu = \mu_0$ $H_1: \mu \neq \mu_0$	$Z = \dfrac{\overline{X} - \mu_0}{\sigma/\sqrt{n}}$	$Z_{\alpha/2}$	$\lvert z \rvert \geq Z_{\alpha/2}$	$2 * P(Z > \lvert z \rvert)$
右尾 $H_0: \mu \leq \mu_0$ $H_1: \mu > \mu_0$	$Z \sim N(0, 1)$	Z_α	$z \geq Z_\alpha$	$P(Z > z)$
左尾 $H_0: \mu \geq \mu_0$ $H_1: \mu < \mu_0$	Z 的樣本估計值 $= z$	$-Z_\alpha$	$z \leq -Z_\alpha$	$P(Z < z)$

對於母體平均數的推論，下列幾點的說明是進一步的解釋。

【說明 1】這個推論必須假設常態母體變異數是已知，樣本大小 n 則無任何限制。

【說明 2】上述的整理是採取一般標準化後的方式表達；如檢定統計量為 $Z = \dfrac{\overline{X} - \mu_0}{\sigma/\sqrt{n}}$，其抽樣分配為標準常態分配。所以臨界值及拒絕域的決定，只須查標準常態分配表即可。同時 P-值也是直接利用檢定統計值，作為其標準常態分配機率區域的端點值。

範例 11-2　女性平均壽命

世界衛生組織想要了解：女性的平均壽命是否高於 68 歲？以全世界 80 個國家的女性平均壽命為資料，採用右尾檢定：$H_0: \mu \leq 68$ vs. $H_1: \mu > 68$。

(1) 計算得 80 國女性的平均壽命為 70 歲，試檢定之。（$\alpha = 0.02$，已知 $\sigma = 8$ 歲）

(2) 計算 (1) 之 P-值，並依此評估全世界女性的平均壽命是否高於 68 歲？

解

(1) 計算檢定統計量 $Z = \dfrac{\overline{X} - \mu_0}{\sigma/\sqrt{n}}$ 的值，已知 $\bar{x} = 70$、$n = 80$、$\sigma = 8$、$\mu_0 = 68$，分別代入公式，$z = \dfrac{70 - 68}{8/\sqrt{80}} = 2.236$。顯著水準 $\alpha = 0.02$，臨界值 $= Z_{0.02} = 2.054$；因為檢定統計量的估計值 $= 2.236 >$ 臨界值 $= 2.054$。

結論：拒絕 H_0，表示此次取樣值，顯示「全世界女性的平均壽命高於 68 歲」。

(2) P - 值 $= P(Z > 2.236) = 0.0127 < \alpha = 0.02$；結論是「拒絕 H_0」，與 (1) 之結論相同。

11-2 母體平均數之假設檢定（母體變異數未知）

同樣是 μ 之估計與檢定，在常態母體的假設下，若母體變異數 σ^2 未知時，則以樣本變異數 S^2 為其估計值；此時 11-1 節的檢定內容中，檢定統計量及其分配將不再是標準常態分配，而會是 T 分配。表 11-5 是相關的檢定內容：

✦ 表 11-5 母體平均數之檢定內容（母體變異數未知）

	假設問題	檢定統計量	臨界值	拒絕域	P - 值
雙尾	$H_0: \mu = \mu_0$ $H_1: \mu \neq \mu_0$	$T = \dfrac{\overline{X} - \mu_0}{S/\sqrt{n}}$	$t_{\alpha/2}(n-1)$	$\lvert t \rvert \geq t_{\alpha/2}(n-1)$	$2 * P(T > \lvert t \rvert)$
右尾	$H_0: \mu \leq \mu_0$ $H_1: \mu > \mu_0$	$T \sim T$ 分配 $(df = n-1)$ T 的樣本值 $= t$	$t_\alpha(n-1)$	$t \geq t_\alpha(n-1)$	$P(T > t)$
左尾	$H_0: \mu \geq \mu_0$ $H_1: \mu < \mu_0$		$-t_\alpha(n-1)$	$t \leq -t_\alpha(n-1)$	$P(T < t)$

【決策】當檢定統計值落在拒絕域；或 P - 值 $< \alpha$（P - 值很小），表示無法接受 H_0（拒絕 H_0）。

【注意】檢定統計量 $T = \dfrac{\overline{X} - \mu_0}{S/\sqrt{n}}$ 具有的抽樣分配是 T 分配，自由度為 $n-1$。這種檢定的檢定統計量為 T，也稱為「T-檢定」。

範例 11-3　電腦機殼產量

某公司生產家庭用電腦機殼，平均每小時產量 $\mu = 80$ 個。最近，該公司聘請一位新任經理，在新任經理管理下，任意選取 15 個工作小時來觀察，發現平均產量增加為每小時 85 個電腦機殼，標準差 10 台。試用單尾檢定來評估此一新任經理的管理能力。（$\alpha = 0.05$）

解

採用右尾檢定：

$$H_0 : \mu \leq 80 \quad \text{vs.} \quad H_1 : \mu > 80$$

計算檢定統計量 $T = \dfrac{\overline{X} - \mu_0}{S/\sqrt{n}}$ 的值，已知 $\overline{x} = 85$、$n = 15$、$s = 10$、$\mu_0 = 80$，分別代入公式，檢定統計量的估計值 $= t = \dfrac{85 - 80}{10/\sqrt{15}} = 1.9365$。顯著水準 $\alpha = 0.05$，查詢常態分配表，臨界值 $= t_{0.05}(14) = 1.7613$；因為檢定統計量的值 $= 1.9365 >$ 臨界值 $= 1.7613$。

結論：拒絕 H_0，表示「平均產量優於以往的紀錄」，此一新任經理具有不錯的管理能力。

範例 11-4　嬰兒出生率

世界衛生組織想要了解：全世界的嬰兒平均出生率（人／千人）是否高於 15‰？以全世界 16 個國家的嬰兒出生率為資料，計算得其平均值為 18.3‰，標準差為 8.5‰。

(1) 請評估全世界的嬰兒出生率。（$\alpha = 0.05$）

(2) 計算 P-值，並依此評估全世界的嬰兒出生率是否高於 15‰？

解

(1) 採用右尾檢定：(單位：‰)

$$H_0：\mu \leq 15 \quad \text{vs.} \quad H_1：\mu > 15$$

計算檢定統計量 $T = \dfrac{\overline{X} - \mu_0}{S/\sqrt{n}}$ 的估計值，已知 $\bar{x} = 18.3$、$n = 16$、$s = 8.5$、$\mu_0 = 15$。

分別代入公式，檢定統計量的估計值 $t = \dfrac{18.3 - 15}{8.5/\sqrt{16}} = 1.553$。顯著水準 $\alpha = 0.05$，查詢常態分配表，臨界值 $= t_{0.05}(15) = 1.7531$；因為檢定統計量的估計值 $= 1.553 <$ 臨界值 $= 1.7531$。

結論：不拒絕 H_0，表示此次取樣值，無法顯著表示「全世界嬰兒的平均出生率高於 15‰」。

(2) P-值 $= P(T > 1.553)$，經查詢 T 分配表知，P-值介於 0.05 與 0.1 之間，也就是 P-值 > 0.05；結論是「不拒絕 H_0」，與 (1) 之結論相同。

11-3 母體變異數 σ^2 之假設檢定

通常，母體變異數，描述的是資料分散的狀態，有其一定的重要性。有關於母體變異數的統計假設與決策內容，依檢定步驟可得以下的整理：

步驟1： 建立其虛無假設 H_0 與對立假設 H_1。

✦ 表 11-6　三種類型：雙尾檢定、右尾檢定、左尾檢定

雙尾檢定	右尾檢定	左尾檢定
$H_0：\sigma^2 = \sigma_0^2$	$H_0：\sigma^2 \leq \sigma_0^2$	$H_0：\sigma^2 \geq \sigma_0^2$
$H_1：\sigma^2 \neq \sigma_0^2$	$H_1：\sigma^2 > \sigma_0^2$	$H_1：\sigma^2 < \sigma_0^2$

σ_0^2 稱為 σ^2 的檢定值。

步驟 2：檢定統計量及其相對應的抽樣分配。

檢定統計量 $\chi^2 = \dfrac{(n-1)S^2}{\sigma_0^2}$ 具有之抽樣分配是卡方分配，自由度為 $n-1$。

這種檢定的檢定統計量為 χ^2，也稱為「卡方檢定」。

步驟 3：利用設定的顯著水準 α 值，決定臨界值與拒絕域。

❖ 表 11-7

	雙尾檢定	右尾檢定	左尾檢定
臨界值	(右臨界值) $\chi^2_{\alpha/2}(n-1)$ (左臨界值) $\chi^2_{1-\frac{\alpha}{2}}(n-1)$	$\chi^2_{\alpha}(n-1)$	$\chi^2_{1-\alpha}(n-1)$
拒絕域	(右) $\chi^2 \geq \chi^2_{\alpha/2}(n-1)$ (左) $\chi^2 \geq \chi^2_{1-\frac{\alpha}{2}}(n-1)$	$\chi^2 \geq \chi^2_{\alpha}(n-1)$	$\chi^2 \leq \chi^2_{1-\alpha}(n-1)$

步驟 4：P-值的計算，可以提供較客觀而且有彈性的決策依據。

❖ 表 11-8

	雙尾檢定	右尾檢定	左尾檢定
P-值	$2*P(\chi^2 > x)$	$P(\chi^2 > x)$	$P(\chi^2 < x)$

其中 x 是檢定統計量 χ^2 的樣本值。

步驟 5：作決策：當檢定統計量 χ^2 的值落在拒絕域，或 P-值 $< \alpha$；(即 P-值很小)，

表示無法接受 H_0 (拒絕 H_0)。

本節的母體變異數檢定過程可以總結整理成表 11-9。

Chapter 11 單一母體的假設檢定

✦ 表 11-9 母體變異數之統計檢定內容

假設問題	檢定統計量	臨界值	拒絕域	P-值
雙尾 $H_0: \sigma^2 = \sigma_0^2$ $H_1: \sigma^2 \neq \sigma_0^2$	$\chi^2 = \dfrac{(n-1)S^2}{\sigma_0^2}$	(右臨值) $\chi^2_{\alpha/2}(n-1)$ (左臨界值) $\chi^2_{1-\frac{\alpha}{2}}(n-1)$	(右) $\chi^2 \geq \chi^2_{\alpha/2}(n-1)$ (左) $\chi^2 \geq \chi^2_{1-\frac{\alpha}{2}}(n-1)$	$2*P(\chi^2 > x)$
右尾 $H_0: \sigma^2 \leq \sigma_0^2$ $H_1: \sigma^2 > \sigma_0^2$	$\chi^2 \sim$ 卡方分配 $(df = n-1)$ χ^2 的樣本值 $= x$	$\chi^2_{\alpha}(n-1)$	$\chi^2 \geq \chi^2_{\alpha}(n-1)$	$P(\chi^2 > x)$
左尾 $H_0: \sigma^2 \geq \sigma_0^2$ $H_1: \sigma^2 < \sigma_0^2$		$\chi^2_{1-\alpha}(n-1)$	$\chi^2 \leq \chi^2_{1-\alpha}(n-1)$	$P(\chi^2 < x)$

【決策】當檢定統計值落在拒絕域；或 P-值 $< \alpha$ (P-值很小)，表示無法接受 H_0 (拒絕 H_0)，但接受 H_1 的宣稱。

範例 11-5 英文會考

某大學舉辦了全校性的英文會考，針對此次的會考，校方想要知道：這份會考試卷是否可以測驗出學生的程度？如果學生的英文會考成績之「標準差」小於 3 分 (滿分為 100 分)，表示這份試卷無法測驗出學生的程度。任意選取 25 位同學的英文會考成績來觀察，計算得知標準差為 5 分。請評估這份試卷是否可以繼續被採用？($\alpha = 0.05$)

解

採用右尾檢定：(單位：分^2)

$$H_0: \sigma^2 \leq 9 \quad \text{vs.} \quad H_1: \sigma^2 > 9$$

計算檢定統計量 $\chi^2 = \dfrac{(n-1)S^2}{\sigma_0^2}$ 的估計值，已知 $n = 25$、$s^2 = 25$、$\sigma_0^2 = 9$，分別代入公式，檢定統計量的估計值：

$$x = \frac{(25-1)*25}{9} = 66.667$$

顯著水準 $\alpha = 0.05$，查詢卡方分配表，臨界值 $= \chi_\alpha^2(n-1) = \chi_{0.05}^2(25-1) = 36.415$；因為檢定統計量的估計值 $= 66.667 >$ 臨界值 $= 36.415$。

結論：拒絕 H_0，表示英文會考成績之「標準差」大於 3 分，這份試卷可以測驗出學生的程度。

範例 11-6　電腦維修

某電腦經銷商附設有「電腦維修部門」。經理想要知道：電腦維修所需時間的分佈狀況。如果電腦維修所需時間的「標準差」超過 1 小時，表示效率不彰，維修部門的工程師恐怕有人員需要撤換。隨機抽樣 16 部電腦維修所需時間，計算得知標準差為 45 分鐘。

(1) 請評估維修部門的工程師是否需要撤換？($\alpha = 0.025$)
(2) 計算 P - 值，並依此評估維修部門的工程師是否需要撤換？

解

採用左尾檢定：(單位：小時^2)

$$H_0 : \sigma^2 \geq 1 \quad \text{vs.} \quad H_1 : \sigma^2 < 1$$

(1) 計算檢定統計量 $\chi^2 = \dfrac{(n-1)S^2}{\sigma_0^2}$ 的估計值，已知 $n = 16$、$s^2 = 0.5625$ 小時，$\sigma_0^2 = 1$，分別代入公式，檢定統計量的估計值：

$$x = \dfrac{(16-1)*0.5625}{1} = 8.4375$$

查詢卡方分配表，顯著水準 $\alpha = 0.025$，左尾檢定的臨界值 $= \chi_{1-\alpha}^2(n-1) = \chi_{0.975}^2(16-1) = 6.2621$ 因為檢定統計量的估計值 $= 8.4375 >$ 臨界值 $= 6.2621$。

結論：不拒絕 H_0，表示電腦維修所需時間的「標準差」可能超過 1 小時。

(2) P - 值 $= P(\chi^2 < 8.4375) = 0.09495 > \alpha = 0.025$；結論是「不拒絕 H_0」，與 (1) 之結論相同。

Chapter 11　單一母體的假設檢定

11-4　母體比例的假設檢定（大樣本）

在基本統計學中，母體比例的推論，都在假設為大樣本的情況下進行分析。抽樣過程中，除了樣本數 n 的預先決定外，須注意的是，每個樣本的觀測值，只會是正反的選項（0 或 1 的類別值）。而樣本比例 $\hat{p}$，表示的是 n 個觀測值中，具有某特性的比例，以 $\hat{p} = \dfrac{X}{n}$ 表示，其中 X 表示具某特性的個數。有關母體比例 p 的主要假設與決策內容，依檢定步驟可得以下的整理：

步驟 1： 建立其虛無假設 H_0 與對立假設 H_1。

三種類型：雙尾檢定、右尾檢定、左尾檢定。

表 11-10

雙尾檢定	右尾檢定	左尾檢定
$H_0 : p = p_0$	$H_0 : p \leq p_0$	$H_0 : p \geq p_0$
$H_1 : p \neq p_0$	$H_1 : p > p_0$	$H_1 : p < p_0$

p_0 稱為 p 的檢定值。

步驟 2： 檢定統計量及其相對應的抽樣分配。

檢定統計量 $Z = \dfrac{\hat{p} - p_0}{\sqrt{p_0(1-p_0)/n}}$ 具有之抽樣分配是標準常態分配。

步驟 3： 利用設定的顯著水準 α 值，決定臨界值與拒絕域。

表 11-11

	雙尾檢定	右尾檢定	左尾檢定
臨界值	$Z_{\alpha/2}$	Z_{α}	$-Z_{\alpha}$
拒絕域	$|z| \geq Z_{\alpha/2}$	$z > Z_{\alpha}$	$z \leq -Z_{\alpha}$

z：檢定統計量 Z 的樣本值。

步驟 4： P - 值的計算，可以提供較客觀而且有彈性的決策依據。

❖ 表 11-12

	雙尾檢定	右尾檢定	左尾檢定
P - 值	$2*P(Z>\|z\|)$	$P(Z>z)$	$P(Z<z)$

步驟 5： 作決策：當檢定統計量 Z 的值落在拒絕域，或 P - 值 $<\alpha$ (P - 值很小)，表示無法接受 H_0 (拒絕 H_0)。

本節的母體比例 p 檢定過程可以總結整理成表 11-13。

❖ 表 11-13　母體比例之統計檢定內容

	假設問題	檢定統計量及其抽樣分配	臨界值	拒絕域	P - 值
雙尾	$H_0: p = p_0$ $H_1: p \neq p_0$	$Z = \dfrac{\hat{p} - p_0}{\sqrt{p_0(1-p_0)/n}}$ $Z \sim N(0, 1)$ Z 的樣本估計值 $= z$	$Z_{\alpha/2}$	$\|z\| \geq Z_{\alpha/2}$	$2*P(Z>\|z\|)$
右尾	$H_0: p \leq p_0$ $H_1: p > p_0$		Z_α	$z > Z_\alpha$	$P(Z>z)$
左尾	$H_0: p \geq p_0$ $H_1: p < p_0$		$-Z_\alpha$	$z \leq -Z_\alpha$	$P(Z<z)$

【決策】當檢定統計值落在拒絕域；或 P - 值 $<\alpha$ (P - 值很小)，表示無法接受 H_0 (拒絕 H_0)，但接受 H_1 的宣稱。

範例 11-7　電腦購買率

一家電腦量販店，在某次電腦展，想知道購買新型電腦的比例是否高於往年的比例 10% (購買新型電腦的人數 ÷ 參觀人數)。隨機訪問 300 位參觀者，其中實際購買新型電腦有 28 位。試用單尾檢定來評估購買新型電腦的比例。($\alpha = 0.05$)

解

採用左尾檢定：

$$H_0: p \geq 0.1 \quad \text{vs.} \quad H_1: p < 0.1$$

計算檢定統計量 $Z = \dfrac{\hat{p} - p_0}{\sqrt{\dfrac{p_0(1-p_0)}{n}}}$ 的估計值，已知 $\hat{p} = 0.0933$、$n = 300$、$p_0 = 0.1$，分別代入公式，檢定統計量的估計值：

$$Z = \dfrac{0.0933 - 0.1}{\sqrt{\dfrac{0.1(1-0.1)}{300}}} = -0.3868$$

顯著水準 $\alpha = 0.05$，查詢常態分配表，臨界值 $= -Z_{0.05} = -1.645$；因為檢定統計量的估計值 $= -0.3868 > $ 臨界值 $= -1.645$。

結論：不拒絕 H_0，表示雖然此次取樣的結果 $\hat{p} = 0.0933 < p_0 = 0.1$，但無法顯著地證實「購買新型電腦的比例」低於往年的比例 10%。

範例 11-8　燈泡不良率

廠商繳交燈泡一批給零售商，並宣稱不良燈泡的比率低於 3%。零售商請工讀生隨機測試 150 個燈泡，其中故障的燈泡有 6 個。

(1) 請評估該批燈泡的不良率。（$\alpha = 0.01$）
(2) 計算 P - 值，並依此評估該廠商的燈泡品質管制是否符合他們的宣稱？

解

採用右尾檢定：

$$H_0: p \leq 0.03 \quad \text{vs.} \quad H_1: p > 0.03$$

(1) 計算檢定統計量 $Z = \dfrac{\hat{p} - p_0}{\sqrt{\dfrac{p_0(1-p_0)}{n}}}$ 的值，已知 $\hat{p} = 0.04$、$n = 150$、$p_0 = 0.03$，分別代入公式，檢定統計量的值：

$$Z = \dfrac{0.04 - 0.03}{\sqrt{\dfrac{0.03(1-0.03)}{150}}} = 0.71796$$

顯著水準 $\alpha = 0.01$，查詢常態分配表，臨界值 $= Z_{0.01} = 2.325$；

因為檢定統計量的值 = 0.71796 < 臨界值 = 2.325。

結論：不拒絕 H_0，表示雖然此次取樣的結果 $\hat{p} = 0.04 > p_0 = 0.03$，但無法顯著性證實不良燈泡的比率，高於 3%。

(2) P - 值 = $P(Z > 0.71796) = 0.2364 > \alpha = 0.01$；結論是「不拒絕 H_0」與 (1) 之結論相同。

11-5 Excel 應用例

11-5-1 母體平均數之假設檢定：Z - 檢定

在 Excel 中，要執行母體平均數的假設檢定 (母體變異數已知) 須利用統計函數，及一些公式的輸入，來產生所需要的檢定內容 (假設 50 個抽樣值，已經輸入在 A1～A50 欄)。

✦ 表 11-14 「母體平均數」統計檢定的 Excel 函數或公式

名稱		公式	Excel 函數或公式
母體平均數檢定值		① μ_0	(自行輸入值)
樣本平均數值		② $\bar{x}$	AVERAGE(A1:A50)
樣本個數		③ n	COUNT(A1:A50)
樣本標準差		④ σ	(自行輸入值)
樣本標準誤		⑤ $\dfrac{\sigma}{\sqrt{n}}$	④/SQRT (③)
顯著水準		⑥ α	(自行輸入值)
臨界值	(雙尾) $Z_{\alpha/2}$		NORM.S.INV(1－⑥/2)
	(右尾) Z_α		NORM.S.INV(1－⑥)
	(左尾) $-Z_\alpha$		NORM.S.INV(⑥)
檢定統計估計值		⑦ $z = \dfrac{\bar{x} - \mu_0}{\sigma/\sqrt{n}}$	(②－①)/⑤
P - 值	(雙尾) $2*P(Z>\|z\|)$		2*NORM.S.DIST(ABS(⑦), True)
	(右尾) $P(Z>z)$		1－NORM.S.DIST(⑦, True)
	(左尾) $P(Z<z)$		NORM.S.DIST(⑦, True)

範例 11-9　起薪

消基會想要了解：大專畢業生初次就業的平均起薪是否低於 25,000 元？以 2000 年 100 位畢業生的起薪為資料，儲存於 Excel 檔案中 A1～A100 欄。已知 α = 2,500 元，以 Excel 完成此項檢定。(α = 0.03)（檔案：畢業生起薪.xls）

解

採用左尾檢定：

$$H_0 : \mu \geq \mu_0 \quad \text{vs.} \quad H_1 : \mu < \mu_0, \mu_0 = 25,000$$

在儲存格 E1～E10，分別「自行輸入」或「依照 F 儲存格公式輸入」，圖 11-1 是有關於「左尾檢定」的所有資訊。

	A	B	C	D	E	F
1	24249		母體平均數檢定值	μ_0	25,000	(自行輸入值)
2	21806		樣本平均數值	$\bar{x}$	24,898.83	AVERAGE(A1:A100)
3	25611		樣本個數	n	100	COUNT(A1:A100)
4	28191		樣本標準差	σ	2,500	(自行輸入值)
5	27996		樣本標準誤	$\frac{\sigma}{\sqrt{n}}$	250	E4/SQRT(E3)
6	29333		顯著水準	α	0.03	(自行輸入值)
7	19541		臨界值（左尾）	$-Z_\alpha$	-1.8808	NORM.S.INV(E6)
8	24415		檢定統計估計值	$z = \frac{\bar{x} - \mu_0}{\sigma/\sqrt{n}}$	-0.4047	(E2−E1)/E5
9	27738					
10	22283		P-值（左尾）	$P(Z<z)$	0.3429	NORM.S.DIST(E8,True)
11	23274					

✦ 圖 11-1 「母體平均數」統計檢定的 Excel 執行結果與函數（公式）

由圖 11-1 的所有檢定資訊，我們可以得到以下的結論：

(1) 臨界值 = $-Z_{0.03}$ = −1.8808。

(2) 因為檢定統計量的估計值 = − 0.4047 > 臨界值 = −1.8808。

　　結論：不拒絕 H_0，表示此次取樣值無法顯著表示「大專畢業生的初次就業的平均起薪低於 25,000 元」。

(3) P-值 = $P(Z < −0.405)$ = 0.3429 > α = 0.03；結論是「不拒絕 H_0」，與 (2) 之結論相同。

11-5-2 母體平均數之假設檢定：T - 檢定

在 Excel 中，要執行母體平均數的假設檢定 (母體變異數未知)，須利用統計函數，及一些公式的輸入，來產生所需要的檢定內容（表 11-15）。假設抽樣值 100 個已經輸入在 A1～A100 欄。

✦ 表 11-15 「母體平均數」統計檢定的 Excel 函數或公式

名稱	公式		Excel 函數或公式
母體平均數檢定值	① μ_0		(自行輸入值)
平均數值	② $\bar{x}$		AVERAGE(A1:A100)
個數	③ n		COUNT(A1:A100)
標準差	④ s		STDEV(A1:A100)
標準誤	⑤ $\dfrac{s}{\sqrt{n}}$		④/SQRT(③)
顯著水準	⑥ α		(自行輸入值)
臨界值	(雙尾)	$t_{\alpha/2}(n-1)$	– T.INV(⑥/2, ③ – 1)
	(右尾)	$t_{\alpha}(n-1)$	– T.INV(⑥, ③ – 1)
	(左尾)	$-t_{\alpha}(n-1)$	T.INV(⑥, ③ – 1)
檢定統計值	⑦ $t = \dfrac{\bar{x} - \mu_0}{s/\sqrt{n}}$		(② – ①)/⑤
P - 值	(雙尾)	$2 * P(T > \lvert t \rvert)$	2 * (1 – T.DIST(ABS(⑦), ③ – 1, True)
	(右尾)	$P(T > t)$	1 – T.DIST(⑦, ③ – 1, True)
	(左尾)	$P(T < t)$	T.DIST(⑦, ③ – 1, True)

因為 T 分配，當自由度趨於無限時，近似於標準常態分配，這會反應在臨界值上，所以不必再細分為大、小樣本的情況。

【注意】Excel 的函數 T.INV 及 T.DIST 均以左側機率為主要輸出結果，這一點與檢定理論中，α 表示右側機率，正好相反，所以表 11-15 中的臨界值公式與 Excel 函數公式並不一致。

範例 11-10　打工時數

教育部高教司想要了解：大專生每週的平均打工時數是否多於 10 小時？以 100 位大專生的打工時數為資料，儲存於 Excel 檔案中，A1～A100 欄。以 Excel 完成此項檢定（檔案：打工時數.xls）($\alpha = 0.02$)。

解

採右尾檢定：

$$H_0：\mu \leq 10 \quad \text{vs.} \quad H_1：\mu > 10$$

在儲存格 E1～E10，分別「自行輸入」或「依照 F 儲存格公式輸入」，圖 11-2 是有關於「右尾檢定」的所有資訊。

由圖 11-2 的所有檢定資訊，我們可以得到以下的結論：

(1) 臨界值 = $t_{0.02}(99) = 2.0812$。

(2) 因為檢定統計量 $T = \dfrac{\overline{X} - \mu_0}{S/\sqrt{n}}$ 的估計值 = 2.2723 > 臨界值 = 2.0812。

結論：拒絕 H_0，表示大專生每週的平均打工時數是高於 10 小時。

(3) P - 值 = $P(Z > 2.2723) = 0.0126 < \alpha = 0.02$；結論是「拒絕 H_0」，與 (2) 之結論相同。

	A	B	C	D	E	F
1	10		母體平均數檢定值	μ_0	10	(自行輸入值)
2	6		樣本平均數值	$\overline{x}$	10.86	AVERAGE(A1:A100)
3	12		樣本個數	n	100	COUNT(A1:A100)
4	16		樣本標準差	s	4	STDEV(A1:A100)
5	16		樣本標準誤	$\dfrac{s}{\sqrt{n}}$	0.3785	E4/SQRT(E3)
6	17		顯著水準	α	0.02	(自行輸入值)
7	5		臨界值〈右尾〉	$t_{\alpha/2}(n-1)$	2.0812	−T.INV(E6,E3-1)
8	10		檢定統計估計值	$t = \dfrac{\overline{x}-\mu_0}{s/\sqrt{n}}$	2.2723	(E2−E1)/E5
9	15					
10	7		P-值〈右尾〉	$P(T > t)$	0.0126	1−T.DIST(E8,E3-1,True)

✤ 圖 11-2　「母體平均數」統計檢定的 Excel 執行結果與函數（公式）

11-5-3 母體變異數之假設檢定：卡方檢定

在 Excel 中，要執行母體變異數的假設檢定，需利用統計函數，及一些公式的輸入，來產生所需要的檢定內容 (表 11-16)：假設抽樣值 100 個已經輸入在 A1 ~ A100 格。

✤ 表 11-16 「母體變異數」統計檢定的 Excel 函數或公式

名稱	公式	Excel 函數或公式
母體變異數檢定值	① σ_0^2	(自行輸入值)
樣本個數	② n	COUNT(A1:A100)
樣本變異數	③ s^2	VAR.S(A1:A100)
顯著水準	④ α	(自行輸入值)
臨界值	(雙尾，右臨界值) $\chi_{\alpha/2}^2(n-1)$	CHISQ.INV(1 – ④/2, ② – 1)
	(雙尾，左臨界值) $\chi_{1-\alpha/2}^2(n-1)$	CHISQ.INV(④/2, ② – 1)
	(右尾)　$\chi_\alpha^2(n-1)$	CHISQ.INV(1 – ④, ② – 1)
	(左尾)　$\chi_{\alpha-1}^2(n-1)$	CHISQ.INV(④, ② – 1)
檢定統計值	⑤ $\chi = \dfrac{(n-1)S^2}{\sigma_0^2}$	(② – ①) * ③)/①
P - 值	(雙尾) $2*P(\chi^2 > \chi)$	2 * (1 – CHISQ.DIST(⑤, ② – 1, True))
	(右尾) $P(\chi^2 > \chi)$	1 – CHISQ.DIST(⑤, ② – 1, True)
	(左尾) $P(\chi^2 > \chi)$	CHISQ.DIST(⑤, ② – 1, True)

【注意】Excel 的函數 CHISQ.INV 及 CHISQ.DIST 均以左側機率為主要輸出結果。這一點與檢定理論中，α 表示右側機率，正好相反。所以，表 11-16 中的臨界值公式與 Excel 函數公式並不一致。

範例 11-11　上網時間，Excel 例

教育部國教司想要了解：中學生每週「上網時間」的分佈情形。如果每週上網時間的「標準差」超過 2.5 小時，表示網路的中學生眾多，各個學校要加強輔導。以 100 位中學生的每週上網時間為資料，儲存於 Excel 檔案中，A1～A100 欄。以 Excel 完成此項檢定 (α = 0.035)，並評估中學生每週「上網時間」的情形。（檔案：上網時間.xls）

解

採變異數左尾檢定：

$$H_0 : \sigma^2 \geq 6.25 \quad \text{vs.} \quad H_1 : \sigma^2 < 10$$

在儲存格 E1～E9，分別「自行輸入」或「依照 F 儲存格公式輸入」，圖 11-3 是有關「左尾檢定」的所有資訊。

	A	B	C	D	E	F
1	1		母體變異數檢定值	σ_0^2	6.25	(自行輸入值)
2	2.2		樣本個數	n	100	COUNT(A1:A100)
3	2.8		樣本變異數	s^2	5.8724	VAR.S(A1:A100)
4	6.2		顯著水準	α	0.035	(自行輸入值)
5	6		臨界值(左尾)	$\chi^2_{1-\alpha}(n-1)$	75.0772	CHISQ.INV(E4,E2-1)
6	7.7					
7	5.2		檢定統計值	$\chi = \dfrac{(n-1)S^2}{\sigma_0^2}$	93.0188	((E2−1)*E3)/E1
8	1.2					
9	5.6		P-值(左尾)	$P(\chi^2 < \chi)$	0.3496	CHISQ.DIST(E7,E2-1,True)

✦ 圖 11-3　「母體變異數」統計檢定的 Excel 執行結果與函數（公式）

由圖 11-3 的所有檢定資訊，我們可以得到以下的結論：

(1) 臨界值 = $\chi^2_{1-\alpha}(n-1) = \chi^2_{0.965}(100-1) = 75.0772$。

(2) 因為檢定統計量的估計值 = $x = \dfrac{(100-1)*5.8724}{6.25} = 93.0188 >$ 臨界值 = 75.0772。

結論：不拒絕 H_0，表示無法顯示中學生每週「上網時間」的標準差低於 2.5 小時。

(3) P-值 = $P(\chi^2 < 93.0188) = 0.3496 > \alpha = 0.035$；結論是「不拒絕 H_0」，與 (2) 之結論相同。

11-5-4 母體比例之假設檢定：Z - 檢定

在 Excel 中，要執行母體比例的假設檢定，須利用統計函數，及一些公式的輸入來產生所需要的檢定內容：假設抽樣值 100 個已經輸入在 A1～A100 欄，每欄位的值，不是 1（表示贊成母體某性質），就是 0（表示不贊成母體某性質）。

✤ 表 11-17 「母體比例」統計檢定的 Excel 函數或公式

名稱	公式	Excel 函數或公式
樣本個數	① n	COUNT(A1:A100)
樣本比例	② $\hat{p}$	AVERAGE(A1:A100)
母體比例檢定值	③ p_0	（自行輸入值）
標準誤	④ $\sqrt{\dfrac{p_0(1-p_0)}{n}}$	SQRT(③ * (1 – ③))/n
顯著水準	⑤ α	（自行輸入值）
臨界值	$Z_{\alpha/2}$（雙尾）	NORM.S.INV(⑤/2)
	Z_{α}（單尾）	NORM.S.INV(⑤)
檢定統計值	⑥ $z = \dfrac{\hat{p} - p_0}{\sqrt{\dfrac{p_0(1-p_0)}{n}}}$	(② – ③)/SQRT(④)
P - 值	（雙尾）$2 * P(Z > \lvert z \rvert)$	2 * NORM.S.DIST(ABS(⑥), 0)
	（右尾）$P(Z > z)$	NORM.S.DIST(⑥, 0)
	（左尾）$P(Z > z)$	1 – NORM.S.DIST(⑥, 0)

範例 11-12　孕婦抽煙比例

懷孕母親抽煙與否，與新生兒的健康息息相關。衛生署想要了解，是否孕婦抽煙的比率高於 10%？隨機訪問了 60 位產婦，得其「抽煙與否」（1：「抽煙」或 0：「未抽煙」）資料，儲存於 Excel 檔案中 A1～A60 欄。採用右尾檢定：$H_0 : p \leq 0.1$　vs.　$H_1 : p > 0.1$。試以 Excel 完成此項檢定。($\alpha = 0.02$)（檔案：抽煙比例.xls）

解

在儲存格 E1～E11，分別「自行輸入」或「依照 F 儲存格公式輸入」，圖 11-4 是有關於「左尾檢定」的所有資訊。

	A	B	C	D	E	F
1	0		樣本個數	n	60	COUNT(A1:A60)
2	0		樣本比例	$\hat{p}$	0.1167	AVERAGE(A1:A60)
3	1		母體比例檢定值	p_0	0.10	(自行輸入值)
4	0		標準誤	$\sqrt{\dfrac{p_0(1-p_0)}{n}}$	0.0387	SQRT(E3*(1-E3)/E1)
5	1					
6	0		顯著水準	α	0.02	(自行輸入值)
7	0		臨界值（右尾）	Z_α	2.0537	−NORM.S.INV(E6)
8	0		檢定統計估計值	$z = \dfrac{\hat{p}-p_0}{\sqrt{\dfrac{p_0(1-p_0)}{n}}}$	0.4315	(E2−E3)/E4
9	0					
10	1					
11	0		P-值（右尾）	$P(Z>z)$	0.3331	1−NORM.S.DIST(E8,True)

✦ 圖 11-4 「母體比例」統計檢定的 Excel 函數或公式

由圖 11-4 的所有檢定資訊，我們可以得到以下的結論：

(1) 臨界值 $= Z_{0.02} = 2.0537$。

(2) 檢定統計量 $Z = \dfrac{\hat{p}-p_0}{\sqrt{\dfrac{p_0(1-p_0)}{n}}}$ 的估計值 $= 0.4315 <$ 臨界值 $= 2.0537$。

結論：不拒絕 H_0，表示懷孕母親抽煙比率低於 10%。

(3) P-值 $= P(Z > 0.4315) = 0.3331 > \alpha = 0.02$；結論是「不拒絕 H_0」，與 (2) 之結論相同。

11-6 章節架構圖說明：單一母體之假設假定──《新生兒體重例》

新生兒的體重，與母親的身體狀況 (年齡、抽煙與否)，息息相關。衛生署想要了解產婦狀況，隨機訪問了 60 位，得其「年齡」、「抽煙與否」(1：是，0：否) 各項資料，下表是部份的資料：(檔案：新生兒體重.xls)

年齡	19	26	29	…	19	24	45
抽煙	0	0	1	…	1	0	0

檢定

(1) 產婦平均年齡是否為 25 歲？（$\alpha = 0.05$)

(2) 產婦抽煙的比率，是否高於 10%？

章節架構圖 vs. 案例說明

(1) 產婦平均年齡是否為 25 歲？（$\alpha = 0.05$)

母體平均數之假設檢定 → 母體平均數之假設檢定（母體變異數已知）
母體平均數之假設檢定 → 母體平均數之假設檢定（母體變異數未知）

解

採雙尾檢定：

$$H_0 : \mu = 25 \quad \text{vs.} \quad H_1 : \mu \neq 2$$

產婦年齡		
人數	平均數	標準差
60	26.05	5.9444

檢定統計量值 $Z = \dfrac{\bar{X} - \mu_0}{s/\sqrt{n}} = 1.3682$ 小於雙尾檢定的臨界值 $Z_{\alpha/2} = 1.96$，結論為「不拒絕」H_0，表示可以接受「產婦平均年齡是為 25 歲」的說法。

(2) 產婦抽煙的比率，是否高於 10%？

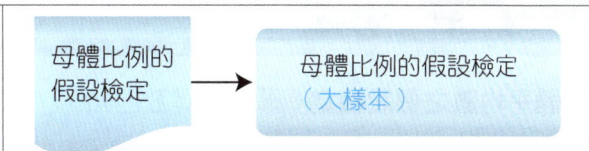

母體比例的假設檢定 → 母體比例的假設檢定（大樣本）

解

採用右尾檢定：

$$H_0：p \leq 0.1 \quad \text{vs.} \quad H_1：p > 0.1$$

產婦抽煙的比率	
人數	60
抽煙人數	7
比例	0.117

檢定統計量 $Z = \dfrac{\hat{p} - p_0}{\sqrt{p_0(1-p_0)/n}}$ 值 = 0.4303 小於雙尾檢定的臨界值 Z_α = 1.645，結論為「不拒絕」H_0，表示產婦抽煙的樣本資料無法證實「產婦抽煙的比率高於 10%」的說法。

名詞解釋

母體平均數之假設檢定(母體變異數已知):

條件:母體為常態分配,或是大樣本。

	假設問題	檢定統計量及其抽樣分配	臨界值	拒絕域	P - 值
雙尾	$H_0: \mu = \mu_0$ $H_1: \mu \neq \mu_0$	$Z = \dfrac{\overline{X} - \mu_0}{\sigma/\sqrt{n}}$	$Z_{\alpha/2}$	$\lvert z \rvert > Z_{\alpha/2}$	$2 * P(Z > \lvert z \rvert)$
右尾	$H_0: \mu \leq \mu_0$ $H_1: \mu > \mu_0$	$Z \sim N(0, 1)$ Z 的樣本估計值 $= z$	Z_α	$z \geq Z_\alpha$	$P(Z > z)$
左尾	$H_0: \mu \geq \mu_0$ $H_1: \mu < \mu_0$		$-Z_\alpha$	$z \leq -Z_\alpha$	$P(Z < z)$

【決策】檢定統計量的估計值是否落在拒絕域。當檢定統計量的估計值落在拒絕域,表示無法接受 H_0(拒絕 H_0),但接受 H_1 的宣稱。

母體平均數之假設檢定(母體變異數未知):

條件:常態母體的假設,母體變異數 σ^2 未知,以樣本變異數 S^2 為估計值。

	假設問題	檢定統計量	臨界值	拒絕域	P - 值
雙尾	$H_0: \mu = \mu_0$ $H_1: \mu \neq \mu_0$	$T = \dfrac{\overline{X} - \mu_0}{S/\sqrt{n}}$	$t_{\alpha/2}(n-1)$	$\lvert t \rvert \geq t_{\alpha/2}(n-1)$	$2 * P(T > \lvert t \rvert)$
右尾	$H_0: \mu \leq \mu_0$ $H_1: \mu > \mu_0$	$T \sim T$ 分配 $(df = n-1)$	$t_\alpha(n-1)$	$t \geq t_\alpha(n-1)$	$P(T > t)$
左尾	$H_0: \mu \geq \mu_0$ $H_1: \mu < \mu_0$	T 的樣本值 $= t$	$-t_\alpha(n-1)$	$t \leq -t_\alpha(n-1)$	$P(T < t)$

【決策】當檢定統計值落在拒絕域;或 P - 值 $< \alpha$(P - 值很小),表示無法接受 H_0(拒絕 H_0),但接受 H_1 的宣稱。

母體變異數 σ^2 之假設檢定：

	假設問題	檢定統計量	臨界值	拒絕域	P-值
雙尾	$H_0: \sigma^2 = \sigma_0^2$ $H_1: \sigma^2 \neq \sigma_0^2$	$\chi^2 = \dfrac{(n-1)S^2}{\sigma_0^2}$ $\chi^2 \sim$ 卡方分配 $(df = n-1)$ χ^2 的樣本值 $= x$	(右臨值) $\chi^2_{\alpha/2}(n-1)$ (左臨界值) $\chi^2_{1-\frac{\alpha}{2}}(n-1)$	(右) $\chi^2 \geq \chi^2_{\alpha/2}(n-1)$ (左) $\chi^2 \geq \chi^2_{1-\frac{\alpha}{2}}(n-1)$	$2*P(\chi^2 > x)$
右尾	$H_0: \sigma^2 \leq \sigma_0^2$ $H_1: \sigma^2 > \sigma_0^2$		$\chi^2_{\alpha}(n-1)$	$\chi^2 \geq \chi^2_{\alpha}(n-1)$	$P(\chi^2 > x)$
左尾	$H_0: \sigma^2 \geq \sigma_0^2$ $H_1: \sigma^2 < \sigma_0^2$		$\chi^2_{1-\alpha}(n-1)$	$\chi^2 \leq \chi^2_{1-\alpha}(n-1)$	$P(\chi^2 < x)$

【決策】當檢定統計值落在拒絕域；或 P-值 $< \alpha$（P-值很小），表示無法接受 H_0（拒絕 H_0），但接受 H_1 的宣稱。

母體比例 p 的假設檢定（大樣本）：

樣本比例 $\hat{p} = \dfrac{X}{n}$，表示的是 n 個觀測值中，具有某特性的比例。

	假設問題	檢定統計量及其抽樣分配	臨界值	拒絕域	P-值
雙尾	$H_0: p = p_0$ $H_1: p \neq p_0$	$Z = \dfrac{\hat{p} - p_0}{\sqrt{p_0(1-p_0)/n}}$ $Z \sim N(0,1)$ Z 的樣本估計值 $= z$	$Z_{\alpha/2}$	$\lvert z \rvert \geq Z_{\alpha/2}$	$2*P(Z > \lvert z \rvert)$
右尾	$H_0: p \leq p_0$ $H_1: p > p_0$		Z_{α}	$z > Z_{\alpha}$	$P(Z > z)$
左尾	$H_0: p \geq p_0$ $H_1: p < p_0$		$-Z_{\alpha}$	$z \leq -Z_{\alpha}$	$P(Z < z)$

【決策】檢定統計量的估計值是否落在拒絕域。當檢定統計量的估計值落在拒絕域，表示無法接受 H_0（拒絕 H_0），但接受 H_1 的宣稱。

練習題

11-1 甲廠商標示其電池壽命至少 400 小時，消基會想要檢定此宣稱是否正確？隨機檢查了 200 個電池，得其平均壽命為 405 小時，已知 $\sigma = 10$ 小時。($\alpha = 0.05$)

11-2 一般信用貸款的平均利率為 7.8%，標準差為 0.23%。由最近申請貸款者中隨機取樣 20 人，發現其平均利率為 7.6%。
(1) 檢定 $H_0 : \mu \geq 7.8\%$ 與 $H_1 : \mu < 7.8\%$。($\sigma = 0.05$)
(2) 計算 P - 值，並依此作統計檢定的決策。

11-3 消基會想要檢驗新品牌「省電燈泡」的使用壽命是否優於一般的 1,500 小時 (已知標準差為 100 小時)。取樣 35 個，得其平均壽命為 1,520 小時。依據此次的取樣結果，消基會會得到怎樣結論？(顯著水準 $\sigma = 0.05$)

11-4 某健康中心想要知道是否「新的降血壓藥」可以降低血壓，達 20 mmHg 以上？取樣 12 個案件，得其平均降低血壓為 22 mmHg，標準差為 7 mmHg。依據此次的取樣結果，健康中心會得到怎樣結論？(顯著水準 $\sigma = 0.05$)

11-5 洗衣連鎖店總部，想要知道去年所有分店收入的平均值與標準差是否與以往的情況相去不遠：以往的收入平均值為每月 10 萬元。如果隨機取樣 30 家分店，其收入平均值與標準差分別為每月 9.6 萬元、0.8 萬元。則去年所有分店收入平均值是否與以往的情況相去不遠？($\sigma = 0.05$)

11-6 如果空氣污染指數的「標準差」超過 2.3，表示空氣污染的影響範圍頗大。隨機抽樣取得高雄市在 1 月份的某 10 天之空氣污染指數，計算得知標準差為 2.8。
(1) 請評估高雄市 1 月份空氣污染的影響範圍？($\alpha = 0.025$)
(2) 計算 P - 值，並依此評估高雄市 1 月份空氣污染的影響範圍？

11-7 某會計老師認為：如果學生會考成績的「標準差」高於 10 分，表示學生成績的分佈很分散。隨機抽樣取得 50 位同學的會計會考成績，計算得知標準差為 12.5。請問會計學的成績分佈是否分散？($\sigma = 0.05$)

11-8 大學生每天讀書的時間，可以作為用功程度的指標，以往的紀錄為平均讀書時間為每天 2.5 小時，標準差為 0.5 小時。教育部到某校視察時，隨機問了 50 位同學，其平均讀書時間為每天 3 小時，標準差為 0.8 小時。

(1) 該校的學生用功程度高於一般大學？($\alpha = 0.05$)

(2) 該校學生每天讀書時間之分佈範圍比一般大學寬？($\alpha = 0.05$)

11-9 某校想要評估是否要將體育課改為選修，如果超過 70% 的同學贊成，將作成結論：體育課改為選修。委託學生會作調查：3,000 人中有 2,142 人贊成。校方的結論如何？($\alpha = 0.01$)

11-10 某大學應屆畢業班學生如期畢業的比例為 80%。在今年的畢業生中，隨機調查了 500 人，其中有 426 人可以順利畢業。今年畢業的這一屆學生的畢業比例是否與以往相當？($\alpha = 0.05$)

11-11 某一金融控股公司，想要知道：投資股票的一般民眾比例(俗稱「散戶」)是否高於 60%。以 100 位投資者的背景為資料(「散戶」或「非散戶」)，儲存於 Excel 檔案中 A1～A100 欄(1:「散戶」或 0:「非散戶」)。以 Excel 完成此項檢定。($\alpha = 0.05$)(檔案：股票投資.xls)

CHAPTER 12

雙母體的假設檢定

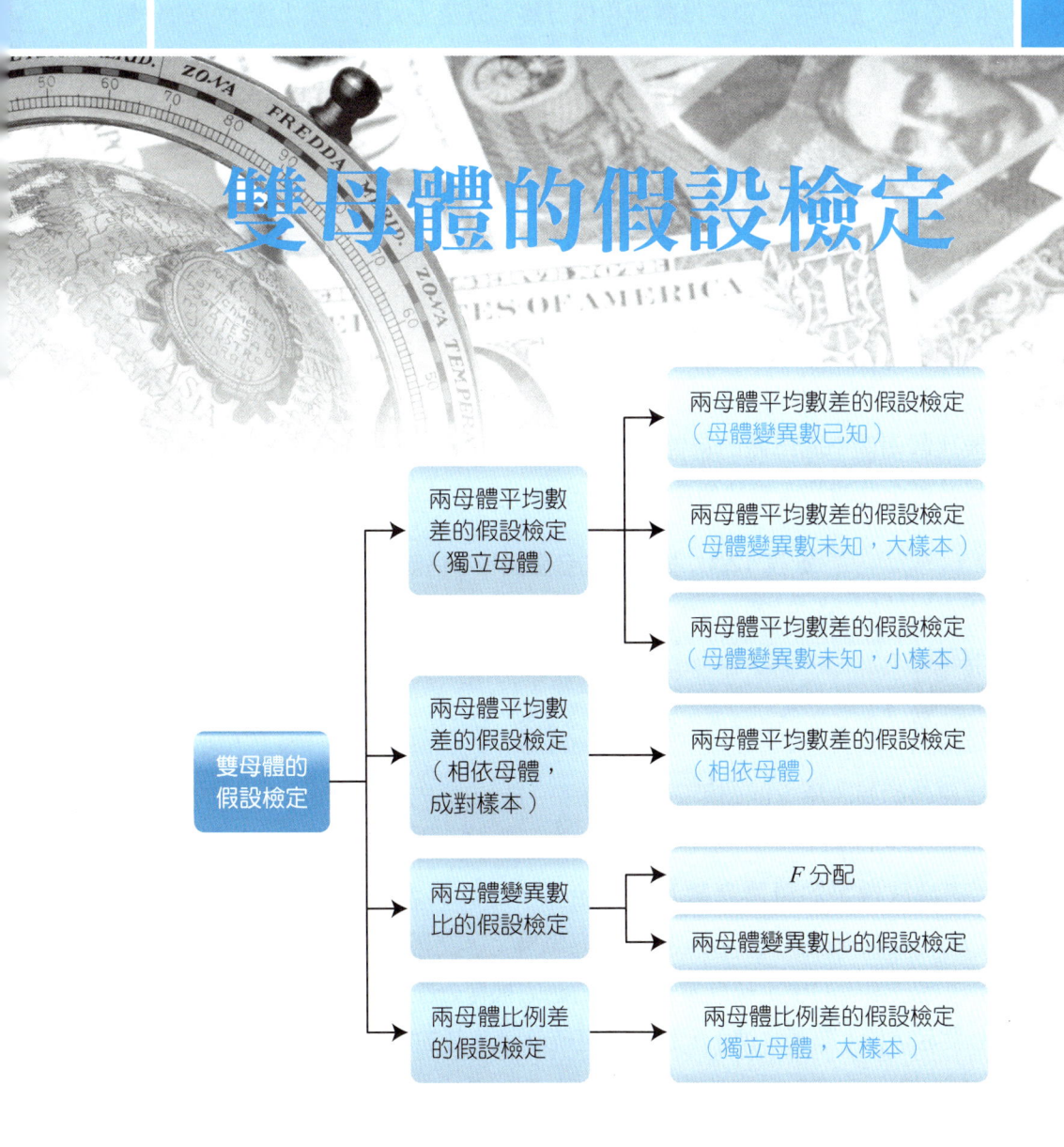

```
雙母體的          兩母體平均數        ┌─ 兩母體平均數差的假設檢定
假設檢定    ──▶  差的假設檢定    ──┼─  （母體變異數已知）
                （獨立母體）        │
                                    ├─ 兩母體平均數差的假設檢定
                                    │  （母體變異數未知，大樣本）
                                    │
                                    └─ 兩母體平均數差的假設檢定
                                       （母體變異數未知，小樣本）

           ──▶  兩母體平均數    ──▶  兩母體平均數差的假設檢定
                差的假設檢定          （相依母體）
                （相依母體，
                成對樣本）

           ──▶  兩母體變異數    ──┬─  F 分配
                比的假設檢定        │
                                    └─  兩母體變異數比的假設檢定

           ──▶  兩母體比例差    ──▶  兩母體比例差的假設檢定
                的假設檢定            （獨立母體，大樣本）
```

　　統計推論的問題，除了第十一章介紹的「單一母體的參數檢定」外，「雙母體的參數比較」則是另一個常見的問題。例如：「比較兩個老師的平均給分成績是否一致」、「比較兩個學校的教師年齡分佈是否有差異」、「比較兩種提案的被支持度是否有差異」等，都是常常需要得知的資訊。要檢定這類問題，首先要注意「兩

個母體是否獨立」，這會影響到檢定時所採用的方法。其次，樣本的取得方式，也是要考慮的因素；其中「樣本的大小」會影響到「檢定的方法」與「檢定的結果」。本章各節，都是在「獨立母體或相依母體」以及「大樣本或小樣本」的分類下分別介紹其內容。

如同單一母體的參數檢定，雙母體的參數檢定對象，包括兩個母體的平均數、變異數，以及母體比例。主要的檢定問題如下：

1. 兩個母體平均數之差異比較 (獨立母體，大樣本的情況)。
2. 兩個母體平均數之差異比較 (獨立母體，小樣本的情況)。
3. 兩個母體平均數之差異比較 (相依母體，成對樣本的情況)。
4. 兩個母體變異數之差異比較。
5. 兩個母體比例之差異比較。

當要比較兩個不同母體的特性時，我們必須做個別取樣；有關於取樣後的樣本估計量及檢定問題時所需要使用的母體參數，我們將其整理在表 12-1。

✤ 表 12-1　雙母體的參數與樣本估計量

	大小	平均數	變異數		大小	平均數	變異數
母體 1	N_1	μ_1	σ_1^2	母體 2	N_2	μ_2	σ_2^2
樣本 1	n_1	$\bar{X}_1$	S_1^2	樣本 2	n_2	$\bar{X}_2$	S_2^2

在雙母體的假設檢定問題中，如同第十一章的檢定過程，所需要執行的步驟與決策如下：

步驟 1： 對於欲檢定的母體參數及其檢定值，建立其虛無假設 H_0 與對立假設 H_1。共有三種類型：雙尾檢定、右尾檢定、左尾檢定。

步驟 2： 決定該假設的檢定統計量及其相對應的抽樣分配。

步驟 3： 設定 α 值 (顯著水準)，利用檢定統計量及其抽樣分配決定臨界值與拒絕域。

步驟 4： 當檢定統計量點估計值落在拒絕域，則拒絕 H_0 的假設，表示接受 H_1 的宣稱。

步驟 5： P - 值的計算，可以提供較客觀而且有彈性的決策依據。當 P - 值很小時 (例如，P - 值 < α)，則拒絕 H_0 的假設，接受 H_1 的敘述。在現代統計

學上,運用統計套裝軟體,P-值可以很容易的計算獲得,P-值已成為作決策的主要依據。

利用 Excel 來執行雙母體的假設檢定問題時,可以利用『工具』→『資料分析』內的統計巨集來處理相關的檢定議題,包括:

1. Z-檢定——兩個母體平均數之差異比較;兩個母體比例之差異比較。
2. t-檢定——兩個母體平均數之差異比較(獨立母體,小樣本的情況)。
3. F-檢定——兩個常態母體變異數之差異比較。

12-1 兩母體平均數差 $\mu_1 - \mu_2$ 的假設檢定(獨立母體)

當推論的對象為兩母體的平均數 μ_1 及 μ_2 時;其主要的目的在於 μ_1 與 μ_2 的比較:

$$\mu_1 \geq \mu_2,\ \mu_1 \leq \mu_2\ 或\ \mu_1 = \mu_2$$

這樣的比較,可以轉換成平均數差的比較方式:

$$\mu_1 - \mu_2 \geq 0,\ \mu_1 - \mu_2 \leq 0\ 或\ \mu_1 - \mu_2 = 0$$

例如:比較兩個地區的平均房價(μ_1:甲地平均房價,μ_2:乙地平均房價)是否一致。則 $\mu_1 \geq \mu_2$ 的意思與 $\mu_1 - \mu_2 \geq 0$ 相同,都是表示甲地平均房價高於乙地平均房價。

兩個母體平均數差 $\mu_1 - \mu_2$,稱為「檢定參數」。要得到此參數的「點估計量」$\overline{X}_1 - \overline{X}_2$ 及其抽樣分配,需利用到 μ_1 及 μ_2 的個別「點估計量」$\overline{X}_1$ 及 $\overline{X}_2$。同時,$\mu_1 - \mu_2$ 的檢定值則取為 D_0。檢定參數之所以寫為母體平均數差 $\mu_1 - \mu_2$ 的形式,主要的理由是容易求出其估計量 $\overline{X}_1 - \overline{X}_2$ 的抽樣分配。

要比較兩個母體平均數的差異,有幾種不同的情況需要考量。首先,我們必須先了解兩個母體變異數的資訊(已知或未知):

1. 如果母體變異數的值是已知,採用「Z-檢定統計量」來處理兩個母體平均數之差異比較;此時,樣本數的多寡,是無關緊要的,詳細內容將在 12-1-1 節討論。

2. 如果母體變異數的值是未知,則選用何種「檢定統計量」,與樣本數的多寡有關。大樣本時,採用「Z - 檢定統計量」,詳細內容將在 12-1-2 節討論。小樣本時,採用「t - 檢定統計量」(此時兩母體要有常態分配的假設),詳細內容將在 12-1-3 節討論。

12-1-1 兩母體平均數差 $\mu_1 - \mu_2$ 的假設檢定（母體變異數 σ_1^2、σ_2^2 已知）

當兩個常態母體變異數 σ_1^2、σ_2^2 是已知時,取樣數 (n_1 及 n_2) 的大小就不需加以考量。此時 $\mu_1 - \mu_2$ 之檢定內容包括:

步驟 1：建立其虛無假設 H_0 與對立假設 H_1。

表 12-2　兩母體平均數差的三種檢定類型

雙尾檢定	右尾檢定	左尾檢定
$H_0 : \mu_1 - \mu_2 = D_0$	$H_0 : \mu_1 - \mu_2 \leq D_0$	$H_0 : \mu_1 - \mu_2 \geq D_0$
$H_1 : \mu_1 - \mu_2 \neq D_0$	$H_1 : \mu_1 - \mu_2 > D_0$	$H_1 : \mu_1 - \mu_2 < D_0$

D_0 稱為 $\mu_1 - \mu_2$ 的檢定值。通常取為 0,因為這類問題主要是在比較 μ_1 與 μ_2。

步驟 2：檢定統計量及其相對應的抽樣分配。

檢定統計量 $Z = \dfrac{(\overline{X}_1 - \overline{X}_2) - D_0}{\sqrt{\dfrac{\sigma_1^2}{n_1} + \dfrac{\sigma_2^2}{n_2}}}$ 具有之抽樣分配是標準常態分配。

這種檢定的檢定統計量為 Z,也稱為「Z - 檢定」。

步驟 3：利用設定的顯著水準 α 值,決定臨界值與拒絕域。

表 12-3

	雙尾檢定	右尾檢定	左尾檢定
臨界值	$Z_{\alpha/2}$	Z_α	$-Z_\alpha$
拒絕域	$\lvert z \rvert \geq Z_{\alpha/2}$	$z \geq Z_\alpha$	$z \leq -Z_\alpha$

z = 檢定統計量 Z 的樣本值。

步驟 4： 作決策：檢定統計量的估計值是否落在拒絕域。當檢定統計值落在拒絕域，表示無法接受 H_0（拒絕 H_0）。

步驟 5： P-值的計算，可以提供較客觀而且有彈性的決策依據。

表 12-4

	雙尾檢定	右尾檢定	左尾檢定
P-值	$2*P(Z>\|z\|)$	$P(Z>z)$	$P(Z<z)$

其中 z 表示檢定統計量 Z 的樣本估計值。當 P-值 $<\alpha$，則拒絕 H_0 的假設，接受 H_1 的敘述。

範例 12-1　房貸利率比較

想要比較南、北兩地區的房貸利率是否有差異。各取樣 20 人、35 人，得其平均利率分別為 7.6%、7.8%（已知南北兩地區房貸利率的標準差分別為 0.25%、0.35%）。依據此次的取樣結果，會得到怎樣結論？（顯著水準 $\alpha = 0.05$）

解

令 μ_1、μ_2 分別表示南、北兩地區的房貸平均利率，採用雙尾檢定：

$$H_0 : \mu \leq 10 \quad \text{vs.} \quad H_1 : \mu > 10$$

計算檢定統計量 $Z = \dfrac{(\bar{x}_1 - \bar{x}_2) - D_0}{\sqrt{\dfrac{\sigma_1^2}{n_1} + \dfrac{\sigma_2^2}{n_2}}}$ 的值，已知 $\bar{x}_1 = 7.6$、$\bar{x}_2 = 7.8$、$n_1 = 20$、$n_2 = 35$、$\sigma_1 = 0.25$、$\sigma_2 = 0.35$、$D_0 = 0$，分別代入公式，檢定統計量的值

$= z = \dfrac{(7.6 - 7.8) - 0}{\sqrt{\dfrac{0.25^2}{20} + \dfrac{0.35^2}{35}}} = -2.4572$。顯著水準 $\alpha = 0.05$，查詢常態分配表，臨界值 $= Z_{0.025} = 1.96$；因為 |檢定統計量的值| $= 2.4572 >$ 臨界值 $= 1.96$。

結論：拒絕 H_0，表示南、北兩地區的房貸利率有顯著性差異。

本節的檢定過程可以總結整理成表 12-5。本章的其它小節，都將以這種檢定總表來說明檢定的過程。

✦ 表 12-5　兩母體平均數差的檢定（變異數已知）

	假設問題	檢定統計量	臨界值	拒絕域	P-值
雙尾檢定	$H_0: \mu_1 - \mu_2 = D_0$ $H_1: \mu_1 - \mu_2 \neq D_0$	$Z = \dfrac{(\overline{X}_1 - \overline{X}_2) - D_0}{\sqrt{\dfrac{\sigma_1^2}{n_1} + \dfrac{\sigma_2^2}{n_2}}}$ $Z \sim N(0, 1)$ Z 的樣本值 = z	$Z_{\alpha/2}$	$z \geq Z_{\alpha/2}$ $z \leq -Z_{\alpha/2}$	$2*P(Z>|z|)$
右尾檢定	$H_0: \mu_1 - \mu_2 \leq D_0$ $H_1: \mu_1 - \mu_2 > D_0$		Z_α	$z \geq Z_\alpha$	$P(Z>z)$
左尾檢定	$H_0: \mu_1 - \mu_2 \geq D_0$ $H_1: \mu_1 - \mu_2 < D_0$		$-Z_\alpha$	$z \leq -Z_\alpha$	$P(Z<z)$

12-1-2　兩母體平均數差 $\mu_1 - \mu_2$ 的假設檢定（母體變異數 σ_1^2、σ_2^2 未知，大樣本）

在處理實際的統計檢定問題時，母體變異數 σ_1^2、σ_2^2 通常是未知的。例如：顧問公司想要比較「內部訓練」以及「外在進修」的成效；此時，所要檢定的問題是受訓員工的平均績效分數。這種情況下，並不會有已知的變異數值。通常母體變異數 σ_1^2、σ_2^2 的估計式，分別為樣本變異數 S_1^2、S_2^2。同時，所謂的大樣本，指的是 n_1、n_2 都大於 30。表 12-6 是有關於 $\mu_1 - \mu_2$ 之檢定內容。

✦ 表 12-6　兩母體平均數差的檢定（變異數未知，大樣本）

	假設問題	檢定統計量	臨界值	拒絕域	P-值
雙尾檢定	$H_0: \mu_1 - \mu_2 = D_0$ $H_1: \mu_1 - \mu_2 \neq D_0$	$Z = \dfrac{(\overline{X}_1 - \overline{X}_2) - D_0}{\sqrt{\dfrac{S_1^2}{n_1} + \dfrac{S_2^2}{n_2}}}$ $Z \sim Z(0, 1)$ Z 的樣本估計值 = z	$Z_{\alpha/2}$	$z \geq Z_{\alpha/2}$ $z \leq -Z_{\alpha/2}$	$2*P(Z>|z|)$
右尾檢定	$H_0: \mu_1 - \mu_2 \leq D_0$ $H_1: \mu_1 - \mu_2 > D_0$		Z_α	$z \geq Z_\alpha$	$P(Z>z)$
左尾檢定	$H_0: \mu_1 - \mu_2 \geq D_0$ $H_1: \mu_1 - \mu_2 < D_0$		$-Z_\alpha$	$z \leq -Z_\alpha$	$P(Z<z)$

範例 12-2

電器行想要比較甲、乙兩種「鹼性電池」的使用壽命是否有差異。各取樣本 90、75 個，得其平均壽命分別為 400 小時、390 小時；標準差分別為 28 小時、22 小時。依據此次的取樣結果，電器行將得到何種結論？（顯著水準 $\alpha = 0.025$）

解

令 μ_1、μ_2 分別表示甲、乙兩種「鹼性電池」的「平均使用壽命」，採用右尾檢定：

$$H_0 : \mu_1 - \mu_2 \leq 0 \quad \text{vs.} \quad H_1 : \mu_1 - \mu_2 > 0$$

計算檢定統計量 $Z = \dfrac{(\overline{X}_1 - \overline{X}_2) - D_0}{\sqrt{\dfrac{S_1^2}{n_1} + \dfrac{S_2^2}{n_2}}}$ 的估計值，已知 $\bar{x}_1 = 400$、$\bar{x}_2 = 390$、$n_1 = 90$、$n_2 = 75$、$s_1 = 28$、$s_2 = 22$、$D_0 = 0$。分別代入公式，檢定統計量的估計值 $= z = \dfrac{(400 - 390) - 0}{\sqrt{\dfrac{28^2}{90} + \dfrac{22^2}{75}}} = 2.56795$。顯著水準 $\alpha = 0.025$，查詢常態分配表，臨界值 $= Z_{0.025} = 1.96$；因為檢定統計量的值 $= 2.56795 >$ 臨界值 $= 1.96$。

結論：拒絕 H_0，表示甲種鹼性電池的「平均使用壽命」，高於乙種鹼性電池的「平均使用壽命」。

12-1-3 兩母體平均數差 $\mu_1 - \mu_2$ 的假設檢定（母體變異數 σ_1^2、σ_2^2 未知，小樣本）

當取樣為小樣本，而且母體變異數 σ_1^2、σ_2^2 未知時，母體的分配會影響檢定統計量 $\overline{X}_1 - \overline{X}_2$ 的抽樣分配。此時，母體分配須假設為常態分配（如果母體分配不是常態，則須採無母數檢定），同時，σ_1^2、σ_2^2 的估計式，可以分為兩類：

1. **變異數相等的假設**。σ_1^2、σ_2^2 的估計式，需取為

$$S_p^2 = \frac{(n_1 - 1)S_1^2 + (n_2 - 1)S_2^2}{n_1 + n_2 - 2}$$

表 12-7 是 $\mu_1 - \mu_2$ 之檢定內容。（變異數相等的假設下）

2. **無變異數相等的假設**。σ_1^2、σ_2^2 的估計式，分別以 S_1^2、S_2^2 表示。

✤ 表 12-7　兩母體平均數差 $\mu_1 - \mu_2$ 的假設檢定
（母體變異數 σ_1^2、σ_2^2 未知，假設相等）

	假設問題	檢定統計量	臨界值	拒絕域	P - 值
雙尾檢定	$H_0: \mu_1 - \mu_2 = D_0$ $H_1: \mu_1 - \mu_2 \neq D_0$	$T = \dfrac{(\overline{X}_1 - \overline{X}_2) - D_0}{S_p\sqrt{\dfrac{1}{n_1} + \dfrac{1}{n_2}}}$ T 分配 $(df = n_1 + n_2 - 2)$ T 的樣本值 $= t$	$t_{\alpha/2}(df)$	$t \geq t_{\alpha/2}(df)$ 或 $t \leq -t_{\alpha/2}(df)$	$2*P(T \geq |t|)$
右尾檢定	$H_0: \mu_1 - \mu_2 \leq D_0$ $H_1: \mu_1 - \mu_2 > D_0$		$t_\alpha(df)$	$t \geq t_\alpha(df)$	$P(T \geq t)$
左尾檢定	$H_0: \mu_1 - \mu_2 \geq D_0$ $H_1: \mu_1 - \mu_2 < D_0$		$-t_\alpha(df)$	$t \leq -t_\alpha(df)$	$P(T \leq t)$

【決策】當檢定統計值發生在拒絕域；或 P - 值 < α（P - 值很小），表示無法接受 H_0（拒絕 H_0）。

如果沒有變異數相等的假設，檢定統計量改變了，但是仍然具有 T 分配，只是自由度不同。表 12-8 是 $\mu_1 - \mu_2$ 之檢定內容（變異數不相等的情況下）：

Chapter 12　雙母體的假設檢定

✦ 表 12-8　兩母體平均數差 $\mu_1 - \mu_2$ 的假設檢定

（母體變異數 σ_1^2、σ_2^2 未知，不等）

	假設問題	檢定統計量	臨界值	拒絕域	P - 值
雙尾檢定	$H_0 : \mu_1 - \mu_2 = D_0$ $H_1 : \mu_1 - \mu_2 \neq D_0$	$T = \dfrac{(\overline{X}_1 - \overline{X}_2) - D_0}{\sqrt{\dfrac{S_1^2}{n_1} + \dfrac{S_2^2}{n_2}}}$	$t_{\alpha/2}(df)$	$t \geq t_{\alpha/2}(df)$ 或 $t \leq -t_{\alpha/2}(df)$	$2 * P(T \geq |t|)$
右尾檢定	$H_0 : \mu_1 - \mu_2 \leq D_0$ $H_1 : \mu_1 - \mu_2 > D_0$	T 分配 (df) T 的樣本值 $= t$	$t_\alpha(df)$	$t \geq t_\alpha(df)$	$P(T \geq t)$
左尾檢定	$H_0 : \mu_1 - \mu_2 \geq D_0$ $H_1 : \mu_1 - \mu_2 < D_0$		$-t_\alpha(df)$	$t \leq -t_\alpha(df)$	$P(T \leq t)$

【決策】當檢定統計值發生在拒絕域，或 P - 值 < α (P - 值很小)，表示無法接受 H_0 (拒絕 H_0)。

【說明】檢定統計量 $T = \dfrac{(\overline{X}_1 - \overline{X}_2) - D_0}{\sqrt{\dfrac{S_1^2}{n_1} + \dfrac{S_2^2}{n_2}}}$ 具有之抽樣分配為 T 分配，其自由度則取為下列公式計算後，經過四捨五入的整數值：

$$m = \dfrac{[(S_1^2/n_1) + (S_2^2/n_2)]^2}{\dfrac{(S_1^2/n_1)^2}{n_1 - 1} + \dfrac{(S_2^2/n_2)^2}{n_2 - 1}}$$

例如，如果 m 值計算後為 m = 8.3，則自由度 df 取為 8。如果 m 值計算後為 m = 16.8，則自由度 df 取為 17。

範例 12-3

某速食連鎖店總部，想要了解：去年南、北地區分店的平均收入，是否北部高於南部 (假設南、北地區收入，其分佈並沒有差異性)？分別隨機取樣 15、24 家分店，南區、北區分店收入平均值每月 95.6 萬元、101.8 萬元；標準差分別為 3.6 萬元、4.5 萬元；請檢定之。(α = 0.025)

解

令 μ_1、μ_2 分別表示去年南、北地區分店的平均收入，採用左尾檢定：

$$H_0：\mu_1 - \mu_2 \geq 0 \quad \text{vs.} \quad H_1：\mu_1 - \mu_2 < 0$$

在假設「變異數相等」的情況下，$S_p = 4.1823$ 其檢定統計量的值 $t = -4.504$。顯著水準 $\alpha = 0.025$，臨界值 $= -t_{0.025}(37)$；查詢 T 分配表得知：$-2.0423 < -t_{0.025}(37) < -2.0211$。因此檢定統計量的值 $t = -4.504 < -2.0423 < -t_{0.025}(37)$。

結論：拒絕 H_0，表示：速食連鎖店北部分店的平均收入高於南部。

範例 12-4

某軍隊正為新進的官兵尋找合適的皮鞋，今有甲、乙二鞋商提供不同的皮鞋，為了測驗此兩種皮鞋的品質差異，該隊長隨機選擇了 18、12 位士兵，分別穿不同鞋廠的鞋子，經過三個月，其鞋底的磨損程度如下：(假設鞋底磨損程度的變異數相等)

	平均磨損度	磨損度的標準差
甲鞋	0.159	0.041
乙鞋	0.165	0.028

請問這兩種鞋廠的鞋子有無顯著的差異？($\alpha = 0.05$)

解

令 μ_1、μ_2 分別表示甲、乙二鞋鞋底的「平均磨損程度」，採用雙尾檢定：

$$H_0：\mu_1 - \mu_2 \geq 0 \quad \text{vs.} \quad H_1：\mu_1 - \mu_2 < 0$$

在假設變異數相等的情況下，$n_1 = 18$，$n_2 = 12$，$D_0 = 0$；計算：

$$S_P^2 = \frac{(18-1)*0.041^2 + (12-1)*0.028^2}{18+12-2} = 0.00133$$

也就是 $S_P = 0.0365$。

檢定統計量的估計值 $t = \dfrac{(0.159 - 0.165) - 0}{0.0365 * \sqrt{\dfrac{1}{18} + \dfrac{1}{12}}} = -0.441$。顯著水準 $\alpha = 0.05$，

查詢 T 分配表，自由度 $= 18 + 12 - 2 = 28$，臨界值 $= t_{0.025}(28) = 2.0484$，
| 檢定統計量的估計值 | $= |-0.441| = 0.441 <$ 臨界值 $= 2.0484$。

結論：不拒絕 H_0，表示：甲、乙鞋廠的鞋子無顯著性差異。

範例 12-5

某超市想要知道：A、B 二種品牌的麥片，其重量是否有差異。隨機取樣各 12、10 包，得其平均重量及變異數如下 (單位：公克)：

	A 品牌	B 品牌
平均重量	249.417	249.222
變異數	6.446	8.444

令 μ_1、μ_2 分別表示 A、B 二種麥片的平均重量，採雙尾檢定：

$$H_0 : \mu_1 - \mu_2 = 0 \quad \text{vs.} \quad H_1 : \mu_1 - \mu_2 \neq 0$$

請完成此項檢定。($\alpha = 0.05$)

解

將這些樣本值代入檢定統計量的公式，得到檢定統計值 $t = \dfrac{(249.417 - 249.222) - 0}{\sqrt{\dfrac{6.446^2}{12} + \dfrac{8.442^2}{10}}} = 0.1601$。同時，自由度的選取，經過下列公式的計算：

$$m = \dfrac{(s_1^2/n_1 + s_2^2/n_2)^2}{\dfrac{(s_1^2/n_1)^2}{n_1 - 1} + \dfrac{(s_2^2/n_2)^2}{n_2 - 1}} = 15.975$$

自由度則為 16。本例題的臨界值 (雙尾) = ±$t_{0.025}(16)$ = ±2.12，拒絕域：$|t| > 2.12$。檢定統計量 T 的樣本取樣值 = 0.1601，不落在拒絕域，表示接受 H_0。另外，P - 值 = $2*P(T > 0.1601) = 0.874 > \alpha(0.05)$，表示接受 H_0 的敘述。也就是說：A、B 二種品牌的麥片，其重量沒有顯著的差異性。

12-2 兩母體平均數差 $\mu_1 - \mu_2$ 的假設檢定（相依母體，成對樣本的情況）

當母體不是獨立 (相依母體) 時，是一種特殊的情況。此時，所取的樣本必須是成對的抽樣值。例如：醫生想要知道糖尿病患者在用藥前後的血糖反應，作為下次給藥的參考。在執行這類檢定過程時，必須使用成對抽樣值的差作為樣本值，也就是說若成對樣本值為 (x_i, y_i)，$i = 1, 2, ..., n$，則檢定過程所使用的樣本值為 $d_i = x_i - y_i$，$i = 1, 2, ..., n$，其平均數為 $\bar{D}$，變異數為 S_D^2。同時，檢定假設中，母體平均數差 $\mu_1 - \mu_2$ 之檢定量表示為 μ_D；這類成對母體平均數差的檢定內容，依樣本大小可分成兩種情況：當小樣本時，必須假設兩組成對的母體都具有常態分配；當大樣本時，母體分配則沒有要求要為常態分配。表 12-9 是 μ_D 之檢定內容 (大樣本)。

✦ 表 12-9 μ_D 之檢定內容 (大樣本)

	假設問題	檢定統計量	臨界值	拒絕域	P - 值
雙尾檢定	$H_0: \mu_D = D_0$ $H_1: \mu_D \neq D_0$		$Z_{\alpha/2}$	$z \geq Z_{\alpha/2}$ $z \leq -Z_{\alpha/2}$	$2*P(Z > |z|)$
右尾檢定	$H_0: \mu_D \leq D_0$ $H_1: \mu_D > D_0$	$Z = \dfrac{\bar{D} - D_0}{S_D/\sqrt{n}}$ $Z \sim N(0, 1)$ Z 的樣本值	Z_α	$z \geq Z_\alpha$	$P(Z > z)$
左尾檢定	$H_0: \mu_D \geq D_0$ $H_1: \mu_D < D_0$		$-Z_\alpha$	$z \geq -Z_\alpha$	$P(Z < z)$

【決策】當檢定統計估計值落在拒絕域；或 P - 值 $< \alpha$，表示無法接受 H_0 (拒絕 H_0)。

【注意】此處 D_0 稱為檢定值；同時

$$\bar{D} = \frac{1}{n}\sum_{i=1}^{n}d_i \; ; \; S_D^2 = \frac{1}{n-1}\sum_{i=1}^{n}(d_i - \bar{D})^2$$

都以 $d_i = x_i - y_i$，$i = 1, 2, \ldots, n$ 為樣本值。

範例 12-6

有效的降血壓藥，可以降低血壓達 20 mmHg 以上。某健康中心想要知道「新的降血壓藥」是否有此效用？從護理站得知 50 位病人的「用藥前後」之血壓紀錄，以下是「用藥前後血壓差」的紀錄：

樣本平均數	25.11
樣本標準差	13.51

請完成此項檢定。($\alpha = 0.05$)

解

本例題中，成對樣本 $(x_i, y_i) = ($用藥前血壓, 用藥後血壓$)$，檢定過程所使用的樣本為 $d_i = x_i - y_i$；其平均數為 $\bar{D} = \frac{1}{n}\sum_{i=1}^{n}d_i$，平均估計值 25.11，變異數為 $S_D^2 = \frac{1}{n-1}\sum_{i=1}^{n}(d_i - \bar{D})^2$，變異數估計值 = 182.5。因為樣本平均數估計值 25.11 > 20，所以採用右尾檢定：

$$H_0 : \mu_D \leq 20 \quad \text{vs.} \quad H_1 : \mu_D > 20$$

檢定統計量則為 $Z = \dfrac{\bar{D} - D_0}{S_D / \sqrt{n}}$。將樣本值分別代入公式，檢定統計量的估計值 $= z = \dfrac{(25.11 - 20) - 0}{13.51/\sqrt{50}} = 2.6723$。顯著水準 $\alpha = 0.05$，查詢常態分配表，臨界值 $= Z_{0.05} = 1.645$；因為檢定統計量的估計值 $= 2.6723 >$ 臨界值 $= 1.645$。

結論：拒絕 H_0，表示「新的降血壓藥確實有降低血壓的效用」。

小樣本時，檢定統計量的抽樣分配，則為 T 分配。表 12-10 是 μ_D 之檢定內容（小樣本）。

❖ 表 12-10　μ_D 之檢定內容（小樣本）

	假設問題	檢定統計量	臨界值	拒絕域	P - 值
雙尾檢定	$H_0 : \mu_1 - \mu_2 = \mu_D$ $H_1 : \mu_1 - \mu_2 \neq \mu_D$	$T = \dfrac{\overline{D} - \mu_D}{S_D / \sqrt{n}}$	$t_{\alpha/2}(n-1)$	$t \geq t_{\alpha/2}(n-1)$ 或 $t \leq -t_{\alpha/2}(n-1)$	$2*P(T \geq \lvert t \rvert)$
右尾檢定	$H_0 : \mu_1 - \mu_2 \leq \mu_D$ $H_1 : \mu_1 - \mu_2 > \mu_D$	$T \sim T$ 分配 $(df = n-1)$ T 的樣本值 $= t$	$t_\alpha(n-1)$	$t \geq t_\alpha(n-1)$	$P(T \geq t)$
左尾檢定	$H_0 : \mu_1 - \mu_2 \geq \mu_D$ $H_1 : \mu_1 - \mu_2 < \mu_D$		$-t_\alpha(n-1)$	$t \leq -t_\alpha(n-1)$	$P(T \leq t)$

【決策】當檢定統計值發生在拒絕域；或 P - 值 $< \alpha$（P - 值很小），表示無法接受 H_0（拒絕 H_0）。

範例 12-7　一氧化碳指數

環保局想要知道：全省 9 縣市的「一氧化碳指數」，在過去的兩個月（2、3 月），是否有所不同？以下是各地的「一氧化碳指數」紀錄。

| 2 月 CO 指數 | 7 | 4 | 4 | 5 | 4 | 5 | 7 | 6 | 5 |
| 3 月 CO 指數 | 6 | 5 | 6 | 7 | 7 | 8 | 4 | 6 | 7 |

請完成此項檢定。($\alpha = 0.05$)

解

本例題要檢定的是：全省 9 縣市，過去的兩個月（2、3 月）的「一氧化碳指數」是否有所不同，採用雙尾檢定：

$$H_0 : \mu_D = 0 \quad \text{vs.} \quad H_1 : \mu_D \neq 0$$

成對樣本 $(x_i, y_i) = $（2 月一氧化碳指數，3 月一氧化碳指數），檢定過程所使用的樣本為 $d_i = x_i - y_i = $ 1, -1, -2, -2, -3, -3, 3, 0, -2；檢定統計量

$T = \dfrac{\overline{D} - \mu_D}{S_D/\sqrt{n}}$。其樣本平均數為 $\overline{D} = \dfrac{1}{n}\sum_{i=1}^{n} d_i$，平均值 = −1，變異數為 $S_D^2 = \dfrac{1}{n-1}\sum_{i=1}^{n}(d_i - \overline{D})^2 = 4$。將樣本值分別代入檢定統計量的公式，檢定統計量的值 $t = \dfrac{-1-0}{2/\sqrt{9}} = -1.5$。顯著水準 $\alpha = 0.05$，查詢常態分配表，雙尾的臨界值 $= t_{0.025}(8) = 2.306$；因為檢定統計值的絕對值 = 1.5 < 臨界值 = 2.306。

結論：不拒絕 H_0，表示全省 9 縣市，過去的兩個月 (2、3 月) 的「一氧化碳指數」，沒有不同。

12-3 兩母體變異數比 σ_1^2 / σ_2^2 的假設檢定

在平均數的假設檢定 (12-1-3 節) 中，我們常常需要預先知道：兩個母體變異數是否相等。這時候，就需要作「兩母體變異數比 σ_1^2 / σ_2^2 的假設檢定」。而且此時母體的分配必須假設為常態分配。

F 分配 (F-distribution)

若兩個隨機樣本 $X_1, X_2, ..., X_m$ 及 $Y_1, Y_2, ..., Y_m$ 分別取樣自常態母體。同時，兩常態母體的平均數 μ_1、μ_2，變異數 σ_1^2、σ_2^2 都未知，則統計量

$$F = \dfrac{S_1^2}{S_2^2}$$

具有的機率分配，稱為 F 分配，自由度 = $(m-1, n-1)$。

其中

$$\overline{X} = \dfrac{1}{m}\sum_{i=1}^{m} X_i \; ; \; \overline{Y} = \dfrac{1}{n}\sum_{i=1}^{n} Y_i$$

分別為 μ_1、μ_2 的估計式；

$$S_1^2 = \frac{1}{m-1}\sum_{i=1}^{m}(X_i - \overline{X})^2 \; ; \; S_2^2 = \frac{1}{n-1}\sum_{i=1}^{n}(Y_i - \overline{Y})^2$$

分別為 σ_1^2、σ_2^2 的估計式。

F 分配的性質

1. F 分配的機率密度函數圖形是定義在大於等於 0，範圍為非對稱的右偏圖形。
2. F 分配的自由度有兩個，分別為「分子的自由度」，以 df_1 表示；及「分母的自由度」，以 df_2 表示；通常以成對的數量表示；例如，$(df_1, df_2) = (7, 12)$ 表示分子的自由度 = 7，分母的自由度 = 12。不同的成對自由度，對應於不同的 F 分配函數圖形。
3. 機率值與 F 分配機率表。

   F 分配的機率表 (附表六) 提供的是各種不同的右尾機率值 α，所對應的 F 點，以 $F_\alpha(df_1, df_2)$ 表示 (圖 12-1)，代表的意義是

   $$P(F > F_\alpha(df_1, df_2)) = \alpha$$

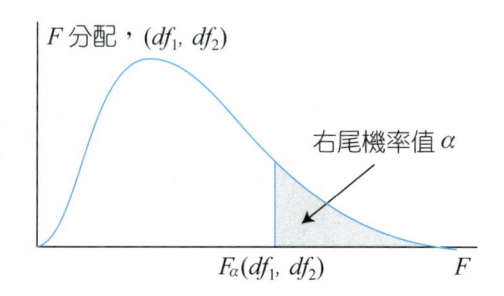

❖ 圖 12-1　F 分配，自由度 = (df_1, df_2)，
右尾機率值 = α 對應的 F 點 = $F_\alpha(df_1, df_2)$

為了方便讀者在查詢 F 機率表格時更為順手，本書所附的表格，是將常用的右尾機率值 α = 0.1, 0.05, 0.025, 0.01，列在同一表格。表 12-11 是部份的 F 分配機率表。其中，最上列表示分子的自由度 (df_1)；最左欄表示分母的自由度 (df_2)；左邊第 2 欄是常用的右尾機率值 α = 0.1, 0.05, 0.025, 0.01；表格內的值表示在該格所對應的自由度下之 F 分配圖形中，右尾機率值 α 所相對應的點，以

Chapter 12 雙母體的假設檢定

$F_\alpha(df_1, df_2)$ 表示。

例如：F 分配，右尾機率值 $\alpha = 0.05$，$(df_1, df_2) = (50, 20)$，表格裡的值為 $F_{0.05}(50, 20) = 1.966$，表示在分子的自由度 = 50，分母的自由度 = 20 的 F 分配圖形中，大於 1.966 之面積 (機率值) 等於 0.05；即

$$P(F > F_{0.05}(50, 20)) = P(F > 1.966) = 0.05$$

❖ 表 12-11　部份的 F 分配機率表 (右尾機率值 α = 0.1, 0.05, 0.025, 0.01)

分母自由度 (df_2)		分子自由度 (df_1)							
		1	2	3	...	10	...	50	100	∞
1	0.1	39.863	49.500	53.593		60.195		62.688	63.007	63.328
	0.05	161.448	199.500	215.707		241.882		251.774	253.041	254.314
	0.025	647.789	799.500	864.163		968.627		1008.117	1013.175	1018.258
	0.01	4052.181	4999.500	5403.352		6055.847		6302.517	6334.110	6365.861
2	0.1	8.526	9.000	9.162		9.392		9.471	9.481	9.491
	0.05	18.513	19.000	19.164		19.396		19.476	19.486	19.496
	0.025	38.506	39.000	39.165		39.398		39.478	39.488	39.498
	0.01	98.503	99.000	99.166		99.399		99.479	99.489	99.499
⋮					...		...			
20	0.1	2.975	2.589	2.380		1.937		1.690	1.650	1.607
	0.05	4.351	3.493	3.098		2.348		1.966	1.907	1.843
	0.025	5.871	4.461	3.859		2.774		2.249	2.170	2.085
	0.01	8.096	5.849	4.938		3.368		2.643	2.535	2.421
⋮					...		...			
100	0.1	2.756	2.356	2.139		1.663		1.355	1.293	1.214
	0.05	3.936	3.087	2.696		1.927		1.477	1.392	1.283
	0.025	5.179	3.828	3.250		2.179		1.592	1.483	1.347
	0.01	6.895	4.824	3.984		2.503		1.735	1.598	1.427
∞	0.1	2.706	2.303	2.084		1.599		1.263	1.185	1.006
	0.05	3.842	2.996	2.605		1.831		1.350	1.244	1.008
	0.025	5.024	3.689	3.116		2.048		1.429	1.296	1.009
	0.01	6.635	4.605	3.782		2.321		1.523	1.358	1.011

實用統計學

F 分配，$(df_1, df_2) = (50, 20)$

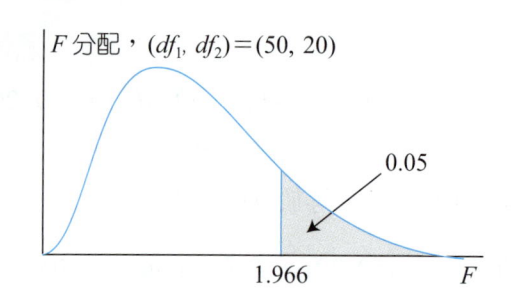

0.05

1.966 F

✦ 圖 12-2　F 分配 $(df_1, df_2) = (50, 20)$，大於 1.966 之面積機率值等於 0.05

範例 12-8　F 分配，查表一

若隨機變數 F，具有 F 分配，請查詢下列的機率值：

(1) 自由度 = (3, 5)，$P(F > 7.764) = $ ？
(2) 自由度 = (8, 12)，$P(F < 2.849) = $ ？

解

(1) 首先在分子的自由度欄中，找到 $df_1 = 3$ 的欄，再在最左一欄的分母自由度中，找到 $df_2 = 5$ 的列；其次，找到所給的 F - 值，若等於 7.764，則該 F - 值對應的右尾機率值 $\alpha = 0.025$，就是所要求的右尾機率值。也就是 $P(F > 7.764) = 0.025$。

分母自由度 (df_2)		分子自由度 (df_1)		
		1	2	3
5	0.1	4.060	3.780	3.619
	0.05	6.608	5.786	5.409
	0.025	10.007	8.434	7.764
	0.01	16.258	13.274	12.060

(2) 為了配合 F 機率表的右側機率值格式，首先改寫左側機率為 $P(F < 2.849) = 1 - P(F > 2.849)$；只要查詢右側機率值 $P(F > 2.849)$，即可得知左側機率值 $P(F < 2.849)$。

首先在分子的自由度欄中，找到 $df_1 = 8$ 的欄，再在最左一欄的分母自由度中，找到 $df_2 = 12$ 的列；其次，找到所給的的 F - 值，若等

於 2.849；則該 F - 值對應的右尾機率值 $\alpha = 0.05$，就是所要求的右側機率值。也就是 $P(F > 2.849) = 0.05$。所以，左側機率值 $P(F < 2.849) = 0.95$。

分母自由度 (df_2)	α	分子自由度 (df_1)		
		6	7	8
12	0.1	2.331	2.283	2.245
	0.05	2.996	2.913	2.849
	0.025	3.728	3.607	3.512
	0.01	4.821	4.640	4.499

一般的 F 分配機率表，沒有右側機率值 $\alpha > 0.2$ 的情形，例如：右側機率值 $\alpha = 0.95$，沒有這種 F 分配表，此時可以利用關係式：

$$F_{1-\alpha}(df_1, df_2) = \frac{1}{F_{\alpha}(df_2, df_1)}$$

來計算：$F_{0.05}(df_1, df_2) = \frac{1}{F_{0.95}(df_2, df_1)}$。也就是說，要查詢 $F_{0.95}(20, 50)$，可以透過右尾機率值 $\alpha = 0.05$ 的 F 分配機率表，查詢 $F_{0.05}(50, 20) = 1.966$，並代入公式計算得 $F_{0.95}(20, 50) = \frac{1}{F_{0.05}(50, 20)} = \frac{1}{1.966} = 0.509$。

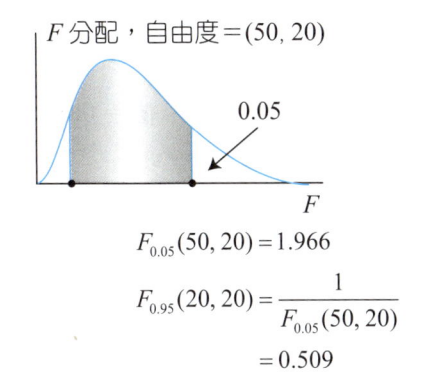

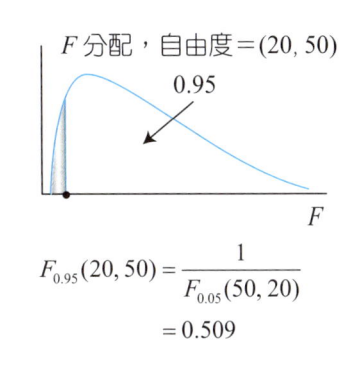

F 分配，自由度 = (50, 20)
0.05
$F_{0.05}(50, 20) = 1.966$
$F_{0.95}(20, 20) = \frac{1}{F_{0.05}(50, 20)}$
        $= 0.509$

F 分配，自由度 = (20, 50)
0.95
$F_{0.95}(20, 50) = \frac{1}{F_{0.05}(50, 20)}$
        $= 0.509$

✤ 圖 12-3

範例 12-9　F 分配，查表二

若隨機變數 F，具有 F 分配，請查詢下列的機率值的對應 F - 值：
(1) 自由度 = (3, 6)，找出 a，使得 $P(F > a) = 0.05$。
(2) 自由度 = (6, 3)，找出 b，使得 $P(F < b) = 0.05$。
(3) 自由度 = (40, 10)，找出 c，使得 $P(F > c) = 0.01$。
(4) 自由度 = (25, 30)，找出 d，使得 $P(F < d) = 0.01$。

解

(1) 首先，在分子的自由度欄中，找到 $df_1 = 3$ 的欄，再在最左一欄的分母自由度中，找到 $df_2 = 6$ 的列；其次，找到右尾機率值 = 0.05；則對應的該 F - 值 = 4.757。所以，$a = F_{0.05}(3, 6) = 4.757$。

(2) 首先，改寫等式為 $P(F < b) = 1 - P(F > b)$；此時，右尾機率值 $P(F > b) = 0.95$；則 $b = F_{0.95}(6, 3)$。

一般的 F 分配機率表格，沒有右尾機率值 = 0.95 的情形。必須利用關係式 $F_{0.95}(6, 3) = \dfrac{1}{F_{0.05}(3, 6)}$ 計算得知。已知 $F_{0.05}(3, 6) = 4.757$ 代入公式得

$$F_{0.95}(6, 3) = \dfrac{1}{F_{0.05}(3, 6)} = 0.210。$$

表示 $P(F > 0.210) = 0.95$。所以，$b = F_{0.95}(6, 3) = 0.210$。

(3) 首先，在分子的自由度欄中，找到 $df_1 = 40$ 的欄，在最左一欄的分母自由度中，找到 $df_2 = 10$ 的列；其次，找到右尾機率值 = 0.01；則對應的該 F - 值 = 4.165。所以，$c = F_{0.01}(40, 10) = 4.165$。

(4) 首先，改寫等式為 $P(F < d) = 1 - P(F > d)$；此時，右尾機率值 $P(F > d) = 0.99$；則 $d = F_{0.99}(25, 30)$。

一般的 F 分配機率表，沒有右尾機率值 = 0.99 的情形。必須利用關係式 $F_{0.99}(25, 30) = \dfrac{1}{F_{0.01}(30, 25)}$ 計算得知。已知 $F_{0.01}(30, 25) = 2.538$；代入上述公式得 $F_{0.99}(25, 30) = \dfrac{1}{F_{0.01}(30, 25)} = \dfrac{1}{2.538} = 0.394$，表示 $P(F > 0.394) = 0.99$。所以，$d = F_{0.99}(25, 30) = 0.394$。

Chapter 12 雙母體的假設檢定

了解 F 分配後，我們有了以下的結論：當要檢定「兩母體變異數比 $\dfrac{\sigma_1^2}{\sigma_2^2}$ 的假設檢定」，就必須使用到 F 分配，$\dfrac{\sigma_1^2}{\sigma_2^2}$ 之點估計量為 $F=\dfrac{S_1^2}{S_2^2}$，具有的抽樣分配是 F 分配，自由度 $=(m-1, n-1)$，其中 m, n 表示的是取樣自兩個常態母體的樣本數。

表 12-12 是 $\dfrac{\sigma_1^2}{\sigma_2^2}$ 之檢定內容：(常態分配的假設下)

✤ 表 12-12　$\dfrac{\sigma_1^2}{\sigma_2^2}$ 之檢定內容 (常態分配的假設下)

	假設問題	檢定統計量	臨界值	拒絕域	P - 值
雙尾檢定	$H_0: \dfrac{\sigma_1^2}{\sigma_2^2}=1$ $H_1: \dfrac{\sigma_1^2}{\sigma_2^2}\neq 1$	$F=\dfrac{S_1^2}{S_2^2}$ $F \sim F$ 分配 $df=(m-1, n-1)$ 檢定統計值 $=f$	$F_{\alpha/2}(m-1, n-1)$ $F_{1-(\alpha/2)}(m-1, n-1)$	$f \geq F_{\alpha/2}(m-1, n-1)$ 或 $f \leq F_{1-(\alpha/2)}(m-1, n-1)$	$2*P(F \geq f)$
右尾檢定	$H_0: \dfrac{\sigma_1^2}{\sigma_2^2}\leq 1$ $H_1: \dfrac{\sigma_1^2}{\sigma_2^2}> 1$		$F_{\alpha}(m-1, n-1)$	$f \geq F_{\alpha}(m-1, n-1)$	$P(F \geq f)$
左尾檢定	$H_0: \dfrac{\sigma_1^2}{\sigma_2^2}\geq 1$ $H_1: \dfrac{\sigma_1^2}{\sigma_2^2}< 1$		$F_{1-\alpha}(m-1, n-1)$	$f \leq F_{1-\alpha}(m-1, n-1)$	$P(F \leq f)$

【註】在計算 F - 檢定統計值時，通常採取的是兩樣本變異數中較大值作為分子 S_1^2，較小值作為分母 S_2^2。

範例 12-10

在範例 12-5 中，某超市想要知道：A、B 二種品牌的麥片，其重量的「變異數」是否相等？以作為「平均重量檢定」時的依據。隨機取樣各 12、10 包，取樣的樣本經計算後，得 A、B 二種麥片重量的樣本變異數分別為 6.45、8.44。

實用統計學

令 σ_1^2、σ_2^2 分別表示 B、A 二種麥片的「重量變異數」，本例題屬於雙尾檢定：

$$H_0 : \frac{\sigma_1^2}{\sigma_2^2} = 1 \quad \text{vs.} \quad H_1 : \frac{\sigma_1^2}{\sigma_2^2} \neq 0$$

請完成此項檢定。($\alpha = 0.05$)

解

須注意的是，檢定統計量中，我們通常將樣本變異數較大者作為分子。本題，將「B品牌麥片的變異數」作為分子。將樣本值代入，檢定統計量的公式 $F = S_1^2 / S_2^2$，得到檢定統計值 $f = 1.31$。同時，自由度 = $(9, 11)$。本例題的雙尾臨界值，右臨界值 = $F_{0.025}(9, 11) = 3.588$，左臨界值 = $F_{0.975}(9, 11) = \dfrac{1}{F_{0.025}(11, 9)} = 0.2556$，拒絕域：$f > 3.5879$ 或 $f < 0.2556$。檢定統計量 F 的樣本取樣值 = 1.31 不落在拒絕域，表示接受 H_0。也就是說，A、B 二種品牌的麥片，其變異數沒有顯著的差異性。

12-4 兩母體比例差 $p_1 - p_2$ 的假設檢定（獨立母體，大樣本情況）

很多時候，我們會要比較兩個母體的某種特性之比例。例如：甲、乙提案的支持度比較；比較兩個地區購買意外險的比例。這種母體比例的比較，在統計假設中，檢定參數則為「母體比例差」：令 p_1、p_2 分別為兩個母體的某種特性之比例，則母體比例差 = $p_1 - p_2$。因為這類問題的母體是龐大未知的，所以取樣時要採用大樣本數，結果會比較準確。

在抽樣的過程中，令 n_1、n_2 分別表示來自兩個母體的取樣數；X_1、X_2 分別表示兩個取樣樣本的某種特性之個數；$\hat{p}_1 = \dfrac{X_1}{n_1}$、$\hat{p}_2 = \dfrac{X_2}{n_2}$ 分別表示兩個取樣樣本的某種特性之比例。表 12-13 是 $p_1 - p_2$ 之檢定內容：

Chapter 12 雙母體的假設檢定

✤ 表 12-13　母體比例差 $p_1 - p_2$ 的檢定內容（大樣本）

	假設問題	檢定統計量	臨界值	拒絕域	P - 值
雙尾檢定	$H_0 : p_1 - p_2 = D_0$ $H_1 : p_1 - p_2 \neq D_0$	$Z = \dfrac{(\hat{p}_1 - \hat{p}_2) - D_0}{\sqrt{\dfrac{\hat{p}_1 \hat{q}_1}{n_1} + \dfrac{\hat{p}_2 \hat{q}_2}{n_2}}}$	$Z_{\alpha/2}$	$\|z\| \geq Z_{\alpha/2}$	$2 * P(Z > \|z\|)$
右尾檢定	$H_0 : p_1 - p_2 \leq D_0$ $H_1 : p_1 - p_2 > D_0$	$Z \sim N(0, 1)$ Z 的樣本估計值 $= z$	Z_α	$z \geq Z_\alpha$	$P(Z \geq z)$
左尾檢定	$H_0 : p_1 - p_2 \geq D_0$ $H_1 : p_1 - p_2 < D_0$		$-Z_\alpha$	$z \leq -Z_\alpha$	$P(Z \leq z)$

【決策】當檢定統計值落在拒絕域，或 P - 值 < α（P - 值很小），表示無法接受 H_0（拒絕 H_0）。

【說明】當檢定值 $D_0 = 0$ 時，檢定統計量，最好取為 $Z = \dfrac{(\hat{p}_1 - \hat{p}_2) - D_0}{\sqrt{\overline{p}\overline{q}\left(\dfrac{1}{n_1} + \dfrac{1}{n_2}\right)}}$，

$Z \sim N(0, 1)$，其中 $\overline{p}$、$\overline{q}$ 分別為 $\overline{p} = \dfrac{X_1 + X_2}{n_1 + n_2}$；$\overline{q} = 1 - \overline{p}$。這樣檢定的結果較為精確；因為採用了比較精確的估計式。

範例 12-11

某政黨舉行初選，民意支持率是主要的指標，黨內規定：如果民意支持率相差在 2% 以內，則必須再作一次民意調查。現有 A、B 兩候選人角逐，某次電訪結果：80 人中有 33 人支持 A；72 人中有 27 人支持 B；則該政黨是否需要再作一次電訪？($\alpha = 0.05$) 採用右尾檢定：$H_0 : p_1 - p_2 \leq 0.02$ vs. $H_1 : p_1 - p_2 > 0.02$。

解

樣本比例值分別為

$$\hat{p}_1 = \frac{x_1}{n_1} = \frac{33}{80} = 0.4125 \text{，} \hat{p}_2 = \frac{X_2}{n_2} = \frac{27}{72} = 0.375 \text{，} \hat{p}_1 - \hat{p}_2 > 0.02$$

計算檢定統計量的值，需先計算 $\bar{p} = \dfrac{X_1 + X_2}{n_1 + n_2}$；$\bar{q} = 1 - \bar{p}$。此處，$\bar{p} = \dfrac{33+27}{80+72} = 0.3947$，$\bar{q} = 0.6053$。檢定統計值 $Z = \dfrac{(0.4125 - 0.375) - 0.02}{\sqrt{0.3947 * 0.6053 \left(\dfrac{1}{80} + \dfrac{1}{72}\right)}} = 0.2204$。

顯著水準 $\alpha = 0.05$，查詢常態分配表，臨界值 $= Z_{0.05} = 1.645$；因為檢定統計量的值 $= 0.2204 <$ 臨界值 $= 1.645$。

結論：「不拒絕 H_0」，表示此次取樣的結果，無法證實 A、B 兩候選人的民意支持率相差在 2% 以上，必須再作一次的民意調查。

12-5　Excel 應用例

12-5-1　兩母體平均數差的假設檢定（母體變異數已知）

Excel 的執行

Excel 中執行：選項『資料』→『資料分析』，選取『z - 檢定：兩個母體平均數差異檢定』(如圖 12-4)。

➕ 圖 12-4

在產生的對話視窗內，分別輸入所需要的相關資訊，則可以得到 z - 檢定的結果。

Chapter 12　雙母體的假設檢定

範例 12-12　起薪比較，Excel 例

勞工局想要了解：男、女大專畢業生初次就業的平均起薪是否相等？以 2000 年 50 位男性，30 位女性畢業生的初次就業起薪為資料，儲存於 Excel 檔案中，A2～A51 儲存格及 B2～B31 儲存格，同時在 A1、B1 格輸入「男」、「女」。若已知男、女大專畢業生的初次就業起薪的變異數分別為 62,500 及 52,900，以 Excel 完成此項檢定。($\alpha = 0.03$)（檔案：起薪比較.xls）

解

令 μ_1、μ_2 分別表示男、女大專畢業生的初次就業「平均起薪」，本例題屬於雙尾檢定：

$$H_0：\mu_1 - \mu_2 = 0 \quad \text{vs.} \quad H_1：\mu_1 - \mu_2 \neq 0$$

首先，在 Excel 的『資料分析』中，選取『z - 檢定：兩個母體平均數差異檢定』。

其次，在產生的對話視窗內，分別輸入：

❖ 圖 12-5

執行後的結果如表 12-14。

❖ 表 12-14　z - 檢定：兩母體平均數差異檢定

	男	女
平均數	24880.82	24647.17
已知的變異數	62500	52900
觀察值個數	50	30
假設的均數差	0	
Z 檢定統計值	4.2565	
$P(Z \leq z)$ 單尾	0.0000104	
臨界值：單尾	1.8808	
$P(Z \leq z)$ 雙尾	0.00002	
臨界值：雙尾	2.1701	

結論：本例題的臨界值 (雙尾) = 2.170，拒絕域：$|z| > 2.17$。檢定統計量 Z 的樣本取樣值 = 4.2565，落在拒絕域，表示無法接受 H_0 (拒絕 H_0)。

另外，P - 值 = $2*P(Z > |4.2565|)$ = 0.00002 < α (0.03)，表示拒絕 H_0 的假設，接受 H_1 的敘述，也就是說：男、女大專畢業生的初次就業的平均起薪是「不相等」的。

12-5-2 兩母體平均數差的假設檢定（變異數未知，大樣本）

Excel 的執行

在 Excel 的『資料』→『資料分析』中，並沒有這個 Z - 檢定的選項。但是，可以利用選項『t - 檢定』(假設變異數不相等) 來執行此一 Z - 檢定。理由是：當 T 分配的自由度很大時，T 分配是近似於標準常態分配的。在產生的 t - 檢定對話視窗 (圖 12-6) 內，分別輸入所需要的相關資訊，則可以得到 Z - 檢定的結果。

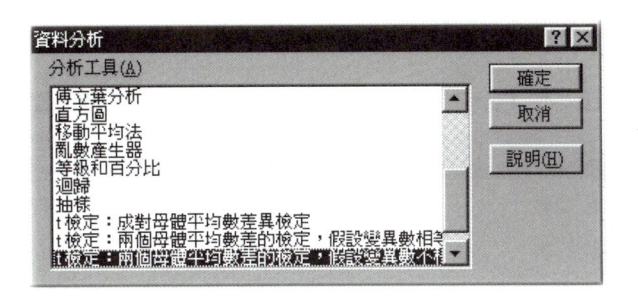

Chapter 12　雙母體的假設檢定

➕ 圖 12-6

範例 12-13　起薪比較，Excel 例

在範例 12-12《起薪比較》中，男、女大專畢業生的樣本數分別為 50、30，屬於大樣本。若男、女大專畢業生起薪的變異數是未知的，請完成此項檢定：男、女大專畢業生的初次就業的平均起薪是否相等？($\alpha = 0.03$)

解

令 μ_1、μ_2 分別表示男、女大專畢業生的初次就業「平均起薪」，本例題屬於雙尾檢定：

$$H_0 : \mu_1 - \mu_2 = 0 \quad \text{vs.} \quad H_1 : \mu_1 - \mu_2 \neq 0$$

首先，在 Excel 的『資料分析』中，選取『t - 檢定』(假設變異數不相等) 其次，在產生的對話視窗 (圖 12-7) 內分別輸入所需要的相關資訊：

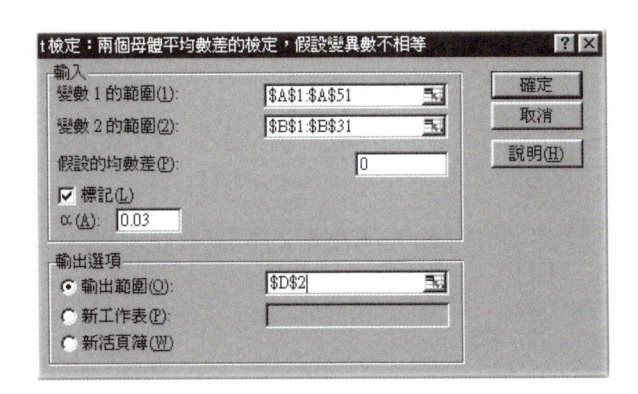

➕ 圖 12-7

執行後的結果如表 12-15。

✤ 表 12-15　t - 檢定：兩母體平均數差的檢定，假設變異數不相等

	男	女
平均數	24880.82	24647.17
變異數	7224209.702	9004964.144
觀察值個數	50	30
假設的均數差	0	
自由度	56	
t - 檢定統計值	0.3504	
$P(T \leq t)$ 單尾	0.3637	
臨界值：單尾	1.9197	
$P(T \leq t)$ 雙尾	0.7274	
臨界值：雙尾	2.2268	

結論：本例題的臨界值 (雙尾) = 2.2268，拒絕域：$|t| > 2.2268$。檢定統計量 T 的樣本取樣值 = 0.3504，不落在拒絕域，表示接受 H_0。也就是說，男、女大專畢業生的初次就業平均起薪是沒有顯著差異。

12-5-3　兩母體平均數差的假設檢定（母體變異數未知，小樣本）

Excel 的執行

在 Excel 的『資料』→『資料分析』中，選項『t - 檢定』(假設變異數相等) 來執行。

在產生的對話視窗內分別輸入所需要的相關資訊，則可以得到 t - 檢定的結果。

Chapter 12　雙母體的假設檢定

✦ 圖 12-8

範例 12-14　成績比較，Excel 例

教育局督學想要知道：王老師在甲、乙兩校，所教授的相同課程，其學生的平均成績是否相等？分別在甲、乙兩校各取樣 18 位、15 位學生的學期成績為資料，儲存於 Excel 檔案中，A2～A19 儲存格及 B2～B16 儲存格，同時在 A1、B1 格輸入「甲校」、「乙校」(假設兩校學生成績的標準差分別為 8 分、6 分)。令 μ_1、μ_2 分別表示甲、乙兩校各取樣 18 位、15 位學生的平均學期成績，本例題屬於雙尾檢定：$H_0：\mu_1-\mu_2=0$　vs.　$H_1：\mu_1-\mu_2 \neq 0$。以 Excel 完成此項檢定。($\alpha = 0.035$，檔案：成績比較.xls)

解

在 Excel 的『資料』→『資料分析』中，選項『 t-檢定』(假設變異數相等) 來執行此一 t-檢定，在產生的對話窗口內分別輸入：

✦ 圖 12-9

執行後的結果如表 12-16。

❖ 表 12-16　t - 檢定：兩母體平均數差的檢定，假設變異數相等

	甲校	乙校
平均數	62.5	56.8
變異數	108.62	71.03
觀察值個數	18	15
共同變異數	91.64	
假設的均數差	0	
自由度	31	
t - 檢定統計值	1.7031	
$P(T \leq t)$ 單尾	0.0493	
臨界值：單尾	1.8767	
$P(T \leq t)$ 雙尾	0.9855	
臨界值：雙尾	2.2050	

結論：本例題的臨界值（雙尾）= 2.205，拒絕域：$|t| > 2.205$。檢定統計量 T 的樣本取樣值 =1.7031，不落在拒絕域，表示接受 H_0。另外，P - 值 $= 2 * P(T > 1.7031) = 0.0985 > \alpha\ (0.035)$，表示接受 H_0 的敘述，也就是說：王老師在甲、乙兩校所教授的相同課程，其學生的平均成績是沒有顯著差異。

範例 12-15　成績比較，Excel 例

在範例 12-14《成績比較》中，若甲、乙兩校 18 位、15 位學生的學期成績的變異數是未知的，請完成此項檢定：王老師在甲、乙兩校所教授的相同課程，其學生的平均成績是否相等？($\alpha = 0.035$)

解

令 μ_1、μ_2 分別表示甲、乙兩校各取樣 18 位、15 位學生的平均學期成績，本例題屬於雙尾檢定：

$$H_0：\mu_1 - \mu_2 = 0 \quad \text{vs.} \quad H_1：\mu_1 - \mu_2 \neq 0$$

首先，在 Excel 的『資料』→『資料分析』中，選項『t - 檢定』(假設變異數不相等)，在產生的對話視窗內分別輸入：

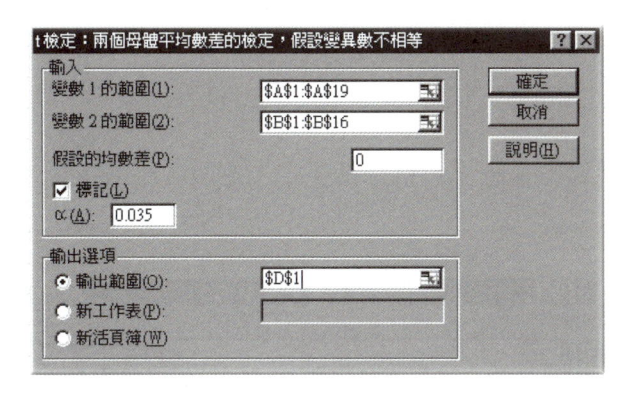

圖 12-10

執行後的結果如表 12-17。

表 12-17　t - 檢定：兩母體平均數差的檢定，假設變異數不相等

	甲校	乙校
平均數	62.5	56.8
變異數	108.62	71.03
觀察值個數	18	15
假設的均數差	0	
自由度	31	
t - 統計估計值	1.7369	
$P(T \leq t)$ 單尾	0.0462	
臨界值：單尾	1.8767	
$P(T \leq t)$ 雙尾	0.0923	
臨界值：雙尾	2.2050	

結論：本例題的臨界值 (雙尾) = 2.205，拒絕域：| t | > 2.205。檢定統計量 T 的樣本取樣值 = 1.7369，不落在拒絕域，表示接受 H_0。另外，P - 值 = 2 * P(T > 1.7369) = 0.0923 > α (0.035)，表示接受 H_0 的敘述。也就是說：王老師在甲、乙兩校所教授的相同課程，其學生的平均成績是沒有顯著差異。

12-5-4 兩母體平均數差的假設檢定（相依母體，成對樣本的情況）

Excel 的執行

在 Excel 的『資料』→『資料分析』中，選取『t-檢定：成對母體平均數差異檢定』。

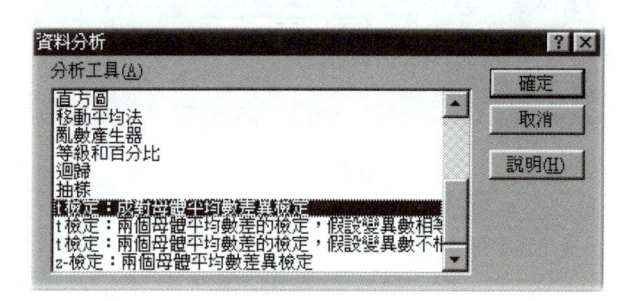

+ 圖 12-11

在產生的對話視窗內分別輸入所需要的相關資訊，則可以得到 t-檢定的結果。（注意：在 Excel 中，所提供「成對母體平均數差」的 t-檢定沒有大小樣本的區別，因為當樣本數夠大時，檢定統計量的抽樣分配，會由 T 分配近似於常態分配。）

範例 12-16　Excel 例

將範例 12-6 以 Excel 完成檢定。50 位病人的「用藥前後」之血壓紀錄，儲存於 Excel 檔案中，A2～A51 欄及 B2～B51 欄，並且在 A1～B1 格輸入文字：「用藥前」、「用藥後」。（檔案：高血壓.xls）

解

在 Excel 的『資料』→『資料分析』中，選取『t-檢定：成對母體平均數差異檢定』，在產生的對話視窗內，分別輸入所需要的相關資訊：

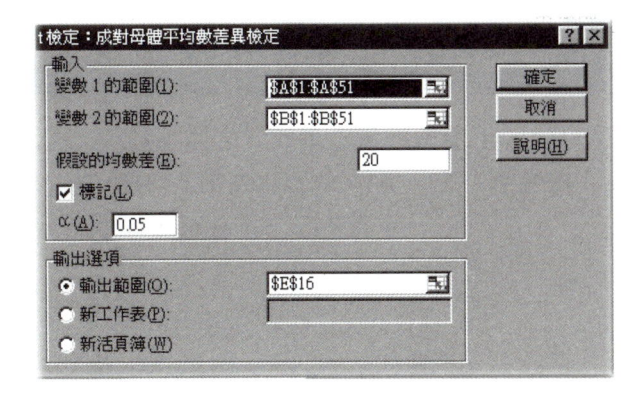

執行後的結果如表 12-18。

❖ 表 12-18　t - 檢定：成對母體平均數差異檢定

	用藥前	用藥後
平均數	205.0007	179.6818
變異數	199.2829	26.2895
觀察值個數	50	50
皮耳森相關係數	0.4174	
假設的均數差	20	
自由度	49	
t - 檢定統計值	2.9267	
$P(T \leq t)$ 單尾	0.0026	
臨界值：單尾	1.6766	
$P(T \leq t)$ 雙尾	0.0052	
臨界值：雙尾	2.0096	

結論：本例題的臨界值 (右尾檢定) = 1.6766，拒絕域：$t > 1.6766$。檢定統計量 T 的樣本取樣值 = 2.9267，落在拒絕域，表示拒絕 H_0。另外，P- 值 = $P(T > 1.6766) = 0.0026 < \alpha = 0.05$，表示拒絕 H_0 的假設，接受 H_1 的敘述；與範例 12-6 的結論一致。

範例 12-17　一氧化碳，Excel 例

將範例 12-7 以 Excel 完成檢定。其中，9 縣市的「一氧化碳指數」紀錄，儲存於 Excel 檔案中，A2～A10 儲存格及 B2～B10 儲存格，並且在 A1～B1 格輸入文字：「2 月 CO」、「3 月 CO」。(檔案：一氧化碳.xls)

解

在 Excel 的『資料』→『資料分析』中，選取『t-檢定：成對母體平均數差異檢定』，在產生的對話視窗內，分別輸入所需要的相關資訊：

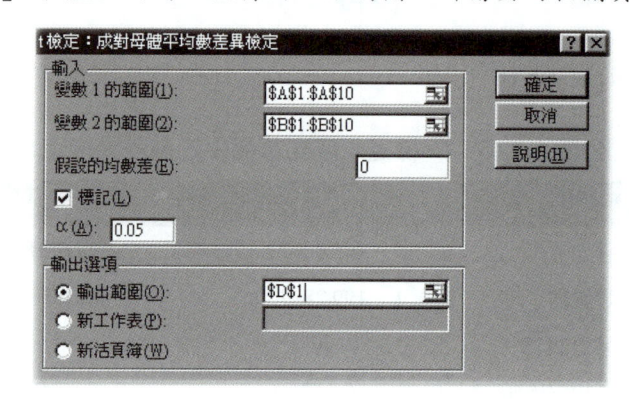

➕ 圖 12-13

執行後的結果如表 12-19。

➕ 表 12-19　t-檢定：成對母體平均數差異檢定

	2月CO	3月CO
平均數	5.2222	6.1724
變異數	1.4444	1.7007
觀察值個數	9	9
皮耳森相關係數	−0.4555	
假設的均數差	0	
自由度	8	
t-檢定統計值	−1.3330	
$P(T \leq t)$ 單尾	0.1096	
臨界值：單尾	1.8595	
$P(T \leq t)$ 雙尾	0.2193	
臨界值：雙尾	2.3060	

結論：本例題的臨界值 (雙尾檢定) = 2.3060，拒絕域：$|t| > 2.3060$。檢定統計量 T 的樣本取樣值 $= -1.3330$，不落在拒絕域，表示接受 H_0。另外，P- 值 $= P(|T| > 1.3330) = 0.2193 > \alpha = 0.025$，表示不拒絕 H_0 的假設；與範例 12-7 的結論一致。

12-5-5 兩母體變異數比的假設檢定

Excel 的執行

利用試算表 Excel，可以查得 F 分配的機率值 (任意的分子自由度 df_1、分母自由度 df_2)。若隨機變數 F，具有 F 分配，自由度為 (df_1, df_2)。利用 Excel 查詢 F 分配機率值的「步驟」及「函數」如下：

✦ 圖 12-14

Excel 函數：F.DIST，計算的是 F 分配左側機率值，或是 F 分配機率密度函數值。所需要的變數 x, deg_freedom1, deg_freedom2, Cumulative，其個別意義如表 12-20 所示：

✤ 表 12-20

機率值 所需變數	F.DIST(x, deg_freedom1, deg_freedom2, Cumulative)	$P(F < x)$ 左側機率值	F 分配機率 密度函數值
x	端點值	x	x
deg_freedom1	分子自由度	df_1	df_1
deg_freedom2	分母自由度	df_2	df_2
Cumulative	True：表示 F 分配左側機率 False：表示 F 機率密度函數值	True	False

範例 12-18　F 分配，查表例，Excel 例

將範例 12-8 的查詢內容，以 Excel 試算表執行。

解

若隨機變數 F，具有 F 分配，請查詢下列的機率值：

(1) 自由度 = (3, 5)，$P(F > 5.4094) = ?$

本題為右側機率值，需先計算左側機率值 $P(F < 5.4094)$，再代入公式得到

$$P(F > 5.4094) = 1 - P(F < 5.4094)$$

計算左側機率值 $P(F < 5.4094)$，可以在 Excel 中直接輸入公式：

區間機率值	Excel 函數公式
$P(F < 5.4094)$	F.DIST(5.4094, 3, 5, True)

計算結果為左側機率值 $P(F < 5.4094) = 0.95$。所以右側機率值 $= P(F > 5.4094) = 1 - P(F < 5.4094) = 0.05$。

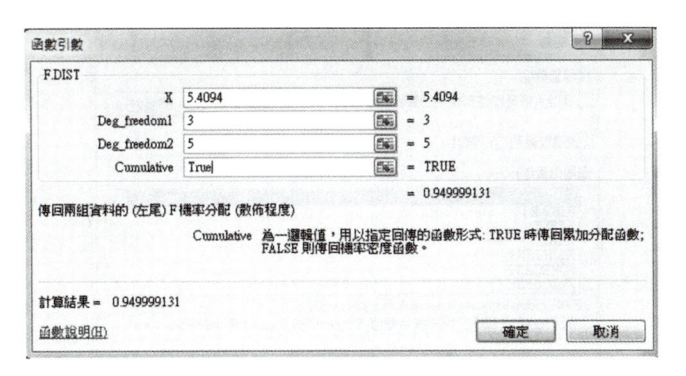

➕ 圖 12-15

(2) 自由度 = (8, 12)，$P(F < 3.5118) = ?$

在 Excel 中，選取『公式』→『插入函數』→ 選取類別『統計』→ 選取函數『F.DIST』，在對話視窗分別輸入：X = 3.5118, Deg_freedom1 = 8, Deg_freedom1 = 12, Cumulative = True（圖 12-16），計算結果為左側機率值 $P(F < 3.5118) = 0.975$。

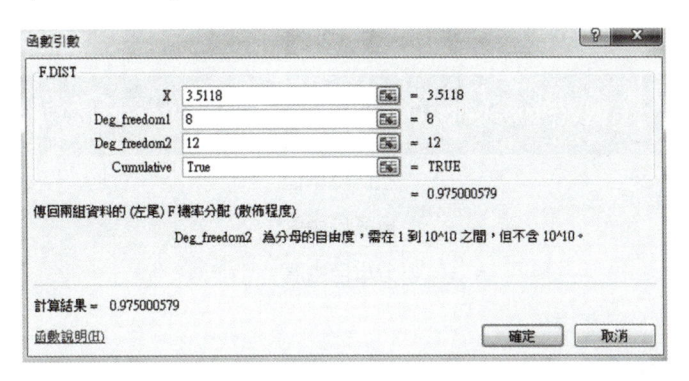

➕ 圖 12-16

利用試算表 Excel，可以查得 F 分配機率值 (任意的分子自由度 df_1、分母自由度 df_2) 的「反向」端點值。例如，若隨機變數 X，具有 F 分配，自由度為 (df_1, df_2)，我們要求一個 f 值，使得左側機率值 $P(F < f) = 0.05$。利用 Excel 查詢 F 分配機率值的『步驟』及『函數』如下：

Excel 選項：選取『公式』→『插入函數』→ 選取類別『統計』→ 選取函數『F.INV』。

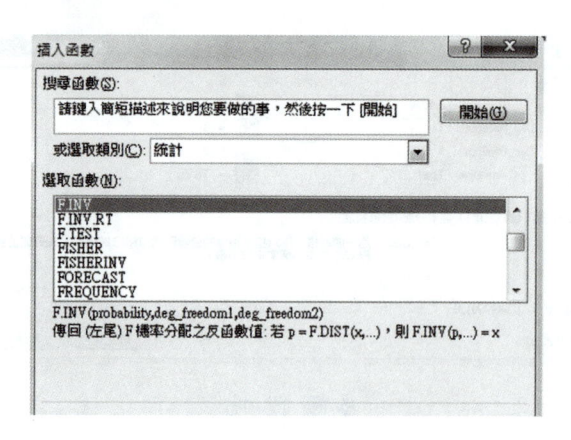

✤ 圖 12-17

Excel 函數：F.INV(Probability, Deg_freedom1, Deg_freedom2)。

函數 F.INV 表示的是：自由度 = (df_1, df_2) 之 F 分配，其左側機率值 $P(X < x)$，所對應的端點值。所需要的變數 Probability, Deg_freedom1, Deg_freedom2，其個別意義如表 12-21 所示：

✤ 表 12-21

機率反值 所需變數	F.INV(Probability, Deg_freedom1, Deg_freedom2)	左側反機率值
Probability	左側機率值	$P(F < x)$
Deg_freedom1	分子自由度	df_1
Deg_freedom2	分母自由度	df_2

範例 12-19　F 分配，查表例二，Excel 例

將範例 12-9 的查詢內容 (1)、(2)，以 Excel 試算表執行。

解

若隨機變數 F，具有 F 分配，請查詢下列的機率值的對應 F - 值。

(1) 自由度 = (3, 6)，找出 a，使得 $P(F > a) = 0.05$。

為了符合 Excel 函數 F.INV 的形態，首先將右側機率轉換為左側機率，$P(F < a) = 1 - P(F > a) = 0.95$。接著在 Excel 中，直接輸入公式及設定值，計算結果為 F.INV (0.95, 3, 6) = 4.757（圖 12-18），表示 $P(F < 4.757) = 0.95$。所以，$a = 4.757$。

✦ 圖 12-18

(2) 自由度 = (6, 3)，找出 b，使得 $P(F < b) = 0.05$。

在 Excel 中，選取『公式』→『插入函數』→ 選取類別『統計』→ 選取函數『F.INV』，在對話視窗分別輸入：Probability = 0.05, Deg_freedom1 6, Deg_freedom1 = 3（圖 12-19），計算結果為左側機率值 0.05 的反向 f 值 = F.INV(0.05, 6, 3) = 0.2102。所以，$b = 0.2102$。

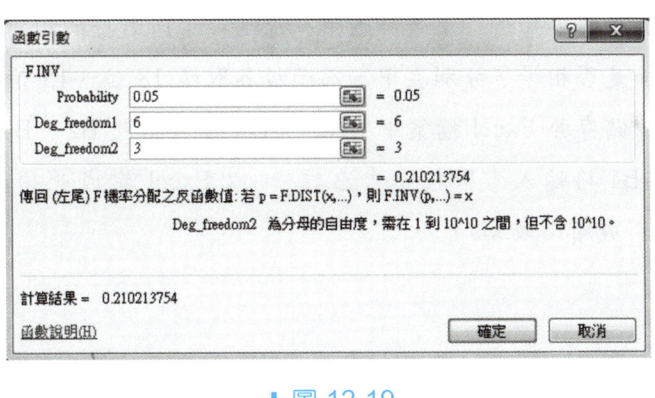

✦ 圖 12-19

　　關於兩個常態母體變異數的檢定，Excel 也提供了 F - 檢定分析工具，在產生的對話視窗內分別輸入所需要的相關資訊，則可以得到 F - 檢定的結果。

Excel 選項:『資料』→『資料分析』中，選取『F - 檢定』。

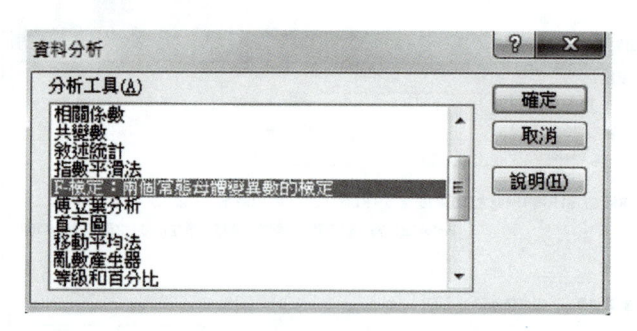

✚ 圖 12-20

【注意】在 Excel 的 F - 檢定結果輸出，只有「單尾檢定」的結果 (右尾檢定或左尾檢定)；所以，在使用時要特別小心。

範例 12-20　Excel 例

教育局督學想要知道：王老師在甲、乙兩校，所教授的相同課程，其學生的成績分佈是否相等？分別在甲、乙兩校各取樣 18 位、15 位學生的學期成績為資料，儲存於 Excel 檔案中，A2～A19 儲存格及 B2～B16 儲存格，同時在 A1、B1 格輸入「甲校」、「乙校」。以 Excel 完成此項檢定。(α = 0.035，檔案：成績比較.xls)

解

令 σ_1^2、σ_2^2 分別表示甲、乙兩校各取樣 18 位、15 位學生的成績變異數；本例題採雙尾檢定：

$$H_0 : \frac{\sigma_1^2}{\sigma_2^2} = 1 \quad \text{vs.} \quad H_1 : \frac{\sigma_1^2}{\sigma_2^2} \neq 0$$

Excel 的執行

在 Excel 的『資料』→『資料分析』中，選項『F - 檢定：兩個常態母體變異數的檢定』來執行此 F - 檢定。要注意的是：在 Excel 的檢定輸出，只有「右尾檢定」的結果；所以，在產生的對話視窗內輸入 α = 0.0175。

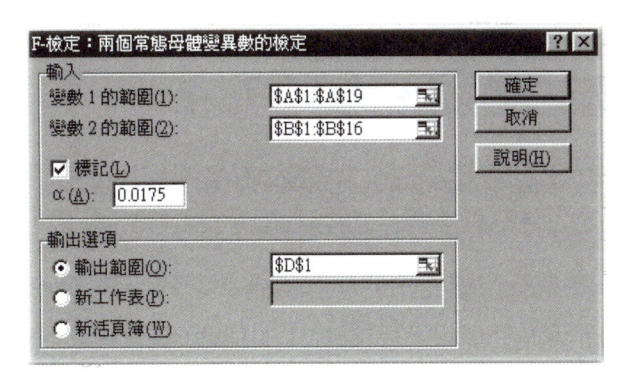

執行後的結果如表 12-22。

表 12-22　F - 檢定：兩個常態母體變異數的檢定

	甲校	乙校
平均數	62.5	56.8
變異數	108.6176	71.0286
觀察值個數	18	15
自由度	17	14
f - 檢定統計值	1.5292	
$P(F \leq f)$ 單尾	0.2137	
臨界值：單尾	3.1580	

此處的「單尾」，指的是「右尾」，因為甲校的變異數 108.6176，大於乙校的變異數 71.0286。

　　結論：本例題的檢定統計量 F，樣本取樣值 = 1.5292 < 臨界值 (雙尾的右臨界值) = $F_{0.0175}(17, 14)$ = 3.1580，不落在拒絕域，表示接受 H_0。另外，P - 值 = 2 * $P(F > 1.5292)$ = 2*0.2137 = 0.4273 > α (0.035)，表示接受 H_0 的敘述。也就是說，王老師在甲、乙兩校所教授的相同課程，其學生的成績分佈是沒有顯著差異。

12-5-6 兩母體比例差的假設檢定（獨立母體，大樣本情況）

Excel 的執行

在 Excel 中，要執行母體比例的假設檢定，須利用統計函數，及一些公式的輸入來產生所需要的檢定內容：假設樣本 1 的抽樣值 100 個已經輸入在 A1～A100 欄，樣本 2 的抽樣值 120 個已經輸入在 B1～B120 欄，每欄位的值，不是 1（表示贊成母體某性質），就是 0（表示不贊成母體某性質）。

✦ 表 12-23　母體比例差 $p_1 - p_2$ 統計檢定的 Excel 函數或公式（檢定值 $D_0 = 0$）

名稱	公式	Excel 函數或公式
樣本比例 1	① $\hat{p}_1$	AVERAGE(A1:A100)
樣本比例 2	② $\hat{p}_2$	AVERAGE(B1:B120)
樣本個數	③ n_1	COUNT(A1:A100)
樣本個數	④ n_2	COUNT(B1:B120)
合併比例	⑤ $\bar{p} = \dfrac{X_1 + X_2}{n_1 + n_2}$	(SUM(A1:A100)+SUM(B1:B120))/(③ + ④)
顯著水準	⑥ α	自行輸入
臨界值（雙尾）$Z_{\alpha/2}$		NORM.S.INV(1 – ⑥/2)
臨界值（右尾）Z_α		NORM.S.INV(1 – ⑥)
臨界值（左尾）$-Z_\alpha$		NORM.S.INV(⑥)
檢定統計值	⑧ $z = \dfrac{(\hat{p}_1 - \hat{p}_2)}{\sqrt{\bar{p}\,\bar{q}\left(\dfrac{1}{n_1} + \dfrac{1}{n_2}\right)}}$	(① – ②)/(SQRT(⑤ *(① – ⑤)*(1/③ + 1/④))
P - 值（雙尾）	$2*P(Z > \lvert z \rvert)$	2 * (1 – NORM.S.DIST(ABS(⑦), True))
P - 值（右尾）	$P(Z > z)$	1 – NORM.S.DIST(⑦, True)
P - 值（左尾）	$P(Z < z)$	NORM.S.DIST(⑦, True)

Chapter 12　雙母體的假設檢定

範例 12-21　南北投資比例，Excel 例

某一金融控股公司，想要知道：南部、北部之投資股票的一般民眾比例（俗稱「散戶」）是否一致。分別以 100 位南部、120 位北部投資者的背景為資料，儲存於 Excel 檔案中儲存格 A2～A101 及 B2～B121（1：「散戶」，0：「非散戶」），同時在 A1、B1 格分別輸入「南」、「北」。以 Excel 完成此項檢定（$\alpha = 0.02$，檔案：南北投資比例.xls）。

解

首先利用 Excel 函數 AVERAGE，計算本例題的點估計值：樣本比例的值。

樣本比例 1 = AVERAGE(A2 : A101) = 0.55

樣本比例 2 = AVERAGE(B2 : B121) = 0.5917

比較：南部、北部之投資股票的一般民眾比例（俗稱「散戶」）是否一致；採用雙尾檢定：

$$H_0 : p_1 - p_0 = 0 \quad \text{vs.} \quad H_1 : p_1 - p_2 \neq 0$$

在儲存格 F1～F13，分別「自行輸入」或「依照 G 儲存格公式輸入」，圖 12-22 是有關於「雙尾檢定」的所有資訊：

	A	B	C	D	E	F	G
1	南	北		名稱	公式	結果	Excel函數或公式
2	1	0		樣本比例 1	$\hat{p}_1$	0.5500	AVERAGE(A2:A101)
3	0	1		樣本比例 2	$\hat{p}_2$	0.5917	AVERAGE(B2:B121)
4	1	0		樣本個數 1	n_1	100	COUNT(A2:A101)
5	1	1		樣本個數 2	n_2	120	COUNT(B2:B121)
6	0	1		合併比例	$\bar{p} = \dfrac{X_1 + X_2}{n_1 + n_2}$	0.5727	(SUM(A2:A101)+SUM(B2:B121))/(F4+F5)
7	0	1					
8	0	0		顯著水準	α	0.02	自行輸入
9	0	1		臨界值 (雙尾)	$Z_{\alpha/2}$	2.3263	NORM.S.INV(1−F8/2)
10	1	1		檢定統計值	$z = \dfrac{(\hat{p}_1 - \hat{p}_2)}{\sqrt{\bar{p}\bar{q}\left(\dfrac{1}{n_1}+\dfrac{1}{n_2}\right)}}$	−0.6223	(F2−F3)/(SQRT(F6*(1−F6)*(1/F4+1/F5)))
11	0	0					
12	1	1					
13	0	1		P-值 (雙尾)	$2 * P(Z < \lvert z \rvert)$	0.5337	2*(1−NORM.S.DIST(ABS(F10),True))

✦ 圖 12-22　「母體比例」統計檢定的 Excel 函數或公式

由圖 12-22 的所有檢定資訊，我們可以得到以下的結論：

(1) 臨界值 $Z_{0.02/2} = Z_{0.01} = 2.3263$。

(2) 檢定統計值 $Z = \dfrac{(\hat{p}_1 - \hat{p}_2)}{\sqrt{\bar{p}\bar{q}\left(\dfrac{1}{n_1} + \dfrac{1}{n_2}\right)}} = -0.6223$。

(3) |檢定統計值| = |z| = 0.6223 < 臨界值 (2.3263)。

同時，P - 值 = 2 * P(Z > 0.6223) = 0.5337 > α(0.02)。

結論：不拒絕 H_0，表示：南部、北部之投資股票的一般民眾比例 (俗稱「散戶」) 沒有顯著性的差異。

12-6 章節架構圖說明：雙母體的假設檢定——《性別差異例》

某語言中心想要了解：曾經上過兒童美語課程的男、女生，在英文的學習上，是否有差異性？隨機取樣了 100 位男女同學 (男生：45 位，女生：55 位)，得其「英文檢定成績」及其「英文指考成績」，同時記錄每位檢測者的「性別」及「有無上過兒童美語課程」的資料。下表是部份的資料：(檔案：英檢成績.xls)

✤ 英檢成績的部份資料

性別	0	0	0	0	0	…	1	1	1	1
兒童美語	1	0	1	1	0	…	0	0	0	1
英檢成績	75	63	84	90	87	…	69	57	45	57
指考成績	66	64	62	52	48	…	48	35	51	33

雙母體的假設檢定

(1) 男、女生的「英檢成績」平均分數是否有差異性？(α = 0.05)

(2)「英文檢定成績」及其「英文指考成績」是否有差異性？(α = 0.05)

(3)「英檢成績 > 65 的比例」，女生是否高於男生？(α = 0.05)

Chapter 12 雙母體的假設檢定

章節架構圖 vs. 案例說明

(1) 男、女生的「英檢成績」平均分數是否有差異性？($\alpha = 0.05$)

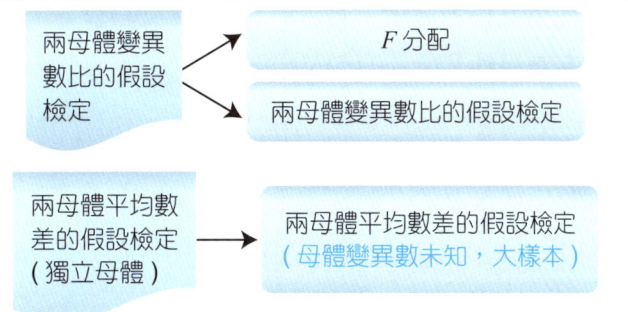

```
兩母體變異數比的假設檢定 ──→ F 分配
                        ──→ 兩母體變異數比的假設檢定

兩母體平均數差的假設檢定（獨立母體） ──→ 兩母體平均數差的假設檢定（母體變異數未知，大樣本）
```

解

雙尾檢定：$H_0 : \mu_1 - \mu_2 = 0$ vs. $H_1 : \mu_1 - \mu_2 = 0$。

先進行母體變異數的檢定：$H_0 : \dfrac{\sigma_1^2}{\sigma_2^2} = 1$ vs. $H_1 : \dfrac{\sigma_1^2}{\sigma_2^2} \neq 1$

性別		個數	平均數	標準差
英檢成績	女	55	66.27	13.90
	男	45	54.67	11.08

檢定統計量的公式 $F = S_1^2 / S_2^2$，得到檢定統計值 $f = 1.5738$，自由度 $= (54, 44)$。

右臨界值 $= F_{0.025}(54, 44) = 1.7825$，左臨界值 $F_{0.975}(54, 44) = \dfrac{1}{F_{0.025}(44, 54)} = 0.5705$。

檢定統計值 $f = 1.5738$ 小於右臨界值 $= 1.7825$，表示不拒絕 $H_0 : \dfrac{\sigma_1^2}{\sigma_2^2} = 1$，有相同的變異數；計算：

$$S_P^2 = \dfrac{(55-1)*13.9^2 + (45-1)*11.08^2}{55+45-2} = 161.5823$$

也就是 $S_P = 12.7115$，檢定統計量 $T = \dfrac{(\overline{X}_1 - \overline{X}_2) - D_0}{S_p \sqrt{\dfrac{1}{n_1} + \dfrac{1}{n_2}}}$ 的估計值 $t = \dfrac{(66.27 - 54.67) - 0}{12.7115 * \sqrt{\dfrac{1}{55} + \dfrac{1}{45}}} = 4.5399$，顯著水準 $\alpha = 0.05$，查詢 T 分配表，自由度 $= 55 + 45 - 2 = 88$，臨界值 $t_{0.05}(88) = 1.9873$。

檢定統計量 t - 值大於臨界值，拒絕 $H_0 : \mu_1 - \mu_2 = 0$，表示平均分數有差異性。

(2)「英文檢定成績」及其「英文指考成績」是否有差異性？($\alpha = 0.05$)

兩母體平均數差的假設檢定（相依母體，成對樣本） → 兩母體平均數差的假設檢定（相依母體）

解

採成對樣本 T 檢定：$H_0：\mu_D = 0$　vs.　$H_1：\mu_D \neq 0$

$D = $ 英檢成績 − 指考成績

D = 英檢成績 − 指考成績		
人數	平均數	標準差
100	11.54	14.45

檢定統計量 $Z = \dfrac{\overline{D} - D_0}{S_D / \sqrt{n}}$，估計值 $= z = 7.9862$ 大於臨界值 $Z_{\alpha/2} = 1.96$。結論：拒絕 H_0，得知「英文檢定成績」及其「英文指考成績」有差異性。

(3)「英檢成績 > 65 的比例」，女生是否高於男生？($\alpha = 0.05$)

兩母體比例差的假設檢定 → 兩母體比例差的假設檢定（獨立母體，大樣本）

解

p_1：「英檢成績 > 65」女生比例；p_2：「英檢成績 > 65」男生比例

$H_0：p_1 - p_2 \leq 0$　vs.　$H_1：p_1 - p_2 > 0$

英檢成績 > 65 的比例		
	男生	女生
人數	45	55
> 65 的人數	10	32
比例	0.222	0.582

檢定統計值 $Z = \dfrac{(\hat{p}_1 - \hat{p}_2)}{\sqrt{\overline{p}\,\overline{q}\left(\dfrac{1}{n_1} + \dfrac{1}{n_2}\right)}} = 3.6287$ 大於臨界值 $Z_\alpha = 1.645$。結論：拒絕 H_0，得知「英檢成績 > 65 的比例」，女生高於男生。

名詞解釋

兩母體平均數差的檢定（變異數已知）：

	假設問題	檢定統計量	臨界值	拒絕域	P-值
雙尾檢定	$H_0: \mu_1 - \mu_2 = D_0$ $H_1: \mu_1 - \mu_2 \neq D_0$	$Z = \dfrac{(\overline{X}_1 - \overline{X}_2) - D_0}{\sqrt{\dfrac{\sigma_1^2}{n_1} + \dfrac{\sigma_2^2}{n_2}}}$	$Z_{\alpha/2}$	$z \geq Z_{\alpha/2}$ $z \leq -Z_{\alpha/2}$	$2 * P(Z > |z|)$
右尾檢定	$H_0: \mu_1 - \mu_2 \leq D_0$ $H_1: \mu_1 - \mu_2 > D_0$	$Z \sim N(0, 1)$ Z 的樣本值 $= z$	Z_α	$z \geq Z_\alpha$	$P(Z > z)$
左尾檢定	$H_0: \mu_1 - \mu_2 \geq D_0$ $H_1: \mu_1 - \mu_2 < D_0$		$-Z_\alpha$	$z \leq -Z_\alpha$	$P(Z < z)$

兩母體平均數差的檢定（變異數未知，大樣本）：

	假設問題	檢定統計量	臨界值	拒絕域	P-值
雙尾檢定	$H_0: \mu_D = D_0$ $H_1: \mu_D \neq D_0$	$Z = \dfrac{\overline{D} - D_0}{S_D / \sqrt{n}}$	$Z_{\alpha/2}$	$z \geq Z_{\alpha/2}$ $z \leq -Z_{\alpha/2}$	$2 * P(Z > |z|)$
右尾檢定	$H_0: \mu_D \leq D_0$ $H_1: \mu_D > D_0$	$Z \sim N(0, 1)$ Z 的樣本值	Z_α	$z \geq Z_\alpha$	$P(Z > z)$
左尾檢定	$H_0: \mu_D \geq D_0$ $H_1: \mu_D < D_0$		$-Z_\alpha$	$z \geq -Z_\alpha$	$P(Z < z)$

兩母體平均數差 $\mu_1 - \mu_2$ 的假設檢定（母體變異數 σ_1^2、σ_2^2 未知，假設相等）：

	假設問題	檢定統計量	臨界值	拒絕域	P-值
雙尾檢定	$H_0: \mu_1 - \mu_2 = D_0$ $H_1: \mu_1 - \mu_2 \neq D_0$	$T = \dfrac{(\overline{X}_1 - \overline{X}_2) - D_0}{S_P \sqrt{\dfrac{1}{n_1} + \dfrac{1}{n_2}}}$	$t_{\alpha/2}(df)$	$t \geq t_{\alpha/2}(df)$ 或 $t \leq -t_{\alpha/2}(df)$	$2 * P(T \geq |t|)$
右尾檢定	$H_0: \mu_1 - \mu_2 \leq D_0$ $H_1: \mu_1 - \mu_2 > D_0$	T 分配 $(df = n_1 + n_2 - 2)$ T 的樣本值 $= t$	$t_\alpha(df)$	$t \geq t_\alpha(df)$	$P(T \geq t)$
左尾檢定	$H_0: \mu_1 - \mu_2 \geq D_0$ $H_1: \mu_1 - \mu_2 < D_0$		$-t_\alpha(df)$	$t \leq -t_\alpha(df)$	$P(T \leq t)$

μ_D 之檢定內容 (大樣本)：

	假設問題	檢定統計量	臨界值	拒絕域	P - 值
雙尾檢定	$H_0: \mu_D = D_0$ $H_1: \mu_D \neq D_0$	$Z = \dfrac{\overline{D} - D_0}{S_D / \sqrt{n}}$	$Z_{\alpha/2}$	$z \geq Z_{\alpha/2}$ $z \leq -Z_{\alpha/2}$	$2 * P(Z > \lvert z \rvert)$
右尾檢定	$H_0: \mu_D \leq D_0$ $H_1: \mu_D > D_0$	$Z \sim N(0, 1)$ Z 的樣本值 $= z$	Z_α	$z \geq Z_\alpha$	$P(Z > z)$
左尾檢定	$H_0: \mu_D \geq D_0$ $H_1: \mu_D < D_0$		$-Z_\alpha$	$z \geq -Z_\alpha$	$P(Z < z)$

μ_D 之檢定內容 (小樣本)：

		檢定統計量	臨界值	拒絕域	P - 值
雙尾檢定	$H_0: \mu_1 - \mu_2 = \mu_D$ $H_1: \mu_1 - \mu_2 \neq \mu_D$	$T = \dfrac{\overline{D} - \mu_D}{S_D / \sqrt{n}}$	$t_{\alpha/2}(n-1)$	$t \geq t_{\alpha/2}(n-1)$ 或 $t \leq -t_{\alpha/2}(n-1)$	$2 * P(T > \lvert t \rvert)$
右尾檢定	$H_0: \mu_1 - \mu_2 \leq \mu_D$ $H_1: \mu_1 - \mu_2 > \mu_D$	$T \sim T$ 分配 $(df = n-1)$ T 的樣本值 $= t$	$t_\alpha(n-1)$	$t \geq t_\alpha(n-1)$	$P(T \geq t)$
左尾檢定	$H_0: \mu_1 - \mu_2 \geq \mu_D$ $H_1: \mu_1 - \mu_2 < \mu_D$		$-t_\alpha(n-1)$	$t \leq -t_\alpha(n-1)$	$P(T \leq t)$

F 分配的性質：

(1) F 分配的機率密度函數圖形是定義在大於等於 0，範圍為非對稱的右偏圖形。

(2) F 分配的自由度有兩個，分別為「分子的自由度」及「分母的自由度」，通常以成對的數量表示。

(3) 機率值與 F 分配機率表 F 分配的機率表 (附表六) 提供的是各種不同右尾的機率值。

兩母體變異數比 $\dfrac{\sigma_1^2}{\sigma_2^2}$ 之檢定內容（常態分配的假設下）：

	假設問題	檢定統計量	臨界值	拒絕域	P-值
雙尾檢定	$H_0: \dfrac{\sigma_1^2}{\sigma_2^2} = 1$ $H_1: \dfrac{\sigma_1^2}{\sigma_2^2} \neq 1$	$F = \dfrac{S_1^2}{S_2^2}$ $F \sim F$ 分配 $df = (m-1, n-1)$ F 的樣本值 $= f$	$F_{\alpha/2}(m-1, n-1)$ $F_{1-(\alpha/2)}(m-1, n-1)$	$f \geq F_{\alpha/2}(m-1, n-1)$ 或 $f \leq F_{1-(\alpha/2)}(m-1, n-1)$	$2*P(F \geq f)$
右尾檢定	$H_0: \dfrac{\sigma_1^2}{\sigma_2^2} \leq 1$ $H_1: \dfrac{\sigma_1^2}{\sigma_2^2} > 1$		$F_{\alpha}(m-1, n-1)$	$f \geq F_{\alpha}(m-1, n-1)$	$P(F \geq f)$
左尾檢定	$H_0: \dfrac{\sigma_1^2}{\sigma_2^2} \geq 1$ $H_1: \dfrac{\sigma_1^2}{\sigma_2^2} < 1$		$F_{1-\alpha}(m-1, n-1)$	$f \leq F_{1-\alpha}(m-1, n-1)$	$P(F \leq f)$

母體比例差 $p_1 - p_2$ 的檢定內容（大樣本）：

	假設問題	檢定統計量	臨界值	拒絕域	P-值
雙尾檢定	$H_0: p_1 - p_2 = D_0$ $H_1: p_1 - p_2 \neq D_0$	$Z = \dfrac{(\hat{p}_1 - \hat{p}_2) - D_0}{\sqrt{\dfrac{\hat{p}_1\hat{q}_1}{n_1} + \dfrac{\hat{p}_2\hat{q}_2}{n_2}}}$ $Z \sim N(0,1)$ Z 的樣本值 $= z$	$Z_{\alpha/2}$	$\lvert z \rvert \geq Z_{\alpha/2}$	$2*P(Z > \lvert z \rvert)$
右尾檢定	$H_0: p_1 - p_2 \leq D_0$ $H_1: p_1 - p_2 > D_0$		Z_{α}	$z \geq Z_{\alpha}$	$P(Z \geq z)$
左尾檢定	$H_0: p_1 - p_2 \geq D_0$ $H_1: p_1 - p_2 < D_0$		$-Z_{\alpha}$	$z \leq -Z_{\alpha}$	$P(Z \leq z)$

練習題

12-1 消基會想要比較甲、乙兩種「省電燈泡」的使用壽命是否有差異。各取樣 20、35 個,得其平均壽命分別為 1,600 小時、1,540 小時 (已知兩種「省電燈泡」的標準差分別為 120 小時、100 小時)。依據此次的取樣結果,消基會將得到何種結論? (顯著水準 $\alpha = 0.05$)

12-2 某高中的心理輔導中心,想要了解:男、女生在數學學習上,是否有差異性? 隨機取樣了 53 位男女同學 (男生:28 位,女生:25 位),得其數學學期成績,儲存於 Excel 檔案中,A1 ~ A29 儲存格及 B2 ~ B26 儲存格,同時在 A1、B1 格輸入「男生數學」、「女生數學」。若已知男、女生數理成績的標準差分別為 8 分及 12 分,以 Excel 完成此項檢定。($\alpha = 0.05$)

12-3 環保局想要了解:「家庭的塑膠袋使用量」在城市與鄉村是否有差異性。在城市與鄉村分別取樣 100 戶、80 戶家庭,得知其每週的塑膠袋使用量如下表:(假設城市與鄉村的塑膠袋使用量,其分佈並沒有差異性)

	每週平均使用個數	使用個數的標準差
城市	28	3.3
鄉村	33	3.5

請問:城市與鄉村是否有差異性? ($\alpha = 0.025$)

12-4 在範例 12-3 中,若假設南北地區收入,其分佈有差異性 (兩地區的變異數不相等)。檢定:是否北部的平均收入高於南部? ($\alpha = 0.025$)

12-5 8 家照相館連鎖分店去年與前年收入 (單位:萬元) 資料如下:

前年	8.5	9.5	8.0	10.5	8.5	10.0	9.0	9.5
去年	9.5	10.0	9.0	8.5	7.5	10.5	8.5	8.5

則去年與前年的收入是否相當? ($\alpha = 0.05$)

12-6 (1) 若隨機變數 F,具有 F 分配,自由度 = (12, 8),$P(F < 4.2) = ?$

(2) 若隨機變數 F,具有 F 分配,自由度 = (16, 13),找出 b,使得 $P(F < b) = 0.05$。

(3) 若隨機變數 F,具有 F 分配,自由度 = (20, 14),找出 c,使得 $P(F < c) = 0.01$。

12-7 在範例 12-1 中，若南、北兩地區房貸利率的標準差是未知的，由南、北兩地區取樣 25 人、19 人所得的標準差分別為 0.28% 及 0.33%，則南、北兩地區房貸利率的分散性是否一致？($\alpha = 0.05$)

12-8 想要比較甲、乙兩位首長的政績評價，隨機取樣 31 人、21 人所得的滿意度變異數分別為 1.3，0.7，則民眾對於甲、乙兩位首長的政績評價是否一致？($\alpha = 0.1$)

12-9 一家電腦量販店想知道：在兩次（去年、今年）電腦展裡，購買電腦的比例（購買電腦的人數 ÷ 參觀人數）是否相同。隨機各訪問 150 位、230 位參觀者，其中實際購買電腦的人數，分別有 28 位、57 位。試用單尾檢定，評估兩次電腦展的購買比例。($\alpha = 0.05$)

12-10 在 12-2 題中，若男、女生數學成績的標準差未知，以 Excel 完成下述的檢定。($\alpha = 0.03$)

(1) 男、女生的數學成績，變異數是否相等？P-值 = ？

(2) 假設在 (1) 的結論下，男、女生的數學平均成績是否相等？

單元 4

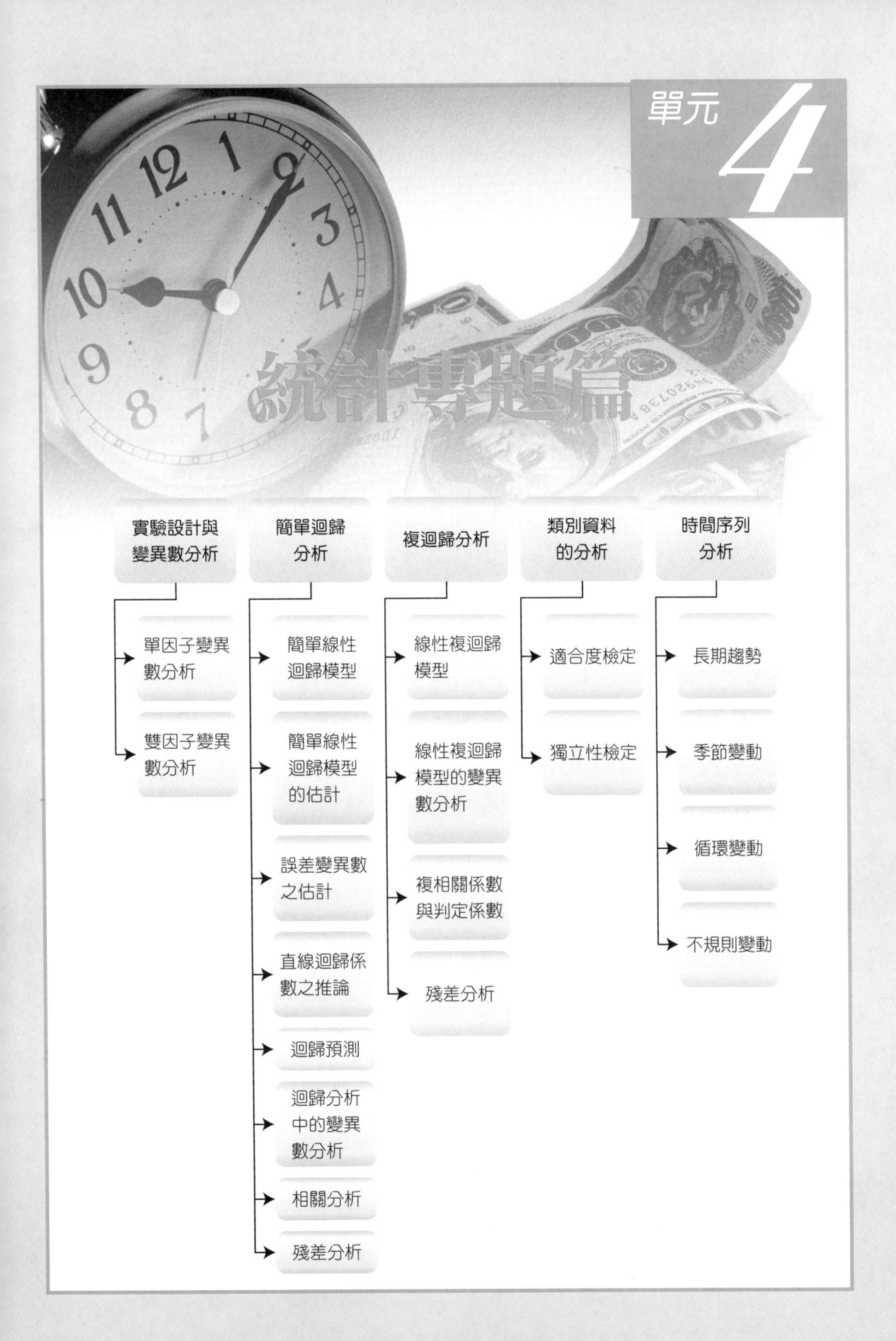

統計專題篇

- **實驗設計與變異數分析**
  - 單因子變異數分析
  - 雙因子變異數分析

- **簡單迴歸分析**
  - 簡單線性迴歸模型
  - 簡單線性迴歸模型的估計
  - 誤差變異數之估計
  - 直線迴歸係數之推論
  - 迴歸預測
  - 迴歸分析中的變異數分析
  - 相關分析
  - 殘差分析

- **複迴歸分析**
  - 線性複迴歸模型
  - 線性複迴歸模型的變異數分析
  - 複相關係數與判定係數
  - 殘差分析

- **類別資料的分析**
  - 適合度檢定
  - 獨立性檢定

- **時間序列分析**
  - 長期趨勢
  - 季節變動
  - 循環變動
  - 不規則變動

CHAPTER 13

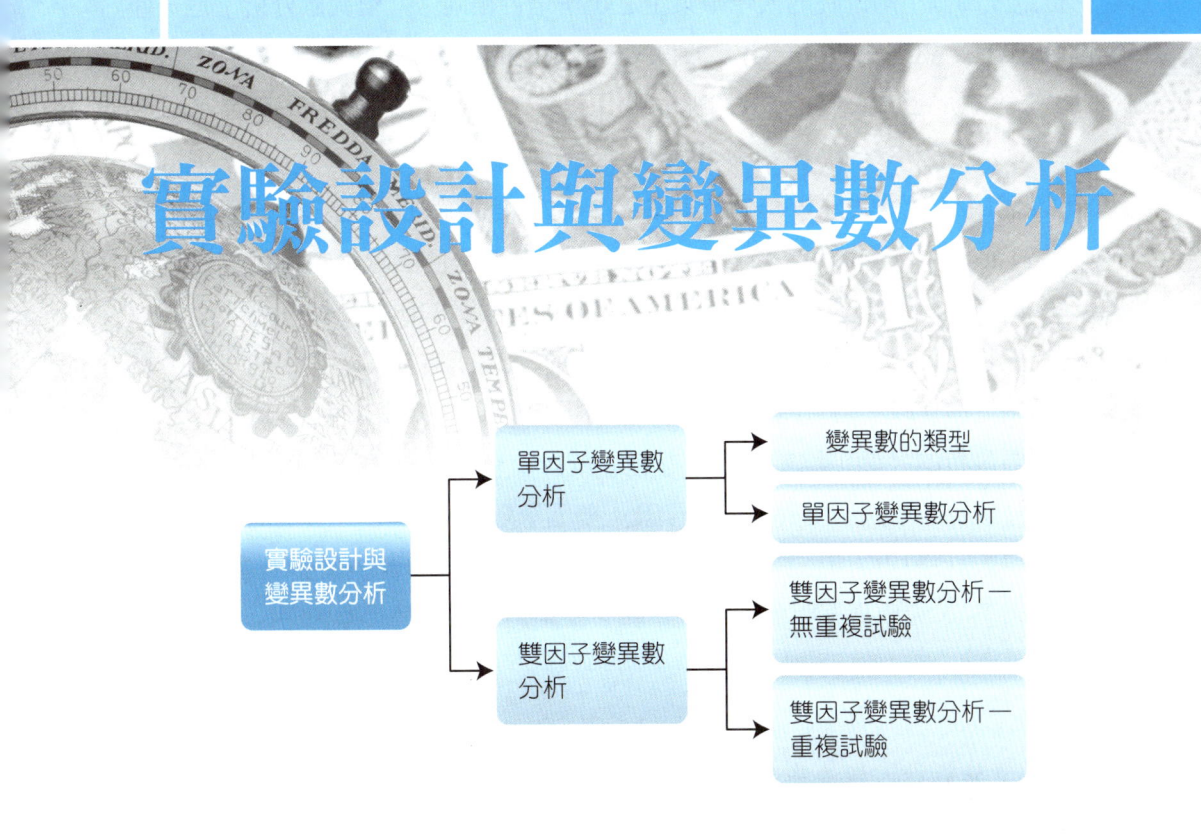

實驗設計與變異數分析

```
實驗設計與      ┌─→ 單因子變異數分析 ─┬─→ 變異數的類型
變異數分析  ─┤                          └─→ 單因子變異數分析
            └─→ 雙因子變異數分析 ─┬─→ 雙因子變異數分析─無重複試驗
                                    └─→ 雙因子變異數分析─重複試驗
```

　　母體平均數是描述母體特性的參數值。它很重要,而且是最基本的一個母體參數。例如,大學女生的平均身高、基本學力測驗的平均成績、跳遠比賽的平均成績等。不管母體資料是什麼,只要說出它的母體平均值,那麼母體資料都有 3 個著落點。

　　對於一個母體的母體平均數檢定問題,在第十章提到的是檢定「母體平均數與某特定值的關係」。例如,檢定「大學女生的平均身高是否為 156 公分」;檢定「跳遠比賽的平均成績是否為 2.5 公尺」。

　　對於二個母體的母體平均數檢定問題,在第十一章提到的是檢定「兩個母體平均數的比較」。例如,檢定「北部大學生的月零用金是否多於南部大學生的月零用金」;「大學運動會跳遠平均成績是否等於全國運動會跳遠平均成績」。

有關平均數的更進一層的探討是：當母體的個數為三個，或三個以上時，檢定「多個母體平均數是否相同」。例如，檢定「三個政黨的黨員平均年齡是否一樣」；檢定「四個不同學院的大學畢業生之起薪是否相同」。「變異數分析」是一種統計檢定工具，用來處理這一類「三個或三個以上的母體平均數檢定問題」，常見於實驗室裡的研究分類；企業公司裡的職員薪資、年齡類別；廠商的新產品研發等。

可以使用「變異數分析」的統計資料，通常是經過了預先安排的「實驗設計」[針對某一項因子(特徵)或二項因子(特徵)，在各個母體中進行一段實驗時間後，所得到的觀察資料(因變數)]。例如，製藥廠的研發人員利用3個月的時間研究五種濃度不同的實驗藥品，它們的發揮功效所需時間。大學的生涯中心設計了一個流程，以一個月時間蒐集了四個不同學院的男女畢業生之起薪。

依據要分析的多個平均數檢定問題裡，統計資料的設計類型，可以將「變異數分析」分類為「單因子變異數分析」及「雙因子變異數分析」；其中的「因子」指的是實驗設計過程中所依據的「特徵」。例如，製藥廠的實驗藥品「濃度」，是屬於「單因子」，大學畢業生的「性別」與「學院別」是屬於「雙因子」。

實驗設計 (experimental design)

「實驗設計」指的是將要研究的某些特定性質，依著既定的設計程序所施行的實驗。

因子 (factor)

「因子」指的是實驗設計過程中的「特定性質」，它通常描述的是對於問題本身的影響因素。

因子的個數可以是一個、二個，也可以是三個以上。例如，影響實驗藥品的因素，主要有「濃度」；影響大學畢業生起薪的因素，有「性別」與「學院」；影響農作物產品的因素，有「肥料」、「土壤」、「氣溫」。

… Chapter 13　實驗設計與變異數分析

變異數分析 (analysis of variance)

變異數分析指的是將實驗設計所得的因子觀察資料,依著不同類型的「變異數」所產生的檢定模式。

13-1　單因子變異數分析

單因子變異數分析,就是探討當實驗設計的資料,依著一個分類標準(因子)時,該因子對於研究對象的影響比較。例如,實驗藥品依「濃度」作分類時,濃度對於療效的影響比較;大學畢業生起薪依「性別」作分類時,性別對於起薪的影響比較。這種因子間的影響比較,通常進行的是「平均數」的比較,也就是說,「單因子變異數分析」,指的是在設定某單一因子下,各種不同類別的因子,其平均數的比較。例如,「實驗室裡,不同實驗藥品濃度,所產生的發揮功效比較」,指的是不同濃度的平均發揮功效時間之比較。

單因子變異數分析 (one-factor analysis of variance)

依著單一因子的特性,分析 3 類或 3 類以上因變數資料的變異程度,以判斷 3 個或 3 個以上之母體平均數是否相等的統計方法。

為什麼判斷母體平均數的比較,要透過資料的變異程度分析,而不是直接分析「平均值」?因為「變異數」指的是「與平均數的平均距離」,可以反映出資料與平均數之間的離散程度。變異數分析,是透過幾個不同的「變異數」類型,所得到的統計檢定決策,可以作為多個母體平均數的比較方法。我們先以一個例子作說明,接著再詳細介紹「變異數類型」以及「變異數分析」所使用的統計檢定決策。

舉例來說,想要比較大學畢業生之起薪是否相同,採分層抽樣設計,在 3 個學院:「農學院」、「管理學院」、「工學院」,畢業生中各取樣 12、10、9 筆,同時計算出每一學院的樣本平均數及樣本變異數,表 13-1 就是整理後的總表(為了簡化數據,以千元為單位)。

所要做的檢定問題：3 個學院畢業生之起薪是否相等？

令 μ_1, μ_2, μ_3 分別表示「農學院」、「管理學院」、「工學院」畢業生之平均起薪值。則檢定問題的統計表示為

H_0：$\mu_1 = \mu_2 = \mu_3$ (三個學院畢業生平均起薪值相等)

H_1：μ_1, μ_2, μ_3 不全部相等 (三個平均起薪值不完全相等)

記得在檢定問題裡，最後的決策，與顯著水準 α 值有關，所謂 α 指的是「型 I 誤差發生的機率」，型 I 誤差指的是，當虛無假設 H_0 正確的情況下，拒絕 H_0 的錯誤行為。本例中，H_0 正確的情況指的是三個學院畢業生的起薪都相同。也因此，在「三個學院畢業生的起薪都相同」的假設下，我們可以在樣本資料 (表 13-1) 中，得到樣本資料的起薪總平均數 $\overline{X} = \dfrac{1}{31}(26.0 + \cdots + 24.0 + \cdots + 36.0) = 30.9$。

❖ 表 13-1

學院別	農學院起薪	管理學院起薪	工學院起薪
個別值	26.0	24.0	37.7
	27.5	28.0	38.0
	32.5	24.8	31.5
	32.5	27.5	32.0
	37.0	28.8	38.3
	21.0	36.0	41.4
	23.0	31.5	39.6
	28.5	39.0	33.0
	41.0	29.0	36.0
	30.0	23.0	
	19.5		
	21.0		
人數	12	10	9
平均數	28.2917	29.1600	36.3889
變異數	44.8390	26.3249	12.2736

變異數的類型

針對這個總平均數 $\overline{X}$，連同原來 3 個學院的個別平均數，我們可以產生 3 種類型的「變異數」分別表示：(1) 學院之間的起薪差異；(2) 學院內個別畢業生的起薪差異；(3) 不分學院所有畢業生起薪的差異。這裡的「差異」指的是「個別值與其相對應平均數的差異平方總和」。

1. **學院之間的起薪差異**。所謂學院之間的差異，指的是各個學院的起薪值與起薪總平均數的差異平方總和。在實際計算時，則是利用每個學院的平均起薪值，及人數與起薪總平均數的差異平方總和。學院間之起薪差異則可以表示為

    農學院之差異＋管理學院之差異＋工學院之差異＝學院間之起薪差異

    其中 3 個學院，起薪值與起薪總平均值的差異，如表 13-2。

    ✦ 表 13-2

學院別	院人數	院平均數	院間單一差異 (院平均數－總平均數)^2	院間差異 院間單一差異 * 院人數
農學院	12	28.2917	(28.2917 − 30.9)^2 = 6.8034	12*6.8034 = 81.6408
管理學院	10	29.16	(29.16 − 30.9)^2 = 3.0276	10*3.0276 = 30.2760
工學院	9	26.3889	(36.3889 − 30.9)^2 = 30.1279	9*30.1279 = 27.1511
總平均數		30.9		

2. **學院內個別畢業生的起薪差異**。所謂學院內個別畢業生的差異，指的是在各個學院內部，個別畢業生起薪與院平均起薪值的差異平方總和。

    我們可以利用各個學院的變異數來得到這 3 個學院的「內部差異」值：

    農學院之內部差異＝農學院之內部變異數 *（農學院人數 − 1）

    管理學院之內部差異＝管理學院之內部變異數 *（管理學院人數 − 1）

    工學院之內部差異＝工學院之內部變異數 *（工學院人數 − 1）

    其中 3 個學院內的變異數及「內部差異」值如表 13-3。

✤ 表 13-3　學院內部的變異數與差異

	農學院	管理學院	工學院
人數	12	10	9
院內變異數	44.8390	26.3249	12.2736
院內差異	44.8390 * (12 – 1) = 493.2292	26.3249 * (10 – 1) = 236.9240	12.2736 * (9 – 1) = 98.1889

3. **不分學院所有畢業生起薪的一般差異**。所謂所有畢業生起薪的「一般差異」，指的是每一起薪值與起薪總平均數的差異平方總和，如表 13-4 所示。

✤ 表 13-4　所有畢業生起薪的差異

	農學院	管理學院	工學院
人數	12	10	9
差異平方	$(26.0 - 30.9)^2$ $(27.5 - 30.9)^2$ ⋮ ⋮ ⋮ $(19.5 - 30.9)^2$ $(21.0 - 30.9)^2$	$(24.0 - 30.9)^2$ $(28.0 - 30.9)^2$ ⋮ ⋮ $(29.0 - 30.9)^2$ $(23.0 - 30.9)^2$	$(37.7 - 30.9)^2$ $(38.0 - 30.9)^2$ ⋮ $(33.0 - 30.9)^2$ $(36.0 - 30.9)^2$
一般差異	574.87	267.2	369.34

為了與「變異數分析表」的名稱一致化，我們現在將這 3 種「差異」值分別命名為

　　　　SSA：學院之間的起薪差異
　　　　　　　＝ (農學院之院間差異) ＋ (管理學院之院間差異)
　　　　　　　　＋ (工學院之院間差異)
　　　　　　　將表 13-2 的院間差異加總得 SSA ＝ 383.0679
　　　　SSE：來自 3 個學院內個別畢業生之起薪差異總和
　　　　　　　＝ (農學院之內部差異) ＋ (管理學院之內部差異)
　　　　　　　　＋ (工學院之內部差異)
　　　　　　　將表 13-3 的院內差異加總得 SSE ＝ 828.3421
　　　　SST：不分學院所有畢業生的起薪一般差異
　　　　　　　＝ (農學院之一般差異) ＋ (管理學院之內部一般差異)
　　　　　　　　＋ (工學院之內部一般差異)

將表 13-4 的一般差異加總得 SST = 1,211.41。

《起薪例》中，這 3 種「差異」值，整理如表 13-5。
利用這 3 個「差異」，我們定義了 2 個「平均差異」：

❖ 表 13-5

SSA	383.0679
SSE	828.3421
SST	1211.4100

$$\text{MSA} = \frac{\text{SSA}}{df_{\text{SSA}}} \text{（學院間的平均變異數）}$$

及

$$\text{MSE} = \frac{\text{SSE}}{df_{\text{SSE}}} \text{（學院內的平均變異數）}$$

其中 df_{SSA} 表示的是 SSA 的自由度＝學院的個數－1。本例題：

$$df_{\text{SSA}} = 3 - 1 = 2$$

其中 df_{SSA} 表示的是 SSE 的自由度＝樣本總數－學院的個數。本例題，樣本總數＝12＋10＋9＝31：

$$df_{\text{SSE}} = 31 - 3 = 28$$

【註解】所謂的「自由度」，指的是可以自由變動的變數個數。

《起薪例》中，這 2 種「平均差異」值，及自由度整理如表 13-6。

❖ 表 13-6

自由度	MS
$df_{\text{SSA}} = 2$	MSA = 383.0679/2 = 191.5340
$df_{\text{SSE}} = 28$	MSE = 828.3421/28 = 29.5836

統計決策 (statistical decision)

利用 MSA 及 MSE 這兩個表示「學院間」與「學院內部」的平均差異，我們得到了檢定統計量，$F = \dfrac{\text{MSA}}{\text{MSE}}$，而且其機率分配為 F 分配，自由度為 $(df_{\text{SSA}}, df_{\text{SSE}})$。$F$-臨界值＝$F_\alpha(df_{\text{SSA}}, df_{\text{SSE}})$，表示 F 分配的右尾機率值＝α 時的右邊端點值；當 F-值＞F-臨界值，則拒絕 H_0。

本例題，α = 0.05，自由度為 (2, 28)；F - 臨界值 = $F_{0.05}(2, 28)$ = 3.340。檢定統計量的 F - 值 = $\frac{191.5340}{29.5836}$ = 6.4743，大於 F - 臨界值 = 3.340，結論為「拒絕 H_0」，表示 3 個學院間的平均薪資是不一致的。

以上的計算結果，可以整理成 ANOVA 表格（表 13-7）。

❖ 表 13-7

變異來源	SS	自由度	MS	F
組間	383.0679	2	191.5340	6.4743
組內	828.3421	28	29.5836	
總變異	1,211.41	30		

總的來說，單因子變異數分析的過程中，2 個「平均差異」MSA 及 MSE 是最終要產生的值，由此可以繼續產生，作決策的 F - 檢定統計量。以下是檢定 k 個母體平均數是否相等，執行過程的每一步驟：

步驟 1：單因子考量下，k 組母體平均數是否相等的統計問題：

$$H_0：\mu_1 = \mu_2 \cdots = \mu_k$$
$$H_1：\mu_1, \mu_2, \ldots, \mu_k \text{ 不完全相等}$$

步驟 2：單因子考量下，k 個樣本應變數資料結構：

❖ 表 13-8

單因子類別	\multicolumn{5}{c}{k 組單因子考量下之樣本}
	第 1 組	第 2 組	…	第 j 組	…	第 k 組
個別資料	X_{11} ⋮ $X_{n_1,1}$	X_{12} ⋮ $X_{n_2,2}$	…	X_{1j} ⋮ $X_{n_j,j}$	…	X_{1k} ⋮ $X_{n_k,k}$
樣本數	n_1	n_2		n_j		n_k
樣本平均數	$\overline{X}_1$	$\overline{X}_2$		$\overline{X}_j$		$\overline{X}_k$
樣本變異數	S_1^2	S_2^2		S_j^2		S_k^2

其中 $\overline{X_j} = \frac{1}{n_j}\sum_{i=1}^{n_j} X_{ij}$，稱為「組內部之樣本平均值」；$S_j^2 = \frac{1}{n_j-1}\sum_{i=1}^{n_j}(X_{ij}-\overline{X_j})^2$，稱為「組內部之樣本變異數」。

由此可以得到

$$總平均數 = \overline{X} = \frac{n_1*\overline{X_1}+n_2*\overline{X_2}+\cdots+n_k*\overline{X_k}}{n_1+n_2+\cdots+n_k}$$

步驟 3： 離均差平方和的類型：

(1) SSA：稱為組間離均差平方和。表示的是單因子各組樣本平均值與總平均值的差異平方總和，其計算公式為

$$SSA = \sum_{j=1}^{k} n_j * (\overline{X_j} - \overline{X})^2$$

(2) SSE：稱為組內離均差平方和。表示的是單因子各組樣本內，個別值與組平均數的差異平方總和，其計算公式有兩種：

(a) 直接算

$$SSE = \sum_{j=1}^{k}\sum_{i=1}^{n_j}(X_{ij}-\overline{X_j})^2$$

(b) 利用各組的樣本變異數 $S_1^2, S_2^2, \ldots, S_k^2$

$$SSE = (n_1-1)*S_1^2 + (n_2-1)*S_2^2 + \cdots + (n_k-1)*S_k^2$$

(3) SST：將各組樣本視為一個整體，衡量每一個別值與總平均數的差異平方總和，其計算公式為

$$SST = \sum_{j=1}^{k}\sum_{i=1}^{n_j}(X_{ij}-\overline{X})^2$$

(4) SSA、SSE 與 SST 的關係

$$SST = SSA + SSE$$

步驟 4：「平均差異」的類型：

(1) MSA：稱為組間平均差異，表示是由因子所引起的平均差異，公式為

$$\text{MSA} = \frac{\text{SSA}}{k-1}$$

其中分母 $= k - 1$ 稱為 SSA 的自由度，通常以 df_{SSA} 表示。

(2) MSE：稱為組內平均差異，表示的是各組內部隨機取樣的平均差異，公式為

$$\text{MSE} = \frac{\text{SSE}}{\sum_{j=1}^{k} n_j - k}$$

其中分母 $= \sum_{j=1}^{k} n_j - k$，稱為 SSE 的自由度，通常以 df_{SSE} 表示，可以看為 k 個分組變異的自由度加總。

$$\text{分母} = (n_1 - 1) + (n_2 - 1) + \cdots + (n_k - 1)$$

步驟 5： ANOVA 表格：

將步驟 3、步驟 4 之結果整理成表 13-9，並且產生 F - 檢定統計量的值。

✚ 表 13-9

變異來源	SS	自由度	MS	F
因子	SSA	$k - 1$	MSA	$\dfrac{\text{MSA}}{\text{MSE}}$
誤差	SSE	$\sum_{j=1}^{k} n_j - k$	MSE	
總和	SST	$\sum_{j=1}^{k} n_j - 1$		

步驟 6： 統計決策：

由步驟 5 所得之 $F = \dfrac{\text{MSA}}{\text{MSE}}$，可作為步驟 1 中，檢定問題之檢定統計量。同時 F - 統計量的機率分配為 F 分配，自由度為 $(df_{\text{SSA}}, df_{\text{SSE}}) = (k - 1, \sum_{j=1}^{k} n_j - k)$。利用 F - 統計量所作的決策如下 (在特定顯著水準 α 之下)：

當 F - 值 > F - 臨界值，則拒絕 H_0，表示至少有一 μ_j 與其它不同，其中 F - 臨界值 = $F_\alpha(df_{SSA}, df_{SSE})$。另外，我們也可以計算 P - 值 = $P(F > f)$；其中，f 為 F - 檢定統計量的樣本值。

【註】ANOVA 表格中，主要在於離均差平方和 (SS) 的計算，比較簡潔的計算方式如下：

(1) 利用各組的樣本變異數 $S_1^2, S_2^2, ..., S_k^2$

計算組內離均差平方和 $SSE = (n_1 - 1)S_1^2 + \cdots + (n_k - 1)S_k^2$

(2) 利用總變異數 S^2 及總樣本數 $n = n_1 + \cdots + n_k$

計算 $SST = (n - 1)S^2$

(3) $SSA = SST - SSE$

《起薪例》中，31 位畢業生之起薪變異數如下：

學院別	人數	變異數
農學院	12	44.8390
管理學院	10	26.3249
工學院	9	12.2736

總平均 = 30.9；總變異數 = 40.38

則　$SST = (31 - 1) * 40.38 = 1211.4$

$SSE = (12 - 1) * 44.84 + (10 - 1) * 26.32 + (9 - 1) * 12.27 = 828.28$

$SSA = SST - SSE = 383.0579$

此處的計算結果與表 13-5 有些許差異，是因為所採用的小數位數不同所造成的。

範例 13-1

在第二章《創投例》中，想要比較 3 個「年齡層」：青年、壯年、中年，其平均薪資是否相同？將原始資料整理，以「年齡層」為因子，分為 3 個年齡層，每一薪資資料分別有 51、64、29 筆。同時計算出每一學院的樣本平均值及樣本變異數，表 13-10 就是整理後的總表 (為了簡化數據，以千元為單位)。

表 13-10

年齡層	人數	平均薪資	薪資變異數
青年	51	60.11	1,414.33
壯年	64	41.07	150.55
中年	29	70.03	87.64

檢定問題：3個「年齡層」之平均薪資是否相等？(顯著水準 $\alpha = 0.025$)
(已知：總數 = 144，總平均 = 53.65，總變異數 = 718.15)

解

令 μ_1, μ_2, μ_3 分別表示3個「年齡層」：青年、壯年、中年之平均薪資。則檢定問題的統計表示為

$H_0 : \mu_1 = \mu_2 = \mu_3$ (3個「年齡層」之平均薪資相等)

$H_1 : \mu_1, \mu_2, \mu_3$ 不全部相等 (3個「年齡層」之平均薪資不完全相等)

首先計算3種「差異」值：SST、SSE 及 SSA 如下：

SST = $(144 - 1) * 718.15 = 102{,}695.5$

SSE = $(51 - 1) * 1414.33 + (64 - 1) * 150.55 + (29 - 1) * 87.64 = 82{,}655.07$

因此 SSA = SST - SSE = $102{,}695.5 - 82{,}655.07 = 20{,}040.43$

依此樣本所得的 ANOVA 表格如表 13-11。

表 13-11

變源	SS	自由度	MS	F
組間	20,040.43	2	10,020.22	17.09
組內	82,655.07	141	586.21	
總變異	102,695.5	143		

其中2種「平均差異」值，分別為：$\text{MSA} = \dfrac{20{,}040.43}{2} = 10{,}020.22$；

$\text{MSE} = \dfrac{82{,}655.07}{141} = 586.21$。檢定統計量，$F = \dfrac{\text{MSA}}{\text{MSE}}$ 之估計值 $= f = \dfrac{10{,}020.22}{586.21}$

$= 17.09$ 大於臨界值 $[= F_\alpha(df_{\text{SSA}}, df_{\text{SSE}}) = F_{0.025}(2, 141) = 3.7871]$。

結論：拒絕 H_0，表示3個「年齡層」之平均薪資不完全相等。

13-2 雙因子變異數分析

實驗設計中，除了單一因子外；若同時考慮兩個因子的影響，依著雙因子的組合特性，分析因變數資料的變異程度，以判斷各別單一因子各類別平均數是否相等的統計方法，稱為雙因子變異數分析。例如，在 13-1 節所提到的大學畢業生之起薪，除了「學院」的因子外，還有 4 個「畢業年份」的考量 (2007, 2008, 2009, 2010)；針對這兩個因子，我們可以探討的是：

1. 「學院」因素是否影響畢業生之起薪？
2. 「畢業年份」因素是否影響畢業生之起薪？
3. 「學院」與「畢業年份」因素是否相互影響畢業生之起薪？

換句話說，我們的因變數樣本資料，現在不僅依「學院」因子而分為 3 組，同時也依「畢業年份」因子而分為 4 組，其資料結構如表 13-12；其中表內的起薪，表示的是兩個因子，所共同產生的任意一位畢業生之起薪值。

表 13-12

畢業年份	農學院	管理學院	工學院
2007	26.0	28.0	41.4
2008	27.5	28.0	39.6
2009	25.5	29.0	31.5
2010	23.0	31.5	29.6

然而這個資料表格中，表示的是單一的起薪值，不夠客觀；所以通常我們會多取樣幾個觀察值，稱為「重複取樣」，例如在每一分類欄中各取樣 3 筆資料如表 13-13。

表 13-13

畢業年份	農學院	管理學院	工學院
2007	26, 32.5, 33	28, 29.5, 33.5	41.4, 32, 33.7
2008	30, 27, 27.5	31, 28.8, 28	38, 31.3, 39.6
2009	25.5, 27, 29.5	29, 26, 24.8	31.5, 31.4, 33
2010	23, 25, 30.5	31.5, 25, 27.5	29.6, 32, 31

【說明】表 13-12 的資料是屬於無重複試驗的資料 (每個交集試驗只有一次取樣值)；所採用的雙因子變異數分析，無法提供雙因子交互分析的結果。表 13-13 的資料是屬於重複試驗的資料 (每個交集試驗不只一次取樣值)；所採用的雙因子變異數分析，可以提供雙因子交互分析的結果。

這一部份的公式，有些複雜，我們不作介紹，只是將所需要的資料與結果作個說明，同時介紹試算表 Excel 在雙因子變異數分析的執行。

13-2-1 「雙因子變異數分析 —— 無重複試驗」的實行過程

步驟 1： 實驗過程中考量了 A、B 兩個因子，各有 r 組與 c 組因變數的母體。要探討的問題是：

(1) A 因子的 r 組母體平均數是否相等，也就是說，A 因子對於因變數有無影響。

$$H_0：A \text{ 因子未造成母體平均數的差異}$$
$$H_1：A \text{ 因子有造成母體平均數的差異}$$

(2) B 因子的 c 組母體平均數是否相等，也就是說，B 因子對於因變數有無影響。

$$H_0：B \text{ 因子未造成母體平均數的差異}$$
$$H_1：B \text{ 因子有造成母體平均數的差異}$$

步驟 2： 雙因子考量下，樣本因變數的資料結構，如表 13-14 所示。

✤ 表 13-14

B 因子組別 \ A 因子組別	1	2	…	c
1	X_{11}	X_{12}	…	X_{1c}
⋮	⋮	⋮	⋮	⋮
r	X_{r1}	X_{r2}	…	X_{rc}

步驟 3： ANOVA 表格，如表 13-15 所示。

※ 表 13-15

變異來源	SS	自由度	MS	F
A 因子	SSA	$df_{SSA} = r-1$	$\text{MSA} = \dfrac{\text{SSA}}{r-1}$	$F_A = \dfrac{\text{MSA}}{\text{MSE}}$
B 因子	SSB	$df_{SSB} = c-1$	$\text{MSA} = \dfrac{\text{SSB}}{c-1}$	$F_B = \dfrac{\text{MSB}}{\text{MSE}}$
誤差	SSE	$df_{SSE} = (r-1)(c-1)$	$\text{MSE} = \dfrac{\text{SSE}}{(r-1)(c-1)}$	
總變異	SST	$rc-1$		

其中

SSA：A 因子 r 組樣本平均值，與總平均值的差異平方總和。

SSB：B 因子 c 組樣本平均值，與總平均值的差異平方總和。

SST：將 A、B 因子的樣本共同視為一個整體，衡量每一個別值，與總平均數的差異平方總和。

SSE = SST − SSA − SSB

步驟 4： 統計決策。

ANOVA 表中，會產生兩個 F - 值，分別可作為步驟 1 之檢定統計量。

(1) H_0：A 因子對於母體因變數沒有影響

     H_1：A 因子對於母體因變數有影響

檢定統計量 $= F_A = \dfrac{\text{MSA}}{\text{MSE}}$，具有機率分配為 F 分配，自由度 $= (r-1, (r-1)(c-1))$。

利用 F_A - 統計量所作的決策如下：

在特定顯著水準 α 之下，當 F_A - 值 > F - 臨界值，則拒絕 H_0，表示 A 因子會造成母體因變數平均值的差異，其中 F - 臨界值 $= F_\alpha(r-1, (r-1)(c-1))$。

(2) H_0：B 因子對於母體因變數沒有影響

     H_1：B 因子對於母體因變數有影響

檢定統計量 $= F_B = \dfrac{\text{MSB}}{\text{MSE}}$，具有機率分配為 F 分配，自由度 $= (c-1, (r-1)(c-1))$。

利用 F_B - 統計量所作的決策如下：

在特定顯著水準 α 之下，當 F_B - 值 > F - 臨界值，則拒絕 H_0，表示 B 因子會造成母體因變數平均值的差異，其中 F - 臨界值 = $F_\alpha(c-1, (r-1)(c-1))$。

範例 13-2

財經記者想要比較大學畢業生之起薪是否相同，主要考慮的因子為「學院別」與「畢業年份」。實驗設計採雙因子設計，3 個學院：「農學院」、「管理學院」、「工學院」，4 個「畢業年份」：2007, 2008, 2009, 2010；取樣結果如表 13-16：(檔案：起薪 1.xls)

❖ 表 13-16

畢業年份	農學院	管理學院	工學院
2007	26.0	28.0	41.4
2008	27.5	28.0	39.6
2009	25.5	29.0	31.5
2010	23.0	31.5	29.6

針對這兩個因子，我們可以探討的是：
(1)「畢業年份」因素是否影響畢業生之起薪？
(2)「學院」因素是否影響畢業生之起薪？

解

本題的兩個因子，分別為「學院別」與「畢業年份」；首先，我們先計算出 3 個「學院」與 4 個「畢業年份」的統計摘要值，如表 13-17。

❖ 表 13-17

畢業年份	農學院	管理學院	工學院	平均數	變異數
2007	26.0	28.0	41.4	31.800	70.120
2008	27.5	28.0	39.6	31.700	46.870
2009	25.5	29.0	31.5	28.667	9.083
2010	23.0	31.5	29.6	28.033	19.903
平均數	25.500	29.125	35.525		
變異數	3.500	2.729	34.142		

執行「雙因子變異數分析：無重複試驗」的結果如表 13-18。

※ 表 13-18

變源	SS	自由度	MS	F
畢業年份	35.297	3	11.766	0.823
學院別	206.135	2	103.068	7.206
誤差	85.818	6	14.303	
總變異	327.250	11		

(1) 4 個畢業年份 (2007～2010) 的起薪有無差異？

令 $\mu_1, \ldots, \mu_4$ 分別表示 4 個畢業年份的平均起薪。統計假設為：

$H_0：\mu_1 = \cdots = \mu_4$（4 個畢業年份的平均起薪相等）

$H_1：\mu_1, \ldots, \mu_4$ 不全部相等（4 個畢業年份的平均起薪不完全相等）

依樣本所得的 ANOVA 表格，2 種「平均差異」值，分別為

$$\text{MSA} = \frac{35.297}{3} = 11.766$$

$$\text{MSE} = \frac{85.818}{6} = 14.303$$

檢定統計量，$F_A = \dfrac{\text{MSA}}{\text{MSE}}$ 之估計值 $= f = \dfrac{11.766}{14.303} = 0.823$

臨界值 $= F_\alpha(df_{\text{SSA}}, df_{\text{SSE}}) = F_{0.05}(3, 6) = 4.7571$

檢定統計量之估計值 $= 0.823$，小於臨界值 $= 4.7571$。

結論：不拒絕 H_0，表示 4 個畢業年份的薪資無顯著差異。

(2) 3 個學院別（農學院、管理學院、工學院）的起薪有無差異？

令 $\mu_1, \ldots, \mu_3$ 分別表示 3 個學院的平均起薪。統計假設為：

$H_0：\mu_1 = \cdots = \mu_3$（3 個學院的平均起薪相等）

$H_1：\mu_1, \ldots, \mu_3$ 不全部相等（3 個學院的平均起薪不完全相等）

依樣本所得的 ANOVA 表格，2 種「平均差異」值，分別為

$$\text{MSB} = \frac{206.135}{2} = 103.068$$

$$\text{MSE} = \frac{85.818}{6} = 14.303$$

檢定統計量 $F_B = \dfrac{\text{MSB}}{\text{MSE}}$ 之估計值 = $f = \dfrac{103.068}{14.303} = 7.206$

臨界值 $F_\alpha(df_{\text{SSB}}, df_{\text{SSE}}) = F_{0.05}(2, 6) = 5.143$

檢定統計量之估計值 = 7.206，小於臨界值 = 5.143。

結論：不拒絕 H_0，表示 3 個學院的起薪無顯著差異。

13-2-2 「雙因子變異數分析 ── 重複試驗」的實行過程

步驟 1：實驗過程中考量了 A、B 因子，各有 r 組與 c 組因變數的母體，而且每一交集處，作重複的試驗，這個重複的個數不一定要一樣，可以各自有不同的個數（在 Excel 中，重複試驗個數必須一樣）。要探討的問題是：

(1) A 因子的 r 組母體平均數是否相等，也就是說，A 因子對於因變數有無影響。

H_0：A 因子未造成母體平均數的差異

H_1：A 因子有造成母體平均數的差異

(2) B 因子的 c 組母體平均數是否相等，也就是說，B 因子對於因變數有無影響。

H_0：B 因子未造成母體平均數的差異

H_1：B 因子有造成母體平均數的差異

(3) A、B 因子的重複試驗，對於因變數有無交互影響：

H_0：A、B 因子無交互影響

H_1：A、B 因子有交互影響

步驟 2： 雙因子考量下，重複試驗後，樣本因變數的樣本數結構。

❖ 表 13-19

A 因子組別 \ B 因子組別	1	2	⋯	c
1	n_1	n_2	⋯	n_c
2	n_{c+1}			
⋮	⋮	⋮	⋮	⋮
r				n_{rc}

步驟 3： ANOVA 表格，如表 13-20 所示。

❖ 表 13-20

變異來源	SS	自由度	MS	F
A 因子	SSA	$df_{SSA} = r - 1$	$\text{MSA} = \dfrac{\text{SSA}}{r-1}$	$F_A = \dfrac{\text{MSA}}{\text{MSE}}$
B 因子	SSB	$df_{SSB} = c - 1$	$\text{MSB} = \dfrac{\text{SSB}}{c-1}$	$F_B = \dfrac{\text{MSB}}{\text{MSE}}$
A×B 因子	SSAB	$df_{SSAB} = (r-1)(c-1)$	$\text{MSAB} = \dfrac{\text{SSAB}}{(r-1)(c-1)}$	$F_{AB} = \dfrac{\text{MSAB}}{\text{MSE}}$
誤差	SSE	$df_{SSE} = n - rc$	$\text{MSE} = \dfrac{\text{SSE}}{n-rc}$	
總變異	SST	$n - 1$		

其中

SSA：A 因子 r 組樣本平均數與總平均數的差異平方總和。

SSB：B 因子 c 組樣本平均數與總平均數的差異平方總和。

SSAB：A、B 因子的交互影響所造成的差異平方總和。

SST：將 A、B 因子的樣本共同視為一個整體，衡量每一個別值與總平均數的差異平方總和。

SSE = SST − SSA − SSB − SSAB

步驟 4： ANOVA 表中，會產生三個 F-值，分別可作為步驟 1 之檢定統計量。

(1) H_0：A 因子對於母體因變數沒有影響

    H_1：A 因子對於母體因變數有影響

檢定統計量 $= F_A = \dfrac{\text{MSA}}{\text{MSE}}$，具有機率分配為 F 分配，自由度 $= (r-1, n-rc)$。

利用 F_A-統計量所作的決策如下：

在特定顯著水準 α 之下，當 F_A-值 $> F$-臨界值，則拒絕 H_0，表示 A 因子會造成母體因變數平均值的差異，其中 F-臨界值 $= F_\alpha(r-1, n-rc)$。

(2) H_0：B 因子對於母體因變數沒有影響

    H_1：B 因子對於母體因變數有影響

檢定統計量 $= F_{AB} = \dfrac{\text{MSAB}}{\text{MSE}}$，具有機率分配為 F 分配，自由度 $= (c-1, n-rc)$。

利用 F_B-統計量所作的決策如下：

在特定顯著水準 α 之下，當 F_B-值 $> F$-臨界值，則拒絕 H_0，表示 B 因子會造成母體因變數平均值的差異，其中 F-臨界值 $= F_\alpha(c-1, n-rc)$。

(3) H_0：AB 因子對於母體因變數沒有影響

    H_1：AB 因子對於母體因變數有影響

檢定統計量 $= F_{AB} = \dfrac{\text{MSAB}}{\text{MSE}}$，具有機率分配為 F 分配，自由度 $= ((r-1)(c-1), n-rc)$。

利用 F_{AB}-統計量所作的決策如下：

在特定顯著水準 α 之下，當 F_{AB}-值 $> F$-臨界值，則拒絕 H_0，表示 A、B 因子會造成母體因變數平均值的差異，其中

$$F\text{-臨界值} = F_\alpha((r-1)(c-1), n-rc)$$

範例 13-3

在範例 13-2 中的兩個因子「學院別」與「畢業年份」，實驗設計採分層抽樣設計，各類別中大學畢業生各取樣 3 人，表 13-21（檔案：起薪 2.xls）：

❖ 表 13-21

畢業年份	農學院	管理學院	工學院
2007	26.0	28.0	41.4
2007	32.5	29.5	32.0
2007	33.0	33.5	33.7
2008	30.0	31.0	38.0
2008	27.0	28.8	31.3
2008	27.5	28.0	39.6
2009	25.5	29.0	31.5
2009	27.0	26.0	31.4
2009	29.5	24.8	33.0
2010	23.0	31.5	29.6
2010	25.0	25.0	32.0
2010	30.5	27.5	31.0

針對這兩個因子，我們可以探討的是：
(1)「畢業年份」因素是否影響畢業生之起薪？
(2)「學院」因素是否影響畢業生之起薪？
(3)「學院」與「畢業年份」因素是否相互影響畢業生之起薪？

解

本題的兩個因子，分別為「學院別」與「畢業年份」，並且有重複取樣 3 次；首先，我們先計算出 3 個「學院」與 4 個「畢業年份」的統計摘要值，如表 13-22。

✚ 表 13-22

畢業年份	農學院	管理學院	工學院	平均數	變異數
2007	30.5	30.3	35.7	32.2	9.3
2008	28.2	29.3	36.3	31.2	19.5
2009	27.3	26.6	32.0	28.6	8.5
2010	26.2	28.0	30.9	28.3	5.6
平均數	28.0	28.6	33.7	30.1	10.7
變異數	3.4	2.6	7.3		

執行「雙因子變異數分析：重複試驗」的結果如表 13-23。

✚ 表 13-23

變源	SS	自由度	MS	F
畢業年份	97.740	3	32.580	3.565
學院別	235.912	2	117.956	12.907
交互作用	21.262	6	3.544	0.388
誤差	219.327	24	9.139	
總變異	574.240	35		

(1) 4 個畢業年份 (2007～2010) 的起薪有無差異？

令 $\mu_1, \ldots, \mu_4$ 分別表示 4 個畢業年份的平均起薪。統計假設為：

$H_0：\mu_1 = \cdots = \mu_4$（4 個畢業年份的平均起薪相等）

$H_1：\mu_1, \ldots, \mu_4$ 不全部相等（4 個畢業年份的平均起薪不完全相等）

依樣本所得的 ANOVA 表格，2 種「平均差異」值，分別為：

$$\text{MSA} = \frac{97.740}{3} = 32.580$$

$$\text{MSE} = \frac{219.327}{24} = 9.139$$

檢定統計量 $F_A = \dfrac{\text{MSA}}{\text{MSE}}$ 之估計值 $= f = \dfrac{32.580}{9.139} = 3.565$

臨界值 $= F_\alpha(df_{\text{SSA}}, df_{\text{SSE}}) = F_{0.05}(3, 24) = 3.009$

檢定統計量之估計值 $= 3.565$，大於臨界值 $= 3.009$。

結論：拒絕 H_0，表示 4 個畢業年份的平均起薪有顯著差異。

(2) 3 個學院別 (農學院、管理學院、工學院) 的起薪有無差異？

令 $\mu_1, \ldots, \mu_3$ 分別表示 3 個學院的平均起薪。統計假設為：

$H_0: \mu_1 = \cdots = \mu_3$（3 個學院的平均起薪相等）

$H_1: \mu_1, \ldots, \mu_3$ 不全部相等（3 個學院的平均起薪不完全相等）

依樣本所得的 ANOVA 表格，2 種「平均差異」值，分別為：

$$\text{MSB} = \frac{235.912}{2} = 117.956$$

$$\text{MSE} = \frac{219.327}{24} = 9.139$$

檢定統計量 $F_B = \frac{\text{MSB}}{\text{MSE}}$ 之估計值 $= f = \frac{117.956}{9.139} = 12.907$

臨界值 $= F_\alpha(df_{\text{SSB}}, df_{\text{SSE}}) = F_{0.05}(2, 24) = 3.403$

檢定統計量之估計值 12.907，大於臨界值 $= 3.403$。

結論：拒絕 H_0，表示 3 個學院的起薪有顯著差異。

(3)「學院」與「畢業年份」因素是否相互影響畢業生之起薪？

統計假設為：

H_0：「學院」與「畢業年份」因素無相互影響畢業生之起薪

H_1：「學院」與「畢業年份」因素會相互影響畢業生之起薪

依樣本所得的 ANOVA 表格，2 種「平均差異」值，分別為：

$$\text{MSAB} = \frac{21.262}{6} = 3.544$$

$$\text{MSE} = \frac{219.327}{24} = 9.139$$

檢定統計量 $F_{AB} = \frac{\text{MSAB}}{\text{MSE}}$ 之估計值 $= f = \frac{3.544}{9.139} = 0.388$

臨界值 $= F_\alpha(df_{\text{SSAB}}, df_{\text{SSE}}) = F_{0.05}(6, 24) = 2.508$

檢定統計量之估計值 $= 0.388$，小於臨界值 $= 2.508$。

結論：不拒絕 H_0，表示「學院」與「畢業年份」因素對於畢業生之起薪，不會相互影響。

13-3 Excel 應用例

13-3-1 單因子變異數分析

Excel 的執行

在 Excel 的『資料』→『資料分析』中 (圖 13-1)，有 3 種變異數分析選項：『單因子變異數分析』、『雙因子變異數分析：重複試驗』、『雙因子變異數分析：無重複試驗』。點選所要採用的選項後，只須在產生的對話視窗內，分別輸入所需要的相關資訊，則可以得到分析的結果。

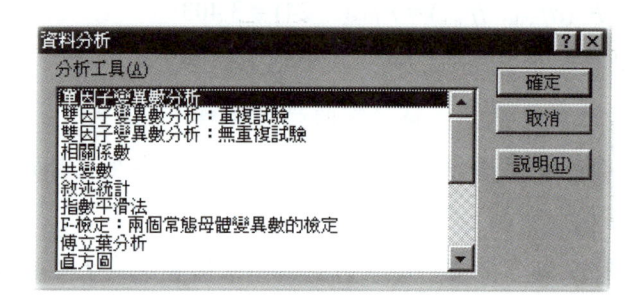

圖 13-1

範例 13-4　Excel 例

在第二章《創投例》中，想要比較 5 種「職別」：廠房職員、產品工程師、製程工程師、系統工程師、研發工程師；其平均薪資是否相同？將 5 種「職別」的薪資，分別儲存於 Excel 檔案中，A、B、C、D、E 欄。以 Excel 完成此項檢定。($\alpha = 0.03$，檔案：職別薪資.xls)

解

令 $\mu_1, ..., \mu_5$ 分別表示 5 種「職別」的平均薪資。則檢定問題的統計表示為

Chapter 13　實驗設計與變異數分析

$H_0: \mu_1 = \cdots = \mu_5$（5 種「職別」之平均薪資相等）

$H_1: \mu_1, \ldots, \mu_5$ 不全部相等（5 種「職別」之平均薪資不完全相等）

Excel 的執行

在 Excel 的『資料』→『資料分析』中，選取『單因子變異數分析』。在產生的對話視窗內，分別輸入所需要的相關資訊（圖 13-2）。

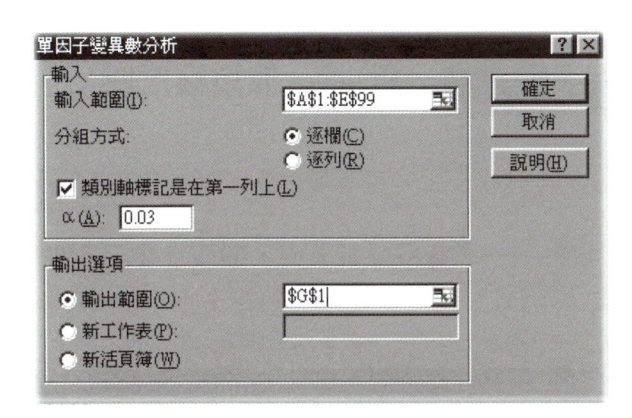

✦ 圖 13-2

執行後的結果如圖 13-3。

單因子變異數分析

摘要

組	個數	總和	平均	變異數
廠房職員	98	4,420,686.0	45,109.0	189,566,841.9
產品工程師	11	536,250.0	48,750.0	218,011,500.0
製程工程師	23	1,338,120.0	58,179.1	212,991,744.7
系統工程師	8	824,478.0	103,059.8	477,376,020.2
研發工程師	4	605,428.0	151,357.0	2,832,591,644.0

5 種「職別」的平均薪資

ANOVA

變源	SS	自由度	MS	F	P-值	臨界值
組間	65,602,027,657.4	4	16,400,506,914.3	61.4577	8.32E-30	2.7634
組內	37,039,324,121.9	139	266,858,446.9			
總和	102,695,351,779.3	143				

3 種「差異」值

$df_{SSA} = 4$；$df_{SSE} = 139$

2 種「平均差異」值

$\dfrac{MSA}{MSE}$ 之值

P-值 ≈ 0

臨界值 = $f_{0.03}(4, 139)$

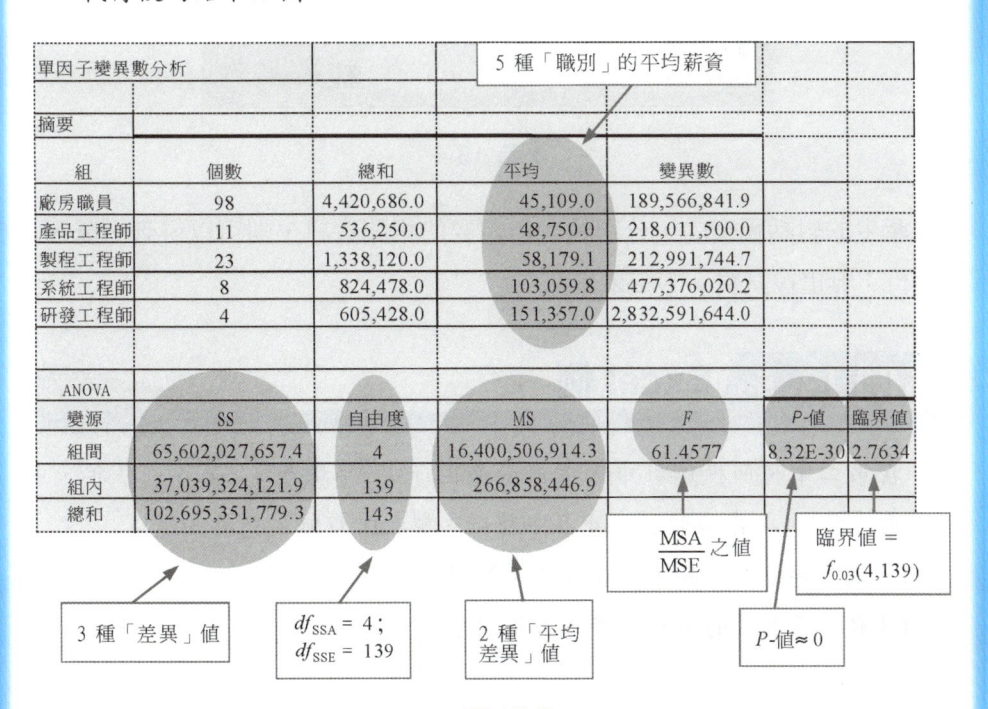

✦ 圖 13-3

結論：本例題，檢定統計量 $F = \dfrac{\text{MSA}}{\text{MSE}}$ 之估計值 = 61.4577，大於臨界值 = $F_{0.03}(4, 139) = 2.7634$，表示拒絕 H_0；也就是說，5 種「職別」之平均薪資不完全相等。另外，P-值 = $P(F > 61.4577) \approx 0 < \alpha = 0.03$，表示拒絕 H_0，與臨界值的決策相同。

13-3-2 雙因子變異數分析 —— 無重複試驗

Excel 的執行

在 Excel 的『資料』→『資料分析』中，選取『雙因子變異數分析：無重複試驗』。

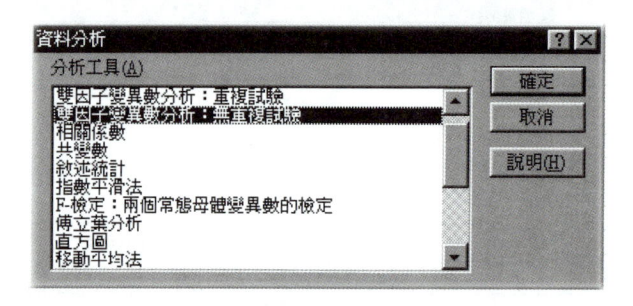

✤ 圖 13-4

在產生的對話視窗內，分別輸入所需要的相關資訊，則可以得到『雙因子變異數分析：無重複試驗』的結果。

範例 13-5　Excel 例

在第二章《創投例》中，考慮兩個因子：「年齡層」：青年、壯年、中年；與「職別」：廠房職員、產品工程師、製程工程師。想要知道：

(1) 3 個「年齡層」的平均薪資是否相同？
(2) 3 種「職別」的平均薪資是否相同？

Chapter 13　實驗設計與變異數分析

將原始資料整理，以「年齡層」與「職別」為因子，任意一位符合此等分類的員工薪資資料，分別記錄整理如表 13-24。

❖ 表 13-24

	青年	壯年	中年
廠房職員	34,950	37,050	71,250
產品工程師	42,300	36,750	65,550
製程工程師	47,670	41,550	78,750

以 Excel 完成此項檢定。($\alpha = 0.03$，檔案：職別薪資 2.xls)

解

Excel 的執行

在 Excel 的『資料』→『資料分析』中，選取『雙因子變異數分析：無重複試驗』，在產生的對話視窗內，分別輸入所需要的相關資訊 (圖 13-5)：

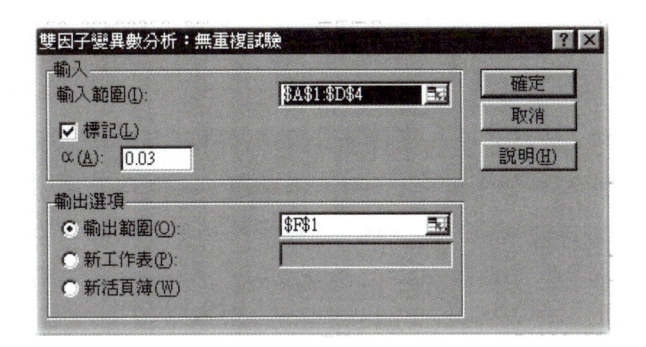

❖ 圖 13-5

執行後的結果如圖 13-6。

其中「列」表示「職別」；「欄」表示「年齡層」。

雙因子變異數分析:無重複試驗				
摘要	個數	總和	平均	變異數
廠房職員	3	143,250	47,750	415,290,000
產品工程師	3	144,600	48,200	233,467,000
製程工程師	3	167,970	55,990	397,876,000
青年	3	124,920	41,640	40,776,300
壯年	3	115,350	38,450	7,230,000
中年	3	215,550	71,850	43,830,000

ANOVA						
變源	SS	自由度	MS	F	P-值	臨界值
列	128,784,200	2	64,392,100	4.6926	0.0893	9.5470
欄	2,038,380,200	2	1,019,190,100	74.2736	0.0007	9.5470
錯誤	54,888,400	4	13,722,100			
總和	2,222,052,800	8				

職別 年齡層 4 種「差異」值 $df_{SSA}=2$；$df_{SSB}=2$；$df_{SSE}=4$ 3 種「平均差異值」 $F_A=4.69$ $F_B=74.27$ P-值 臨界值 $=F_{0.03}(2,4)$

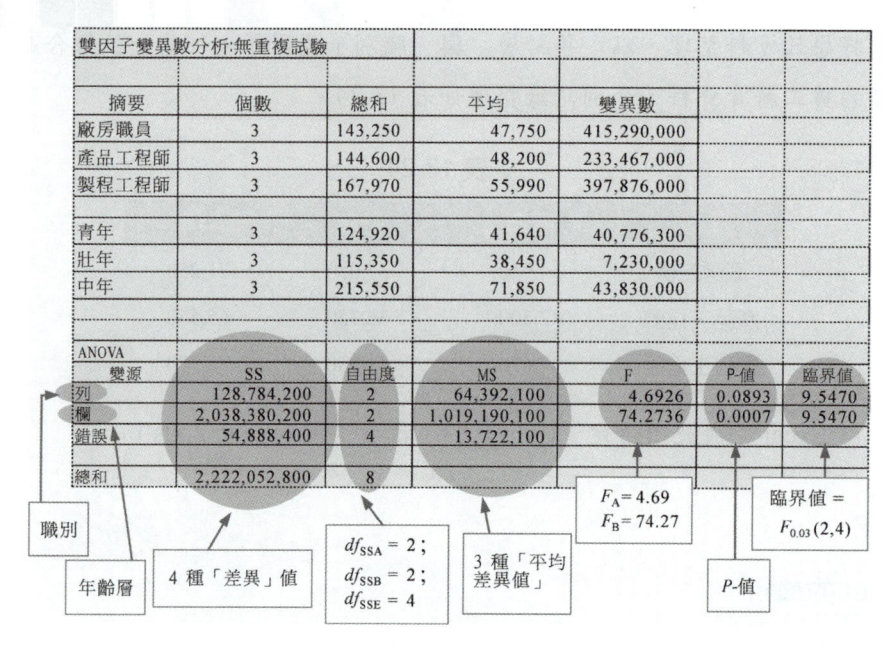

✤ 圖 13-6

(1) 3 個「年齡層」：青年、壯年、中年；其平均薪資是否相同？

令 $\mu_1 \cdot \mu_2 \cdot \mu_3$ 分別表示 3 個「年齡層」：青年、壯年、中年之平均薪資。

則檢定問題的統計表示為

$H_0 : \mu_1 = \mu_2 = \mu_3$（3 個「年齡層」之平均薪資相等）

$H_1 : \mu_1, \mu_2, \mu_3$ 不全部相等（3 個「年齡層」之平均薪資不完全相等）

依此樣本所得的 ANOVA 表格，2 種「平均差異」值，分別為

$$\text{MSB} = \frac{2,038,380,200}{2} = 1,019,190,100$$

$$\text{MSE} = \frac{54,888,400}{4} = 13,722,100$$

檢定統計量之估計值 $F_B = \frac{\text{MSB}}{\text{MSE}}$ 之值 $= f = \frac{1,019,290,100}{13,722,100} = 74.3$

臨界值 $= F_\alpha(df_{SSB}, df_{SSE}) = F_{0.03}(2,4) = 9.5470$

檢定統計量之值 $= 74.2736$，大於臨界值 $= 9.5470$。

結論：拒絕 H_0，表示 3 個「年齡層」之平均薪資不完全相等。另外，P-值 $= P(F_B > 74.2736) = 0.0007 < \alpha = 0.03$，表示拒絕 H_0；與臨界值的決策相同。

(2) 3 種「職別」：廠房職員、產品工程師、製程工程師；其平均薪資是否相同？

令 μ_1、μ_2、μ_3 分別表示「職別」：廠房職員、產品工程師、製程工程師之平均薪資。則檢定問題的統計表示為

$H_0: \mu_1 = \mu_2 = \mu_3$（3 種「職別」之平均薪資相等）

$H_1: \mu_1, \mu_2, \mu_3$ 不全部相等（3 種「職別」之平均薪資不完全相等）

依此樣本所得的 ANOVA 表格，2 種「平均差異」值，分別為

$$\text{MSA} = \frac{128,784,200}{2} = 64,392,100$$

$$\text{MSE} = \frac{54,888,400}{4} = 13,722,100$$

檢定統計量之值 $F_A = \dfrac{\text{MSA}}{\text{MSE}} = \dfrac{64,392,100}{13,722,100} = 4.6926$

臨界值 $F_\alpha(df_{\text{SSA}}, df_{\text{SSE}}) = F_{0.03}(2, 4) = 9.5470$

檢定統計量之值 $= 4.6926$，小於臨界值 $= 9.5470$。

結論：不拒絕 H_0，表示 3 個「職別」之平均薪資沒有差異。另外，P-值 $= P(F_A > 4.6926) = 0.0893 > \alpha = 0.03$，表示不拒絕 H_0；與臨界值的決策相同。

13-3-3 雙因子變異數分析 —— 重複試驗

Excel 的執行

在 Excel 的『資料』→『資料分析』中，選取『雙因子變異數分析：重複試驗』。

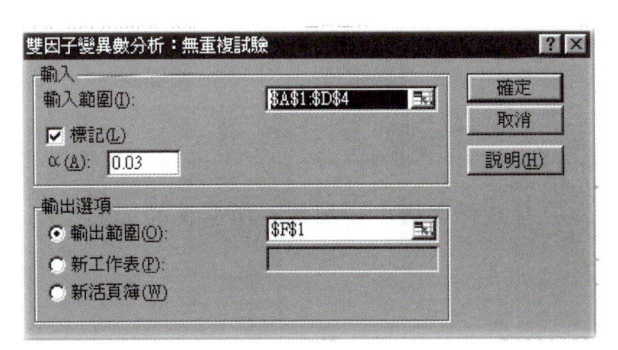

➕ 圖 13-7

在產生的對話視窗內，分別輸入所需要的相關資訊，則可以得到『單因子變異數分析：重複試驗』的結果。

範例 13-6　　Excel 例

在範例 13-4 中，為了客觀性，在「年齡層」與「職別」的分類下，各取樣 3 位員工之薪資，儲存於 Excel 檔案的 B2～D10，並在 A 欄及第 1 列，分別輸入相對應的名稱，所有的資料如圖 13-8 所示。

	A	B	C	D
1		青年	壯年	中年
2	廠房職員	34,950	37,050	71,250
3	廠房職員	46,950	39,900	72,900
4	廠房職員	48,900	40,200	73,350
5	產品工程師	42,300	36,750	65,550
6	產品工程師	34,050	44,400	84,000
7	產品工程師	39,600	37,050	78,750
8	製程工程師	47,670	41,550	78,750
9	製程工程師	48,750	46,950	79,650
10	製程工程師	42,300	49,950	78,900

◆ 圖 13-8

想要知道：（$\alpha = 0.03$，檔案：職別薪資 3.xls）

(1) 3 個「年齡層」的平均薪資是否相同？

(2) 3 種「職別」的平均薪資是否相同？

(3) 「年齡層」與「職別」的薪資是否有交互的影響？

以 Excel 完成此項檢定。

解

Excel 的執行

在 Excel 的『資料』→『資料分析』中，選取『雙因子變異數分析：重複試驗』。在產生的對話視窗內，分別輸入所需要的相關資訊。

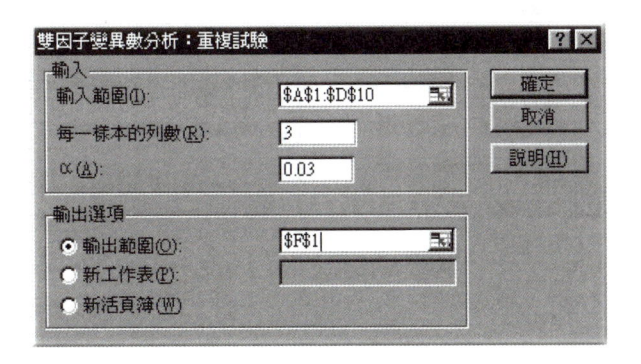

Chapter 13 實驗設計與變異數分析

✤ 圖 13-9

執行後的結果如表 13-25。

✤ 表 13-25

雙因子變異數分析：重複試驗

摘要	青年	壯年	中年	總和
廠房職員				
個數	3	3	3	9
總和	130,800	117,150	217,500	465,450
平均	43,600	39,050	72,500	51.717
變異數	57,067,500	3,022,500	1,222,500	262,180,000
產品工程師				
個數	3	3	3	9
總和	115,950	118,200	228,300	462,450
平均	38,650	39,400	76,100	51,383
變異數	17,692,500	18,772,500	90,367,500	375,452,500
製程工程師				
個數	3	3	3	9
總和	138,720	138,450	237,300	514,470
平均	46,240	46,150	79,100	57,163
變異數	11,934,300	18,120,000	232,500	278,257,975
總和				
個數	9	9	9	
總和	385,470	373,800	683,100	
平均	42,830	41,533	75,900	
變異數	32,808,600	21,990,625	31,145,625	

397

ANOVA						
變源	SS	自由度	MS	F	P-值	臨界值
樣本	189,557,067	2	94,778,533	3.905	0.039	4.2877
欄	6,829,122,067	2	3,414,561,033	140.689	< 0.001	4.2877
交互作用	61,138,133	4	15,284,533	0.630	0.648	3.4252
組內	436,863,600	18	24,270,200			
總和	7,516,680,867	26				

(1) 3 個「年齡層」：青年、壯年、中年；其平均薪資是否相同？

令 μ_1, μ_2, μ_3 分別表示 3 個「年齡層」：青年、壯年、中年之平均薪資。則檢定問題的統計表示為

$H_0: \mu_1 = \mu_2 = \mu_3$（3 個「年齡層」之平均薪資相等）

$H_1: \mu_1, \mu_2, \mu_3$ 不全部相等（3 個「年齡層」之平均薪資不完全相等）

依此樣本所得的 ANOVA 表格，2 種「平均差異」值，分別為

$$\text{MSB} = \frac{6,829,122,067}{2} = 3,414,561,033$$

$$\text{MSE} = \frac{436,863,600}{18} = 24,270,200$$

檢定統計量 $F_B = \frac{\text{MSB}}{\text{MSE}}$ 之估計值 $= f = \frac{3,414,561,033}{24,270,200} = 140.69$

臨界值 $F_\alpha(df_{\text{SSB}}, df_{\text{SSE}}) = F_{0.03}(2, 18) = 4.2878$

檢定統計量之估計值 $= 140.69$，大於臨界值 $= 4.2878$。

結論：拒絕 H_0，表示 3 個「年齡層」之平均薪資不完全相等。另外，P-值 $= P(F_B > 140.69) \approx 0 < \alpha = 0.03$，表示拒絕 H_0；與臨界值的決策相同。

(2) 3 種「職別」：廠房職員、產品工程師、製程工程師；其平均薪資是否相同？

令 $\mu_1 \cdot \mu_2 \cdot \mu_3$ 分別表示「職別」：廠房職員、產品工程師、製程工程師之平均薪資。則檢定問題的統計表示為

$H_0: \mu_1 = \mu_2 = \mu_3$（3 種「職別」之平均薪資相等）

$H_1: \mu_1, \mu_2, \mu_3$ 不全部相等（3 種「職別」之平均薪資不完全相等）

依此樣本所得的 ANOVA 表格，2 種「平均差異」值，分別為

$$\text{MSA} = \frac{189{,}557{,}066}{2} = 94{,}778{,}533$$

$$\text{MSE} = \frac{436{,}863{,}600}{18} = 24{,}270{,}200$$

檢定統計量 $F_A = \dfrac{\text{MSA}}{\text{MSE}}$ 之估計值 $= f = \dfrac{94{,}778{,}533}{24{,}270{,}200} = 3.9051$

臨界值 $F_\alpha(df_{\text{SSA}}, df_{\text{SSE}}) = F_{0.03}(2, 18) = 4.2878$

檢定統計量之估計值 $= 3.9051$，小於臨界值 $= 4.2878$。

結論：不拒絕 H_0，表示三個「職別」之平均薪資沒有差異。另外，P-值 $= P(F_A > 3.9051) = 0.039 > \alpha = 0.03$，表示不拒絕 H_0；與臨界值的決策相同。

(3)「年齡層」與「職別」的薪資是否有交互的影響？

「年齡層」與「職別」的薪資是否有交互的影響的檢定問題為

H_0：「年齡層」與「職別」的薪資無交互的影響

H_1：「年齡層」與「職別」的薪資有交互的影響

依樣本所得的 ANOVA 表格，2 種「平均差異」值，分別為

$$\text{MSAB} = \frac{61{,}138{,}133}{4} = 15{,}284{,}533$$

$$\text{MSE} = \frac{436{,}863{,}600}{18} = 24{,}270{,}200$$

檢定統計量 $F_{AB} = \dfrac{\text{MSAB}}{\text{MSE}}$ 之估計值 $= f = \dfrac{15{,}284{,}533}{24{,}270{,}200} = 0.6298$

臨界值 $F_\alpha(df_{\text{SSAB}}, df_{\text{SSE}}) = F_{0.05}(4, 18) = 3.4252$

檢定統計量之估計值 $= 0.6298$，小於臨界值 $= 3.4252$。

結論：不拒絕 H_0，「年齡層」與「職別」的薪資無交互的影響。另外，P-值 $= P(F_{AB} > 0.6298) = 0.6475 > \alpha = 0.03$，表示不拒絕 H_0；與臨界值的決策相同。

13-4 章節架構圖說明：變異數分析 ——《巧克力銷售量例》

某巧克力公司的行銷部，想要了解不同的包裝，是否會影響到巧克力的銷售量。行銷部設計了 3 種包裝（A、B、C），分別將這 3 種包裝的巧克力，在全國北、中、南 3 區，各選定 10 家超市販售。一星期後，記錄這 3 種包裝的巧克力，在各超市的銷售量（單位：包）；以下為部份的資料（檔案：巧克力.xls）。

✧ 表 13-26

包裝	區域	銷售量	包裝	區域	銷售量
A	北區	66		⋮	
A	北區	74	B	南區	62
	⋮		C	北區	71
A	南區	65	C	北區	67
B	北區	76		⋮	
B	北區	73	C	南區	68

變異數分析

(1) 這 3 種不同包裝的巧克力，其銷售量有無差異性？
(2) 3 種包裝的巧克力，在全國北、中、南 3 區的銷售量，有無差異性？
(3) 「3 種不同包裝」與「3 個區域」，對於巧克力銷售量，有無交互影響？

章節架構圖 vs. 案例說明

(1) 這 3 種不同包裝的巧克力，其銷售量有無差異性？	單因子變異數分析 → 變異數的類型 → 單因子變異數分析

解

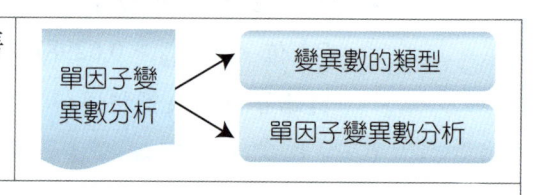

H_0：3 種不同包裝的巧克力，其銷售量相同
H_1：3 種不同包裝的巧克力，其銷售量不全部相同

變源	SS	自由度	MS	F
包裝	51.668	2	25.834	0.820
誤差	2,740.475	87	31.500	
總和	2,792.142	89		

檢定統計量 $F_A = \dfrac{MSA}{MSE}$ 之估計值 $= f = \dfrac{25.834}{31.500} = 0.820$，小於臨界值 $= F_\alpha(df_{SSAB}, df_{SSE}) = F_{0.03}(2, 87) = 3.1013$。

結論：不拒絕 H_0，表示 3 種不同包裝的巧克力，其銷售量相同。

(2) 3 種包裝的巧克力，在全國北、中、南 3 區的銷售量，有無差異性？

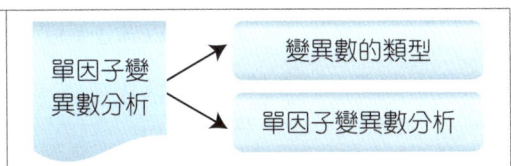

單因子變異數分析 → 變異數的類型
單因子變異數分析 → 單因子變異數分析

解

H_0：巧克力，在全國北、中、南 3 區的銷售量相等
H_1：巧克力，在全國北、中、南 3 區的銷售量不全部相等

變源	SS	自由度	MS	F
區域	25.861	2	12.930	0.407
誤差	2,766.281	87	31.796	
總和	2,792.142	89		

檢定統計量 $F_B = \dfrac{MSB}{MSE}$ 之估計值 $= f = \dfrac{12.93}{31.796} = 0.407$，小於臨界值 $= F_\alpha(df_{SSB}, df_{SSE}) = F_{0.03}(2, 87) = 3.1013$。

結論：不拒絕 H_0，表示巧克力在全國北、中、南 3 區的銷售量相等。

(3)「3 種不同包裝」與「3 個區域」，對於巧克力銷售量，有無交互影響？

雙因子變異數分析 → 雙因子變異數分析－無重複試驗

解

變源	SS	自由度	MS	F
包裝	51.668	2	25.834	0.815
區域	25.861	2	12.930	0.408
交互作用	146.152	4	36.538	1.152
誤差	2,568.462	81	31.709	
總和	2,792.142	89		

H_0：「包裝」與「區域」無交互的影響

H_1：「包裝」與「區域」有交互的影響

檢定統計量 $F_{AB} = \dfrac{\text{MSAB}}{\text{MSE}}$ 之估計值 $= f = \dfrac{36.538}{31.709} = 1.152$，小於臨界值 $= F_\alpha(df_{\text{SSAB}}, df_{\text{SSE}}) = F_{0.03}(4, 81) = 2.4844$。

結論：不拒絕 H_0，表示「包裝」與「區域」，對於巧克力銷售量無交互的影響。

名詞解釋

實驗設計 (experimental design)：指的是將要研究的某些特定性質，依著既定的設計程序所施行的實驗。

因子 (factor)：指的是實驗設計過程中的「特定性質」，它通常描述的是對於問題本身的影響因素。

變異數分析 (analysis of variance)：指的是將實驗設計所得的因子觀察資料，依著不同類型的「變異數」所產生的檢定模式。

單因子變異數分析 (one-factor analysis of variance)：依著單一因子的特性，分析 3 類或 3 類以上因變數資料的變異程度，以判斷 3 個或 3 個以上之母體平均數是否相等的統計方法。

雙因子變異數分析 (two-factor analysis of variance)：實驗設計中，同時考慮兩個因子的影響，依著雙因子的組合特性，分析因變數資料的變異程度，以判斷各別單一因子各類別平均數是否相等的統計方法。

練習題

13-1 4 位記者 (周傑、孫雁、章妹、任奇)，分別報導北京、上海、南京三城市的生活費用指數，執行「雙因子變異數分析：無重複試驗」的結果如下二表：(檔案：生活指數 .xls)

	北京	上海	南京
周傑	262	273	260
孫雁	260	269	268
章妹	271	275	264
任奇	268	266	258

變源	SS	自由度	MS	F
記者	63	3	21	1.0202
城市	141.17	2	70.58	3.4292
誤差	123.5	6	20.58	
總變異	327.67	11		

想要知道：($\alpha = 0.05$)

(1) 4 位記者的報導有無偏差？

(2) 北京、上海、南京三城市的生活費用指數是否相同？

13-2 在 13-1 題中，為了報導的客觀性，該 4 位記者 (周傑、孫雁、章妹、任奇)，更仔細地報導三城市的 3 個代

表區域之生活費用指數，執行「雙因子變異數分析：無重複試驗」的結果如下二表：(檔案：生活指數2.xls)

	北京			上海			南京		
周傑	262	265	269	273	269	270	260	263	267
孫雁	260	264	270	269	275	277	268	269	270
章妹	271	275	277	275	274	275	264	268	266
任奇	268	265	267	266	264	268	258	270	264

變源	SS	自由度	MS	F
記者	206.31	3	68.77	6.4136
城市	196.22	2	98.11	9.1503
交互作用	167.78	6	27.96	2.6079
誤差	257.33	24	10.72	
總變異	827.64	35		

想要知道：($\alpha = 0.05$)

(1) 4位記者的報導有無偏差？

(2) 北京、上海、南京三城市的生活費用指數是否相同？

(3)「記者的報導」與「城市」是否有交互的影響？

13-3 以Excel完成範例13-1的單因子變異數分析。($\alpha = 0.03$，檔案：大學生起薪.xls)

13-4 警政署想要比較北、中、南3區「竊盜發生率」是否有差異。各取樣8、6、8個代表縣市，得其變異數分析表為

變源	SS	自由度	MS	F
組間	132.4785			
組內	2,695.067			
總變異	2,827.545			

(1) 請完成此一變異數分析表。

(2) 請寫出相關的假設檢定問題。

(3) 依據此次的取樣結果，警政署會得到怎樣結論？（顯著水準 $\alpha = 0.05$）

13-5 警政局外事組想要比較北、中、南3區「美國外僑的人數」是否有差異。各取樣7、6、8個代表縣市，其中2種「差異」值分別為 SSA = 2,055,252；SSE = 19,409,357。

(1) SST = ?

(2) 請建立本題的變異數分析表。

(3) 計算 P-值，依據此 P-值，警政局外事組會得到什麼結論？（顯著水準 $\alpha = 0.05$）

13-6 交通部想要比較北、中、南3區「交通事故率」是否有差異。各取樣11、8、15個代表縣市，其中2種「差異」值分別為 SST = 2,132.08；SSA = 570.87。

(1) SSE = ?

(2) 請建立本題的變異數分析表。

(3) 依據此次的取樣結果，交通部會得到怎樣結論？（顯著水準 $\alpha = 0.025$）

13-7 以 Excel 完成範例 13-2 的雙因子變異數分析：無重複試驗。($\alpha = 0.03$，檔案：生活指數.xls)

13-8 請完成下列的「雙因子變異數分析：無重複試驗」的變異數分析表：

變源	SS	自由度	MS	F
列	56	3		
欄	60	2		
誤差	24			
總變異		11		

13-9 房屋仲介公司想要了解：房屋單價在「區域」與「房屋高度」是否有關連？利用 Excel「雙因子變異數分析：無重複試驗」的變異數分析表如下：

	SS	自由度	MS	F
區域	56.27	3	18.76	4.61
房屋高度	59.41	2	29.70	7.30
誤差	24.42	6	4.07	
總變異	140.10	11		

(1) 共有多少區域？房屋高度的種類有多少？
(2) 不同區域的房屋單價有無偏差？（顯著水準 $\alpha = 0.05$）
(3) 不同房屋高度的房屋單價有無偏差？（顯著水準 $\alpha = 0.05$）

13-10 以 Excel 完成範例 13-3 的雙因子變異數分析：無重複試驗。($\alpha = 0.03$，檔案：生活指數 2.xls)

13-11 請完成下列的「雙因子變異數分析：重複試驗」的變異數分析表：

變源	SS	自由度	MS	F	P-值
樣本	165	3			
欄	220	2			
交互作用	80	6			
組內	72				
總變異		20			

13-12 在 13-9 題中，若對於每個區域、每種房屋高度都取樣 4 次，利用「雙因子變異數分析：重複試驗」的變異數分析表如下：

	SS	自由度	MS	F
樣本	163.28	3	54.43	117.12
欄	219.20	2	109.60	344.59
交互作用	88.49	6	14.75	46.37
組內	11.45	36	0.32	
總和	482.41	47		

(1) 不同區域的房屋單價有無偏差？（顯著水準 $\alpha = 0.05$）
(2) 不同房屋高度的房屋單價有無偏差？（顯著水準 $\alpha = 0.05$）
(3)「區域類別」與「房屋高度種類」的房屋單價是否有交互的影響？

CHAPTER 14

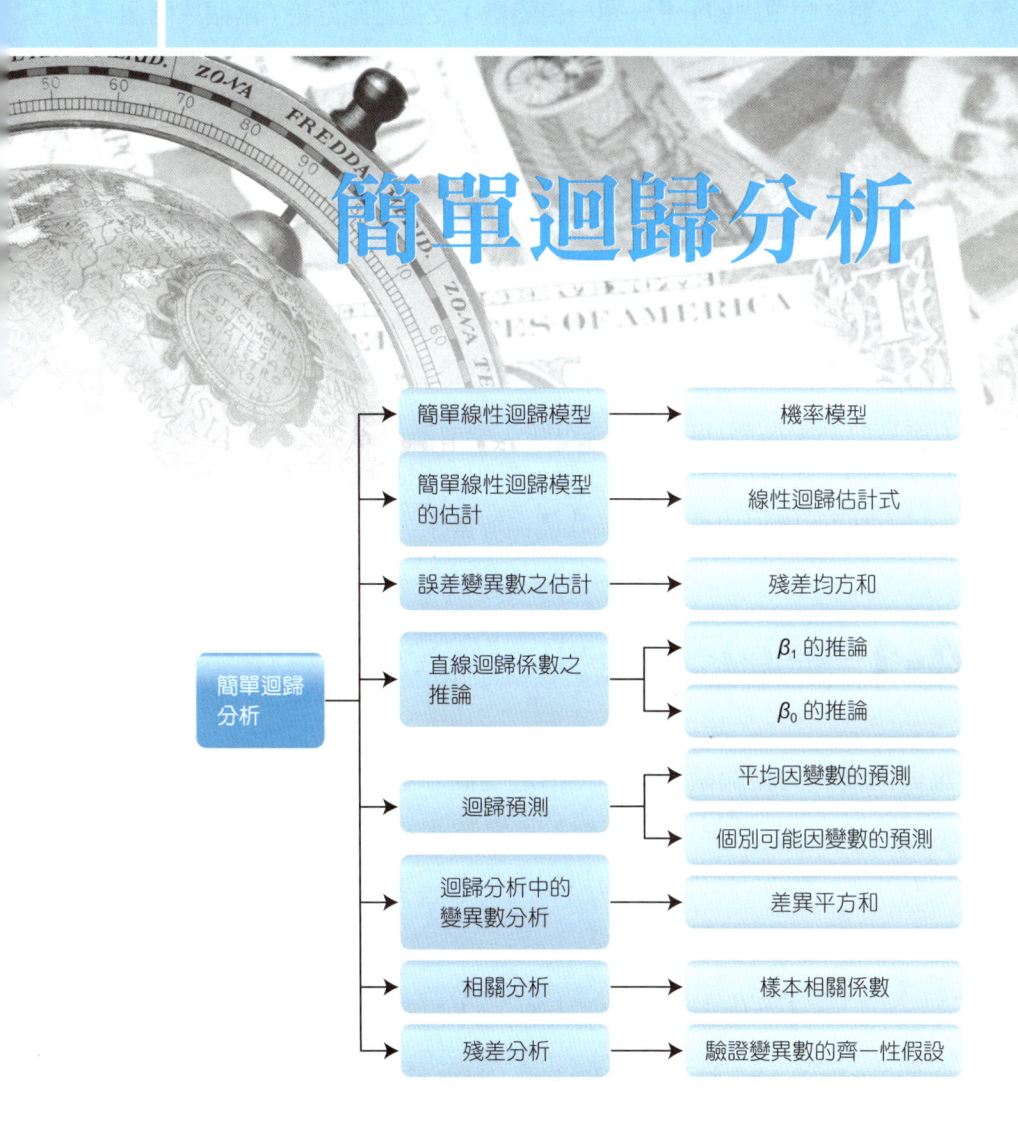

簡單迴歸分析

```
簡單迴歸分析
├─ 簡單線性迴歸模型 → 機率模型
├─ 簡單線性迴歸模型的估計 → 線性迴歸估計式
├─ 誤差變異數之估計 → 殘差均方和
├─ 直線迴歸係數之推論 ┬─ $\beta_1$ 的推論
│                    └─ $\beta_0$ 的推論
├─ 迴歸預測 ┬─ 平均因變數的預測
│          └─ 個別可能因變數的預測
├─ 迴歸分析中的變異數分析 → 差異平方和
├─ 相關分析 → 樣本相關係數
└─ 殘差分析 → 驗證變異數的齊一性假設
```

一般的自然科學或社會科學領域中,經常要了解的是因子 (自變數) 與因變數之間的相關程度。因子 (自變數) X,與因變數 Y 之間的相關程度,可以用 4-4 節的相關係數 $\rho_{XY} = \dfrac{\text{cov}(X, Y)}{\sigma_X \sigma_Y}$ 來表示,通常,我們會採用樣本相關係數

γ_{XY}，作為 ρ_{XY} 的估計量；γ_{XY} 的符號與大小，解釋著樣本數量資料 X 與 Y 的直線關聯方向與線性相關程度。進一步的相關分析，則需要利用迴歸分析來完成；依自變數的多寡，可分類為簡單迴歸分析 (單一自變數) 及複迴歸分析 (兩個或兩個以上之自變數)。我們將在本章介紹簡單迴歸分析，複迴歸分析則留待第十五章。

迴歸分析的方法，是將所要研究的自變數與因變數，利用相關理論，建立起兩者間的函數模型 (即：因變數為自變數的函數)；同時利用所蒐集的樣本資料去估計模型中所需要的係數值。實際上執行迴歸分析時，對於問題本身首先要確認在迴歸模型中，何者是自變數，何者是因變數；其次是對於模型的未知係數值，需要利用樣本資料加以估計。

迴歸分析所得到的是整個迴歸模型的估計，告訴我們的是：自變數對因變數的影響效果。若要探討變數間關係的程度與方向；則需要利用相關分析。例如，我們想要研究數學成績與統計成績之相關性質，是正向相關或是負向相關？又，相關程度如何？這一點可以經由相關分析為我們作解答。

14-1 簡單線性迴歸模型

單一自變數與因變數的相關函數模型，稱之為簡單迴歸模型，其中最簡單且最基本的模型，就是「線性迴歸模型」。對於自變數 X、因變數 Y 的 n 個樣本 $(X_1, Y_1), ... , (X_n, Y_n)$，兩者間的直線關係可以用數學的**確定性模型 (deterministic model)** 來描述。

$$Y_i = \beta_0 + \beta_1 X_i，i = 1, 2, ... , n \qquad (14\text{-}1)$$

也就是說，當自變數 X_i 確定後，Y_i 也就被唯一確立了。但是對於一般的資料而言，同一自變數值 X_i，其所對應的因變數 Y_i 值並不是唯一的，因此 (14-1) 式的確定性模型必須予以修正為

$$Y_i = \beta_0 + \beta_1 X_i + \varepsilon_i，i = 1, 2, ... , n \qquad (14\text{-}2)$$

其中 ε_i 表示一些較不重要，但卻會影響 Y_i 的其它因素，通常用機率模型來描述，即 ε_i 表示一隨機變數，具有常態機率分配，平均數為 0，變異數為 σ^2 (假設)；這

樣的修正型模型 (14-2) 式，稱之為**機率模型 (probabilistic model)**，此時，當自變數 X_i 確立時，因變數 Y_i 值的不確定性，是受到其它因素 ε_i 的影響。也就是說，同一自變數所對應的因變數 Y_i，可能有許多不同的變數值；此時，自變數與因變數間的直線關係則為

$$E(Y|X_i) = \beta_0 + \beta_1 X_i$$

表示的是這些不同因變數值的平均值。另外，X_i 對應的個別可能 Y_i 值，可以表示為

$$Y_i = E(Y|X_i) + \varepsilon_i$$

要注意的是，這個 Y_i 值表示的是以平均值 $E(Y|X_i)$ 為中心，外加一個可以描述不確定性的隨機變數 ε_i。

在直線迴歸的機率模型中，不確定因素 ε_i 的機率假設，除了是隨機變數外，還要有**獨立性**的條件。也就是說，不同的自變數值 X_i，加上其對應的不確定因素 ε_i 就會產生其所對應的不確定 Y_i 值，其中的 n 個不確定因素 ε_i，彼此間是相互獨立的，而且都是具有常態分配，平均數 0，變異數為 σ^2（共同的假設）。當然未知的變異數 σ^2 需要加以估計，這個部份，我們將在 14-3 節介紹。

14-2 簡單線性迴歸模型的估計

在迴歸機率模型 (14-2) 式中，X_i 與 Y_i 的函數關係是由未知迴歸係數 β_0、β_1 及不確定因素 ε_i 所描述，其中的 β_0、β_1，以及 ε_i 的變異數，都必須加以估計與檢定。

令 β_0、β_1 的估計式分別為 b_0、b_1，則平均值 $E(Y|X_i)$ 的估計式為

$$\hat{Y}_i = b_0 + b_1 X_i$$

觀察值 Y_i 與估計式 $\hat{Y}_i = b_0 + b_1 X_i$ 的差距平方和稱為 **SSE (sum of squared error)**

$$\text{SSE} = \sum_{i=1}^{n}(Y_i - \hat{Y}_i)^2 = \sum_{i=1}^{n}(Y_i - b_0 - b_1 X_i)^2 \qquad \textbf{(14-3)}$$

估計式 b_0、b_1 的得到，是利用微積分中，雙變數函數求極值的方法 (最小平方法) 導得：首先對 (14-3) 式分別取為 b_0、b_1 的偏微分，再令所得的式子等於 0，得到所謂的 **標準方程式 (normal equation)**

$$\begin{cases} nb_0 + (\sum_{i=1}^{n} X_i)b_1 = \sum_{i=1}^{n} Y_i \\ (\sum_{i=1}^{n} X_i)b_0 + (\sum_{i=1}^{n} X_i^2)b_1 = \sum_{i=1}^{n} X_i Y_i \end{cases} \tag{14-4}$$

為了方便起見，我們並不個別將 b_0、b_1 套入公式求得估計式。b_0、b_1 中只需要求出 b_1 即可，因為 b_0 可經由 b_1 的關係式 $b_0 = \overline{Y} - b_1 \overline{X}$ 得到。整理後，β_0、β_1 的估計式 b_0、b_1 可表示為

$$b_0 = \overline{Y} - b_1 \overline{X}$$

$$b_1 = \frac{\sum_{i=1}^{n}(X_i - \overline{X})(Y_i - \overline{Y})}{\sum(X_i - \overline{X})^2} = \frac{SS_{XY}}{SS_{XX}} \tag{14-5}$$

其中

$$SS_{XY} = \sum_{i=1}^{n}(X_i - \overline{X})(Y_i - \overline{Y})$$
$$SS_{XX} = \sum_{i=1}^{n}(X_i - \overline{X})^2$$

且 $\frac{1}{n-1}SS_{XY} = \frac{1}{n-1}\sum_{i=1}^{n}(X_i - \overline{X})(Y_i - \overline{Y})$ 稱為 X、Y 的樣本共變 (異) 數；

$\frac{1}{n-1}SS_{XX} = \frac{1}{n-1}\sum_{i=1}^{n}(X_i - \overline{X})^2$，稱為 X 的樣本變異數。

【註 1】利用最小平方法，所得到的迴歸估計式，是一個具有「有效性」：具有最小變異數及「不偏性」的估計式。估計式 $\hat{Y}_i = b_0 + b_1 x_i$ 亦稱為「最小平方迴歸估計式」。

【註 2】計算 SS_{XY} 及 SS_{XX}，可採用以下之簡潔公式：

$$SS_{XY} = \sum(X_iY_i) - \frac{1}{n}(\sum X_i)(\sum Y_i)$$

$$SS_{XX} = \sum(X_i^2) - \frac{1}{n}(\sum X_i)^2$$

範例 14-1

衛生署想了解氣喘藥的劑量，與解除症狀所需的時間，兩者之間的關係。共調查了 5 位氣喘病患，得知其用藥的劑量 X（單位：毫克），與解除症狀所需的時間 Y（單位：天數）之資料如上：（檔案：用藥劑量.xls）

x	4	6	5	3	7
y	3.2	2.5	2.8	3.7	1.5

(1) 計算 $\overline{X}$、$\overline{Y}$、SS_{XX} 與 SS_{XY}。

(2) 求「最小平方迴歸估計式」$\hat{Y}_i = b_0 + b_1X_i$。

解

利用簡潔公式：

(1) $n = 5$；$\sum X_i = 4 + \cdots + 7 = 25$；$\sum Y_i = 3.2 + \cdots + 1.5 = 13.7$

$\sum X_i^2 = 4^2 + \cdots + 7^2 = 135$

$\sum X_iY_i = 4*3.2 + \cdots + 7*1.5 = 63.4$

$\overline{X} = 25/5 = 5$ ；$\overline{Y} = 13.7/5 = 2.74$

$SS_{XX} = 135 - (25)^2/5 = 10$

$SS_{XY} = 63.4 - (25)(13.7)/5 = -5.1$

(2) 首先，計算 $b_1 = \dfrac{SS_{XY}}{SS_{XX}} = \dfrac{-5.1}{10} = -0.51$

其次，計算 $b_0 = \overline{Y} - b_1\overline{X} = 2.74 + 0.51*5 = 5.29$

最小平方迴歸估計式 $\hat{Y}_i = 5.29 - 0.51X_i$

14-3 誤差變異數 σ^2 之估計

在 (14-2) 式的直線迴歸機率模型中，我們設定誤差變異數為 σ^2，它決定了因變數的不確定值，因此有必要探討其估計式。首先，對於不確定因素（或稱誤差）ε_i，我們定義了它的估計項，Y 稱為殘差 $e_i = Y_i - \hat{Y}_i$；利用殘差的定義，(14-3) 式中的 SSE 可表示為：所有殘差項的平方和

$$\text{SSE} = \sum_{i=1}^{n}(Y_i - \hat{Y}_i)^2 = \sum_{i=1}^{n} e_i^2$$

同時，**殘差均方和 (mean of square error)** $\text{MSE} = \dfrac{\text{SSE}}{n-2}$，經由證明，是 σ^2 的不偏估計式，其中 $n-2$ 表示 SSE 的自由度。

範例 14-2

在範例 14-1 中：
(1) 請寫出迴歸的機率模型，及其相對應的假設。
(2) 請寫出「殘差項」，並計算「殘差項的平方和」SSE，以及「殘差均方和」$\text{MSE} = \dfrac{\text{SSE}}{n-2}$。

解

(1) 直線迴歸的機率模型：$Y_i = E(Y|X_i) + \varepsilon_i = \beta_0 + \beta_1 X_i + \varepsilon_i$
不確定因素 ε_i 的假設：(a) 各個 ε_i 是隨機變數，而且相互獨立；(b) 各個 ε_i 都具有常態分配，平均數 0，變異數為 σ^2（共同的假設）。

(2)

✦ 表 14-1

解除時間 Y_i	預測解除時間 $\hat{Y}_i$	殘差值 $e_i = Y_i - \hat{Y}_i$	殘差平方 e_i^2
3.2	3.25	−0.05	0.0025
2.5	2.23	0.27	0.0729
2.8	2.74	0.06	0.0036
3.7	3.76	−0.06	0.0036
1.5	1.72	−0.22	0.0484

$$\text{SSE} = \sum_{i=1}^{n}(Y_i - \hat{Y}_i)^2 = \sum_{i=1}^{n} e_i^2 = 0.0025 + \cdots + 0.0484 = 0.131$$

MSE 是 σ^2 的不偏估計式，它的估計值 $= \dfrac{\text{SSE}}{n-2} = \dfrac{0.131}{5-2} = 0.043667$。

14-4 直線迴歸係數之推論

由 (14-2) 式得知迴歸的機率模型為

$$Y_i = \beta_0 + \beta_1 X_i + \varepsilon_i$$

稱為常態直線迴歸模型；因為誤差項 ε_i 的假設是具有獨立的常態機率分配，平均數 = 0，變異數 = σ^2（未知）。而迴歸係數 β_0、β_1 的估計式 b_0、b_1 分別如 (14-5) 式

$$b_0 = \bar{Y} - b_1 \bar{X}$$

$$b_1 = \frac{\sum_{i=1}^{n}(X_i - \bar{X})(Y_i - \bar{Y})}{\sum_{i=1}^{n}(X_i - \bar{X})^2} = \frac{SS_{XY}}{SS_{XX}}$$

估計式所得的估計值，必須進行統計檢定，才能決定是否可以接受此模型，也就是說，是否可以利用此模型來作解釋及預測。β_0 及 β_1 的推論也就因此產生；以下的分析，均在 σ^2 未知的假設下，進行說明；同時以 MSE 作為 σ^2 的不偏估計式。

β_1 的推論

β_1 表示直線迴歸式的斜率，β_1 值的大小及正負情形，可表示出自變數 X 對因變數 Y 的影響力：當 $\beta_1 > 0$，表示 X 增加 Y 亦隨之增加；當 $\beta_1 < 0$，表示 X 增加 Y 則相對減少；當 $\beta_1 = 0$，表示 X 之變化完全不會影響 Y；這些現象可經由檢定結

果來說明。β_1 的主要假設與決策內容，依檢定步驟可得以下的整理：

1. 建立虛無假設 H_0 與對立假設 H_1。

   ❖ 表 14-2　β_1 的三種檢定類型：雙尾檢定、右尾檢定、左尾檢定

雙尾檢定	右尾檢定	左尾檢定
$H_0 : \beta_1 = \beta_{1,0}$	$H_0 : \beta_1 \leq \beta_{1,0}$	$H_0 : \beta_1 \geq \beta_{1,0}$
$H_1 : \beta_1 \neq \beta_{1,0}$	$H_1 : \beta_1 > \beta_{1,0}$	$H_1 : \beta_1 < \beta_{1,0}$

   $\beta_{1,0}$ 稱為 β_1 的檢定值。

2. 檢定統計量及其相對應的抽樣分配。

   檢定統計量 $T = \dfrac{b_1 - \beta_{1,0}}{\sqrt{\dfrac{\text{MSE}}{SS_{XX}}}}$ 具有之抽樣分配是 T 分配，自由度 $= n - 2$。

3. 利用設定的顯著水準 α 值，決定臨界值與拒絕域；如表 14-3。

   ❖ 表 14-3

	雙尾檢定	右尾檢定	左尾檢定
臨界值	$t_{\alpha/2}(n-2)$	$t_\alpha(n-2)$	$-t_\alpha(n-2)$
拒絕域	$\lvert t \rvert \geq t_{\alpha/2}(n-2)$	$t \geq t_\alpha(n-2)$	$t \leq -t_\alpha(n-2)$

4. 作決策：檢定統計量的值是否落在拒絕域。當檢定統計值落在拒絕域，表示無法接受 H_0 (拒絕 H_0)。

5. P-值的計算如表 14-4，可以提供較客觀而且有彈性的決策依據：
   當 P-值 $< \alpha$，表示拒絕 H_0；當 P-值 $> \alpha$，表示接受 H_0。

   ❖ 表 14-4

	雙尾檢定	右尾檢定	左尾檢定
P-值	$2 * P(T \geq \lvert t \rvert)$	$P(T \geq t)$	$P(T \leq t)$

   t：檢定統計量 T 的估計值。

【說明 1】β_1 的不偏估計式 b_1，其變異數為 σ^2 / SS_{XX}，當 σ^2 未知時，以估計式 MSE 取代之。

【說明 2】在信賴度 $= (1-\alpha)100\%$ 下，β_1 的信賴區間為

$$b_1 \pm t_{\alpha/2}(n-2) * \sqrt{\frac{\text{MSE}}{SS_{XX}}}$$

(1) 當假設檢定為雙尾檢定時 (顯著水準 = α)：

$$H_0 : \beta_1 = \beta_{1,0} \quad \text{vs.} \quad H_1 : \beta_1 \neq \beta_{1,0}$$

如果所得到的信賴區間，包含此檢定值 $\beta_{1,0}$，表示 H_0 不會被拒絕。

(2) 當假設檢定為右尾檢定 (顯著水準 = α)：

$$H_0 : \beta_1 \leq \beta_{1,0} \quad \text{vs.} \quad H_1 : \beta_1 > \beta_{1,0}$$

若區間估計的下限大於 $\beta_{1,0}$：

$$b_1 - t_{\alpha}(n-2) * \sqrt{\frac{\text{MSE}}{SS_{XX}}} > \beta_{1,0}$$

表示 β_1 的信賴區間，使得 H_1 成立，所以拒絕 H_0。

(3) 當假設檢定為左尾檢定 (顯著水準 = α)：

$$H_0 : \beta_1 \geq \beta_{1,0} \quad \text{vs.} \quad H_1 : \beta_1 < \beta_{1,0}$$

若區間估計的上限小於 $\beta_{1,0}$：

$$b_1 + t_{\alpha}(n-2) * \sqrt{\frac{\text{MSE}}{SS_{XX}}} < \beta_{1,0}$$

表示 β_1 的信賴區間，使得 H_1 成立，所以拒絕 H_0。

直線迴歸式斜率項 β_1 的檢定過程可以總結整理成表 14-5。

✤ 表 14-5　直線迴歸式斜率項 β_1 之統計檢定內容

	假設問題	檢定統計量	臨界值	拒絕域	P - 值
雙尾	$H_0 : \beta_1 = \beta_{1,0}$ $H_1 : \beta_1 \neq \beta_{1,0}$	$T = \dfrac{b_1 - \beta_{1,0}}{\sqrt{\dfrac{\text{MSE}}{SS_{xx}}}}$ $T \sim T$ 分配 $(df = n - 2)$ T 的樣本值 $= t$	$t_{\alpha/2}(n-2)$	$\lvert t \rvert \geq t_{\alpha/2}(n-2)$	$2 * P(T \geq \lvert t \rvert)$
右尾	$H_0 : \beta_1 \leq \beta_{1,0}$ $H_1 : \beta_1 > \beta_{1,0}$		$t_\alpha(n-2)$	$\chi^2 \geq \chi^2_\alpha(n-1)$	$P(T \geq t)$
左尾	$H_0 : \beta_1 \geq \beta_{1,0}$ $H_1 : \beta_1 < \beta_{1,0}$		$-t_\alpha(n-2)$	$\chi^2 \geq \chi^2_{1-\alpha}(n-1)$	$P(T \leq t)$

【決策】當檢定統計 t 值落在拒絕域；或 P - 值 $< \alpha$（P - 值很小），表示無法接受 H_0（拒絕 H_0），但接受 H_1 的宣稱。

範例 14-3

在範例 14-1 中，用藥的劑量 X（單位：毫克），與解除症狀所需的時間 Y（單位：天數）的迴歸估計式為 $\hat{Y}_i = 5.29 - 0.51X_i$。同時，範例 14-2 中，計算了「殘差均方和」MSE 的值 $= 0.0437$。利用這些資訊：

(1) 檢定：「解除症狀所需時間」是否隨著「用藥劑量」的增加而有遞減的現象？$(\alpha = 0.05)$

(2) β_1 表示「用藥劑量」對於「解除症狀所需時間」的影響程度，在信賴度 $= 90\%$ 下，β_1 的信賴區間 $= ?$

解

(1) $\beta_1 < 0$ 表示「解除症狀所需時間」隨著「用藥劑量」的增加而有遞減現象。本例題屬於左尾檢定，β_1 的檢定值 $= 0$；其檢定假說為

$$H_0 : \beta_1 \geq 0 \quad \text{vs.} \quad H_1 : \beta_1 < 0$$

Chapter 14 簡單迴歸分析

計算檢定統計量 $T = \dfrac{b_1 - \beta_{1,0}}{\sqrt{\dfrac{MSE}{SS_{XX}}}}$ 的值,已知 $n = 5$,$b_1 = -0.51$,$SS_{XX} = 10$,$MSE = 0.043667$。分別代入公式,檢定統計量的值 $= T = \dfrac{-0.51 - 0}{\sqrt{\dfrac{0.0437}{10}}} = -7.7149$

顯著水準 $\alpha = 0.05$,查詢常態分配表,臨界值 $= -t_{0.05}(3) = -2.3534$;因為檢定統計量的值 $= -7.7149 <$ 臨界值 $= -2.3534$。

結論:拒絕 H_0,表示「解除症狀所需時間」隨著「用藥劑量」的增加而有遞減現象。

(2) $\alpha = 0.1$,β_1 的信賴區間 $= b_1 \pm t_{\alpha/2}(n-2) * \sqrt{\dfrac{MSE}{SS_{XX}}}$。已知 $n = 5$,$b_1 = -0.51$,$SS_{XX} = 10$,$MSE = 0.0437$,$t_{0.05}(3) = -2.3534$。分別代入公式,β_1 的 90% 信賴區間值 $= -0.51 \pm 2.3534 * \sqrt{\dfrac{0.0437}{10}} = -0.51 \pm 0.1556 = [-0.6656, -0.3544]$。

另外,本題由 (1) 得知 β_1 為左尾檢定:

$$H_0 : \beta_1 \geq 0 \quad vs. \quad H_1 : \beta_1 < 0$$

同時 β_1 的 90% 信賴區間值的上限由 (2) 得知為 -0.3545,小於 β_1 的檢定值 $\beta_{1,0} = 0$,表示 β_1 的信賴區間,使得 H_1 成立,所以拒絕 H_0,與 (1) 之結論一致。

β_0 的推論

β_0 表示直線迴歸式的截距項,β_0 值的大小,表示當 $X = 0$ 時,Y 之平均水準:當 $\beta_0 > 0$,表示 Y 之平均水準 > 0;當 $\beta_0 < 0$,則表示 Y 之平均水準 < 0;當 $\beta_0 = 0$,則表示 Y 之平均水準 $= 0$;這些現象可經由檢定結果來說明。β_0 的主要假設與決策內容,依檢定步驟可得以下的整理:

1. 建立其虛無假設 H_0 與對立假設 H_1。

   ✛ 表 14-6　β_0 的三種檢定類型：雙尾檢定、右尾檢定、左尾檢定

雙尾檢定	右尾檢定	左尾檢定
$H_0 : \beta_0 = \beta_{0,0}$	$H_0 : \beta_0 \leq \beta_{0,0}$	$H_0 : \beta_0 \geq \beta_{0,0}$
$H_1 : \beta_0 \neq \beta_{0,0}$	$H_1 : \beta_0 > \beta_{0,0}$	$H_1 : \beta_0 < \beta_{0,0}$

   $\beta_{0,0}$ 稱為 β_0 的檢定值。

2. 檢定統計量及其相對應的抽樣分配。

   檢定統計量 $T = \dfrac{b_0 - \beta_{0,0}}{\sqrt{\text{MSE}\left(\dfrac{1}{n} + \dfrac{\bar{X}^2}{SS_{XX}}\right)}}$ 具有之抽樣分配是 T 分配，自由度 $= n - 2$。

3. 利用設定的顯著水準 α 值，決定臨界值與拒絕域。

   ✛ 表 14-7

	雙尾檢定	右尾檢定	左尾檢定
臨界值	$t_{\alpha/2}(n-2)$	$t_{\alpha}(n-2)$	$-t_{\alpha}(n-2)$
拒絕域	$|t| \geq t_{\alpha/2}(n-2)$	$t \geq t_{\alpha}(n-2)$	$t \leq -t_{\alpha}(n-2)$

4. 作決策：檢定統計量的值是否落在拒絕域。當檢定統計值落在拒絕域，表示無法接受 H_0 (拒絕 H_0)。

5. P - 值的計算如表 14-8，可以提供較客觀而且有彈性的決策依據：

   當 P - 值 $< \alpha$，表示拒絕 H_0；

   當 P - 值 $> \alpha$，表示接受 H_0。

   ✛ 表 14-8

	雙尾檢定	右尾檢定	左尾檢定
P - 值	$2 * P(T \geq |t|)$	$P(T \geq t)$	$P(T \leq t)$

   t：檢定統計量 T 的估計值。

【說明 1】 β_0 的不偏估計式 b_0，其變異數為 $\sigma^2\left(\dfrac{1}{n}+\dfrac{\overline{X}^2}{SS_{XX}}\right)$，當 σ^2 未知時，以估計式 MSE 取代之。

【說明 2】 在信賴度 $=(1-\alpha)100\%$ 下，β_0 的信賴區間為

$$b_0 \pm t_{\alpha/2}(n-2)*\sqrt{\text{MSE}\left(\dfrac{1}{n}+\dfrac{\overline{X}^2}{SS_{XX}}\right)}$$

(1) 當假設檢定為雙尾檢定時 (顯著水準 $=\alpha$)：

$$H_0：\beta_0 = \beta_{0,0} \quad \text{vs.} \quad H_1：\beta_0 \neq \beta_{0,0}$$

如果所得到的信賴區間，包含此檢定值 $\beta_{0,0}$，表示 H_0 不會被拒絕。

(2) 當假設檢定為右尾檢定 (顯著水準 $=\alpha$)：

$$H_0：\beta_0 \leq \beta_{0,0} \quad \text{vs.} \quad H_1：\beta_0 > \beta_{0,0}$$

若區間估計的下限大於 $\beta_{0,0}$：

$$b_0 - t_\alpha(n-2)*\sqrt{\text{MSE}\left(\dfrac{1}{n}+\dfrac{\overline{X}^2}{SS_{XX}}\right)} > \beta_{0,0}$$

表示 β_0 的信賴區間，使得 H_1 成立，所以拒絕 H_0。

(3) 當假設檢定為左尾檢定 (顯著水準 $=\alpha$)：

$$H_0：\beta_0 \geq \beta_{0,0} \quad \text{vs.} \quad H_1：\beta_0 < \beta_{0,0}$$

若區間估計的上限小於 $\beta_{0,0}$：

$$b_0 + t_\alpha(n-2)*\sqrt{\text{MSE}\left(\dfrac{1}{n}+\dfrac{\overline{X}^2}{SS_{XX}}\right)} > \beta_{0,0}$$

表示 $\beta_{0,0}$ 的信賴區間，使得 H_1 成立，所以拒絕 H_0。

直線迴歸式截距項 β_0 的檢定過程可以總結整理成表 14-9。

❖ 表 14-9　直線迴歸式截距項 β_0 之統計檢定內容

	假設問題	檢定統計量	臨界值	拒絕域	P - 值
雙尾	$H_0 : \beta_0 = \beta_{0,0}$ $H_1 : \beta_0 \neq \beta_{0,0}$	$T = \dfrac{b_0 - \beta_{0,0}}{\sqrt{\text{MSE}\left(\dfrac{1}{n} + \dfrac{\overline{X}^2}{SS_{XX}}\right)}}$	$t_{\alpha/2}(n-2)$	$\lvert t \rvert \geq t_{\alpha/2}(n-2)$	$2 * P(T \geq \lvert t \rvert)$
右尾	$H_0 : \beta_0 \leq \beta_{0,0}$ $H_1 : \beta_0 > \beta_{0,0}$	$T \sim T$ 分配 $(df = n-2)$ T 的樣本值 $= t$	$t_\alpha(n-2)$	$\chi^2 \geq \chi^2_\alpha(n-1)$	$P(T \geq t)$
左尾	$H_0 : \beta_0 \geq \beta_{0,0}$ $H_1 : \beta_0 < \beta_{0,0}$		$-t_\alpha(n-2)$	$\chi^2 \geq \chi^2_{1-\alpha}(n-1)$	$P(T \leq t)$

【決策】當檢定統計值落在拒絕域；或 P - 值 $< \alpha$（P- 值很小），表示無法接受 H_0（拒絕 H_0），但接受 H_1 的宣稱。

範例 14-4

耳鼻喉科診所的紀錄顯示：如果沒有服用氣喘藥，解除症狀所需時間 = 4 天。在範例 14-3 的樣本資料所顯示的迴歸估計式為 $\hat{Y}_i = 5.29 - 0.51 X_i$，則：

(1) 是否顯示目前的現象，比以往的紀錄嚴重（$\alpha = 0.05$）？

(2) β_0 表示如果沒有服用氣喘藥，解除症狀所需時間，在信賴度 = 90% 下，計算 β_0 的信賴區間 = ？

解

(1) 由題意得知迴歸截距項 $\beta_0 > 4$，表示「如果沒有服用氣喘藥，解除症狀所需時間」> 4；也就是說，氣喘發作現象，比以往的紀錄嚴重。本例題屬於右尾檢定（因為 $b_0 = 5.29$ 大於 β_0 的檢定值 = 4），其檢定假說為

$$H_0 : \beta_0 \leq 4 \quad \text{vs.} \quad H_1 : \beta_0 > 4$$

計算檢定統計量 $T = \dfrac{b_0 - \beta_{0,0}}{\sqrt{\text{MSE}\left(\dfrac{1}{n} + \dfrac{\overline{X}^2}{SS_{XX}}\right)}}$ 的估計值，已知 $n = 5$，$b_0 = $

5.29，$SS_{XX} = 10$，MSE $= 0.0437$，$\bar{x} = 5$。

分別代入公式，檢定統計量的估計值 $= t = \dfrac{5.29 - 4}{\sqrt{0.0437\left(\dfrac{1}{5} + \dfrac{5^2}{10}\right)}} = 3.7555$

顯著水準 $\alpha = 0.05$，查詢 T - 分配表，得臨界值 $= t_{0.05}(3) = 2.3534$；
因為檢定統計量的估計值 $= 3.7555 >$ 臨界值 $= 2.3534$。

結論：拒絕 H_0。表示如果沒有服用氣喘藥，解除症狀所需時間大於 4 天；也就是說，氣喘發作現象，比以往的紀錄嚴重。

(2) 信賴度 $= 90\%$，表示 $\alpha = 0.1$，

β_0 的信賴區間 $= b_0 \pm t_{\alpha/2}(n-2) * \sqrt{\text{MSE}\left(\dfrac{1}{n} + \dfrac{\bar{X}^2}{SS_{XX}}\right)}$。

已知 $n = 5$，$b_0 = 5.29$，$SS_{XX} = 10$，MSE $= 0.0437$，$\bar{x} = 5$，$t_{0.05}(3) = 2.3534$。

分別代入公式，β_0 的 90% 信賴區間值 $= 5.29 \pm 2.3534 * \sqrt{0.043667\left(\dfrac{1}{5} + \dfrac{5^2}{10}\right)}$
$= 5.29 \pm 0.8040 = [4.4816, 6.0984]$。

另外，本題由 (1) 得知 β_0 為右尾檢定：

$H_0 : \beta_0 \leq 4$ vs. $H_1 : \beta_0 > 4$

同時 β_0 的 90% 信賴區間值的下限由 (2) 得知為 4.4816，大於 β_0 的檢定值 $\beta_{0,0} = 4$，表示 β_0 的信賴區間，使得 H_1 成立，所以拒絕 H_0，與 (1) 之結果一致。

14-5 迴歸預測

迴歸分析的實質意義，是以迴歸模型來將所要研究的自變數 X_i 與因變數 Y_i，利用相關機率理論，建立起兩者間的函數模型。迴歸分析所得到的是整個迴歸模型的估計；當自變數 X_i 確立時，因變數 Y_i 值的不確定性，是受到其它因素 ε_i 的影響。也就是說，同一自變數所對應的因變數 Y_i，可能有許多不同的變數值；此

時,自變數與因變數間的直線關係則為

$$E(Y \mid X_i) = \beta_0 + \beta_1 X_i \tag{14-6}$$

表示的是這些不同因變數值的平均值。另外,X_i 對應的個別可能 Y_i 值,可以表示為

$$Y_i = E(Y \mid X_i) + \varepsilon_i$$

要注意的是,這個 Y_i 值表示的是以平均值 $E(Y \mid X_i)$ 為中心,外加一個可以描述不確定性的隨機變數 ε_i。

利用迴歸模型,我們可以進一步的推論,特定的未知自變數 X_p 所對應的因變數,可能的預測值為何,以及其預測值的可能變化區間(預測區間)。根據不同的自變數值,迴歸模型所得的可能因變數預測值,有兩種:「平均因變數 $E(Y \mid X_p)$ 的預測值」及「個別可能因變數 Y_p 的預測值」。

14-5-1 平均因變數 $E(Y \mid X_p)$ 的預測

式 (14-6) $E(Y \mid X_i) = \beta_0 + \beta_1 X_i$ 表示的是自變數 X_i 所對應之不同因變數值的平均值。其中 β_0、β_1 的估計式分別為 b_0、b_1,同時,平均值 $E(Y \mid X_i)$ 的點估計式為 $\hat{Y}_i = b_0 + b_1 X_i$。

當設定 $X = X_p$(特定值)時,點估計式 $\hat{Y}_p = b_0 + b_1 X_p$,稱之為對應之平均因變數 $E(Y \mid X_p)$ 的預測式。同時,在不確定因素 ε_i 的常態分配假設下,$\hat{Y}_p$ 具有的抽樣分配為:常態分配,平均數 $= \beta_0 + \beta_1 X_p$,變異數 $= \sigma^2 \left(\dfrac{1}{n} + \dfrac{(X_p - \bar{X})^2}{SS_{XX}} \right)$,當 σ^2 未知時,以估計式 MSE 取代之。在信賴度 $= (1-\alpha)100\%$ 下,平均值 $E(Y \mid X_i)$ 的信賴區間為 $\hat{Y}_p \pm t_{\alpha/2}(n-2) * \sqrt{\text{MSE} \left(\dfrac{1}{n} + \dfrac{(X_p - \bar{X})^2}{SS_{XX}} \right)}$。若特定值 X_p 愈接近 $\bar{X}$,所得到的區間長度愈短,表示預測的估計值愈準確。

14-5-2 個別可能因變數 Y_p 的預測

迴歸機率模型中：當自變數 X_i 確立時，因變數 Y_i 值的不確定性，是受到其它因素 ε_i 的影響。也就是說，同一自變數所對應的因變數 Y_i，可能有許多不同的變數值；此時，當設定 $X = X_p$（特定值）時，所對應的個別可能因變數 Y_p 的預測，可以經由兩階段的考量而獲得：首先，計算當設定 $X = X_p$（特定值）時，所對應的因變數平均值 $E(Y|X_i)$；接著，再加入不確定性 ε_i 的影響，就可以得到個別可能因變數 Y_p 的預測值。

當設定 $X = X_p$（特定值）時，點估計式 $\hat{Y}_p = b_0 + b_1 X_p$，稱之為個別因變數的平均值預測式。同時，在不確定因素 ε_i 的常態分配假設下，$\hat{Y}_p$ 具有的抽樣分配為：常態分配，平均數 $E(Y|X_p)$，變異數 $= \sigma^2 \left(1 + \dfrac{1}{n} + \dfrac{(X_p - \overline{X})^2}{SS_{XX}} \right)$，當 σ^2 未知時，以估計式 MSE 取代之。在信賴度 $= (1-\alpha)100\%$ 下，個別可能因變數 Y_p 的預測區間為 $\hat{Y}_p \pm t_{\alpha/2}(n-2) * \sqrt{\text{MSE}\left(1 + \dfrac{1}{n} + \dfrac{(X_p - \overline{X})^2}{SS_{XX}} \right)}$。若特定值 X_p 愈接近 $\overline{X}$，所得到的區間長度愈短，表示預測的估計值愈準確。

範例 14-5

在範例 14-1 中，用藥的劑量 X（單位：毫克），與解除症狀所需的時間 Y（單位：天數）的迴歸估計式為 $\hat{Y}_i = 5.29 - 0.51 X_i$。同時，在範例 14-3 中，計算了「殘差均方和」MSE 的值 $= 0.043667$。如果醫師該給某一氣喘病人的「用藥劑量」$= 5.5$ 毫克：

(1) 該病人解除氣喘症狀所需的平均時間為幾天？其 90% 之區間估計值 $= ？$

(2) 該病人解除氣喘症狀所需時間的 90% 區間預測值。

解

(1)「用藥劑量」$X_p = 5.5$ 時，對應之平均因變數 $E(Y|X_p)$ 預測式 $= \hat{Y}_p = b_0 + b_1 X_p$，其估計值$= \hat{Y}_p = 5.29 - 0.51 * 5.5 = 2.485$；表示當氣喘病人的「用藥劑量」$= 5.5$ 毫克，該病人解除氣喘症狀所需平均時間為 2.485 天。

另外，90% 之區間估計式 $= \hat{Y}_p \pm t_{\alpha/2}(n-2) * \sqrt{\text{MSE}\left(\dfrac{1}{n} + \dfrac{(X_p - \bar{X})^2}{SS_{XX}}\right)}$；

已知 $n = 5$，$\hat{Y}_p = 2.485$，$SS_{XX} = 10$，$\text{MSE} = 0.0437$，$t_{0.05}(3) = 2.3534$，$\bar{X} = 5$。分別代入公式，得平均時間的 90% 之區間估計值：

$$2.485 \pm 2.3534 * \sqrt{0.0437\left(\dfrac{1}{5} + \dfrac{(5.5-5)^2}{10}\right)} = 2.485 \pm 0.2335$$
$$= [2.2515, 2.7185]$$

解除氣喘所需平均時間之 90% 區間估計為 2.2～2.8 天。

(2)「用藥劑量」$X_p = 5.5$ 時，該病人解除氣喘症狀所需時間之預測值 $= \hat{Y}_p = 5.29 - 0.51 * 5.5 = 2.485$；90% 之預測區間 $= \hat{Y}_p \pm t_{\alpha/2}(n-2) * \sqrt{\text{MSE}\left(1 + \dfrac{1}{n} + \dfrac{(X_p - \bar{X})^2}{SS_{XX}}\right)}$；已知 $n = 5$，$\hat{Y}_p = 2.485$，$SS_{XX} = 10$，$\text{MSE} = 0.043667$，$t_{0.05}(3) = 2.3534$，$\bar{x} = 5$。分別代入公式，得所需時間的 90% 之區間預測：

$$2.485 \pm 2.3534 * \sqrt{0.0437\left(1 + \dfrac{1}{5} + \dfrac{(5.5-5)^2}{10}\right)} = 2.485 \pm 0.5447$$
$$= [1.9403, 3.0297]$$

解除氣喘所需時間之 90% 區間預測為 1.9 天～3.1 天。

【註】個別可能因變數 Y_p 的預測區間範圍，通常會比平均因變數 $E(Y|X_p)$ 的區間估計範圍寬闊些，這是因為加入了不確定因素 ε_i 的考量。這也就是迴歸機率模型實際用在預測時的具體結果。

範例 14-6

在範例 14-5 中,計算「用藥劑量」= 5.5 時,病人解除氣喘症狀所需平均時間及一般時間之信賴區間長度及預測區間長度。

解

(1)「用藥劑量」X_p = 5.5 時,該病人解除氣喘症狀所需平均時間之信賴區間長度 = 2.7185 − 2.2515 = 0.467(天)。

(2)「用藥劑量」X_p = 5.5 時,該病人解除氣喘症狀所需時間之預測區間長度 = 3.0297 − 1.9403 = 1.0894(天)。

結論:病人解除氣喘症狀,所需時間的預測區間長度 = 1.0894 天,大於所需平均時間的區間估計長度 = 0.467 天。

14-6 迴歸分析中的變異數分析

迴歸分析所得到的是整個迴歸模型的估計;接著,需要檢視模型的「適合性」;也就是說,這個由樣本所得到的迴歸模型估計式,是否可以反應出自變數與因變數間的「真實直線關係」?必須進一步做分析,這一點可以透過「變異數分析」,來檢定迴歸模型估計式的適合性。

因變數 Y_i、平均數 $\bar{Y}$ 與迴歸估計值 $\hat{Y}_i$ 之間有其差異性,利用這些差異值的平方和,可以產生所謂的「變異數分析表」,作為檢定「迴歸模型適合性」的基礎。

我們先介紹三種變異(差異平方和),接著,經由變異數分析表,產生迴歸線的顯著性檢定原則。

三種變異(差異平方和)

1. 迴歸變異:以 SSR 表示,定義為迴歸估計值 $\hat{Y}_i$ 與平均數 $\bar{Y}$ 的差異平方和

$$SSR = \sum_{i=1}^{n}(\hat{Y}_i - \overline{Y})^2$$

2. 誤差變異：以 SSE 表示，定義為因變數 Y_i 與迴歸估計值 $\hat{Y}_i$ 的差異平方和

$$SSE = \sum_{i=1}^{n}(Y_i - \hat{Y}_i)^2$$

3. 總變異：以 SST 表示，定義為因變數 Y_i 與平均數 $\overline{Y}$ 的差異平方和

$$SST = \sum_{i=1}^{n}(Y_i - \overline{Y})^2$$

三種變異有著這樣的等式關係：SST = SSR + SSE

【註】當迴歸斜率 $\hat{\beta}_1$ 及 SS_{XY} 已知，上述三種變異可以採用以下之簡潔公式：

$$SSR = \hat{\beta}_1 SS_{XY}$$

$$SST = \sum(Y_i^2) - \frac{1}{n}(\sum Y_i)^2$$

$$SSE = SST - SSR$$

由此三種變異所產生的變異數分析表如表 14-10。

✦ 表 14-10　迴歸分析的 ANOVA

變異來源	SS	自由度	MS	F
迴歸	SSR	1	MSR	$\dfrac{MSR}{MSE}$
誤差	SSE	$n-2$	MSE	
總變異	SST	$n-1$		

其中 $MSR = \dfrac{SSR}{1}$，$MSE = \dfrac{SSE}{n-2}$，$F = \dfrac{MSR}{MSE}$。

利用這個變異數分析表，可以進行「迴歸模型適合性」的檢定。

步驟 1：統計檢定假說。

H_0：迴歸模型不適合描述此類自變數與因變數間的關係

H_1：迴歸模型適合描述此類自變數與因變數間的關係

步驟 2：檢定統計量。

由變異數分析表所得的 $F = \dfrac{\text{MSR}}{\text{MSE}}$，是「模型適合性」的檢定統計量。同時 F-統計量的機率分配為 F 分配，自由度為 $(1, n-2)$。

步驟 3：統計決策。

利用 F-統計量所作的決策如下（在特定顯著水準 α 之下）：F-臨界值 $= F_\alpha(1, n-2)$，當檢定統計量 f 值 $>$ F-臨界值，則拒絕 H_0，表示迴歸模型適合描述此類自變數與因變數間的關係。另外，我們也可以計算 P-值 $= P(F > f)$，並作決策：當 P-值 $< \alpha$，則拒絕 H_0；其中，f 為 F 檢定統計量的樣本值。

範例 14-7

利用範例 14-1 的資訊：

x	4	6	5	3	7
y	3.2	2.5	2.8	3.7	1.5

迴歸估計式：$\hat{Y}_i = 5.29 - 0.51 X_i$。

(1) 計算三種變異：SSR、SSE 及 SST。

(2) 建立變異數分析表。

(3) 進行「迴歸模型適合性」的檢定。（顯著水準 $\alpha = 0.025$）

解

(1) 計算三種變異：由範例 14-1 得知：$\hat{\beta}_1 = -0.51$，$SS_{XY} = -5.1$；$\sum Y_i = 13.7$

$\Rightarrow$ SSR $= (\hat{\beta}_1)(SS_{XY}) = (-0.51)(-5.1) = 2.601$

另外，$\sum (Y_i^2) = (3.2)^2 + \cdots + (1.5)^2 = 40.27$

$\Rightarrow SST = \sum(Y_i^2) = (\sum Y_i)^2 / n = 40.27 - (13.7)^2 / 5 = 2.732$

因此，SSE = SST − SSR = 2.732 − 2.601 = 0.131

(2) 建立變異數分析表：

首先，計算平均差異

MSR = SSR = 2.601

$MSE = \dfrac{SSE}{n-2} = \dfrac{0.131}{5-2} = 0.0437$

✤ 表 14-11

	自由度	SS	MS	F
迴歸	1	2.601	2.601	59.5195
誤差	3	0.131	0.0437	
總變異	4	2.732		

則變異數分析表如表 14-11。

(3) 進行「迴歸模型適合性」的檢定：

「迴歸模型適合性」的檢定假說

H_0：迴歸模型不適合描述此類「用藥劑量」與「解除症狀所需時間」間的關係

H_1：迴歸模型適合描述此類「用藥劑量」與「解除症狀所需時間」間的關係

檢定統計量 $F = \dfrac{MSR}{MSE}$，具有機率分配為 F 分配，自由度為 (1, 3)。

F - 臨界值 = $F_{0.025}(1, 3)$ = 17.4434；檢定統計量 f - 值 = 59.5195，大於 F - 臨界值 = 17.4434。

結論：拒絕 H_0，表示迴歸模型適合描述此類「用藥劑量」與「解除症狀所需時間」間的關係。

另外，迴歸模型的適合與否，可以用「判定係數」來作為指標係數，衡量自變數與因變數之間的線性相關強度，同時顯示出迴歸模型的解釋能力。

如果所有的觀察值都反應在迴歸模型上，此時應該沒有誤差變異；也就是說，因變數的變異完全由迴歸模型所解釋。相反地，如果所有的觀察值幾乎沒有反應在迴歸模型上，也就是說，迴歸估計造成了很大的誤差，此時，因變數的變異完全由誤差變異所解釋。

判定係數，以符號 R^2 表示，定義為 $R^2 = \dfrac{\text{SSR}}{\text{SST}}$，$0 \leq R^2 \leq 1$，它的值表示的是：因變數的總變異中，來自於迴歸模型的部份，所佔的比例。R^2 的值愈接近 1，表示迴歸模型的解釋能力愈強；R^2 的值愈接近 0，表示所使用的迴歸模型，並不適合用在此類資料。

範例 14-8

範例 14-7 中，得知 SSR = 2.601；SST = 2.732。計算判定係數，並加以解釋。

解

$R^2 = \dfrac{\text{SSR}}{\text{SST}} = \dfrac{2.601}{2.732} = 0.952$；說明了「解除症狀所需時間」與「用藥劑量」的關係，有 95.2% 反應在線性迴歸模型 $\hat{Y}_i = 5.29 - 0.51 X_i$。也就是說，線性迴歸模型在「解除症狀所需時間」與「用藥劑量」的問題上，其解釋能力達到 95.2%，可說是不錯，而且合適的模型。

14-7 相關分析

在一般的自然科學或社會科學領域中，經常要了解的是因子 (自變數) 與因變數之間的相關程度。迴歸分析所得到的是整個迴歸模型的估計，告訴我們的是：自變數對因變數的影響效果。若要探討變數間關係的程度與方向；則需要利用相關分析。例如，我們想要研究數學成績 (自變數) 與統計成績 (因變數) 之相關性質，是正向相關或是負向相關？又，相關程度如何？這一點可以經由相關分析為我們作解答。

4-4 節的母體相關係數 $\rho_{XY} = \dfrac{\text{cov}(X, Y)}{\sigma_X \sigma_Y}$，可以表示出因子 (自變數) X，與因變數 Y 之間的相關程度；通常，我們會採用樣本相關係數 γ_{XY}，作為 ρ_{XY} 的估計

量；γ_{XY} 的符號與大小，解釋著因子 (自變數) X，與因變數 Y 的直線關聯方向與線性相關程度。

> **樣本相關係數**
>
> 如果因子 (自變數) X，與因變數 Y 因子，表示樣本中的兩個數量資料，同時已知 X 與 Y 的樣本共變異數為
>
> $$S_{XY} = \frac{1}{n-1}\sum_{i=1}^{n}(X_i - \overline{X})(Y_i - \overline{Y})$$
>
> 樣本標準差分別為
>
> $$S_X = \sqrt{\frac{1}{n-1}\sum_{i=1}^{n}(X_i - \overline{X})^2} \text{ , } S_Y = \sqrt{\frac{1}{n-1}\sum_{i=1}^{n}(Y_i - \overline{Y})^2}$$
>
> 則樣本相關係數以 γ_{XY} 表示，公式為
>
> $$\gamma_{XY} = \frac{S_{XY}}{S_X S_Y} \text{ ; } -1 \leq \gamma_{XY} \leq 1$$

【註】γ_{XY} 之公式可以簡化為 $\gamma_{XY} = \dfrac{SS_{XY}}{\sqrt{SS_{XX}}\sqrt{SS_{YY}}}$

其中

$$SS_{XY} = \sum(X_i Y_i) - \frac{1}{n}(\sum X_i)(\sum Y_i)$$

$$SS_{XX} = \sum(X_i^2) - \frac{1}{n}(\sum X_i)^2$$

$$SS_{YY} = \sum(Y_i^2) - \frac{1}{n}(\sum Y_i)^2$$

樣本相關係數 γ_{XY} 的意義

1. $\gamma_{XY} = 1$，表示 X 與 Y 具有正的完全直線關係 (圖 14-1(a))。
2. $\gamma_{XY} = -1$，表示 X 與 Y 具有負的完全直線關係 (圖 14-1(b))。

3. 當 γ_{XY} 的值不是 0 或 ±1 時，X, Y 的直線相關方向仍以正值表示正向相關，負值表示負向相關 (圖 14-1(c))。

4. $\gamma_{XY} = 0$，表示 X 與 Y 沒有直線的關係 (圖 14-1(d))。

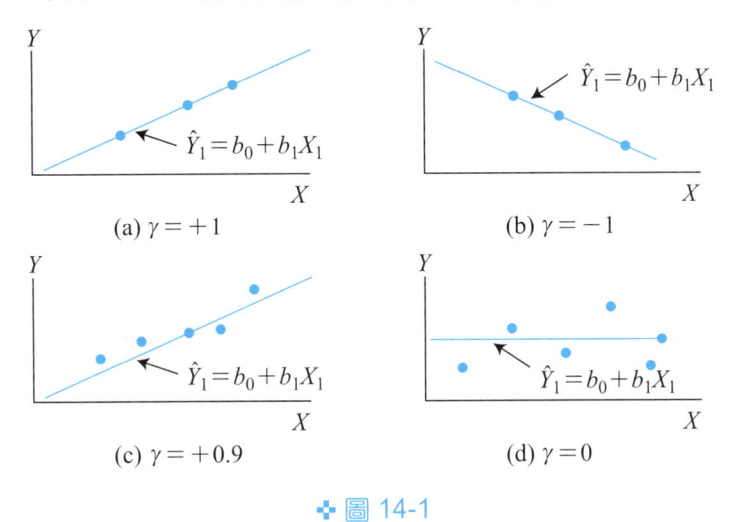

(a) $\gamma = +1$
(b) $\gamma = -1$
(c) $\gamma = +0.9$
(d) $\gamma = 0$

◆ 圖 14-1

事實上，樣本相關係數 γ_{XY}，與判定係數 R^2，兩者間的關係如下：

$$\gamma_{XY} = \pm\sqrt{R^2} = \pm\sqrt{\frac{SSR}{SST}}$$

由上式得到的樣本相關係數，其符號則取與 b_1 相同的符號。

範例 14-9

(1) 利用範例 14-1 的「用藥劑量」，與「解除症狀所需時間」樣本值，計算樣本相關係數 γ_{XY}；並且說明其代表意義。

(2) 由範例 14-8 中，得知範例 14-1 的 SSR = 2.601；SST = 2.732。利用此資訊，計算樣本相關係數 γ_{XY}，並與 (1) 作比較。

解

(1) 由範例 14-1 及 14-7 得知：

$SS_{XY} = -5.1$；$SS_{XX} = 10$；$SS_{YY} = SST = 2.732$

$$\Rightarrow \gamma_{XY} = \frac{SS_{XY}}{\sqrt{SS_{XX}}\sqrt{SS_{YY}}} = \frac{-5.1}{\sqrt{10}\sqrt{2.732}} = -0.9757$$

表示：「用藥劑量」與「解除症狀所需時間」有高度的反向 (負向) 線性相關；也就是說，「用藥劑量」愈多，「解除症狀所需時間」愈短。

(2) 利用樣本相關係數，與判定係數的關係 $\gamma_{XY} = \pm\sqrt{R^2} = \pm\sqrt{\frac{SSR}{SST}}$；由範例 14-7 得知：SSR = 2.601，SST = 2.73；分別代入公式計算 $\gamma_{XY} = \pm\sqrt{R^2} = \pm\sqrt{\frac{SSR}{SST}}$；$\gamma_{XY}$ 的符號，要與 b_1 的符號一致，其中：$b_1 = -0.51$。所以 $\gamma_{XY} = -0.9761$，這個值與 (1) 的結果 $\gamma_{XY} = -0.9757$，有些許差距，主要是計算的誤差影響。基本上，兩種計算公式，所得的結果是相同的。

ρ_X 是否等於零，顯示出：因子 (自變數) X，與因變數 Y 之間有無線性相關。這種相關性的檢定問題，可以轉換成 ρ_X 的檢定：利用樣本相關係數 γ_{XY}，作檢定統計量，主要假設與決策內容，依檢定步驟可得以下的整理：

步驟 1：統計檢定假說。

$$H_0：\rho_{XY} = 0 \quad \text{vs.} \quad H_1：\rho_{XY} \neq 0$$

步驟 2：檢定統計量。

$$\text{檢定統計量} = T = \frac{\gamma_{XY}}{\sqrt{\frac{1-\gamma_{XY}^2}{n-2}}}$$

，具有的機率分配為 T 分配，自由度 = $n - 2$。

步驟 3：統計決策。

利用 T - 統計量所作的決策如下 (在特定顯著水準 α 之下)：T - 臨界值 = $t_{\alpha/2}(n-2)$，當檢定統計量 $|t$ - 值$| > T$ - 臨界值，則拒絕 H_0，表示自變數 X，與因變數 Y 之間無線性相關。另外，我們也可以計算 P - 值 = $2*P(T > t)$，並作決策：當 P - 值 $< \alpha$，則拒絕 H_0；其中，t 為 T 檢定統計量的樣本值。

範例 14-10

利用範例 14-9 的結果，檢定範例 14-1 的氣喘用藥問題中：「解除症狀所需時間」是否與「用藥劑量」有相關性？($\alpha = 0.05$)

解

ρ_X 是否等於零，顯示出：「解除症狀所需時間」是否與「用藥劑量」之間有無相關；這種相關性的檢定，可以轉換成 ρ_X 的檢定：

$$H_0 : \rho_{XY} = 0 \quad \text{vs.} \quad H_1 : \rho_{XY} \neq 0$$

採用檢定統計量 $= T = \dfrac{\gamma_{XY}}{\sqrt{\dfrac{1-\gamma_{XY}^2}{n-2}}}$，其檢定統計量的值 $= t = \dfrac{-0.9757}{\sqrt{\dfrac{1-0.9757^2}{5-2}}}$

$= -7.7128$。顯著水準 $\alpha = 0.05$，查詢 T 分配表，臨界值 $= t_{0.025}(3) = 3.1824$；因為檢定統計量的 $|t\text{-值}| = 7.7128 >$ 臨界值 $= 3.1824$。

結論：拒絕 H_0，表示：「解除症狀所需時間」與「用藥劑量」之間有相關性。

14-8 殘差分析

線性迴歸模型，是在數學的「確定性模型」

$$Y_i = \beta_0 + \beta_1 X_i，i = 1, 2, \ldots, n$$

中，加入不確定性 (其它因素) ε_i 的影響

$$Y_i = E(Y \mid X_i) + \varepsilon_i = \beta_0 + \beta_1 X_i + \varepsilon_i$$

在直線迴歸的機率模型中，不確定因素 ε_i 的機率假設，除了是隨機變數外，還要有獨立性的條件；也就是說，不同的自變數值 X_i，加上其對應的不確定因素 ε_i，就會產生其所對應的不確定 y 值，其中的 n 個不確定因素 ε_i，彼此間是相互獨立

的，而且都是具有常態分配，平均數 0，未知的變異數為 σ^2（共同的假設）。

直線迴歸估計式的適用與否，可以由「殘差」反應出來。所謂「殘差」，指的是觀察因變數與其迴歸估計值的差：$e_i = Y_i - \hat{Y}_i$；殘差可視為誤差項 ε_i 的估計式，因此由殘差所得到的變異可視為 σ^2 的估計式，由統計理論證明：

$$\text{MSE} = \frac{\text{SSE}}{n-2} = \frac{1}{n-2}\sum_{i=1}^{n}(Y_i - \hat{Y}_i)^2 \text{ 是 } \sigma^2 \text{ 的不偏估計式}$$

由「殘差 e_i」所得到的「殘差圖」可以用來分析迴歸模型中，不確定因素 ε_i 的未知變異數 σ^2 之共同假設（齊一性假設）。常見的殘差圖有兩類：

殘差圖類型一：「自變數值 X_i」vs.「殘差 e_i」的殘差圖

由 Excel 中「資料分析」內部選項「迴歸」所產生的殘差圖，可以得到結論：當殘差圖呈現不規則狀（圖 14-2(a)），表示變異數的齊一性假設成立；殘差圖呈現規則狀（圖 14-2(b)），表示變異數的齊一性假設不成立。

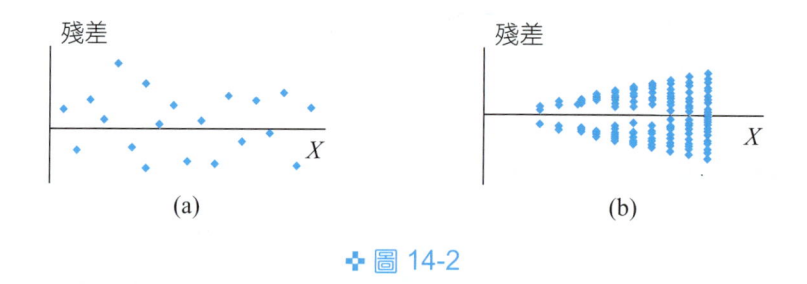

◆ 圖 14-2

殘差圖類型二：「迴歸估計值 $\hat{Y}_i$」vs.「殘差 e_i」的殘差圖

利用 Excel 的迴歸結果資料，可以容易的自行繪圖。當殘差圖呈現不規則狀（圖 14-3(a)），表示變異數的齊一性假設成立；如果殘差圖呈現規則狀，有幾種可能：齊一性假設不成立（圖 14-3(b)）、直線迴歸模型不適合，可能需要更多的變數（圖 14-3(c)）；迴歸估計值 $\hat{Y}_i$ 與樣本值間呈現系統性的差異，屬於分析錯誤（圖 14-3(d)）。

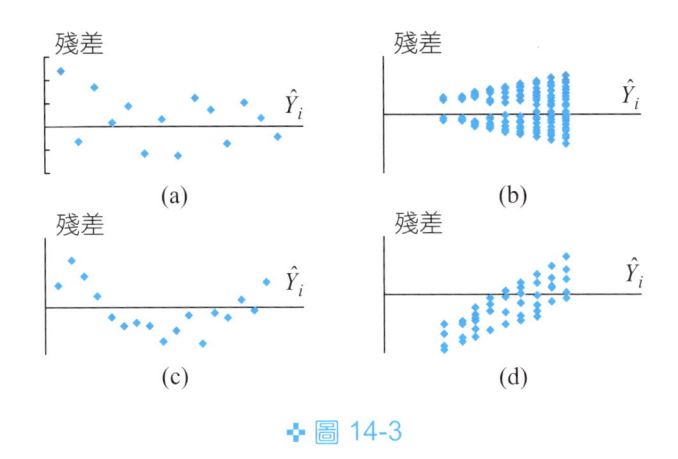

Chapter 14　簡單迴歸分析

図 14-3

範例 14-11

由一直線迴歸估計式，所得到的殘差值 e_i 如下，畫出其所對應的殘差圖，並分析它的解釋意義。（檔案：殘差 1.xls）

自變數值 X_i	44	8	62	22	30	24	16	34
殘差 e_i	5	−2	4	0	−2	−5	3	−2

解

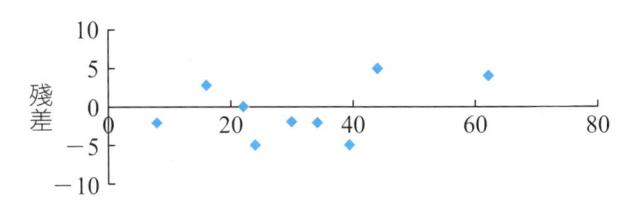

図 14-4

殘差圖 14-4 呈現不規則狀，表示變異數的齊一性假設成立，直線迴歸模型適用於這類變數。

殘差圖 14-3(c) 顯示直線迴歸模型不適合，其進一步的意義是，誤差項之間的獨立性質不成立，此時的現象，稱之為「誤差自我相關」，指的是前後觀察值有相互的影響。檢查自我相關的現象，通常採用 Durbin-Watson 檢定法。

「誤差自我相關」的統計檢定假說

H_0：直線迴歸模型中，誤差項之間彼此獨立

H_1：直線迴歸模型中，誤差項之間具有自我相關

檢定統計量

$$\text{Durbin-Watson 檢定統計量} = D = \frac{\sum_{i=2}^{n}(e_i - e_{i-1})^2}{\sum_{i=1}^{n}e_i^2}$$

統計決策

查詢 Durbin-Watson 表格時（附表七），所需要知道的訊息：n（樣本數）大於 15 及 p（自變數的個數），在特定顯著水準 α 之下，Durbin-Watson 下臨界值 = $d_L(p)$，Durbin-Watson 上臨界值 = $d_U(p)$。

1. 若 d 值 < $d_L(p)$，則拒絕 H_0，表示誤差項之間具有正向自我相關；若 d 值 > $4 - d_L(p)$，則拒絕 H_0，表示誤差項之間具有負向自我相關。
2. 若 $d_U(p)$ < d 值 < $4 - d_U(p)$，表示不拒絕 H_0，表示誤差項之間彼此獨立。
3. 若 $d_L(p)$ < d 值 < $d_U(p)$ 或是 $4 - d_U(p)$ < d 值 < $4 - d_L(p)$，表示檢定失敗，無法確定誤差之間的獨立性質。

以上的決策內容，可以彙整成以下的圖形表示法：

| $d_L(p)$ | $d_U(p)$ | $4 - d_U(p)$ | $4 - d_L(p)$ |

（拒絕 H_0） 無法確定 （不拒絕 H_0） 無法確定 （拒絕 H_0）

範例 14-12

由直線迴歸估計式，所得到的 19 個迴歸估計值 $\hat{Y}_i$（預測症狀解除時間）、殘差值 e_i、一階殘差等各項資料如表 14-12：（檔案：殘差 2.xls）

(1) 畫出「預測症狀解除時間 $\hat{Y}_i$」vs.「殘差 e_i」殘差圖，並分析它的解釋意義。
(2) 計算 Durbin-Watson 檢定統計量，並檢定：直線迴歸模型中，誤差項之間的相關性（$\alpha = 0.05$）。

❖ 表 14-12

迴歸估計值 $\hat{Y}_i$	殘差 $e_i = Y_i - \hat{Y}_i$	殘差平方 e_i^2	一階殘差 $e_i - e_{i-1}$	一階殘差平方 $(e_i - e_{i-1})^2$
3.2	0.7	0.49	−1.48	2.1904
2.5	−0.78	0.6084	1.81	3.2761
2.8	1.03	1.0609	−0.70	0.49
3.7	0.33	0.1089	2.06	4.2436
1.5	2.39	5.7121	−3.06	9.3636
3.25	−0.67	0.4489	2.32	5.3824
2.23	1.65	2.7225	−1.49	2.2201
2.74	0.16	0.0256	0.68	0.4624
3.76	0.84	0.7056	−2.03	4.1209
1.72	−1.19	1.4161	1.48	2.1904
2.2	0.29	0.0841	−1.57	2.4649
3.3	−1.28	1.6384	2.48	6.1504
1.98	1.20	1.44	−1.67	2.7889
2.45	−0.47	0.2209	1.49	2.2201
2.25	1.02	1.0404	−1.18	1.3924
1.23	−0.16	0.0256	1.48	2.1904
2.74	1.32	1.7424	−2.67	7.1289
3.72	−1.35	1.8225	2.12	4.4944
4.72	0.77	0.5929		

解

(1)

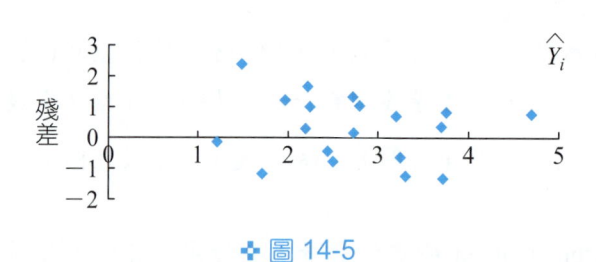

残差

图 14-5

此殘差圖呈現不規則狀，表示變異數的齊一性假設成立，直線迴歸模型適用於這類變數。

(2) Durbin-Watson 檢定統計量 $= D = \dfrac{\sum_{i=2}^{n}(e_i - e_{i-1})^2}{\sum_{i=1}^{n} e_i^2}$，

它的值 $= d = \dfrac{62.7703}{21.9062} = 2.8654$。

檢定：直線迴歸模型中，誤差項之間的相關性。

H_0：直線迴歸模型中，誤差項之間彼此獨立

H_1：直線迴歸模型中，誤差項之間具有自我相關

查詢 Durbin-Watson 表，樣本數 $n = 19$ 及自變數的個數 $p = 1$，$\alpha = 0.05$ 之下，Durbin-Watson 下臨界值 $= d_L(1) = 1.18$，上臨界值 $= d_U(1) = 1.40$。檢定統計量 d 值 $= 2.8654 > 4 - d_L(1) = 2.82$，則不拒絕 H_0，表示誤差項之間有負向的自我相關。

14-9 Excel 應用例

Excel 的執行

迴歸分析的執行，在 Excel 中，利用『資料』中，『資料分析』的選項『迴歸』，在產生的對話視窗內，分別輸入所需要的相關資訊，則可以得到「迴歸分

Chapter 14　簡單迴歸分析

析」的結果。

+ 圖 14-6

範例 14-13

將範例 14-1 的用藥的劑量 X（單位：毫克），與解除症狀所需的時間 Y（單位：天數），分別儲存於 Excel 檔案中，A、B 欄。以 Excel 完成迴歸分析。（$\alpha = 0.05$，檔案：用藥劑量.xls）

	A	B
1	用藥劑量	解除時間
2	4	3.2
3	6	2.5
4	5	2.8
5	3	3.7
6	7	1.5

解

在 Excel 的『資料』→『資料分析』中，選取『迴歸』。在產生的對話視窗內，分別輸入所需要的相關資訊：

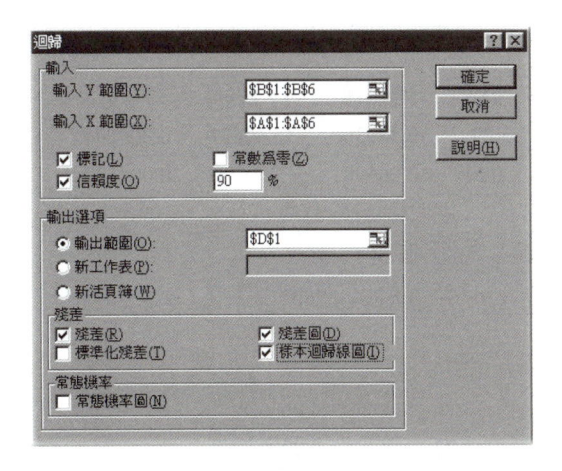

+ 圖 14-7

執行後的結果如表 14-13。

所產生的兩個圖：「殘差圖」及「樣本迴歸線圖」如圖 14-8、圖 14-9。

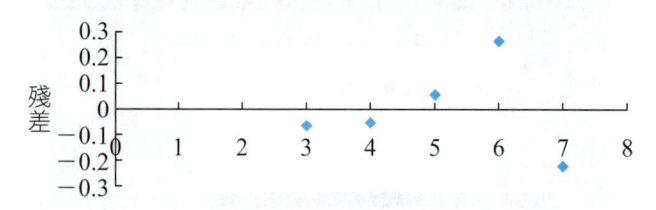

用藥劑量

✤ 圖 14-8　用藥劑量殘差圖

✤ 表 14-13

摘要輸出

迴歸統計	
R 的倍數	0.97573
R 平方	0.95205
調整的 R 平方	0.936066
標準誤	0.208966
觀察值個數	5

ANOVA					
	自由度	SS	MS	F	顯著值
迴歸	1	2.601	2.601	59.56489	0.004522
殘差	3	0.131	0.043667		
總和	4	2.732			

	係數	標準誤	t-統計	P-值	下限 95%	上限 95%
截距	5.29	0.343366	15.40631	0.000594	4.197256	6.382744
用藥劑量	-0.51	0.066081	-7.71783	0.004522	-0.7203	-0.2997

殘差輸出

觀察值	預測為解除時間	殘差
1	3.25	-0.05
2	2.23	0.27
3	2.74	0.06
4	3.76	-0.06
5	1.72	-0.22

✤ 圖 14-9　用藥劑量樣本迴歸線圖

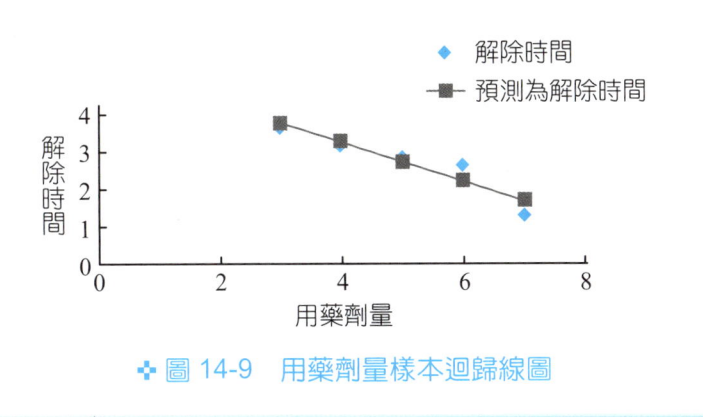

14-10　章節架構圖說明：簡單迴歸分析 ——《青蛙例》

　　全世界的生態環境，隨著「溫室效應」，有著一股異於尋常的現象。生物學家特別研究了青蛙的「叫聲」與「溫度」的關係：依據以往的研究，青蛙的「叫聲頻率」(以 f 表示，單位：次/秒) 與「溫度」(以 t 表示，單位：攝氏) 之間，有著以下的線性關係：$f = 2 + 5.5t$。生物學家做了以下的觀察實驗：在不同的溫度下，記錄青蛙的「叫聲」，共有 110 筆資料，下列為部份的資料：(檔案：青蛙叫聲.xls)

頻率 (f)	69.7	150.7	216.5	…	140.9	148.4	118.5
溫度 (t)	17.9	21.7	28.9	…	19.2	20.3	15.4

簡單迴歸分析

(1) 由樣本所得到的直線迴歸估計式？
(2) 估計誤差變異數。
(3) 檢定：樣本所得到的直線迴歸係數，是否符合以往的紀錄線性關係：
　　$f = 2 + 5.5t$？
(4) 進行「迴歸模型適合性」的檢定 (顯著水準 $\alpha = 0.05$)。
(5) 進行相關性的分析 (顯著水準 $\alpha = 0.05$)。

(6) 若溫度 40 度,則青蛙平均「叫聲頻率」之 95% 信賴區間?
(7) 若溫度 40 度,則青蛙單一「叫聲頻率」之 95% 預測區間?
(8) 畫出殘差圖,並分析它的解釋意義。迴歸分析的假設條件,是否符合?

章節架構圖 vs. 案例說明

(1) 由樣本所得到的直線迴歸估計式 = ?

簡單線性迴歸模型的估計 → 線性迴歸估計式

解

迴歸係數:

模式	未標準化係數 B 之估計值	標準誤	t	顯著性
常數	3.919	1.420	2.759	0.007
溫度	6.881	0.067	102.065	0.000

$b_1 = 6.881$,$b_0 = 3.919$,最小平方迴歸估計式 $\hat{Y}_i = 3.919 + 6.881 X_i$。

(2) 估計誤差變異數。

誤差變異數之估計 → 殘差均方和

解

變異數分析:

模式	平方和	自由度	平均平方和	F-檢定	顯著性
迴歸	287,313.885	1	287,313.885	10,417.323	0.000
殘差	2,978.683	108	27.580		
總和	290,292.568	109			

誤差變異數 σ^2 的估計 = MSE (平均平方和) = 27.58。

(3) 檢定：樣本所得到的直線迴歸係數，是否符合以往的紀錄線性關係：$f = 2 + 5.5t$？

直線迴歸係數之推論 → β_1 的推論
直線迴歸係數之推論 → β_0 的推論

解

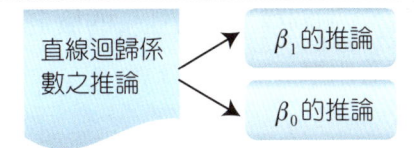

(a) β_1 的檢定。屬於雙尾檢定，β_1 的檢定值 = 5.5；其檢定假說為

$$H_0：\beta_1 = 5.5 \quad \text{vs.} \quad H_1：\beta_1 \neq 5.5$$

計算檢定統計量 $T = \dfrac{b_1 - \beta_{1,0}}{\sqrt{\dfrac{\text{MSE}}{SS_{XX}}}}$ 的值，已知 $n = 110$，$b_1 = 6.881$，$\sqrt{\dfrac{\text{MSE}}{SS_{XX}}} =$ 0.067（標準誤）。分別代入公式，檢定統計量的值 $= T = \dfrac{6.881 - 5.51}{0.067} = 20.46$，

顯著水準 $\alpha = 0.05$，查詢常態分配表，臨界值 $= t_{0.025}(108) = 1.9799$；因為檢定統計量的值 $= 20.46 >$ 臨界值 $= 1.9799$。

結論：拒絕 H_0，表示此直線此迴歸式的斜率，不符合以往紀錄。

(b) β_0 的檢定。屬於雙尾檢定，β_0 的檢定值 = 2；其檢定假說為

$$H_0：\beta_0 = 2 \quad \text{vs.} \quad H_1：\beta_0 \neq 2$$

計算檢定統計量 $T = \dfrac{b_0 - \beta_{0,0}}{\sqrt{\text{MSE}\left(\dfrac{1}{n} + \dfrac{\bar{X}^2}{SS_{XX}}\right)}}$ 的值，已知 $n = 110$，$b_0 = 3.919$，

$\sqrt{\text{MSE}\left(\dfrac{1}{n} + \dfrac{\bar{X}^2}{SS_{XX}}\right)} = 1.42$（標準誤），分別代入公式，檢定統計量的值 $= T = \dfrac{3.919 - 2}{1.42} = 1.3514$，臨界值 $= t_{0.025}(108) = 1.9799$；因為檢定統計量的值 $= 1.3514 <$ 臨界值 $= 1.9799$。

結論：不拒絕 H_0，表示此直線迴歸式的截距，符合以往紀錄。

(4) 進行「迴歸模型適合性」的檢定（顯著水準 $\alpha = 0.05$）。

迴歸分析中的變異數分析 → 差異平方和

解

「迴歸模型適合性」的檢定假說：

H_0：迴歸模型不適合描述青蛙的「叫聲頻率」與「溫度」間的關係

H_1：迴歸模型適合描述青蛙的「叫聲頻率」與「溫度」間的關係

檢定統計量 $F = \dfrac{\text{MSR}}{\text{MSE}}$，具有機率分配為 F 分配，由 (2) 之變異數分析，得知自由度為 (1, 108)；檢定統計量 f - 值 = 10,417.323，P - 值 = $P(F > 10{,}417.323) \approx 0 < \alpha = 0.05$。

結論：拒絕 H_0，表示迴歸模型適合描述青蛙的「叫聲頻率」與「溫度」間的關係。

(5) 進行相關性的分析（顯著水準 $\alpha = 0.05$）。

相關分析 → 樣本相關係數

解

模式摘要：

模式	R	R 平方	調過後的 R 平方	估計的標準誤	Durbin-Watson 檢定
1	0.995	0.990	0.990	5.252	2.065

判定係數 $R^2 = \dfrac{\text{SSR}}{\text{SST}} = 0.990$ 說明了有 99% 反應在線性迴歸模型 $\hat{Y}_i = 3.919 + 6.881 X_i$。也就是說，線性迴歸模型在青蛙的「叫聲頻率」與「溫度」的問題上，其解釋能力達到 99%，可說是非常好的模型。

樣本相關係數 $\gamma_{XY} = \dfrac{S_{XY}}{S_X S_Y} = 0.995$；表示：「溫度」與青蛙的「叫聲頻率」有高度的正向線性相關；也就是說，「溫度」愈高，青蛙的「叫聲頻率」愈高。

檢定：青蛙的「叫聲頻率」是否與「溫度」有相關性 ($\alpha = 0.05$)？

$$H_0 : \rho_{XY} = 0 \quad \text{vs.} \quad H_1 : \rho_{XY} \neq 0$$

採用檢定統計量 $= T = \dfrac{\gamma_{XY}}{\sqrt{\dfrac{1 - \gamma_{XY}^2}{n-2}}}$，已知 $\gamma_{XY} = 0.995$，代入公式，檢定統計量的值 $= t = \dfrac{0.995}{\sqrt{\dfrac{1 - 0.995^2}{110 - 2}}} = 103.53$。顯著水準 $\alpha = 0.05$，查詢 T 分配表，臨界值 $= t_{0.025}(108) = 1.975$；因為檢定統計量的 $|t\text{-值}| = 103.53 >$ 臨界值 $= 1.975$。

結論：拒絕 H_0，表示青蛙的「叫聲頻率」與「溫度」之間有相關性。

---

(6) 若溫度 40 度，則青蛙平均「叫聲頻率」之 95% 信賴區間？

(7) 若溫度 40 度，則青蛙單一「叫聲頻率」之 95% 預測區間？

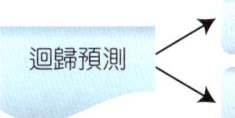

迴歸預測 → 平均因變數的預測
迴歸預測 → 個別可能因變數的預測

解

(6) 若溫度 = 40 度，則青蛙平均「叫聲頻率」之 95% 信賴區間 = ？

「溫度」$X_P = 40$ 時，對應之青蛙平均「叫聲頻率」$E(Y | X_p)$ 預測式 $= \hat{Y}_i = b_0 + b_1 X_P$，其估計值 $= \hat{y}_p = 3.919 + 6.881*40 = 279.159$；結論：當「溫度」$X_P = 40$ 度，則青蛙平均「叫聲頻率」為 279.159 次。另外，95% 之不變公式 $= \hat{Y}_p \pm t_{\alpha/2}(n-2) * \sqrt{\text{MSE}\left(\dfrac{1}{n} + \dfrac{(X_p - \bar{X})^2}{SS_{XX}}\right)}$；已知 $n = 110$，$\hat{Y}_p = 279.159$，$SS_{XX} = 78.383$，$\bar{X} = 19.7$，$\text{MSE} = 27.58$，$t_{0.025}(108) = 1.975$，分別代入公式，得平均「叫聲頻率」的 95% 之區間估計值：

$$279.159 \pm 1.975 * \sqrt{27.58 \left(\dfrac{1}{110} + \dfrac{(40 - 19.7)^2}{78.383}\right)} = 279.159 \pm 23.8026$$
$$= [255.36, 302.96]$$

(7) 若溫度 = 40 度，則青蛙單一「叫聲頻率」之 95% 預測區間？

「溫度」$X_P = 40$ 時，對應之青蛙單一「叫聲頻率」之 95% 預測區間 $= \hat{Y}_p \pm t_{\alpha/2}(n-2) * \sqrt{\text{MSE}\left(1 + \frac{1}{n} + \frac{(X_p - \bar{X})^2}{SS_{XX}}\right)}$；已知 $n = 110$，$\hat{y}_p = 279.159$，$SS_{XX} = 78.383$，$\bar{X} = 19.7$，$\text{MSE} = 27.58$，$t_{0.025}(108) = 1.975$，分別代入公式，得青蛙單一「叫聲頻率」的 95% 之區間預測值：

$$279.159 \pm 1.975 * \sqrt{27.58\left(1 + \frac{1}{110} + \frac{(40-19.7)^2}{78.383}\right)} = 279.159 \pm 26.1018$$

$$= [253.057, 305.2608]$$

(8) 畫出殘差圖，並分析它的解釋意義。迴歸分析的假設條件，是否符合？

殘差分析 → 驗證變異數的齊一性假設

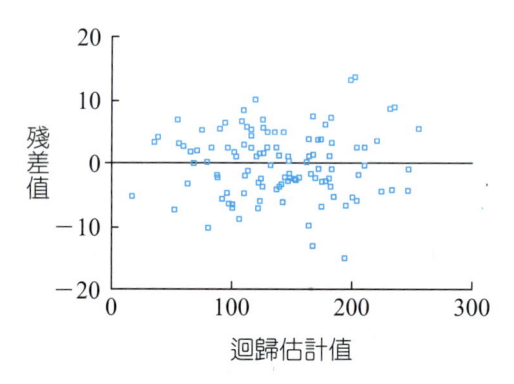

解

◆ 迴歸估計值 vs. 殘差圖

此殘差圖呈現不規則狀，表示變異數的齊一性假設成立；而且誤差項間相互獨立。

名詞解釋

簡單迴歸模型：單一自變數與因變數的相關函數模型。

簡單線性迴歸模型：單一自變數與因變數的線性模型：

$Y_i = \beta_0 + \beta_1 X_i + \varepsilon_i$，$i = 1, 2, \ldots, n$

直線迴歸式的斜率 β_1：表示自變數 X 對因變數 Y 的影響力：

(1) 當 $\beta_1 > 0$，表示 X 增加 Y 亦隨之增加。

(2) 當 $\beta_1 < 0$，表示 X 增加 Y 則相對減少。

(3) 當 $\beta_1 = 0$，表示 X 之變化完全不會影響 Y。

直線迴歸式的截距項 β_0：表示當 $X = 0$ 時，Y 之平均水準：

(1) 當 $\beta_0 > 0$，表示 Y 之平均水準 > 0。

(2) 當 $\beta_0 < 0$，則表示 Y 之平均水準 < 0。

(3) 當 $\beta_0 = 0$，則表示 Y 之平均水準 $= 0$；這些現象可經由檢定結果來說明。

標準方程式 (normal equation)：

$$\begin{cases} nb_0 + (\sum_{i=1}^{n} X_i)b_1 = \sum_{i=1}^{n} Y_i \\ (\sum_{i=1}^{n} X_i)b_0 + (\sum_{i=1}^{n} X_i^2)b_1 = \sum_{i=1}^{n} X_i Y_i \end{cases}$$

迴歸係數估計式 b_0、b_1：$b_0 = \bar{Y} - b_1 \bar{X}$；$b_1 = \dfrac{SS_{XY}}{SS_{XX}}$

其中 $SS_{XY} = \sum_{i=1}^{n}(X_i - \bar{X})(Y_i - \bar{Y})$，$SS_{XX} = \sum_{i=1}^{n}(X_i - \bar{X})^2$

線性迴歸估計式：

$\hat{Y}_i = b_0 + b_1 X_i$；$b_0 = \bar{Y} - b_1 \bar{X}$，$b_1 = \dfrac{SS_{XY}}{SS_{XX}}$

可改寫為

$\hat{Y}_i - \bar{Y} = b_1(X_i - \bar{X})$

直線迴歸式斜率項 β_1 之統計檢定：

	假設問題	檢定統計量	臨界值	拒絕域	P-值
雙尾	$H_0: \beta_1 = \beta_{1,0}$ $H_1: \beta_1 \neq \beta_{1,0}$	$T = \dfrac{b_1 - \beta_{1,0}}{\sqrt{\dfrac{\text{MSE}}{SS_{xx}}}}$	$t_{\alpha/2}(n-2)$	$\lvert t \rvert \geq t_{\alpha/2}(n-2)$	$2 * P(T \geq \lvert t \rvert)$
右尾	$H_0: \beta_1 \leq \beta_{1,0}$ $H_1: \beta_1 > \beta_{1,0}$	$T \sim T$ 分配 $(df = n-2)$	$t_\alpha(n-2)$	$\chi^2 \geq \chi^2_\alpha(n-1)$	$P(T \geq t)$
左尾	$H_0: \beta_1 \geq \beta_{1,0}$ $H_1: \beta_1 < \beta_{1,0}$	T 的樣本值 $= t$	$-t_\alpha(n-2)$	$\chi^2 \geq \chi^2_{1-\alpha}(n-1)$	$P(T \leq t)$

【決策】當檢定統計 t 值落在拒絕域；或 P-值 $< \alpha$ (P-值很小)，表示拒絕 H_0，但接受 H_1 的宣稱。

直線迴歸式截距項 β_0 之統計檢定：

	假設問題	檢定統計量	臨界值	拒絕域	P-值
雙尾	$H_0: \beta_0 = \beta_{0,0}$ $H_1: \beta_0 \neq \beta_{0,0}$	$T = \dfrac{b_0 - \beta_{0,0}}{\sqrt{\text{MSE}\left(\dfrac{1}{n} + \dfrac{\bar{X}^2}{SS_{xx}}\right)}}$	$t_{\alpha/2}(n-2)$	$\lvert t \rvert \geq t_{\alpha/2}(n-2)$	$2 * P(T \geq \lvert t \rvert)$
右尾	$H_0: \beta_0 \leq \beta_{0,0}$ $H_1: \beta_0 > \beta_{0,0}$	$T \sim T$ 分配 $(df = n-2)$	$t_\alpha(n-2)$	$\chi^2 \geq \chi^2_\alpha(n-1)$	$P(T \geq t)$
左尾	$H_0: \beta_0 \geq \beta_{0,0}$ $H_1: \beta_0 < \beta_{0,0}$	T 的樣本值 $= t$	$-t_\alpha(n-2)$	$\chi^2 \geq \chi^2_{1-\alpha}(n-1)$	$P(T \leq t)$

【決策】當檢定統計值落在拒絕域；或 P-值 $< \alpha$ (P-值很小)，表示拒絕 H_0，但接受 H_1 的宣稱。

平均因變數 $E(Y \mid X_p)$ 的預測：

(1) 點估計式為 $\hat{Y}_p = b_0 + b_1 X_p$。

(2) 信賴度 $= (1-\alpha)100\%$ 下之信賴區間為

$$\hat{Y}_p \pm t_{\alpha/2}(n-2) * \sqrt{\text{MSE}\left(\dfrac{1}{n} + \dfrac{(X_p - \bar{X})^2}{SS_{xx}}\right)}$$

個別可能因變數 Y_p 的預測：

(1) 點估計式為 $\hat{Y}_p = b_0 + b_1 X_p$。

(2) 信賴度 $=(1-\alpha)100\%$ 下之信賴區間為

$$\hat{Y}_p \pm t_{\alpha/2}(n-2) * \sqrt{\text{MSE}\left(1 + \frac{1}{n} + \frac{(X_p - \bar{X})^2}{SS_{XX}}\right)}$$

三種變異 (差異平方和)：

迴歸變異 SSR： 迴歸估計值 $\hat{Y}_i$ 與平均數 $\bar{Y}$ 的差異平方和

$$\text{SSR} = \sum_{i=1}^{n}(\hat{Y}_i - \bar{Y})^2$$

誤差變異 SSE： 因變數 Y_i 與迴歸估計值 $\hat{Y}_i$ 的差異平方和

$$\text{SSE} = \sum_{i=1}^{n}(Y_i - \hat{Y}_i)^2$$

總變異 SST： 因變數 Y_i 與平均數 $\bar{Y}$ 的差異平方和

$$\text{SST} = \sum_{i=1}^{n}(Y_i - \bar{Y})^2$$

直線迴歸式三種變異的等式關係： SST = SSR + SSE

線性迴歸分析之變異數分析：

變異來源	SS	自由度	MS	F
迴歸	SSR	1	MSR	$\dfrac{\text{MSR}}{\text{MSE}}$
誤差	SSE	$n-2$	MSE	
總變異	SST	$n-1$		

「迴歸模型適合性」的檢定：

(1) 統計檢定假說：

  H_0：迴歸模型不適合描述此類自變數與因變數間的關係

  H_1：迴歸模型適合描述此類自變數與因變數間的關係

(2) 檢定統計量 $F = \dfrac{\text{MSR}}{\text{MSE}}$，具有機率分配為 F 分配，自由度為 $(1, n-2)$。

(3) 統計決策：

當檢定統計值 f - 值 $> F$ - 臨界值 $[F_\alpha(1, n-2)]$，表示無法接受 H_0（拒絕 H_0），但接受 H_1 的宣稱。結論：迴歸模型適合描述此類自變數與因變數間的關係。

判定係數 R_2：$R^2 = \dfrac{\text{SSR}}{\text{SST}}$，$0 \le R^2 \le 1$。 表示因變數的總變異中，來自於迴歸模型的部份，所佔的比例。R^2 的值愈接近 1，表示迴歸模型的解釋能力愈強。

相關分析：探討自變數與因變數的關係程度與方向。

樣本相關係數 γ_{XY}：$\gamma_{XY} = \dfrac{S_{XY}}{S_X S_Y}$ ，$-1 \le \gamma_{XY} \le 1$

其中分子 = X 與 Y 的樣本共變異數 $S_{XY} = \dfrac{1}{n-1}\sum_{i=1}^{n}(X_i - \overline{X})(Y_i - \overline{Y})$

分母是樣本標準差，分別為 $S_X = \sqrt{\dfrac{1}{n-1}\sum_{i=1}^{n}(X_i - \overline{X})^2}$, $S_Y = \sqrt{\dfrac{1}{n-1}\sum_{i=1}^{n}(Y_i - \overline{Y})^2}$

樣本相關係數常用公式：

(1) $\gamma_{XY} = \dfrac{S_{XY}}{S_X S_Y} = \dfrac{SS_{XY}}{\sqrt{SS_{XX}}\sqrt{SS_{XY}}}$

其中 $SS_{XY} = \sum(X_i Y_i) - \dfrac{1}{n}(\sum X_i)(\sum Y_i)$

$SS_{XY} = \sum(X_i^2) - \dfrac{1}{n}(\sum X_i)^2$

$SS_{YY} = \sum(Y_i^2) - \dfrac{1}{n}(\sum Y_i)^2$

(2) $\gamma_{XY} = \pm\sqrt{R^2} = \pm\sqrt{\dfrac{\text{SSR}}{\text{SST}}}$，符號取與 b_1 相同的符號。

「殘差」：$e_i = Y_i - \hat{Y}_i$，指的是觀察因變數與其迴歸估計值的差。

「誤差自我相關」的統計檢定：

(1) 統計檢定假說（檢定：直線迴歸模型中，誤差項之間的相關性）：

H_0：直線迴歸模型中，誤差項之間彼此獨立

H_1：直線迴歸模型中，誤差項之間具有自我相關

(2) Durbin-Watson 檢定統計量 $= D = \dfrac{\sum_{i=2}^{n}(e_i - e_{i-1})^2}{\sum_{i=1}^{n} e_i^2}$

(3) 統計決策：查詢 Durbin-Watson 表格，下臨界值 $= d_L(p)$，上臨界值 $= d_U(p)$

```
        d_L(p)      d_U(p)     4 - d_U(p)    4 - d_L(p)
───────┼──────────┼──────────┼──────────────┼──────────────
（拒絕H₀）  無法確定  （不拒絕H₀）  無法確定  （拒絕H₀）
```

練習題

14-1 設由某公司隨機抽樣 10 位員工的年齡 (x) 與血壓 (y) 資料，結果算出 $\sum_{i=1}^{10} x_i = 450$，$\sum_{i=1}^{10} y_i = 1{,}300$，$\sum_{i=1}^{10} x_i^2 = 21{,}250$，$\sum_{i=1}^{10} y_i^2 = 171{,}250$，$\sum_{i=1}^{10} x_i y_i = 59{,}100$，請問年齡與血壓的相關係數 $r = ?$

14-2 設兩種變量 x、y 的三組資料如下：

x	1	2	4
y	2	3	4

求 y 對 x 的迴歸線方程式 = ?

14-3

x	4	5	7	7	8	10	11	12
y	8	12	14	18	22	24	28	34

(1) 相關係數 $r = ?$
(2) 若迴歸線 $y = a + bx$，則迴歸線方程式為何？
(3) $f(a, b) = (a + 4b - 8)^2 + (a + 5b - 12)^2 + (a + 7b - 14)^2 + (a + 7b - 18)^2 + (a + 8b - 22)^2 + (a + 10b - 24)^2 + (a + 11b - 28)^2 + (a + 12b - 34)^2$ 之最小值。

14-4 $\sum_{i=1}^{10} x_i = 450$，$\sum_{i=1}^{10} y_i = 1{,}300$，$\sum_{i=1}^{10} x_i^2 = 21{,}250$，$\sum_{i=1}^{10} y_i^2 = 171{,}250$，$\sum_{i=1}^{10} x_i y_i = 59{,}100$

(1) 相關係數 $r = ?$
(2) 若迴歸線 $y = a + bx$，則迴歸線方程式為何？
(3) $\sum_{i=1}^{10}(y_i - a - bx)^2$ 之最小值。

14-5 已知下列 10 組 x, y 值：

x	1	1	1	2	3	3	4	5	5	6
y	6	7	8	9	14	12	19	24	21	28

(1) 繪出散佈圖。
(2) 計算 $\overline{X}$、$\overline{Y}$、SS_{XX} 與 SS_{XY}。
(3) 求「直線迴歸估計式」$\hat{Y}_i = b_0 + b_1 X_i$，並在散佈圖中繪出此直線。

14-6 食品公司想要了解：冷凍雞塊食品的銷售量 (Y，單位：包/每天) 與促銷人力費 (X，單位：10元/每天) 的關係。選定一家超市作為期一週的促銷活動，得其平均銷售量 $\overline{Y}$ = 29；平均人力費 $\overline{X}$ = 15.0；SS_{XX} = 6.4771；SS_{XY} = 10.3571。求銷售量與促銷人力費的「直線迴歸估計式」$\hat{Y}_i = b_0 + b_1 X_i$。

14-7 在 14-6 題中，已知殘差項如下：1.365、−0.475、−1.595、0.205、−0.833、0.806、0.527，計算「殘差項的平方和」SSE，以及「殘差均方和」MSE。

14-8 某韻律中心集團根據旗下 10 家分店，歸納出分店年收入 (Y，單位：百萬/每月) 與會員人數 (X，單位：萬人) 的直線迴歸估計式如下：$\hat{Y}_i = -0.67 + 0.82 X_i$。這樣的資訊該如何解釋？

14-9 在 14-8 題中，若 SS_{XX} = 16.52，「殘差均方和」MSE = 2.1。利用這些資訊，計算在信賴度 = 90% 下，β_1 的信賴區間。

14-10 在 14-8 題中，檢定迴歸線斜率 β_1 是否等於 0，並解釋其意義。(α = 0.05)

14-11 在 14-6 題中，如果某一天的促銷費提高為 500 元，計算：當天冷凍雞塊食品平均銷售量的 90% 區間估計值 = ？另請預測：當天冷凍雞塊食品銷售量的 90% 區間估計值。

14-12 若在 14-6 題中的變異數分析表如下：

ANOVA	自由度	SS	MS	F	顯著值
迴歸	1	16.56	16.56	13.153	0.015
誤差	5	6.30	1.26		
總變異	6	22.86			

(1) 冷凍雞塊食品的銷售量與促銷人力費是否有關係？(α = 0.025)
(2) 計算判定係數及樣本相關係數，並加以解釋。

14-13 下表是 12 處郵局的員工數與郵件處理量的部份迴歸分析分析結果：

	係數	標準誤	t - 統計	P - 值
截距	0.953	4.63	0.206	0.845
員工數	0.00025	0.000051	4.902	0.004

R 平方 0.66456

(1) 寫出「直線迴歸估計式」$\hat{Y}_i = b_0 + b_1 X_i$。
(2) 檢定迴歸線斜率 β_1 是否等於 0，並解釋其意義。(α = 0.05)
(3) 從此結果判斷郵局員工的人數與郵件處理量的相關性是否顯著？(α = 0.05)

14-14 在 14-6 題中，已知殘差項如下：1.365、− 0.475、− 1.595、0.205、− 0.833、0.806、0.527、其所對應的殘差圖如下：

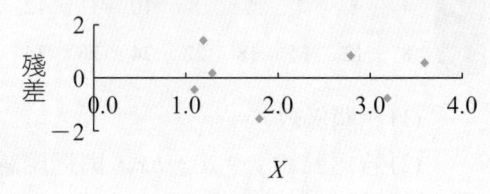

❖ X 殘差圖

(1) 分析它的解釋意義。

(2) 計算 Durbin-Watson 檢定統計量，並檢定：直線迴歸模型中，誤差項之間的相關性。(α =0.05)

14-15 冰淇淋店店長想要知道：每天的天氣氣溫（攝氏）與銷售量（單位：百盒/天）之間的關係。記錄了 21 天的資料，整理後的迴歸係數，變異數分析表如下：

ANOVA	自由度	SS	MS	F	顯著值
迴歸	1	7.0867	7.0867		< 0.001
誤差					
總變異	20	8.761			

	係數	標準誤	t-統計	P-值
截距	−0.4581	0.3526	−1.2993	0.2094
溫度	0.1103	0.0123		< 0.001

(1) 請完成以上的表格內容。

(2) 利用 β_1 的標準誤 0.0123，計算 SS_{XX}。（提示：β_1 的標準誤 $= \sqrt{\dfrac{\text{MSE}}{SS_{XX}}}$）

14-16 在 14-15 冰淇淋題：
(1) 寫出「直線迴歸估計式」$\hat{Y}_i = b_0 + b_1 X_i$，這樣的資訊該如何解釋？
(2) 檢定迴歸線斜率 β_1 是否等於 0，並解釋其意義。($\alpha = 0.05$)
(3) 當溫度 = 攝氏 10 度，冰淇淋的平均銷售量之 95% 區間估計 = ？
（已知 $\overline{X} = 28.1762$）
(4) 當溫度 = 攝氏 38 度，冰淇淋的可能銷售量之 95% 預測區間 = ？

14-17 在 14-15 冰淇淋題：
(1) 計算判定係數及樣本相關係數，並加以解釋。
(2) 從此結果判斷天氣氣溫與冰淇淋銷售量的相關性是否顯著？($\alpha = 0.05$)

CHAPTER 15

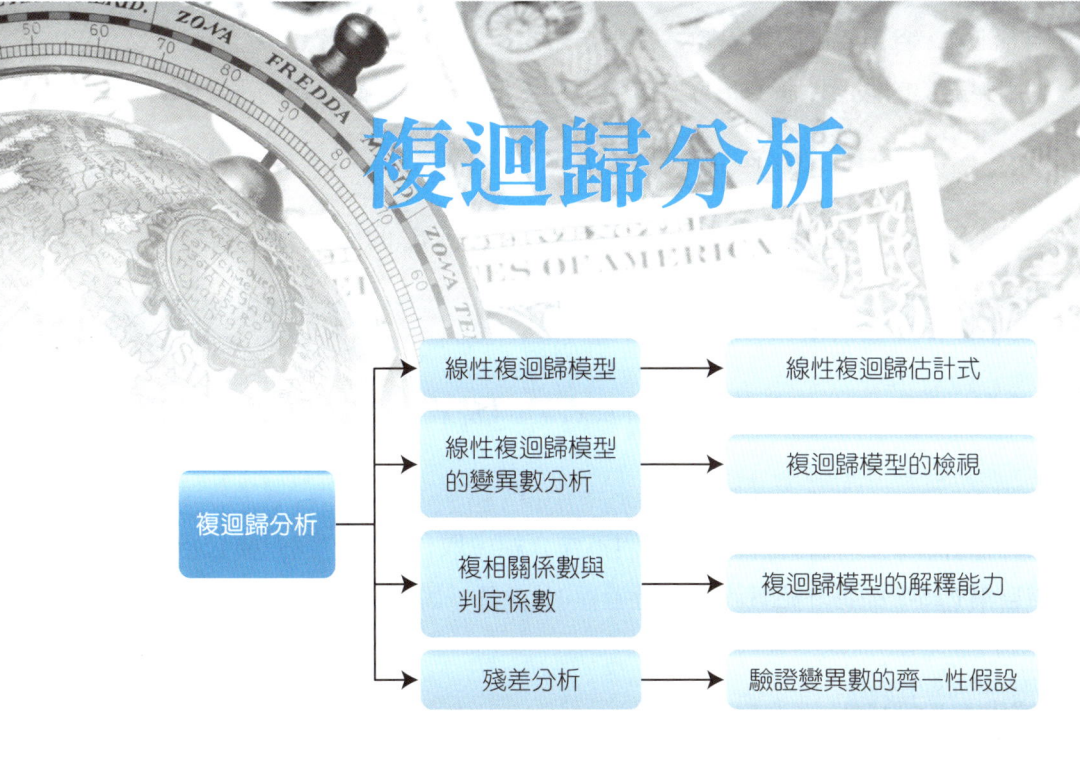

複迴歸分析

```
                    ┌─→ 線性複迴歸模型 ──────→ 線性複迴歸估計式
                    │
                    ├─→ 線性複迴歸模型    ──→ 複迴歸模型的檢視
                    │   的變異數分析
複迴歸分析 ─────────┤
                    ├─→ 複相關係數與   ────→ 複迴歸模型的解釋能力
                    │   判定係數
                    │
                    └─→ 殘差分析 ──────────→ 驗證變異數的齊一性假設
```

　　在現實生活中，我們所要處理的問題，通常都不只一個自變數；當迴歸問題中，自變數的個數在兩個以上 (含兩個)，其所要探討的迴歸模型，稱為複迴歸模型。複迴歸分析的主要目的在於：(1) 可使迴歸的可解釋之變動部份增加，相對的降低了誤差造成的變異；(2) 可以避免對應變數具有較大影響之重要解釋變數有所遺漏。複迴歸模型的計算相當複雜，在本章中，我們只作觀念性的介紹，以及 Excel，SPSS 的實際操作、執行結果的說明，以達到實用的目的。

15-1 線性複迴歸模型

　　對應於簡單直線迴歸模型；如果有 p 個自變數 $X_1, \dots, X_p$，一個因變數 Y 的迴歸資料，其所建立的線性複迴歸模型：

實用統計學

$$Y = \beta_0 + \beta_1 X_1 + \beta_2 X_2 + \cdots + \beta_p X_p + \varepsilon \qquad (15\text{-}1)$$

其中誤差項 ε 表示一隨機變數，具有常態機率分配，平均數為 0，變異數為 σ^2（假設）；同時不同的自變數所伴隨的誤差項 ε_i 間，是互相獨立的，但都具有相同的分配（注意，各誤差項的變異數，都是未知的 σ^2）。

利用誤差項的假設，將 (15-1) 式兩邊取期望值，可得母體複迴歸線：

$$E(Y) = \beta_0 + \beta_1 X_1 + \beta_2 X_2 + \cdots + \beta_p X_p$$

再利用最小平方法，可以計算出線性複迴歸係數 $\beta_0, \ldots, \beta_p$ 的估計式 $b_0, b_1, \ldots, b_p$。

線性複迴歸模型估計式

$$\hat{Y} = b_0 + b_1 X_1 + b_2 X_2 + \cdots + b_p X_p$$

這些估計式的公式有些複雜，我們不作介紹，取代的是，我們要介紹 Excel 的迴歸巨集（15-5 節將介紹實際的執行過程），並逐一說明複迴歸結果。

範例 15-1

某高中數學老師，想以高中學生三年在校數學平均成績 (X_1)，以及數學基本學力測驗成績 (X_2)，來預測大學入學考數學成績 (Y)。從去年參加大學入學考的學生中隨機抽取 10 人作為樣本，將他們的這三項數學成績儲存在 Excel 檔案，並且執行 Excel 的迴歸巨集，得到以下的結果：（檔案：高中成績.xls）

❖ 表 15-1

	係數	標準誤	t-值	P-值	下限 95%	上限 95%
截距	−77.13	24.71	−3.122	0.017	−135.56	−18.71
在校成績 X_1	1.20	0.28	4.290	0.004	0.54	1.86
學力測驗成績 X_2	0.68	0.17	4.054	0.005	0.28	1.08

(1) 建立此項資料的線性複迴歸模型。

(2) 如果今年的一位考生，高中在校數學成績為 64，數學基本學力測驗成績為 69，則根據此線性複迴歸模型，預測大學入學考數學成績將得幾分？

解

(1) 線性複迴歸模型估計式為 $\hat{Y} = -77.13 + 1.20X_1 + 0.68X_2$
(2) 在校數學成績 X_1 為 70，數學基本學力測驗成績 X_2 為 65，則根據線性複迴歸模型估計式，可以計算出，其大學入學考數學成績將為

$$\hat{Y} = -77.13 + 1.2 * 70 + 0.68 * 65 = 51.19$$

15-2 線性複迴歸模型的變異數分析

　　線性複迴歸分析所得到的是整個迴歸模型的估計，需要檢視模型的「適合性」；也就是說，這個由樣本所得到的線性複迴歸模型估計式，是否可以反應出自變數與因變數間的「真實線性關係」？必須進一步做分析，這一點可以透過「變異數分析」，來檢定線性複迴歸模型估計式的適合性。

步驟 1： 統計檢定假設。

　　H_0：線性複迴歸模型不適合描述此類自變數與因變數間的關係
　　H_1：線性複迴歸模型適合描述此類自變數與因變數間的關係
　　上述的假說，也可以表示為
　　$H_0: \beta_0 = \cdots = \beta_p = 0$
　　$H_1: \beta_0, \beta_1, ..., \beta_p$ 至少有一迴歸係數 $\neq 0$

步驟 2： 檢定統計量。

　　「模型適合性」的檢定統計量 F，是經由變異數分析表所產生的；其中線性複迴歸模型所產生的變異數分析表如表 15-2。

✤ 表 15-2

變異名稱	SS	自由度	MS	F
迴歸變異	SSR	p	MSR	MSR / MSE
誤差變異	SSE	$n-p-1$	MSE	
總變異	SST	$n-1$		

表中的三種差異 (SS)：迴歸變異 (SSR)、殘差變異數 (SSE)，以及總變異 (SST) 之間，如同簡單迴歸一般，有著關係等式：

$$\text{SST} = \text{SSR} + \text{SSE} \ ;\ \text{MSR} = \frac{\text{SSR}}{p}\ ;\ \text{MSE} = \frac{\text{SSE}}{n-p-1}$$

由變異數分析表所得的 $F = \dfrac{\text{MSR}}{\text{MSE}}$，是「模型適合性」的檢定統計量。同時 F-統計量的機率分配為 F 分配，自由度為 $(p, n-p-1)$。

步驟 3：統計決策。

利用 F-統計量所作的決策如下 (在特定顯著水準 α 下)：

$$F\text{-臨界值} = F_\alpha(p, n-p-1)$$

當檢定統計量 f-值 > F-臨界值，則拒絕 H_0，表示迴歸模型適合描述此類自變數與應變數間的關係。另外，我們也可以計算 P-值 = $P(F > f)$，並作決策：當 P-值 < α，則拒絕 H_0；其中 f 為 F-檢定統計量的樣本值。

範例 15-2

在範例 15-1 之線性複迴歸模型中，執行 Excel 巨集後，除了有基本統計量，同時也有 ANOVA 表：

✤ 表 15-3

ANOVA					
	自由度	SS	MS	F	顯著值
迴歸	2	2,390.15	1,195.07	18.078	0.002
殘差	7	462.75	66.11		
總和	9	2,852.90			

進行「線性複迴歸模型適合性」的檢定。（顯著水準 $\alpha = 0.05$）

解

「線性複迴歸模型適合性」的檢定假說：

H_0：線性複迴歸模型不適合描述此類「在校數學成績」(X_1)，以及「數學基本學力測驗成績」(X_2)，與「大學入學考數學成績」(Y) 的關係

H_1：線性複迴歸模型適合描述此類「在校數學成績」(X_1)，以及「數學基本學力測驗成績」(X_2)，與「大學入學考數學成績」(Y) 的關係

檢定統計量 $F = \dfrac{\text{MSR}}{\text{MSE}}$，具有機率分配為 F 分配，自由度為 (2, 10 − 2 − 1) = (2, 7)。

檢定統計量 f - 值 = 18.078，大於 F - 臨界值 = $F_{0.05}(2, 7)$ = 4.7374。

結論：拒絕 H_0，表示線性複迴歸模型適合描述此類「在校數學成績」(X_1)，以及「數學基本學力測驗成績」(X_2)，與「大學入學考數學成績」(Y) 間的關係。

此時 f =18.078，其 P - 值為 $P(F > 18.078) = 0.002$ (< 0.05)，所以所得的結論為拒絕 H_0：統計模型不顯著；表示此線性複迴歸模型具有顯著性。

15-3 複相關係數與判定係數

在複迴歸模型中，自變數不只一個；也因此在探討自變數、因變數的相關性時，要考慮「母體複相關係數」$\rho_{Y.12\cdots p}$，用來解釋 p 個自變數與因變數間的相關程度。通常，我們會採用樣本複相關係數 $\gamma_{Y.12\cdots p}$，作為 $\rho_{Y.12\cdots p}$ 的估計量；另外，「判定係數」$R^2 = \dfrac{\text{SSR}}{\text{SST}}$ 則可用來說明複迴歸模型的解釋能力。要計算樣本複相關係數 $\gamma_{Y.12\cdots p}$，可以利用以下的等式：$\gamma_{Y.12\cdots p} = \sqrt{R^2} = \sqrt{\dfrac{\text{SSR}}{\text{SST}}}$。注意的是此處複相關係數必定是正數，表示 p 個自變數與因變數間的相關程度。母體複相關係數 $\rho_{Y.12\cdots p}$ 是否等於零，顯示出：因子 (自變數) $X_1, \ldots, X_p$，與因變數 Y 之間有

無相關。這種相關性的檢定問題,可以轉換成 $\rho_{Y.12\cdots p}$ 的檢定,利用樣本相關係數 $\gamma_{Y.12\cdots p}$,來得到相關的檢定統計量,主要假設與決策內容,依檢定步驟可得以下的整理:

步驟 1: 統計檢定假說。

$$H_0:\rho_{Y.12\cdots p}=0 \quad \text{vs.} \quad H_1:\rho_{Y.12\cdots p}\neq 0$$

步驟 2: 檢定統計量。

$$\text{檢定統計量}=T=\frac{\gamma_{y.12\cdots p}}{\sqrt{\frac{1-\gamma_{y.12\cdots p}^2}{n-p-1}}}$$

,具有的機率分配為 T 分配,自由度 = $n-p-1$。

步驟 3: 統計決策。

利用 T - 統計量所作的決策如下 (在特定顯著水準 α 之下):

T - 臨界值 = $t_{\frac{\alpha}{2}}(n-p-1)$,當檢定統計量 | t - 值 | > T - 臨界值,則拒絕 H_0,則拒絕 H_0,表示自變數 X_i 與因變數 Y 之間無相關性。另外,我們也可以計算 P - 值 = $2*P(T>t)$,並作決策:當 P - 值 < α,則拒絕 H_0;其中,t 為 T - 檢定統計量的樣本值。

範例 15-3

在範例 15-1 中,Excel 的執行結果,產生「樣本複相關係數」$\gamma_{Y.12}$,以及「判定係數」$R^2=\frac{\text{SSR}}{\text{SST}}$,如表 15-4。

(1) 這兩個係數提供了什麼訊息?

(2) 進行相關性檢定:

$H_0:\rho_{y.12}=0 \quad \text{vs.} \quad H_1:\rho_{y.12}\neq 0 \ (\alpha=0.05)$

✤ 表 15-4

摘要輸出	
迴歸統計	
R 的倍數	0.915
R 平方	0.838
調整的 R 平方	0.791
標準誤	8.131
觀察值個數	10

解

(1) 此時「樣本複相關係數」$\gamma_{Y.12} = 0.915$，表示入學考數學成績與在校數學成績、學力測驗數學成績，具有高度的相關性。判定係數 $R^2 = 0.838$，表示 83.8% 樣本資料可經由此模型來解釋。有 83.8% 反應在複線性迴歸模型估計式 $\hat{Y} = -77.13 + 1.20X_1 + 0.68X_2$。也就是說，線性複迴歸模型在「入學考數學成績」與「在校數學成績」、「學力測驗數學成績」的問題上，其解釋能力達到 83.8%，是一個不錯的解釋模型。

(2) $n = 10$，$p = 2$，自由度 = 7，臨界值 = $t_{0.025}(7) = 2.3646$；計算檢定統計值

$$T = \frac{\gamma_{y.12}}{\sqrt{\frac{1-\gamma_{y.12}^2}{n-p-1}}} = \frac{0.915}{\sqrt{\frac{1-0.915^2}{10-2-1}}} = \frac{0.915}{0.1525} = 6$$

檢定統計值 = 6 大於臨界值 2.3646。

結論：拒絕 H_0，表示入學考數學成績與在校數學成績、學力測驗數學成績，有顯著性的相關。

15-4 殘差分析

線性複迴歸估計式的適用與否，可以由「殘差」反應出來。所謂殘差，指的是觀察因變數與其迴歸估計值的差：$e_i = Y_i - \hat{Y}_i$；殘差可視為誤差項 ε_i 的估計式，因此由殘差所得到的變異可視為 σ^2 的估計式，由統計理論證明：$\text{MSE} = \frac{\text{SSE}}{n-p-1}$ 是 σ^2 的不偏估計式。由「殘差 e_i」所得到的「殘差圖」可以用來分析迴歸模型中，不確定因素 ε_i 的未知變異數 σ^2 之共同假設（齊一性假設）。常見的殘差圖有兩類：

1. **個別「自變數值 X_i」vs.「殘差 e_i」的殘差圖**：當殘差圖呈現不規則狀（圖 15-1(a)），表示變異數的齊一性假設成立，線性迴歸模型適用於此自變數；殘差圖呈現規則狀（圖 15-1(b)），表示變異數的齊一性假設不成立，線性迴歸模型不適用於此自變數。

實用統計學

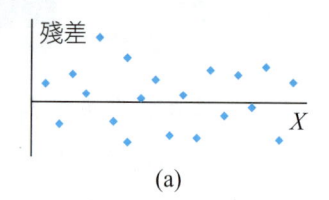

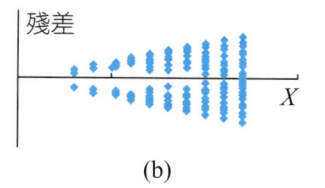

```
        殘差                            殘差
          ·                              ‧‧‧
       ·    ·  ·                        ‧‧‧‧‧
      ·  · ·  · ·  ·                   ‧‧‧‧‧‧
  ────·──·───·──·──X             ────‧‧‧‧‧‧‧‧──X
       ·    · ·                          ‧‧‧
         (a)                              (b)
```

◆ 圖 15-1

2. 「迴歸估計值 $\hat{Y}_i$」vs.「殘差 e_i」殘差圖：當殘差圖呈現不規則狀，表示變異數的齊一性假設成立（圖 15-2(a)）；如果殘差圖呈現規則狀，則顯示可能有二階變數的影響（圖 15-2(b)）。

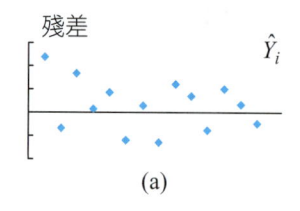

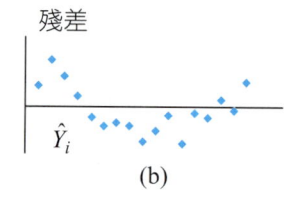

```
    殘差                        殘差
     ·          $\hat{Y}_i$      ·
  ·    ·  ·  ·                 ·         ·
 ──·──·──·──·─────         ──·──·──·──·──·──
       ·  ·                        · · ·
                                     $\hat{Y}_i$
        (a)                        (b)
```

◆ 圖 15-2

範例 15-4

在範例 15-1 中，表 15-5 為原始資料及預測值、殘差值，畫出其所對應的殘差圖，並分析它的解釋意義。（檔案：高中成績 2.xls）

◆ 表 15-5

入學考成績 Y	在校成績 X_1	學力測驗 X_2	預測成績 $\hat{Y}_i$	殘差
71	85	70	72.6	−1.58
81	75	73	62.6	18.35
82	86	82	82.0	0.02
42	69	66	50.7	−8.67
57	83	54	59.2	−2.24
37	62	60	38.2	−1.18
70	93	55	71.9	−1.91
49	85	30	45.2	3.77
88	90	87	90.2	−2.19
54	76	65	58.4	−4.37

解

(1) 個別「自變數值 X_i」vs.「殘差 e_i」的殘差圖如圖 15-3。

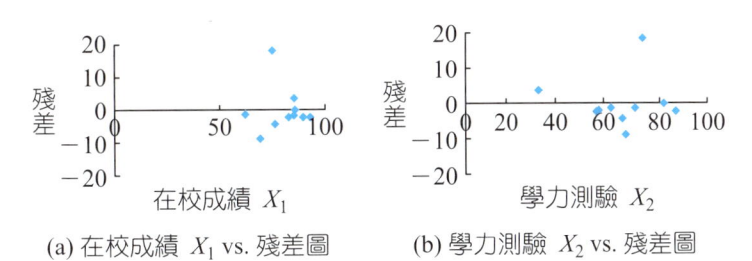

(a) 在校成績 X_1 vs. 殘差圖　　(b) 學力測驗 X_2 vs. 殘差圖

➕ 圖 15-3

兩個殘差圖（圖 15-3(a)、(b)）均呈現不規則狀，表示誤差項變異數的齊一性假設成立。

(2)「迴歸估計值 $\hat{Y}_i$」vs.「殘差 e_i」殘差圖如圖 15-4。

殘差圖（圖 15-4）呈現不規則狀，表示誤差項變異數的齊一性假設成立。

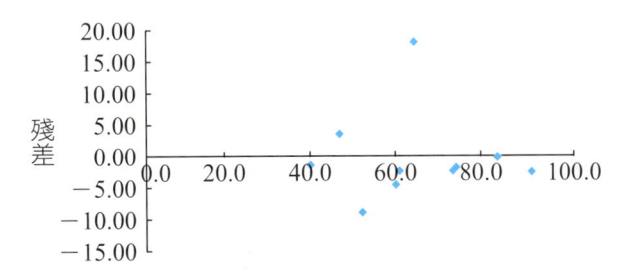

➕ 圖 15-4　迴歸估計成績 vs. 殘差圖

15-5　Excel 應用例

複迴歸分析的執行，在 Excel 中，採用與簡單迴歸分析相同的巨集；利用『資料』中，『資料分析』的選項『迴歸』，在產生的對話視窗內，分別輸入所需要的相關資訊，則可以得到「迴歸分析」的結果。

圖 15-5

範例 15-5

範例 15-1～15-4 的 10 筆隨機抽樣資料，儲存在 Excel 的 A1～C11，並在 A1、B1、C1 格分別輸入「入學考成績 Y」、「在校成績 X_1」、「學力測驗成績 X_2」。以 Excel 完成複迴歸分析。（顯著水準 $\alpha = 0.05$）（檔案：高中成績.xls）

解

點選『工具』→『資料分析』→『迴歸』，得到以下的對話視窗，將相關的資料填入，按下『確定』，即可產生所有結果。

圖 15-6

Excel 執行結果

✧ 表 15-6

摘要輸出

迴歸統計	
R 的倍數	0.915
R 平方	0.838
調整的 R 平方	0.791
標準誤	8.131
觀察值個數	10

ANOVA

	自由度	SS	MS	F	顯著值
迴歸	2	2,390.15	1,195.07	18.078	0.002
殘差	7	462.75	66.11		
總和	9	2,852.90			

	係數	標準誤	t-統計	P-值	下限 95%	上限 95%
截距	−77.13	24.71	−3.122	0.017	−135.56	−18.71
在校成績 X_1	1.20	0.28	4.290	0.004	0.54	1.86
學力測驗成績 X_2	0.68	0.17	4.054	0.005	0.28	1.08

15-6 章節架構圖說明：複迴歸分析──《廣告例》

電影院老闆想要知道：是否經過廣告的影片，票房收入較有保障，甚至想要知道廣告與總收入 (以 Y 表示，單位：萬元) 的相關模型。將廣告細分為三種：報紙廣告 (以 X_1 表示，單位：萬元)、電視廣告 (以 X_2 表示，單位：萬元)、雜誌廣告 (以 X_3 表示，單位：萬元)。實驗了半年，記錄每週的淨收入與各種廣告的費用，共有 20 筆資料，以下為部份的資料：(檔案：廣告.xls)

總收入	報紙廣告	電視廣告	雜誌廣告
604.66	9.38	73.67	0.75
406.85	6.62	52.61	0.38
⋮	⋮	⋮	⋮
482.70	6.13	51.28	0.59
346.19	4.85	38.99	0.39

複迴歸分析

(1) 計算出每週總收入與三種廣告費用有關的線性複迴歸估計式。

(2) 經由變異數分析，進行「線性複迴歸模型適合性」的檢定 (顯著水準 $\alpha = 0.05$)。

(3) 進行相關性的分析 (顯著水準 $\alpha = 0.05$)。

(4) 畫出殘差圖，並分析它的解釋意義。

章節架構圖 vs. 案例說明

(1) 計算出每週總收入與三種廣告費用有關的線性複迴歸估計式。

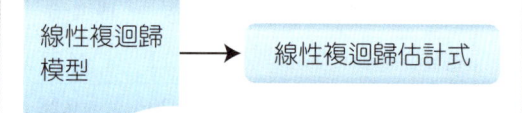

線性複迴歸模型 → 線性複迴歸估計式

解

係數估計值：

模式	未標準化係數 β 之估計值	標準誤	t	顯著性
（常數）	−4.914	45.680	−1.08	0.916
報紙廣告	24.697	9.691	2.548	0.021
電視廣告	3.471	1.349	2.572	0.020
雜誌廣告	249.927	78.305	3.192	0.006

結論：$b_0 = -4.92$，$b_1 = 24.67$，$b_2 = 3.47$，$b_3 = 249.93$，最小平方迴歸估計式
$\hat{Y} = -4.92 + 24.67X_1 + 3.47X_2 + 249.93X_3$。

(2) 經由變異數分析，進行「線性複迴歸模型適合性」的檢定 (顯著水準 $\alpha = 0.05$)。

線性複迴歸模型的變異數分析 → 複迴歸模型的檢視

解

變異數分析：

模式	平方和	自由度	平均平方和	F - 檢定	顯著性
迴歸	230,650.010	3	76,883.337	41.192	0.000
殘差	29,863.156	16	1,866.447		
總和	260,513.166	19			

「線性複迴歸模型適合性」的檢定假說：

H_0：線性複迴歸模型不適合描述「總收入」與「三種廣告費用」間的關係

H_1：線性複迴歸模型適合描述「總收入」與「三種廣告費用」間的關係

檢定統計量 $F = \dfrac{\text{MSR}}{\text{MSE}}$，具有機率分配為 F 分配，自由度為 (3, 16)；檢定統計量 f - 值 = 41.192，P - 值 = $P(F > 41.192) = 0.000 < \alpha = 0.05$。

結論：拒絕 H_0，表示線性複迴歸模型適合描述「總收入」與「三種廣告費用」間的關係。

(3) 進行相關性的分析 (顯著水準 $\alpha = 0.05$)。

複相關係數與判定係數 → 複迴歸模型的解釋能力

解

模式摘要：

模式	R	R 平方	調過後的 R 平方	估計的標準誤	Durbin-Watson 檢定
1	0.941	0.885	0.864	43.2024	1.914

(a) 判定係數 $R^2 = \dfrac{\text{SSR}}{\text{SST}} = 0.885$，說明了「總收入」與「三種廣告費用」的關係，有 88.5% 反應在線性迴複歸模型 $\hat{Y} = -4.92 + 24.67X_1 + 3.47X_2 + 249.93X_3$。也就是說，線性複迴歸模型在電影院的「總收入」與「三種廣告費用」的問題上，其解釋能力有 88.5%，可說是很不錯的模型。

(b) 樣本相關係數 $\gamma_{XY} = 0.941$，表示電影院的「總收入」與「三種廣告費用」有高度的正向線性相關；也就是說，「三種廣告費用」花得愈多，電影院的「總收入」增加許多。

(4) 畫出殘差圖，並分析它的解釋意義。　　殘差分析 ⟶ 驗證變異數的齊一性假設

解

殘差圖 (圖 15-9) 呈現不規則狀，表示變異數的齊一性假設成立；而且誤差項間相互獨立。

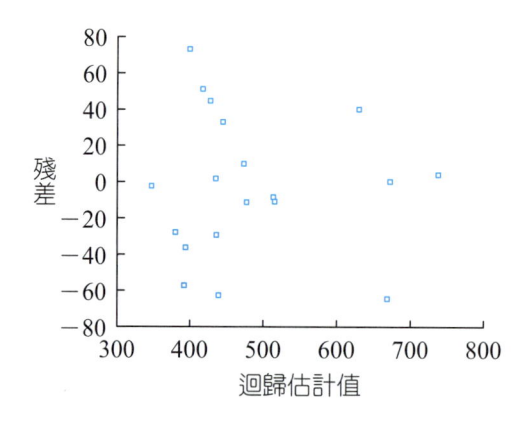

✦ 圖 15-9　殘差圖：迴歸估計值 vs. 殘差值

名詞解釋

複迴歸模型：自變數個數在兩個以上 (含兩個) 的迴歸模型。

線性複迴歸模型： p 個自變數的線性複迴歸模型：

$$Y = \beta_0 + \beta_1 X_1 + \beta_2 X_2 + \cdots + \beta_p X_p + \varepsilon$$

線性複迴歸模型估計式： $\hat{Y} = b_0 + b_1 X_1 + b_2 X_2 + \cdots + b_p X_p$。

線性複迴歸式三種變異的等式關係： SST = SSR + SSE。

線性複迴歸分析之變異數分析表： p 個自變數：

變異名稱	SS	自由度	MS	F
迴歸變異	SSR	p	MSR	MSR / MSE
誤差變異	SSE	$n-p-1$	MSE	
總變異	SST	$n-1$		

「迴歸模型適合性」的檢定：

(1) 統計檢定假說：

　　H_0：線性複迴歸模型不適合描述自變數與因變數間的關係

　　H_1：線性複迴歸模型適合描述自變數與因變數間的關係

(2) 檢定統計量 $F = \dfrac{\text{MSR}}{\text{MSE}}$，具有機率分配為 F 分配，自由度 = $(p, n-p-1)$。

(3) 統計決策：

　　當檢定統計值 f - 值 > F - 臨界值 $[F_\alpha(p, n-p-1)]$，表示拒絕 H_0，接受 H_1 的宣稱。

　　結論：迴歸模型適合描述自變數與因變數間的關係。

判定係數 R^2： $R^2 = \dfrac{\text{SSR}}{\text{SST}}$，$0 \le R^2 \le 1$。表示因變數的總變異中，來自於迴歸模型的部份，所佔的比例。R^2 的值愈接近 1，表示迴歸模型的解釋能力愈強。

樣本相關係數 $\gamma_{Y.12\cdots p}$： $\gamma_{Y.12\cdots p} = \sqrt{R^2} = \sqrt{\dfrac{\text{SSR}}{\text{SST}}}$。

相關的檢定：

(1) 統計檢定假說：$H_0: \rho_{Y.12\cdots p} = 0$ vs. $H_1: \rho_{Y.12\cdots p} \ne 0$。

(2) 檢定統計量：$T = \dfrac{\gamma_{y.12\cdots p}}{\sqrt{\dfrac{1-\gamma_{y.12\cdots p}^2}{n-p-1}}}$，具有機率分配為 T 分配，自由度 = $n-p-1$。

(3) 統計決策 (在特定顯著水準 α 之下)：

當 $|T\text{-}檢定統計量| = |T| = \left|\dfrac{\gamma_{y.12\cdots p}}{\sqrt{\dfrac{1-\gamma_{y.12\cdots p}^2}{n-p-1}}}\right| > T\text{-}臨界值\ [=t_{\frac{\alpha}{2}}(n-p-1)]$，則拒絕 H_0，

表示自變數 $X_1, \ldots, X_P$，與因變數 Y 之間有相關性。

練習題

15-1 某一化學家判斷一特別化合物的重量損失 (Y，單位：公克)，可視為該化合物暴露於空氣之時間數 (X_1，單位：小時)，以及在暴露時環境中的溼度 (X_2，單位：%) 兩者的函數。隨機選取 12 種配置，記錄其重量損失，暴露於空氣之時間，暴露時環境中的溼度，並經線性複迴歸分析，得其係數如下：

	係數	標準誤	t-統計	P-值
截距	1.974	0.609	3.236	0.0102
時間	1.093	0.087	12.468	< 0.001
溼度	−7.625	1.200	−6.350	0.0001

(1) 寫出「線性複迴歸模型估計式」$\hat{Y} = b_0 + b_1 X_1 + b_2 X_2$。

(2) 求對應於時間 = 8 小時，溼度 = 0.5% 之重量損失預測值 $\hat{Y}_p$。

ANOVA	自由度	SS	MS	F	顯著值
迴歸	2	22.58	11.29	97.89	< 0.001
誤差	9	1.038	0.115		
總變異	11	23.62			

15-2 下表為 15-1 題的變異數分析表，利用這個 ANOVA 表進行「線性複迴歸模型適合性」的檢定。(顯著水準 $\alpha = 0.025$)

15-3 在 15-1 題，Excel 的執行結果也會產生「樣本複相關係數」$\gamma_{Y.12}$，以及「判定係數」$R^2 = \dfrac{\text{SSR}}{\text{SST}}$，這兩個係數提供了什麼訊息？

迴歸統計	
R 的倍數	0.9778
R 平方	0.9561
調整的 R 平方	0.9463
標準誤	0.3396
觀察值個數	12

15-4 在 15-1 題中，其自變數所對應的殘差圖如下，分析它的解釋意義。

✦ 時間 vs. 殘差圖

溼度 vs. 殘差圖

15-5 在 15-1 題中，其因變數所對應的殘差圖如下，分析它的解釋意義。

損失

15-6 某一早餐店欲以線性複迴歸模式預測早餐的週銷售量（Y，單位：個），與 1 公里內同行競爭者的數目（X_1），1 公里內的人口數（X_2，單位：百人）的關係。經調查 20 家分店後，得其線性複迴歸係數如下：

$$b_0 = 3243.892$$
$$b_1 = -347.748$$
$$b_2 = 0.10223$$

(1) 寫出「線性複迴歸模型估計式」$\hat{Y} = b_0 + b_1 X_1 + b_2 X_2$。

(2) 有多少的週銷售量會受到同行競爭的影響？

15-7 在 15-6 題中，事實上，該早餐店也做了折扣次數（X_3）的考量，此處所謂折扣次數，指的是「九折優待」的次數。欲以線性複迴歸模式 $Y = \beta_0 + \beta_1 x + \beta_2 x_2 + \beta_3 x_3 + \varepsilon$ 預測早餐的週銷售量，得到的線性複迴歸估計式如下：

$$\hat{Y} = 3{,}147.42 - 334.85 X_1 \\ + 0.113 X_2 + 33.41 X_3$$

試問：

(1) 有多少的週銷售量可歸因於折扣次數之推行？

(2) 對某分店而言，如果只有一個競爭者，在 1 公里內有 3,000 人，並且有一次折扣的推行，試估計其週銷售量。

(3) 與 15-6 題的迴歸模型比較，該早餐店要如何採取行銷策略？

15-8 下表是 15-7 題的變異數分析表：

ANOVA	自由度	SS	MS	F	顯著值
迴歸	3	3,310,543	1,103,514		0.00
誤差					
總變異	19	4,244,076			

(1) 完成此變異數分析表，並作「迴歸模型適合性」的檢定。（顯著水準 $\alpha = 0.05$）

(2) 計算「判定係數」$R^2 = \dfrac{SSR}{SST}$，以及「樣本複相關係數」$\gamma_{Y.123}$，並作解釋。

15-9 在全國百貨公司內設立專櫃的體育用品連鎖店，想要知道銷售量（Y）與下列變數的關係：專櫃的規模（X_1），百貨公司內同行競爭者數（X_2），與最近競爭者的距離（X_3）。下表是根據多家專櫃的資料作迴歸分析的變異數分析表：

ANOVA	自由度	SS	MS	F	顯著值
迴歸	3	4,339,297			0.000149
誤差	20		128,050.8		
總變異		6,900,314			

(1) 完成此變異數分析表，並作「線性複迴歸模型適合性」的檢定。

(顯著水準 $\alpha = 0.05$)

(2) 計算「樣本複相關係數」$\gamma_{Y.123}$，並作解釋。

15-10 某財務分析師對於某家傳統製造業過去 6 個月的股價（Y，單位：元）與收入（X_1，單位：萬元），資產（X_2，單位：萬元），負債（X_3，單位：萬元），員工人數（X_4，單位：千人）等財務資料作了線性複迴歸分析，所得到的線性複迴歸係數及係數檢定的 P-值如下表：

	截距	收入	資產	負債	員工人數
係數	−32.46	0.068	0.0037	−0.011	4.73
P-值	0.029	0.0001	0.3	0.209	0.005

(1) 寫出「線性複迴歸模型估計式」。

(2) 有多少的股價可由資產反應出來？

(3) 由線性複迴歸係數檢定的 P-值可以得到什麼結論？（顯著水準 $\alpha = 0.05$）

CHAPTER 16

類別資料的分析

```
類別資料      →  適合度檢定    →  卡方適合度檢定的理論內容
的分析        →  獨立性檢定    →  獨立性檢定的理論內容
```

　　本章主要是處理類別資料的相關檢定問題。類別資料在實際生活中處處可見；例如：公司員工的「年齡層」與「職別」；學生的「座號」與「成績等第」；大學教師的「職別」與「性別」等。這些類別資料，有些有「順序」關係，如「成績等第」、「教師職別等級」；有些則無順序關係，純粹只是個別的「名義」分類關係，如「職別」、「性別」等。如果以「數字」來作為類別型資料的「代碼」時，數字本身的平均數、變異數、標準差等，我們所熟悉的敘述摘要值，都不再是重要的了。取而代之的，主要是要研究各種類別資料所佔的比例或等級。例如，各個「年齡層」——青年、壯年、中年的比例是否相同？教師的男女「性別」比例是否一致？除此之外，我們也可以研究兩種不同類別資料的相關性，例如：教師的「性別」與「職別」是否相關？公司員工的「年齡層」與「職別」是否相關？有關這些類別資料的檢定問題，幾乎都可以採用「卡方檢定」。這一章，我們將說明兩種檢定問題：

1. 適合度檢定：觀察的分組類別資料是否符合某種特定的機率分配？
2. 獨立性檢定：兩種類別資料是否相關？

16-1 適合度檢定

類別資料所佔的比例可以反應出某些現象。例如：教師的職別比例，可以知道一個學校的師資結構；公司員工的年齡層比例，可以知道公司的員工分佈；學生的成績等級比例，可以知道該班的素質等。這些類別資料的種類至少有 2 種，很多是 3 種以上；2 種分類的母體比例檢定問題，我們已經在 11-4 節介紹過；本節主要是探討 3 種以上分類的母體比例檢定問題。我們先以科技公司員工的「年齡層」來進行所謂的「卡方檢定」，接著再正式的介紹適合度檢定的理論內容及利用 Excel 來執行的過程。

在第二章的《創投例》中，員工依「年齡層」區分為 3 類：青年、壯年、中年。

表 16-1

	青年	壯年	中年	總和
人數	51	64	29	144

想要檢定是否青年、壯年、中年的比例分別為 30%、50% 及 20%（稱為檢定值）。首先，令 p_1、p_2、p_3 分別表示員工青年、壯年、中年比例，則檢定的假設問題為

$$H_1 : p_1 = 0.3,\ p_2 = 0.5,\ p_3 = 0.2$$

H_1：至少有一 p_i 不等於對應的檢定值

其次，p_1、p_2、p_3 的樣本估計量分別為 $\hat{p}_1 = \dfrac{X_1}{n}$、$\hat{p}_2 = \dfrac{X_2}{n}$、$\hat{p}_3 = \dfrac{X_3}{n}$，其中 X_1、X_2、X_3 分別表示取樣數 = n 之下，青年、壯年、中年之人數，其估計值如表 16-2。

表 16-2

	青年	壯年	中年
樣本比例值	$\hat{p}_1 = 0.354$	$\hat{p}_2 = 0.455$	$\hat{p}_3 = 0.201$

這樣的樣本比例值,可以驗證檢定假設嗎?卡方適合度檢定,就是用來判斷:所觀察到的資料是否符合某種特定的機率分配。在卡方檢定過程中,不直接採用樣本比例與母體比例的差異來作分析,而是使用「觀察次數」(以 o_i 表示),與「期望次數」的差異 (以 e_i 表示):

表 16-3

年齡層	觀察人數 (o_i)	期望次數 (e_i)
青年	51	144×0.3 = 43
壯年	64	144×0.5 = 72
中年	29	144×0.2 = 29
總人數	144	144

統計量 $\chi^2 = \sum_{i=1}^{3} \frac{(o_i - e_i)^2}{e_i}$ 可作為適合度檢定的檢定統計量,具有卡方分配,自由度 = 3 − 1 = 2。作決策的準則是:當檢定統計量的估計值 > 臨界值 [$\chi_\alpha^2(2)$],則拒絕 H_0。本例,卡方檢定值為

$$\chi^2 = \frac{(51-43)^2}{43} + \frac{(64-72)^2}{72} + \frac{(29-29)^2}{29} = 2.377$$

取 $\alpha = 0.05$,臨界值 = $\chi_{0.05}^2(2) = 5.991$,檢定統計值 = 2.377,小於臨界值 = 5.991。

結論:不拒絕 H_0,表示此次的抽樣可以說明科技公司的員工年齡層比例可能為 30%、50%、20%。

卡方適合度檢定的理論內容

(1) 統計檢定假說:

　　H_0:母體比例的分佈是屬於特定的分配

　　H_1:母體比例的分佈不屬於特定的分配

(2) 樣本資料的結構:採次數分配,共有 k 組分類,每組有其觀察次數 o_i。

(3) 檢定統計量 = $\chi^2 = \sum_{i=1}^{k} \frac{(o_i - e_i)^2}{e_i}$,其中 e_i 表示在 H_0 的特定分配下,每組的期望次數;具有卡方分配,自由度 $df = k - 1$。

(4) 決策：當檢定統計量的值 > 臨界值，則拒絕 H_0，其中臨界值 = $\chi^2_\alpha(df)$，表示卡方分配中，右尾機率值 = α 時的端點值。

【注意】每一分類的期望次數須大於或等於 5，如果小於 5，就必須與其它分類合併。

範例 16-1

警察局認為，酗酒駕車的駕駛人數，是屬於「二項隨機變數」，$p = 0.18$。為了檢定該項假設，他們決定設置檢查點，並每小時，抽樣 10 名駕駛人，共執行了 500 小時，得到如下表所示的次數分配表。以卡方適合度檢定：觀察到的資料是否符合 $n = 10$ 和 $p = 0.18$ 的二項式分配？（顯著水準 $\alpha = 0.05$）

酗酒人數	0	1	2	3	4	5	6	7	8	9	10	總次數
觀察次數	53	146	151	96	38	11	2	2	1	0	0	500

解

本題的「適合度檢定」統計假說如下：

H_0：酗酒駕車的駕駛人數呈 $n = 10$ 和 $p = 0.18$ 的二項式分配

H_1：酗酒駕車的駕駛人數不是 $n = 10$ 和 $p = 0.18$ 的二項式分配

令 X 表示酗酒駕車的駕駛人數，則在統計假說 H_0 成立的情況下，X 屬於「二項隨機變數」$n = 10$ 和 $p = 0.18$，其機率分配如表 16-4。

✚ 表 16-4

酗酒人數	0	1	2	3	4	5	6	7	8	9	10
機率值	0.1374	0.3017	0.2980	0.1745	0.067	0.0177	0.0032	0.0004	0.0	0.0	0.0

則抽樣 10 名駕駛人的 500 個觀察值中，酗酒人數的期望次數 = 500 * 機率值，其期望次數分配如表 16-5。

✚ 表 16-5

酗酒人數	0	1	2	3	4	5	6	7	8	9	10
期望次數	68.7	150.9	149	87.3	33.5	8.9	1.6	0.2	0	0	0

其中，酗酒人數 = 6～10 的期望次數 < 5，所以將相關的期望次數，合併至酗酒人數 = 5 處，整理後得到以下的期望次數與觀察次數，如表 16-6。

✚ 表 16-6

酗酒人數	0	1	2	3	4	5 以上
期望次數	68.7	150.9	149	87.3	33.5	10.7
觀察次數	53	146	151	96	38	16

此時，適合度檢定的卡方檢定量為 $\chi^2 = \sum_{i=1}^{6} \frac{(o_i - e_i)^2}{e_i}$，具有卡方分配，自由度 = 6 − 1 = 5，臨界值 = $\chi^2_\alpha (5) = \chi^2_{0.05}(5) = 11.0705$。卡方檢定值為 $\chi^2 = \frac{(53-68.7)^2}{68.7} + \cdots + \frac{(16-10.7)^2}{10.7} = 7.8706$，小於臨界值 = $\chi^2_{0.05}(5) = 11.0705$。

結論：不拒絕 H_0，表示此次的抽樣可以說明：酗酒駕車的駕駛人數呈 $n = 10$ 和 $p = 0.18$ 的二項式分配。

16-2 獨立性檢定

兩種分類的準則，彼此之間有無相關性 (獨立性檢定)，一直是研究類別資料的主軸。例如，公司員工的「年齡層別」與「薪資類別」有無相關？房屋的「房價類別」與「區域類別」有無相關？我們先以科技公司員工的「年齡層別」與「性別」為例題，進行「獨立性檢定」，接著再介紹其期望內容與利用 Excel 來執行的過程。

在第二章的《創投例》中，員工的「年齡層」區分為 3 類：青年、壯年、中年；「性別」區分為 2 類：男、女；由這兩種分類標準所產生的交叉列聯表 (見範

例 4-1) 如下：

✤ 表 16-7

年齡層 性別	青年	壯年	中年	總和
男	26	20	12	58
女	25	44	17	86
總和	51	64	29	144

要檢定的假設問題為

H_0：員工之「年齡層」與「性別」分類無關

H_1：員工之「年齡層」與「性別」分類有關

所要採用的檢定統計量，與這兩類別資料的交叉列聯表中的「觀察次數」與「理論期望次數」有關。

以 o_{ij} 表示第 i 列，第 j 欄的觀察次數

以 e_{ij} 表示第 i 列，第 j 欄的理論期望次數

表 16-8 為本例取樣的「觀察次數」列聯表。

✤ 表 16-8

年齡層 性別	青年	壯年	中年	總和
男	$o_{11} = 26$	$o_{12} = 20$	$o_{13} = 12$	58
女	$o_{21} = 25$	$o_{22} = 44$	$o_{23} = 17$	86
總和	51	64	29	144

其所對應的「理論期望次數」列聯表如表 16-9。

✤ 表 16-9

	青年	壯年	中年	總和
男	$e_{11} = \dfrac{58*51}{144} = 20.54$	$e_{11} = \dfrac{58*64}{144} = 25.78$	$e_{13} = \dfrac{58*29}{144} = 11.68$	58
女	$e_{21} = \dfrac{86*51}{144} = 30.46$	$e_{22} = \dfrac{86*64}{144} = 38.22$	$e_{23} = \dfrac{86*29}{144} = 17.32$	86
總和	51	64	29	144

其中各個理論期望次數的計算公式為 $\dfrac{列總和 * 欄總數}{樣本數}$。

卡方檢定量為 $\chi^2 = \sum_{i=1}^{2}\sum_{j=1}^{3}\dfrac{(o_{ij}-e_{ij})^2}{e_{ij}}$

依獨立性檢定之分析：檢定統計量 χ^2，具有卡方分配，自由度 = (2 − 1) * (3 − 1) = 2，臨界值 = $\chi_\alpha^2(2)$，作決策的準則是：當檢定統計量的值 > 臨界值，則拒絕 H_0。

本例，卡方檢定值為

$$\chi^2 = \dfrac{(26-20.54)^2}{20.54} + \dfrac{(20-25.78)^2}{25.78} + \cdots + \dfrac{(17-17.32)^2}{17.32} = 6.992$$

取 $\alpha = 0.05$，臨界值 = $\chi_{0.05}^2(2) = 5.991$

檢定統計值 6.992，大於臨界值 = 5.991。

結論：拒絕 H_0，表示科技公司員工的「年齡層」與「性別」分類有關。

獨立性檢定的理論內容

1. 統計假設：

    H_0：兩個類別資料相互獨立

    H_1：兩個類別資料有相關性

2. 樣本資料的結構，採雙變量交叉列聯表，設類別 1 有 a 種分類，類別 2 有 b 種分類，每組有觀察次數 o_{ij}。

✤ 表 16-10

類別 1	類別 2				列總和
	1	2	⋯	b	
1	o_{11}	o_{12}	⋯	o_{1b}	r_1
2	o_{21}	⋯			⋮
⋮	⋮				⋮
a	o_{a1}	o_{a2}	⋯	o_{ab}	r_a
欄總和	c_1	⋯	⋯	c_b	n

3. 檢定統計量 = $\chi^2 = \sum_{i=1}^{a} \sum_{j=1}^{b} \frac{(o_{ij} - e_{ij})^2}{e_{ij}}$，其中 $e_{ij} = \frac{r_i * c_j}{n}$ 表示在 H_0 的假設（兩類別資料獨立）下，每組的期望次數。此時檢定統計量 χ^2，具有卡方分配，自由度 $= df = (a - 1)(b - 1)$。

4. 決策：當檢定統計量的值 > 臨界值，則拒絕 H_0，其中臨界值 $\chi^2_\alpha(df)$，表示卡方分配中，右尾機率值 = α 時的端點值。

範例 16-2

某基金會想要知道抽煙者的教育水準與性別，是否有相關性？下表是針對抽煙的成年人所做的調查，蒐集了「性別」與「教育水準」資料：

❖ 表 16-11　抽煙者的性別、教育水準分類人數

性別 \ 教育水準	小學	國中	高中	大學以上
女	73	92	70	65
男	207	263	135	95

以獨立性檢定完成此項調查結果（顯著水準 $\alpha = 0.05$）。

解

本題的「獨立性檢定」統計假說如下：

　　H_0：抽煙者的「性別」與「教育水準」相互獨立

　　H_1：抽煙者的「性別」與「教育水準」有相關性

「性別」有 2 種分類，「教育水準」有 4 種分類，每組有觀察次數 o_{ij}，如表 16-12。各個對應的期望人數，計算公式為 $\frac{列總和 * 欄總和}{樣本數}$。

❖ 表 16-12

	小學	國中	高中	大學以上	列總和
女	73	92	70	65	300
男	207	263	135	95	700
欄總和	280	355	205	160	1,000

首先,先計算「列總和」、「欄總和」以及「樣本數」;其次,計算每組的期望人數,如表 16-13。

❖ 表 16-13 抽煙者的性別、教育水準分類之期望人數

性別＼教育水準	小學	國中	高中	大學以上	列總和
女	84	106.5	61.5	48	300
男	196	248.5	143.5	112	700
欄總和	280	355	205	160	1000

此時,獨立性檢定之檢定統計量 χ^2,具有卡方分配,自由度 = (2 − 1) * (4 − 1) = 3,臨界值 = $\chi^2_\alpha(3) = \chi^2_{0.05}(3) = 7.8147$。卡方檢定值為 $\chi^2 = \frac{(73-84)^2}{84} + \cdots + \frac{(95-112)^2}{112}$ = 15.15706,大於臨界值 = 7.8147。

結論:拒絕 H_0,表示抽煙者的「性別」與「教育水準」分類有關。

16-3 Excel 應用例

在 Excel 中，要執行「適合度的卡方檢定」及「獨立性的卡方檢定」，可利用統計函數 CHISQ.TEST 執行，所需的步驟及函數如下：

Excel 選項：『公式』→『插入函數』→『統計』→選取函數『CHISQ.TEST』。

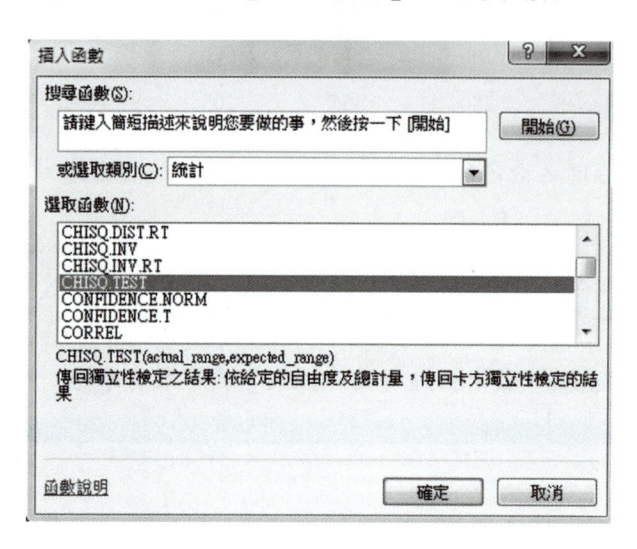

✤ 圖 16-1

Excel 函數： CHISQ.TEST(Actual_range, Expected_range)

函數 CHISQ.TEST 表示的是：由「觀察次數」與「期望次數」所得到的卡方檢定統計量值的 P - 值。所需要的變數 Actual_range, Expected_range，其個別意義如表 16-14 所示。

✤ 表 16-14

結果	P - 值 = CHISQ.TEST(Actual_range,Expected_range)
Actual_range	儲存觀察次數的範圍
Expected_range	儲存期望次數的範圍

範例 16-3

例 16-1 的資料建立檔案：將酗酒駕車的駕駛人數的「觀察次數」與「期望次數」，分別輸入在 Excel 檔案的 A2～C7，並在 A1、B1、C1 格分別輸入「酗酒人數」、「觀察次數」與「期望次數」如下表；同時以 Excel 執行檢定內容 (檔案：酗酒駕車.xls)。

✚ 圖 16-2

解

Excel 選項：『公式』→『插入函數』→『統計』→『CHISQ.TEST』，在開啟的視窗中，輸入「觀察次數」與「期望次數」所在的範圍。

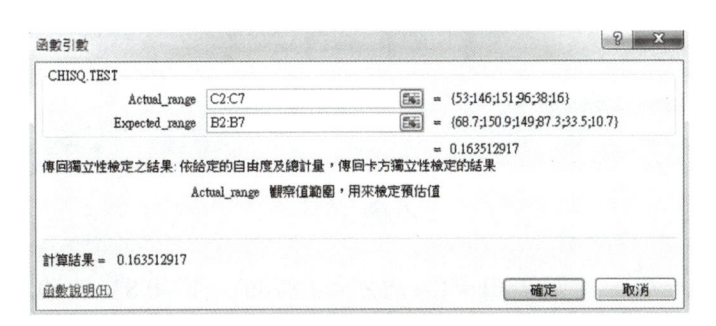

✚ 圖 16-3

函數 CHISQ.TEST 表示的是：由「觀察次數」與「期望次數」所得到的卡方檢定統計量值的 P - 值，也就是說，P - 值 = 0.163513。

對照於範例 16-1，適合度檢定的卡方檢定量為 $\chi^2 = \sum_{i=1}^{6} \frac{(o_i - e_i)^2}{e_i}$，具有卡方分配，自由度 = 5；卡方檢定值為 = 7.8706，要計算 P - 值 = $P(\chi^2 > 7.8706)$，則可先經由 Excel 函數 CHISQ.DIST 查詢，得知左側機率值 $P(\chi^2 < 7.8706)$，然後帶入公式 P - 值 = $P(\chi^2 > 7.8706) = 1 - P(\chi^2 < 7.8706)$，即可得知 P - 值。

函數 CHISQ.DIST，計算的是卡方分配左側機率值，或是卡方機率密度函數值。所需要的變數 x, Deg_freedom, cumulative，其個別意義如表 16-15 所示：

✤ 表 16-15

機率值	P(X < x)	P(X < 7.8706)
X	端點值	7.8706
Deg_freedom	自由度	5
Cumulative	True：表示卡方分配左側機率 False：表示卡方機率密度函數值	True

也就是說，左側機率值 $P(\chi^2 < 7.8706)$ = CHISQ.DIST(7.8706, 5, True) = 0.8365（圖 16-4）。

✤ 圖 16-4

此時 P - 值 = $P(\chi^2 > 7.8706)$ = $1 - P(\chi^2 < 7.8706)$ = $1 - 0.8365 = 0.1635$。

結論：因為 P - 值 = $0.1635 > \alpha = 0.05$。不拒絕 H_0，與範例 16-1 的結論相吻合。

範例 16-4

將範例 16-2 的資料建立檔案：將抽煙者的「性別」與「教育水準」分類的觀察次數、期望次數，分別輸入在 Excel 檔案的 B3～E4、B8～E9 如圖 16-5；同時以 Excel 執行檢定內容。（檔案：抽煙.xls）。

✤ 圖 16-5

Chapter 16 類別資料的分析

解

Excel 選項：『公式』→『插入函數』→『統計』→『CHISQ.TEST』，在開啟的視窗中，輸入「觀察次數」與「期望次數」所在的範圍函數 CHISQ.TEST 表示的是：由「觀察次數」與「期望次數」所得到的卡方檢定 P - 值，也就是說，P - 值 = 0.001687。

對照範例 16-2，獨立性檢定的卡方檢定量為 $\chi^2 = \sum_{i=1}^{2}\sum_{j=1}^{3}\frac{(o_{ij}-e_{ij})^2}{e_{ij}}$，具有卡方分配，自由度 = 3；卡方檢定值為 = 15.15706，要計算 P - 值 = $P(\chi^2 > 15.15706)$，則可先經由 Excel 函數 CHISQ.DIST 查詢，得知左側機率值 $P(\chi^2 < 15.15706)$，然後帶入公式：

$$P \text{ - 值} = P(\chi^2 > 15.15706) = 1 - P(\chi^2 < 15.15706)$$

即可得知 P - 值。

Excel 函數 CHISQ.DIST，所需要的變數 X, Deg_freedom, Cumulative，其個別意義如表 16-16 所示：

➕ 表 16-16

機率值	$P(X < x)$	$P(X < 15.15706)$
X	端點值	15.15706
Deg_freedom	自由度	5
Cumulative	True：表示卡方分配左側機率值 False：表示卡方機率密度函數值	True

也就是說，左側機率值 $P(\chi^2 < 15.15706)$ = CHISQ.DIST(15.15706, 3, True) = 0.9983 (圖 16-6)。

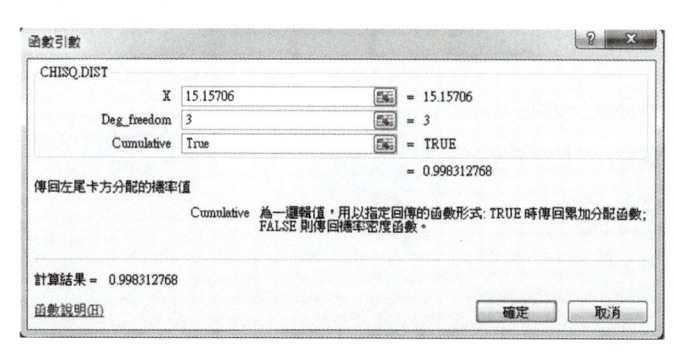

➕ 圖 16-6

此時 P - 值 $= P(\chi^2 > 15.15706) = 1 - P(\chi^2 < 15.15706) = 1 - 0.9983 = 0.0017$。

結論：因為 P - 值 $= 0.00017 < \alpha = 0.05$。拒絕 H_0，與範例 16-2 的結論相吻合。

16-4 章節架構圖說明：類別資料分析——《套裝軟體使用例》

由於電腦的普及化，各個公司都要求員工能熟悉電腦的操作，尤其是某些功能性強的軟體，在一項針對辦公室套裝軟體之使用所做的調查中，受訪的 201 名員工被問到他們在這種軟體上的經驗。進行調查的訪員，想判斷是否「性別」因素會影響「辦公室套裝軟體的使用」。也就是說，女性對這種軟體的經驗，是否不同於男性。將「使用軟體上的經驗」分為三類：現在正在使用、現在未使用但以前用過、沒有經驗。下表是訪員的記錄內容，共有 184 筆資料，以下為部份的資料。(檔案：套裝軟體.xls)

性別	男	男	男	…	男	男	女	女	女	…	女	女	女	女	女
經驗別	2	3	1	…	3	1	1	2	…	2	1	1	2	3

複迴歸分析（顯著水準 $\alpha = 0.05$）

(1) 檢定：該調查之受訪者的三種「經驗別」比例是否為 85%、10%、5%？
(2) 檢定：辦公室套裝軟體的「使用經驗」與「性別」是否相關？

章節架構圖 vs. 案例說明

(1) 檢定：該調查之受訪者的三種「經驗別」比例是否為 85%、10%、5%？　適合度檢定 → 卡方適合度檢定的理論內容

解

H_0：三種「經驗別」比例是 85%、10%、5%

H_1：三種「經驗別」比例不是 85%、10%、5%

✤ 經驗別

經驗別	觀察個數	期望個數	殘差
1	161	156.0	5.0
2	13	18.0	−5.0
3	10	10.0	0.0
總和	184		

✤ 檢定統計量

	經驗別
卡方	1.549
自由度	2
漸近顯著性	0.461

結論：卡方檢定值 = 1.549，自由度 = 2，P-值 = $P(\chi^2 > 1.549) = 0.461 > \alpha\,(0.05)$；不拒絕 H_0，表示該調查之受訪者的三種「經驗別」比例為 85%、10%、5%。

(2) 檢定：辦公室套裝軟體的「使用經驗」與「性別」是否相關？

獨立性檢定 ⟶ 獨立性檢定的理論內容

解

檢定的假設問題為：

H_0：「辦公室套裝軟體的使用經驗」與「性別」分類無關
H_1：「辦公室套裝軟體的使用經驗」與「性別」分類有關

✤ 交叉表

			經驗別 1	經驗別 2	經驗別 3	總和
性別	0	個數	115.0	8	5	128
		期望個數	112.0	9.0	7.0	128.0
	1	個數	46.0	5	5	56
		期望個數	49.0	4.0	3.0	56.0
總和		個數	161.0	13	10	184
		期望個數	161.0	13.0	10.0	184.0

【註】性別 = 0 表示女性；性別 = 1 表示男性。

卡方檢定值 = 2.468 (Pearson 卡方數值)，自由度 = 2，P-值 = $P(\chi^2 > 2.468) = 0.291 > 0.05$；不拒絕 H_0，表示辦公室套裝軟體的「使用經驗」與「性別」分類無關。

名詞解釋

適合度檢定：用於檢定分組類別資料是否符合某種特定的機率分配。

卡方適合度檢定的理論內容：

(1) 統計檢定假說：

　　H_0：母體比例的分佈是屬於特定的分配

　　H_1：母體比例的分佈不屬於特定的分配

(2) 檢定統計量 $= \chi^2 = \sum_{i=1}^{k} \frac{(o_i - e_i)^2}{e_i}$，具有卡方分配，自由度 $df = k - 1$。

(3) 統計決策：當檢定統計量的值 > 臨界值 $= \chi_\alpha^2(df)$，則拒絕 H_0。

【注意】每一分類的期望次數須大於或等於 5。

獨立性檢定：用於檢定兩種類別資料的相關性，或獨立性。

卡方獨立性檢定的理論內容：

(1) 統計檢定假說：

　　H_0：兩個類別資料相互獨立

　　H_1：兩個類別資料有相關性

(2) 檢定統計量 $= \chi^2 = \sum_{i=1}^{a} \sum_{j=1}^{b} \frac{(o_{ij} - e_{ij})^2}{e_{ij}}$，$e_{ij} = \frac{r_i * c_j}{n}$

具有卡方分配，自由度 $df = (a-1)(b-1)$。

(3) 統計決策：當檢定統計量的值 > 臨界值 $= \chi_\alpha^2(df)$，則拒絕 H_0。

練習題

16-1 某家保險公司認為，投保癌症險的人數，是屬於「二項隨機變數」，$p = 0.2$。為了驗證該項假設，他們決定利用 300 天的時間，每天隨機取樣 10 名受訪者，調查他們是否投保癌症險，得到如下表所示的次數分配表。則調查資料是否符合 $n = 10$ 和 $p = 0.2$ 的二項式分配？（顯著水準 $\alpha = 0.01$）

投保人數	0	1	2	3	4	5	6	7	8	9	10
天數	45	20	70	92	45	20	2	2	1	2	1

16-2 某大學想要知道：是否通識課程的授課對象沒有年級的區別。換言之，會選修通識課程的各年級人數，是否屬

於均等機率分配。教務處調查了 20 門通識課程，每班隨機取樣 20 名同學，調查他們的所屬年級，得到如下表所示的次數分配表（共 400 個觀察值）。請問：觀察到的資料是否顯示通識課程的授課對象沒有年級的區別？（顯著水準 $\alpha = 0.05$）

年級	大一	大二	大三	大四	總和
實際人數	78	95	120	107	400

16-3 國民中學的成績等第分為 5 級：「優」、「甲」、「乙」、「丙」、「丁」。教育局訂定的給分比例標準：以整個年級評比給分比例，分別為 10%、35%、40%、10%、5%。想要知道：是否某校遵循這項政策？隨機取樣 200 位學生，調查其成績等第，得到如下表所示的次數分配表。請問：觀察到的資料，是否顯示該校遵循這項給分比例標準？（顯著水準 $\alpha = 0.025$）

等第	優	甲	乙	丙	丁	總和
觀察人數	38	80	65	12	5	200

16-4 某大學想要知道：參加義工行列的同學，其兄弟姊妹排行與性別，是否有相關性？下表是針對 200 位校內參加義工同學所作的調查，蒐集了「性別」與「兄弟姊妹排行」資料：此項調查結果透露何種訊息？（顯著水準 $\alpha = 0.05$）

	獨生	老大	老么	其它	總和
女	15	74	20	30	139
男	10	15	10	26	61
總和	25	89	30	56	200

16-5 某國中的教務處想要知道：學生的成績等第與性別有無相關？下表是 300 位國中生的「性別」與「成績等第」資料：

觀察人數	優	甲	乙	丙	丁	總和
男	15	67	45	10	5	142
女	23	75	50	8	2	158
總和	38	142	95	18	7	300

此項調查結果的結論如何？（顯著水準 $\alpha = 0.025$）

16-6 市立圖書館想要知道：雜誌區使用者的年齡層與性別有無相關？下表是 200 位雜誌區使用者的「性別」與「年齡層」資料：

觀察人數	少年	中年	壯年	總和
男	40	30	25	95
女	50	40	15	105
總和	90	70	40	200

此項調查可以獲得何種訊息？（顯著水準 $\alpha = 0.01$）

CHAPTER 17

時間序列分析

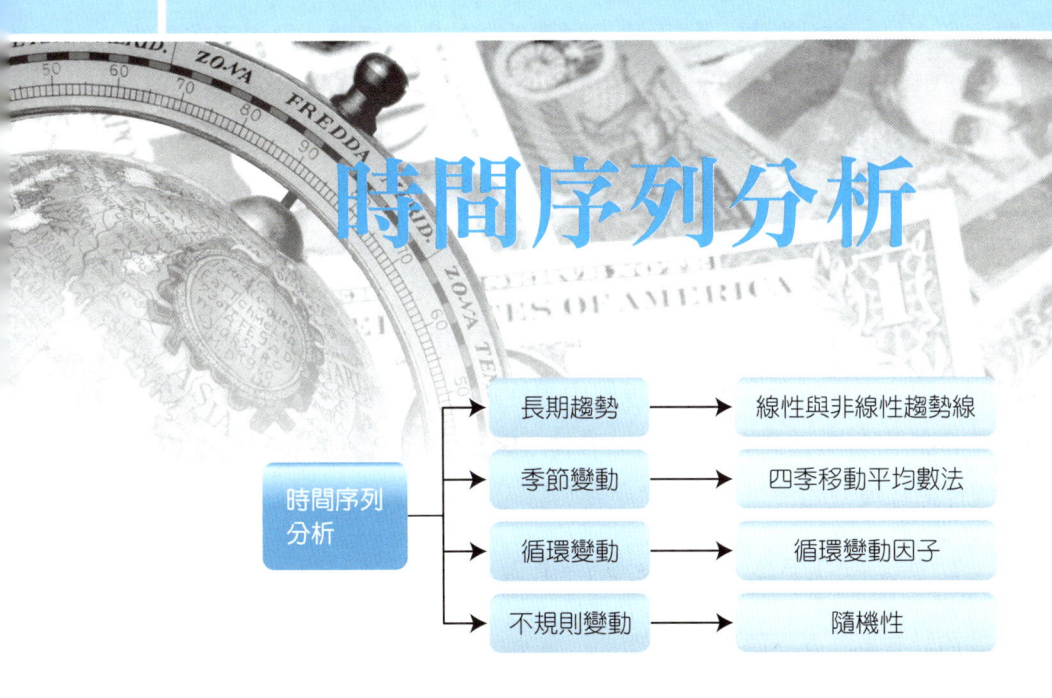

```
                    ┌─→ 長期趨勢   ─→ 線性與非線性趨勢線
                    │
                    ├─→ 季節變動   ─→ 四季移動平均數法
時間序列分析 ───────┤
                    ├─→ 循環變動   ─→ 循環變動因子
                    │
                    └─→ 不規則變動 ─→ 隨機性
```

在研究未來預測與趨勢的問題上,一般的迴歸分析所提供的是:描述自變數、因變數的統計機率模型,及其相對應的各種關係式。當自變數為「時間」的測量,而因變數為各個時間所對應發生的觀察值時;有關於這一類「時間」、「觀察值」的資料,通常以時間順序型態呈現,稱之為「時間序列」。時間序列通常具有隨機的現象,研究者最主要的目的,在於尋找好的解釋模型,來描述這種隨機性,進而利用這個解釋模型,來作未來趨勢的預測。也就是說,時間序列分析的目標,在於對時間序列產生一個「動態」的趨勢,用來預測未來可能發生的情況。在工商企業界,任何從事有關未來問題的決策時,都需要利用到「預測」,由以往的現象來預期未來的演變。因此,「時間序列分析」是一個相當重要的課題。

時間序列通常可以歸類為四種因素:(1) 長期趨勢;(2) 季節變動;(3) 循環變動;(4) 不規則變動。以下各節將對這四部份逐一介紹其理論與 Excel 的對應使用函數。

17-1 長期趨勢

當時間序列資料，描述的是一種現象，受到外在的影響條件，經過了較長的一段時期，呈現出穩定的狀態，或是小幅度的變動，稱之為時間序列的長期趨勢。例如：公司的營運收支、國家生產力指標、物價指數、股價加權指數，這類資料的長期趨勢通常以平滑的曲線來表示，稱之為長期趨勢線。這個長期趨勢線，可以是簡單的「線性趨勢」，也可以是較複雜的「非線性趨勢」。

1. 線性趨勢線

有關於解釋模型的選用，對於許多社會問題的長期現象而言，線性趨勢線可說是最簡單的一種。這種線性趨勢，可以經由線性迴歸模型來估算。也就是說，線性迴歸模型中的自變數值將代表時間 T_i，其所對應的因變數 Y_i 代表時間序列值，兩者的線性迴歸模型如下：

$$Y_i = \beta_0 + \beta_1 T_i + \varepsilon_i \text{，} i = 1, 2, \dots, n$$

其中 β_0、β_1 的估計式 b_0、b_1 可表示為

$$b_0 = \bar{Y} - b_1 \bar{T}$$

$$b_1 = \frac{\sum_{i=1}^{n}(T_i - \bar{T})(Y_i - \bar{Y})}{\sum_{i=1}^{n}(T_i - \bar{T})^2}$$

由 b_0、b_1 得到的估計式 $\hat{Y}_i = b_0 + b_1 T_i$，稱為「最小平方迴歸估計式」。

範例 17-1　家庭月收入例

過去 15 年來 (1987～2001)，大台北地區中產階級的家庭平均月收入如表 17-1（單位：萬元）。

✤ 表 17-1

年	1987	1988	1989	1990	1991	1992	1993	1994	1995	1996	1997	1998	1999	2000	2001
收入	4	4.7	5.5	6.3	6.5	6.8	6.5	6.7	7.1	7	6.6	7.6	7.7	7	6.8

其長期線性趨勢線如下圖；且迴歸係數估計值分別為：$b_0 = 5.0$，$b_1 = 0.182$（檔案：家庭收入.xls）。

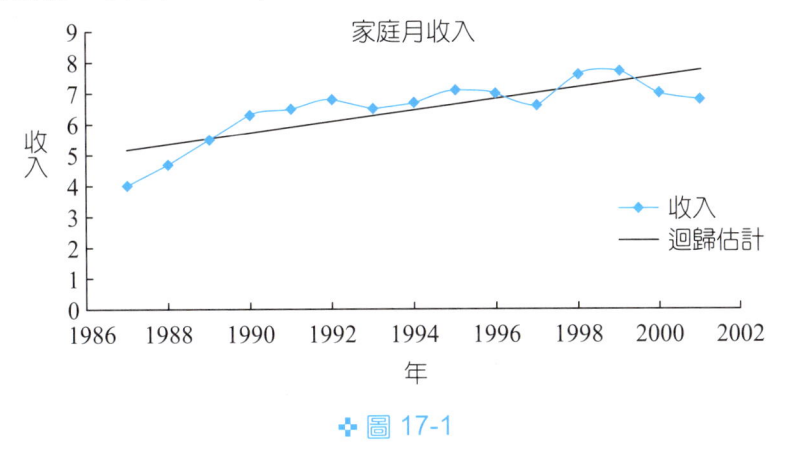

家庭月收入

圖 17-1

(1) 寫出長期線性迴歸估計式。
(2) 利用 (1) 之長期線性迴歸估計式，預測 2002 年度的家庭平均月收入。

解

(1) 最小平方迴歸估計式 $\hat{Y}_i = 5.0 + 0.182 T_i$。其中 $T_1 = 1, \cdots, T_{15} = 15$ 分別表示 1987, ..., 2001 年。

(2) 要計算 2002 年的家庭平均月收入時，就是要計算當 $T_{16} = 16$ 時，對應的迴歸估計值 $\hat{Y}_{16}$。將 $T_{16} = 16$ 代入公式得 $\hat{Y}_{16} = 5.0 + 0.182 \times 16 = 7.912$。

表示 2002 年度的家庭平均月收入預測值 = 7.912 萬元。

2. 非線性趨勢線

當考慮使用非線性趨勢線時，最常採用的是指數平滑法，它是一種計算加權移動平均的方法，將較大的權數放在最近的資料上，是利用時間序列作短期的預測。

令 E_i 表示經由指數平滑法所得的序列之第 i 期預測值，E_{i-1} 表示經由指數平滑法所得的前一期之值，Y_i 表示第 i 期之觀察值；三者間的關係如下：

$$E_i = WY_i + (1-W)E_{i-1} \tag{17-1}$$

其中 W 稱為「阻尼因子」，或稱為權數，是作為對預測誤差值的調整，其參考的公式為 $W = \dfrac{L}{L+2}$，L 表示時間長度；阻尼因子必須訂得適當，才能得到有效的預測值；阻尼因子愈小，所產生的曲線愈平滑。(17-1) 式可以改寫為

$$E_i = E_{i-1} + W(Y_i - E_{i-1}) \tag{17-2}$$

表示的是第 i 期預測值 E_i，是第 $i-1$ 期預測值 E_{i-1} 加上 W 比例的誤差值 $Y_i - E_{i-1}$。

由指數平滑法所得的序列值 (當 $i = 1$)，取 $E_1 = Y_1$ 作為第一期指數平滑序列值，第二期、第三期，則可代入 (17-1) 式得到

$$E_2 = WY_2 + (1-W)E_{2-1} = WY_2 + (1-W)Y_1$$
$$E_3 = WY_3 + (1-W)E_{3-1} = WY_3 + (1-W)E_2$$

將 E_2 的預測值代入 E_3，可以化簡為

$$E_3 = WY_3 + (1-W)(WY_2 + (1-W)Y_1)$$
$$= WY_3 + W(1-W)Y_2 + (1-W)^2 Y_1$$

以此規則，第 i 期指數平滑序列值 E_i，是前面 i 期觀察值的不同 W 比例之加權平均：

$$E_i = WY_i + W(1-W)Y_{i-1} + \cdots + (1-W)^{i-1} Y_1 \tag{17-3}$$

由 (17-3) 式得知：愈接近預測值的觀察值，對預測值的影響愈大；期數愈遠的觀察值，其對預測值的影響，隨著 $(1-W)$ 的指數比例漸漸減弱。利用產生的指數平滑序列值，可以預測未來 k 期的序列值：

$$k = 1，\hat{Y}_{n+1} = E_{n+1} = WY_n + (1-W)E_n$$

$$k = 2，\hat{Y}_{n+2} = E_{n+2} = W\hat{Y}_{n+1} + (1-W)E_{n+1}$$

$$\vdots$$

$$k = m，\hat{Y}_{n+m} = E_{n+m} = W\hat{Y}_{n+m-1} + (1-W)E_{n+m-1}$$

範例 17-2　家庭月收入例

將範例 17-1 的 15 年家庭月收入，利用指數平滑法，所得的指數平滑曲線如圖 17-2。（檔案：家庭收入 22.xls）

(1) 計算指數平滑序列值。

(2) 利用 (1)，預測 2002 年度的家庭平均月收入。

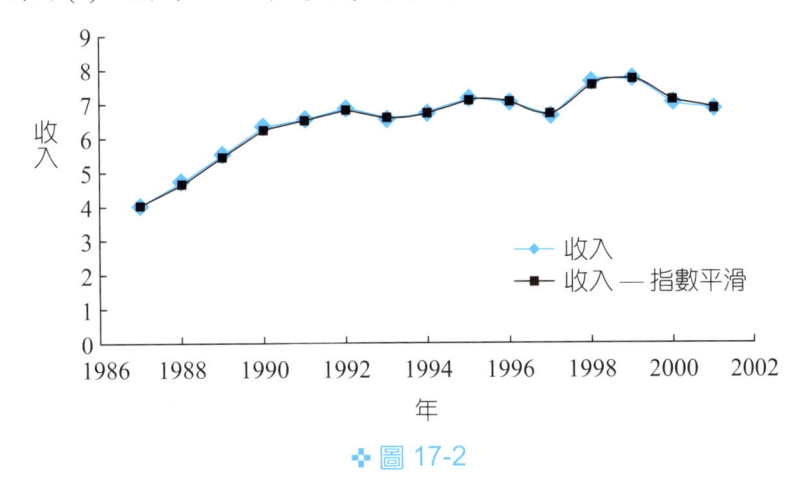

✚ 圖 17-2

解

(1) 本題，時間長度 $L = 15$，阻尼因子 $= W = \dfrac{L}{L+2} = \dfrac{15}{15+2} = 0.8824$。$Y_i$ 表示家庭平均月收入，$E_1 = Y_1$ 為第一期的指數平滑序列值，利用「指數平滑」公式：$E_i = WY_i + (1-W)E_{i-1}$，則可計算得到第二期、第三期、……指數平滑序列值 E_i。

✚ 表 17-2

年	收入	指數平滑	年	收入	指數平滑
1987	4.0	4.00	1995	7.1	7.05
1988	4.7	4.62	1996	7.0	7.01
1989	5.5	5.40	1997	6.6	6.65
1990	6.3	6.19	1998	7.6	7.49
1991	6.5	6.46	1999	7.7	7.68
1992	6.8	6.76	2000	7.0	7.08
1993	6.5	6.53	2001	6.8	6.83
1994	6.7	6.68			

(2) 作 2002 年度的家庭平均月收入的預測。

2002 年度，表示第 16 期預測值 E_{16}，是前面 15 期觀察值的不同 W 比例之加權平均，阻尼因子 $= W = \dfrac{L}{L+2} = \dfrac{15}{15+2} = 0.8824$。

利用產生的指數平滑序列值，可以預測第 16 期預測值 $= \hat{Y}_{16} = \hat{Y}_{15+1}$ $= E_{15+1} = WY_{15} + (1-W)E_{15}$；本題，$Y_{15} = 6.8$，$E_{15} = 6.83$，代入公式得 $\hat{Y}_{16} = 0.8824 * 6.8 + (1 - 0.8824) * 6.83 = 6.803828$。表示 2002 年度的家庭平均月收入的預測值 $= 68,038.28$ 元。

17-2 季節變動

由於人類的生活時間，以四季作為時間的一種分割；因此，研究四季的季節變動，將可以反應出許多真實的現象，有助於我們對於真實生活狀態的了解。例如：除溼機的銷售量、電力的需求、冷氣機的銷售量、冰品的銷售量等，都會受到季節的影響。如何能分離出「季節」因素的影響？通常採用「移動平均數法」，將所要分析的時間序列，逐季的順序移動，陸續取四季的觀察平均值，產生一連串由「四季的觀察平均值」所構成的序列，這個序列將不再受到季節的影響，是一個去除「季節」因素的趨勢序列。

令 F_i 表示經由四季移動平均數法所得的序列之第 i 期預測值，Y_i 表示第 i 期之觀察值，兩者間的關係如下

$$F_i = \dfrac{1}{4}(Y_i + Y_{i+1} + Y_{i+2} + Y_{i+3})$$

也就是說，以「四季的觀察平均值」來表示每一季的影響。利用「四季的觀察平均值」所構成的序列，可以產生「中心移動平均線」，代表的是，去除季節因素的趨勢序列。

範例 17-3

最近幾年,因為空氣污染情況日益嚴重,加上北部地區,經常陰雨綿綿,使得過敏體質的人口急速膨脹;也因此,除溼機成為新興的電器新貴,許多家庭都有購買除溼機的打算。某品牌的除溼機,1995～1998 年來之銷售量如表 17-3(單位:台)。

表 17-3

年	第一季	第二季	第三季	第四季	總和
1995	19	28	25	18	90
1996	22	34	28	21	105
1997	24	36	30	20	110
1998	28	40	35	27	130

此時間數列的「四季觀察平均值」,以及「中心移動平均線」如圖 17-3。計算此時間數列的「四季觀察平均值」及「中心平均值」。(檔案:除濕機.xls)

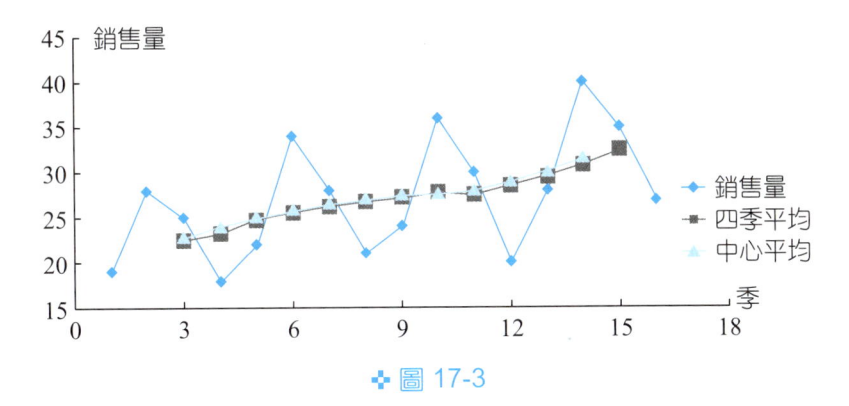

圖 17-3

解

四年四季構成了含有 16 個觀察值的時間序列。

每四季計算平均值,共得 13 個「四季平均值」;接著計算「中心平均值」,指的是前後期「四季平均值」的平均,共得 12 個「中心平均值」。

✦ 表 17-4

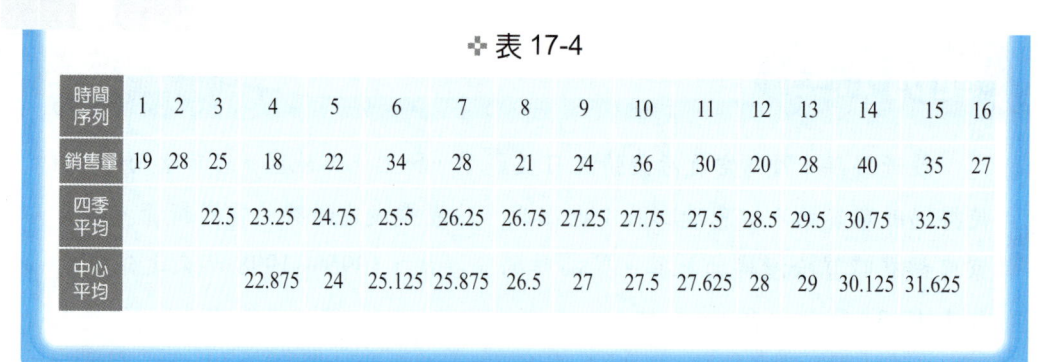

時間序列	1	2	3	4	5	6	7	8	9	10	11	12	13	14	15	16
銷售量	19	28	25	18	22	34	28	21	24	36	30	20	28	40	35	27
四季平均			22.5	23.25	24.75	25.5	26.25	26.75	27.25	27.75	27.5	28.5	29.5	30.75	32.5	
中心平均				22.875	24	25.125	25.875	26.5	27	27.5	27.625	28	29	30.125	31.625	

如果要考慮包含季節性變動的長期趨勢，首先需要將季節影響去除，這個季節性變動通常稱之為「季節因子」，定義為

$$季節因子 = 季節性影響值的平均$$

$$季節性影響值 = \frac{觀察值}{中心平均值}$$

去除季節性變動之時間序列值，係將原時間序列值，分別除以對應之季節因子。去除「季節性變動」後的時間序列，經由線性迴歸模型，可以估算其長期線性(非線性)趨勢，並進而預測未來的可能變數值。我們將在範例 17-4，直接以例子來說明如何計算「季節因子」與「季節性影響」，以及如何產生包含季節性變動的長期趨勢線，並且依據此趨勢線，對未來的各季節作預測。

範例 17-4

範例 17-3 季節性時間序列，可以產生「去除季節性變動之銷售量」的長期趨勢線如圖 17-4。(檔案：除溼機 2.xls)

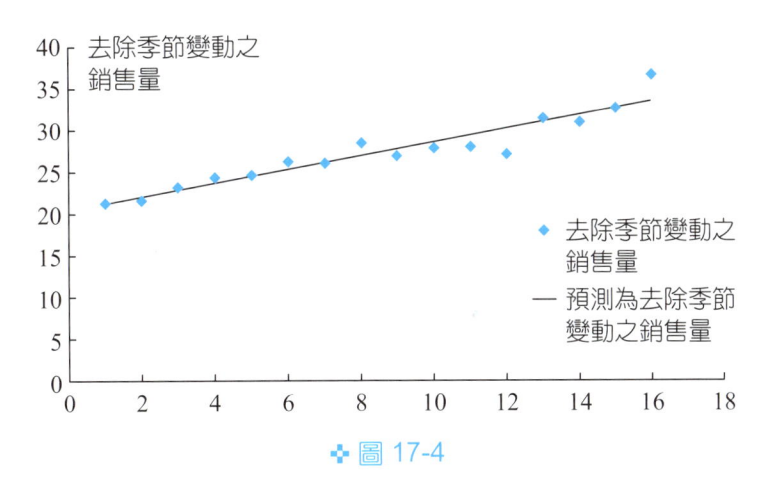

Chapter 17 時間序列分析

<図 17-4>

(1) 計算季節性時間序列的「季節性影響值」與「季節因子」。

(2) 利用 (1) 的結果，計算「去除季節性變動之銷售量」。

(3) 利用 (2) 的結果「去除季節性變動之銷售量」，產生迴歸估計式，並且依據此趨勢線，對未來的各季節作預測。

解

(1) 為了完整的計算每一季節影響值(各取相同的個數)，只考慮了時間序列之前14筆資料。季節性影響值 = $\dfrac{\text{銷售量}}{\text{中心平均值}}$，共得12個「季節影響值」。

表 17-5

季	1	2	3	4	1	2	3	4	1	2	3	4	1	2
時間序列	1	2	3	4	5	6	7	8	9	10	11	12	13	14
銷售量	19	28	25	18	22	34	28	21	24	36	30	20	28	40
中心平均			22.88	24.00	25.13	25.88	26.50	27.00	27.50	27.63	28.00	29.00	30.13	31.63
季節影響			1.09	0.75	0.88	1.31	1.06	0.78	0.87	1.30	1.07	0.69	0.93	1.26

要計算「季節因子」，首先需要將「季節影響值」依照相同季節重新整理，接著計算這些季節性影響值的平均值；下表中的季節影響，就是依據季節作分類，季節因子則是每一季的三個季節性影響值的平均：

❖ 表 17-6

季	三個季節影響			季節因子
1	0.88	0.87	0.93	$\frac{0.88+0.87+0.93}{3}=0.89$
2	1.31	1.30	1.26	$\frac{1.31+1.30+1.26}{3}=1.29$
3	1.09	1.06	1.07	$\frac{1.09+1.06+1.07}{3}=1.07$
4	0.75	0.78	0.69	$\frac{0.75+0.78+0.69}{3}=0.74$

(2)「去除季節性變動之銷售量」=「銷售量」除以「季節因子」

❖ 表 17-7

季	1	2	3	4	1	2	3	4	1	2	3	4	1	2	3	4
時間序列	1	2	3	4	5	6	7	8	9	10	11	12	13	14	15	16
銷售量	19	28	25	18	22	34	28	21	24	36	30	20	28	40	35	27
季節因子	0.89	1.29	1.07	0.74	0.89	1.29	1.07	0.74	0.89	1.29	1.07	0.74	0.89	1.29	1.07	0.74
去除季節性變動之銷售量	21.29	21.64	23.29	24.35	24.65	26.28	26.08	28.41	26.89	27.82	27.94	27.06	31.37	30.91	32.60	36.53

(3) 利用 (2) 的結果「去除季節性變動之銷售量」，產生迴歸係數估計值分別為 $b_0 = 20.48$，$b_1 = 0.8045$，線性迴歸估計式為

$$\hat{Y}_i = 20.48 + 0.8045 t_i$$

依據此趨勢線，對第五年的四季銷售量作預測：將對應的時間序列代入線性迴歸估計式，得到長期線性趨勢的預測銷售量，再加入季節因子，則可以得到受到季節因子影響的修正預測銷售量（預測銷售量×季節因子）如表 17-8。

❖ 表 17-8

年	季	t_i	$\hat{Y}_i$ 預測銷售量	季節因子	修正預測銷售量
5	1	17	34.16	0.89	34.16*0.89 = 30.49
5	2	18	34.96	1.29	34.96*1.29 = 45.24
5	3	19	35.77	1.07	35.77*1.07 = 38.40
5	4	20	36.57	0.74	36.57*0.74 = 27.03

17-3 循環變動

當時間序列經過一段時間後,出現規則形態,其圖形沿著長期趨勢線,微幅波動,持續一年以上,這種現象稱之為循環變動。循環變動並沒有一定的時間長短,最常出現在經濟方面的時間序列問題上。例如:中央銀行的匯率管制、股市績優股價,都有著循環變動的現象。季節變動是循環變動的一種,兩者最大的差別在於:季節變動只顯示出一年的循環週期,而循環變動的週期則可以多於一年。

包含循環變動的長期趨勢,可以經由線性迴歸模型,估算其長期線性(非線性)趨勢;如果要考慮包含循環變動的影響,則必須計算「循環變動因子」:

$$循環變動因子 = \frac{觀察值}{長期趨勢估計值} * 100\%$$

這個「循環變動因子」,其衡量單位為百分比,當循環變動因子值大於 100%,表示循環變動的影響高於長期趨勢;循環變動因子值小於 100%,則表示循環變動的影響,低於長期趨勢。

範例 17-5

在範例 17-1《家庭月收入例》中,長期趨勢估計為 $\hat{Y}_i = 5.0 + 0.182 T_i$。其中 $T_1 = 1, \ldots , T_{15} = 15$ 分別表示 1987, ... , 2001 年。計算家庭平均月收入的循環變動因子,並製作循環變動因子的變化圖。(檔案:家庭收入 2.xls)

解

將 $T_1 = 1, \ldots , T_{15} = 15$ 分別代入迴歸估計式中,可以得到長期趨勢的估計值;接著,循環變動因子則可以計算得知,其結果如表 17-9。

✤ 表 17-9

時間序列	年	收入	長期趨勢	循環變動因子
1	1987	4.0	5.18	77.20
2	1988	4.7	5.36	87.63
3	1989	5.5	5.55	99.18
4	1990	6.3	5.73	110.00
5	1991	6.5	5.91	110.00
6	1992	6.8	6.09	111.65
7	1993	6.5	6.27	103.63
8	1994	6.7	6.45	103.81
9	1995	7.1	6.64	106.99
10	1996	7.0	6.82	102.67
11	1997	6.6	7.00	94.29
12	1998	7.6	7.18	105.83
13	1999	7.7	7.36	104.57
14	2000	7.0	7.55	92.78
15	2001	6.8	7.73	88.00

其中，1987 年的「循環變動因子」= 77.2%，表示 1987 年的家庭平均月收入低於長期趨勢約 22.8%；1999 年的「循環變動因子」= 104.6%，表示 1999 年的家庭平均月收入高於長期趨勢約 4.6%。循環變動因子的變化圖如下：

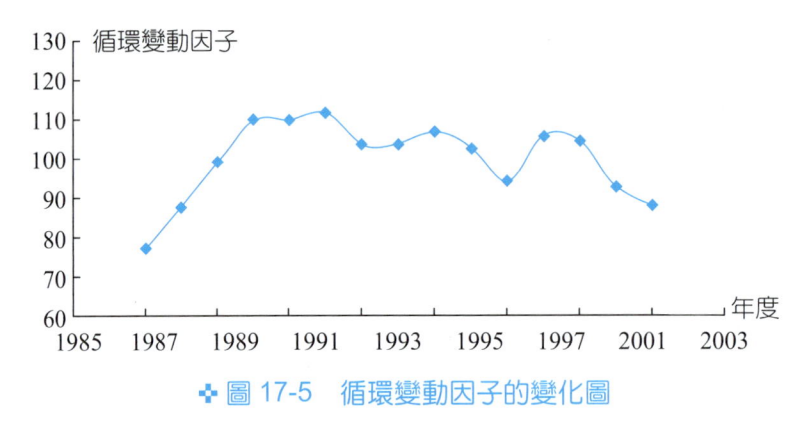

✤ 圖 17-5　循環變動因子的變化圖

17-4 不規則變動

一個時間序列，如果去除了「長期趨勢」、「季節變動」、「循環變動」等因子外，仍然有變動；稱這種變動為「不規則變動」。通常不規則變動發生的時期很短，其產生方式是隨機的，無法以規則的方法加以分析，可以視為殘差項。例如：1999 年的 921 地震強度是一個地震紀錄上的不規則變動；2001 年的 911 美國遭受恐怖攻擊行動事件，是美國意外事件紀錄上的不規則變動。

17-5 Excel 應用例

17-5-1 長期線性趨勢線

利用 Excel 之迴歸選項，即可繪製線性趨勢線。

Excel 選項：點選『資料』→『資料分析』→『迴歸』。

範例 17-6

利用 Excel『資料分析』的工具，執行範例 17-1 的長期線性趨勢分析，產生迴歸估計值，及其長期線性趨勢線。（檔案：家庭收入 2.xls）

解

Excel 選項『資料』→『資料分析』中，選取『迴歸』。在產生的對話視窗內（圖 17-6），輸入「Y 範圍」(C1:C16)，「X 範圍」(A1:A16)，勾選『標記』、『殘差』。

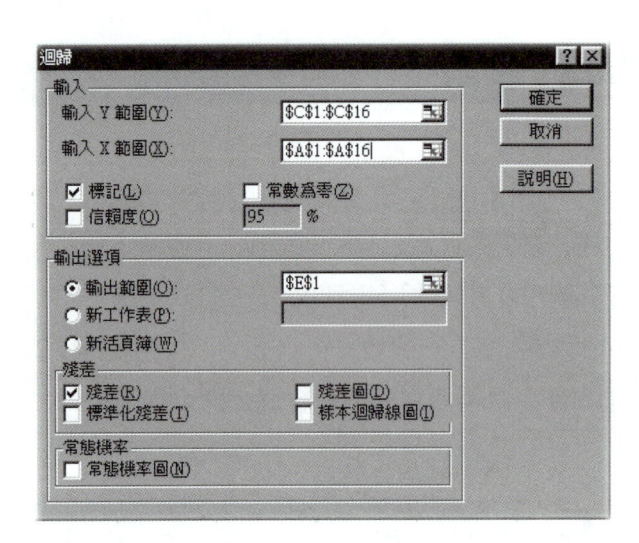

圖 17-6

執行 Excel 中的迴歸後,產生「迴歸預測值」以及「殘差值」。根據「年」、「收入」、「迴歸估計」(表 17-10),在 Excel 中製作「XY 散佈圖」。所產生的原始資料曲線圖,以及其長期線性趨勢線如圖 17-7:

表 17-10

年	收入	迴歸估計	年	收入	迴歸估計
1987	4	5.18	1995	7.1	6.64
1988	4.7	5.36	1996	7	6.82
1989	5.5	5.54	1997	6.6	7.00
1990	6.3	5.73	1998	7.6	7.18
1991	6.5	5.91	1999	7.7	7.36
1992	6.8	6.09	2000	7	7.54
1993	6.5	6.27	2001	6.8	7.73
1994	6.7	6.45			

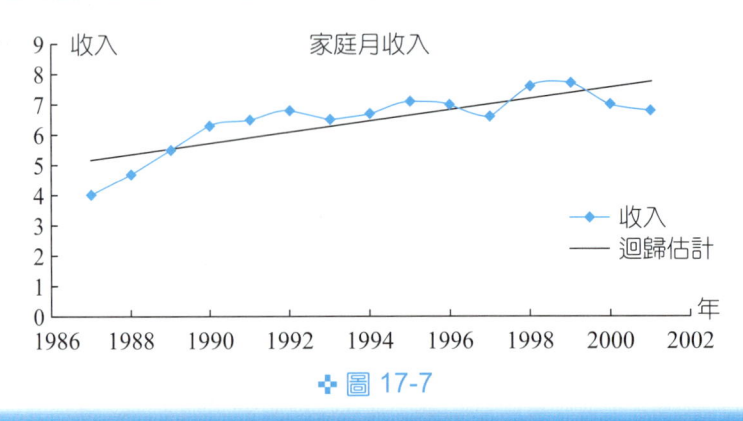

圖 17-7

17-5-2 指數平滑法

Excel 選項：點選『資料』→『資料分析』→『指數平滑法』。

◆ 圖 17-8

在產生的對話窗口內，分別輸入所需要的相關資訊，可以得到「指數平滑法」的結果。

範例 17-7

以 Excel 的巨集函數，執行範例 17-2 的指數平滑趨勢分析。計算指數平滑序列值，並製作指數平滑曲線。（檔案：家庭收入 22.xls）

解

Excel 選項：『資料』→『資料分析』→『指數平滑法』，出現對話視窗後（圖 17-9），作以下的各種設定。

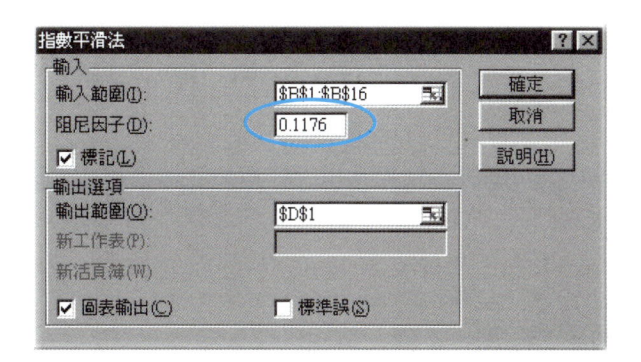

◆ 圖 17-9

【注意】本題阻尼因子 $= W = \dfrac{L}{L+2} = \dfrac{15}{15+2} = 0.8824$，但在 Excel 的巨集中，阻尼因子的設定，則要輸入值 $1 - W = 0.1176$。執行後的結果如下：

✤ 表 17-11

年	收入	指數平滑序列值	年	收入	指數平滑序列值
1987	4.0	4.00	1995	7.1	7.05
1988	4.7	4.62	1996	7.0	7.01
1989	5.5	5.40	1997	6.6	6.65
1990	6.3	6.19	1998	7.6	7.49
1991	6.5	6.46	1999	7.7	7.68
1992	6.8	6.76	2000	7.0	7.08
1993	6.5	6.53	2001	6.8	6.83
1994	6.7	6.68			

根據「年度」、「家庭收入」、「指數平滑序列值」，在 Excel 中製作「XY 散佈圖」，所產生的原始資料曲線圖，以及其指數平滑曲線如下圖：

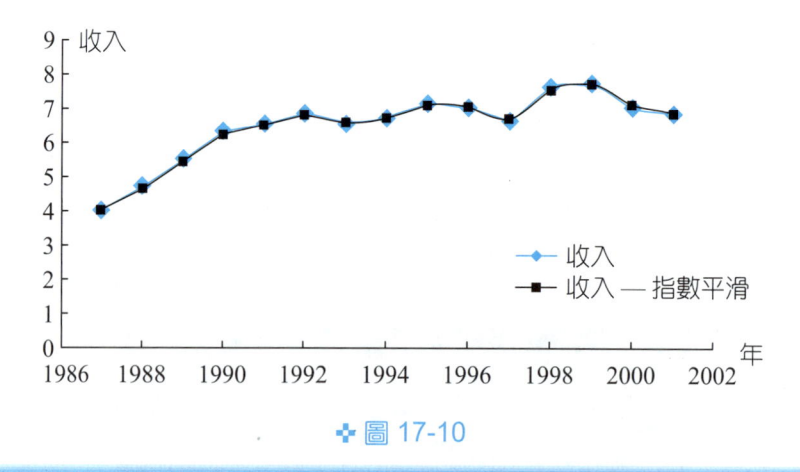

✤ 圖 17-10

17-5-3 移動平均法

Excel 選項：『資料』→『資料分析』→『移動平均法』。

Chapter 17　時間序列分析

✤ 圖 17-11

在產生的對話視窗內，分別輸入所需要的相關資訊，可以得到「移動平均法」的結果。

範例 17-8

在範例 17-3 的原始資料 Excel 檔案加入兩個欄位：「年」、「季」（圖 17-12）。利用 Excel 的巨集函數，執行移動平均分析。計算此時間數列圖形「四季的觀察平均值」，並製作原有的時間序列圖，以及「中心移動平均線」（檔案：除濕機 3.xls）。

	A	B	C	D
1	年	季	時間序列	銷售量
2	1	1	1	19
3	1	2	2	28
4	1	3	3	25
5	1	4	4	18
6	2	1	5	22
7	2	2	6	34
8	2	3	7	28
9	2	4	8	21
10	3	1	9	24
11	3	2	10	36
12	3	3	11	30
13	3	4	12	20
14	4	1	13	28
15	4	2	14	40
16	4	3	15	35
17	4	4	16	27

✤ 圖 17-12

解

在 Excel 的巨集函數「移動平均法」，計算四季的觀察平均值：選項『資

料』→『資料分析』→『移動平均法』，出現對話視窗後（圖 17-13），作以下的各種設定。

✤ 圖 17-13

Excel 所產生的「四季的觀察平均值」，自動儲存於 E4～E16；「中心移動平均值」指的是前後期「四季的觀察平均值」的平均，也就是說，將 E4～E16 的四季平均值，計算前後期的平均值，所得的結果如圖 17-14 中的 F4～F15。

	A	B	C	D	E	F
1	年	季	時間序列	銷售量	四季平均	中心平均
2	1	1	1	19		
3	1	2	2	28		
4	1	3	3	25	22.5	22.875
5	1	4	4	18	23.25	24
6	2	1	5	22	24.75	25.125
7	2	2	6	34	25.5	25.875
8	2	3	7	28	26.25	26.5
9	2	4	8	21	26.75	27
10	3	1	9	24	27.25	27.5
11	3	2	10	36	27.75	27.625
12	3	3	11	30	27.5	28
13	3	4	12	20	28.5	29
14	4	1	13	28	29.5	30.125
15	4	2	14	40	30.75	31.625
16	4	3	15	35	32.5	
17	4	4	16	27		

✤ 圖 17-14

圖 17-15 是 Excel 所自動產生的「實際觀察值圖形」與「四季的觀察平均值」圖形（其中，橫座標表示的是 4 個年度，共 16 季），如果要畫出「中心移動平均線」，必須利用繪圖工具中的「散佈圖」，將可以同時繪出原始序

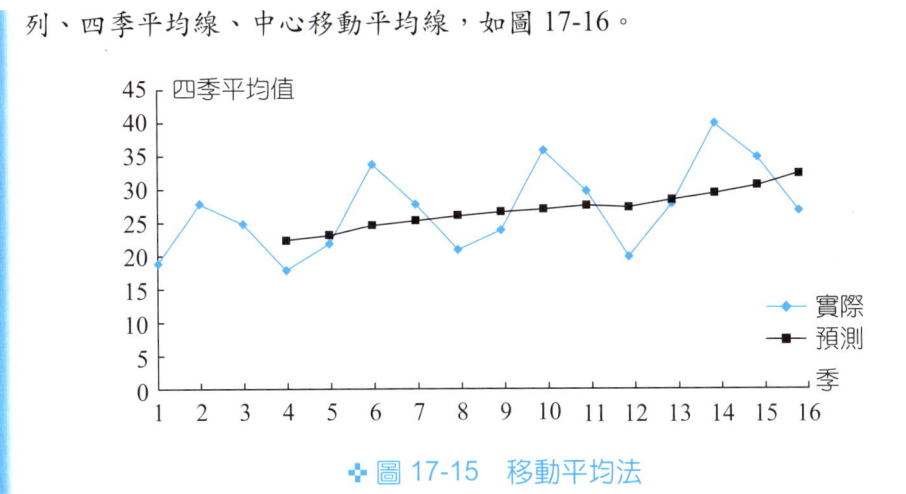

列、四季平均線、中心移動平均線，如圖 17-16。

圖 17-15　移動平均法

圖 17-16　四季平均線與中心移動平均線

17-6　章節架構圖說明：時間序列分析——《房租指數例》

物價指數，是一種時間序列，社會學家常常需要根據各種物價指數，來分析社會結構下所可能發生的現象：消費指數反應出經濟的繁榮與否、房租指數反應出物價波動的高低……。根據行政院主計處第三局，物價指數時間數列資料庫的「台灣地區消費者物價指數(房租指數)年增率(%)」，共有 240 筆的時間序列資料。以下為部份的資料：(檔案：租屋指數.xls)

年度	1月	2月	3月	…	9月	10月	11月	12月	年指數
71	3.97	3.97	3.19	…	1.69	1.97	1.94	2.45	2.64
				…					
89	−0.07	−0.08	0.02	…	0.40	0.48	0.39	0.40	0.15
90	0.36	0.33	0.23	…	−0.41	−0.46	−0.51	−0.73	−0.10

(1) 以「年指數」作為一組時間序列，產生房租年指數的長期線性趨勢線。
(2) 利用 (1) 之「長期線性趨勢」，預測 91 年度的房租年指數。
(3) 製作「年指數」的指數平滑曲線，預測 91 年度的房租年指數。
(4) 計算房租指數時間數列之「四季的觀察平均值」，
(5) 計算「中心移動平均線」。

章節架構圖 vs. 案例説明

(1) 以「年指數」作為一組時間序列，產生房租年指數的長期線性趨勢線。 (2) 利用 (1) 之「長期線性趨勢」，預測 91 年度的房租年指數。	長期趨勢 → 線性與非線性趨勢線

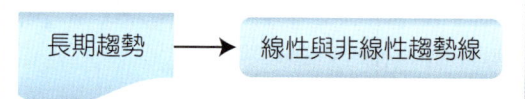

解

(1) 迴歸係數估計值 $b_1 = -0.06155$，$b_0 = 7.462$

「房租年指數」的長期線性趨勢線估計式為 $\hat{Y}_i = 7.462 - 0.06155 T_i$。

(2) 計算民國 91 年度的房租年指數時，就是要計算當 $T_{21} = 21$ 時，對應的迴歸估計值 $\hat{Y}_{21}$。將 $T_{21} = 21$ 代入公式得 $\hat{Y}_{21} = 7.462 - 0.06155*21 = 6.16945$。表示民國 91 年度的房租年指數預測值 = 6.16945。

(3) 製作「年指數」的指數平滑曲線，預測 91 年度的房租年指數。	長期趨勢 → 線性與非線性趨勢線

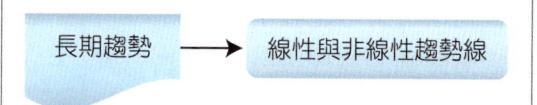

解

時間長度 $L = 20$，阻尼因子 $= W = \dfrac{L}{L+2} = \dfrac{20}{20+2} = 0.9091$。$Y_i$ 表示房租年指數，$E_1 = Y_1$ 為第一期的指數平滑序列值，利用「指數平滑」公式：$E_i = WY_i + (1-W)E_{i-1}$，則可計算得到第二期、第三期、……指數平滑序列值 E_i。

年	Y_i	E_i	年	Y_i	E_i
71	2.64	2.64	81	4.30	4.46
72	3.66	3.57	82	4.15	4.18
73	1.00	1.23	83	4.64	4.60
74	0.85	0.88	84	3.45	3.55
75	0.80	0.81	85	2.52	2.61
76	0.61	0.63	86	1.17	1.30
77	1.35	1.28	87	1.42	1.41
78	4.39	4.11	88	0.60	0.67
79	6.48	6.26	89	0.15	0.20
80	6.06	6.08	90	−0.10	−0.07

(4) 計算房租指數時間數列之「四季的觀察平均值」。
(5) 計算「中心移動平均線」。

長期趨勢 → 線性與非線性趨勢線

解

(4) 第1季：1～4月；第2季：1～4月；第3季：1～4月；第4季：1～4月；計算四季的觀察平均值。

年	第1季	第2季	第3季	第4季	年	第1季	第2季	第3季	第4季
71	3.71	2.74	2.06	2.12	81	5.48	4.46	3.91	3.39
72	3.77	3.97	3.85	3.02	82	3.43	3.70	4.24	5.22
73	1.36	1.14	0.94	0.56	83	5.50	4.96	4.41	3.73
74	0.80	0.84	0.92	0.89	84	3.50	3.61	3.39	3.30
75	0.75	0.86	0.76	0.79	85	3.28	2.69	2.33	1.80
76	0.53	0.37	0.32	1.25	86	1.16	1.19	1.07	1.26
77	1.47	1.52	1.60	0.79	87	1.38	1.61	1.45	1.24
78	2.99	3.79	4.81	6.00	88	1.20	0.62	0.40	0.18
79	5.65	6.52	6.97	6.75	89	−0.04	0.05	0.19	0.42
80	5.89	6.18	6.18	6.00	90	0.31	0.02	−0.15	−0.57

(5) 先計算四季的平均值，再計算「中心移動平均值」。

「中心移動平均值」指的是前後期「四季的觀察平均值」的平均。

	A	B	C	D	E	F
1	民國年	季	時間序列	四季指數	四季平均	中心平均
2	1	1	1	3.71		
3	1	2	2	2.74		
4	1	3	3	2.06	2.66	2.66
5	1	4	4	2.12	2.67	2.83
6	2	1	5	3.77	2.98	3.20
7	2	2	6	3.97	3.43	3.54
8	2	3	7	3.85	3.65	3.35
9	2	4	8	3.02	3.05	2.70
10	3	1	9	1.36	2.34	1.98
⋮						
75	19	2	74	0.05	0.09	0.12
76	19	3	75	0.19	0.16	0.20
77	19	4	76	0.42	0.24	0.24
78	20	1	77	0.31	0.24	0.19
79	20	2	78	0.02	0.15	0.03
80	20	3	79	-0.15	-0.10	
81	20	4	80	-0.57		

名詞解釋

長期趨勢： 時間序列資料，呈現穩定的狀態，或是小幅度的變動，稱之為長期趨勢，通常以平滑的長期趨勢線表示。

線性趨勢線： 長期趨勢線的一種，通常經由線性迴歸模型來估算

$$Y_i = \beta_0 + \beta_1 T_i + \varepsilon_i \text{ , } i = 1, 2, \dots, n$$

其中 β_0、β_1 的估計式 b_0、b_1 可表示為

$$b_0 = \bar{Y} - b_1 \bar{T}$$

$$b_1 = \frac{\sum_{i=1}^{n}(T_i - \bar{T})(Y_i - \bar{Y})}{\sum_{i=1}^{n}(T_i - \bar{T})^2}$$

非線性趨勢線 (指數平滑法)： 長期趨勢線的一種計算加權移動平均方法，將較大的權數放在最近的資料上，利用時間序列作短期的預測。

季節變動 (移動平均數法)： 將要分析的時間序列資料，逐季的順序移動，陸續取四季的觀察平均值，產生由「四季的觀察平均值」所構成的序列，是一個去除「季節」因素的趨勢序列。

循環變動 (循環變動因子)： 循環變動因子 $= \dfrac{觀察值}{長期趨勢估計值} * 100$。當循環變動因子值大於 100%，表示循環變動的影響高於長期趨勢；循環變動因子值小於 100%，則表示循環變動的影響，低於長期趨勢。

不規則變動： 時間序列，如果去除了「長期趨勢」、「季節變動」、「循環變動」等因子外，仍然有短時發生隨機的變動；稱為「不規則變動」；無法以規則的方法加以分析，可以視為殘差項。

練習題

17-1 某大學過去 16 年來，大學部學生註冊人數如下表：

年	註冊人數	年	註冊人數
1986	15,400	1994	17,003
1987	16,100	1995	16,958
1988	16,504	1996	16,937
1989	16,720	1997	17,010
1990	16,582	1998	17,230
1991	16,723	1999	17,111
1992	16,790	2000	17,065
1993	16,821	2001	17,171

(1) 利用 Excel，產生其長期線性趨勢線。
(2) 利用 (1) 之「長期趨勢」，預測 2002 年度的大學部學生註冊人數。

17-2 將 17-1 題的 16 年大學部學生註冊人數，利用指數平滑法：
(1) 計算指數平滑序列值。
(2) 作 2002 年度的大學部學生註冊人數的預測。

17-3 某小吃店過去 10 年之電費如下：(單位：十萬元)

年	電費	年	電費
1992	2.2	1997	3.1
1993	2.5	1998	3.3
1994	2.9	1999	2.7
1995	3.1	2000	2.5
1996	2.7	2001	2.6

(1) 產生長期線性趨勢線。
(2) 利用長期線性趨勢線，預測 2002 年度的電費。
(3) 利用指數平滑序列，作 2002 年度電費的預測。

17-4 某品牌的空氣清淨器，1995～2000 年來之銷售量如下：(單位：台)

年	第一季	第二季	第三季	第四季	總和
1995	10	22	23	18	73
1996	12	25	27	20	84
1997	15	26	27	22	90
1998	16	25	26	25	92
1999	14	29	30	21	94
2000	16	27	28	27	98

計算「四季的觀察平均值」及「中心移動平均值」。

17-5 在 17-4 題中：
(1) 計算季節性時間序列的「季節性影響」。
(2) 根據 (1)，計算「季節因子」。
(3) 產生去除季節性變動的長期趨勢線。

17-6 (1) 在 17-1 題中，計算大學部學生註冊人數的循環變動成份。
(2) 在 17-3 題中，計算小吃店電費的循環變動成份。

附 表

附表一　二項機率分配表

n	x	\multicolumn{13}{c}{p}
		0.01	0.05	0.10	0.20	0.30	0.40	0.50	0.60	0.70	0.80	0.90	0.95	0.99
5	0	0.9510	0.7738	0.5905	0.3277	0.1681	0.0778	0.0313	0.0102	0.0024	0.0003	0.0000	0.0000	0.0000
	1	0.0480	0.2036	0.3281	0.4096	0.3602	0.2592	0.1563	0.0768	0.0284	0.0064	0.0005	0.0000	0.0000
	2	0.0010	0.0214	0.0729	0.2048	0.3087	0.3456	0.3125	0.2304	0.1323	0.0512	0.0081	0.0011	0.0000
	3	0.0000	0.0011	0.0081	0.0512	0.1323	0.2304	0.3125	0.3456	0.3087	0.2048	0.0729	0.0214	0.0010
	4	0.0000	0.0000	0.0005	0.0064	0.0284	0.0768	0.1563	0.2592	0.3602	0.4096	0.3281	0.2036	0.0480
	5	0.0000	0.0000	0.0000	0.0003	0.0024	0.0102	0.0313	0.0778	0.1681	0.3277	0.5905	0.7738	0.9510
6	0	0.9415	0.7351	0.5314	0.2621	0.1176	0.0467	0.0156	0.0041	0.0007	0.0001	0.0000	0.0000	0.0000
	1	0.0571	0.2321	0.3543	0.3932	0.3025	0.1866	0.0938	0.0369	0.0102	0.0015	0.0001	0.0000	0.0000
	2	0.0014	0.0305	0.0984	0.2458	0.3241	0.3110	0.2344	0.1382	0.0595	0.0154	0.0012	0.0001	0.0000
	3	0.0000	0.0021	0.0146	0.0819	0.1852	0.2765	0.3125	0.2765	0.1852	0.0819	0.0146	0.0021	0.0000
	4	0.0000	0.0001	0.0012	0.0154	0.0595	0.1382	0.2344	0.3110	0.3241	0.2458	0.0984	0.0305	0.0014
	5	0.0000	0.0000	0.0001	0.0015	0.0102	0.0369	0.0938	0.1866	0.3025	0.3932	0.3543	0.2321	0.0571
	6	0.0000	0.0000	0.0000	0.0001	0.0007	0.0041	0.0156	0.0467	0.1176	0.2621	0.5314	0.7351	0.9415
7	0	0.9321	0.6983	0.4783	0.2097	0.0824	0.0280	0.0078	0.0016	0.0002	0.0000	0.0000	0.0000	0.0000
	1	0.0659	0.2573	0.3720	0.3670	0.2471	0.1306	0.0547	0.0172	0.0036	0.0004	0.0000	0.0000	0.0000
	2	0.0020	0.0406	0.1240	0.2753	0.3177	0.2613	0.1641	0.0774	0.0250	0.0043	0.0002	0.0000	0.0000
	3	0.0000	0.0036	0.0230	0.1147	0.2269	0.2903	0.2734	0.1935	0.0972	0.0287	0.0026	0.0002	0.0000
	4	0.0000	0.0002	0.0026	0.0287	0.0972	0.1935	0.2734	0.2903	0.2269	0.1147	0.0230	0.0036	0.0000
	5	0.0000	0.0000	0.0002	0.0043	0.0250	0.0774	0.1641	0.2613	0.3177	0.2753	0.1240	0.0406	0.0020
	6	0.0000	0.0000	0.0000	0.0004	0.0036	0.0172	0.0547	0.1306	0.2471	0.3670	0.3720	0.2573	0.0659
	7	0.0000	0.0000	0.0000	0.0000	0.0002	0.0016	0.0078	0.0280	0.0824	0.2097	0.4783	0.6983	0.9321
8	0	0.9227	0.6634	0.4305	0.1678	0.0576	0.0168	0.0039	0.0007	0.0001	0.0000	0.0000	0.0000	0.0000
	1	0.0746	0.2793	0.3826	0.3355	0.1977	0.0896	0.0313	0.0079	0.0012	0.0001	0.0000	0.0000	0.0000
	2	0.0026	0.0515	0.1488	0.2936	0.2965	0.2090	0.1094	0.0413	0.0100	0.0011	0.0000	0.0000	0.0000
	3	0.0001	0.0054	0.0331	0.1468	0.2541	0.2787	0.2188	0.1239	0.0467	0.0092	0.0004	0.0000	0.0000
	4	0.0000	0.0004	0.0046	0.0459	0.1361	0.2322	0.2734	0.2322	0.1361	0.0459	0.0046	0.0004	0.0000
	5	0.0000	0.0000	0.0004	0.0092	0.0467	0.1239	0.2188	0.2787	0.2541	0.1468	0.0331	0.0054	0.0001
	6	0.0000	0.0000	0.0000	0.0011	0.0100	0.0413	0.1094	0.2090	0.2965	0.2936	0.1488	0.0515	0.0026
	7	0.0000	0.0000	0.0000	0.0001	0.0012	0.0079	0.0313	0.0896	0.1977	0.3355	0.3826	0.2793	0.0746
	8	0.0000	0.0000	0.0000	0.0000	0.0001	0.0007	0.0039	0.0168	0.0576	0.1678	0.4305	0.6634	0.9227

附表一（續） 二項機率分配表

n	x	0.01	0.05	0.10	0.20	0.30	0.40	0.50	0.60	0.70	0.80	0.90	0.95	0.99
9	0	0.9135	0.6302	0.3874	0.1342	0.0404	0.0101	0.0020	0.0003	0.0000	0.0000	0.0000	0.0000	0.0000
	1	0.0830	0.2985	0.3874	0.3020	0.1556	0.0605	0.0176	0.0035	0.0004	0.0000	0.0000	0.0000	0.0000
	2	0.0034	0.0629	0.1722	0.3020	0.2668	0.1612	0.0703	0.0212	0.0039	0.0003	0.0000	0.0000	0.0000
	4	0.0000	0.0006	0.0074	0.0661	0.1715	0.2508	0.2461	0.1672	0.0735	0.0165	0.0008	0.0000	0.0000
	5	0.0000	0.0000	0.0008	0.0165	0.0735	0.1672	0.2461	0.2508	0.1715	0.0661	0.0074	0.0006	0.0000
	6	0.0000	0.0000	0.0001	0.0028	0.0210	0.0743	0.1641	0.2508	0.2668	0.1762	0.0446	0.0077	0.0001
	7	0.0000	0.0000	0.0000	0.0003	0.0039	0.0212	0.0703	0.1612	0.2668	0.3020	0.1722	0.0629	0.0034
	8	0.0000	0.0000	0.0000	0.0000	0.0004	0.0035	0.0176	0.0605	0.1556	0.3020	0.3874	0.2985	0.0830
	9	0.0000	0.0000	0.0000	0.0000	0.0000	0.0003	0.0020	0.0101	0.0404	0.1342	0.3874	0.6302	0.9135
10	0	0.9044	0.5987	0.3487	0.1074	0.0282	0.0060	0.0010	0.0001	0.0000	0.0000	0.0000	0.0000	0.0000
	1	0.0914	0.3151	0.3874	0.2684	0.1211	0.0403	0.0098	0.0016	0.0001	0.0000	0.0000	0.0000	0.0000
	2	0.0042	0.0746	0.1937	0.3020	0.2335	0.1209	0.0439	0.0106	0.0014	0.0001	0.0000	0.0000	0.0000
	3	0.0001	0.0105	0.0574	0.2013	0.2668	0.2150	0.1172	0.0425	0.0090	0.0008	0.0000	0.0000	0.0000
	4	0.0000	0.0010	0.0112	0.0881	0.2001	0.2508	0.2051	0.1115	0.0368	0.0055	0.0001	0.0000	0.0000
	5	0.0000	0.0001	0.0015	0.0264	0.1029	0.2007	0.2461	0.2007	0.1029	0.0264	0.0015	0.0001	0.0000
	6	0.0000	0.0000	0.0001	0.0055	0.0368	0.1115	0.2051	0.2508	0.2001	0.0881	0.0112	0.0010	0.0000
	7	0.0000	0.0000	0.0000	0.0008	0.0090	0.0425	0.1172	0.2150	0.2668	0.2013	0.0574	0.0105	0.0001
	8	0.0000	0.0000	0.0000	0.0001	0.0014	0.0106	0.0439	0.1209	0.2335	0.3020	0.1937	0.0746	0.0042
	9	0.0000	0.0000	0.0000	0.0000	0.0001	0.0016	0.0098	0.0403	0.1211	0.2684	0.3874	0.3151	0.0914
	10	0.0000	0.0000	0.0000	0.0000	0.0000	0.0001	0.0010	0.0060	0.0282	0.1074	0.3487	0.5987	0.9044
11	0	0.8953	0.5688	0.3138	0.0859	0.0198	0.0036	0.0005	0.0000	0.0000	0.0000	0.0000	0.0000	0.0000
	1	0.0995	0.3293	0.3835	0.2362	0.0932	0.0266	0.0054	0.0007	0.0000	0.0000	0.0000	0.0000	0.0000
	2	0.0050	0.0867	0.2131	0.2953	0.1998	0.0887	0.0269	0.0052	0.0005	0.0000	0.0000	0.0000	0.0000
	3	0.0002	0.0137	0.0710	0.2215	0.2568	0.1774	0.0806	0.0234	0.0037	0.0002	0.0000	0.0000	0.0000
	4	0.0000	0.0014	0.0158	0.1107	0.2201	0.2365	0.1611	0.0701	0.0173	0.0017	0.0000	0.0000	0.0000
	5	0.0000	0.0001	0.0025	0.0388	0.1321	0.2207	0.2256	0.1471	0.0566	0.0097	0.0003	0.0000	0.0000
	6	0.0000	0.0000	0.0003	0.0097	0.0566	0.1471	0.2256	0.2207	0.1321	0.0388	0.0025	0.0001	0.0000
	7	0.0000	0.0000	0.0000	0.0017	0.0173	0.0701	0.1611	0.2365	0.2201	0.1107	0.0158	0.0014	0.0000
	8	0.0000	0.0000	0.0000	0.0002	0.0037	0.0234	0.0806	0.1774	0.2568	0.2215	0.0710	0.0137	0.0002
	9	0.0000	0.0000	0.0000	0.0000	0.0005	0.0052	0.0269	0.0887	0.1998	0.2953	0.2131	0.0867	0.0050
	10	0.0000	0.0000	0.0000	0.0000	0.0000	0.0007	0.0054	0.0266	0.0932	0.2362	0.3835	0.3293	0.0995
	11	0.0000	0.0000	0.0000	0.0000	0.0000	0.0000	0.0005	0.0036	0.0198	0.0859	0.3138	0.5688	0.8953
12	0	0.8864	0.5404	0.2824	0.0687	0.0138	0.0022	0.0002	0.0000	0.0000	0.0000	0.0000	0.0000	0.0000
	1	0.1074	0.3413	0.3766	0.2062	0.0712	0.0174	0.0029	0.0003	0.0000	0.0000	0.0000	0.0000	0.0000

附表一（續） 二項機率分配表

n	x	0.01	0.05	0.10	0.20	0.30	0.40	0.50	0.60	0.70	0.80	0.90	0.95	0.99
12	2	0.006	0.0988	0.2301	0.2835	0.1678	0.0639	0.0161	0.0025	0.0002	0.0000	0.0000	0.0000	0.0000
	3	0.0002	0.0173	0.0852	0.2362	0.2397	0.1419	0.0537	0.0125	0.0015	0.0001	0.0000	0.0000	0.0000
	4	0.0000	0.0021	0.0213	0.1329	0.2311	0.2128	0.1208	0.0420	0.0078	0.0005	0.0000	0.0000	0.0000
	5	0.0000	0.0002	0.0038	0.0532	0.1585	0.2270	0.1934	0.1009	0.0291	0.0033	0.0000	0.0000	0.0000
	6	0.0000	0.0000	0.0005	0.0155	0.0792	0.1766	0.2256	0.1766	0.0792	0.0155	0.0005	0.0000	0.0000
	7	0.0000	0.0000	0.0000	0.0033	0.0291	0.1009	0.1934	0.2270	0.1585	0.0532	0.0038	0.0002	0.0000
	8	0.0000	0.0000	0.0000	0.0005	0.0078	0.0420	0.1208	0.2128	0.2311	0.1329	0.0213	0.0021	0.0000
	9	0.0000	0.0000	0.0000	0.0001	0.0015	0.0125	0.0537	0.1419	0.2397	0.2362	0.0852	0.0173	0.0002
	10	0.0000	0.0000	0.0000	0.0000	0.0002	0.0025	0.0161	0.0639	0.1678	0.2835	0.2301	0.0988	0.0060
	11	0.0000	0.0000	0.0000	0.0000	0.0000	0.0003	0.0029	0.0174	0.0712	0.2062	0.3766	0.3413	0.1074
	12	0.0000	0.0000	0.0000	0.0000	0.0000	0.0000	0.0002	0.0022	0.0138	0.0687	0.2824	0.5404	0.8864
13	0	0.8775	0.5133	0.2542	0.0550	0.0097	0.0013	0.0001	0.0000	0.0000	0.0000	0.0000	0.0000	0.0000
	1	0.1152	0.3512	0.3672	0.1787	0.0540	0.0113	0.0016	0.0001	0.0000	0.0000	0.0000	0.0000	0.0000
	2	0.007	0.1109	0.2448	0.2680	0.1388	0.0453	0.0095	0.0012	0.0001	0.0000	0.0000	0.0000	0.0000
	3	0.0003	0.0214	0.0997	0.2457	0.2181	0.1107	0.0349	0.0065	0.0006	0.0000	0.0000	0.0000	0.0000
	4	0.0000	0.0028	0.0277	0.1535	0.2337	0.1845	0.0873	0.0243	0.0034	0.0001	0.0000	0.0000	0.0000
	5	0.0000	0.0003	0.0055	0.0691	0.1803	0.2214	0.1571	0.0656	0.0142	0.0011	0.0000	0.0000	0.0000
	6	0.0000	0.0000	0.0008	0.0230	0.1030	0.1968	0.2095	0.1312	0.0442	0.0058	0.0001	0.0000	0.0000
	7	0.0000	0.0000	0.0001	0.0058	0.0442	0.1312	0.2095	0.1968	0.1030	0.0230	0.0008	0.0000	0.0000
	8	0.0000	0.0000	0.0000	0.0011	0.0142	0.0656	0.1571	0.2214	0.1803	0.0691	0.0055	0.0003	0.0000
	9	0.0000	0.0000	0.0000	0.0001	0.0034	0.0243	0.0873	0.1845	0.2337	0.1535	0.0277	0.0028	0.0000
	10	0.0000	0.0000	0.0000	0.0000	0.0006	0.0065	0.0349	0.1107	0.2181	0.2457	0.0997	0.0214	0.0003
	11	0.0000	0.0000	0.0000	0.0000	0.0001	0.0012	0.0095	0.0453	0.1388	0.2680	0.2448	0.1109	0.0070
	12	0.0000	0.0000	0.0000	0.0000	0.0000	0.0001	0.0016	0.0113	0.0540	0.1787	0.3672	0.3512	0.1152
	13	0.0000	0.0000	0.0000	0.0000	0.0000	0.0000	0.0001	0.0013	0.0097	0.0550	0.2542	0.5133	0.8775
14	0	0.8687	0.4877	0.2288	0.0440	0.0068	0.0008	0.0001	0.0000	0.0000	0.0000	0.0000	0.0000	0.0000
	1	0.1229	0.3593	0.3559	0.1539	0.0407	0.0073	0.0009	0.0001	0.0000	0.0000	0.0000	0.0000	0.0000
	2	0.0081	0.1229	0.2570	0.2501	0.1134	0.0317	0.0056	0.0005	0.0000	0.0000	0.0000	0.0000	0.0000
	3	0.0003	0.0259	0.1142	0.2501	0.1943	0.0845	0.0222	0.0033	0.0002	0.0000	0.0000	0.0000	0.0000
	4	0.0000	0.0037	0.0349	0.1720	0.2290	0.1549	0.0611	0.0136	0.0014	0.0000	0.0000	0.0000	0.0000
	5	0.0000	0.0004	0.0078	0.0860	0.1963	0.2066	0.1222	0.0408	0.0066	0.0003	0.0000	0.0000	0.0000
	6	0.0000	0.0000	0.0013	0.0322	0.1262	0.2066	0.1833	0.0918	0.0232	0.0020	0.0000	0.0000	0.0000
	7	0.0000	0.0000	0.0002	0.0092	0.0618	0.1574	0.2095	0.1574	0.0618	0.0092	0.0002	0.0000	0.0000
	8	0.0000	0.0000	0.0000	0.0020	0.0232	0.0918	0.1833	0.2066	0.1262	0.0322	0.0013	0.0000	0.0000

附表一（續） 二項機率分配表

n	x	0.01	0.05	0.10	0.20	0.30	0.40	0.50	0.60	0.70	0.80	0.90	0.95	0.99
14	9	0.0000	0.0000	0.0000	0.0003	0.0066	0.0408	0.1222	0.2066	0.1963	0.0860	0.0078	0.0004	0.0000
	10	0.0000	0.0000	0.0000	0.0000	0.0014	0.0136	0.0611	0.1549	0.2290	0.1720	0.0349	0.0037	0.0000
	11	0.0000	0.0000	0.0000	0.0000	0.0002	0.0033	0.0222	0.0845	0.1943	0.2501	0.1142	0.0259	0.0003
	12	0.0000	0.0000	0.0000	0.0000	0.0000	0.0005	0.0056	0.0317	0.1134	0.2501	0.2570	0.1229	0.0081
	13	0.0000	0.0000	0.0000	0.0000	0.0000	0.0001	0.0009	0.0073	0.0407	0.1539	0.3559	0.3593	0.1229
	14	0.0000	0.0000	0.0000	0.0000	0.0000	0.0000	0.0001	0.0008	0.0068	0.0440	0.2288	0.4877	0.8687
15	0	0.8601	0.4633	0.2059	0.0352	0.0047	0.0005	0.0000	0.0000	0.0000	0.0000	0.0000	0.0000	0.0000
	1	0.1303	0.3658	0.3432	0.1319	0.0305	0.0047	0.0005	0.0000	0.0000	0.0000	0.0000	0.0000	0.0000
	2	0.0092	0.1348	0.2669	0.2309	0.0916	0.0219	0.0032	0.0003	0.0000	0.0000	0.0000	0.0000	0.0000
	3	0.0004	0.0307	0.1285	0.2501	0.1700	0.0634	0.0139	0.0016	0.0001	0.0000	0.0000	0.0000	0.0000
	4	0.0000	0.0049	0.0428	0.1876	0.2186	0.1268	0.0417	0.0074	0.0006	0.0000	0.0000	0.0000	0.0000
	5	0.0000	0.0006	0.0105	0.1032	0.2061	0.1859	0.0916	0.0245	0.0030	0.0001	0.0000	0.0000	0.0000
	6	0.0000	0.0000	0.0019	0.0430	0.1472	0.2066	0.1527	0.0612	0.0116	0.0007	0.0000	0.0000	0.0000
	7	0.0000	0.0000	0.0003	0.0138	0.0811	0.1771	0.1964	0.1181	0.0348	0.0035	0.0000	0.0000	0.0000
	8	0.0000	0.0000	0.0000	0.0035	0.0348	0.1181	0.1964	0.1771	0.0811	0.0138	0.0003	0.0000	0.0000
	9	0.0000	0.0000	0.0000	0.0007	0.0116	0.0612	0.1527	0.2066	0.1472	0.0430	0.0019	0.0000	0.0000
	10	0.0000	0.0000	0.0000	0.0001	0.0030	0.0245	0.0916	0.1859	0.2061	0.1032	0.0105	0.0006	0.0000
	11	0.0000	0.0000	0.0000	0.0000	0.0006	0.0074	0.0417	0.1268	0.2186	0.1876	0.0428	0.0049	0.0000
	12	0.0000	0.0000	0.0000	0.0000	0.0001	0.0016	0.0139	0.0634	0.1700	0.2501	0.1285	0.0307	0.0004
	13	0.0000	0.0000	0.0000	0.0000	0.0000	0.0003	0.0032	0.0219	0.0916	0.2309	0.2669	0.1348	0.0092
	14	0.0000	0.0000	0.0000	0.0000	0.0000	0.0000	0.0005	0.0047	0.0305	0.1319	0.3432	0.3658	0.1303
	15	0.0000	0.0000	0.0000	0.0000	0.0000	0.0000	0.0000	0.0005	0.0047	0.0352	0.2059	0.4633	0.8601
16	0	0.8515	0.4401	0.1853	0.0281	0.0033	0.0003	0.0000	0.0000	0.0000	0.0000	0.0000	0.0000	0.0000
	1	0.1376	0.3706	0.3294	0.1126	0.0228	0.0030	0.0002	0.0000	0.0000	0.0000	0.0000	0.0000	0.0000
	2	0.0104	0.1463	0.2745	0.2111	0.0732	0.0150	0.0018	0.0001	0.0000	0.0000	0.0000	0.0000	0.0000
	3	0.0005	0.0359	0.1423	0.2463	0.1465	0.0468	0.0085	0.0008	0.0000	0.0000	0.0000	0.0000	0.0000
	4	0.0000	0.0061	0.0514	0.2001	0.2040	0.1014	0.0278	0.0040	0.0002	0.0000	0.0000	0.0000	0.0000
	5	0.0000	0.0008	0.0137	0.1201	0.2099	0.1623	0.0667	0.0142	0.0013	0.0000	0.0000	0.0000	0.0000
	6	0.0000	0.0001	0.0028	0.0550	0.1649	0.1983	0.1222	0.0392	0.0056	0.0002	0.0000	0.0000	0.0000
	7	0.0000	0.0000	0.0004	0.0197	0.1010	0.1889	0.1746	0.0840	0.0185	0.0012	0.0000	0.0000	0.0000
	8	0.0000	0.0000	0.0001	0.0055	0.0487	0.1417	0.1964	0.1417	0.0487	0.0055	0.0001	0.0000	0.0000
	9	0.0000	0.0000	0.0000	0.0012	0.0185	0.0840	0.1746	0.1889	0.1010	0.0197	0.0004	0.0000	0.0000
	10	0.0000	0.0000	0.0000	0.0002	0.0056	0.0392	0.1222	0.1983	0.1649	0.0550	0.0028	0.0001	0.0000
	11	0.0000	0.0000	0.0000	0.0000	0.0013	0.0142	0.0667	0.1623	0.2099	0.1201	0.0137	0.0008	0.0000

附表一（續） 二項機率分配表

n	x	0.01	0.05	0.10	0.20	0.30	0.40	0.50	0.60	0.70	0.80	0.90	0.95	0.99
16	12	0.0000	0.0000	0.0000	0.0000	0.0002	0.0040	0.0278	0.1014	0.2040	0.2001	0.0514	0.0061	0.0000
	13	0.0000	0.0000	0.0000	0.0000	0.0000	0.0008	0.0085	0.0468	0.1465	0.2463	0.1423	0.0359	0.0005
	14	0.0000	0.0000	0.0000	0.0000	0.0000	0.0001	0.0018	0.0150	0.0732	0.2111	0.2745	0.1463	0.0104
	15	0.0000	0.0000	0.0000	0.0000	0.0000	0.0000	0.0002	0.0030	0.0228	0.1126	0.3294	0.3706	0.1376
	16	0.0000	0.0000	0.0000	0.0000	0.0000	0.0000	0.0000	0.0003	0.0033	0.0281	0.1853	0.4401	0.8515
17	0	0.8429	0.4181	0.1668	0.0225	0.0023	0.0002	0.0000	0.0000	0.0000	0.0000	0.0000	0.0000	0.0000
	1	0.1447	0.3741	0.3150	0.0957	0.0169	0.0019	0.0001	0.0000	0.0000	0.0000	0.0000	0.0000	0.0000
	2	0.0117	0.1575	0.2800	0.1914	0.0581	0.0102	0.0010	0.0001	0.0000	0.0000	0.0000	0.0000	0.0000
	3	0.0006	0.0415	0.1556	0.2393	0.1245	0.0341	0.0052	0.0004	0.0000	0.0000	0.0000	0.0000	0.0000
	4	0.0000	0.0076	0.0605	0.2093	0.1868	0.0796	0.0182	0.0021	0.0001	0.0000	0.0000	0.0000	0.0000
	5	0.0000	0.001	0.0175	0.1361	0.2081	0.1379	0.0472	0.0081	0.0006	0.0000	0.0000	0.0000	0.0000
	6	0.0000	0.0001	0.0039	0.0680	0.1784	0.1839	0.0944	0.0242	0.0026	0.0001	0.0000	0.0000	0.0000
	7	0.0000	0.0000	0.0007	0.0267	0.1201	0.1927	0.1484	0.0571	0.0095	0.0004	0.0000	0.0000	0.0000
	8	0.0000	0.0000	0.0001	0.0084	0.0644	0.1606	0.1855	0.1070	0.0276	0.0021	0.0000	0.0000	0.0000
	9	0.0000	0.0000	0.0000	0.0021	0.0276	0.1070	0.1855	0.1606	0.0644	0.0084	0.0001	0.0000	0.0000
	10	0.0000	0.0000	0.0000	0.0004	0.0095	0.0571	0.1484	0.1927	0.1201	0.0267	0.0007	0.0000	0.0000
	11	0.0000	0.0000	0.0000	0.0001	0.0026	0.0242	0.0944	0.1839	0.1784	0.0680	0.0039	0.0001	0.0000
	12	0.0000	0.0000	0.0000	0.0000	0.0006	0.0081	0.0472	0.1379	0.2081	0.1361	0.0175	0.0010	0.0000
	13	0.0000	0.0000	0.0000	0.0000	0.0001	0.0021	0.0182	0.0796	0.1868	0.2093	0.0605	0.0076	0.0000
	14	0.0000	0.0000	0.0000	0.0000	0.0000	0.0004	0.0052	0.0341	0.1245	0.2393	0.1556	0.0415	0.0006
	15	0.0000	0.0000	0.0000	0.0000	0.0000	0.0001	0.0010	0.0102	0.0581	0.1914	0.2800	0.1575	0.0117
	16	0.0000	0.0000	0.0000	0.0000	0.0000	0.0000	0.0001	0.0019	0.0169	0.0957	0.3150	0.3741	0.1447
	17	0.0000	0.0000	0.0000	0.0000	0.0000	0.0000	0.0000	0.0002	0.0023	0.0225	0.1668	0.4181	0.8429
18	0	0.8345	0.3972	0.1501	0.0180	0.0016	0.0001	0.0000	0.0000	0.0000	0.0000	0.0000	0.0000	0.0000
	1	0.1517	0.3763	0.3002	0.0811	0.0126	0.0012	0.0001	0.0000	0.0000	0.0000	0.0000	0.0000	0.0000
	2	0.0130	0.1683	0.2835	0.1723	0.0458	0.0069	0.0006	0.0000	0.0000	0.0000	0.0000	0.0000	0.0000
	3	0.0007	0.0473	0.1680	0.2297	0.1046	0.0246	0.0031	0.0002	0.0000	0.0000	0.0000	0.0000	0.0000
	4	0.0000	0.0093	0.0700	0.2153	0.1681	0.0614	0.0117	0.0011	0.0000	0.0000	0.0000	0.0000	0.0000
	5	0.0000	0.0014	0.0218	0.1507	0.2017	0.1146	0.0327	0.0045	0.0002	0.0000	0.0000	0.0000	0.0000
	6	0.0000	0.0002	0.0052	0.0816	0.1873	0.1655	0.0708	0.0145	0.0012	0.0000	0.0000	0.0000	0.0000
	7	0.0000	0.0000	0.0010	0.0350	0.1376	0.1892	0.1214	0.0374	0.0046	0.0001	0.0000	0.0000	0.0000
	8	0.0000	0.0000	0.0002	0.0120	0.0811	0.1734	0.1669	0.0771	0.0149	0.0008	0.0000	0.0000	0.0000
	9	0.0000	0.0000	0.0000	0.0033	0.0386	0.1284	0.1855	0.1284	0.0386	0.0033	0.0000	0.0000	0.0000
	10	0.0000	0.0000	0.0000	0.0008	0.0149	0.0771	0.1669	0.1734	0.0811	0.0120	0.0002	0.0000	0.0000

附表一（續） 二項機率分配表

n	x	0.01	0.05	0.10	0.20	0.30	0.40	0.50	0.60	0.70	0.80	0.90	0.95	0.99
18	11	0.0000	0.0000	0.0000	0.0001	0.0046	0.0374	0.1214	0.1892	0.1376	0.0350	0.0010	0.0000	0.0000
	12	0.0000	0.0000	0.0000	0.0000	0.0012	0.0145	0.0708	0.1655	0.1873	0.0816	0.0052	0.0002	0.0000
	13	0.0000	0.0000	0.0000	0.0000	0.0002	0.0045	0.0327	0.1146	0.2017	0.1507	0.0218	0.0014	0.0000
	14	0.0000	0.0000	0.0000	0.0000	0.0000	0.0011	0.0117	0.0614	0.1681	0.2153	0.0700	0.0093	0.0000
	15	0.0000	0.0000	0.0000	0.0000	0.0000	0.0002	0.0031	0.0246	0.1046	0.2297	0.1680	0.0473	0.0007
	16	0.0000	0.0000	0.0000	0.0000	0.0000	0.0000	0.0006	0.0069	0.0458	0.1723	0.2835	0.1683	0.0130
	17	0.0000	0.0000	0.0000	0.0000	0.0000	0.0000	0.0001	0.0012	0.0126	0.0811	0.3002	0.3763	0.1517
	18	0.0000	0.0000	0.0000	0.0000	0.0000	0.0000	0.0000	0.0001	0.0016	0.0180	0.1501	0.3972	0.8345
19	0	0.8262	0.3774	0.1351	0.0144	0.0011	0.0001	0.0000	0.0000	0.0000	0.0000	0.0000	0.0000	0.0000
	1	0.1586	0.3774	0.2852	0.0685	0.0093	0.0008	0.0000	0.0000	0.0000	0.0000	0.0000	0.0000	0.0000
	2	0.0144	0.1787	0.2852	0.1540	0.0358	0.0046	0.0003	0.0000	0.0000	0.0000	0.0000	0.0000	0.0000
	3	0.0008	0.0533	0.1796	0.2182	0.0869	0.0175	0.0018	0.0001	0.0000	0.0000	0.0000	0.0000	0.0000
	4	0.0000	0.0112	0.0798	0.2182	0.1491	0.0467	0.0074	0.0005	0.0000	0.0000	0.0000	0.0000	0.0000
	5	0.0000	0.0018	0.0266	0.1636	0.1916	0.0933	0.0222	0.0024	0.0001	0.0000	0.0000	0.0000	0.0000
	6	0.0000	0.0002	0.0069	0.0955	0.1916	0.1451	0.0518	0.0085	0.0005	0.0000	0.0000	0.0000	0.0000
	7	0.0000	0.0000	0.0014	0.0443	0.1525	0.1797	0.0961	0.0237	0.0022	0.0000	0.0000	0.0000	0.0000
	8	0.0000	0.0000	0.0002	0.0166	0.0981	0.1797	0.1442	0.0532	0.0077	0.0003	0.0000	0.0000	0.0000
	9	0.0000	0.0000	0.0000	0.0051	0.0514	0.1464	0.1762	0.0976	0.0220	0.0013	0.0000	0.0000	0.0000
	10	0.0000	0.0000	0.0000	0.0013	0.0220	0.0976	0.1762	0.1464	0.0514	0.0051	0.0000	0.0000	0.0000
	11	0.0000	0.0000	0.0000	0.0003	0.0077	0.0532	0.1442	0.1797	0.0981	0.0166	0.0002	0.0000	0.0000
	12	0.0000	0.0000	0.0000	0.0000	0.0022	0.0237	0.0961	0.1797	0.1525	0.0443	0.0014	0.0000	0.0000
	13	0.0000	0.0000	0.0000	0.0000	0.0005	0.0085	0.0518	0.1451	0.1916	0.0955	0.0069	0.0002	0.0000
	14	0.0000	0.0000	0.0000	0.0000	0.0001	0.0024	0.0222	0.0933	0.1916	0.1636	0.0266	0.0018	0.0000
	15	0.0000	0.0000	0.0000	0.0000	0.0000	0.0005	0.0074	0.0467	0.1491	0.2182	0.0798	0.0112	0.0000
	16	0.0000	0.0000	0.0000	0.0000	0.0000	0.0001	0.0018	0.0175	0.0869	0.2182	0.1796	0.0533	0.0008
	17	0.0000	0.0000	0.0000	0.0000	0.0000	0.0000	0.0003	0.0046	0.0358	0.1540	0.2852	0.1787	0.0144
	18	0.0000	0.0000	0.0000	0.0000	0.0000	0.0000	0.0000	0.0008	0.0093	0.0685	0.2852	0.3774	0.1586
	19	0.0000	0.0000	0.0000	0.0000	0.0000	0.0000	0.0000	0.0001	0.0011	0.0144	0.1351	0.3774	0.8262
20	0	0.8179	0.3585	0.1216	0.0115	0.0008	0.0000	0.0000	0.0000	0.0000	0.0000	0.0000	0.0000	0.0000
	1	0.1652	0.3774	0.2702	0.0576	0.0068	0.0005	0.0000	0.0000	0.0000	0.0000	0.0000	0.0000	0.0000
	2	0.0159	0.1887	0.2852	0.1369	0.0278	0.0031	0.0002	0.0000	0.0000	0.0000	0.0000	0.0000	0.0000
	3	0.0010	0.0596	0.1901	0.2054	0.0716	0.0123	0.0011	0.0000	0.0000	0.0000	0.0000	0.0000	0.0000
	4	0.0000	0.0133	0.0898	0.2182	0.1304	0.0350	0.0046	0.0003	0.0000	0.0000	0.0000	0.0000	0.0000
	5	0.0000	0.0022	0.0319	0.1746	0.1789	0.0746	0.0148	0.0013	0.0000	0.0000	0.0000	0.0000	0.0000

附表一（續） 二項機率分配表

n	x	p=0.01	0.05	0.10	0.20	0.30	0.40	0.50	0.60	0.70	0.80	0.90	0.95	0.99
20	6	0.0000	0.0003	0.0089	0.1091	0.1916	0.1244	0.0370	0.0049	0.0002	0.0000	0.0000	0.0000	0.0000
	7	0.0000	0.0000	0.0020	0.0545	0.1643	0.1659	0.0739	0.0146	0.0010	0.0000	0.0000	0.0000	0.0000
	8	0.0000	0.0000	0.0004	0.0222	0.1144	0.1797	0.1201	0.0355	0.0039	0.0001	0.0000	0.0000	0.0000
	9	0.0000	0.0000	0.0001	0.0074	0.0654	0.1597	0.1602	0.0710	0.0120	0.0005	0.0000	0.0000	0.0000
	10	0.0000	0.0000	0.0000	0.0020	0.0308	0.1171	0.1762	0.1171	0.0308	0.0020	0.0000	0.0000	0.0000
	11	0.0000	0.0000	0.0000	0.0005	0.0120	0.0710	0.1602	0.1597	0.0654	0.0074	0.0001	0.0000	0.0000
	12	0.0000	0.0000	0.0000	0.0001	0.0039	0.0355	0.1201	0.1797	0.1144	0.0222	0.0004	0.0000	0.0000
	13	0.0000	0.0000	0.0000	0.0000	0.0010	0.0146	0.0739	0.1659	0.1643	0.0545	0.0020	0.0000	0.0000
	14	0.0000	0.0000	0.0000	0.0000	0.0002	0.0049	0.0370	0.1244	0.1916	0.1091	0.0089	0.0003	0.0000
	15	0.0000	0.0000	0.0000	0.0000	0.0000	0.0013	0.0148	0.0746	0.1789	0.1746	0.0319	0.0022	0.0000
	16	0.0000	0.0000	0.0000	0.0000	0.0000	0.0003	0.0046	0.0350	0.1304	0.2182	0.0898	0.0133	0.0000
	17	0.0000	0.0000	0.0000	0.0000	0.0000	0.0000	0.0011	0.0123	0.0716	0.2054	0.1901	0.0596	0.0010
	18	0.0000	0.0000	0.0000	0.0000	0.0000	0.0000	0.0002	0.0031	0.0278	0.1369	0.2852	0.1887	0.0159
	19	0.0000	0.0000	0.0000	0.0000	0.0000	0.0000	0.0000	0.0005	0.0068	0.0576	0.2702	0.3774	0.1652
	20	0.0000	0.0000	0.0000	0.0000	0.0000	0.0000	0.0000	0.0000	0.0008	0.0115	0.1216	0.3585	0.8179

附表二　卜瓦松機率分配表

x	λ										
	0.10	0.50	1.00	1.50	2.00	2.50	3.00	3.50	4.00	4.50	5.00
0	0.9048	0.6065	0.3679	0.2231	0.1353	0.0821	0.0498	0.0302	0.0183	0.0111	0.0067
1	0.0905	0.3033	0.3679	0.3347	0.2707	0.2052	0.1494	0.1057	0.0733	0.0500	0.0337
2	0.0045	0.0758	0.1839	0.2510	0.2707	0.2565	0.2240	0.1850	0.1465	0.1125	0.0842
3	0.0002	0.0126	0.0613	0.1255	0.1804	0.2138	0.2240	0.2158	0.1954	0.1687	0.1404
4	0.0000	0.0016	0.0153	0.0471	0.0902	0.1336	0.1680	0.1888	0.1954	0.1898	0.1755
5	0.0000	0.0002	0.0031	0.0141	0.0361	0.0668	0.1008	0.1322	0.1563	0.1708	0.1755
6	0.0000	0.0000	0.0005	0.0035	0.0120	0.0278	0.0504	0.0771	0.1042	0.1281	0.1462
7	0.0000	0.0000	0.0001	0.0008	0.0034	0.0099	0.0216	0.0385	0.0595	0.0824	0.1044
8	0.0000	0.0000	0.0000	0.0001	0.0009	0.0031	0.0081	0.0169	0.0298	0.0463	0.0653
9	0.0000	0.0000	0.0000	0.0000	0.0002	0.0009	0.0027	0.0066	0.0132	0.0232	0.0363
10	0.0000	0.0000	0.0000	0.0000	0.0000	0.0002	0.0008	0.0023	0.0053	0.0104	0.0181
11	0.0000	0.0000	0.0000	0.0000	0.0000	0.0000	0.0002	0.0007	0.0019	0.0043	0.0082
12	0.0000	0.0000	0.0000	0.0000	0.0000	0.0000	0.0001	0.0002	0.0006	0.0016	0.0034
13	0.0000	0.0000	0.0000	0.0000	0.0000	0.0000	0.0000	0.0001	0.0002	0.0006	0.0013
14	0.0000	0.0000	0.0000	0.0000	0.0000	0.0000	0.0000	0.0000	0.0001	0.0002	0.0005
15	0.0000	0.0000	0.0000	0.0000	0.0000	0.0000	0.0000	0.0000	0.0000	0.0001	0.0002
16	0.0000	0.0000	0.0000	0.0000	0.0000	0.0000	0.0000	0.0000	0.0000	0.0000	0.0000

附表二（續） 卜瓦松機率分配表

x	λ 5.50	6.00	6.50	7.00	7.50	8.00	8.50	9.00	9.50	10.00
0	0.0041	0.0025	0.0015	0.0009	0.0006	0.0003	0.0002	0.0001	0.0001	0.0000
1	0.0225	0.0149	0.0098	0.0064	0.0041	0.0027	0.0017	0.0011	0.0007	0.0005
2	0.0618	0.0446	0.0318	0.0223	0.0156	0.0107	0.0074	0.0050	0.0034	0.0023
3	0.1133	0.0892	0.0688	0.0521	0.0389	0.0286	0.0208	0.0150	0.0107	0.0076
4	0.1558	0.1339	0.1118	0.0912	0.0729	0.0573	0.0443	0.0337	0.0254	0.0189
5	0.1714	0.1606	0.1454	0.1277	0.1094	0.0916	0.0752	0.0607	0.0483	0.0378
6	0.1571	0.1606	0.1575	0.1490	0.1367	0.1221	0.1066	0.0911	0.0764	0.0631
7	0.1234	0.1377	0.1462	0.1490	0.1465	0.1396	0.1294	0.1171	0.1037	0.0901
8	0.0849	0.1033	0.1188	0.1304	0.1373	0.1396	0.1375	0.1318	0.1232	0.1126
9	0.0519	0.0688	0.0858	0.1014	0.1144	0.1241	0.1299	0.1318	0.1300	0.1251
10	0.0285	0.0413	0.0558	0.0710	0.0858	0.0993	0.1104	0.1186	0.1235	0.1251
11	0.0143	0.0225	0.0330	0.0452	0.0585	0.0722	0.0853	0.0970	0.1067	0.1137
12	0.0065	0.0113	0.0179	0.0263	0.0366	0.0481	0.0604	0.0728	0.0844	0.0948
13	0.0028	0.0052	0.0089	0.0142	0.0211	0.0296	0.0395	0.0504	0.0617	0.0729
14	0.0011	0.0022	0.0041	0.0071	0.0113	0.0169	0.0240	0.0324	0.0419	0.0521
15	0.0004	0.0009	0.0018	0.0033	0.0057	0.0090	0.0136	0.0194	0.0265	0.0347
16	0.0001	0.0003	0.0007	0.0014	0.0026	0.0045	0.0072	0.0109	0.0157	0.0217
17	0.0000	0.0001	0.0003	0.0006	0.0012	0.0021	0.0036	0.0058	0.0088	0.0128
18	0.0000	0.0000	0.0001	0.0002	0.0005	0.0009	0.0017	0.0029	0.0046	0.0071
19	0.0000	0.0000	0.0000	0.0001	0.0002	0.0004	0.0008	0.0014	0.0023	0.0037
20	0.0000	0.0000	0.0000	0.0000	0.0001	0.0002	0.0003	0.0006	0.0011	0.0019
21	0.0000	0.0000	0.0000	0.0000	0.0000	0.0001	0.0001	0.0003	0.0005	0.0009
22	0.0000	0.0000	0.0000	0.0000	0.0000	0.0000	0.0001	0.0001	0.0002	0.0004
23	0.0000	0.0000	0.0000	0.0000	0.0000	0.0000	0.0000	0.0000	0.0001	0.0002
24	0.0000	0.0000	0.0000	0.0000	0.0000	0.0000	0.0000	0.0000	0.0000	0.0001
25	0.0000	0.0000	0.0000	0.0000	0.0000	0.0000	0.0000	0.0000	0.0000	0.0000

附表二（續） 卜瓦松機率分配表

x	λ=11.00	12.00	13.00	14.00	15.00	16.00	17.00	18.00	19.00	20.00
0	0.0000	0.0000	0.0000	0.0000	0.0000	0.0000	0.0000	0.0000	0.0000	0.0000
1	0.0002	0.0001	0.0000	0.0000	0.0000	0.0000	0.0000	0.0000	0.0000	0.0000
2	0.0010	0.0004	0.0002	0.0001	0.0000	0.0000	0.0000	0.0000	0.0000	0.0000
3	0.0037	0.0018	0.0008	0.0004	0.0002	0.0001	0.0000	0.0000	0.0000	0.0000
4	0.0102	0.0053	0.0027	0.0013	0.0006	0.0003	0.0001	0.0001	0.0000	0.0000
5	0.0224	0.0127	0.0070	0.0037	0.0019	0.0010	0.0005	0.0002	0.0001	0.0001
6	0.0411	0.0255	0.0152	0.0087	0.0048	0.0026	0.0014	0.0007	0.0004	0.0002
7	0.0646	0.0437	0.0281	0.0174	0.0104	0.0060	0.0034	0.0019	0.0010	0.0005
8	0.0888	0.0655	0.0457	0.0304	0.0194	0.0120	0.0072	0.0042	0.0024	0.0013
9	0.1085	0.0874	0.0661	0.0473	0.0324	0.0213	0.0135	0.0083	0.0050	0.0029
10	0.1194	0.1048	0.0859	0.0663	0.0486	0.0341	0.0230	0.0150	0.0095	0.0058
11	0.1194	0.1144	0.1015	0.0844	0.0663	0.0496	0.0355	0.0245	0.0164	0.0106
12	0.1094	0.1144	0.1099	0.0984	0.0829	0.0661	0.0504	0.0368	0.0259	0.0176
13	0.0926	0.1056	0.1099	0.1060	0.0956	0.0814	0.0658	0.0509	0.0378	0.0271
14	0.0728	0.0905	0.1021	0.1060	0.1024	0.0930	0.0800	0.0655	0.0514	0.0387
15	0.0534	0.0724	0.0885	0.0989	0.1024	0.0992	0.0906	0.0786	0.0650	0.0516
16	0.0367	0.0543	0.0719	0.0866	0.0960	0.0992	0.0963	0.0884	0.0772	0.0646
17	0.0237	0.0383	0.0550	0.0713	0.0847	0.0934	0.0963	0.0936	0.0863	0.0760
18	0.0145	0.0255	0.0397	0.0554	0.0706	0.0830	0.0909	0.0936	0.0911	0.0844
19	0.0084	0.0161	0.0272	0.0409	0.0557	0.0699	0.0814	0.0887	0.0911	0.0888
20	0.0046	0.0097	0.0177	0.0286	0.0418	0.0559	0.0692	0.0798	0.0866	0.0888
21	0.0024	0.0055	0.0109	0.0191	0.0299	0.0426	0.0560	0.0684	0.0783	0.0846
22	0.0012	0.0030	0.0065	0.0121	0.0204	0.0310	0.0433	0.0560	0.0676	0.0769
23	0.0006	0.0016	0.0037	0.0074	0.0133	0.0216	0.0320	0.0438	0.0559	0.0669
24	0.0003	0.0008	0.0020	0.0043	0.0083	0.0144	0.0226	0.0328	0.0442	0.0557
25	0.0001	0.0004	0.0010	0.0024	0.0050	0.0092	0.0154	0.0237	0.0336	0.0446
26	0.0000	0.0002	0.0005	0.0013	0.0029	0.0057	0.0101	0.0164	0.0246	0.0343
27	0.0000	0.0001	0.0002	0.0007	0.0016	0.0034	0.0063	0.0109	0.0173	0.0254
28	0.0000	0.0000	0.0001	0.0003	0.0009	0.0019	0.0038	0.0070	0.0117	0.0181
29	0.0000	0.0000	0.0001	0.0002	0.0004	0.0011	0.0023	0.0044	0.0077	0.0125
30	0.0000	0.0000	0.0000	0.0001	0.0002	0.0006	0.0013	0.0026	0.0049	0.0083
31	0.0000	0.0000	0.0000	0.0000	0.0001	0.0003	0.0007	0.0015	0.0030	0.0054
32	0.0000	0.0000	0.0000	0.0000	0.0001	0.0001	0.0004	0.0009	0.0018	0.0034
33	0.0000	0.0000	0.0000	0.0000	0.0000	0.0001	0.0002	0.0005	0.0010	0.0020
34	0.0000	0.0000	0.0000	0.0000	0.0000	0.0000	0.0001	0.0002	0.0006	0.0012
35	0.0000	0.0000	0.0000	0.0000	0.0000	0.0000	0.0000	0.0001	0.0003	0.0007
36	0.0000	0.0000	0.0000	0.0000	0.0000	0.0000	0.0000	0.0001	0.0002	0.0004
37	0.0000	0.0000	0.0000	0.0000	0.0000	0.0000	0.0000	0.0000	0.0001	0.0002
38	0.0000	0.0000	0.0000	0.0000	0.0000	0.0000	0.0000	0.0000	0.0000	0.0001
39	0.0000	0.0000	0.0000	0.0000	0.0000	0.0000	0.0000	0.0000	0.0000	0.0001
40	0.0000	0.0000	0.0000	0.0000	0.0000	0.0000	0.0000	0.0000	0.0000	0.0000

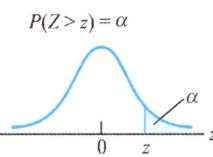

附表三　標準常態分配表（右尾機率值 α）

$P(Z > z) = \alpha$

z	0.00	0.01	0.02	0.03	0.04	0.05	0.06	0.07	0.08	0.09
0.0	0.5000	0.4960	0.4920	0.4880	0.4840	0.4801	0.4761	0.4721	0.4681	0.4641
0.1	0.4602	0.4562	0.4522	0.4483	0.4443	0.4404	0.4364	0.4325	0.4286	0.4247
0.2	0.4207	0.4168	0.4129	0.4090	0.4052	0.4013	0.3974	0.3936	0.3897	0.3859
0.3	0.3821	0.3783	0.3745	0.3707	0.3669	0.3632	0.3594	0.3557	0.3520	0.3483
0.4	0.3446	0.3409	0.3372	0.3336	0.3300	0.3264	0.3228	0.3192	0.3156	0.3121
0.5	0.3085	0.3050	0.3015	0.2981	0.2946	0.2912	0.2877	0.2843	0.2810	0.2776
0.6	0.2743	0.2709	0.2676	0.2643	0.2611	0.2578	0.2546	0.2514	0.2483	0.2451
0.7	0.2420	0.2389	0.2358	0.2327	0.2296	0.2266	0.2236	0.2206	0.2177	0.2148
0.8	0.2119	0.2090	0.2061	0.2033	0.2005	0.1977	0.1949	0.1922	0.1894	0.1867
0.9	0.1841	0.1814	0.1788	0.1762	0.1736	0.1711	0.1685	0.1660	0.1635	0.1611
1.0	0.1587	0.1562	0.1539	0.1515	0.1492	0.1469	0.1446	0.1423	0.1401	0.1379
1.1	0.1357	0.1335	0.1314	0.1292	0.1271	0.1251	0.1230	0.1210	0.1190	0.117
1.2	0.1151	0.1131	0.1112	0.1093	0.1075	0.1056	0.1038	0.1020	0.1003	0.0985
1.3	0.0968	0.0951	0.0934	0.0918	0.0901	0.0885	0.0869	0.0853	0.0838	0.0823
1.4	0.0808	0.0793	0.0778	0.0764	0.0749	0.0735	0.0721	0.0708	0.0694	0.0681
1.5	0.0668	0.0655	0.0643	0.0630	0.0618	0.0606	0.0594	0.0582	0.0571	0.0559
1.6	0.0548	0.0537	0.0526	0.0516	0.0505	0.0495	0.0485	0.0475	0.0465	0.0455
1.7	0.0446	0.0436	0.0427	0.0418	0.0409	0.0401	0.0392	0.0384	0.0375	0.0367
1.8	0.0359	0.0351	0.0344	0.0336	0.0329	0.0322	0.0314	0.0307	0.0301	0.0294
1.9	0.0287	0.0281	0.0274	0.0268	0.0262	0.0256	0.0250	0.0244	0.0239	0.0233
2.0	0.0228	0.0222	0.0217	0.0212	0.0207	0.0202	0.0197	0.0192	0.0188	0.0183
2.1	0.0179	0.0174	0.0170	0.0166	0.0162	0.0158	0.0154	0.0150	0.0146	0.0143
2.2	0.0139	0.0136	0.0132	0.0129	0.0125	0.0122	0.0119	0.0116	0.0113	0.011
2.3	0.0107	0.0104	0.0102	0.0099	0.0096	0.0094	0.0091	0.0089	0.0087	0.0084
2.4	0.0082	0.0080	0.0078	0.0075	0.0073	0.0071	0.0069	0.0068	0.0066	0.0064
2.5	0.0062	0.0060	0.0059	0.0057	0.0055	0.0054	0.0052	0.0051	0.0049	0.0048
2.6	0.0047	0.0045	0.0044	0.0043	0.0041	0.0040	0.0039	0.0038	0.0037	0.0036
2.7	0.0035	0.0034	0.0033	0.0032	0.0031	0.0030	0.0029	0.0028	0.0027	0.0026
2.8	0.0026	0.0025	0.0024	0.0023	0.0023	0.0022	0.0021	0.0021	0.0020	0.0019
2.9	0.0019	0.0018	0.0018	0.0017	0.0016	0.0016	0.0015	0.0015	0.0014	0.0014
3.0	0.0013	0.0013	0.0013	0.0012	0.0012	0.0011	0.0011	0.0011	0.0010	0.001
3.1	0.0010	0.0009	0.0009	0.0009	0.0008	0.0008	0.0008	0.0008	0.0007	0.0007
3.2	0.0007	0.0007	0.0006	0.0006	0.0006	0.0006	0.0006	0.0005	0.0005	0.0005
3.3	0.0005	0.0005	0.0005	0.0004	0.0004	0.0004	0.0004	0.0004	0.0004	0.0003
3.4	0.0003	0.0003	0.0003	0.0003	0.0003	0.0003	0.0003	0.0003	0.0003	0.0002
3.5	0.0002	0.0002	0.0002	0.0002	0.0002	0.0002	0.0002	0.0002	0.0002	0.0002
3.6	0.0002	0.0002	0.0001	0.0001	0.0001	0.0001	0.0001	0.0001	0.0001	0.0001
3.7	0.0001	0.0001	0.0001	0.0001	0.0001	0.0001	0.0001	0.0001	0.0001	0.0001
3.8	0.0001	0.0001	0.0001	0.0001	0.0001	0.0001	0.0001	0.0001	0.0001	0.0001
3.9	0.0000	0.0000	0.0000	0.0000	0.0000	0.0000	0.0000	0.0000	0.0000	0.0000

附表四　T 分配表（右尾機率值 α）

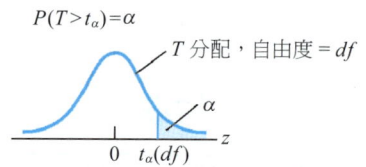

$P(T > t_\alpha) = \alpha$

df	右尾機率值 (α)						
	0.1000	0.0500	0.0250	0.0100	0.0050	0.0010	0.0005
1	3.0777	6.3137	12.7062	31.8210	63.6559	318.2888	636.5776
2	1.8856	2.9200	4.3027	6.9645	9.9250	22.3285	31.5998
3	1.6377	2.3534	3.1824	4.5407	5.8408	10.2143	12.9244
4	1.5332	2.1318	2.7765	3.7469	4.6041	7.1729	8.6101
5	1.4759	2.0150	2.5706	3.3649	4.0321	5.8935	6.8685
6	1.4398	1.9432	2.4469	3.1427	3.7074	5.2075	5.9587
7	1.4149	1.8946	2.3646	2.9979	3.4995	4.7853	5.4081
8	1.3968	1.8595	2.3060	2.8965	3.3554	4.5008	5.0414
9	1.3830	1.8331	2.2622	2.8214	3.2498	4.2969	4.7809
10	1.3722	1.8125	2.2281	2.7638	3.1693	4.1437	4.5868
11	1.3634	1.7959	2.2010	2.7181	3.1058	4.0248	4.4369
12	1.3562	1.7823	2.1788	2.6810	3.0545	3.9296	4.3178
13	1.3502	1.7709	2.1604	2.6503	3.0123	3.8520	4.2209
14	1.3450	1.7613	2.1448	2.6245	2.9768	3.7874	4.1403
15	1.3406	1.7531	2.1315	2.6025	2.9467	3.7329	4.0728
16	1.3368	1.7459	2.1199	2.5835	2.9208	3.6861	4.0149
17	1.3334	1.7396	2.1098	2.5669	2.8982	3.6458	3.9651
18	1.3304	1.7341	2.1009	2.5524	2.8784	3.6105	3.9217
19	1.3277	1.7291	2.0930	2.5395	2.8609	3.5793	3.8833
20	1.3253	1.7247	2.0860	2.5280	2.8453	3.5518	3.8496
25	1.3163	1.7081	2.0595	2.4851	2.7874	3.4502	3.7251
30	1.3104	1.6973	2.0423	2.4573	2.7500	3.3852	3.6460
40	1.3031	1.6839	2.0211	2.4233	2.7045	3.3069	3.5510
50	1.2987	1.6759	2.0086	2.4033	2.6778	3.2614	3.4960
100	1.2901	1.6602	1.9840	2.3642	2.6259	3.1738	3.3905
∞	1.2816	1.6449	1.9600	2.3263	2.5758	3.0902	3.2905

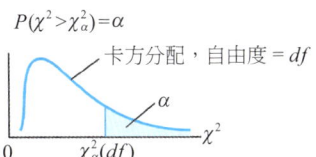

附表五　卡方分配表（右尾機率值 α）

$P(\chi^2 > \chi_\alpha^2) = \alpha$

卡方分配，自由度 = df

df	0.9950	0.9900	0.9750	0.9500	0.9000	0.1000	0.0500	0.0250	0.0100	0.0050	0.0010	0.0005
1	0.0000	0.0002	0.0010	0.0039	0.0158	2.7055	3.8415	5.0239	6.6349	7.8794	10.8274	12.1153
2	0.0100	0.0201	0.0506	0.1026	0.2107	4.6052	5.9915	7.3778	9.2104	10.5965	13.8150	15.2014
3	0.0717	0.1148	0.2158	0.3518	0.5844	6.2514	7.8147	9.3484	11.3449	12.8381	16.2660	17.7311
4	0.2070	0.2971	0.4844	0.7107	1.0636	7.7794	9.4877	11.1433	13.2767	14.8602	18.4662	19.9977
5	0.4118	0.5543	0.8312	1.1455	1.6103	9.2363	11.0705	12.8325	15.0863	16.7496	20.5147	22.1057
6	0.6757	0.8721	1.2373	1.6354	2.2041	10.6446	12.5916	14.4494	16.8119	18.5475	22.4575	24.1016
7	0.9893	1.2390	1.6899	2.1673	2.8331	12.0170	14.0671	16.0128	18.4753	20.2777	24.3213	26.0179
8	1.3444	1.6465	2.1797	2.7326	3.4895	13.3616	15.5073	17.5345	20.0902	21.9549	26.1239	27.8674
9	1.7349	2.0879	2.7004	3.3251	4.1682	14.6837	16.9190	19.0228	21.6660	23.5893	27.8767	29.6669
10	2.1558	2.5582	3.2470	3.9403	4.8652	15.9872	18.3070	20.4832	23.2093	25.1881	29.5879	31.4195
11	2.6032	3.0535	3.8157	4.5748	5.5778	17.2750	19.6752	21.9200	24.7250	26.7569	31.2635	33.1382
12	3.0738	3.5706	4.4038	5.2260	6.3038	18.5493	21.0261	23.3367	26.2170	28.2997	32.9092	34.8211
13	3.5650	4.1069	5.0087	5.8919	7.0415	19.8119	22.3620	24.7356	27.6882	29.8193	34.5274	36.4768
14	4.0747	4.6604	5.6287	6.5706	7.7895	21.0641	23.6848	26.1189	29.1412	31.3194	36.1239	38.1085
15	4.6009	5.2294	6.2621	7.2609	8.5468	22.3071	24.9958	27.4884	30.5780	32.8015	37.6978	39.7173
16	5.1422	5.8122	6.9077	7.9616	9.3122	23.5418	26.2962	28.8453	31.9999	34.2671	39.2518	41.3077
17	5.6973	6.4077	7.5642	8.6718	10.0852	24.7690	27.5871	30.1910	33.4087	35.7184	40.7911	42.8808
18	6.2648	7.0149	8.2307	9.3904	10.8649	25.9894	28.8693	31.5264	34.8052	37.1564	42.3119	44.4337
19	6.8439	7.6327	8.9065	10.1170	11.6509	27.2036	30.1435	32.8523	36.1908	38.5821	43.8194	45.9738
20	7.4338	8.2604	9.5908	10.8508	12.4426	28.4120	31.4104	34.1696	37.5663	39.9969	45.3142	47.4977
21	8.0336	8.8972	10.2829	11.5913	13.2396	29.6151	32.6706	35.4789	38.9322	41.4009	46.7963	49.0096
22	8.6427	9.5425	10.9823	12.3380	14.0415	30.8133	33.9245	36.7807	40.2894	42.7957	48.2676	50.5105
23	9.2604	10.1957	11.6885	13.0905	14.8480	32.0069	35.1725	38.0756	41.6383	44.1814	49.7276	51.9995
24	9.8862	10.8563	12.4011	13.8484	15.6587	33.1962	36.4150	39.3641	42.9798	45.5584	51.1790	53.4776
25	10.5196	11.5240	13.1197	14.6114	16.4734	34.3816	37.6525	40.6465	44.3140	46.9280	52.6187	54.9475
26	11.1602	12.1982	13.8439	15.3792	17.2919	35.5632	38.8851	41.9231	45.6416	48.2898	54.0511	56.4068
27	11.8077	12.8785	14.5734	16.1514	18.1139	36.7412	40.1133	43.1945	46.9628	49.6450	55.4751	57.8556
28	12.4613	13.5647	15.3079	16.9279	18.9392	37.9159	41.3372	44.4608	48.2782	50.9936	56.8918	59.2990
29	13.1211	14.2564	16.0471	17.7084	19.7677	39.0875	42.5569	45.7223	49.5878	52.3355	58.3006	60.7342
30	13.7867	14.9535	16.7908	18.4927	20.5992	40.2560	43.7730	46.9792	50.8922	53.6719	59.7022	62.1600
40	20.7066	22.1642	24.4331	26.5093	29.0505	51.8050	55.7585	59.3417	63.6908	66.7660	73.4029	76.0963
50	27.9908	29.7067	32.3574	34.7642	37.6886	63.1671	67.5048	71.4202	76.1538	79.4898	86.6603	89.5597
60	35.5344	37.4848	40.4817	43.1880	46.4589	74.3970	79.0820	83.2977	88.3794	91.9518	99.6078	102.6971
70	43.2753	45.4417	48.7575	51.7393	55.3289	85.5270	90.5313	95.0231	100.4251	104.2148	112.3167	115.5766
80	51.1719	53.5400	57.1532	60.3915	64.2778	96.5782	101.8795	106.6285	112.3288	116.3209	124.8389	128.2636
90	59.1963	61.7540	65.6466	69.1260	73.2911	107.5650	113.1452	118.1359	124.1162	128.2987	137.2082	140.7804
100	67.3275	70.0650	74.2219	77.9294	82.3581	118.4980	124.3421	129.5613	135.8069	140.1697	149.4488	153.1638

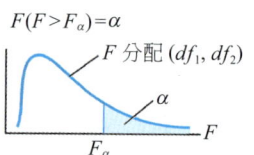

附表六　F - 機率分配表（右尾機率值 α）

$F(F > F_\alpha) = \alpha$

F 分配 (df_1, df_2)

分母自由度 (df_2)	α	\multicolumn{13}{c|}{分子自由度 (df_1)}												
		1	2	3	4	5	6	7	8	9	10	11	12	13
1	0.1	39.863	49.500	53.593	55.833	57.240	58.204	58.906	59.439	59.858	60.195	60.473	60.705	60.903
	0.05	161.448	199.500	215.707	224.583	230.162	233.986	236.768	238.883	240.543	241.882	242.983	243.906	244.690
	0.025	647.789	799.500	864.163	899.583	921.848	937.111	948.217	956.656	963.285	968.627	973.025	976.708	979.837
	0.01	4052.181	4999.500	5403.352	5624.583	5763.650	5858.986	5928.356	5981.070	6022.473	6055.847	6083.317	6106.321	6125.865
2	0.1	8.526	9.000	9.162	9.243	9.293	9.326	9.349	9.367	9.381	9.392	9.401	9.408	9.415
	0.05	18.513	19.000	19.164	19.247	19.296	19.330	19.353	19.371	19.385	19.396	19.405	19.413	19.419
	0.025	38.506	39.000	39.165	39.248	39.298	39.331	39.355	39.373	39.387	39.398	39.407	39.415	39.421
	0.01	98.503	99.000	99.166	99.249	99.299	99.333	99.356	99.374	99.388	99.399	99.408	99.416	99.422
3	0.1	5.538	5.462	5.391	5.343	5.309	5.285	5.266	5.252	5.240	5.230	5.222	5.216	5.210
	0.05	10.128	9.552	9.277	9.117	9.013	8.941	8.887	8.845	8.812	8.786	8.763	8.745	8.729
	0.025	17.443	16.044	15.439	15.101	14.885	14.735	14.624	14.540	14.473	14.419	14.374	14.337	14.304
	0.01	34.116	30.817	29.457	28.710	28.237	27.911	27.672	27.489	27.345	27.229	27.133	27.052	26.983
4	0.1	4.545	4.325	4.191	4.107	4.051	4.010	3.979	3.955	3.936	3.920	3.907	3.896	3.886
	0.05	7.709	6.944	6.591	6.388	6.256	6.163	6.094	6.041	5.999	5.964	5.936	5.912	5.891
	0.025	12.218	10.649	9.979	9.605	9.364	9.197	9.074	8.980	8.905	8.844	8.794	8.751	8.715
	0.01	21.198	18.000	16.694	15.977	15.522	15.207	14.976	14.799	14.659	14.546	14.452	14.374	14.307
5	0.1	4.060	3.780	3.619	3.520	3.453	3.405	3.368	3.339	3.316	3.297	3.282	3.268	3.257
	0.05	6.608	5.786	5.409	5.192	5.050	4.950	4.876	4.818	4.772	4.735	4.704	4.678	4.655
	0.025	10.007	8.434	7.764	7.388	7.146	6.978	6.853	6.757	6.681	6.619	6.568	6.525	6.488
	0.01	16.258	13.274	12.060	11.392	10.967	10.672	10.456	10.289	10.158	10.051	9.963	9.888	9.825
6	0.1	3.776	3.463	3.289	3.181	3.108	3.055	3.014	2.983	2.958	2.937	2.920	2.905	2.892
	0.05	5.987	5.143	4.757	4.534	4.387	4.284	4.207	4.147	4.099	4.060	4.027	4.000	3.976
	0.025	8.813	7.260	6.599	6.227	5.988	5.820	5.695	5.600	5.523	5.461	5.410	5.366	5.329
	0.01	13.745	10.925	9.780	9.148	8.746	8.466	8.260	8.102	7.976	7.874	7.790	7.718	7.657

附表六(續)　F - 機率分配表（右尾機率值 α）

分母自由度 (df_2)	α	\multicolumn{12}{c}{分子自由度 (df_1)}
		14	15	16	17	18	19	20	25	30	40	50	100	∞
1	0.1	61.073	61.220	61.350	61.464	61.566	61.658	61.740	62.055	62.265	62.529	62.688	63.007	63.328
	0.05	245.364	245.950	246.464	246.918	247.323	247.686	248.013	249.260	250.095	251.143	251.774	253.041	254.314
	0.025	982.528	984.867	986.919	988.733	990.349	991.797	993.103	998.081	1001.414	1005.598	1008.117	1013.175	1018.258
	0.01	6142.674	6157.285	6170.101	6181.435	6191.529	6200.576	6208.730	6239.825	6260.649	6286.782	6302.517	6334.110	6365.861
2	0.1	9.420	9.425	9.429	9.433	9.436	9.439	9.441	9.451	9.458	9.466	9.471	9.481	9.491
	0.05	19.424	19.429	19.433	19.437	19.440	19.443	19.446	19.456	19.462	19.471	19.476	19.486	19.496
	0.025	39.427	39.431	39.435	39.439	39.442	39.445	39.448	39.458	39.465	39.473	39.478	39.488	39.498
	0.01	99.428	99.433	99.437	99.440	99.444	99.447	99.449	99.459	99.466	99.474	99.479	99.489	99.499
3	0.1	5.205	5.200	5.196	5.193	5.190	5.187	5.184	5.175	5.168	5.160	5.155	5.144	5.134
	0.05	8.715	8.703	8.692	8.683	8.675	8.667	8.660	8.634	8.617	8.594	8.581	8.554	8.526
	0.025	14.277	14.253	14.232	14.213	14.196	14.181	14.167	14.115	14.081	14.037	14.010	13.956	13.902
	0.01	26.924	26.872	26.827	26.787	26.751	26.719	26.690	26.579	26.505	26.411	26.354	26.240	26.125
4	0.1	3.878	3.870	3.864	3.858	3.853	3.849	3.844	3.828	3.817	3.804	3.795	3.778	3.761
	0.05	5.873	5.858	5.844	5.832	5.821	5.811	5.803	5.769	5.746	5.717	5.699	5.664	5.628
	0.025	8.684	8.657	8.633	8.611	8.592	8.575	8.560	8.501	8.461	8.411	8.381	8.319	8.257
	0.01	14.249	14.198	14.154	14.115	14.080	14.048	14.020	13.911	13.838	13.745	13.690	13.577	13.463
5	0.1	3.247	3.238	3.230	3.223	3.217	3.212	3.207	3.187	3.174	3.157	3.147	3.126	3.105
	0.05	4.636	4.619	4.604	4.590	4.579	4.568	4.558	4.521	4.496	4.464	4.444	4.405	4.365
	0.025	6.456	6.428	6.403	6.381	6.362	6.344	6.329	6.268	6.227	6.175	6.144	6.080	6.015
	0.01	9.770	9.722	9.680	9.643	9.610	9.580	9.553	9.449	9.379	9.291	9.238	9.130	9.020
6	0.1	2.881	2.871	2.863	2.855	2.848	2.842	2.836	2.815	2.800	2.781	2.770	2.746	2.722
	0.05	3.956	3.938	3.922	3.908	3.896	3.884	3.874	3.835	3.808	3.774	3.754	3.712	3.669
	0.025	5.297	5.269	5.244	5.222	5.202	5.184	5.168	5.107	5.065	5.012	4.980	4.915	4.849
	0.01	7.605	7.559	7.519	7.483	7.451	7.422	7.396	7.296	7.229	7.143	7.091	6.987	6.880

附表六（續） F - 機率分配表（右尾機率值 α）

分母自由度 (df_2)	α	\multicolumn{13}{c}{分子自由度 (df_1)}												
		1	2	3	4	5	6	7	8	9	10	11	12	13
7	0.1	3.589	3.257	3.074	2.961	2.883	2.827	2.785	2.752	2.725	2.703	2.684	2.668	2.654
	0.05	5.591	4.737	4.347	4.120	3.972	3.866	3.787	3.726	3.677	3.637	3.603	3.575	3.550
	0.025	8.073	6.542	5.890	5.523	5.285	5.119	4.995	4.899	4.823	4.761	4.709	4.666	4.628
	0.01	12.246	9.547	8.451	7.847	7.460	7.191	6.993	6.840	6.719	6.620	6.538	6.469	6.410
8	0.1	3.458	3.113	2.924	2.806	2.726	2.668	2.624	2.589	2.561	2.538	2.519	2.502	2.488
	0.05	5.318	4.459	4.066	3.838	3.687	3.581	3.500	3.438	3.388	3.347	3.313	3.284	3.259
	0.025	7.571	6.059	5.416	5.053	4.817	4.652	4.529	4.433	4.357	4.295	4.243	4.200	4.162
	0.01	11.259	8.649	7.591	7.006	6.632	6.371	6.178	6.029	5.911	5.814	5.734	5.667	5.609
9	0.1	3.360	3.006	2.813	2.693	2.611	2.551	2.505	2.469	2.440	2.416	2.396	2.379	2.364
	0.05	5.117	4.256	3.863	3.633	3.482	3.374	3.293	3.230	3.179	3.137	3.102	3.073	3.048
	0.025	7.209	5.715	5.078	4.718	4.484	4.320	4.197	4.102	4.026	3.964	3.912	3.868	3.831
	0.01	10.561	8.022	6.992	6.422	6.057	5.802	5.613	5.467	5.351	5.257	5.178	5.111	5.055
10	0.1	3.285	2.924	2.728	2.605	2.522	2.461	2.414	2.377	2.347	2.323	2.302	2.284	2.269
	0.05	4.965	4.103	3.708	3.478	3.326	3.217	3.135	3.072	3.020	2.978	2.943	2.913	2.887
	0.025	6.937	5.456	4.826	4.468	4.236	4.072	3.950	3.855	3.779	3.717	3.665	3.621	3.583
	0.01	10.044	7.559	6.552	5.994	5.636	5.386	5.200	5.057	4.942	4.849	4.772	4.706	4.650
11	0.1	3.225	2.860	2.660	2.536	2.451	2.389	2.342	2.304	2.274	2.248	2.227	2.209	2.193
	0.05	4.844	3.982	3.587	3.357	3.204	3.095	3.012	2.948	2.896	2.854	2.818	2.788	2.761
	0.025	6.724	5.256	4.630	4.275	4.044	3.881	3.759	3.664	3.588	3.526	3.474	3.430	3.392
	0.01	9.646	7.206	6.217	5.668	5.316	5.069	4.886	4.744	4.632	4.539	4.462	4.397	4.342
12	0.1	3.177	2.807	2.606	2.480	2.394	2.331	2.283	2.245	2.214	2.188	2.166	2.147	2.131
	0.05	4.747	3.885	3.490	3.259	3.106	2.996	2.913	2.849	2.796	2.753	2.717	2.687	2.660
	0.025	6.554	5.096	4.474	4.121	3.891	3.728	3.607	3.512	3.436	3.374	3.321	3.277	3.239
	0.01	9.330	6.927	5.953	5.412	5.064	4.821	4.640	4.499	4.388	4.296	4.220	4.155	4.100
13	0.1	3.136	2.763	2.560	2.434	2.347	2.283	2.234	2.195	2.164	2.138	2.116	2.097	2.080
	0.05	4.667	3.806	3.411	3.179	3.025	2.915	2.832	2.767	2.714	2.671	2.635	2.604	2.577
	0.025	6.414	4.965	4.347	3.996	3.767	3.604	3.483	3.388	3.312	3.250	3.197	3.153	3.115
	0.01	9.074	6.701	5.739	5.205	4.862	4.620	4.441	4.302	4.191	4.100	4.025	3.960	3.905

附表六（續） F - 機率分配表（右尾機率值 α）

分母自由度 (df_2)	α	\multicolumn{13}{c}{分子自由度 (df_1)}
		14	15	16	17	18	19	20	25	30	40	50	100	∞
7	0.1	2.643	2.632	2.623	2.615	2.607	2.601	2.595	2.571	2.555	2.535	2.523	2.497	2.471
	0.05	3.529	3.511	3.494	3.480	3.467	3.455	3.445	3.404	3.376	3.340	3.319	3.275	3.230
	0.025	4.596	4.568	4.543	4.521	4.501	4.483	4.467	4.405	4.362	4.309	4.276	4.210	4.142
	0.01	6.359	6.314	6.275	6.240	6.209	6.181	6.155	6.058	5.992	5.908	5.858	5.755	5.650
8	0.1	2.475	2.464	2.455	2.446	2.438	2.431	2.425	2.400	2.383	2.361	2.348	2.321	2.293
	0.05	3.237	3.218	3.202	3.187	3.173	3.161	3.150	3.108	3.079	3.043	3.020	2.975	2.928
	0.025	4.130	4.101	4.076	4.054	4.034	4.016	3.999	3.937	3.894	3.840	3.807	3.739	3.670
	0.01	5.559	5.515	5.477	5.442	5.412	5.384	5.359	5.263	5.198	5.116	5.065	4.963	4.859
9	0.1	2.351	2.340	2.329	2.320	2.312	2.305	2.298	2.272	2.255	2.232	2.218	2.189	2.159
	0.05	3.025	3.006	2.989	2.974	2.960	2.948	2.936	2.893	2.864	2.826	2.803	2.756	2.707
	0.025	3.798	3.769	3.744	3.722	3.701	3.683	3.667	3.604	3.560	3.505	3.472	3.403	3.333
	0.01	5.005	4.962	4.924	4.890	4.860	4.833	4.808	4.713	4.649	4.567	4.517	4.415	4.311
10	0.1	2.255	2.244	2.233	2.224	2.215	2.208	2.201	2.174	2.155	2.132	2.117	2.087	2.055
	0.05	2.865	2.845	2.828	2.812	2.798	2.785	2.774	2.730	2.700	2.661	2.637	2.588	2.538
	0.025	3.550	3.522	3.496	3.474	3.453	3.435	3.419	3.355	3.311	3.255	3.221	3.152	3.080
	0.01	4.601	4.558	4.520	4.487	4.457	4.430	4.405	4.311	4.247	4.165	4.115	4.014	3.909
11	0.1	2.179	2.167	2.156	2.147	2.138	2.130	2.123	2.095	2.076	2.052	2.036	2.005	1.972
	0.05	2.739	2.719	2.701	2.685	2.671	2.658	2.646	2.601	2.570	2.531	2.507	2.457	2.404
	0.025	3.359	3.330	3.304	3.282	3.261	3.243	3.226	3.162	3.118	3.061	3.027	2.956	2.883
	0.01	4.293	4.251	4.213	4.180	4.150	4.123	4.099	4.005	3.941	3.860	3.810	3.708	3.602
12	0.1	2.117	2.105	2.094	2.084	2.075	2.067	2.060	2.031	2.011	1.986	1.970	1.938	1.904
	0.05	2.637	2.617	2.599	2.583	2.568	2.555	2.544	2.498	2.466	2.426	2.401	2.350	2.296
	0.025	3.206	3.177	3.152	3.129	3.108	3.090	3.073	3.008	2.963	2.906	2.871	2.800	2.725
	0.01	4.052	4.010	3.972	3.939	3.909	3.883	3.858	3.765	3.701	3.619	3.569	3.467	3.361
13	0.1	2.066	2.053	2.042	2.032	2.023	2.014	2.007	1.978	1.958	1.931	1.915	1.882	1.846
	0.05	2.554	2.533	2.515	2.499	2.484	2.471	2.459	2.412	2.380	2.339	2.314	2.261	2.206
	0.025	3.082	3.053	3.027	3.004	2.983	2.965	2.948	2.882	2.837	2.780	2.744	2.671	2.595
	0.01	3.857	3.815	3.778	3.745	3.716	3.689	3.665	3.571	3.507	3.425	3.375	3.272	3.165

附表六（續） F - 機率分配表（右尾機率值 α）

| 分母自由度 (df_2) | α | \multicolumn{13}{c}{分子自由度 (df_1)} |
		1	2	3	4	5	6	7	8	9	10	11	12	13
14	0.1	3.102	2.726	2.522	2.395	2.307	2.243	2.193	2.154	2.122	2.095	2.073	2.054	2.037
	0.05	4.600	3.739	3.344	3.112	2.958	2.848	2.764	2.699	2.646	2.602	2.565	2.534	2.507
	0.025	6.298	4.857	4.242	3.892	3.663	3.501	3.380	3.285	3.209	3.147	3.095	3.050	3.012
	0.01	8.862	6.515	5.564	5.035	4.695	4.456	4.278	4.140	4.030	3.939	3.864	3.800	3.745
15	0.1	3.073	2.695	2.490	2.361	2.273	2.208	2.158	2.119	2.086	2.059	2.037	2.017	2.000
	0.05	4.543	3.682	3.287	3.056	2.901	2.790	2.707	2.641	2.588	2.544	2.507	2.475	2.448
	0.025	6.200	4.765	4.153	3.804	3.576	3.415	3.293	3.199	3.123	3.060	3.008	2.963	2.925
	0.01	8.683	6.359	5.417	4.893	4.556	4.318	4.142	4.004	3.895	3.805	3.730	3.666	3.612
16	0.1	3.048	2.668	2.462	2.333	2.244	2.178	2.128	2.088	2.055	2.028	2.005	1.985	1.968
	0.05	4.494	3.634	3.239	3.007	2.852	2.741	2.657	2.591	2.538	2.494	2.456	2.425	2.397
	0.025	6.115	4.687	4.077	3.729	3.502	3.341	3.219	3.125	3.049	2.986	2.934	2.889	2.851
	0.01	8.531	6.226	5.292	4.773	4.437	4.202	4.026	3.890	3.780	3.691	3.616	3.553	3.498
17	0.1	3.026	2.645	2.437	2.308	2.218	2.152	2.102	2.061	2.028	2.001	1.978	1.958	1.940
	0.05	4.451	3.592	3.197	2.965	2.810	2.699	2.614	2.548	2.494	2.450	2.413	2.381	2.353
	0.025	6.042	4.619	4.011	3.665	3.438	3.277	3.156	3.061	2.985	2.922	2.870	2.825	2.786
	0.01	8.400	6.112	5.185	4.669	4.336	4.102	3.927	3.791	3.682	3.593	3.519	3.455	3.401
18	0.1	3.007	2.624	2.416	2.286	2.196	2.130	2.079	2.038	2.005	1.977	1.954	1.933	1.916
	0.05	4.414	3.555	3.160	2.928	2.773	2.661	2.577	2.510	2.456	2.412	2.374	2.342	2.314
	0.025	5.978	4.560	3.954	3.608	3.382	3.221	3.100	3.005	2.929	2.866	2.814	2.769	2.730
	0.01	8.285	6.013	5.092	4.579	4.248	4.015	3.841	3.705	3.597	3.508	3.434	3.371	3.316
19	0.1	2.990	2.606	2.397	2.266	2.176	2.109	2.058	2.017	1.984	1.956	1.932	1.912	1.894
	0.05	4.381	3.522	3.127	2.895	2.740	2.628	2.544	2.477	2.423	2.378	2.340	2.308	2.280
	0.025	5.922	4.508	3.903	3.559	3.333	3.172	3.051	2.956	2.880	2.817	2.765	2.720	2.681
	0.01	8.185	5.926	5.010	4.500	4.171	3.939	3.765	3.631	3.523	3.434	3.360	3.297	3.242
20	0.1	2.975	2.589	2.380	2.249	2.158	2.091	2.040	1.999	1.965	1.937	1.913	1.892	1.875
	0.05	4.351	3.493	3.098	2.866	2.711	2.599	2.514	2.447	2.393	2.348	2.310	2.278	2.250
	0.025	5.871	4.461	3.859	3.515	3.289	3.128	3.007	2.913	2.837	2.774	2.721	2.676	2.637
	0.01	8.096	5.849	4.938	4.431	4.103	3.871	3.699	3.564	3.457	3.368	3.294	3.231	3.177

附表六(續) F - 機率分配表（右尾機率值 α）

| 分母自由度 (df_2) | α | \multicolumn{12}{c}{分子自由度 (df_1)} |
		14	15	16	17	18	19	20	25	30	40	50	100	∞
14	0.1	2.022	2.010	1.998	1.988	1.978	1.970	1.962	1.933	1.912	1.885	1.869	1.834	1.797
	0.05	2.484	2.463	2.445	2.428	2.413	2.400	2.388	2.341	2.308	2.266	2.241	2.187	2.131
	0.025	2.979	2.949	2.923	2.900	2.879	2.861	2.844	2.778	2.732	2.674	2.638	2.565	2.487
	0.01	3.698	3.656	3.619	3.586	3.556	3.529	3.505	3.412	3.348	3.266	3.215	3.112	3.004
15	0.1	1.985	1.972	1.961	1.950	1.941	1.932	1.924	1.894	1.873	1.845	1.828	1.793	1.755
	0.05	2.424	2.403	2.385	2.368	2.353	2.340	2.328	2.280	2.247	2.204	2.178	2.123	2.066
	0.025	2.891	2.862	2.836	2.813	2.792	2.773	2.756	2.689	2.644	2.585	2.549	2.474	2.395
	0.01	3.564	3.522	3.485	3.452	3.423	3.396	3.372	3.278	3.214	3.132	3.081	2.977	2.868
16	0.1	1.953	1.940	1.928	1.917	1.908	1.899	1.891	1.860	1.839	1.811	1.793	1.757	1.718
	0.05	2.373	2.352	2.333	2.317	2.302	2.288	2.276	2.227	2.194	2.151	2.124	2.068	2.010
	0.025	2.817	2.788	2.761	2.738	2.717	2.698	2.681	2.614	2.568	2.509	2.472	2.396	2.316
	0.01	3.451	3.409	3.372	3.339	3.310	3.283	3.259	3.165	3.101	3.018	2.967	2.863	2.753
17	0.1	1.925	1.912	1.900	1.889	1.879	1.870	1.862	1.831	1.809	1.781	1.763	1.726	1.686
	0.05	2.329	2.308	2.289	2.272	2.257	2.243	2.230	2.181	2.148	2.104	2.077	2.020	1.960
	0.025	2.753	2.723	2.697	2.673	2.652	2.633	2.616	2.548	2.502	2.442	2.405	2.329	2.247
	0.01	3.353	3.312	3.275	3.242	3.212	3.186	3.162	3.068	3.003	2.920	2.869	2.764	2.653
18	0.1	1.900	1.887	1.875	1.864	1.854	1.845	1.837	1.805	1.783	1.754	1.736	1.698	1.657
	0.05	2.290	2.269	2.250	2.233	2.217	2.203	2.191	2.141	2.107	2.063	2.035	1.978	1.917
	0.025	2.696	2.667	2.640	2.617	2.596	2.576	2.559	2.491	2.445	2.384	2.347	2.269	2.187
	0.01	3.269	3.227	3.190	3.158	3.128	3.101	3.077	2.983	2.919	2.835	2.784	2.678	2.566
19	0.1	1.878	1.865	1.852	1.841	1.831	1.822	1.814	1.782	1.759	1.730	1.711	1.673	1.631
	0.05	2.256	2.234	2.215	2.198	2.182	2.168	2.155	2.106	2.071	2.026	1.999	1.940	1.878
	0.025	2.647	2.617	2.591	2.567	2.546	2.526	2.509	2.441	2.394	2.333	2.295	2.217	2.133
	0.01	3.195	3.153	3.116	3.084	3.054	3.027	3.003	2.909	2.844	2.761	2.709	2.602	2.489
20	0.1	1.859	1.845	1.833	1.821	1.811	1.802	1.794	1.761	1.738	1.708	1.690	1.650	1.607
	0.05	2.225	2.203	2.184	2.167	2.151	2.137	2.124	2.074	2.039	1.994	1.966	1.907	1.843
	0.025	2.603	2.573	2.547	2.523	2.501	2.482	2.464	2.396	2.349	2.287	2.249	2.170	2.085
	0.01	3.130	3.088	3.051	3.018	2.989	2.962	2.938	2.843	2.778	2.695	2.643	2.535	2.421

附表六(續) F - 機率分配表(右尾機率值 α)

| 分母自由度 (df_2) | α | \multicolumn{13}{c}{分子自由度 (df_1)} ||||||||||||
		1	2	3	4	5	6	7	8	9	10	11	12	13
25	0.1	2.918	2.528	2.317	2.184	2.092	2.024	1.971	1.929	1.895	1.866	1.841	1.820	1.802
	0.05	4.242	3.385	2.991	2.759	2.603	2.490	2.405	2.337	2.282	2.236	2.198	2.165	2.136
	0.025	5.686	4.291	3.694	3.353	3.129	2.969	2.848	2.753	2.677	2.613	2.560	2.515	2.476
	0.01	7.770	5.568	4.675	4.177	3.855	3.627	3.457	3.324	3.217	3.129	3.056	2.993	2.939
30	0.1	2.881	2.489	2.276	2.142	2.049	1.980	1.927	1.884	1.849	1.819	1.794	1.773	1.754
	0.05	4.171	3.316	2.922	2.690	2.534	2.421	2.334	2.266	2.211	2.165	2.126	2.092	2.063
	0.025	5.568	4.182	3.589	3.250	3.026	2.867	2.746	2.651	2.575	2.511	2.458	2.412	2.372
	0.01	7.562	5.390	4.510	4.018	3.699	3.473	3.304	3.173	3.067	2.979	2.906	2.843	2.789
40	0.1	2.835	2.440	2.226	2.091	1.997	1.927	1.873	1.829	1.793	1.763	1.737	1.715	1.695
	0.05	4.085	3.232	2.839	2.606	2.449	2.336	2.249	2.180	2.124	2.077	2.038	2.003	1.974
	0.025	5.424	4.051	3.463	3.126	2.904	2.744	2.624	2.529	2.452	2.388	2.334	2.288	2.248
	0.01	7.314	5.179	4.313	3.828	3.514	3.291	3.124	2.993	2.888	2.801	2.727	2.665	2.611
50	0.1	2.809	2.412	2.197	2.061	1.966	1.895	1.840	1.796	1.760	1.729	1.703	1.680	1.660
	0.05	4.034	3.183	2.790	2.557	2.400	2.286	2.199	2.130	2.073	2.026	1.986	1.952	1.921
	0.025	5.340	3.975	3.390	3.054	2.833	2.674	2.553	2.458	2.381	2.317	2.263	2.216	2.176
	0.01	7.171	5.057	4.199	3.720	3.408	3.186	3.020	2.890	2.785	2.698	2.625	2.562	2.508
100	0.1	2.756	2.356	2.139	2.002	1.906	1.834	1.778	1.732	1.695	1.663	1.636	1.612	1.592
	0.05	3.936	3.087	2.696	2.463	2.305	2.191	2.103	2.032	1.975	1.927	1.886	1.850	1.819
	0.025	5.179	3.828	3.250	2.917	2.696	2.537	2.417	2.321	2.244	2.179	2.124	2.077	2.036
	0.01	6.895	4.824	3.984	3.513	3.206	2.988	2.823	2.694	2.590	2.503	2.430	2.368	2.313
∞	0.1	2.706	2.303	2.084	1.945	1.847	1.774	1.717	1.670	1.632	1.599	1.571	1.546	1.524
	0.05	3.842	2.996	2.605	2.372	2.214	2.099	2.010	1.939	1.880	1.831	1.789	1.752	1.720
	0.025	5.024	3.689	3.116	2.786	2.567	2.408	2.288	2.192	2.114	2.048	1.993	1.945	1.903
	0.01	6.635	4.605	3.782	3.319	3.017	2.802	2.640	2.511	2.408	2.321	2.248	2.185	2.130

附表六（續） F - 機率分配表（右尾機率值 α）

分母自由度 (df_2)	α	\multicolumn{12}{c}{分子自由度 (df_1)}
		14	15	16	17	18	19	20	25	30	40	50	100	∞
25	0.1	1.785	1.771	1.758	1.746	1.736	1.726	1.718	1.683	1.659	1.627	1.607	1.565	1.518
	0.05	2.111	2.089	2.069	2.051	2.035	2.021	2.007	1.955	1.919	1.872	1.842	1.779	1.711
	0.025	2.441	2.411	2.384	2.360	2.338	2.318	2.300	2.230	2.182	2.118	2.079	1.996	1.906
	0.01	2.892	2.850	2.813	2.780	2.751	2.724	2.699	2.604	2.538	2.453	2.400	2.289	2.169
30	0.1	1.737	1.722	1.709	1.697	1.686	1.676	1.667	1.632	1.606	1.573	1.552	1.507	1.456
	0.05	2.037	2.015	1.995	1.976	1.960	1.945	1.932	1.878	1.841	1.792	1.761	1.695	1.622
	0.025	2.338	2.307	2.280	2.255	2.233	2.213	2.195	2.124	2.074	2.009	1.968	1.882	1.787
	0.01	2.742	2.700	2.663	2.630	2.600	2.573	2.549	2.453	2.386	2.299	2.245	2.131	2.006
40	0.1	1.678	1.662	1.649	1.636	1.625	1.615	1.605	1.568	1.541	1.506	1.483	1.434	1.377
	0.05	1.948	1.924	1.904	1.885	1.868	1.853	1.839	1.783	1.744	1.693	1.660	1.589	1.509
	0.025	2.213	2.182	2.154	2.129	2.107	2.086	2.068	1.994	1.943	1.875	1.832	1.741	1.637
	0.01	2.563	2.522	2.484	2.451	2.421	2.394	2.369	2.271	2.203	2.114	2.058	1.938	1.805
50	0.1	1.643	1.627	1.613	1.600	1.588	1.578	1.568	1.529	1.502	1.465	1.441	1.388	1.327
	0.05	1.895	1.871	1.850	1.831	1.814	1.798	1.784	1.727	1.687	1.634	1.599	1.525	1.438
	0.025	2.140	2.109	2.081	2.056	2.033	2.012	1.993	1.919	1.866	1.796	1.752	1.656	1.545
	0.01	2.461	2.419	2.382	2.348	2.318	2.290	2.265	2.167	2.098	2.007	1.949	1.825	1.683
100	0.1	1.573	1.557	1.542	1.528	1.516	1.505	1.494	1.453	1.423	1.382	1.355	1.293	1.214
	0.05	1.792	1.768	1.746	1.726	1.708	1.691	1.676	1.616	1.573	1.515	1.477	1.392	1.283
	0.025	2.000	1.968	1.939	1.913	1.890	1.868	1.849	1.770	1.715	1.640	1.592	1.483	1.347
	0.01	2.265	2.223	2.185	2.151	2.120	2.092	2.067	1.965	1.893	1.797	1.735	1.598	1.427
∞	0.1	1.505	1.487	1.471	1.457	1.444	1.432	1.421	1.375	1.342	1.295	1.263	1.185	1.006
	0.05	1.692	1.666	1.644	1.623	1.604	1.587	1.571	1.506	1.459	1.394	1.350	1.244	1.008
	0.025	1.866	1.833	1.803	1.776	1.752	1.729	1.709	1.626	1.566	1.484	1.429	1.296	1.009
	0.01	2.082	2.039	2.000	1.965	1.934	1.905	1.878	1.773	1.697	1.592	1.523	1.358	1.011

附表七 Durbin-Waston 檢定值（α = 0.05）

n	p = 1 d_L	p = 1 d_U	p = 2 d_L	p = 2 d_U	p = 3 d_L	p = 3 d_U	p = 4 d_L	p = 4 d_U	p = 5 d_L	p = 5 d_U
15	1.08	1.36	0.95	1.54	0.82	1.75	0.69	1.97	0.56	2.21
16	1.10	1.37	0.98	1.54	0.86	1.73	0.74	1.93	0.62	2.15
17	1.13	1.38	1.02	1.54	0.90	1.71	0.78	1.90	0.67	2.10
18	1.16	1.39	1.05	1.53	0.93	1.69	0.82	1.87	0.71	2.06
19	1.18	1.40	1.08	1.53	0.97	1.68	0.86	1.85	0.75	2.02
20	1.20	1.41	1.10	1.54	1.00	1.68	0.90	1.83	0.79	1.99
21	1.22	1.42	1.13	1.54	1.03	1.67	0.93	1.81	0.83	1.96
22	1.24	1.43	1.15	1.54	1.05	1.66	0.96	1.80	0.86	1.94
23	1.26	1.44	1.17	1.54	1.08	1.66	0.99	1.79	0.90	1.92
24	1.27	1.45	1.19	1.55	1.10	1.66	1.01	1.78	0.93	1.90
25	1.29	1.45	1.21	1.55	1.12	1.66	1.04	1.77	0.95	1.89
26	1.30	1.46	1.22	1.55	1.14	1.65	1.06	1.76	0.98	1.88
27	1.32	1.47	1.24	1.56	1.16	1.65	1.08	1.76	1.01	1.86
28	1.33	1.48	1.26	1.56	1.18	1.65	1.10	1.75	1.03	1.85
29	1.34	1.48	1.27	1.56	1.20	1.65	1.12	1.74	1.05	1.84
30	1.35	1.49	1.28	1.57	1.21	1.65	1.14	1.74	1.07	1.83
31	1.36	1.50	1.30	1.57	1.23	1.65	1.16	1.74	1.09	1.83
32	1.37	1.50	1.31	1.57	1.24	1.65	1.18	1.73	1.11	1.82
33	1.38	1.51	1.32	1.58	1.26	1.65	1.19	1.73	1.13	1.81
34	1.39	1.51	1.33	1.58	1.27	1.65	1.21	1.73	1.15	1.81
35	1.40	1.52	1.34	1.58	1.28	1.65	1.22	1.73	1.16	1.80
36	1.41	1.52	1.35	1.59	1.29	1.65	1.24	1.73	1.18	1.80
37	1.42	1.53	1.36	1.59	1.31	1.66	1.25	1.72	1.19	1.80
38	1.43	1.54	1.37	1.59	1.32	1.66	1.26	1.72	1.21	1.79
39	1.43	1.54	1.38	1.60	1.33	1.66	1.27	1.72	1.22	1.79
40	1.44	1.54	1.39	1.60	1.34	1.66	1.29	1.72	1.23	1.79
45	1.48	1.57	1.43	1.62	1.38	1.67	1.34	1.72	1.29	1.78
50	1.50	1.59	1.46	1.63	1.42	1.67	1.38	1.72	1.34	1.77
55	1.53	1.60	1.49	1.64	1.45	1.68	1.41	1.73	1.38	1.77
60	1.55	1.62	1.51	1.65	1.48	1.69	1.44	1.73	1.41	1.77
65	1.57	1.63	1.54	1.66	1.50	1.70	1.47	1.73	1.44	1.77
70	1.58	1.64	1.55	1.67	1.50	1.70	1.49	1.74	1.46	1.77
75	1.60	1.65	1.57	1.68	1.54	1.71	1.51	1.74	1.49	1.77
80	1.61	1.66	1.59	1.69	1.56	1.72	1.53	1.74	1.51	1.77
85	1.62	1.67	1.60	1.70	1.57	1.72	1.55	1.75	1.52	1.77
90	1.63	1.68	1.61	1.70	1.59	1.73	1.57	1.75	1.54	1.78
95	1.64	1.69	1.62	1.71	1.60	1.73	1.58	1.75	1.56	1.78
100	1.65	1.69	1.63	1.72	1.61	1.74	1.59	1.76	1.57	1.78

附表七（續）Durbin-Waston 檢定值（$\alpha = 0.01$）

n	p = 1 d_L	p = 1 d_U	p = 2 d_L	p = 2 d_U	p = 3 d_L	p = 3 d_U	p = 4 d_L	p = 4 d_U	p = 5 d_L	p = 5 d_U
15	0.81	1.07	0.70	1.25	0.59	1.46	0.49	1.70	0.39	1.96
16	0.84	1.09	0.74	1.25	0.63	1.44	0.53	1.66	0.44	1.90
17	0.87	1.10	0.77	1.25	0.67	1.43	0.57	1.63	0.48	1.85
18	0.90	1.12	0.80	1.26	0.71	1.42	0.61	1.60	0.52	1.80
19	0.93	1.13	0.83	1.26	0.74	1.41	0.65	1.58	0.56	1.77
20	0.95	1.15	0.86	1.27	0.77	1.41	0.68	1.57	0.60	1.74
21	0.97	1.16	0.89	1.27	0.80	1.41	0.72	1.55	0.63	1.71
22	1.00	1.17	0.91	1.28	0.83	1.40	0.75	1.54	0.66	1.69
23	1.02	1.19	0.94	1.29	0.86	1.40	0.77	1.53	0.70	1.67
24	1.04	1.20	0.96	1.30	0.88	1.41	0.80	1.53	0.72	1.66
25	1.05	1.21	0.98	1.30	0.90	1.41	0.83	1.52	0.75	1.65
26	1.07	1.22	1.00	1.31	0.93	1.41	0.85	1.52	0.78	1.64
27	1.09	1.23	1.02	1.32	0.95	1.41	0.88	1.51	0.81	1.63
28	1.10	1.24	1.04	1.32	0.97	1.41	0.90	1.51	0.83	1.62
29	1.12	1.25	1.05	1.33	0.99	1.42	0.92	1.51	0.85	1.61
30	1.13	1.26	1.07	1.34	1.01	1.42	0.94	1.51	0.88	1.61
31	1.15	1.27	1.08	1.34	1.02	1.42	0.96	1.51	0.90	1.60
32	1.16	1.28	1.10	1.35	1.04	1.43	0.98	1.51	0.92	1.60
33	1.17	1.29	1.11	1.36	1.05	1.43	1.00	1.51	0.94	1.59
34	1.18	1.30	1.13	1.37	1.07	1.43	1.01	1.51	0.95	1.59
35	1.19	1.31	1.14	1.37	1.08	1.44	1.03	1.51	0.97	1.59
36	1.21	1.32	1.15	1.38	1.10	1.44	1.04	1.51	0.99	1.59
37	1.22	1.32	1.16	1.38	1.11	1.45	1.06	1.51	1.00	1.59
38	1.23	1.33	1.18	1.39	1.12	1.45	1.07	1.52	1.02	1.58
39	1.24	1.34	1.19	1.39	1.14	1.45	1.09	1.52	1.03	1.58
40	1.25	1.34	1.20	1.40	1.15	1.46	1.10	1.52	1.05	1.58
45	1.29	1.38	1.24	1.42	1.20	1.48	1.16	1.53	1.11	1.58
50	1.32	1.40	1.28	1.45	1.24	1.49	1.20	1.54	1.16	1.59
55	1.36	1.43	1.32	1.47	1.28	1.51	1.25	1.55	1.21	1.59
60	1.38	1.45	1.35	1.48	1.32	1.52	1.28	1.56	1.25	1.60
65	1.41	1.47	1.38	1.50	1.35	1.53	1.31	1.57	1.28	1.61
70	1.43	1.49	1.40	1.52	1.37	1.55	1.34	1.58	1.31	1.61
75	1.45	1.50	1.42	1.53	1.39	1.56	1.37	1.59	1.34	1.62
80	1.47	1.52	1.44	1.54	1.42	1.57	1.39	1.60	1.36	1.62
85	1.48	1.53	1.46	1.55	1.43	1.58	1.41	1.60	1.39	1.63
90	1.50	1.54	1.47	1.56	1.45	1.59	1.43	1.61	1.41	1.64
95	1.51	1.55	1.49	1.57	1.47	1.60	1.45	1.62	1.42	1.64
100	1.52	1.56	1.50	1.58	1.48	1.60	1.46	1.63	1.44	1.65

索 引

ANOVA	374, 381, 426
Durbin-Watson	436
F- 分配	327
P- 值	270
T 分配	248
Z- 檢定	286
χ^2- 分配	255, 260
α	266, 267
β	268

二劃

二項隨機變數	161
二項分配	160, 165, 207
卜瓦松隨機變數	167
卜瓦松分配	166

三劃

下限	25
下臨界值	436
上限	25
上臨界值	436

四劃

中心移動平均線	496, 509
中心移動平均值	508
中央極限定理	230, 231
中位數	58
元素	107
不偏性	223, 242, 243
不規則變動	503
互斥事件	112, 113

五劃

卡方分配	255-260
卡方檢定	292
卡方適合度檢定	475
右尾檢定	286, 291
右臨界值	292
四分位間距	69
四分位數	67
左尾檢定	286, 291
左臨界值	292
平均因變數	422
平均數	55
母數參數	9
母體	8
母體比例	261
母體平均數	56
母體共變異數	89
母體相關係數	90
母體標準差	63
母體變異數	61

六劃

次數分配表	23
交叉列聯表	84
交集事件	109
自變數	421

因子	368
因變數	421
自由度	255, 375
有效性	223, 242, 243
成對樣本	324
有限母體	224

七劃

貝氏定理	119-121
均等隨機變數	146
估計	223, 240
判定係數	428
決策	267
完全正相關	430
完全負相關	430

八劃

事件	107
事件的機率	108
事前機率	119-121
事後機率	119-121
季節因子	498
季節變動	498
性質資料	20
抽樣	222
抽樣分配	222
直方圖	29
直線迴歸	409
長條圖	28
長期趨勢	492
阻尼因子	494

九劃

拒絕域	265
信賴度	247
型 II 誤差	268
型 I 誤差	267
相依事件	112
相對次數分配表	25
相關	429-431
相關係數	90, 91

十劃

指數分配	203
指數平滑法	505
指數平滑曲線	494
時間序列	491
時間序列分析	491

十一劃

敘述統計學	6
推論統計學	6
眾數	60
累加次數分配表	27
累加相對次數	27
組中點	25
組距	25
條件機率	117, 118
常態分配	189
區間估計	245
虛無假設	263
參數	9
移動平均法	506

理論期望次數	478

十二劃

統計估計	240
統計決策	373
統計抽樣	222
統計假設	263
統計推論	240
統計檢定	262
最小平方迴歸估計式	492
單因子變異數分析	369
循環變動	501
散佈圖	87
期望次數	475
期望值	135
殘差	434
殘差分析	433-435
殘差均方和	412
無限母體	228
順序資料	21

十三劃

莖葉圖	31
迴歸係數	409
迴歸預測	421
迴歸變異	425
圓餅圖	28
預測	421
經驗法則	67
群集長條圖	47

十四劃

誤差項	434
連續性修正	208
連續型資料	21
連續隨機變數	140-141
對立假設	263
誤差變異	426
數量資料	21

十五劃

實驗設計	368
樣本	8
樣本中位數	58
樣本平均數	56
樣本共變異數	89
樣本空間	106
樣本相關係數	91
樣本眾數	60
樣本統計量	9
樣本標準差	64
樣本變異數	61
標準化	193
標準差	63
標準常態分配	192
箱型圖	32, 71
線性迴歸模型	408
線性複迴歸模型	455
線性趨勢線	492
複迴歸分析	486

十六劃

機率	106
機率密度函數	186
聯集事件	110
聯合機率	114
確定性模型	408
機率模型	409

十七劃

獨立	409
獨立事件	112, 113
獨立性檢定	479
檢定統計量	267
總變異	426
臨界值	265
臨界點	265
點估計	241
點估計值	241
點估計量	241

十八劃

聯合機率	114
雙尾檢定	286
雙因子變異數分析	379
簡單線性迴歸分析	408
適合度檢定	474-477
類別資料	20
類別資料的分析	473
雙類別資料	83
雙變數資料	88
聯合機率表	115

十九劃

離均差	61
離散型資料	21
離散隨機變數	133

二十劃以上

隨機實驗	106
隨機變數	132
邊際機率	115
變異係數	64
變異數	61
變異數分析	369
顯著水準	266
觀察次數	475

練習題答案

第一章

1-1 (○)；**1-2** (×)；**1-3** (×)；**1-4** (○)；**1-5** (○)

1-6 敘述統計：(b)、(d)、(f)。推論統計：(a)、(c)、(e)。

1-7 母體：(a)、(b)、(d)。樣本：(c)、(e)、(f)。

1-8 $n = 100$。

1-9 母體：全國牙醫師

樣本：200 名牙醫師

參數：年齡平均數、標準差

母體參數值：全國牙醫師的年齡平均數、標準差 (未知數)

樣本統計量的觀察值：200 名牙醫師的年齡平均數 = 45 歲，標準差 = 8 歲。

1-10 母體參數為平均起薪。起薪的樣本平均值 = 24,890 元。

1-11 母體參數 (母體比例) 為孕婦抽煙的比例。樣本比例值 = 12%。樣本數 $n = 60$。

1-12 母體參數 (母體變異數) 為英文會考成績之變異數。樣本變異數值 = 25 分。

第二章

2-1 (○)；**2-2** (×)；**2-3** (×)；**2-4** (○)；**2-5** (○)

2-6 40%。

2-7 略。

2-8 略。

2-9 (1)

性別	男	女
人數	6	4
百分比例	0.6	0.4

(2)

等第	優	甲	乙	丙	丁	總和
人數	2	4	2	1	1	10
百分比例	0.2	0.4	0.2	0.1	0.1	1

2-10 略。

2-11 性別：類別資料；等第：順序資料。

2-12

國別	美國	加拿大	澳洲	英國	法國	德國	日本	韓國	總和
人數	9,952	1,855	703	1,261	689	596	9,937	2,890	27,883
比例	0.3569	0.0665	0.0252	0.0452	0.0247	0.0214	0.3564	0.1036	1
累積比例	0.3569	0.4234	0.4487	0.4939	0.5186	0.5400	0.8964	1	

2-13 (1)

	竊盜件數	比例	累積比例
北部	549.74	0.3797	0.3797
中部	390.59	0.2698	0.6494
南部	410.19	0.2833	0.9327
東部	97.44	0.0673	1

(2) 略　(3) 略。

2-14 80 人。

2-15 (1)

組別	下限	上限	組中點	次數	相對次數
1	4	5	4.5	5	0.1667
2	5	6	5.5	5	0.1667
3	6	7	6.5	7	0.2333
4	7	8	7.5	5	0.1667
5	8	9	8.5	6	0.2000
6	9	10	9.5	2	0.0667
					1

(2) 略。

2-16 306 元。

2-17 (1)

組別	下限	上限	組中點	次數	相對次數
1	20	30	25	1	0.05
2	30	40	35	5	0.25
3	40	50	45	7	0.35
4	50	60	55	7	0.35
					1

(2) 略。

2-18 10 人。

2-19 (1)

```
3 | 6
4 | 014689
5 | 0025567
6 | 7
```

(2)

組別	下限	上限	組中點	次數	相對次數
1	3	4.5	3.75	4	0.2667
2	4.5	6	5.25	10	0.6667
3	6	7.5	6.75	1	0.0667
					1

2-20 (1)

組別	下限	上限	組中點	次數	相對次數
1	8	9	8.5	2	0.083
2	9	10	9.5	13	0.542
3	10	11	10.5	6	0.250
4	11	12	11.5	3	0.125
					1

(2) 略　(3)

```
8  | 39
9  | 1134466777789
10 | 345789
11 | 123
```

第三章

3-1　100。

3-2　(1) 樣本平均數 = 1.92，樣本中位數 = 2.1

(2) 樣本變異數 = 0.1729，樣本標準差 = 0.4158。

3-3　78。

3-4　(1) 樣本平均數 = 7.175，樣本中位數 = 7

(2) 樣本變異數 = 2.586，樣本標準差 = 1.608。

3-5　(1) 樣本平均數 = 4.89，樣本中位數 = 5

(2) 樣本變異數 = 0.465，樣本標準差 = 0.682。

3-6　18.3。

3-7　(1) 樣本平均數 = 9.9，樣本中位數 = 9.7

(2) 樣本變異數 = 0.5873，樣本標準差 = 0.7663。

3-8　$\sqrt{\dfrac{18{,}160}{59}}$。

3-9　(1)
```
1 | 3358
2 | 112234
```

樣本平均數 = 1.92，樣本標準差 = 0.4158

68% 資料的可能範圍 = [1.92 − 0.4158, 1.92 + 0.4158] = [1.5042, 2.3358]，共含有 6 個值，合計 60%，很接近經驗法則的理論。

(2)
```
 4 | 5
 5 | 005
 6 | 00555
 7 | 0055
 8 | 555
 9 | 005
10 | 0
```

樣本平均數 = 7.175，樣本標準差 = 1.608

95% 資料的可能範圍 = [7.175 − 2*1.608, 7.175 + 2*1.608] = [3.959, 10.391]，共含有 20 個值，合計 100%，很接近經驗法則的理論。

(3)
```
3 | 6
4 | 148
5 | 002567
```
樣本平均數 = 4.89，樣本標準差 = 0.682

99% 資料的可能範圍 = [4.89 − 3*0.682, 4.89 + 3*0.682] = [2.844, 6.936]，共含有 10 個值，合計 100%，很接近經驗法則的理論。

3-10 甲 62 分，乙 55 分。

3-11 (1) $Q_3 = 8.5$，$Q_1 = 6$；$IQR = 2.5$

(2) 下內界 = 6 − 1.5*2.5 = 2.25；

上內界 = 8.5 + 1.5*2.5 = 12.25；

上下內界之間的最小值 = 4.5，最大值 =10

(3) 略。

3-12 (1) 計算樣本平均數 = 35.603，樣本中位數 = 35.235

(2) 樣本變異數 = 2.186，樣本標準差 = 1.478

(3) $Q_1 = 34.52$，$Q_3 = 36.025$

(4) 在 Q_1 及 Q_3 之間有 4 個值，合計 50% 的資料。

3-13 (1) 樣本平均數 $\bar{X}$ = 12.733，樣本標準差 S = 0.556

(2) 在 $\bar{X} \pm 2S$ = [11.621, 13.845] 之間有 12 個值，合計 100%。

3-14 (1) 樣本平均數 $\bar{X}$ = 2.988，樣本標準差 S = 0.404

(2) 在 $\bar{X} \pm 3S$ = [1.776, 4.2] 之間有 20 個值，合計 100%。

3-15 (1) $Q_1 = 2.725$，$Q_3 = 3.275$

(2) 在 Q_1 及 Q_3 之間有 10 個值，合計 50% 的資料

(3) IQR = 0.55，上內界 = 4.1，下內界 = 1.9，上下內界之間的最小值 = 2.21，最大值 = 3.88。箱型圖 (略)。

第四章

4-1 ②<⑤<③<④<①。

4-2 (1)

性別	中年	壯年	青年	總和
女	0	1	4	5
男	2	2	1	5
總和	2	3	5	10

(2)

性別	職別					總和
	系統工程	研發工程	產品工程	製程工程	廠房職員	
女	1	1	0	2	1	5
男	1	0	1	0	3	5
總和	2	1	1	2	4	10

(3)

職別	年齡層			總和
	中年	壯年	青年	
系統工程	0	1	1	2
研發工程	0	0	1	2
產品工程	0	0	1	2
製程工程	0	1	1	2
廠房職員	2	1	1	4
總和	2	3	5	10

4-3　$-\dfrac{4}{5}$。

4-4　略。

4-5　略。

4-6　$\dfrac{1}{2}$。

4-7　(1) $Q_3 = 9$，$Q_1 = 6.5$；$IQR = Q_3 - Q_1 = 9 - 6.5 = 2.5$；上內界 = $9 + 1.5*2.5 = 12.75$，下內界 = $6.5 - 1.5*2.5 = 2.75$，上下內界之間的最小值 = 4.5，最大值 =10；無極端界外點；箱型圖 (略)。

(2) 製作乙班的水平箱型圖：$Q_3 = 7.85$，$Q_1 = 6$；四分位間距 $IQR = Q_3 - Q_1 = 1.85$；上內界 = 10.625，下內界 = 3.225，上下內界之間的最小值 = 5.0，最大值 =9；無極端界外點；箱型圖 (略)。

4-8　-0.5。

4-9

	Q_3	Q_3	IQR	上內界	下內界	上下內界之間的最小值	上下內界之間的最大值	中位數
南區	9.75	8.5	1.25	11.625	6.625	8	10.5	9.25
北區	9.5	8.0	1.5	11.75	5.75	6	10.5	8.75

無極端界外點；箱型圖 (略)。

4-10　$(a, b) = (2, 3)$。

4-11　(1)

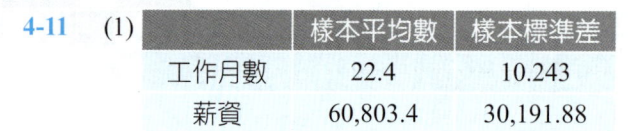

	樣本平均數	樣本標準差
工作月數	22.4	10.243
薪資	60,803.4	30,191.88

(2)「工作月數」與「薪資」的樣本共變異數 = 72,300.933

(3)「工作月數」與「薪資」的樣本相關係數 = 0.234

(4) 因為樣本相關係數 = 0.234,「工作月數」與「薪資」是屬於低度相關。

4-12　(1)

	樣本平均數	樣本標準差
男性薪資	51,681.6	15,974.9
女性薪資	69,925.2	39,846.84

(2) 男性的變異係數 = 15,974.9/51,681.6 = 0.309

女性的變異係數 = 39,846.84/69,925.2 = 0.5698

(3) 男性的變異係數小於女性的變異係數,表示男性薪資的變異差距小於女性。

4-13　(1)

	樣本平均數	樣本標準差
甲班會計作業時間	7.6	1.853
乙班會計作業時間	6.9	1.228

(2) 甲班會計作業時間的變異係數 = 1.853/7.6 = 0.2438

乙班會計作業時間的變異係數 = 1.228/6.9 = 0.1780

(3) 乙班會計作業時間的變異係數小於甲班會計作業時間的變異係數,表示乙班會計作業時間的變異差距小於甲班。

4-14　(1)

校別	性別 女	性別 男	總和
甲校	7	9	16
乙校	9	11	20
總和	16	20	36

(2) 略

(3) 乙校有極端界外點 = 5。箱型圖 (略)。

4-15　甲校:變異係數 = 45.42%;乙校:變異係數 = 47%;甲校學生上網時數的變異差距略小於乙校。

第五章

5-1　事件 A、B 分別表示微積分、經濟學及格,$P(A) = 0.5$,$P(B) = 0.70$,$P(A \cap B) = 0.32$,$P(A \cup B) = 0.88$

⇒ 兩科均不及格的比例 = 1 − $P(A \cap B)$ = 0.12

⇒ 兩科均不及格的人數 = 12 人。

5-2 $\dfrac{16}{33}$。

5-3 (1) A 與 B 不是獨立事件

(2) A 與 C 是互斥事件。

5-4 事件 A、事件 B、事件 C 分別表示第一次、第二次、第三次抽到紅籤的情況，則

$P(A) = P(B) = P(C) = \dfrac{7}{15}$

(1) $P(A \cap B \cap C) = 0.1016$ (2) 這三次的結果互相不關聯，屬於獨立事件。

5-5 0.4。

5-6

白球數＼紅球數	B_1 （第 1 次是紅球）	B_2 （第 1 次不是紅球）	邊際機率
（白球數 = 0）A_1	0.14	0.35	0.49
（白球數 = 1）A_2	0.06	0.36	0.42
（白球數 = 2）A_3	0	0.09	0.09
邊際機率	0.2	0.8	1

5-7 0.5。

5-8 令 A 表示購買者為男性之事件、B 表示購買公益彩券之事件、C 表示購買者為女性之事件

(1) $P(B|A) = 0.6316$ (2) $P(C|B) = 0.4$。

5-9 60%。

5-10 $\dfrac{3}{20}$。

5-11 (1) $P(B_1|A_2) = 0.1429$ (2) $P(A_1|B_2) = 0.4375$

(3) $P(A_1 \cap B_1) = 0.14 \neq P(A_1) + P(B_1) = 0.098$，且 $P(A_1 \cap B_1) \neq 0$，所以不互斥，也不獨立。

5-12 $\dfrac{4}{27}$。

5-13 令 A_1、A_2 表示抽出為第一盒、第二盒之事件，B 表示綠籤被抽出之事件

(1) $P(B) = 0.380812$

(2) $P(A_2|B) = 0.606$。

5-14 (1) 取樣 50 位大四生中，順利畢業的比例 = 0.885，順利畢業的人數 = 44.25，約有 45 人順利畢業

(2) 順利畢業的大四生中，男生的比例為 28.81%。

5-15 $n = 12$。

第六章

6-1 (1) 0.1 (2) 0.45 (3) 會繼續出售該品牌之磁片。

6-2 (1) 2.98 (2) 0.01 (3) 0.33。

6-3 2/3。

6-4 83 元。

6-5 6.3 元。

6-6 2,000 元。

6-7 550 元。

6-8 58。

6-9 1.8 個。

6-10 $\dfrac{28}{27}$。

6-11 7。

6-12 $\dfrac{35}{6}$。

6-13 31.5 元。

6-14 (1)

x	0	1	2	3
P(X = x)	0.125	0.375	0.375	0.125

(2) $P(X = 2) = 0.375$ (3) $\mu = E(X) = 1.5$。

6-15 (1) $P(X = 0) = 0.05$ (2) $P(X \geq 1) = 0.95$

(3) $\mu = E(X) = 1.7$ (4) $\sigma^2 = 0.51$；標準差 $\sigma = 0.7141$。

6-16 (1) 平均次數 $\mu = 1.95$；$\sigma^2 = 1.1475$；標準差 $\sigma = 1.0712$

(2) 交通事故次數高於平均數的比例 = $P(X > 1.95) = 0.7$

(3) $\mu - \sigma = 0.8788$；$P(X < 0.8788) = P(X = 0) = 0.1$。

6-17 (1)

x	0	1	2	3	4	5	6	7
P(X = x)	0.1	0.15	0.3	0.18	0.2	0.05	0.01	0.01

(2) $\mu = 2.47$；$\sigma^2 = 2.1691$；標準差 $\sigma = 1.4728$

(3) $\mu + 2\sigma = 5.4156$；$P(X > 5.4156) = 0.02$

(4) $P(X \geq 3) = 0.45$。

6-18　(1) 略　(2) 總面積 = 長方形面積 $(20-5) * \dfrac{1}{15} = 1$

(3) $P(8 < X < 12) = 0.2667$　(4) $P(X = 15) = 0$。

6-19　(1) $\mu = 12.5$；$\sigma = 8.66$；$P(5 \leq X \leq 20) = 1$

6-20　(1) 略

(2) 此機率密度函數圖形，是個在正方向的非對稱遞減凹函數，其總面積 = 1。

6-21　(1) 略　(2) 此機率密度函數圖形，是個對稱於 $X = 0$ 的鐘形曲線，其總面積 = 1

(3) $P(X < 0) = 0.5$　(4) $P(X = 0) = 0$。

第七章

7-1　(1) 0.0413　(2) 0.0168　(3) 0.0007　(4) 0.9914　(5) 0.1738。

7-2　(1) 0.1404　(2) 0.9972。

7-3　(1) 0.01521　(2) 0.6752　(3) 0.02459。

7-4　(1) 0.1546　(2) 0.0708　(3) 0.1815。

7-5　$C_3^6 (\dfrac{3}{5})^3 (\dfrac{2}{5})^3 + C_4^6 (\dfrac{3}{5})^4 (\dfrac{2}{5})^2 = 0.5875$。

7-6　(1) 46　(2) 9.84。

7-7　$E(X) = 4.8$，$E(2X) = 9.6$，$E(2X + 1) = 10.6$。

7-8　X 表示 5 個應屆畢業班學生中如期畢業的人數，$X \sim$ 二項分配，$n = 5$，$p = 0.8$。

(1) $P(X = x) = \dfrac{5!}{x!(5-x)!}(0.8)^x (0.2)^{5-x}$，$x = 0, 1, \cdots, 5$　(2) $P(X \geq 3) = 0.9421$。

7-9　X 表示被偷走的 10 支手機中已修理好的手機數量，$X \sim$ 二項分配，$n = 10$，$p = 0.5$。

(1) $P(X = 10) = 0.001$　(2) $P(X = 7) = 0.1172$　(3) $P(X \geq 3) = 0.9453$。

7-10　10 個燈泡中不良品數量 $X \sim$ 二項分配，$n = 10$，$p = 0.1$。

(1) $P(X = 0) = 0.3487$　(2) $P(X < 2) = 0.9298$。

7-11　20 個輪胎中不良品數量 $X \sim$ 二項分配，$n = 20$，$p = 0.05$。

(1) $P(X = 2) = 0.1887$　(2) $P(X \leq 5) = 0.9997$

(3) 平均不良品個數 =1；變異數 = 0.95；標準差 $\sigma = 0.9747$

(4) $\mu - \sigma = 0.0253$；不良品低於 $\mu - \sigma$ 的比例 = $P(X < 0.0253) = P(X = 0) = 0.3585$。

7-12　100 個幼兒感染德國麻疹的機率 $X \sim$ 二項分配，$n = 100$，$p = 0.001$。100 個幼兒中

沒有人感染的機率 = $P(X = 0)$，查詢 Excel 表：

$P(X = 0)$	Excel 函數公式
0.905	BINOM.DIST(0, 100, 0.001, FALSE)

7-13 總機電話數 $X \sim$ 卜瓦松分配，平均參數值為 $\lambda = 30$ 通 / 小時。

(1) X 表示 15 分鐘內的電話數，參數值為 $\lambda = 7.5$ 通 / 15 分鐘。在 15 分鐘內沒有電話進來的機率 = $P(X = 0) = 0.0006$。

(2) X 表示半小時內的電話數，參數值為 $\lambda = 15$ 通 / 半小時內。在半小時內有 10 通電話進來的機率 = $P(X = 10) = 0.0486$。

(3) X 表示每小時電話通話數，參數值為 $\lambda = 30$ 通 / 每小時；其中 $\mu = 30$，$\sigma = 5.48$；每小時電話通數高於 $\mu - \sigma$ 的機率 = $P(X > 30 - 5.48) = P(X > 24.52) = P(X \geq 25) = 1 - P(X \leq 24)$。查詢 Excel 表：

$P(X \geq 25)$	Excel 函數公式
0.8428	1 − POISSON(24, 30, TRUE)

7-14 被拋棄的腳踏車數 $X \sim$ 卜瓦松分配，已知平均參數值為 $\lambda = 7$ 輛 / 每週。

(1) X 表示明天被拋棄腳踏車數，參數值為 $\lambda = 1$ 輛 / 天。明天沒有腳踏車被拋棄的機率 = $P(X = 0) = 0.3679$

(2) X 表示下一週被拋棄的腳踏車數，參數值為 $\lambda = 7$ 輛 / 每週。下一週至少有兩輛腳踏車被拋棄的機率 = $P(X \geq 2) = 0.9927$。

7-15 購買彩券的人數 $X \sim$ 卜瓦松分配，已知平均參數值為 $\lambda = 3$ 人 / 每 10 分鐘。

(1) X 表示在 12:00 ~ 12:30 間，購買彩券的人數，參數值為 $\lambda = 9$ 人 / 每 30 分鐘。沒有人購買彩券的機率 = $P(X = 0) = 0.0001$

(2) 在該時間內至少有 4 人購買彩券的機率 = $P(X \geq 4) = 0.9788$。

7-16 任意一頁排印的錯字數 $X \sim$ 卜瓦松分配，已知平均參數值為 $\lambda = 2$ 字 / 每頁。

(1) $P(X = 0) = 0.1353$ (2) $P(X \geq 3) = 0.3232$。

7-17 0.4335。

第八章

8-1 1。

8-2 1。

8-3 (1) $f(x) = \dfrac{1}{30}$，$0 \leq x \leq 30$ (2) 0.667。

8-4 (1) 平均數 =15；變異數 = 75；標準差 = 8.66

(2) 等車時間在 [6.34, 23.66] 間的機率 = $\frac{1}{30} * (23.66 - 6.34) = 0.5773$。

8-5 (1) 0.0062 (2) 0.00105 (3) 0.8664。

8-6 (1) 最低分 = 92.96 (2) 後段 10% 經濟學考試的最高分 = 49.616。

8-7 (1) 0.195 (2) 0.379。

8-8 (1) 0.1393 (2) $P(X > 30,000 + 40,000 \mid X > 30,000) = 0.8188$。

8-9 ≈ 0。

8-10 隨機變數 X 表示進行此種飲食療法後降低膽固醇的人數 $P(X > 60) = P(X \geq 61)$
$\approx P(X > 61 - 0.5) \approx 0.0179$。

8-11 (1) 0.0013

(2) 隨機變數 X 表示 100,000 個晶片中，壽命少於 $1.8 * 10^6$ 小時的晶片個數，其機率值為二項分配 $n = 100,000$，$p = 0.0013$。100,000 個晶片的一批產品中至多 100 個晶片，其 $P(X \leq 100) \approx P(X < 100.5) = 0.0048$。

8-12 (1)

$P(X \leq 75)$	Excel 函數公式
0.81444	BINOM.DIST(75, 300, 0.23, TRUE)

(2) 近似機率值為 $P(X \leq 75) \approx P(X < 75.5)$，$X$ 具有近似常態分配，$\mu = 69$；$\sigma^2 = 53.13$。

$P(X < 75.5)$	Excel 函數公式
0.813738	NORM.DIST(75.5, 69, 7.289, 1)

第九章

9-1 (1) 隨機變數 X 表示程式設計師之錯誤次數，其機率分配如下：

x	0	2	4	總和
P(X = x)	0.3	0.6	0.1	1

(2) 母體平均數 = 1.6；母體變異數 = 1.44

(3) 令 X_1、X_2 表示每一天的錯誤次數，樣本空間 = { (0, 0), (0, 2), (0, 4), (2, 0), (2, 2), (2, 4), (4, 0), (4, 2), (4, 4) }

(4) 平均錯誤數 = $\frac{x_1 + x_2}{2}$，抽樣分配如下：

平均錯誤數	0	1	2	3	4	總和
機率	0.09	0.36	0.42	0.12	0.01	1

平均數 = 1.6；變異數 = 0.72。

9-2　16 天內程式平均錯誤數的平均數 = 1.6；變異數 = 0.09

9-3　(1) 令隨機變數 X 表示銅板之正面數，$X = 1$ 表示正面、$X = 0$ 表示反面，其機率分配如下

x	0	1	總和
$P(X = x)$	0.3	0.7	1

(2) 母體平均數 = 0.7；母體變異數 = 0.21

(3) 令 X_1、X_2 表示第 1、2 次的正面數，樣本空間 = { (0, 0), (0, 1), (1, 0), (1, 1) }

(4) 銅板平均正面數 = $\dfrac{x_1 + x_2}{2}$，抽樣分配如下：

平均正面數	0	0.5	1	總和
機率	0.09	0.42	0.49	1

平均數 = 0.7；變異數 = 0.105。

9-4　平均數 = 0.7，變異數 = 0.0042。

9-5　(1) 平均數 = 200 分；標準差 = 30 分　　(2) 平均數 = 200 分；標準差 = 1.732 分。

9-6　(1) 平均數 = 120 個；標準差 = 30 個　　(2) 平均數 = 120 個；標準差 = 4.24 個。

9-7　0.0228。

9-8　0.0082。

第十章

10-1　略。

10-2　略。

10-3　(1) 24.131 ± 3.050　(2) 24.131 ± 4.374。

10-4　$21.8148 \leq \sigma^2 \leq 35.1672$。

10-5　(1) Q 的抽樣分配如下：

平均正面數	0	0.5	1	總和
機率	0.25	0.5	0.25	1

平均數 = 0.5；變異數 = 0.125

(2) R 的抽樣分配如下：

平均正面數	0	0.25	0.75	1	總和
機率	0.25	0.25	0.25	0.25	1

平均數 = 0.5；變異數 = 0.15625。

10-6 (1) $\mu = 0.5$ (2) Q 與 R，均為 μ 的「不偏點估計量」

(3) Q 的變異數 = 0.125 小於 R 的變異數 = 0.1875；所以 Q 是具有「有效性」的「不偏點估計量」。

10-7 (1) 394 (2) 130。

10-8 148 ± 0.588。

10-9 (1) 0.95 (2) 0.01 (3) $b = -1.9432$ (4) $c = 2.086$。

10-10 120 ± 1.404。

10-11 (1) 0.975 (2) $b = 2.2041$。

10-12 0.25 ± 0.0541。

10-13 (1) $H_0 : \mu \leq 20$ 與 $H_1 : \mu > 20$。母體平均數 μ，表示「新的降血壓藥」可以降低的血壓數

(2) $H_0 : \sigma^2 \leq 4{,}900$ 與 $H_1 : \sigma^2 > 4{,}900$。母體變異數 σ^2，表示甲校學歷測驗成績分佈的「變異數」

(3) $H_0 : \mu \leq 30$ 與 $H_1 : \mu > 30$。母體平均數 μ 表示台中市「家庭的每週平均塑膠袋使用量」。

10-14 $H_0 : \mu \geq 15\%$ 與 $H_1 : \mu < 15\%$

(1) 樣本平均數值 = 8%，小於 15% 甚多；結論是「拒絕 H_0」

(2) 樣本平均數值 = 15.5%，超過 15% 不甚多，無法作結論

(3) 樣本平均數值 = 26%，超過 15% 甚多，結論是「不拒絕 H_0」。

10-15 $Z_{0.02} = 2.054$，區間估計 = [0.151, 0.349]。

10-16 (1) $t_{0.025}(199) = 1.971$，區間估計 = 2.385 ± 0.14635

(2) $\chi^2_{0.025}(199) = 239.96$，$\chi^2_{0.975}(199) = 166.465$，區間估計：$0.9141 \leq \sigma^2 \leq 1.3177$。

第十一章

11-1 檢定 z-值 = $7.071 >$ 臨界值 = 1.645；拒絕 H_0。

11-2 (1) 檢定 z-值 = $-3.889 <$ 臨界值 = -1.645；結論：拒絕 H_0

(2) P-值 $\approx 0 < \alpha = 0.05$。

11-3 $H_0 : \mu \leq 1500$ vs. $H_1 : \mu > 1500$。檢定 z-值 $= 1.1832 <$ 臨界值 = 1.645；結論：不拒絕 H_0。

11-4 $H_0 : \mu \leq 20$ vs. $H_1 : \mu > 20$。檢定 t-值 $= 0.9897 <$ 臨界值 $= t_{0.05}(1) = 1.7959$；結論：不拒絕 H_0。

11-5　$H_0: \mu = 10$　vs.　$H_1: \mu \neq 10$。檢定 t-值 $= -2.7386$；臨界值 $= t_{0.025}(29)$ 介於 2.0595 及 2.0423 之間；結論：拒絕 H_0。

11-6　$H_0: \sigma^2 \leq 5.29$　vs.　$H_1: \sigma^2 > 5.29$

(1) 檢定卡方值 $= 13.3384 <$ 臨界值 $= \chi^2_{0.025}(10-1) = 19.0228$。結論：不拒絕 H_0

(2) P-值 $= P(\chi^2 > 13.3384) > 0.1$。

11-7　$H_0: \sigma^2 \leq 100$　vs.　$H_1: \sigma^2 > 100$。檢定卡方值 $= 37.5 >$ 臨界值 $= 36.415$；結論：拒絕 H_0。

11-8　(1) $H_0: \mu \leq 2.5$　vs.　$H_1: \mu > 2.5$。檢定 z-值 $= 7.071 >$ 臨界值 $= Z_{0.05} = 1.645$；結論：拒絕 H_0

(2) $H_0: \sigma^2 \leq 0.25$　vs.　$H_1: \sigma^2 > 0.25$。檢定卡方值 $= 125.44$。臨界值 $= \chi^2_{0.05}(50-1)$ 介於 55.7585 及 67.5048 之間。結論：拒絕 H_0。

11-9　$H_0: p \leq 0.7$　vs.　$H_1: p > 0.7$。檢定 z-值 $= 1.673 <$ 臨界值 $= Z_{0.01} = 2.325$；結論：不拒絕 H_0。

11-10　$H_0: p = 0.8$　vs.　$H_1: p \neq 0.8$。檢定 z-值 $= 2.907 >$ 臨界值 $= Z_{0.025} = 1.96$；結論：拒絕 H_0。

11-11　$H_0: p \geq 0.6$　vs.　$H_1: p < 0.6$。檢定 z-值 $= -1.0206 >$ 臨界值 $= Z_{0.02} = -2.0537$；結論：不拒絕 H_0。

第十二章

12-1　檢定 z-值 $= 1.892 >$ 臨界值(右尾) $= Z_{0.05} = 1.645$；結論：拒絕 H_0。

12-2　檢定 z-值 $= 16.16 >$ 臨界值(雙尾) $= Z_{0.025} = 1.96$；結論：拒絕 H_0。

12-3　$S_P = 3.39$；檢定 t-值 $= -2.54 <$ 臨界值(左尾) $= -t_{0.025}(178) = -1.96$；結論：拒絕 H_0。

12-4　檢定 t-值 $= -4.74 <$ 臨界值(左尾) $= -t_{0.025}(35)$；臨界值介於 -2.0423 與 -2.0211 之間。結論：拒絕 H_0。

12-5　成對樣本 $(x_i, y_i) = ($去年收入, 前年收入$)$，$d_i = x_i - y_i$；其平均值 $= -0.1875$，變異數值 $= 1.2098$

檢定絕對值 $= 0.4821 <$ 臨界值(雙尾) $= t_{0.025}(7) = 2.3646$；結論：不拒絕 H_0。

12-6　(1) 0.975　(2) $b = 3.13$　(3) $c = 0.3195$。

12-7　將北區的房貸利率變異數作為分子。檢定 f-值 $= 1.389$。右臨界值 $= F_{0.025}(18, 24) = 2.365$，左臨界值 $= F_{0.95}(30, 20) = 0.3995$；檢定 f-值不落在拒絕域；結論：不拒絕 H_0。

12-8 將「甲首長」的政績評價滿意度變異數作為分子。檢定 f - 值 = 1.857。右臨界值 = $F_{0.05}(30, 20)$ = 2.039，左臨界值 = $F_{0.05}(30, 20)$ = 0.518；檢定 f - 值不落在拒絕域；結論：不拒絕 H_0。

12-9 $\hat{p}_1$ =0.1867、$\hat{p}_2$ =0.2478，採用左尾檢定。$\bar{p}$ = 0.2237。檢定 z - 值 = –1.3969 > 臨界值 (左尾) = – $Z_{0.05}$ = –1.645；結論：不拒絕 H_0。

12-10 (1) 檢定 F - 值 = 0.862 > 臨界值 = 0.418；結論：不拒絕 H_0。P - 值 = 2*0.3526 = 0.7052

(2) 共同變異數 = 135.886；檢定 t - 值 = 4.41 > 臨界值 = $t_{0.015}(51)$ = 2.233；結論：拒絕 H_0。

第十三章

13-1 (1) 無偏差　(2) 相同。

13-2 (1) 有偏差　(2) 不相等　(3) 有影響。

13-3 略。

13-4 (1)

變源	SS	自由度	MS	F
組間	132.4785	2	66.2393	0.4669
組內	2,695.067	19	141.8456	
總和	2,827.545	21		

(2) 令 μ_1, μ_2, μ_3 分別表示北、中、南 3 區之「竊盜平均發生率」

H_0：$\mu_1 = \mu_2 = \mu_3$　vs.　H_1：μ_1, μ_2, μ_3 不全部相等

(3) 檢定值 f = 0.467，小於臨界值 = $F_{0.05}(2, 19)$ = 3.522，結論：不拒絕 H_0。

13-5 (1) SST = SSA + SSE = 21,464,609

(2)

變源	SS	自由度	MS	F
組間	2,055,252	2	1,027,626	0.953
組內	19,409,357	18	1,078,298	
總和	21,464,609	20		

(3) P - 值 = $P(F > 0.953)$ = 0.4042 > 0.05，結論：不拒絕 H_0：$\mu_1 = \mu_2 = \mu_3$。

13-6 (1) SSE = SST – SSA = 1,561.21

(2)

變源	SS	自由度	MS	F
組間	570.87	2	285.44	5.67
組內	1,561.21	31	50.361	
總和	2,132.08	33		

(3) 檢定值 $f = 5.67$，大於臨界值 $= F_{0.025}(2, 31) = 4.1648$。結論：拒絕 H_0。

13-7 略。

13-8

變源	SS	自由度	MS	F
列	56	3	18	4.5
欄	60	2	30	7.5
錯誤	24	6	4	
總和	140	11		

13-9 (1) 4 個區域，3 種房屋高度

(2) $H_0 : \mu_1 = \cdots = \mu_4$（4 個區域其房屋單價相等）

$H_1 : \mu_1, \cdots, \mu_4$ 不全部相等（4 個區域其房屋單價不完全相等）

檢定值 $= f = 4.61$ 小於臨界值 $= F_{0.05}(3, 6) = 4.7571$。結論：不拒絕 H_0

(3) $H_0 : \mu_1 = \mu_2 = \mu_3$（3 種房屋高度其房屋單價相等）

$H_1 : \mu_1, \mu_2, \mu_3$ 不全部相等（3 種房屋高度其房屋單價不完全相等）

檢定值 $f = 7.30$，大於臨界值 $= F_{0.05}(2, 6) = 5.1432$。結論：拒絕 H_0。

13-10 略。

13-11

變源	SS	自由度	MS	F	P-值
樣本	165	3	55	6.875	0.00089
欄	220	2	110	13.75	0
交互作用	80	6	15	1.667	0.2354
組內	72	9	8		
總和	483	20			

13-12 (1) $H_0 : \mu_1 = \cdots = \mu_4$（4 個區域其房屋單價相等）

$H_1 : \mu_1, \cdots, \mu_4$ 不全部相等（4 個區域其房屋單價不完全相等）

檢定值 $= f = 171.12$ 小於臨界值 $= F_{0.05}(3, 36) = 2.866$。結論：不拒絕 H_0

(2) $H_0 : \mu_1 = \mu_2 = \mu_3$（3 種房屋高度其房屋單價相等）

$H_1 : \mu_1, \mu_2, \mu_3$ 不全部相等（3 種房屋高度其房屋單價不完全相等）

檢定值 $= 344.59$，大於臨界值 $= F_{0.05}(2, 36) = 3.259$。結論：拒絕 H_0

(3) H_0「區域類別」與「房屋高度種類」的房屋單價無交互的影響

H_1：「區域類別」與「房屋高度種類」的房屋單價有交互的影響

檢定值 $= f = 46.37$ 大於臨界值 $= F_{0.05}(6, 36) = 2.3637$。結論：拒絕 H_0

第十四章

14-1 0.4。

14-2 $y - 3 = \dfrac{9}{14}(x - \dfrac{7}{3})$。

14-3 (1) 0.977　(2) $y = -4 + 3x$　(3) 24。

14-4 (1) 0.8　(2) $y = \dfrac{6}{5}x + 76$　(3) 810。

14-5 (1) 略　(2) $n = 10$。$\bar{x} = 3.1$，$\bar{y} = 14.8$，$SS_{XX} = 30.9$，$SS_{XY} = 127.2$

(3) $b_1 = 4.1165$，$b_0 = 2.0388$；「直線迴歸估計式」：$\hat{Y}_i = 2.0388 + 4.1165 X_i$

(4) $\hat{Y}_p = 2.0388 + 4.1165 * 3 = 14.3884$。

14-6 $b_1 = 1.59903$，$b_0 = 5.01455$；「直線迴歸估計式」：$\hat{Y}_i = 5.01455 + 1.59903 X_i$。

14-7 SSE = 6.292；MSE = 1.2584。

14-8 當會員每增加 1 萬人，其年收入將增加 82 萬元；該直線的截距為 − 0.67，表示當沒有任何會員時，將會虧損 67 萬元。

14-9 β_1 的 95% 信賴區間值 $= 0.82 \pm 0.663$。

14-10 $H_0 : \beta_1 = 0$　vs.　$H_1 : \beta_1 \neq 0$。檢定統計量的值 $= 2.2999 < t_{0.025}(8) = 2.306$；結論：不拒絕 H_0，表示沒有證據顯示迴歸線斜率不等於 0。

14-11 (1) 平均銷售量的 90% 區間估計 $= 84.966 \pm 31.105$

(2) 銷售量預測值之 95% 區間估計 $= 84.966 \pm 31.187$。

14-12 (1) F - 檢定統計量值 $= 13.143$，大於 F - 臨界值 $= F_{0.025}(1, 5) = 10.01$；結論：拒絕 H_0

(2) $R^2 = \dfrac{SSR}{SST} = 0.724$；$\gamma_{XY} = 0.8509$。

14-13 (1) $\hat{Y}_i = 0.953 + 0.00025 X_i$

(2) $H_0 : \beta_1 = 0$　vs.　$H_1 : \beta_1 \neq 0$

　$t = 4.902$；P - 值 $= 0.004$，結論：拒絕 H_0

(3) $H_0 : \rho_{XY} = 0$　vs.　$H_1 : \rho_{XY} \neq 0$

　$\gamma_{XY} = \sqrt{0.66456} = 0.8152$，$t = 4.4510 > t_{0.025}(10) = 2.2281$，結論：拒絕 H_0。

14-14 (1) 此殘差圖呈現不規則狀，表示變異數的齊一性假設成立，直線迴歸模型適用於這類變數

(2) $n = 7$，Durbin-Watson d 值 $= 1.86175$

　$\alpha = 0.05$ 之下，查詢 Durbin-Watson 表格，發現表格中所提供的樣本數是大於 15。

本題 $n = 7$，只能參考表格中 $n = 15$ 的臨界值；自變數的個數 $k = 1$，

Durbin-Watson 下臨界值 = $d_L(1) = 1.08$，

Durbin-Watson 上臨界值 = $d_U(1) = 1.36$。

也就是說，當樣本數小於 15，下臨界值 < 1.08，上臨界值 < 1.36

本題，$n = 7$，Durbin-Watson 檢定統計量 d 值 = $1.86175 > 1.36$，表示不拒絕 H_0，即：誤差項之間彼此獨立。

14-15 (1)

ANOVA	自由度	SS	MS	F	顯著值
迴歸	1	7.0867	7.0867	80.4393	< 0.001
差異	19	1.6743	0.0881		
總變異	20	8.761			

	係數	標準誤	t-統計	P-值
截距	-0.4581	0.3526	-1.2993	0.2094
溫度	0.1103	0.0123	8.9675	< 0.001

(2) $SS_{XX} = \dfrac{\text{MSE}}{\text{標準誤}^2} = 582.2307$。

14-16 (1) $\hat{Y}_i = -0.4581 + 0.1103 X_i$

(2) $H_0 : \beta_1 = 0$ vs. $H_1 : \beta_1 \neq 0$。檢定統計量的值 = $t = 8.9675$。P-值 = < 0.001。

結論：拒絕 H_0

(3) 溫度 = 攝氏 10 度，平均銷售量的 95% 區間估計 = 0.6449 ± 0.4872

(4) 溫度 = 攝氏 38 度，銷售量的 95% 預測區間值 = 3.7333 ± 0.6844。

14-17 (1) $R^2 = \dfrac{\text{SSR}}{\text{SST}} = 0.8089$；$\gamma_{XY} = 0.8994$

(2) $H_0 : \rho_{XY} = 0$ vs. $H_1 : \rho_{XY} \neq 0$。$\gamma_{XY} = 0.8994$；$t = 8.9678 > t_{0.025}(19) = 2.093$；結論：拒絕 H_0。

第十五章

15-1 (1) $\hat{Y} = 1.974 + 1.093 X_1 - 7.625 X_2$

(2) $\hat{Y}_p = 1.974 + 1.093 * 8 - 7.625 * 0.5 = 6.9055$。

15-2 $H_0 : \beta_0 = \beta_1 = \beta_2 = 0$ vs. H_1：至少有一迴歸係數 $\neq 0$

f-值 = 97.89，大於 $F_{0.025}(2, 9) = 5.71$；結論：拒絕 H_0

P-值 < 0.001，拒絕 H_0。

15-3 $\gamma_{Y.12} = 0.9778$，表示具有高度的相關性

$R^2 = 0.9561$，表示 95.61% 樣本資料可經由此模型來解釋。

15-4 兩個殘差圖均呈現不規則狀，表示誤差項變異數的齊一性假設成立。

15-5 殘差圖呈現不規則狀，表示誤差項變異數的齊一性假設成立。

15-6 (1) $\hat{Y} = 3{,}243.892 - 347.748X_1 + 0.10223X_2$

(2) $b_1 = -347.748$。

15-7 (1) 折扣次數 X_3 每增加一次，週銷售量將會增加約 34 個

(2) $Y = 3{,}147.42 - 334.85 * 1 + 0.113 * 30 + 33.41 * 1 = 2{,}849.37$

(3) 略。

15-8 (1)

ANOVA	自由度	SS	MS	F	顯著值
迴歸	3	3,310,543	1,103,514	18.9133	0.00
差異	16	933,533	58,345.81		
總變異	19	4,244,076			

(2) $R^2 = \dfrac{\text{SSR}}{\text{SST}} = 0.78$；$\gamma_{Y.123} = 0.8832$。

15-9 (1)

ANOVA	自由度	SS	MS	F	顯著值
迴歸	3	4,339,297	1,446,432	11.29577	0.000149
差異	20	2,561,017	128,050.8		
總變異	23	6,900,314			

檢定統計量 $F = \dfrac{\text{MSR}}{\text{MSE}}$ 之估計值 $= 11.296$，P - 值 $= 0.000149 < 0.05$；結論：拒絕 H_0

(2) $R^2 = \dfrac{\text{SSR}}{\text{SST}} = 0.6289$；$\gamma_{Y.123} = 0.793$。

15-10 線性複迴歸估計式如下：

(1) $\hat{Y} = -32.46 + 0.068X_1 + 0.0037X_2 - 0.011X_3 + 4.73X_4$

(2) 資產 X_2 每增加 1 萬元，股價將會增加約 0.0037 元

(3) 資產 X_2 與負債 X_3 的 P - 值均大於顯著水準 $\alpha = 0.05$，表示此項資料無法顯示這兩項對於股價有影響。

第十六章

16-1 卡方檢定值為 $\chi^2 = 118.3734$，大於臨界值 $= \chi^2_{0.01}(5) = 15.0863$。結論：此次的抽樣可以說明：投保癌症險的人數不是 $n = 10$ 和 $p = 0.2$ 的二項式分配。

16-2 卡方檢定值為 $\chi^2 = 9.58$，大於臨界值 $= \chi^2_{0.05}(3) = 7.8147$。結論：通識課程的授課對象有年級的區別。

16-3 卡方檢定值為 $\chi^2 = 26.14107$，大於臨界值 $= \chi^2_{0.025}(4) = 11.1433$。結論：該校沒有遵循教育局訂定的給分比例標準。

16-4 卡方檢定值為 $= 15.6993$，大於臨界值 $= \chi^2_\alpha(3) = \chi^2_{0.05}(3) = 7.8147$。結論：參加義工行列的同學，其兄弟姊妹排行與性別有關係。

16-5 卡方檢定值為 3.0614，小於臨界值 $= \chi^2_{0.025}(4) = 11.1433$。結論：學生的成績等第與性別沒有相關。

16-6 卡方檢定值為 4.55106，小於臨界值 $= \chi^2_{0.01}(2) = 9.2104$。結論：到圖書館雜誌區使用者的年齡層與性別沒有相關。

第十七章

17-1 (1) 略

(2) 最小平方迴歸估計式 $\hat{Y}_i = 16,068.7 + 81.072 T_i$。其中 $T_1 = 1, ..., T_{16} = 16$ 分別表示 1986, 1987, ..., 2001 年。2002 年的大學部學生註冊人數：將 $T_{17} = 17$ 代入公式得 $\hat{Y}_{17} = 17,446.9$。表示 2002 年度的大學部學生註冊人數預測值 = 17,447 人。

17-2 (1) 時間長度 $L = 16$，阻尼因子 $= W = 0.8889$。Y_i 表示學生註冊人數，$E_1 = Y_1$ 為第一期的指數平滑序列值，利用「指數平滑」公式：$E_i = WY_i + (1 - W)E_{i-1}$，則可計算得到第二期、第三期、……指數平滑序列值 E_i。

(2) 第 17 期預測值 $= \hat{Y}_{17} = 17,169.77$。表示 2002 年度的大學部學生註冊人數的預測值 = 17,169.77 元。

17-3 (1) 最小平方迴歸估計式 $\hat{Y}_i = 2.64 + 0.0218 T_i$ 表示長期線性趨勢線，其中 $T_1 = 1, ..., T_{10} = 10$ 分別表示 1992, …, 2001 年。

(2) 2002 年的電費，是要計算當 $T_{11} = 11$ 時，對應的迴歸估計值 $\hat{Y}_{10}$。將 $T_{10} = 10$ 代入公式得 $\hat{Y}_{11} = 2.64 + 0.0218 * 11 = 2.8800$。

(3) 表示 2002 年度的電費預測值 = 288,000 元。

第 11 期預測值 $= \hat{Y}_{11} = 259,857.8$。表示 2002 年度的電費預測值 = 259,857.8 元。

17-4 略。

17-5 (1)

季	季節影響				
1	0.6	0.682	0.715	0.583	0.688
2	1.205	1.169	1.712	1.208	1.137
3	1.243	1.263	1.193	1.143	1.263
4	0.941	0.914	0.972	1.087	0.884

(2)

季	季節因子
1	0.654
2	1.286
3	1.221
4	0.960

(3) $\hat{Y}_i = 17.711 + 0.3069 T_i$，其中 $T_1 = 1, ..., T_{24} = 24$ 分別表示 24 季。

17-6 (1) 1986 年的「循環變動因子」= 95.36%，表示 1986 年的學生註冊人數低於長期趨勢約 4.64%；1994 年的「循環變動因子」= 101.22%，表示 1994 年的學生註冊人數高於長期趨勢約 1.22%

(2) 1996 年的「循環變動因子」= 98.21%，表示 1996 年的電費低於長期趨勢約 1.79%；1998 年的「循環變動因子」= 118.16%，表示 1998 年的電費高於長期趨勢約 18.16%。